中华经典名著

全本全注全译丛书

张松辉 ◎译注

抱朴子内篇

中華書局

图书在版编目(CIP)数据

抱朴子内篇/张松辉译注. —北京:中华书局,2011.10
(2025.3 重印)
(中华经典名著全本全注全译丛书)
ISBN 978-7-101-08074-2

Ⅰ.抱… Ⅱ.张… Ⅲ.①古典哲学-中国-东晋时代②抱朴子-译文③抱朴子-注释 Ⅳ.B235.72

中国版本图书馆 CIP 数据核字(2011)第 131162 号

书　　名	抱朴子内篇
译 注 者	张松辉
丛 书 名	中华经典名著全本全注全译丛书
责任编辑	舒　琴
装帧设计	毛　淳
责任印制	管　斌
出版发行	中华书局 (北京市丰台区太平桥西里 38 号　100073) http://www.zhbc.com.cn E-mail:zhbc@zhbc.com.cn
印　　刷	北京盛通印刷股份有限公司
版　　次	2011 年 10 月第 1 版 2025 年 3 月第 16 次印刷
规　　格	开本/880×1230 毫米　1/32 印张 21⅛　字数 450 千字
印　　数	102001-110000 册
国际书号	ISBN 978-7-101-08074-2
定　　价	46.00 元

目　录

前　言

在中国思想史、特别是在中国道教思想史上,《抱朴子内篇》是一部比较重要的古代典籍,对中国的宗教、科技等各方面都产生过重大影响。为了更好地理解这部著作,我们有必要对这部著作的作者、内容及其历史地位和影响有一个大致的了解。

一　作者生平及其著作

葛洪,字稚川,自号抱朴子,丹阳句容(今江苏句容)人。生于晋武帝太康四年(283),卒于晋哀帝兴宁元年(363),终年八十一岁。一说卒于晋康帝建元元年(343),终年六十一岁。

"抱朴子"既是葛洪的号,又是本书的书名。关于自号"抱朴子"的原因,葛洪本人有一个解释:

> 洪期于守常,不随世变,言则率实,杜绝嘲戏,不得其人,终日默然。故邦人咸称之为"抱朴之士",是以洪著书,因以自号焉。(《抱朴子外篇·自叙》)

"抱朴"一词首见于《老子》第十九章:"见素抱朴,少私寡欲。"老子说的"见素抱朴",意思是"行为单纯,内心淳朴"。就是因为葛洪具备了道家所提倡的率实淳朴的品格,所以被乡人称为"抱朴之士",于是他就以此为号,并把这一名号作为自己的书名。

葛洪出身于高贵的士族家庭。先祖葛浦庐,曾经辅佐汉光武帝刘秀平定天下，官至骠骑大将军，封为下邳僮县侯，食邑五千户。祖父葛系，在吴国历任吏部侍郎、御史中丞、大鸿胪等要职，封寿县侯。父亲葛悌先在吴国历任五官郎、中护军、会稽太守等职；入晋后，又任肥乡令、邵陵太守等职。

葛洪为葛悌的第三子。葛洪十三岁时，其父去世，家道中落，年幼的葛洪便亲自操持农活，于耕种之暇发愤苦读。他在《抱朴子外篇·自叙》中回忆了这段艰难的生活："年十有三，而慈父见背，夙失庭训，饥寒困瘁，躬执耕穑，承星履草，密勿畴袭。又累遭兵火，先人典籍荡尽。农隙之暇无所读，乃负笈徒步行借，又卒于一家，少得全部之书，益破功日，伐薪卖之，以给纸笔。就营田园处，以柴火写书。坐此之故，不得早涉艺文。常乏纸，每所写，反复有字，人鲜能读也。"葛洪虽然出身于贵族，却是在极为艰苦的条件下开始他的学术生涯。

到了十六岁，葛洪开始学习《孝经》、《论语》、《诗经》、《易经》等儒家经典，并旁涉诸史、百家之言。但他不喜欢图谶、算术、九宫、三棋、太一、飞符等，虽然涉猎了一些当时颇为流行的风角、望气、遁甲、六壬、太一之类的术数书，但也是浅尝辄止，唯独对养生修仙之法，非常感兴趣，他说："余少好方术，负步请问，不惮险远。每有异闻，则以为喜。虽见毁笑，不以为戚。"(《抱朴子内篇·金丹》)由此可见，葛洪爱好神仙方术，是出自天性，这就是他虔诚地相信道教和写作《抱朴子内篇》的缘由所在。

葛洪有一位从祖，叫葛玄，据说葛玄拜方士左慈为师，吴时学道得仙，号称"葛仙公"。葛玄以其炼丹秘术授弟子郑隐，而葛洪又拜郑隐为师。关于跟随郑隐学习的情况，他有一个简单的介绍：

> 他弟子皆亲仆使之役，采薪耕田，唯余尫羸，不堪他劳，然无以自效，常亲扫除，拂拭床几，磨墨执烛，及与郑君缮写故书而已。见待余同于先进者。……然弟子五十余人，唯余见受金丹之经及《三皇内文》、《枕中五行记》，其余人乃有不得一观此书之首题者矣。

他书虽不具得，皆疏其名。（《抱朴子内篇·遐览》）

郑隐见葛洪年少，又是葛玄的后人，就对他特别关照，命他抄写道书，使他有机会得以饱览道教秘籍，后来又把炼制金丹的方术传授给葛洪。当然，葛洪并没有获得老师的所有道书，只是记下了它们的书名而已，这也是葛洪终身深感遗憾的事情。后来葛洪又师事南海太守鲍靓，鲍靓也善于修道养生之学，对葛洪非常器重，便以女妻洪。在道教知识方面，葛玄和鲍靓应该是对葛洪影响最大的两位老师。

晋惠帝太安二年(303)，二十一岁的葛洪以将兵都尉的身份参加了镇压张昌、石冰的军事活动，战后因功被授予伏波将军。但是战后葛洪投戈释甲，“不论功赏，径至洛阳，欲搜求异书以广其学”（《晋书·葛洪列传》），到洛阳读书去了。

中原地区动乱之后，葛洪便想到南方去躲避战乱，刚好他的故人嵇含被任命为广州刺史，嵇含便表请葛洪为参军。嵇含遇害后，葛洪就在广州一带生活多年，各处的任命一无所受。葛洪认识鲍靓并娶其女为妻，大概就在这一时期。

后来葛洪还归乡里，礼辟皆不赴。晋元帝司马睿为丞相时，任葛洪为掾，又追念他十多年前镇压石冰之功，赐爵关内侯。晋成帝咸和(326—334)初，司徒王导召补州主簿，转司徒掾，迁谘议参军。著名的史学家干宝对葛洪深相亲友，举荐葛洪才堪国史，选为散骑常侍，领大著作，葛洪固辞不就。

葛洪以自己年纪渐老，欲炼丹以求长生，听说交趾出产丹砂，便求为句漏令。当葛洪率领子侄到了广州时，为刺史邓岳所留，不听去。于是葛洪就留在罗浮山炼丹。“在山积年，优游闲养，著述不辍”（《晋书·葛洪列传》）。

晋哀帝兴宁元年(363)，葛洪突然写信给广州刺史邓岳，说：“当远行寻师，克期便发。”邓岳得信后，急忙前去辞别，还没赶到，葛洪已经去世，尸体颜色如生，终年八十一岁。关于葛洪的一生，《晋书·葛洪列传》有一个非常中肯的评价：

> 史臣曰：……稚川束发从师，老而忘倦。紬奇册府，总百代之遗编；纪化仙都，穷九丹之秘术。谢浮荣而捐杂艺，贱尺宝而贵分阴，游德栖真，超然事外。全生之道，其最优乎？

葛洪身处乱世，一生坎坷，却不仅能够明哲保身，寿愈八十，而且还能够珍惜分阴，著作等身，为后人留下了丰富的史料，因此史臣说他“其最优乎”，绝非阿谀之言。

综观其一生，葛洪出生于一个较为复杂的家族里。这个家族，从社会地位上看，既享受过上层的荣华富贵，又经历过平民的贫苦生活；从思想上看，这个家族既接受了儒家的传统思想，更有着道教养生修仙的情愫，这就使葛洪求学时既吸收了儒学思想，更接受了道教的影响。成年后的一段时间，他又一直是在儒家的修齐治平和道教的遁世求仙之间徘徊。这一切都体现在葛洪的代表作《抱朴子》之中。

《抱朴子》共分《内篇》二十卷和《外篇》五十卷，关于这两本书的主要内容，葛洪在《抱朴子外篇·自叙》中有一个简要的说明：

> 凡著《内篇》二十卷，《外篇》五十卷……其《内篇》言神仙、方药、鬼怪、变化、养生、延年、禳邪、却祸之事，属道家；其《外篇》言人间得失、世事臧否，属儒家。

《抱朴子内篇》讲养生成仙，《抱朴子外篇》讲治国安民，这两部书的内容集中地反映出作者以道教养生为主，以儒学治世为辅，内外并举、儒道兼修、仕隐变通的人生追求，这实际上也代表了整个中国传统文人的人生追求。

除了《抱朴子内篇》和《抱朴子外篇》之外，葛洪的著作还很多，《晋书·葛洪列传》记载有：“其余所著碑、诔、诗、赋百卷，移檄、章表三十卷，神仙、良吏、隐逸、集异等传各十卷，又抄《五经》、《史》、《汉》、百家之言、方技杂事三百一十卷，《金匮药方》一百卷，《肘后要急方》四卷。”而《抱朴子外篇·自叙》的记载稍有不同：“碑、颂、诗、赋百卷，军书、檄移、章表、笺记三十卷，又撰俗所不列者为《神仙传》十卷，又撰高尚不仕者为《隐逸传》十卷，又抄五经、七史、百家之言、兵事、方伎、短杂、奇要三百一十卷，别有《目录》。”这些著作大部分已经佚失，保留下来的计有：《抱朴子内篇》二十卷，《抱朴子外篇》五十卷，《神仙传》十卷，《肘后要急方》四卷。

二　本书的思想内容

葛洪的思想可以说是丰富而驳杂的，其中主要的是儒、道两家，这里所说的“道”，主要是指道教。我们这里主要介绍《抱朴子内篇》的思想内容。

《抱朴子内篇》的核心内容是在阐述道教的修道成仙，全书主要围绕三个内容展开，一是阐述了以“玄”、“一”、“玄一”、“真一”为代表的道教哲学思想，为养生成仙寻求理论上的支持，二是论述了神仙的实有和仙道的可学，三是介绍了养生学仙的具体方法。

第一，对“玄”、“一”、“玄一”、“真一”的推崇。

这几个概念虽然文字不同，但指的都是道家、道教思想中的最高概念——道。“道”的本义是道路，我们从某地到某地，必须通过某一条道路，不然，我们就达不到自己的目的地。同样的道理，我们办事要想成功，就必须遵循某一种规律，通过某一种方法、原则，否则我们就无法成功。于是在词汇相对贫乏的古代，道就由“道路”义引申出另一种含义，那就是规律、原理、原则等等。“道”是天地间所有规律的总称，细分则有天之道、地之道、人之道等等。在人之道中，又有治国理民之道、修身养性之道、处世交往之道，对于神仙家而言，当然也有养生成仙之道，而《抱朴子内篇》就是专门阐述养生修仙之道的。

在道家那里，“道”没有太多的神秘色彩，而到了道教那里，“道”逐步被神化了。这种神化，在本书中体现得非常明显。“道”又被古人称为“一”，而《地真》则把“一”分为“玄一”和“真一”两类，从葛洪对这些名称的界定，可以清楚地看出道教是如何对“道”进行神化的。把“一”作为道教的重要概念，源于先秦道家。《老子》三十九章："天得一以清，地得一以宁，神得一以灵，谷得一以盈，万物得一以生，侯王得一以为天下贞。"学界一般认为，老子所说的"一"，其实就是"道"，也即规律的代名词。而葛洪则把"一"分解为"玄一"和"真一"两个层次，他说："玄一之道，亦要法也。无所不辟，与真一同功。吾《内篇》第一名之为《畅玄》者，正以此也。"可以说，葛洪在《畅玄》中所说的"玄一"，虽然偏重于道教求仙的内容，已有夸饰之处，但相对来说，与老子所说的"道"的含义还比较接近，哲学的意味较浓。而他说的"真一"就是完全神学化、人格化的"道"了。他在《地真》中说："一有姓字服色，男长九分，女长六分；或在脐下二寸四分下丹田中；或在心下绛宫金阙中丹田也；或在人两眉间，却行一寸为明堂，二寸为洞房，三寸为上丹田也。""真一有姓字、长短、服色。"这个"真一"有姓名、身高、服装、颜色，还有自己的住所。"道"在它被叫做"真一"之后，就由一个抽象的哲学概念变成了一位活生生的、无所不能的人格化的神。葛洪夸大地描述了"道"的人格形象和神奇效能，从而也就把"道"变成了人们崇拜、信仰的对象，于是"道"也就从人间跨上了神坛。既然"一"是神，那么只要守着"一"，一切困难都可以迎刃而解："子欲长生，守一当明；思一至饥，一与之粮；思一至渴，一与之浆。"(《地真》)葛洪说的"真一"，基本上等同于上帝了。

第二，对神仙的虔诚信仰。

本书的核心思想是神仙信仰，而葛洪对道的推崇，不过是为他的神仙信仰寻求哲学依据而已。葛洪博览群书，是一位学识渊博的人，同时又是一位极为虔诚的宗教家。几乎在本书的所有篇章中，他都要论证神仙的实有，对不相信神仙的世俗人予以极大的同情。作者用来证明神仙实有的主要方法就是引典籍为证。他说：

> 按《汉书》栾太初见武帝，试令斗棋，棋自相触。而《后汉书》又载魏尚能坐在立亡，张楷能兴云起雾，皆良史所记，信而有征。而此术事，皆在神仙之部，其非妄作可知矣。(《对俗》)

除了引用正史记载外，葛洪还引用了大量的神话传说作为自己的论据，如《论仙》中“郊间两瞳之正方，邛疏之双耳出乎头巅，马皇乘龙而行，子晋躬御白鹤”，另如《对俗》中“昔安朝先生、龙眉宁公、修羊公、阴长生，皆服金液半剂者也。其止世间，或近千年，然后去耳”等等。

引用典籍记载为自己的论点作论证，是学者常用的手法，直到今天也是如此，然而书中的记载未必全部是真实可信的。这一道理，葛洪并非不懂，他在《微旨》中介绍房中术时说：

或曰：“闻房中之事，能尽其道者，可单行致神仙，并可以移灾解罪，转祸为福，居官高迁，商贾倍利，信乎？”抱朴子曰：“此皆巫书妖妄过差之言，由于好事增加润色，至令失实。或亦奸伪造作虚妄，以欺诳世人，隐藏端绪，以求奉事，招集弟子，以规世利耳。……凡服药千种，三牲之养，而不知房中之术，亦无所益也。是以古人恐人轻恣情性，故美为之说，亦不可尽信也。”

远在先秦，人们就知道“尽信书，则不如无书”(《孟子·尽心下》)的道理，前人留下的图书，不仅有故意的造假、无意的误传，而且还有粗心的误抄，不可尽信。葛洪对此也十分认同，他在《遐览》中说：“谚曰：‘书三写，“鱼”成“鲁”，“虚”成“虎”。’”葛洪清醒地意识到，书籍，即使是仙经，“亦不可尽信”。他甚至一针见血地指出，一些奸诈之徒为了谋取私利，故意混淆视听，造作出许多“妖妄过差之言”。然而在宗教信仰的支配下，他却毫不迟疑地使用了书中难以征信的记载、甚至是一些街谈巷议作为神仙实有的证据，使葛洪在排除了一部分“过差之言”后，又相信了另一部分“过差之言”。

除了引用典籍作证据外，葛洪也使用一些现实生活中的事情来证明学仙的不妄。比如，他从万物变化的角度来论证凡人可以变化为神仙。他在《论仙》中说：

若谓受气皆有一定，则雉之为蜃，雀之为蛤，壤虫假翼，川蛙翻飞，水蛋为蛉，荇苓为蛆，田鼠为鴽，腐草为萤，鼍之为虎，蛇之为龙，皆不然乎！若谓人禀正性，不同凡物，皇天赋命，无有彼此，则牛哀成虎，楚妪为鼋，枝离为柳，秦女为石，死而更生，男女易形，老彭之寿，殇子之夭，其何故哉？苟有不同，则其异有何限乎？

事物之间可以相互转化，这确实是一种较为常见的现象，但这种转化是有条件的，是有限的，而不是无条件和无限的。换句话说，我们不能因为事物之间可以相互转化，就推论出人一定能够转化为神，更何况葛洪在这里所列举的许多例子本身就不存在，如“牛哀成虎，楚妪为鼋，枝离为柳，秦女为石”等等，这些本来就是他道听途说来的，用一个子虚乌有去论证另一个子虚乌有，其所得出的结论自然也就难以是正确的。

葛洪的另外一些推理方法也似是而非。比如他认为，人们吃容易腐烂的五谷，尚且能够获取数十年的寿命，那么如果去服食金丹，其效果自然是长生不死，因为黄金千年不变，丹砂百炼不消，所以服食黄金、丹药便能获得永久的生命力。

葛洪在证明神仙实有时，还使用了夸大的手法去割裂了共性与个性、普遍与特殊之间的关系。比如作者首先承认有始必有终、有生必有死，“诚是大体”，是共性，是普遍规律。但天地间的事物是千差万别的，“不可以一概之”。作者举例说：“谓夏必长，而荠、麦枯焉；谓冬必凋，而竹、柏茂焉；谓始必终，而天、地无穷焉；谓生必死，而龟、鹤长存焉。”（《论仙》）于是就推论出，神仙与世人不同，他们像竹柏、天地、龟鹤一样，是超越于一般之外的个别，是独立于普遍之外的特殊。

在认识论方面，葛洪强调人类认识能力的有限性，把神仙放置于人类无法认识的领域之中。葛洪说：“虽有至明，而有形者不可毕见焉；虽禀极聪，而有声者不可尽闻焉；虽有大章、竖亥之足，而所常履者，未若所不履之多；虽有禹、益、齐谐之智，而所尝识者，未若所不识之众也。”（《论仙》）这一观点本来没有错，但他的笔锋一转，就把神仙的事情安置在人类认识能力所无法达到之处。而事实上，用认识能力的有限来论证任何事物都可能存在，只能是一种假设，而作者把这种假设直接视为事实，从逻辑上也是不能成立的。

本书是一本宣扬长生不死的宗教典籍，但书中也有一些值得称道的地方，比如葛洪在书中列举了大量的事例来揭露一些假道士是如何骗人钱财的。在《祛惑》中，葛洪以古强、蔡诞、项曼都、假白和等数人为例，用事实说明他们为了图谋虚名、金钱，是如何欺世盗名的。葛洪苦口婆心，一而再、再而三地告诫世人，社会上的假道士不仅极多而且危害极大。应该说，葛洪的揭露和批判不仅是合理的，也是实事求是的。在中国古代，一些方士为了名利，不仅欺骗普通百姓，甚至连皇帝也被毫无顾忌地列入他们的欺骗对象，具有无上权威的秦始皇、汉武帝都曾是他们的囊中之物。这些方士不仅耗费了人们的财富，也耗费了人们的时间和生命。然而客观公允地讲，葛洪虽然对这些假道士深恶痛绝，唯恐人们误入歧途，而他本人为人们指出的修仙道路也并不正确，照样会使人们耗尽一生而一事无成。不同的是，假道士为了个人利益，是在有意地编织圈套以诓害他人，而葛洪则是带着悲天悯人的真诚态度在“欺骗”人们。从客观的实际效果来看，两者是五十步笑百步；然而如果从道德的角度去审视，虔诚的宗教信徒葛洪与故意作假骗人的伪道士还是有着天壤之别，不可同日而语。我们不能因为葛洪对人们的教育内容错了，就连他的真诚态度也一并否定。可以说，葛洪是一位十分虔诚的道教信徒，他是以真诚不欺的态度写作这本以成仙为目的的《抱朴子内篇》的。

第三，关于修仙方法。

既然神仙实有，而且神仙可学，那么人生的最高追求就应该是修道成仙了。在书中，葛洪为信仰者系统地介绍了成仙的道术，他所提供的修仙方法主要有以下几种。

（一）要想成仙，必先行善

葛洪认为行善是修仙的首要前提，他说：“禁忌之至急，在不伤不损而已。”因为“天地有司过之神，随人所犯轻重，以夺其算，算减则人贫耗疾病，屡逢忧患，算尽则人死”(《微旨》)。作恶多端，养生将会毫无效果。作者详细地列举了恶事与善事的具体内容，大至慈爱万物，小到不跨越别人的水井灶台，可以说几乎包含了世俗社会中的所有道德内容。葛洪接着还举出了历史上善有善果、恶有恶报的典型事例，以增强自己观点的说服力。应该说，葛洪的这一思想，客观上还是具有一定的积极意义的。

（二）服食金丹是成仙的最佳途径

在早期的道教活动中，烧炼金丹以求成仙是道士们的主要信仰之一，而葛洪就是这一信仰的狂热鼓吹者。葛洪明确指出，服食金丹是成仙的最主要途径。他认为一般道士用行气、断谷、房中、服食草木药物的方法去追求成仙的行为是非常荒谬的，因为修行这样的道术，其效果不过仅仅是获得一个长寿而已，而炼制金丹才是成仙的正途，认为“小丹之下者，犹自远胜草木之上者也”(《金丹》)。葛洪还试图从理论上说明金丹为什么能够使人长生不死的原因，他说：“夫金丹之为物，烧之愈久，变化愈妙；黄金入火，百炼不消，埋之，毕天不朽。服此二物，炼人身体，故能令人不老不死。此盖假求于外物以自坚固，有如脂之养火而不可灭。铜青涂脚，入水不腐，此是借铜之劲以扞其肉也。金丹入身中，沾洽荣卫，非但铜青之外傅矣。”(《金丹》)葛洪从金属外用后的不腐效果推理到金丹内服后可以成仙的神奇作用。换句话说，就是通过服食，把金丹的不朽性炼入自己的肉体，从而使自身如同金丹那样毕天不朽。

既然炼制金丹是最好的成仙方法，于是作者就在《金丹》中详细地介绍了各种金丹的制作原料、制作程序、服用方法及服用效果。在介绍了这些内容之后，葛洪还特别提醒炼丹时应注意的其他事项：第一，“合丹当于名山之中”，因为名山中居住的都是正神或地仙，他们会赐福于炼丹者。而“小山皆无正神为主，多是木石之精、千岁老物，血食之鬼。此辈皆邪炁，不念为人作福，但能作祸……或能坏人药也”(《金丹》)，葛洪接着还介绍了数十座可供炼丹的名山。第二，炼丹还要“先斋百日，沐浴五香，致加精洁”（《金丹》），然后再虔诚地祭祀神灵，以求得他们的福佑。第三，不要和那些愚昧的世俗人交往，更不能让“不信道者知之，谤毁神药”，否则“药不成矣”（《金丹》）。从中不难看出葛洪对炼丹技术研究之深入和对炼丹者关怀之备至。

（三）其他养生方法

本书除了反复强调服食金丹是成仙的根本方法之外，还提出了其他许多养生、修仙的方法和道术，以便对修道成仙起到一些辅助的作用。

首先，为了保证身体的健康，要注意养生和医学。作者在《至理》中指出，要想修仙成功，必须远离繁杂的世务，因为“形者，神之宅也。故譬之于堤，堤坏则水不留矣；方之于烛，烛糜则火不居矣。身劳则神散，气竭则命终。根竭枝繁，则青青去木矣；气疲欲胜，则精灵离身矣”，这段文字用生动形象的比喻说明肉体对于精神的重要作用，而繁忙的世俗事务会损害人的肉体健康，不利于养生修仙。正是出于这一原因，作者列举了大量的历史名医治病救人的事例，记载了许多医疗方法，虽然其主要目的是要通过医术可以治病，进一步类推出养生可以成仙的结论，但作者对于医学保健的重视，还是值得肯定的。

其次是内丹。所谓内丹，就是以身体为丹炉，以精气为炼丹原料，通过反复修炼以达到养生目的。《至理》说：“引三景于明堂，飞元始以炼形；采灵液于金梁，长驱白而留青；凝澄泉于丹田，引沉珠于五城。”修炼内丹虽然不是葛洪思想的重点，他对内丹的论述也比较简略，但这些观念无疑对以后道教内丹术的发展起到了一定的推动作用。

再次是行气。葛洪说：“服药虽为长生之本，若能兼行气者，其益甚速。若不能得药，但行气而尽其理者，亦得数百岁。”（《至理》）行气与内丹修炼有着密切关系，是道教养生术之一，也有其一定的合理之处，但葛洪在书中用大量的篇幅渲染行气的禁咒作用：“禁虎豹及蛇蜂，皆悉令伏不能起。……以炁禁白刃，则可蹈之不伤，刺之不入。若人为蛇虺所中，以炁禁之则立愈。近世左慈、赵明等，以炁禁水，水为之逆流一二丈。又于茅屋上然火，煮食食之，而茅屋不焦。又以大钉钉柱，入七八寸，以炁吹之，钉即涌射而出。”(《至理》)这种过分的渲染，已经超出了气功养生的范围，滑入方术末流了。

最后是房中术。《至理》说：“又宜知房中之术，所以尔者，不知阴阳之术，屡为劳损，则行气难得力也。”房中术在汉代已经较为流行，《汉书·艺文志》就著录了房中术八家，《后汉书·方术列传下》也记载了冷寿光“年可百五六十岁，行容成公御妇人法”等。事实上，远在先秦，人们已经关注到房事对健康的影响，《庄子·达生》说：“夫畏涂者，十杀一人，则父子兄弟相戒也，必盛卒徒而后敢出焉，不亦知乎？人之所取畏者，衽席之上，饮食之间，而不知为之戒者，过也！”葛洪对房中术虽然没有详细介绍，但他再次提出这一点，无疑对养生者有着一定的警示作用。

总之，葛洪论述道教养生成仙的思想时，既有形而上的哲学论证，也提供了一些形而下的具体实证，然而这些论证和实证又都是建立在似是而非的基础之上的。可以说，在神仙信仰方面，葛洪提供的理论和方法，是愚昧大于明智，而在愚昧之中，又闪烁着几星明智的火花。“刍荛之言，圣人择焉”，更何况葛洪并非“刍荛”，而我们也更非圣人，抛弃本书中的愚昧，选择其中的智慧，这不仅是我们对待本书应有的态度，也是我们对待整个中国传统文化应有的态度。

三　本书的地位和影响

《抱朴子内篇》在道教发展史上，具有很高的地位，其中所提出的一些思想主张，对当时及后世都产生了重大的影响。

首先，葛洪提出的儒、道兼修思想，得到了后人的热烈响应。

在本书中，葛洪对儒、道两家的先后明确作出了自己的判断。关于儒、道两家的是非得失，是中国思想史上从古至今都没有能够完全解决的一个颇具争议的问题。远在先秦时期，道家就批评儒家的效法古人是“推舟于陆也，劳而无功，身必有殃”(《庄子·天运》)，而儒家也毫不客气地反讥道家的代表人物庄子不过是一个不足道的“鄙儒”(《史记·孟子荀卿列传》)而已。到了汉代，“世之学老子者则绌儒学，儒学亦绌老子”(《史记·老子韩非列传》)，儒、道两家相互批评成为当时社会的一个普遍现象，这种矛盾甚至反映到了政治领域。到了魏晋时期，儒、道两家更是旗帜鲜明地在各个问题上展开了长期而深入的辩论。作为魏晋士大夫之一的葛洪，对于这一问题也给出了自己的明确答案。《明本》说：“道者，儒之本也；儒者，道之末也。”道为本，儒为末，先后顺序一目了然。葛洪在批判阴阳、儒、墨、法各家之后，认为“唯道家之教，使人精神专一，动合无形，包儒、墨之善，总名、法之要，与时迁移，应物变化，指约而易明，事少而功多，务在全大宗之朴，守真正之源者也”。在《明本》中，葛洪还大致分析了世俗社会贬道褒儒的原因，那就是“世间浅近者众，而深远者少，少不胜众，由来久矣”，由于人们的见识浅薄，根本没有能力去认识深邃的道家思想。葛洪的这一评价，不仅是受到了个人信仰和时代风尚的影响，而且在一定程度上，也反映出了客观事实：以老庄为首的道家，在社会政治、个人生活等各个方面，确实揭示了一些为儒家所忽略的问题。

本书在多数情况下，是把道家与道教视为一家的，这也是古人的普遍看法。然而葛洪又清楚地知道道家与道教还有诸多不同，所以一谈到修仙，他就明确地突出了道教的地位：“五千文虽出老子，然皆泛论较略耳。其中了不肯首尾全举其事，有可承按者也。但暗诵此经，而不得要道，直为徒劳耳，又况不及者乎？至于文子、庄子、关令尹喜之徒，其属文笔，虽祖述黄、老，宪章玄虚，但演其大旨，永无至言。或复齐死生，谓无异以存活为徭役，以殂殁为休息，其去神仙，已千亿里矣，岂足耽玩哉？其寓言譬喻，犹有可采，以供给碎用，充御卒乏，至使末世利口之奸佞，无行之弊子，得以老、庄为窟薮，不亦惜乎？”(《释滞》)在儒、道的先后问题上，葛洪认为道先于儒；在道家与道教的先后问题上，葛洪认为道教先于道家，表现出一位宗教家的鲜明立场。

虽说如此，葛洪还是努力地想把儒、道两家调和起来，他在《释滞》中说：

> 长才者兼而修之，何难之有？内宝养生之道，外则和光于世；治身而身长修，治国而国太平；以六经训俗士，以方术授知音；欲少留则且止而佐时，欲升腾则凌霄而轻举者，上士也。自持才力，不能并成，则弃置人间，专修道德者，亦其次也。昔黄帝荷四海之任，不妨鼎湖之举；彭祖为大夫八百年，然后西适流沙。……古人多得道而匡世，修之于朝隐，盖有余力故也。何必修于山林，尽废生民之事，然后乃成乎？

在葛洪看来，真正的上士，是外可以治国安民，而内能够修道成仙，至于一心隐居修仙的人，即使成功了，充其量也不过属于次一等的士人了。正因为如此，葛洪既写了《抱朴子内篇》，又写了《抱朴子外篇》。这就是后人津津乐道的儒、道互补，内外兼修，这种人生价值取向得到了多数文人的共鸣。

陶弘景就受到了葛洪的深刻影响，《梁书·处士列传》记载："陶弘景……年十岁，得葛洪《神仙传》，昼夜研寻，便有养生之志。谓人曰：'仰青云，睹白日，不觉为远矣。'"葛洪的著作为陶弘景成为一名道士作了极好的铺垫，但在陶弘景成为道士之后，依然没有忘怀人事，同书记载说："义师平建康，闻议禅代，弘景援引图谶，数处皆成'梁'字，令弟子进之。高祖既早与之游，及即位后，恩礼逾笃，书问不绝，冠盖相望。"以至于"国家每有吉凶征讨大事，无不前以谘询。月中常有数信，时人谓为'山中宰相'。"（《南史·隐逸列传下》）"山中宰相"这一名号形象地说明了陶弘景内外兼修的生活特征。陶弘景的著作，据史书记载有《学苑》、《孝经》、《论语集注》、《帝代年历》、《本草集注》、《效验方》、《肘后百一方》、《古今州郡记》、《图像集要》及《玉匮记》、《七曜新旧术疏》、《占候》、《合丹法式》等等。由此可见，陶弘景不仅行事上与葛洪一致，就连著述内容也极为相似。

唐代的李泌也是一位内外兼修的典范。他之所以能够在史书上留下光彩的一笔,主要是由于他在政治上的建树。在哲学上,他反对命定论,以此来鼓励唐德宗发愤图强;在政治上,他对内善于协调各种关系,而对敌则反妥协,反割地,具有政治家的果敢作风。时人评价他说:"两京复,泌谋居多,其功乃大于鲁连、范蠡。"(《新唐书·李泌列传》)把李泌同历代文人心目中的偶像鲁连、范蠡相提并论,这一评价可以说是相当高的。这位在事功方面颇有建树的政治人物,却喜欢以方外人的身份出现在世人面前,《新唐书·李泌列传》记载:

> 肃宗即位灵武,物色求访,会泌亦自至。已谒见,陈天下所以成败事,帝悦,欲授以官,固辞,愿以客从。入议国事,出陪舆辇,众指曰:"著黄者圣人,著白者山人。"

李泌坚决要以"山人"的身份为国效力的目的,无非是为了向皇帝身边的当权者表明自己没有政治野心,以避免卷进争权夺利的斗争之中。而这位在政治上颇有建树的李泌,就是一名地道的道士,他先后在嵩山、衡山修道学仙,《邺侯外传》说:"泌自丁家艰,无复名宦之冀,服气修道,周游名山,诣南岳张先生受箓,德宗追谥张为玄和先生。"李泌数次进山修道,又数次入朝从政,以至于位至宰辅,也是一位内外兼修、出处灵活的典范人物。

在中国历史上,像这样儒、道兼修的人数不胜数,如李白、罗隐、苏轼、文天祥等等,无不与儒、道都保持着密切的联系。到了全真道,更是提出了"三教合一"的主张,把儒、道互补的理论推向高潮。

其次,在道教发展史上,葛洪是一位承先启后的重要人物。由于葛洪的努力,道教在上层社会中得到了更大的发展。

在葛洪之前,道教虽然已经在上层社会流行,但在民间的势力更大。道教一方面成为统治阶级利用的对象,另一方面又成为统治阶级的潜在威胁,黄巾起兵导致东汉政权的崩溃,就是极好的例证。葛洪站在上层社会金丹派的立场上，对这些反叛的道士进行了激烈的批判：

> 曩者有张角、柳根、王歆、李申之徒，或称千岁，假托小术，坐在立亡，变形易貌，诳眩黎庶，纠合群愚。进不以延年益寿为务，退不以消灾治病为业，遂以招集奸党，称合逆乱，不纯自伏其辜，或至残灭良人。（《道意》）

张角之类人物的历史功过，是个聚讼纷纭的问题，支持者认为他们是揭竿而起的农民起义领袖，反对者则认为他们是狼子野心的叛贼反民。葛洪就是一位立场鲜明的反对者。如果说葛洪对张角等人的反对还有值得商榷之处的话，那么他对另一种游走于世间的假道士的批判就合理得多。他在《道意》中说："孝武尤信鬼神，咸秩无文，而不能免五柞之殂；孙主贵待华向，封以王爵，而不能延命尽之期。"他还说："宽衰老羸悴，起止咳噫，目瞑耳聋，齿堕发白，渐又昏耗，或忘其子孙，与凡人无异也。然民复谓宽故作无异以欺人……宽亦得温病，托言入庐斋戒，遂死于庐中。而事宽者犹复谓之化形尸解之仙，非为真死也。"葛洪批判的对象，上至帝王，下至普通百姓。他列举的鲍鱼神、李树神、古墓水、石人神、马太守等等事例，更让读者看清楚了民间道教迷信活动的荒唐和欺骗。

葛洪不仅揭露下层道士迷信活动的荒唐和欺骗，更揭示了这些活动带来的社会危害。从大的方面看，一些人打着神鬼的旗号，聚众谋反，搅得整个天下不得安宁；从小的方面看，迷信使一些百姓倾家荡产，死无葬身之财。于是葛洪提出了自己对那些巫师妖道的惩处方法："唯宜王者更峻其法制，犯无轻重，致之大辟，购募巫祝不肯止者，刑之无赦，肆之市路。"（《道意》）从这里不难看出葛洪对道士骗人勾当的深恶痛绝。

应该说，葛洪对民间迷信活动的反对态度是极为明确和坚决的，这一主张，即使对于我们今天的生活，也不乏借鉴意义。可惜的是，葛洪在反对民间迷信的同时，又端出了自己符合上层口味的神仙信仰，他反复申明："天下非无仙道也，宽但非其人耳。"（《道意》）也就是说，自己的神仙信仰是正道，而其他迷信活动则属于邪道，实际上，葛洪不过是用一个错误替换了另一个错误而已。

总之，在魏晋这一道教分化演变时期，葛洪对先秦以来的神仙思想进行了系统的总结，在继承原始道教重生的基础上，从理论上论证了神仙存在和神仙可学，又通过儒、道调和等方式，改造了原始道教，使之更符合上层贵族的口味，为上层士族道教的合理性提供了理论基础，同时也为镇压民间具有反叛倾向的道教提供了理论根据。葛洪对道教进一步获得统治阶级的认可和道教自身的发展都作出了自己的贡献。

第三，在科技史上，葛洪在宗教信仰的框架之内，也提出了许多合理的因素。

在炼制丹药方面，葛洪主观上当然是为了成仙这一荒唐目的，然而在客观上，却在人类化学冶炼史上留下了可贵的一页。卿希泰先生在《中国道教史》(第一册)中总结葛洪在这方面的五个贡献，那就是葛洪"深刻地认识了丹砂的化学特性"，"正确地认识了铅的可逆特性"，"观察并记录了金属间的置换作用"，"观察并记录了化学反应中的升华现象"和"认识了'炭'在高温条件下的还原作用"。比如《金丹》说："《两仪子饵黄金法》，猪负革脂三斤，淳苦酒一升，取黄金五两，置器中，煎之土炉，以金置脂中，百入百出，苦酒亦尔。"葛洪已经知道用醋来溶解黄金。他还记载了"华池"溶液，所谓"华池"，就是在醋中投放硝石等药物，用来溶解各种金属和矿物质。葛洪对这些问题的记录和探索，客观上对科技的发展有一定的促进作用。

在养生、医学方面，葛洪也作出了自己的贡献。他在《至理》中说："夫人所以死者，诸欲所损也，老也，百病所害也，毒恶所中也，邪气所伤也，风冷所犯也。今道引行气，还精补脑，食饮有度，兴居有节……可以免此六害。"作者认为人的死亡是由于欲念、衰老、疾病、毒素、邪气、风冷等各种因素引起的，并对症下药，提出自己的一系列养生主张。从大体上看，葛洪的养生原则基本上是正确的。除了善于养生，葛洪还是一位优秀的医学家，他的医学著作有《玉函方》一百卷（疑即《金匮药方》一百卷）、《救卒》三卷、《肘后要急方》四卷等，虽然这些不是《抱朴子内篇》的内容，但《内篇》记载了这些医书的大致内容和作用。正是由于葛洪在医学上的贡献，所以《晋书·葛洪列传》评价他"兼综练医术，凡所著撰，皆精核是非，而才章富赡"。

第四，本书为我们留下了丰富而可信的道教发展史料。

道教正式创立于东汉晚期，最初主要是在民间流行。在葛洪之前，虽然有大量的有关道教活动的记载，但这些记载大多不免于支离破碎，而葛洪则较为系统、完整地记录了当时道教的信仰及发展状况，为我们留下了极为可贵的道教研究史料。

比如，《遐览》就为我们介绍了当时道教典籍的概况。作者介绍道书的目的非常明确，就是想让那些"后生好书者，可以广索也"，是在为将来的同志修道成仙着想。但本篇客观上为我们提供了作者当时所能够接触到的道书情况，使我们通过这些道书，能够了解当时道教典籍的大致状态，从而有助于我们对当时整个道教发展状况的了解。

再比如炼制金丹。远在葛洪之前，炼制金丹的活动已经在社会上广泛流行，然而炼制金丹的具体细节，由于道士的自秘其术、古籍的散遗等原因，我们很少能够从其他书籍中了解，即使是号称"丹经王"的《周易参同契》也语焉不详。葛洪在自己的书中则详细地介绍了一些炼制金丹的配料、方法和过程，使我们不仅对炼制金丹有了理性的知识，也能获得一些感性的认识。

《抱朴子内篇》的史料价值当然不限于此，比如书中记载了当时用于养生修仙的大量药物名称，揭露了假道士骗人钱财的丑陋现象，介绍了当时道教内部师徒的关系及生活情况。可以说，如果没有本书，将会极大地缩小我们认识魏晋时期道教状况的深度和广度。

《抱朴子内篇》一书可以说是正确与错误交错，科学与迷信杂陈。书中既有值得借鉴的内容，也包含了大量的非科学的臆测，甚至完全属于宗教迷信。即便是对于那些荒诞的内容,我们也不能完全否定它们的存在价值。从书中不难看出,作者是以极为虔诚的态度在宣扬这些荒诞思想,这客观上反映了古人在极其艰难的条件下认识客观世界、把握个人命运的不懈努力。换句话说,葛洪的认识结果固然错了,但不能把他的认识动机也一并否定。这好比孩子学数,也许孩子会得出一加一等于三的错误结果,但成年人绝不会因为结果错了,就连同孩子的这次努力也一块否定。葛洪的认识错误为后人提供了教训,他的求仙失败等于在错误道路的入口处插了一块路标——"此路不通"。通过本书的史料,我们不仅认识了当时的道教,也认识了人类在整个发展史上的一处足迹,正是这些或正确、或不正确的足迹,共同构成了整个人类的生活历程。从这个角度讲,荒诞思想的史料价值一点也不亚于正确思想的史料价值。

关于《抱朴子内篇》,古今已有许多学者作过整理,计有继昌、陈其荣的《抱朴子内篇校勘记》、孙星衍平津馆校勘本《抱朴子内篇》、罗振玉敦煌石室本《抱朴子残卷校记》。注释本则有陶弘景的《抱朴子注》二十卷,可惜已佚。王明先生汇集现存各种版本,进行了校勘和注解工作,著《抱朴子内篇校释》,另外还有顾久先生的《抱朴子内篇全译》、邱凤侠先生的《抱朴子内篇今译》。本书以孙星衍平津馆校勘本为底本,参校其他版本。以上学者的研究工作为本书的译注提供了极大的便利,本人向这些学者表示由衷的感谢和敬意。虽然前贤为《抱朴子内篇》的整理和译注做了大量的工作,但相对于其他更经典的古籍来说,对《抱朴子内篇》的研究还有很多欠缺,特别是其中的神秘方术和药物,还有许多难解之处。由于本人才疏学浅,注释中可能会出现一些学术错误,万望诸位同仁指教。

张松辉

2011 年 5 月于长沙

畅玄卷一

【题解】

畅玄，详细阐述玄妙的大道。畅，畅谈，详细谈论。玄，指玄妙的大道。关于“玄”这一概念，老、庄已经提到，但那只是用来描述“道”的特征，有深邃难识、玄妙无比的意思。西汉的扬雄直接把“道”称为“玄”：“夫玄也者，天道也，地道也，人道也。”(《太玄·玄图》)这就是葛洪把“道”称为“玄”的原因。因为“玄”与“道”同义，所以有时他把“玄”与“道”连用，称为“玄道”。

“道”的概念出现很早，据说在传说时代，人们就提出了“人心惟危，道心惟微。惟精惟一，允执厥中”(《尚书·大禹谟》)的观点，《周易》中也有“履道坦坦，幽人贞吉”的说法。到了春秋时期，老子继承这一思想，把“道”视为自己思想中的最高概念。战国时，《庄子·大宗师》对道有一个大致的描写：“夫道，有情有信，无为无形，可传而不可受，可得而不可见；自本自根，未有天地，自古以固存；神鬼神帝，生天生地。”“道”虽然看不见、摸不着，但它的权威高于上帝鬼神，是天地万物生存、活动的最终依据。道教于东汉后期创立之后，同样把“道”看作自己思想中的最高概念。正是因为“道”为道家、道教的最高概念，所以葛洪就把《畅玄》置为开宗明义的第一篇。

“道”究竟是什么？学界有不同的解释。现代学者的主要观点有：

(一)道是精神性的、能够产生万物的根源。(二)道是细微物质性的、能够产生万物的根源。(三)以上两派在承认道是产生万物根源(或物质的或精神的)的同时,也都承认道是宇宙规律的总称。

我们认为"道"就是万物规律及由此引申出的原则、道理、方法等等。"道"的本义是道路,我们从某地到某地,必须通过某一条道路,不然,我们就达不到目的地。同样的道理,我们办事要想成功,就必须遵循某一种规律,通过某一种方法、原则,否则我们就无法成功。于是在词汇相对贫乏的古代,道就由"道路"义引申出另一种含义,那就是规律、原理、原则等等。

"道"是天地间所有规律的总和,细分则有天之道、地之道、人之道等等。在人之道中,又有治国理民之道、修身养性之道、处世交往之道;对于神仙家而言,当然也有养生成仙之道,而《抱朴子内篇》就是专门阐述养生修仙之道的。

在本篇中,作者首先描述了大道至高无上的地位,及其看不见、摸不着而又无所不在、无所不能的特性。其次告诫读者,世俗的荣华富贵不仅会伤害人的健康,而且使人乐极生悲,因此不值得追求,真正值得修习的就只有大道。紧接着作者分别介绍了得道者和知足者的思想境界及外部表现。最后通过对比,说明失道的俗人和得道的至人的不同结果,进一步促成人们求道修仙的决心。

抱朴子曰[①]:"玄者[②],自然之始祖,而万殊之大宗也[③]。眇昧乎其深也[④],故称'微'焉[⑤]。绵邈乎其远也[⑥],故称'妙'焉。其高则冠盖乎九霄[⑦],其旷则笼罩乎八隅[⑧]。光乎日月[⑨],迅乎电驰。或倏烁而景逝[⑩],或飘泮而星流[⑪]。或滉漾于渊澄[⑫],或雰霏而云浮[⑬]。因兆类而为'有'[⑭],托潜寂而为'无'[⑮]。沦大幽而下沉[⑯],凌辰极而上游[⑰]。金石不能比其刚，湛露不能等其柔[18]。方而不矩，圆而不规。来焉莫见，往焉莫追。乾以之高[19]，坤以之卑[20]。云以之行，雨以之施。胞胎元一[21]，范铸两仪[22]。吐纳大始[23]，鼓冶亿类[24]。佪旋四七[25]，匠成草昧[26]。辔策灵机[27]，吹嘘四气[28]。幽括冲默[29]，舒阐粲尉[30]。抑浊扬清[31]，斟酌河渭[32]。增之不溢，挹之不匮[33]。与之不荣[34]，夺之不瘁[35]。故玄之所在，其乐不穷；玄之所去，器弊神逝[36]。

【注释】

①抱朴子：葛洪的号。大约为“坚守淳朴天性之人”的意思。“抱朴”一词出自《老子》十九章：“见素抱朴，少私寡欲。”

②玄：指玄妙的道。

③万殊：千差万别的一切事物、景象。大宗：本原。

④眇昧（miǎo mò）：深邃而看不清楚的样子。眇，通“渺”，深远。昧，不清楚。

⑤微：深奥，微妙。

⑥绵邈：高远的样子。

⑦冠盖乎九霄：处于九天之上。冠盖，像帽子一样盖在。九霄，九天云霄，也即天的极高处。

⑧八隅：八方。

⑨光：明亮。乎：介词。相当于“于”。表比较，有“胜于”的意思。

⑩倏（shū）烁：光线闪动的样子。景：日光。

⑪飘泮（bì）：飘动的样子。

⑫滉（huàng）漾：水深广的样子。渊澄：清澈的深渊。

⑬雰霏（fēn fēi）：纷飞的样子。

⑭因：附着。兆类：万物。古代以“百万”或“亿万”为兆，极言其多。

有：存在。

⑮潜寂：深寂幽暗的地方。无：不是什么都没有，而是指人们看不见、摸不着。

⑯大幽：北海。“大幽”本是传说中的国名，《山海经·海内经》说大幽国在北海之内，因此用来代指北海。

⑰辰极：北极星。

⑱湛露：浓盛的露水。

⑲乾：天。

⑳坤：地。卑：低。

㉑胞胎元一：孕育元气。胞胎，用作动词，作“孕育”讲。元一，元气。是构成天地万物的原始物质。古人认为，在没有万物之前，宇宙间就是一团混沌之气，这团混沌之气就叫做元气。

㉒范铸两仪：创造天地。范，浇铸器物的模子。这里用作动词，与“铸”同义连用。两仪，天地。《周易·系辞上》：“易有太极，是生两仪。”

㉓吐纳：指呼吸时吐故气、纳新气，这里比喻化育。大始：原始。

㉔鼓冶亿类：创造万物。鼓，为冶炼而鼓风。冶，冶炼。亿类，万物。

㉕佪（huái）旋：回旋。四七：指二十八宿。

㉖匠成：培养造就。草昧：天地初成时的混沌状态。

㉗辔（pèi）策：驾驭，驱使。辔，马缰绳。策，马鞭。这里都用作动词，指驾驭。灵机：神妙的造化之机。

㉘吹嘘：吹动，鼓动。四气：四季之气。

㉙幽括：囊括，蕴涵。冲默：清静谦和的品性。

㉚舒阐：抒发，表现。粲尉：鲜明浓盛的风格。

㉛抑浊扬清：使浊重的事物下降，使清轻的事物上扬。

㉜斟酌河渭：安排好了黄河和渭水。斟酌，安排。河，河名。黄河。

渭，河名。渭水。黄河水浊，渭河水清。

㉝挹（yì）：舀出来。匮（kuì）：匮乏，干涸。

㉞与：给予。荣：兴盛。

㉟瘁：病苦，憔悴。

㊱器：有形体的具体事物，如人的肉体。神：无形体的抽象精神，如人的灵魂。

【译文】

抱朴子说："玄妙的大道，是自然的始祖，是万物的本原。它是那样的深邃难识，所以被称为'深奥'；它是那样的高远渺茫，所以被称为'微妙'。它高远得就像帽子一样覆盖在九天之上，它广大得就像巨笼一样笼罩着四面八方。它比日月还要明亮，它比闪电还要迅速。它有时一闪而过就像飞逝的日光，有时飘移流动就像疾行的流星；有时深广得就像清澈的深渊，有时纷飞得就像飘动的云朵。它附着于天地万物之上便呈现为'存在'，寄寓在幽暗深寂之中就转化为'虚无'。它可以处于北海而往下沉潜，也可以越过北极而向上飘移。坚硬的金石比不上它的坚硬，浓郁的露水比不上它的柔和。它有时呈现出方形，却不能用矩尺来衡量；它有时呈现出圆形，又不能用圆规来测度。它出现时人们看不见，消失时人们也追不上。上天因为它而高高在上，大地因为它而处于下位。云彩因为它而飘动，雨露因为它而降临。它孕育出元气，铸造出天地。它化育了原始物质，创造了万事万物。它转动着天上的星宿，造就了天地初现的混沌世界。它驾驭着神妙的造化之机，鼓动着四季的冷暖之气。它既蕴涵着清静谦和的品性，也能表现出鲜明浓盛的风格。它使浊重的事物下降、清轻的事物上扬，极好地安排了黄河、渭水等河流。添加它而它从不会溢出，减少它而它也从不会干涸。给予它一些而它不会显得更加兴盛，掠夺它一些而它不会显得更加衰落。因此玄妙的大道所在之处，就会情趣盎然而其乐无穷；玄妙的大道消失之时，就会形体破败而神髓消亡。

“夫五声八音[①]，清商流徵[②]，损聪者也[③]；鲜华艳采，彧丽炳烂[④]，伤明者也[⑤]；宴安逸豫[⑥]，清醪芳醴[⑦]，乱性者也；冶容媚姿[⑧]，铅华素质[⑨]，伐命者也[⑩]。其唯玄道，可与为永[⑪]。不知玄道者，虽顾眄为生杀之神器[⑫]，唇吻为兴亡之关键[⑬]；绮榭俯临乎云雨[⑭]，藻室华绿以参差[⑮]；组帐雾合[⑯]，罗帱云离[⑰]；西、毛陈于闲房[⑱]，金觞华以交驰[⑲]；清弦嘈嘈以齐唱[⑳]，郑舞纷縿以蟉虵[㉑]；哀箫鸣以凌霞[㉒]，羽盖浮于涟漪[㉓]；掇芳华于兰林之囿[㉔]，弄红葩于积珠之池[㉕]；登峻则望远以忘百忧[㉖]，临深则俯擥以遗朝饥[㉗]；入宴千门之焜焜[㉘]，出驱朱轮之华仪[㉙]。然乐极则哀集[㉚]，至盈必有亏[㉛]；故曲终则叹发，燕罢则心悲也[㉜]。寔理势之攸召[㉝]，犹影响之相归也[㉞]；彼假借而非真[㉟]，故物往若有遗也[㊱]。

【注释】

①五声：古代分音阶为宫、商、角、徵、羽五类，叫“五声”，也叫“五音”。八音：古代的八类乐器，具体指金（如钟）、石（如磬）、丝（如琴瑟）、竹（如箫管）、匏（如竽笙）、土（如埙）、革（如鼓）、木（如柷敔）。

②清商流徵（zhǐ）：清扬的商音和婉转的徵音。这里泛指动听的音乐。

③聪：听力。

④彧（yù）丽：文彩繁盛的样子。炳烂：鲜亮光明的样子。

⑤明：视力。

⑥宴安：安逸。逸豫：安乐。

⑦清醪（láo）芳醴（lǐ）：泛指酒。清醪，清洁的浊酒。醪，浊酒。醴，甜酒。

⑧冶容：艳丽的容貌。冶，艳丽。

⑨铅华素质：精心打扮的白皙丽质。铅华，抹脸的粉。素质，白色的皮肤。

⑩伐命：伤害生命。伐，砍伐，伤害。

⑪可与为永：可以与大道永远相处。

⑫顾眄：看一眼。顾，回头看。眄，斜着眼看。神器：政权，帝位。本句意思是说，即便是掌握了生杀的大权。

⑬唇吻：嘴唇。这里代指言语。关键：指重要的权位。

⑭绮榭：华丽的台榭。绮，华丽。榭，建筑在高台上的房子。

⑮藻室：修饰华丽的屋舍。华(huā)绿：红花绿叶。指各种华美的图案。华，花。参差(cēn cī)：高低错落。

⑯组帐：华美的帷帐。

⑰罗帱(chóu)：丝织的帷帐。离：通“丽”，附着，笼罩。

⑱西、毛：即西施、毛嫱，古代著名美女，这里泛指美女。闲房：安静的房屋。

⑲金觞(shāng)：金制的酒杯。华：光彩闪亮。交驰：指手握酒杯你来我往，相互劝酒。

⑳清弦：清亮的琴声。嘈囋(cáo zá)：喧闹。

㉑郑舞：郑国的舞蹈。这里泛指舞蹈。纷繧(róu)：乱纷纷的样子。蝼蛇(wēi yí)：通“逶迤”，舞步委婉的样子。

㉒哀：哀婉动人。

㉓羽盖：用翠鸟羽毛装饰的车盖，这里应该指船篷。涟漪(yī)：水面上的波纹。

㉔掇(duō)：摘取。芳华：芳香的花朵。兰林：古代苑林名。囿(yòu)：蓄养鸟兽的园子。

㉕弄：观赏。红葩(pā)：红花。积珠：可能为古代池塘名。一说可能是古代殿阁名。

㉖峻：高山峻岭。

㉗擥(lǎn)：通“览”，观赏。

㉘千门：千门万户。焜熀(kūn huǎng)：光彩夺目的样子。

㉙敺(qū)：同“驱”。朱轮：古代达官贵人所乘的车子，用红色漆轮，故称“朱轮”。

㉚集：归聚，到来。

㉛亏：亏损，衰落。

㉜燕：通“宴”，宴会。

㉝寔(shí)：此，这。攸(yōu)：相当于代词“所”。

㉞影响：影子和回响。相归：指身影与身体、回响与呼声相互追随。

㉟彼：代指上文提到的荣华富贵。假借：虚假的短暂存在。

㊱遗：怅然若失。

【译文】

“至于像五声八音这些美好的音乐，无论是清扬的商曲还是婉转的徵调，都会损伤人们的听力；美丽鲜艳的颜色、光耀夺目的文彩，都会破坏人们的视力；安逸舒适的生活、清洁芳香的美酒，都会扰乱人们的本性；美丽娇艳的容貌、精心妆扮的丽质，都会伤害人们的生命。只有玄妙的大道，才可以与它永远相伴。那些不懂得玄妙大道的人，即便是占据了凭一个眼神就可以决定别人生死的地位，掌握了凭几句言语就可以决定国家兴亡的大权；即便是拥有能够俯瞰着云雨的绮丽高榭，居住在错落有致的华美殿堂；即便是华美的帷帐好像轻雾弥漫，丝织的绣幕如同白云笼罩；即便是西施、毛嫱一类的美女守候在闲静的房内，手握溢彩的金杯你来我往相互劝酒；即便是清亮的琴声喧闹异常而又伴随着人们的合唱，优美的舞姿纷纷纭纭而又宛转低昂；即便是哀婉动人的箫声直上云霞，翠鸟羽毛装饰的帷盖飘荡在碧水之上；即便是能够在兰林苑里摘采芳香的鲜花，到积珠池中观赏红艳的奇葩；即便是登临高山峻岭、眺望远方以消除万般忧愁，面对深渊大壑、俯视美景以忘却早间饥肠；即便是进入光彩耀目的千门万户去享受盛大宴会，出去乘坐仪仗威严的华贵车辆到处奔驰。然而欢乐到极限，悲哀便会来临；盈满至顶点，亏损必然出现。所以一曲终了时就会发出哀叹，欢宴结束后则会心生悲凉。这本来就是事物发展的自然趋势所导致的结果，就好像身影和身体、回响与呼声相互追随一样。那些荣华富贵原本就属于虚假的短暂幻象而非真正的事物，因此当荣华富贵消失后人们便会怅然若失。

“夫玄道者，得之乎内[①]，守之者外[②]；用之者神，忘之者器[③]，此思玄道之要言也。得之者贵，不待黄钺之威[④]；体之者富[⑤]，不须难得之货[⑥]。高不可登，深不可测。乘流光[⑦]，策飞景[⑧]，凌六虚[⑨]，贯涵溶[⑩]。出乎无上[⑪]，入乎无下[⑫]；经乎汗漫之门[⑬]，游乎窈眇之野[⑭]；逍遥恍惚之中[⑮]，倘佯仿佛之表[⑯]。咽九华于云端[⑰]，咀六气于丹霞[⑱]。徘徊茫昧[⑲]，翱翔希微[⑳]；履略蜿虹[㉑]，践跚旋玑[㉒]。此得之者也。

【注释】

①内：内心。

②外：外部行为。

③器：这里指人的肉体。

④黄钺(yuè)：用黄金装饰的大斧子。最早为天子专用，后来用作帝王的仪仗。大臣出师时，朝廷有时也允许他借用黄钺以示威重。

⑤体：体会，体悟。

⑥难得之货：难以得到的奇珍异宝。

⑦乘流光：乘坐着闪动的光线。

⑧策飞景：驾驭着飞驰的日光。策，驾驭。景，日光。

⑨六虚：上下四方。指整个宇宙空间。

⑩涵溶：包容。这里指包容万类的宇宙。

⑪无上：至上。

⑫无下：最深。

⑬汗漫：无边无际的样子。

⑭窈眇：幽深旷远的样子。

⑮逍遥：自由自在的样子。恍惚：隐约不清的样子。

⑯倘佯：同“徜徉”，自由往来的样子。仿佛：迷茫恍惚的样子。表：……之外。

⑰咽：吞咽。九华：日月之精华。

⑱六气：天地、四季之气。

⑲茫昧：幽深难识的样子。

⑳希微：空虚寂静的样子。

㉑履略：脚踏，巡游。履，脚踏。略，巡游。蜿虹：弯曲的彩虹。

㉒跞跚：脚踏。旋玑：星名。北斗星中形成斗形的四颗星。这里代指北斗星。旋，通“璇”。

【译文】

“玄妙的大道，要在内心里去领悟它，要在行动上去坚守它；善于运用它的人就可以神妙无穷，忘却遗失它的人就会只剩下没有灵魂的躯壳，这就是思考、体悟玄妙大道的主要秘诀。掌握了玄妙大道的人高贵，不必依仗黄钺的威风；体悟到玄妙大道的人富有，无需拥有难得的珍宝。得道的人高不可攀，深不可测。他们乘坐着流动的光线，驾驭着飞扬的日光，凌驾在上下四方之上，穿行于浩翰宇宙之中。他们能够出现在最高之处，能够深入到最深之地；他们走过无边无际的门户，游荡在辽阔旷远的原野；他们自由自在地遨游在恍恍惚惚的状态之中，无拘无束地徜徉在迷迷蒙蒙的境界之外。他们在云端上吞咽日月的精华，在丹霞内咀嚼四季的精气。他们徘徊于幽深难识之境，翱翔在空虚寂静之中；他们脚踏弯弯彩虹，足登北斗七星。这就是得道之人的境界。

“其次则真知足。知足者则能肥遁勿用[1]，颐光山林[2]。纡鸾龙之翼于细介之伍[3]，养浩然之气于蓬荜之中[4]。褴褛带索[5]，不以贸龙章之暐晔也[6]；负步杖策[7]，不以易结驷之骆驿也[8]。藏夜光于嵩岫[9]，不受他山之攻[10]；沉灵甲于玄渊[11]，以违钻灼之灾[12]。动息知止[13]，无往不足[14]。弃赫奕之朝华[15]，避偾车之险路[16]。吟啸苍崖之间[17]，而万物化为尘氛[18]；怡颜丰柯之下[19]，而朱户变为绳枢[20]。握耒甫田[21]，而麾节忽若执鞭[22]；啜荈漱泉[23]，而太牢同乎藜藿[24]。泰尔有余欢于无为之场[25]，忻然齐贵贱于不争之地[26]。含醇守朴[27]，无欲无忧，全真虚器[28]，居平味淡[29]。恢恢荡荡[30]，与浑成等其自然[31]；浩浩茫茫，与造化钧其符契[32]。如暗如明，如浊如清；似迟而疾[33]，似亏而盈[34]。岂肯委尸祝之坐[35]，释大匠之位[36]，越樽俎以代无知之庖[37]，舍绳墨而助伤手之工[38]？不以臭鼠之细琐[39]，而为庸夫之忧乐[40]。藐然不喜流俗之誉[41]，坦尔不惧雷同之毁[42]。不以外物汩其至精[43]，不以利害污其纯粹也[44]。故穷富极贵[45]，不足以诱之焉，其余何足以悦之乎[46]？直刃沸镬[47]，不足以劫之焉，谤讟何足以戚之乎[48]？常无心于众烦[49]，而未始与物杂也[50]。

【注释】

①肥遁：隐居。勿用：不为世俗所用。即不出仕。

②颐光：与“韬光”义近，指韬光养晦以修身养性。颐，养。

③纡(yū)：绾系，收敛。鸾：传说中的一种神鸟。细介：细小。指微不足道的鸟兽。介，通“芥”，小草。比喻细小。

④浩然之气：正大刚直之气。蓬荜(bì)：“蓬门荜户”的省略。形容

穷人居住的房屋。蓬，野草名。荜，同“筚”，用荆条、竹子编成的篱笆、门等。

⑤褴褛：衣服破烂。带索：以绳索为腰带。形容贫穷。

⑥贸：交换。龙章：绣有龙形图案的衣服。为古代帝王、诸侯的礼服。晞晔（wěi yè）：光彩夺目的样子。

⑦负：背。杖：倚杖，拄着。策：竹杖。

⑧易：交换。结驷：乘坐用四匹马拉的车。骆驿：通“络绎”，往来不断。

⑨夜光：即夜光璧。嵩岫（xiù）：高山峻岭。

⑩不受他山之攻：不接受其他山石的琢磨。《诗经·小雅·鹤鸣》：“它山之石，可以攻玉。”

⑪灵甲：灵龟。古人认为乌龟长寿，是灵异的动物，并用它的甲占卜，所以称“灵甲”。玄渊：深渊。

⑫违：回避，躲避。钻灼：钻凿、烧烤。古人用龟甲占卜时，先钻孔，然后烧烤，最后根据龟甲的裂缝以判断吉凶。

⑬动息知止：行动、休息都知道适可而止。

⑭无往不足：无论何时何地都知道满足。

⑮赫奕：光显盛大的样子。朝华（huā）：早晨片刻间盛开的鲜花。比喻短暂的荣华富贵。华，花。

⑯偾（fèn）：倾覆。

⑰苍崖：苍翠的山峰。

⑱尘氛：尘土。

⑲怡颜：开颜，欢喜的面容。丰柯：茂盛的枝条。代指茂密的山林。柯，树枝。

⑳朱户：漆成红色的门。指王公贵族的住宅。这里比喻富贵。绳枢：用绳子系门以代替门枢。比喻贫穷。

㉑耒（lěi）：一种农具。甫田：大田，开阔的田地。

㉒麾节：将帅用来指挥、调动军队的旌旗和符节。忽若：就好像。

㉓啜(chuò)：饮。荈(chuǎn)：晚采的茶。漱：喝。

㉔太牢：指美好的食物。牢，本指盛放祭品的器皿，大的叫“太牢”。太牢用来盛牛、羊、猪三种肉，因此后来多用“太牢”代指丰盛的食物。藜藿(lí huò)：两种野菜名。穷困者的食物。

㉕泰尔：泰然。余欢：很多的快乐。余，盛，多。无为：清静无为。指顺乎自然规律的清静生活。

㉖忻(xīn)然：欣然，高兴的样子。等：齐同。

㉗含醇守朴：坚守淳朴的天性。醇，淳朴。

㉘全真：保全率真的本性。虚器：看轻身外之物。虚，看得空虚。器，物。

㉙居平：甘居平常状态。味淡：品味淡泊。

㉚恢恢荡荡：心胸宽广的样子。

㉛浑成：浑然而成。这里代指大道。《老子》二十五章：“有物混成，先天地生。”这个浑然而成的“物”就是指大道。

㉜造化：大自然的创造化育。代指天地自然。符契：符节。古代朝廷用作凭证的信物。这里代指诚信。

㉝疾：快速。

㉞盈：圆满。

㉟委：抛弃。尸祝：古人祭祀时，代替鬼神接受祭祀的人叫做“尸”，传告鬼神言辞的人叫做“祝”。坐：座位。

㊱释：放弃。大匠：手艺高超的木工。

㊲樽俎(zūn zǔ)：祭祀用的酒器和盛肉器。庖：厨师。这里指做祭品的厨师。《庄子·逍遥游》：“庖人虽不治庖，尸祝不越樽俎而代之矣。”意思是，厨师即使不去做厨房的事情，尸祝也不会越过樽俎而去代替他做。后来形成“越俎代庖”一词。

㊳绳墨：木匠用来画直线的工具。《老子》七十四章：“常有司杀者

杀。夫代司杀者杀,是代大匠斫。夫代大匠斫者,希有不伤其手者矣。”意思是,最高统治者不要代替法官判案,如果硬要代替法官判案,就好像不懂木工的人去代替大匠砍木头一样,最后会砍伤自己。以上四句话的次序应理解为:“岂肯委尸祝之坐,越樽俎以代无知之庖;释大匠之位,舍绳墨而助伤手之工?”

㊴臭鼠:腐烂的老鼠。比喻世人追求的功名利禄。细琐:微不足道的事情。

㊵庸夫:平庸之人,世俗之人。

㊶藐然:藐视的样子。流俗:世俗。

㊷坦尔:坦然。雷同之毁:众口一致的毁谤。

㊸汩(gǔ):扰乱。至精:至高无上的精神境界。

㊹纯粹:纯洁完美的道德品质。

㊺穷富:极其富有。穷,穷尽,极其。

㊻悦之:使他感到高兴。

㊼直刃:利刃。一本作“白刃”。沸镬(huò):装满沸腾开水的大锅。镬,古代的一种大锅。古代有一种酷刑叫做“烹”,即把人放在开水里煮死。

㊽谤讟(dú):非议,诽谤。戚:忧惧不安。

㊾众烦:众多的烦恼。

㊿与物杂:与外界事物混杂在一起。

【译文】

“其次就是那些真正的知足者。知足之人能够隐居起来而不为世用,韬光养晦于山林之中。他们能够像收起翅膀的鸾凤、蛟龙那样而与卑微的鸟兽为伍,修养那浩然正气于破敝的茅舍之中。他们宁肯穿着褴褛的衣衫、束着绳索做的腰带,也不愿用它来交换光彩华丽的龙袍;宁肯背负重物、拄着竹杖徒步行走,也不愿用它来换取穿梭不停的华贵车辆。他们把自己像夜光璧一样收藏在高大的山谷里,不接受其他山石的琢磨；他们把自己像灵龟一样沉匿在幽深的潭水中，以躲避钻凿火烤的灾祸。他们劳作与休息都能适可而止，无论何时何地都能知足常乐。他们抛弃了显赫但短暂的荣华富贵，避开了使车辆倾覆的艰险道路。他们在苍翠的山峰之间吟诗长啸，静观万物慢慢化作尘土；在茂密的树林之下开颜欢笑，冷眼朱门转眼变成破户。他们手握农具在广阔的田野里耕耘，把将帅手中的符节视为农夫手中的鞭子一般；他们喝着苦涩的晚茶和山间的泉水，把丰盛的佳肴看作野菜般的粗食一样。他们在清静无为的境界里泰然自若、欢乐无穷；于不争不斗的心境中等同贵贱、怡然自得。他们涵含淳厚，持守朴素；不存欲念，没有忧愁；保全真性，漠视外物；甘居平常，品味淡泊。他们心胸开阔，与浑然而成的大道一样天然；他们境界高远，和化育万物的天地一样诚信。他们似昏似明，如浊如清；他们看似迟缓，却又迅疾；看似不足，却又圆满。他们哪里肯放弃尸祝一样的身份，越过樽俎而去代替厨师备办祭品？他们岂能撇下大匠一样的地位，舍去绳墨而去帮助总是砍伤手指的小工？他们不会因为追逐像腐烂老鼠一样的细微名利，从而产生凡夫那样的喜怒哀乐。他们不喜欢而且蔑视世俗的称誉，胸怀坦荡也不畏惧众人的诋毁；他们不因为身外之物而扰乱自己的高尚精神，不由于利害关系而玷污自己的纯洁品德。极度的富有和显赫的权势，不足以诱惑他们，其他的名利又怎么能够使他们喜悦呢？锋利的刀刃和沸腾的鼎镬，不能够胁迫他们，诽谤与谗言又怎么能够引起他们的不安？他们从来不把各种烦恼之事放在心上，也从来不与外界的事物相互混杂。

“若夫操隋珠以弹雀[①]，舐秦痔以属车[②]，登朽缗以探巢[③]，泳吕梁以求鱼[④]，旦为称孤之客[⑤]，夕为狐鸟之余[⑥]；栋挠悚覆[⑦]，倾溺不振[⑧]。盖世人之所为载驰企及[⑨]，而达者之所为寒心而凄怆者也[⑩]。故至人嘿《韶》、《夏》而韬藻棁[⑪]；奋其六羽于五城之墟[12]，而不烦衔芦之卫[13]；翳其鳞角乎勿用之地[14]，而不恃曲穴之备[15]。俯无倨鹅之呼[16]，仰无亢极之悔[17]。人莫之识[18]，邈矣[19]，辽哉[20]！”

【注释】

①隋珠：即“隋侯之珠”。相传一条大蛇受伤，隋侯（隋国君主）为它医治，后来大蛇口衔宝珠作为回报，这颗宝珠即被称为“隋侯珠”。弹：弹击。本句用“隋侯珠”比喻自己宝贵的生命，用“雀”比喻不值得追求的富贵名利。

②舐（shì）秦痔以属车：舔舐秦王的痔疮以获取车队。属车，跟从的车队。《庄子·列御寇》说，曹商获得秦王赏赐的百辆车子后，便在庄子面前夸耀，庄子说：“我听说秦王有病请医生，能够为他挤破疖子的人，可以得到一辆车的赏赐；能够为他用舌头舔痔疮的人，可以得到五辆车的赏赐；用来治疗的方法越低贱，得到的车辆就越多。您莫不是为他舔了痔疮吧？不然您怎么能够得到这么多的车辆呢？”后人用“舐痔”一词比喻用卑劣的手段去获取富贵。

③朽缗（mín）：朽烂的绳子。缗，绳子。一本作“朽条”，枯朽的枝条。探巢：掏鸟窝。

④吕梁：地名。《庄子·达生》说，吕梁的瀑布直下二十多丈，飞溅的水沫冲出四十里，即便是鼋、鼍、鱼、鳖也无法在那里游动。以上两句比喻用危险的方式去获取名利。

⑤称孤：指帝王。古代帝王自称“孤”、“寡人”等。

⑥余：余末，末流。

⑦栋挠：栋梁折断。餗（sù）：鼎中的美食。这里用“栋挠餗覆”比喻国家衰亡、政权倾覆。

⑧倾溺：倾覆淹没。比喻国家灭亡。

⑨载驰：驾车奔驰。形容急切的样子。企及：努力达到。指努力追逐荣华富贵。

⑩达者：通达之人。也即得道之人。凄怆：伤心悲痛。

⑪至人：思想境界最高的人。嘿(mò)：同“默”，沉默不语。《韶》：乐曲名。据说是舜时的音乐。《夏》：乐曲名。宏大的乐章叫做“夏”。本句用“《韶》”、“《夏》”比喻卓越的才能，用“嘿《韶》、《夏》”比喻不去显示自己的才能。韬：遮掩。藻棁(zhuō)：画有彩饰的短柱，是天子的庙饰。本句比喻至人抛却富贵。

⑫六羽：即“六翮”，鸟翅膀上的健羽，这里代指翅膀。五城：昆仑山的五座城池。这是神话传说中的地方。墟：地方。

⑬不烦衔芦之卫：不需要像大雁那样口衔芦苇去自卫。据说大雁飞翔时口含芦苇以防备自己触网。一说是为了防备人们的箭。

⑭翳(yì)：掩盖。鳞角：代指龙。

⑮曲穴：深穴。曲，深隐之处。

⑯倨鸱(chī)之呼：蹲坐在地上的猫头鹰发出的惊呼声。倨，通“踞”，蹲坐在地。鸱，通“鸱”，即猫头鹰。《庄子·秋水》：“惠子相梁，庄子往见之。或谓惠子曰：‘庄子来，欲代子相。’于是惠子恐，搜于国中三日三夜。庄子往见之，曰：‘南方有鸟，其名为鹓鸰，子知之乎？夫鹓鸰，发于南海，而飞于北海，非梧桐不止，非练实不食，非醴泉不饮。于是鸱得腐鼠，鹓鸰过之，仰而视之曰：“吓！”今子欲以子之梁国而“吓”我邪？’”这里用“倨鸱之呼”比喻人们担心失去富贵时的惊呼。

⑰亢极之悔：物盛必衰的懊悔。亢，至高。《周易·乾卦》：“亢龙有悔。”意思是飞得过高的龙必有所悔，提醒人们以盈满为戒。

⑱人莫之识：即“人莫识之”。之，代指思想境界最高的至人。

⑲邈：高远。

⑳辽：遥远。形容思想旷达。

【译文】

"如果拿着隋侯宝珠去弹击鸟雀，舔舐秦王的痔疮以获取车队，登上朽烂的绳梯去掏鸟窝，在湍急的吕梁水中去捉鱼虾，这种人早上还是帝王的贵客，晚上就会成为贱如鸟兽的末流；栋梁折断，鼎食泼洒，国家倾覆灭亡，从此一蹶不振。世俗人四处奔走、汲汲以求的那些荣华富贵，却正是通达者所感到寒心和可悲的所在。所以那些修养极高的至人不去显示自己的才华而抛却荣华富贵。他们奋起翅膀翱翔在昆仑五城的上空，而不需要像鸿雁那样口衔芦苇以自卫；他们像蛰龙那样把自己隐藏在无用之地，而没有必要依恃深深的洞穴去防备灾难。在下他们不会像蹲坐在地上的猫头鹰那样发出担心受损的惊呼，在上他们没有盛极必衰时的懊悔。世上没有人理解这些思想境界极高的至人，因为他们的境界实在是太高远了，他们的胸怀实在是太旷达了！"

论仙卷二

【题解】

在中国，神仙观念可以说是源远流长。远在传说时代，人们就有神仙观念，认为自然界的一些现象都是神仙意志的体现。随着文字的出现，记载神仙传说的著作也越来越多，《汉书·艺文志》就记载了神仙十家，著作多达二百零五卷。

"仙"字最早出现在《诗经·小雅·宾之初筵》中："屡舞仙仙。""仙仙"本来是形容舞步轻盈的样子。后来，"仙"慢慢与神仙义发生了联系，比如《庄子·天地》："千岁厌世，去而上仙，乘彼白云，至于帝乡。"因此《释名·释长幼》解释说："老而不死曰仙。"先秦时期，人们已经认为世人通过修炼是可以成仙的，如《庄子·大宗师》说："夫道……西王母得之，坐乎少广，莫知其始，莫知其终；彭祖得之，上及有虞，下及五伯；傅说得之，以相武丁，奄有天下，乘东维，骑箕尾，而比于列星。"西王母、彭祖和傅说都是通过修道才得以成仙的。

《韩非子·外储说左上》已经记载了先秦人们兜售不死成仙术的情况："客有教燕王为不死之道者，王使人学之，所使学者未及学而客死。王大怒，诛之。"到了秦汉时期，秦始皇和汉武帝更是花费了难以数计的人力和物力去求道学仙。东汉末年，道教创立之后，就把修仙作为自己的最高信仰和最高追求。

本篇的核心思想就是论证神仙的存在和长生不死的可能。作者在论证神仙和求仙都是真实不妄的事实时，主要采用了以下几种方法：

第一，葛洪用夸大的手法，割裂了共性与个性、普遍与特殊之间的关系。作者首先承认有始必有终、有生必有死，“诚是大体”，是共性，是普遍规律。但天地间的事物是千差万别的，“不可以一概之”。作者举例说：“谓夏必长，而荠、麦枯焉；谓冬必凋，而竹、柏茂焉；谓始必终，而天、地无穷焉；谓生必死，而龟、鹤长存焉。”于是就推论出，神仙与世人不同，他们像竹柏、天地、龟鹤一样，是超越于一般之外的个别，是独立于普遍之外的特殊。

第二，强调人类认识能力的有限性，把神仙放置于人类无法认识的领域中。葛洪说：“虽有至明，而有形者不可毕见焉；虽禀极聪，而有声者不可尽闻焉；虽有大章、竖亥之足，而所常履者，未若所不履之多；虽有禹、益、齐谐之智，而所尝识者，未若所不识之众也。”这一观点本来没有错，但他的笔锋一转，就把神仙的事情安置在人类认识能力所无法达到之处。而事实上，用认识能力的有限来论证任何事物都可能存在，只能是一种假设，而作者把这种假设直接视为事实，从逻辑上也是不能成立的。

第三，用典籍的记载证明神仙的存在。葛洪说：“列仙之人，盈乎竹素矣，不死之道，曷为无之？”他接着列举了《列仙传》、《左传》、《史记》等书中有关神仙的记载，以证明神仙的真实性。然而他忽略了一点，就是这些典籍的记载是否可靠？且不说《列仙传》这类神仙传记，即便是所谓的正史，其中也都包含着数量不等的传说。换句话说，这些记载本身还需要我们去验证，拿这些还没有经过验证的记载去证明神仙的真实存在，就好比以“无是公”来证明“乌有先生”一样。

作为一位宗教家，葛洪对神仙的信仰也无可厚非，他提出的一些论证方法也有一定的启发意义，比如强调事物之间的差异性，有助于我们对不同事物的认识，有利于提高我们解决问题的能力；强调人类认识能力的有限性，可以提醒我们人类不可过分自信；而用典籍的记载作为立论的根据，依然是我们著书立说时常用的方法。因此，在批判葛洪神仙信仰的同时，也应注意从中汲取合理的部分。

或问曰[①]："神仙不死，信可得乎[②]？"抱朴子答曰："虽有至明[③]，而有形者不可毕见焉[④]；虽禀极聪[⑤]，而有声者不可尽闻焉；虽有大章、竖亥之足[⑥]，而所常履者[⑦]，未若所不履之多；虽有禹、益、齐谐之智[⑧]，而所尝识者，未若所不识之众也。万物云云[⑨]，何所不有？况列仙之人，盈乎竹素矣[⑩]，不死之道，曷为无之？"

【注释】

①或：有人。

②信：的确，真的。

③至明：最好的视力。明，视力。

④毕见：全部看到。毕，全部。

⑤禀：禀赋，禀性。极聪：最好的听力。聪，听力。

⑥大(tài)章、竖亥：传说是大禹时的人，都善于行走。大章，又作"太章"。《淮南子·地形》记载，大禹派太章从东极走到西极，一共是二亿三万三千五百里七十五步；派竖亥从北极走到南极，一共是二亿三万三千五百里七十五步。

⑦履：践踏，走过。

⑧禹：即大禹。因治水有功，被舜选为继承人，后来成为夏朝的第一代君主。益：即伯益。舜的贤臣，助大禹治水有功。齐谐：是一位见多识广的人。《庄子·逍遥游》："齐谐者，志怪者也。"

⑨云云：即"芸芸"，众多的样子。

⑩竹素：竹简和白绢。纸张发明之前，人们用竹简和白绢写字，后来就用“竹素”代指历史典籍。

【译文】

有人问：“神仙长生不死，这真的可能吗？”抱朴子回答说：“即使具备最好的视力，也不可能把所有的物体全部看到；即使具备最好的听力，也不可能把所有的声音完全听到；即使具有大章、竖亥那样的捷足，而他们所走过的地方，也不如他们没有走过的地方多；即使具有大禹、伯益、齐谐那样的智慧，而他们所知道的东西，也不如他们不知道的东西多。万物是那样的繁多，什么样的东西不会存在呢？何况成仙的人，史书中的记载随处可见，长生不死的道术，怎么会没有呢？”

于是问者大笑曰①：“夫有始者必有卒②，有存者必有亡。故三、五、丘、旦之圣③，弃、疾、良、平之智④，端、婴、随、郦之辩⑤，贲、育、五丁之勇⑥，而咸死者⑦，人理之常然⑧，必至之大端也⑨。徒闻有先霜而枯瘁⑩，当夏而凋青，含穗而不秀⑪，未实而萎零⑫，未闻有享于万年之寿、久视不已之期者矣⑬。故古人学不求仙，言不语怪⑭，杜彼异端⑮，守此自然，推龟鹤于别类⑯，以死生为朝暮也。夫苦心约己，以行无益之事；镂冰雕朽⑰，终无必成之功。未若摅匡世之高策⑱，招当年之隆祉⑲，使紫青重纡⑳，玄牡龙跱㉑，华毂易步趍㉒，鼎餗代耒耜㉓，不亦美哉？每思诗人《甫田》之刺㉔，深惟仲尼‘皆死’之证㉕，无为握无形之风㉖，捕难执之影，索不可得之物，行必不到之路。弃荣华而涉苦困，释甚易而攻至难，有似丧者之逐游女㉗，必有两失之悔㉘；单、张之信偏见㉙，将速内外之祸也[30]。夫班、狄不能削瓦石为芒针[31],欧冶不能铸铅锡为干将[32]。故不可为者,虽鬼神不能为也;不可成者,虽天地不能成也。世间亦安得奇方,能使当老者复少,而应死者反生哉?而吾子乃欲延蟪蛄之命[33],令有历纪之寿[34];养朝菌之荣[35],使累晦朔之积[36],不亦谬乎[37]?愿加九思[38],不远迷复焉[39]。"

【注释】

①大笑:认为夸大不实而笑。敦煌本作"大而笑之"。

②卒:终结。

③三、五、丘、旦:都是古代的圣人。三,指三皇。传说中的帝王。说法不一,一说指天皇、地皇、人皇,一说指伏羲、神农、黄帝。五,指五帝。传说中的帝王。说法不一,一说指伏羲、神农、黄帝、尧、舜。丘,孔子。孔子名丘,字仲尼。旦,周公姬旦。为周武王之弟,辅佐周武王灭商后,又辅佐周武王之子周成王,为周朝开国功臣。

④弃、疾、良、平:都是古代有智慧的人。弃,又叫后稷,周人的祖先。据说他善于耕种庄稼,在尧、舜时期做过农官。疾,又叫樗里子,战国时期秦惠王的弟弟,滑稽聪慧,人称"智囊"。良,指张良,秦汉时谋士,辅佐刘邦成就帝业。平,指陈平,秦汉时谋士,辅佐刘邦成就帝业。

⑤端、婴、随、郦(lì):都是古代善于言谈的人。端,春秋卫国人,姓端木名赐,字子贡,孔子弟子,有口才。婴,春秋时齐国的大夫,姓晏名婴,字平仲,善于辞令。随,随何,汉初的辩士,曾为刘邦劝说黥布叛楚归汉。郦,郦食其,汉初的辩士,常为刘邦游说其他诸侯。

⑥贲(bēn)、育、五丁:都是古代的勇士。贲,孟贲,战国时期的勇士,据说能拔掉活牛的角。育,夏育,周代有勇力的人。五丁,传说中秦惠王时蜀地的五位大力士。

⑦咸:都。

⑧常然:永远如此。

⑨大端:当依敦煌本作"大归"。大归,最终归宿。

⑩徒:只。先霜:下霜之前。枯瘁:枯萎。

⑪秀:开花。

⑫未实:还没有结出果实。零:凋谢。

⑬久视:长生不老。视,活。

⑭言不语怪:不谈论奇怪的事情。《论语·述而》:"子不语怪、力、乱、神。"

⑮杜:杜绝。异端:不符合正统思想的学说。

⑯推:排斥。龟鹤:乌龟和仙鹤。古人心目中的长寿动物。别类:与人不同的事物。

⑰镂(lòu)冰雕朽:镂刻冰块,雕琢朽木。比喻不能成功的事情。

⑱摅(shū):施展。匡世:纠正世道,治理国家。

⑲当年:当代,今生。隆祉(zhǐ):盛大的幸福。祉,福气。

⑳紫青:用来系印的紫绶、青绶。汉代官制,丞相、太尉用金印紫绶,御史大夫用银印青绶。这里用"紫青"指代高官厚禄。重纡(yū):一个个地悬挂着。重,一重重。形容很多。纡,悬挂。

㉑玄牡龙跱(zhì):用黑色公畜祭祀天地,像高贵的龙那样生活。这里形容富贵的生活。玄牡,祭祀天地用的黑色公畜。古代只有帝王才有资格祭祀天地。跱,盘踞。

㉒华毂:华美的车毂。这里代指华美的车辆。易:代替。步趍(qū):步行。趍,同"趋",行走。

㉓鼎𫗧(sù):大鼎中装着美食。这里代指官宦生涯。𫗧,美食。来

耜(lěi sì):两种农具。这里代指农夫身份。

㉔每:经常。《甫田》:《诗经·齐风》中的诗篇。《诗经·序》说本诗的内容是"大夫刺襄公也。无礼义而求大功……志大心劳,所以求者非其道也",这里用来说明求仙的人也是志大心劳,所求不合道理。

㉕惟:思维,思考。仲尼:即孔子。孔子名丘,字仲尼。皆死:都将死亡。这是孔子的话。《论语·颜渊》:"自古皆有死,民无信不立。"证:论断。

㉖无为:不要。无形之风:比喻难以实现的长生不死。

㉗丧:通"桑"。"桑者逐游女"的典故见于《列子·说符》:晋文公出兵讨伐卫国,公子锄仰天而笑,文公问他笑什么,公子锄回答说:"我笑我邻居家的一个年轻人。他送妻子回娘家,半路上看到一位采桑姑娘,他一见钟情,就前去搭话。可回头一看,另一个男人也正在挑逗他的妻子。"文公马上醒悟,率军而归,而此时已经有国家出兵进攻晋国的北部地区了。

㉘两失:指求仙的人既无法长生不死,又失去了世俗的幸福生活。

㉙单(shàn)、张:单豹、张毅。《庄子·达生篇》说,鲁国人单豹看破名利,隐居深山,注意保养自己的精神,结果被饿虎所食。张毅为了名利,四处奔走,注意保养自己的肉体,结果因为名利之心太重而生病死去。偏见:不全面的观点。指单豹注重保养精神而忽略了保养肉体,而张毅注重保养肉体而忽略了保养精神。

㉚速:招致。内外:指精神和肉体。

㉛班、狄:都是战国时期的能工巧匠。班,公输班,战国时鲁国人,又称"鲁班"。狄,墨翟。狄,通"翟"。战国时鲁国人,又称"墨子",是墨家创始人,据说他能够制造会飞的木鸢和守城的器械。芒:锋芒,锋利。

㉜欧冶:即欧冶子,春秋时越国人,善于铸剑。干将:宝剑名。

㉝蟪(huì)蛄:寒蝉。寿命很短,或春生夏死,或夏生秋死。

㉞历纪:活到一年。历,经过,活到。纪,三百天。《抱朴子·微旨》:“纪者,三百日也。”另外,古代十二年也叫一纪。

㉟朝(zhāo)菌:一种早上出生、傍晚死亡的菌类植物。荣:茂盛。代指生命。

㊱晦朔:一个月。旧历每月第一天叫做朔,最后一天叫做晦。

㊲谬:错误。

㊳九思:反复思考。九,泛指多。

㊴不远迷复:在迷途上走得不远就返回来。

【译文】

于是,提问的人就认为此话夸张不实而笑着说:“有开始就必然会有结束,有生存就一定会有死亡。所以即便是像三皇、五帝、孔子、周公这样的圣人,像后稷、樗里子、张良、陈平这样的智者,像子贡、晏婴、随何、郦食其这样的辩才,像孟贲、夏育、五丁这样的勇士,最终都去世了,这是人生之理的必然趋势,是一定会来临的最后归宿。人们只听说过寒霜还没有降临就枯萎、正值夏季就落叶、孕含了谷穗却不开花、还没有结果却已经凋零的事物,而从未听说过有谁能够享有万年的年龄,具有长生不死的寿命。因此古人做学问时不去追求成仙之术,言谈时不讨论稀奇古怪的事情,杜绝异端邪说,坚守自然法则,将灵龟、仙鹤视为其他的物类,把生存和死亡看成是必然出现的早晨和夜晚。与其苦心约束自己,去干些没有任何益处的事情,这就好像刻镂冰块,雕琢朽木,最终也无法取得任何的成功,还不如去施展匡世济民的高明策略,获取今生就能享受的盛大福分,使自己腰间挂满了紫绶青带系结的官印,使自己能够参与祭祀天地而过上富贵生活,以华美的车辆代替了过去的徒步行走,用官宦生涯取代了过去的农夫生活,这难道不是很美好吗?要经常想想诗人在《甫田》中的讽刺,深入思考孔子有关‘人皆有死’的论断,就不会再去试图握持无形的风,去捕捉难以捉摸的影子,去追求不可能得到的事物，去走上不可能到达目的地的路途。抛却荣华富贵的生活而去陷入困苦艰难的求仙活动，放弃唾手可得的成功而去谋取最难实现的长生目的，这就好像去挑逗采桑女的那位男子一样，必然会出现两头都将失去的悔恨；又好像单豹、张毅固守偏见那样，将会招致身内身外的灾祸。即使是鲁班、墨翟也不能把瓦片石块刻削为锋利的针尖，即使是欧冶子也不能将铅锡锻造成宝剑。因此不可能办到的事情，即使是鬼神也不能办到；不可能做成的事情，即使是天地也不能做成。人世间又哪里有什么奇特的方剂，能够使应当衰老的人重新年轻、本该死亡的人恢复生命呢？然而先生却想延长蟪蛄的生命，让它有超过一年的寿命；保养朝菌的生命，使它能够活到整整一个月，这难道不是很荒谬吗？希望您多加思考，在迷途上走得不要太远就返回来吧！”

抱朴子答曰：“夫聪之所去，则震雷不能使之闻；明之所弃，则三光不能使之见①。岂軥磕之音细②，而丽天之景微哉③？而聋夫谓之无声焉，瞽者谓之无物焉④，又况管弦之和音⑤，山龙之绮粲⑥，安能赏克谐之雅韵、炜晔之鳞藻哉⑦？故聋瞽在乎形器，则不信丰隆之与玄象矣⑧，而况物有微于此者乎？暗昧滞乎心神⑨，则不信有周、孔于在昔矣⑩，况告之以神仙之道乎？夫存亡终始，诚是大体，其异同参差，或然或否⑪，变化万品，奇怪无方，物是事非⑫，本钧末乖⑬，未可一也。

【注释】

①三光：日、月、星。

②軥(hōng)磕：象声词。形容隆隆的雷声。

③丽天：附着于天。这里指天上的日、月、星。丽，附着。景：阳光。

④瞽（gǔ）者：盲人。瞽，瞎眼。

⑤管弦：指管乐和弦乐器。

⑥山龙：古人礼服和旌旗上的山形、龙形图案。绚粲：绮丽璀璨。

⑦克谐：和谐。時晔（wěi yè）：光彩夺目的样子。鳞藻：鱼鳞、水藻，这里指绘有鱼鳞、水藻图案的华美服饰。

⑧丰隆：雷神。这里指雷声。一说指云神。玄象：日、月、星辰所形成的玄妙天象。

⑨暗昧：愚昧。

⑩周、孔：周公、孔子。在昔：从前。

⑪或然或否：有的是这样，而有的却不是这样。或，有的。

⑫物是事非：事物是一样的而所做的事情却不一样。

⑬本钧末乖：根本相同而发展的结果却相背。钧，通“均”，相同。乖，违背，相反。

【译文】

抱朴子回答说：“如果丧失了听力，那么震耳的雷声也不能使他听到；如果丧失了视力，那么满天日、月、星辰也没办法让他看见。难道是隆隆的雷声细小，日月的光芒微弱吗？然而聋子却认为震耳的响雷没有声音，瞎子认为日、月、星辰没有光芒，又何况对于管弦乐器的和奏音乐，山图龙纹的绮丽璀璨，他们怎么能欣赏那和谐的雅乐和鲜艳的花纹呢？因此聋人和盲人面对外界的事物时，就不会相信存在震耳的雷霆和满天的日、月、星辰，更何况许多事物有比这些更微弱细小的呢？愚笨蒙昧阻碍了心智，就不会相信昔日曾经有过周公和孔子，何况去告诉他神仙之道呢？事物有生存就有死亡，有开始必有终结，大体上的确是如此，然而事物有同有异、参差不齐，有的是这样，而有的却不是这样，变化万端，奇奇怪怪而没有定准，物类相同的却表现不一，根本相同而发展的结果却相背，所以不能一概而论。

“夫言始者必有终者多矣，混而齐之[①]，非通理矣。谓夏必长，而荠、麦枯焉[②]；谓冬必凋，而竹、柏茂焉；谓始必终，而天、地无穷焉；谓生必死，而龟、鹤长存焉。盛阳宜暑[③]，而夏天未必无凉日也；极阴宜寒[④]，而严冬未必无暂温也。百川东注，而有北流之活活[⑤]；坤道至静[⑥]，而或震动而崩弛[⑦]；水性纯冷，而有温谷之汤泉[⑧]；火体宜炽[⑨]，而有萧丘之寒焰[⑩]。重类应沉[⑪]，而南海有浮石之山[⑫]；轻物当浮，而牂柯有沉羽之流[⑬]。万殊之类，不可以一概断之，正如此也久矣。

【注释】

①混而齐之：混同万物看作一样。

②荠、麦枯焉：荠菜和小麦却在夏天枯萎了。荠，荠菜。

③盛阳：盛夏。古人认为夏天阳气最盛，所以称“盛阳”。

④极阴：严冬。古人认为冬天阴气最盛，所以称“极阴”。

⑤活活(guō)：流水声。

⑥坤道：大地之道，大地的特性。坤，地。

⑦崩弛：崩塌。

⑧温谷：山谷名。因为此地冬暖而得名。汤泉：温泉。

⑨炽：炎热。

⑩萧丘：海岛名。传说此处的火焰不热。

⑪重类：沉重的物体。

⑫浮石之山：飘浮的石山。

⑬牂(zāng)柯：地名。在今贵州省境内。沉羽之流：使羽毛下沉的水流。

【译文】

“主张有开始就一定会有终结的人很多，但如果把万物混同起来看得一模一样，就不是完全正确的道理了。如果说夏天里万物必定生长，但荠菜和小麦却在此时枯萎了；如果说冬天里万物必定凋谢，但竹子和松柏却在此时依然茂盛；如果说有始必有终，然而天、地却无穷无尽；如果说有生必有死，然而灵龟、仙鹤却能长生久存。盛夏应该是炎热的，但夏天未必就没有凉爽的日子；严冬应该是寒冷的，但冬天未必就没有短暂的温暖。千万条江河向东流到大海，却也有潺潺的河水向北流去；大地的特性是极为安静的，有时却也震动而崩塌；水的特性都是寒冷的，却有温谷的滚烫泉水；火的性质应该是炽热的，却有萧丘的寒冷火焰；重的物体应该沉没，但南海却有漂浮的石头山冈；轻的东西应当浮起，但牂柯却有沉下羽毛的河水。可见对于千差万别的物类，不能用同一种标准来一概而论，事物如此复杂是自古以来就存在的了。

"有生最灵①，莫过乎人。贵性之物②，宜必钧一③，而其贤愚邪正、好丑修短、清浊贞淫、缓急迟速、趋舍所尚、耳目所欲④，其为不同，已有天壤之觉、冰炭之乖矣⑤。何独怪仙者之异、不与凡人皆死乎⑥？

【注释】

①有生最灵：拥有生命而又最具灵性的。

②贵性之物：拥有可贵灵性的人类。

③宜必钧一：应该完全相同。钧，通"均"。

④好：美。修：长。贞：贞洁有操守。趋：趋向，追求。舍：舍弃。

⑤觉(jiào)：通"较"，差别。乖：背离，差别。

⑥怪：奇怪，怀疑。

【译文】

"拥有生命而又最具灵性的，大概莫过于人了。拥有可贵灵性的人类，理应完全相同，然而人们的贤明与愚笨、邪僻与正直、漂亮与丑陋、修长与短矮、高洁与污浊、贞节与淫荡、缓慢与急切、迟钝与敏捷、取舍与崇尚、耳目的欲求，他们的表现和作为各不相同，其间已有天壤之别，如同寒冰和炭火那样相互背离了。那么为什么偏偏要怀疑有奇异的神仙、他们不会与凡人一样死亡这样的事情呢？

“若谓受气皆有一定①，则雉之为蜃②，雀之为蛤③，壤虫假翼④，川蛙翻飞⑤，水蛋为蛉⑥，荇苓为蛆⑦，田鼠为鴽⑧，腐草为萤⑨，鼍之为虎⑩，蛇之为龙⑪，皆不然乎？

【注释】

①受气：接受元气而形成禀性。

②雉之为蜃(shèn)：野鸡变为大蛤。雉，野鸡。蜃，一种大蛤蜊。《礼记·月令》：“孟冬之月……雉入大水为蜃。”

③雀之为蛤(gé)：鸟雀变为蛤蜊。《礼记·月令》：“季秋之月……爵入大水为蛤。”爵，通“雀”。

④壤虫假(xià)翼：幼虫能够长出美丽的翅膀。壤虫，幼虫。假，美好。

⑤川蛙翻飞：河流中的蛤蟆能够翩翩飞翔。《淮南子·齐俗训》：“虾蟆为鹑。”虾蟆(即蛤蟆)变成鹌鹑鸟，因而能够飞翔。

⑥水蛋(chài)为蛉(líng)：水蛋变化为蜻蜓。水蛋，虫名。蛉，蜻蜓。

⑦荇(xìng)：又叫荇菜。苓(líng)：一说指甘草，一说指茯苓。蛆：虫名。

⑧田鼠为鴽(rú)：田鼠化为鹌鹑。鴽，即鹌鹑。《礼记·月令》：“季春之月……桐始华，田鼠化为鴽。”

⑨腐草为萤：腐烂的草变为萤火虫。《礼记·月令》：“季夏之月……腐草为萤。”

⑩鼍(tuó)之为虎:鳄鱼变成老虎。鼍,一种鳄鱼。即扬子鳄。

⑪蛇之为龙:蛇变成龙。《史记·外戚世家》:"蛇化为龙,不变其文。"

【译文】

"如果说万物接受元气形成的禀性都是固定不变的话,然而野鸡却变为大蛤,鸟雀变为蛤蜊,幼虫长出了美丽的翅膀,河里青蛙也能够翩翩飞翔,水蛋化为蜻蜓,荇苓变成蛆虫,田鼠化为鹌鹑鸟,腐草变成萤火虫,鳄变成老虎,蛇化为蛟龙,这难道不都是事实吗?

"若谓人禀正性[①],不同凡物[②],皇天赋命,无有彼此,则牛哀成虎[③],楚妪为鼋[④],枝离为柳[⑤],秦女为石[⑥],死而更生[⑦],男女易形[⑧],老、彭之寿[⑨],殇子之夭[⑩],其何故哉?苟有不同,则其异有何限乎?

【注释】

①禀:秉承。正性:纯正的天性。

②凡物:指除了人之外的其他动物。

③牛哀:姓公牛,名哀。《淮南子·俶真训》:"昔公牛哀转病也,七日化为虎。其兄掩户而入觇之,则虎搏而杀之。"

④楚妪为鼋(yuán):楚地老妇人变为大鳖。妪,年老的妇女。鼋,大鳖。《后汉书·五行志》:"灵帝时,江夏黄氏之母,浴而化为鼋,入于深渊,其后时出见。"

⑤枝离:即支离叔。《庄子·至乐》:"支离叔与滑介叔观于冥伯之丘……俄而柳生其左肘,其意蹶蹶然恶之。支离叔曰:'子恶之乎?'滑介叔曰:'亡,予何恶?'"《庄子》原意是滑介叔的左肘上长出一个瘤子(柳通"瘤"),而葛洪把这一故事理解为支离叔变成

了柳树。

⑥秦女为石：秦国女子化为石人。《蜀记》："梓橦县有五妇山，一名五妇台。秦王遗蜀王美女五人，蜀王遣五丁迎女，至梓橦，五丁蹋地大呼，惊五女，并化为石。"

⑦死而更生：死者重新复活。这类事情古籍记载较多，如《后汉书·五行志》记载："建安四年二月，武陵充县女子李娥，年六十余，物故，以其家杉木槥敛，瘗于城外数里上，已十四日，有行闻其冢中有声，便语其家。家往视闻声，便发出，遂活。"

⑧男女易形：男女改变性别面貌。这类事情也多见于古籍，如《汉书·五行志》记载："魏襄王十三年，魏有女子化为丈夫。……哀帝建平中，豫章有男子化为女子，嫁为人妇，生一子。"

⑨老、彭：老子和彭祖。都是长寿之人。据说彭祖活了八百多岁。一说老彭为一人，是商代的长寿之人。

⑩殇(shāng)子：夭折的孩子。

【译文】

"如果说人类禀受了纯正的天性，不同于其他的凡俗动物，上天将生命赋予人类的时候，就不会让人们有彼此之别，然而公牛哀却变成了老虎，楚地老妇变成大鼋，枝离叔化为柳树，秦国女子化为石头，死者能够复活，男女改变性别，老子和彭祖是那么长寿，夭折的小孩却又是那样的短命，这又是什么原因呢？既然人与人之间有如此种种差异，那么这种差异又有什么极限呢？

"若夫仙人，以药物养身，以术数延命①，使内疾不生，外患不入，虽久视不死②，而旧身不改，苟有其道，无以为难也。而浅识之徒，拘俗守常③，咸曰世间不见仙人，便云天下必无此事。夫目之所曾见，当何足言哉？天地之间，无外之大④，其中殊奇，岂遽有限[⑤]？诣老戴天[⑥]，而无知其上[⑦]；终身履地，而莫识其下。形骸，己所自有也，而莫知其心志之所以然焉；寿命，在我者也，而莫知其修短之能至焉[⑧]。况乎神仙之远理，道德之幽玄[⑨]，仗其短浅之耳目，以断微妙之有无，岂不悲哉！

【注释】

①术数：法术，方术。

②视：活。

③常：常规。

④无外之大：无边之大。

⑤岂遽(jù)：难道。

⑥诣老戴天：一直到老，头都顶着天。诣，到。戴，顶。

⑦上：指天。

⑧修短：长短。修，长。

⑨道德：规律，道理。道，规律。德，人们所掌握的“道”叫做“德”。王弼《老子道德经注》：“德，得也。……何以得德？由乎道也。”幽玄：幽微玄妙。

【译文】

“像那些仙人，他们用药物滋养身体，用法术延长寿命，使体内的疾病不会产生，身外的祸患不会侵入，既能长生不死，又能使旧有的容貌不会改变，如果掌握了养生修仙之道，这就不会是一件难事。然而那些见识短浅之人，拘泥于世俗，墨守着常规，都说人世间没有见过神仙，于是就断言天下肯定没有神仙之事。人的眼睛所曾看到过的东西，哪里能够作为论断的凭据呢？天地之间，无边的广大，其中特异奇怪的事物，哪里会有限量呢？人们从小到老一直头顶着青天，但也不了解上天的情况；终身脚踩着大地，却也不了解大地的情况。身体，是自己所拥有的，却没有人能够了解自己的思想为什么会是如此；寿命，是属于自己的，却也没有人知道自己生命的长短及其所能达到的期限。更何况求神成仙这样玄远的学问、幽微深奥的大道美德呢？依仗着自己浅薄的所见所闻，去判断微妙深奥之道的有无，岂不是太可悲了吗！

"设有哲人大才[①]，嘉遁勿用[②]，翳景掩藻[③]，废伪去欲[④]，执太璞于至醇之中[⑤]，遗末务于流俗之外[⑥]，世人犹鲜能甄别[⑦]。或莫造志行于无名之表[⑧]，得精神于陋形之里，岂况仙人殊趣异路[⑨]？以富贵为不幸，以荣华为秽污；以厚玩为尘壤[⑩]，以声誉为朝露[⑪]；蹈炎飙而不灼[⑫]，蹑玄波而轻步[⑬]；鼓翮清尘[⑭]，风驷云轩[⑮]；仰凌紫极[⑯]，俯栖昆仑[⑰]；行尸之人，安得见之？假令游戏[⑱]，或经人间，匿真隐异，外同凡庸[⑲]，比肩接武[⑳]，孰有能觉乎？若使皆如郊间两瞳之正方[㉑]，邛疏之双耳出乎头巅[㉒]；马皇乘龙而行[㉓]，子晋躬御白鹤[㉔]；或鳞身蛇躯[㉕]，或金车羽服[㉖]；乃可得知耳。自不若斯[㉗]，则非洞视者安能觌其形[㉘]，非彻听者安能闻其声哉[㉙]？世人既不信，又多疵毁[㉚]，真人疾之[㉛]，遂益潜遁[㉜]。且常人之所爱，乃上士之所憎[㉝]；庸俗之所贵，乃至人之所贱也[㉞]。英儒伟器[㉟]，养其浩然者[㊱]，犹不乐见浅薄之人、风尘之徒[㊲]，况彼神仙？何为汲汲使刍狗之伦知有之[㊳]？何所索乎[㊴]？而怪于未尝知也，目察百步，不能了了[㊵]，而欲以所见为有，所不见为无，则天下之所无者，亦必多矣。所谓以指测海[㊶]，指极而云水尽者也[㊷]。蜉蝣校巨鳌[㊸]，日及料大椿[㊹]，岂所能及哉？

【注释】

①设：假设，假如。

②嘉遁：合乎正道的退隐。勿用：不被社会所用。即不出仕。

③翳(yì)景掩藻：隐藏优点，掩盖才能。也即韬光养晦。翳，隐藏。景，光芒。比喻优点。藻，文采。代指才华。

④废伪去欲：去掉伪饰，抛弃欲望。

⑤太璞：最朴质的品质。璞，未加工过的璞玉。比喻纯朴的本性。至醇：最为醇厚。

⑥末务：指世俗事务。

⑦甄别：辨别。

⑧或莫：也许。志行：指高尚的志行。无名之表：没有任何名声的情况。

⑨殊趣异路：生活情趣不同。

⑩厚玩：贵重的玩物，奇珍异宝。

⑪朝露：早上的露水。比喻瞬间即逝的事物。

⑫炎飙(biāo)：炽热的火焰。灼：烧伤。

⑬蹑：脚踏。玄波：幽深的波涛。

⑭鼓翮(hé)清尘：鼓动着翅膀飞翔在天空。翮，翅膀。清尘，当依敦煌本为"清虚"。清虚，清明的天空。一说指月宫。

⑮风驷云轩：以长风作马，以云彩作车。轩，大夫乘坐的华美车辆。

⑯凌：登上。紫极：星座名。

⑰昆仑：传说中的神山名。

⑱游戏：当依敦煌本作"游敖"。遨游。

⑲凡庸：平庸的世俗人。

⑳比肩接武：肩头挨着肩头，足迹连着足迹。武，足迹。

㉑郊间：神仙名。两瞳之正方：两个瞳孔呈正方形。本书《祛惑》篇："仙人目瞳皆方。"

㉒邛疏:神仙名。头巅:头顶。

㉓马皇:神仙名。即马师皇。《列仙传》:“马师皇者,黄帝时马医也。……有龙下,向之垂耳张口。皇曰:‘此龙有病,知我能治。’乃针其唇下口中,以甘草汤饮之而愈。……一旦,负皇而去。”

㉔子晋:神仙名。即王子乔,又名王子晋。躬御:亲自驾驭。《列仙传》:“王子乔者,周灵王太子晋也,好吹笙作凤凰鸣……乘白鹤驻山头。”

㉕鳞身蛇躯:身体长着鳞片,躯干如同长蛇。东汉王延寿《鲁灵光殿赋》:“伏羲鳞身,女娲蛇躯。”

㉖金车:用黄金装饰的车。羽服:用羽毛编织的衣服。指道士或神仙的衣着。

㉗自不:即“自非”,如果不是。斯:此。

㉘洞视者:视力极好的人。觌(dí):看见。

㉙彻听者:听力极好的人。

㉚疵毁:诋毁,批评。

㉛真人:得道成仙的人。疾:痛恨,讨厌。

㉜遂:于是。益:更加。潜遁:隐藏逃避。

㉝上士:思想境界最高的人。

㉞至人:道德修养最高的人。

㉟英儒:杰出的儒生。伟器:伟人。

㊱养其浩然者:培养浩然之气的人。

㊲风尘:比喻污浊的世俗。

㊳汲汲:心情急切的样子。刍狗之伦:轻贱之人。刍狗,草与狗。比喻轻贱。伦,类。

㊴索:追求,求取。

㊵了了:清楚明白。

㊶以指测海:用手指去测量大海的深浅。

㊷云：说，认为。

㊸蜉蝣：寿命很短的一种小虫子。校（jiào）：计算，估量。巨鳌：传说中海中的大龟。

㊹日及：就是“朝菌”。一种早上出生、傍晚死亡的菌类植物。料：计量，估量。大椿：传说中的长寿树木。《庄子·逍遥游》：“上古有大椿者，以八千岁为春，八千岁为秋。”

【译文】

“假如那些思想明哲、才能出众的人，隐居山林而不为世用，他们隐藏自己的优点和才能，废除伪饰而去掉欲望，保持自己最淳朴的天性于最醇厚的生活环境之中，遗弃那些琐碎的事务于世俗之外，世人尚且很少能够识别他们。或许还有人能够在没有任何名声的表象之下成就自己的高尚志行，在丑陋的形体之中炼就自己崇高的精神境界，更何况神仙与世人意趣迥然不同，取舍大相径庭？他们把富贵视为不幸，把荣华看作污秽；把奇珍异宝视为尘土，把高名美誉看成瞬间即逝的朝露；他们脚踏着炽热的烈火而不会被灼伤，走在幽深的波涛之上却能步履轻盈；他们鼓动着双翅翱翔于天空，以风为马而以云为车；他们向上可以凌越于紫宫星上，向下能够栖身于昆仑山中；行尸走肉般的世俗人，又怎么能够看见他们呢？即使他们偶尔出来遨游，或许会来到人间，但他们藏匿自己的真容和奇才，外表与平凡的世俗人一样，即便是与人们肩膀挨着肩膀，足迹连着足迹，谁又能察觉他们呢？只有他们都像郊间那样双瞳是正方形的，像邛疏那样双耳长在头顶上；或者像马师皇那样驾着飞龙而行，像王子乔那样乘坐着仙鹤升天；或者身体长着鳞片，躯干如同长蛇；或者乘坐金车，穿着羽服；这才有可能让世人知道他们是神仙啊？他们如果不是这样，那么除了具有极为敏锐视力的人，谁又能看出他们的形体呢？若不是具备极为透彻听觉的人，谁又能听出他们的声音呢？世人既不相信神仙，又对神仙的事情多加诋毁，因此那些得道的神仙很厌恶这种情况，于是就更加注意隐藏自己。再说，平凡人所喜爱的，正是思想境界最高的人所憎恶的；庸俗者所看重的，正是道德境界最高的人所鄙视的。那些杰出的儒生，能担当大事的伟才，培养浩然正气的君子，尚且不喜欢看到见识浅薄之人、迷恋红尘之辈，何况那些神仙？他们为什么要急急切切地使那些轻贱之人知道自己呢？他们这样做又想获取什么呢？而世人往往对自己不知道的事物感到怪异，世人去观察百步之外的事物，尚且还看不清楚，却硬要把自己看到的事物判定为有，把没有看到的事物判定为无，那么天下被判定为无的东西，也必定太多了。这正如所谓的用手指去测量大海，指头伸到了极限就说海水也已经到底了一样。让蜉蝣去测定大鳌，让日及去估量大椿，这岂是它们所能够做得到的？

"魏文帝穷览洽闻[①]，自呼于物无所不经[②]，谓天下无切玉之刀、火浣之布[③]，及著《典论》[④]，尝据言此事。其间未期[⑤]，二物毕至。帝乃叹息，遽毁斯论[⑥]。事无固必[⑦]，殆为此也[⑧]。陈思王著《释疑论》云[⑨]：'初谓道术，直呼愚民诈伪空言定矣。及见武皇帝试闭左慈等[⑩]，令断谷近一月[⑪]，而颜色不减[⑫]，气力自若，常云可五十年不食。正尔[⑬]，复何疑哉？'又云：'令甘始以药含生鱼[⑭]，而煮之于沸脂中[⑮]，其无药者，熟而可食，其衔药者，游戏终日，如在水中也。又以药粉桑以饲蚕[⑯]，蚕乃到十月不老。又以住年药食鸡雏及新生犬子[⑰]，皆止不复长。以还白药食白犬[⑱]，百日毛尽黑。乃知天下之事，不可尽知，而以臆断之[⑲]，不可任也[⑳]。但恨不能绝声色，专心以学长生之道耳。'彼二曹学则无书不览，才则一代之英，然初皆谓无，而晚年乃有穷理尽性[㉑]，其叹息如此。不逮若人者[㉒]，不信神仙，不足怪也。

【注释】

①魏文帝：即曹操之子曹丕。曹操去世后，曹丕称帝。穷览：博览群书。穷，穷尽。洽：宏博。

②自呼：自以为。呼，谓，认为。经：经历，知道。

③切玉之刀、火浣之布：切玉的刀、用火洗的布。浣，洗。《列子·汤问》："周穆王征西戎，西戎献锟铻之剑、火浣之布。其剑长尺有咫，练钢赤刃，用之切玉，如切泥焉；火浣之布，浣之必投于火，布则火色，垢则布色，出火而振之，皓然疑乎雪。"

④《典论》：书名。魏文帝曹丕所著，五卷。原书多已散失，有清代辑本。

⑤期(jī)：一整年。

⑥遽：马上。

⑦固必：固执，肯定。《论语·子罕》："子绝四：毋意，毋勿，毋固，毋我。"

⑧殆：大概。

⑨陈思王：魏文帝曹丕的弟弟曹植，曹植被封为陈王，谥号为"思"，故后人称"陈思王"。

⑩武皇帝：即魏武帝曹操。曹丕称帝后，追尊曹操为武帝。左慈：东汉末年的方士。

⑪断谷：养生修仙的方术之一。又叫"辟谷"，不吃五谷。

⑫颜色：面容。减：衰弱，憔悴。

⑬正：本来。尔：此。

⑭甘始：东汉末年的方士。含生鱼：让活鱼含着。

⑮沸脂：沸腾的油脂。

⑯药粉桑：用药粉涂抹桑叶。粉，用作动词。涂抹。

⑰住年：使年华长驻。食(sì)：给……吃。鸡雏：小鸡。

⑱还白药：使白色毛发恢复黑色的药。

⑲臆：主观臆断。

⑳任：凭信。

㉑穷理尽性：穷尽事物的道理，彻悟事物的本性。

㉒逮：比得上。若人：这样的人。指曹丕、曹植。

【译文】

"魏文帝曹丕博览群书、见多识广，自称对于事物无所不晓，他曾断言天下没有切玉的刀、用火洗的布，在他撰写《典论》时，还引经据典谈及此事。其后不到一年，这两样东西都献给了他。魏文帝这才感慨万分，马上删除了前面的观点。凡事都不可一味地去肯定，大概就是这个原因吧？陈思王曹植写的《释疑论》说：'最初一谈到神仙方术，只以为这肯定是愚蠢民众的虚言谎话。等见到武皇帝试着把左慈等人关闭起来，让他们不食谷物将近一月，而他们的容貌一点也不憔悴，气力依然如往常一样，他们还常说自己可以五十年不吃东西。这才知道事实本来就是如此，还有什么可怀疑的呢？'又说：'让甘始拿药物给活鱼含着，然后放到沸腾的油中煎煮，那些没有含药的鱼，已经煎熟可以食用了，而另外含着药的鱼，却整天在沸腾的油里游来游去，就像在水中一样。还拿了一些药粉涂抹在桑叶上去饲养蚕，蚕竟然活到十月而不会变老。又用驻年药喂养小鸡和新生的小狗，它们就停止发育而不再长大。用使白发返黑的药物喂养白狗，百天之后白毛都变黑了。可知天下的事情，人们不可能全都知道，而仅凭着主观臆断，是不可信的。只是遗憾自己不能断绝音乐美色，一心一意去学习长生之道罢了。'曹氏二位兄弟论学问，可以说是无书不读；论才华，可以算是一代精英，然而当初都认为神异之事不存在，一直到晚年才穷尽了事理、彻悟了物性，以至于使他们如此感慨万分。至于那些比不上曹丕、曹植的人，他们不相信神仙，也就不足为怪了。

"刘向博学则究微极妙[①]，经深涉远，思理则清澄真伪[②]，研核有无[3]，其所撰《列仙传》[4]，仙人七十有余，诚无其事，妄造何为乎？邃古之事[5]，何可亲见？皆赖记籍传闻于往耳。《列仙传》炳然[6]，其必有矣。然书不出周公之门，事不经仲尼之手，世人终于不信。然则古史所记，一切皆无，何但一事哉[7]？俗人贪荣好利，汲汲名利，以己之心，远忖昔人[8]，乃复不信古者有逃帝王之禅授[9]，薄卿相之贵任[10]，巢、许之辈[11]，老莱、庄周之徒[12]，以为不然也。况于神仙，又难知于斯[13]，亦何可求今世皆信之哉？多谓刘向非圣人，其所撰录，不可孤据[14]，尤所以使人叹息者也。夫鲁史不能与天地合德[15]，而仲尼因之以著经[16]；子长不能与日月并明[17]，而扬雄称之为实录[18]。刘向为汉世之名儒贤人，其所记述，庸可弃哉[19]？

【注释】

①刘向：汉代的大学问家。原名更生，字子政。汉高祖刘邦之弟楚元王刘交的四世孙，著有《新序》、《说苑》、《列女传》等书。究微极妙：穷尽微妙之理。

②清澄：用作动词。明辨。

③研核：研究考核。

④《列仙传》：书名。两卷，记载传说中的神仙七十一人。本书相传为刘向所撰，后人断为伪托。

⑤邃古：远古。邃，深远。

⑥炳然：显著的样子。

⑦何但：何止，岂止。但，仅仅。

⑧忖：思量，揣度。

⑨禅受：以和平的方法把帝位传授给别人。

⑩卿相：古代高官名。卿，在公之下，士大夫之上。相，辅佐君主治国的最高官员。

⑪巢、许：即巢父、许由。传说都是尧时的著名隐士。皇甫谧《高士传》说，巢父隐居深山，不营世利，年老时以树为巢而居，故称“巢父”。《庄子·逍遥游》说，尧曾以天下让许由，许由坚决不接受。

⑫老莱：即老莱子。春秋末年楚国的隐士。《列仙传》记载，老莱子逃世，耕于蒙山之南。楚王登门请他出仕，老莱子便逃往江南。庄周：战国时期道家的著名学者。著有《庄子》。《庄子·秋水》说，楚王曾请庄子出仕，而庄子不屑一顾。

⑬难知于斯：比这些人更难以理解。斯，代指上文提到的巢、许、老莱、庄周。

⑭孤据：单独作为凭证。

⑮鲁史不能与天地合德：鲁国史官所写的鲁国历史，不能与天地的美德相合。

⑯而仲尼因之以著经：然而孔子却依据他们写的历史而创作了《春秋》。因，依据。经，指《春秋》。《史记·孔子世家》记载，孔子依据鲁国史书而创作了《春秋》，这是我国第一部编年体史书，后来儒家尊之为经典。

⑰子长：即司马迁。司马迁字子长。西汉的著名史学家，著有《史记》。

⑱而扬雄称之为实录：但扬雄却称赞他的记载真实。扬雄，西汉的思想家。著有《法言》、《方言》、《太玄》等书。《法言·重黎》：“或问……太史迁，曰：‘实录’。”

⑲庸：难道。

【译文】

“刘向学问渊博，能够穷尽微妙之理，探索深入而涉猎广博，思考问题时能够辨明真伪，研究事物时能够判断有无，他所撰写的《列仙传》，记载的神仙有七十多位，如果确实没有神仙之事，他又为什么要去胡编乱造呢？远古的事情，哪里能够亲眼见到？都是依赖于古籍记载了以前的这些事实罢了。《列仙传》写得清清楚楚，可见神仙之事必定是存在的了。然而图书只要不是出自周公的门下，事件只要是没有经过孔子的审定，世人始终不肯相信。那么古代史书所记载的一切事情，统统都是虚假的了，岂只神仙这一件事呢？世俗的人们贪图虚荣而喜好实利，整天急急忙忙地追逐着名利，他们拿自己的想法去忖度以前的古人，于是就不会相信古代有人会逃避帝王禅让给自己的国家，有人会看不起卿相这样的高官厚禄，像巢父、许由一类的隐士，像老莱子、庄周一类的高人，他们就认为根本不会存在。更何况那些神仙，比这些隐士、高人更加难以理解，又怎么能够要求今天的世人都去相信神仙呢？人们都说刘向并非圣贤，他所撰写的书籍，不能单独作为凭证，这就更加令人叹息啊！鲁国的史书虽然不能与天地的品德相媲美，但孔子却依据这些史书写了《春秋》这部经典；司马迁虽然不能同日月的光明相匹配，但扬雄却称赞他的记叙实事求是。刘向是汉代有名的儒士贤人，他所记述的事实，怎么可以弃置不信呢？

“凡世人所以不信仙之可学，不许命之可延者①，正以秦皇、汉武求之不获②，以少君、栾太为之无验故也③。然不可以黔娄、原宪之贫④，而谓古者无陶朱、猗顿之富⑤；不可以无盐、宿瘤之丑⑥，而谓在昔无南威、西施之美⑦。进趋犹有不达者焉⑧，稼穑犹有不收者焉⑨，商贩或有不利者焉，用兵或有无功者焉，况乎求仙，事之难者，为之者何必皆成哉？彼二君两臣⑩，自可求而不得⑪，或始勤而卒怠⑫，或不遭乎明师⑬，又何足以定天下之无仙乎？

【注释】

①许:赞同,承认。

②秦皇、汉武求之不获:秦始皇和汉武帝求仙而没能成功。事见《史记·秦始皇本纪》、《史记·封禅书》及《汉书·郊祀志》等。

③少君、栾太为之无验:李少君和栾太求仙却没有应验。少君,即李少君。西汉方士。为汉武帝求仙无验。栾太,《史记》作“栾大”。西汉方士。为汉武帝求仙无验,被武帝所杀。事见《史记·孝武本纪》。

④黔娄:古代贫士。春秋鲁国人。《列女传·鲁黔娄妻》记载,黔娄生时,“食不充虚,衣不盖形”,死后“覆以布被,首足不尽敛。覆头则足见,覆足则头见”。原宪:春秋鲁国人,孔子弟子。生活贫苦。《庄子·让王》:“原宪居鲁,环堵之室,茨以生草,蓬户不完,桑以为枢,而瓮牖二室,褐以为塞,上漏下湿。”

⑤陶朱、猗(yī)顿:古代著名富豪。陶朱,即著名政治家范蠡。范蠡助越王勾践灭吴以后,乘船到齐国,后定居于陶,改名叫“朱公”,治产业成为巨富。猗顿向他学习,也靠贩卖牛羊而致富,一说是靠盐业致富。事见《史记·货殖列传》。

⑥无盐:战国齐国丑女。原名钟离春,因是齐国无盐人,故称“无盐”。据说她外貌极丑,臼头,深目,长肚,大节,昂鼻,结喉,肥项,少发,折腰,出胸,皮肤若漆。后来进谏齐宣王,被宣王立为王后。宿瘤:战国齐国丑女。原为齐东郭采桑之女,脖子上长有大瘤,故称“宿瘤”。宿瘤因守贞有礼,被齐闵王立为王后。以上事见《列女传》。

⑦南威:春秋著名美女。又叫南之威。《战国策·魏策》:“晋文公得南之威,三日不听朝,遂推南之威而远之,曰:‘后世必有以色亡其国者。’”西施:春秋越国著名美女。越国败于吴国后,求得西施及珍宝献于吴,吴王许和,后来越灭吴。

⑧进趋：努力前行。

⑨稼穑：耕种。种庄稼叫“稼”，收获庄稼叫“穑”。

⑩二君两臣：指秦始皇、汉武帝和李少君、栾太。

⑪自：自然，当然。

⑫或：有的。卒：最终，后来。

⑬遭：遇到。

【译文】

“大凡世人之所以不相信成仙是可以学成、不认可寿命是可以延长的原因，就是因为秦始皇、汉武帝求仙而未能成功，因为李少君、栾太修仙而没有应验的缘故。然而不能因为黔娄、原宪的贫困，就认为古代没有陶朱、猗顿之类的富豪；不可因为无盐、宿瘤的丑陋，就认为昔日没有南威、西施之类的美人。努力前行尚且有达不到目的地的，勤奋耕种尚且有收获不到粮食的，商贩或许得不到利润，打仗或许无法获取胜利，更何况修道成仙，是最为艰难的事情，修炼者又怎么能够保证全部成功呢？像秦始皇、汉武帝两位皇帝和李少君、栾太两个大臣，自然有求仙而未能成功的原因，他们有的是因为开始勤奋而后来懈怠，有的是因为没有遇到高明的老师，又怎么能以此就断定天下没有神仙呢？

“夫求长生，修至道，诀在于志，不在于富贵也。苟非其人，则高位厚货①，乃所以为重累耳②。何者？学仙之法，欲得恬愉澹泊③，涤除嗜欲，内视反听④，尸居无心⑤。而帝王任天下之重责，治鞅掌之政务⑥；思劳于万几⑦，神驰于宇宙⑧；一介失所⑨，则王道为亏；百姓有过，则谓之在予⑩。醇醪汩其和气⑪，艳容伐其根荄⑫，所以翦精损虑、削乎平粹者⑬，不可曲尽而备论也⑭。蚊噆肤则坐不得安⑮，虱群攻则卧不得宁。四海之事，何祇若是⑯！安得掩翳聪明、历藏数息、长斋久洁、躬亲炉火、夙兴夜寐以飞八石哉[17]？汉武享国，最为寿考[18]，已得养性之小益矣。但以升合之助[19]，不供钟石之费[20]；畎浍之输[21]，不给尾闾之泄耳[22]。

【注释】

①厚货：大量的钱财。

②重累：沉重的累赘。

③澹泊：淡泊。

④内视：道教的修行方术之一。又叫“内观”。即双目合闭，集中精神观视身内的某一部位，以防止思想外驰。反听：道教的修行方术之一。又作“返听”。即集中注意力凝听自己的呼吸等声音。

⑤尸居：像尸一样安静。比喻沉默无为。尸，古代祭祀时代表死者受祭的人。尸在整个祭祀过程中，只是安坐在主要位置上，其他什么事情也不用做。

⑥鞅掌：公务繁忙的样子。

⑦几：事务。

⑧宇宙：上下四方叫做“宇”，古往今来叫做“宙”。这里泛指各处。

⑨一介：一件小事。介，通“芥”，小草名。比喻小事。

⑩谓之在予：认为责任全在自己。予，指君主。《论语·尧曰》：“百姓有过，在予一人。”

⑪醇醪（láo）：味道浓厚的美酒。汩：扰乱。和气：身体中的中和之气。

⑫艳容：美丽的面容。代指美女。根荄（gāi）：植物的根部。这里比喻身体健康的根基。

⑬翦精损虑：损害精神。翦，通“剪”，损害。虑，思虑，精神。削乎平粹：破坏平和的心境和精华之气。粹，精华之气。

⑭曲尽：详细。

⑮噆(zǎn):叮咬。

⑯祇(zhǐ):只,仅仅。

⑰掩翳:隐藏。历藏(zàng):道教修炼方术之一。即内视五脏。藏,通"脏"。道教把各腑脏都神仙化,让意念内视这些神仙,口中默念各种神仙的名字及真诀以求健康长生。数息:道教修炼方术之一。静坐修炼时,数鼻息的次数,以使心神宁静。斋:祭祀或宗教仪式前整洁身心的方法。躬亲:亲自。炉火:炼丹的炉火。这里指炼丹。八石:道士炼丹的八种矿石原料。说法不一,其中说法之一是指丹砂、雄黄、雌黄、石留黄、曾青、矾石、磁石、戎盐。本书《明本》篇:"炼八石之飞精。"

⑱考:老,年龄大。

⑲升合(gě):古代计量单位。一斗的十分之一叫做"升",一升的十分之一叫做"合"。升合的数量少,比喻汉武帝养生求仙时所获效益之小。

⑳钟石:古代计量单位。六石四斗为一钟,十斗为一石。钟石的数量大,比喻汉武帝耗费的精力之多。

㉑畎浍(quǎn kuài):田间的排水沟。这里用排水沟输入的水量小,比喻汉武帝养生求仙时所获效益之小。

㉒尾闾:传说中海底泄漏海水的地方。《庄子·秋水》:"天下之水,莫大于海,万川归之,不知何时止而不盈;尾闾泄之,不知何时已而不虚。"这里用尾闾泄漏的海水之多,比喻汉武帝耗费的精力之多。

【译文】

"追求长生不老,修行最高仙道,关键在于立志,而不在于富贵。如果不是有志之人,那么高贵的官爵、丰厚的钱财,反而会成为他的沉重累赘。为什么呢?学习仙道的方法,就是要做到恬愉淡泊,清除嗜欲,内视反听,像尸那样安居清静而无思无虑。然而帝王承担着天下的重任，处理着繁重的政务，因日理万机而思虑劳倦，神思驰骋于宇宙万事；一件小事处理失误，就会使先王的仁义之道受到损害；老百姓有了错误，君主就得说'错误的责任全在于我'。美酒扰乱了他们身中的和气，美色损害了他们生命的根基，这一切都伤害了他们的精神，破坏了他们的平和心态和精华之气，这些伤害都无法一一地详细论说了。蚊虫叮咬皮肤，令人坐立不安；虱子群起攻击，使人躺卧不宁。国家的事务，何止是如此啊！君主又怎么能够闭目塞听、内视脏腑、暗数呼吸、长久斋洁、亲临炉火、夙兴夜寐以炼制八石金丹呢？汉武帝享有国家，是最为长寿的，他已经获得养生的小小益处了。但用像升合这样的少量收益，根本无法满足像钟石那样的大量消费；靠田中小沟的水流去输入，根本无法供上尾闾那样的泄漏。

"仙法欲静寂无为，忘其形骸，而人君撞千石之钟[①]，伐雷霆之鼓[②]，砰磕嘈嗽[③]，惊魂荡心，百技万变，丧精塞耳[④]，飞轻走迅[⑤]，钓潜弋高[⑥]。仙法欲令爱逮蠢蠕[⑦]，不害含气[⑧]，而人君有赫斯之怒[⑨]，芟夷之诛[⑩]，黄钺一挥[⑪]，齐斧暂授[⑫]，则伏尸千里，流血滂沱[⑬]，斩断之刑，不绝于市[⑭]。仙法欲止绝臭腥[⑮]，休粮清肠[⑯]，而人君烹肥宰腯[⑰]，屠割群生，八珍百和[⑱]，方丈于前[⑲]，煎熬勺药[⑳]，旨嘉餍饫[㉑]。仙法欲溥爱八荒[㉒]，视人如己，而人君兼弱攻昧[㉓]，取乱推亡[㉔]；辟地拓疆，泯人社稷[㉕]；驱合生人[㉖]，投之死地；孤魂绝域[㉗]，暴骸腐野[㉘]；五岭有血刃之师[㉙]，北阙悬大宛之首[㉚]；坑生煞伏[㉛]，动数十万；京观封尸[㉜]，仰干云霄[㉝]；暴骸如莽[㉞]，弥山填谷[㉟]。秦皇使十室之中，思乱者九[㊱]；汉武使天下嗷然[㊲]，户口减半[㊳]。祝其有益[㊴]，诅亦有损[㊵]。结草知德[㊶]，则虚祭必怨[㊷]。众烦攻其膏肓[43]，人鬼齐其毒恨[44]。彼二主徒有好仙之名，而无修道之实，所知浅事，不能悉行；要妙深秘，又不得闻；又不得有道之士，为合成仙药以与之，不得长生，无所怪也。

【注释】

①千石之钟：巨大的钟。石，古代的重量单位。一百二十斤为一石。

②雷霆之鼓：能够发出雷声一样的鼓。

③砰磕：象声词。形容钟鼓声。嘈㗫(zá)：象声词。形容钟鼓声。

④丧精塞耳：损害精力，震耳欲聋。塞耳，满耳，震耳。

⑤飞轻走迅：使轻捷的鹰鸟飞腾，让迅疾的犬马奔跑。

⑥钓潜弋高：钓起深潜的游鱼，射下高翔的飞鸟。弋，用一种带有丝绳的短箭射鸟。

⑦逮：及。蠢蠕：蠕动。形容昆虫爬行的样子。这里代指昆虫。

⑧含气：含有灵气的生物。指各种生灵。

⑨赫斯：震怒的样子。

⑩芟(shān)夷：杀伐扫平。芟，杀伐。夷，铲除。

⑪黄钺(yuè)：用黄金装饰的大斧子。

⑫齐(zī)斧：用于行刑、征伐的斧头。

⑬滂沱：本来形容雨大的样子。这里用来形容流血之多。

⑭市：市场。古代多在市场对犯人行刑。

⑮臭腥：指带有腥臭味的肉。

⑯休粮：不吃粮食。即上文提到的“辟谷”。

⑰腯(tú)：肥壮。这里指肥壮的牲畜。

⑱八珍：古代八种烹饪法。后用来代指各种美味。百和：泛指各种烹饪的调和方法。

⑲方丈：一丈见方。指美味佳肴摆满了一丈见方的位置，形容肴馔

丰盛。《孟子·尽心下》:“食前方丈。”

⑳勺药:即“芍药”。可用作调味品,古人把它作为调料的总称。

㉑旨嘉:美味。餍饫(yàn yù):吃饱喝足。

㉒溥(pǔ):通“普”,普遍。八荒:八方荒远地区。泛指各地。

㉓兼弱攻昧:兼并弱小者,进攻愚昧落后者。

㉔取乱推亡:占领动乱的国家,推翻将要灭亡的国家。这里是批评君主乘人之危而消灭别人。

㉕泯:灭。

㉖驱合:驱赶集合。生人:生民,百姓。

㉗绝域:极远的边地。

㉘腐野:腐烂于原野。一说指荒野。

㉙五岭有血刃之师:五岭有血战的军队。五岭,说法不一。一说指大庾岭、骑田岭、都庞岭、萌渚岭、越城岭。《史记·张耳陈余列传》:“秦为乱政虐刑以便残贼天下,数十年矣。北有长城之役,南有五岭之戍。”

㉚北阙悬大宛之首:宫殿北面的门楼上悬挂着大宛国王的首级。北阙,古代宫殿北面的门楼,是大臣们等候朝见之处,后来代指帝王宫禁。大宛,国名。在西域,盛产名马。《汉书·武帝纪》:“四年春,贰师将军广利斩大宛王首。”

㉛坑:活埋。煞:通“杀”,杀害。伏:降服。

㉜京观封尸:古时战胜的一方为了炫耀武功,收集敌人尸首,封土成高冢,称为“京观”。封,聚土修坟。

㉝干:冲,达到。

㉞暴骸如莽:暴露的骨骸如丛生草木。莽,野草。

㉟弥:满。

㊱思乱:想造反。

㊲嗷然:哀怨声。

㊳户口减半：人口减少一半。《汉书·昭帝纪》："承武帝奢侈余敝，师旅之后，海内虚耗，户口减半。"

㊴祝：祝祷求福。

㊵诅：诅咒。

㊶结草：指报答恩德。《左传·宣公十五年》："初，魏武子有嬖妾，无子。武子疾，命颗曰：'必嫁是。'疾病则曰：'必以为殉。'及卒，颗嫁之。曰：'疾病则乱，吾从其治也。'及辅氏之役，颗见老人结草以亢杜回，杜回踬而颠，故获之。夜梦之曰：'余，而所嫁妇人之父也。尔用先人之治命，余是以报。'"

㊷虚祭：这里指没有找到尸体的遥祭。《汉书·贾捐之传》："当此之时，寇贼并起，军旅数发，父战死于前，子斗伤于后，女子乘亭障，孤儿号于道，老母寡妇，饮泣巷哭，遥设虚祭，想魂乎万里之外。"

㊸众烦：各种烦恼。膏肓(huāng)：古代医学称心尖脂肪为"膏"，心脏和隔膜之间为"肓"。这里代指内心。

㊹毒恨：痛恨。

【译文】

"修仙的方法就是要求清静无为，忘却自己的形体，然而君主却要撞击千石重的巨钟，敲响雷霆般的大鼓，轰轰隆隆，惊心动魄，百般技艺，万种变化，损伤精力，震耳欲聋，他们让轻捷的苍鹰飞翔，使迅疾的犬马奔腾，钓起深潜的游鱼，射下高翔的飞鸟。修仙的方法就是要求仁爱施及昆虫，不能伤害各种生物，然而君主却会勃然震怒，进行残酷的杀戮，只要黄钺一旦挥舞，齐斧一旦授出，就会横尸千里，血流滂沱，斩首断腰的刑罚，在市场上不断施行。修仙的方法就是要求断绝荤腥，不吃粮食，清空肠胃，然而君主却烹食牛羊牲畜，屠宰芸芸生灵，山珍海味百般调和，各种美食在面前摆了一丈见方，用种种调料煎煮烹制，满腹都是美味佳肴。修仙的方法就是要求博爱四面八方，对待别人如同对待自己一样，然而君主却兼并弱国，攻打愚昧落后者；夺取动乱的国家，推翻将亡的政权；开拓疆土，消灭别人的国家；驱赶那里的百姓，将他们投入死亡的境地；使他们那孤独的鬼魂飘荡于极远的边地，暴露的尸骸腐烂在辽阔的荒野；五岭曾有过鲜血染红刀刃的军队，宫殿北门悬挂着大宛国君的头颅；坑埋活人，杀死降者，动辄就是数十万人；还将敌人的尸体堆积封土成'京观'，这些'京观'高耸入云；暴露的尸骨如同丛生的草木，漫山遍野；秦始皇曾使十户人家之中，想造反的就有九家；汉武帝也使天下怨声载道，户口减少了一半。祈福本来可以延长年龄，诅咒自然也会减少寿命。结草报答，说明鬼神也懂得感恩戴德；无尸虚祭，必然使百姓产生刻骨仇恨。各种烦恼折磨着君主的内心，百姓、鬼魂共同地对他们怨恨。那两位国君徒有爱好仙道的名声，却没有修仙体道的实际行为；他们所懂得的事理非常浅薄，而且还不能一一施行；深奥的修行秘诀，他们一点也不知道；又不能找到得道的高士，为他们炼成仙药献上。他们无法做到长生不老，也就不足为怪了。

"吾徒匹夫[①]，加之罄困[②]。家有长卿壁立之贫[③]，腹怀翳桑绝粮之馁[④]；冬抱戎夷后门之寒[⑤]，夏有儒仲环堵之暵[⑥]；欲经远而乏舟车之用[⑦]，欲有营而无代劳之役[⑧]；入无绮纨之娱[⑨]，出无游观之欢；甘旨不经乎口，玄黄不过乎目[⑩]；芬芳不历乎鼻，八音不关乎耳[⑪]；百忧攻其心曲[⑫]，众难萃其门庭[⑬]。居世如此，可无恋也。

【注释】

①匹夫：普通百姓。

②罄(qìng)：空，一无所有。

③家有长卿壁立之贫：我家如同司马相如那样贫寒得空有四壁。司马相如，字长卿，西汉蜀郡成都人，是著名的辞赋家，早年贫寒。《史记·司马相如列传》："文君夜亡奔相如，相如乃与驰归成都，家居徒四壁立。"

④翳桑：地名。这里指代灵辄这个人。灵辄是春秋时期的人，曾在翳桑饿倒。《左传·宣公二年》："宣子田于首山，舍于翳桑，见灵辄饿，问其病。曰：'不食三日矣。'食之。"馁：饿。

⑤戎夷：春秋时贤人。被冻死在城外。后门：即"后于关城门的时间"。意思是天晚已关城门，没能赶上进城。《吕氏春秋·长利》："戎夷违齐如鲁，天大寒而后门，与弟子一人宿于郭外。寒愈甚，谓其弟子曰：'子与我衣，我活也；我与子衣，子活也。我国士也。为天下惜死；子不肖人也，不足爱也。子与我子之衣。'弟子曰：'夫不肖人也，又恶能与国士之衣哉？'戎夷太息叹曰：'嗟乎！道其不济夫。'解衣与弟子，夜半而死，弟子遂活。"

⑥儒仲：东汉人。姓王名霸，字儒仲，太原广武人。《后汉书·逸民列传》说他是"隐居守志，茅居蓬门"，生活十分贫苦。环堵：形容住房十分简陋狭窄。环，环绕。堵，古代建筑墙的单位。墙壁长高各一丈为一堵。暎(yìng)：同"映"，晒太阳取暖。

⑦经远：到远方去。

⑧营：经营。役：役夫，仆人。

⑨绮纨(wán)：华美的衣服。绮，有花纹的丝织品。纨，白色细绢。

⑩玄黄：黑色和黄色。这里代指各种美丽的色彩。

⑪八音：古代的八类乐器，具体指金（如钟）、石（如磬）、丝（如琴瑟）、竹（如箫管）、匏（如竽笙）、土（如埙）、革（如鼓）、木（如柷敔）。

⑫心曲：内心。

⑬萃：聚集。

【译文】

“我不过是一个普普通通的百姓，而且贫穷困乏。我家如同司马相如那样贫寒得空有四壁，腹中经常像翳桑人那样饥饿难忍；冬天经受着像戎夷被关在城门外时所遇到的寒冷，夏日承受着像儒仲生活在陋室中的阳光暴晒；想到远方去却又缺乏车马舟船的费用，想要经营产业而又没有代劳的役夫；回家后没有绫罗绸缎的享受，出门去没有游览观赏的欢乐；嘴巴吃不到甘甜的美味，眼睛看不到华丽的色彩；鼻子闻不到芳馨的香味，耳朵听不到优美的音乐；各种忧愁折磨着我的内心，众多的苦难聚集到我的家中。像这样活在世上，可以说是没有什么值得留恋的了。

“或得要道之诀，或值不群之师[①]，而犹恨恨于老妻弱子[②]，眷眷于狐兔之丘[③]，迟迟以臻殂落[④]，日月不觉衰老，知长生之可得而不能修，患流俗之臭鼠而不能委[⑤]。何者？爱习之情卒难遣[⑥]，而绝俗之志未易果也。况彼二帝，四海之主，其所耽玩者，非一条也，其所亲幸者，至不少矣。正使之为旬月之斋[⑦]，数日闲居，犹将不能，况乎内弃婉娈之宠[⑧]，外捐赫奕之尊[⑨]，口断甘肴[⑩]，心绝所欲，背荣华而独往[⑪]，求神仙于幽漠[⑫]，岂所堪哉[⑬]？是以历览在昔，得仙道者，多贫贱之士，非势位之人。又栾太所知，实自浅薄，饥渴荣贵[⑭]，冒干货贿[⑮]，炫虚妄于苟且[⑯]，忘祸患于无为，区区小子之奸伪，岂足以证天下之无仙哉？昔勾践式怒蛙[⑰]，戎卒争蹈火；楚灵爱细腰[⑱]，国人多饿死；齐桓嗜异味[⑲]，易牙蒸其子[⑳]；宋君赏瘠孝[㉑]，毁殁者比屋[㉒]。人主所欲，莫有不至[㉓]。汉武招求方士，宠待过厚，致令斯辈，敢为虚诞耳。栾太若审有道者[24]，安可得煞乎[25]？夫有道者，视爵位如汤镬[26]，见印绶如缞绖[27]，视金玉如土粪，睹华堂如牢狱，岂当扼腕空言、以侥幸荣华、居丹楹之室、受不訾之赐、带五利之印、尚公主之贵、耽沦势利、不知止足[28]？实不得道，断可知矣。

【注释】

①值：遇到。不群：出类拔萃，非同寻常。

②恨恨：极度遗憾。表示特别舍不得离开亲人。王明先生《抱朴子内篇校释》："或疑恨恨作'悢悢'。悢悢，犹眷眷也。"

③眷眷：留恋不已的样子。狐兔之丘：代指故乡。《淮南子·说林训》："鸟飞反乡，兔走归窟，狐死首丘，寒将翔水，各哀其所生。"据说狐狸将死，头朝向出生的山丘；兔子出行，必将返回自己的窟穴。

④臻：达到。殂落：死亡。

⑤臭鼠：腐烂的老鼠。比喻不值得追求的世俗功名。委：抛弃。

⑥爱习：爱好和习惯。卒：最终。遣：排除。

⑦正：只不过，仅仅。斋：斋戒。

⑧婉娈：年少貌美的样子。

⑨捐：放弃。赫奕：显赫尊贵的样子。

⑩甘肴：美味。

⑪独往：独自离开。

⑫幽漠：幽静寂寞的地方。

⑬堪：忍受。

⑭饥渴：指如饥似渴地追求。

⑮冒干：求取。

⑯炫：自我夸耀。苟且：不正当的，胡乱的。

⑰勾践式怒蛙：勾践向气势强盛的青蛙凭轼致敬。勾践，春秋越国

君主。式，通“轼”，古代车厢前用作扶手的横木。这里用作动词，扶着轼。古人常用扶着轼木站立表示敬意。怒，气势强盛。《韩非子·内储说上》：“越王勾践见怒蛙而式之。御者曰：‘何为式？’王曰：‘蛙有气如此，可无为式乎？’”

⑱楚灵：即楚灵王。春秋楚国君主。细腰：身材苗条的女子。《韩非子·二柄》：“楚灵王好细腰，而国中多饿人。”

⑲齐桓：即齐桓公。春秋齐国君主。五霸之一。

⑳易牙：齐桓公的宠臣，善烹调，喜逢迎。《韩非子·二柄》：“桓公好味，易牙蒸其子首而进之。”

㉑宋君赏瘠孝：宋国君主赏赐因守丧悲伤过度而瘦弱的孝子。瘠，瘦弱。

㉒毁歾者比屋：守丧时因悲伤而死的人到处都是。毁歾，守丧时因悲伤而死。比屋，房子挨着房子，一家连着一家。形容很多。《韩非子·内储说上》：“宋崇门之巷人，服丧而毁，甚瘠。上以为慈爱于亲，举以为官师。明年，人之所以毁死者岁十余人。”

㉓莫有不至：没有办不到的。

㉔审：确实。

㉕煞：通“杀”。

㉖汤镬(huò)：装满开水的大锅。汤，开水。镬，古代的一种大锅。古代有一种酷刑叫做“烹”，即把人放在开水里煮死。

㉗印绶：古代官员系官印的丝带。缞绖(cuī dié)：丧服。缞，服丧时挂在胸前的麻布条。绖，服丧时系在头上或腰间的麻带。

㉘扼腕：用手握住自己的手腕，表示激动万分。丹楹：用红漆涂饰的柱子。代指华丽的房屋。楹，柱子。不訾(zǐ)：数量极大，无法计量。訾，计算，估量。五利：汉代将军名号。汉武帝封栾太为五利将军。尚公主之贵：娶高贵的公主。尚，与地位比自己高的人结亲。特指娶公主为妻。耽沦：沉溺，迷恋。

【译文】

“有人得到了修道的要领和秘诀，有人遇上了出类拔萃的老师，然而却舍不得离开老妻幼子，留恋着乡梓故土，迟迟难以下定决心一直到死，在时光流逝中不知不觉地走向衰老，明明知道长生不死是能够做到的却不能去修炼，厌恶世俗中腐鼠般的功名利禄却又无法抛弃。为什么呢？因为爱好和习惯形成的情感始终难以消除，而与世俗一刀两断的志向也难以最终实现。更何况秦始皇、汉武帝那两位皇帝，是天下的主人，他们所沉溺、玩赏的事物，绝对不只是一种；他们所亲近宠幸的人，肯定也很不少。仅仅让他们进行十天半月的斋戒，让他们过几天的清静日子，尚且还不能做到，更何况要求他们对内舍弃年青美貌的心爱女子，对外放弃显赫荣耀的尊贵地位，口中不吃甘美的佳肴，心里断绝所有的欲念，放弃荣华富贵而独自一人离开，到那幽静寂寞的地方去修行，他们又怎么能够忍受得了呢？因此回顾从前，能够求得仙道的人，多是贫贱之士，而非权高位重之人。再说栾太所知道的，实在浅薄，他如饥似渴地贪图荣华富贵，追求金银财宝，胡乱地鼓吹、炫耀一些虚假之事，在毫无意义的行为中忘掉了祸患，这种低贱小人的奸诈欺骗行为，怎么能够用来证实天下没有神仙呢？从前勾践向气势强盛的青蛙凭轼致敬，士卒们便争着赴汤蹈火；楚灵王喜好腰细的苗条美女，国中很多人为保持细腰而饿死；齐桓公爱吃奇异的美味，易牙就为他蒸死了自己的孩子；宋国君主赏赐因守丧悲伤过度而瘦弱的孝子，于是守丧时因悲伤而死的人比比皆是。可见国王爱好的，就没有办不到的。汉武帝招募懂得方术的人，对他们的宠幸和待遇过于丰厚，才使得这些胆大妄为之徒，敢于弄虚作假啊。栾太如果确实掌握了大道，哪里可能被杀死呢？真正有道之人，看待高官厚爵如同汤镬酷刑，看待系印的丝绶如同丧服上的麻带，看待黄金白玉如同粪土，看待华丽殿堂如同监狱，他们哪里还会去激动万分地鼓吹一些无用的谎言、带着侥幸的心理去求得荣华富贵、居住在富丽堂皇的宫室里、接受难以计量的赏赐物、佩带着五利将军的大印、与高贵的公主结婚、沉溺于权势利益之中、不知道满足而适可而止呢？此人确实没有得道，这是绝对可以肯定的。

"按董仲舒所撰《李少君家录》云[①]：少君有不死之方，而家贫无以市其药物[②]，故出于汉[③]，以假涂求其财[④]，道成而去。又按《汉禁中起居注》云[⑤]：少君之将去也，武帝梦与之共登嵩高山[⑥]，半道，有使者乘龙持节[⑦]，从云中下，云太乙请少君[⑧]。帝觉，以语左右曰[⑨]：'如我之梦，少君将舍我去矣。'数日，而少君称病死。久之，帝令人发其棺，无尸，唯衣冠在焉。按仙经云[⑩]：上士举形升虚[⑪]，谓之'天仙'；中士游于名山，谓之'地仙'；下士先死后蜕[⑫]，谓之'尸解仙'[⑬]。今少君必尸解者也。近世壶公将费长房去[⑭]，及道士李意期将两弟子去[⑮]，皆托卒死[⑯]，家殡埋之。积数年，而长房来归。又，相识人见李意期将两弟子皆在郫县[⑰]。其家各发棺视之，三棺遂有竹杖一枚，以丹书符于杖[⑱]。此皆尸解者也。

【注释】

①董仲舒：西汉人，著名的思想家，著有《春秋繁露》等书。

②市：买。

③出于汉：来到汉朝廷。出，出现于，来到。

④假涂：借道。这里指假借某种方法。假，借。涂，同"途"。

⑤《汉禁中起居注》：记载汉武帝言行的书。禁中，宫中。

⑥嵩高山：即嵩山，在今河南登封。

⑦节：符节。古代用作凭证的东西。

⑧太乙：神名。又称"太一"、"泰一"等。为天神中最为尊贵者。

⑨左右：指皇帝身边的人。

⑩仙经：泛指道教的修仙书籍。一说是书名。

⑪举形升虚：身体飞起，升入天空。虚，天空。

⑫蜕：蜕变。指变化成仙。

⑬尸解：道教认为，修道者死后，留下形骸，而魂魄成仙，这种情况称为“尸解”。

⑭壶公将费长房：壶公带走了费长房。壶公，神仙名。将，带走。费长房，东汉人，后学得仙术。《后汉书·方术列传下》说：东汉费长房曾经当过管理市场的官员，见市场上有一老翁卖药，悬挂一只壶在旁边。集市散去以后，老翁便跳入壶中。费长房因此敬奉这位老翁——壶公，后来壶公带着他离去。

⑮李意期：神仙名。《神仙传》说李意期本为蜀人，相传是汉文帝时人。有人如果希望很快到达远方，李意期便把符画在此人的两腋下，则可以日行千里。

⑯卒(cù)：通“猝”，突然。

⑰郫县：地名。在今成都附近。

⑱以丹书符：用红色颜料画符。书，画。符，符箓。方士画的所谓能够驱使鬼神、消灾求福的图形或线条。

【译文】

“按照董仲舒所写的《李少君家录》的说法，李少君有令人长生不死的方术，然而因为家境贫寒而无钱购买炼丹的药物，所以来到汉朝廷，以便通过这种途径寻求购买药物的钱财，修道成功后就离开了。另外《汉禁中起居注》也说：李少君即将离去时，汉武帝梦见自己和他一起登嵩山，走到半道上，有一个使者驾着飞龙、拿着符节，从云中飘然而下，说是天皇太乙邀请李少君。武帝醒后，把这个梦告诉身边的人，说：‘照我做的这个梦，李少君将要离我而去了。’几天后，李少君便称病而死。很久以后，武帝让人打开他的棺材，里面没有尸体，只有衣服和帽子还在。按照仙经的说法：上等的道士能够飞身升上天空，被称为‘天仙’；

中等的道士遨游于名山之中，被称为‘地仙’；下等的道士先假死而后蜕变，被称为‘尸解仙’。现在看来，李少君必定属于‘尸解仙’一类的。近代的壶公带着费长房离去，以及道士李意期带着两个弟子离去，他们都是假装突然死去，家人埋葬了他们。过了几年，费长房却回了家。另外，也有熟识的人看见李意期带着两个弟子仍然生活在郫县。他们的家人打开棺材看，发现三个棺材中都只有竹杖一根，竹杖上面用丹漆画着符箓。这些人都是尸解的仙人啊！

“昔王莽引《典》、《坟》以饰其邪[①]，不可谓儒者皆为篡盗也[②]；相如因鼓琴以窃文君[③]，不可谓雅乐主于淫佚也[④]。噎死者不可讥神农之播谷[⑤]，烧死者不可怒燧人之钻火[⑥]，覆溺者不可怨帝轩之造舟[⑦]；酗醟者不可非杜、仪之为酒[⑧]。岂可以栾太之邪伪，谓仙道之果无乎？是犹见赵高、董卓[⑨]，便谓古无伊、周、霍光[⑩]；见商臣、冒顿[⑪]，而云古无伯奇、孝己也[⑫]。又《神仙集》中有召神劾鬼之法[⑬]，又有使人见鬼之术，俗人闻之，皆谓虚文。或云天下无鬼神；或云有之，亦不可劾召；或云见鬼者，在男为觋[⑭]，在女为巫，当须自然，非可学而得。按《汉书》及《太史公记》皆云齐人少翁[⑮]，武帝以为文成将军；武帝所幸李夫人死[⑯]，少翁能令武帝见之如生人状[⑰]；又令武帝见灶神[⑱]。此史籍之明文也。夫方术既令鬼见其形[⑲]，又令本不见鬼者见鬼，推此而言，其余亦何所不有也？鬼神数为人间作光怪变异，又经典所载，多鬼神之据，俗人尚不信天下之有神鬼，况乎仙人居高处远，清浊异流[⑳]，登遐遂往[㉑]，不返于世，非得道者，安能见闻？而儒、墨之家知此不可以训[㉒]，故终不言其有焉。俗人之不信，不亦宜乎？

惟有识真者，校练众方[23]，得其征验，审其必有[24]，可独知之耳，不可强也。故不见鬼神，不见仙人，不可谓世间无仙人也。人无贤愚，皆知己身之有魂魄，魂魄分去则人病[25]，尽去则人死。故分去则术家有拘录之法[26]，尽去则礼典有招呼之义[27]。此之为物至近者也，然与人俱生，至乎终身，莫或有自闻见之者也[28]。岂可遂以不闻见之，又云无之乎？若夫辅氏报施之鬼[29]，成汤怒齐之灵[30]，申生交言于狐子[31]，杜伯报恨于周宣[32]，彭生托形于玄豕[33]，如意假貌于苍狗[34]，灌夫守田蚡[35]，子义掊燕简[36]，蓐收之降于莘[37]，栾侯之止民家[38]，素姜之说谶纬[39]，孝孙之著文章[40]，神君言于上林[41]，罗阳仕于吴朝[42]，鬼神之事，著于竹帛，昭昭如此，不可胜数。然而蔽者犹谓无之[43]，况长生之事，世所希闻乎！望使必信，是令蚊虻负山、与井蟆论海也[44]。俗人未尝见龙麟鸾凤，乃谓天下无有此物，以为古人虚设瑞应[45]，欲令人主自勉不息，冀致斯珍也[46]，况于令人之信有仙人乎？

【注释】

①王莽：字巨君，汉元城人，汉元帝皇后之侄。少孤贫，发愤读书。至平帝时为大司马，后来篡国，改国号为新。王莽篡政期间，曾多次称引古文献以达到其政治目的。后被农民起义军所杀。《典》、《坟》：书名。“三坟五典”的略称。据说是我国最古的书籍，这里泛指古代文献。

②篡盗：篡政窃国。

③相如：司马相如，字长卿，汉代著名文人。文君：蜀地富豪卓王孙之女，司马相如之妻。《史记·司马相如列传》记载，卓王孙请司

马相如作客，相如借鼓琴传情，卓文君后与相如私奔。

④雅乐：用于郊庙朝会的正乐，这里泛指高雅的音乐。

⑤讥：指责。神农：传说中的古帝王，相传他首次教民制作耒、耜等农具以兴农业。

⑥燧人：即燧人氏，传说中的古帝王，相传他发明钻木取火的方法，教人熟食。

⑦覆溺：翻船溺死。帝轩：即黄帝轩辕氏，传说中的古代帝王，相传他发明了船只。

⑧醟(yòng)：酗酒。杜仪：即杜康、仪狄，传说中最早造酒的两个人。《世本》："仪狄始作酒醪，变五味。少康(杜康)作秫酒。"

⑨赵高：秦代臭名昭著的宦官。秦始皇死后，赵高与丞相李斯伪造遗诏，杀死秦始皇长子扶苏，立胡亥为二世皇帝。不久，赵高杀李斯，自为丞相，独揽大权，指鹿为马。董卓：东汉权臣，废少帝，立献帝，后挟献帝西迁长安，自为太师，位处诸侯之上，残暴专横，扰乱天下，后被王允所杀。

⑩伊：即伊尹。商代贤臣。辅佐商汤灭夏桀，商汤孙太甲当政而无道，伊尹流放了他，代摄政事。及太甲悔过，伊尹又还政于太甲。周：即周武王之弟周公。武王死后，成王立，周公因成王年少而代摄政事，等到他成年后，还政。霍光：西汉人。汉武帝死后，霍光以大司马、大将军身份受遗诏辅佐八岁即位的昭帝，政事全取决于霍光。昭帝死，迎立昌邑王刘贺，因其淫乱而废之，后立宣帝。

⑪商臣：春秋时期楚成王太子，后弑父自立，是为穆王。冒顿(mò dú)：秦末汉初匈奴单于，杀其父头曼自立。

⑫伯奇：周代尹吉甫的儿子，事后母至孝，却被后母所谗，最后被放逐。孝己：殷高宗的儿子，有孝行，被后母谗害，忧苦而死。

⑬劾鬼：用方术制服、驱赶鬼怪。

⑭觋(xí):男巫。

⑮《汉书》:书名。记载了西汉历史。作者为东汉班固等人。《太史公记》:书名。即《史记》。少翁:汉武帝时的方士。

⑯幸:宠幸,宠爱。

⑰如生人状:如同生前的模样。《汉书·外戚传》:"上思念李夫人不已,方士齐人少翁言能致其神。乃夜张灯烛,设帷帐,陈酒肉,而令上居他帐,遥望见好女如李夫人之貌,还幄坐而步。"而《史记·孝武本纪》记载为王夫人:"齐人少翁,以鬼神方见上。上有所幸王夫人。夫人卒,少翁以方术,盖夜致王夫人及灶鬼之貌云。"

⑱灶神:神名。传说炎帝死后为灶神。

⑲见(xiàn):通"现",显现。

⑳清浊异流:神仙的清高与俗人的混浊完全不同。

㉑登遐:上升。这里指升天成仙。

㉒训:规范,准则。

㉓校练(jiǎn):考核选择。校,考核。练,通"拣",选择。

㉔审:明白。

㉕分:部分。

㉖拘录:拘系。这里指道教徒捕捉灵魂的法术。录,捕捉。

㉗礼典:指《仪礼》。《仪礼·士丧礼》:"复者一人。"郑玄注:"复者,有司招魂复魄也。"招呼:当依敦煌本作"招魂"。古人认为,带着死者的衣服,登上屋顶,北面三呼,即可招回死者的灵魂。

㉘莫或:没有人。或,有人。

㉙辅氏报施之鬼:辅氏这个地方有报答恩德的鬼魂。详见本篇"结草知德"注。

㉚成汤怒齐之灵:商汤王显现了对齐景公发怒的魂灵。成汤,即商朝开国君主商汤。《晏子春秋·内篇谏上》记载:齐景公举兵伐

宋，军队过泰山时，景公梦见两个人对自己发怒，晏子对景公说，这不是泰山之神，而是宋国的先祖商汤和伊尹，他们反对您进攻宋国。

㉛申生交言于狐子：申生的灵魂与狐子交谈。申生，晋献公太子，为后母骊姬所害。狐子，晋国大臣狐突。《左传·僖公十年》记载：晋国国君改葬申生，大臣狐突遇到申生的鬼魂，申生与之交谈，说自己已经请示上帝，将把晋国送给秦国。

㉜杜伯报恨于周宣：杜伯报仇于周宣王。杜伯，周宣王的大臣。周宣，即西周君主周宣王。《墨子·明鬼》记载：周宣王枉杀了大臣杜伯，后来宣王打猎，见杜伯乘坐着白马白车，追射自己。

㉝彭生托形于玄豕(shǐ)：彭生死后托形为玄色的猪。彭生，春秋齐国人。玄，黑中带红的颜色。豕，猪。《史记·齐太公世家》记载：齐襄公指使彭生杀害鲁桓公，为灭口又杀彭生。后来齐襄公打猎时，看见一只大猪，随从说，这是死去的公子彭生。齐襄公射之不中，受惊跌落车下。

㉞如意假貌于苍狗：如意托形于深青色的狗。如意，刘邦之子，被封为赵王。后被吕后所害。《汉书·五行志》记载：有一次，吕后在道路上看到一只怪物，样子像深青色的狗，这个怪物抓咬吕后腋下后突然消失。占卜结果说是赵王如意作祟，后来吕后因腋痛而死。

㉟灌夫守田蚡(fén)：灌夫的灵魂守在田蚡的身边。灌夫，西汉的大臣。田蚡，西汉的大臣。《史记·魏其武安侯列传》记载：武安侯田蚡害死了自己的政敌魏其侯窦婴和灌夫，后来，田蚡浑身疼痛，请巫师来看，说是窦婴和灌夫的鬼魂守在他的身边击打他。

㊱子义掊燕简：庄子义击打燕简公。子义，即庄子仪。春秋燕国人。掊，击打。燕简，春秋燕国的一位君主。《墨子·明鬼》记

载：燕简公枉杀大臣庄子仪，一年后出行时，被庄子仪的鬼魂用木杖打死在车上。

㊲蓐(rù)收之降于莘(shēn)：蓐收降临在莘地。蓐收，神名。主刑法之神。莘，地名。在今陕西韩城一带。《国语·晋语二》记载："虢公梦在庙，有神，人面白毛虎爪，执钺立于西阿，公惧而走。神曰：'无走！帝命曰："使晋袭于尔门。"'公拜稽首，觉，召史嚚占之，对曰：'如君之言，则蓐收也，天之刑神也。'"

㊳栾侯之止民家：栾侯出现在百姓之家。栾侯，神名。《太平广记》卷二百九十二引《列异传》说：汉中有神栾侯，能知人吉凶。有一年，出现蝗灾，太守派使者祭告栾侯。栾侯说："蝗虫小事，我马上就去除掉它们。"后来果然有亿万只鸟飞来啄食蝗虫，顷刻皆尽。

㊴素姜之说谶纬：素姜善于谈论谶纬。素姜，即李庶姜，名合。东汉末年人。谶，预言吉凶得失的言论、征兆。纬，由方术化的儒生所创作的附会于儒家经典的著作。《三国志·魏书·文帝纪》注引《献帝传》记载，左中郎将李伏上表曹丕说："武都李庶姜合羁旅汉中，谓臣曰：'必为魏公，未便王也。定天下者，魏公子桓，神之所命，当合符谶，以应天人之位。'"

㊵孝孙：生平不详。可能是一位预言吉凶的人。

㊶神君言于上林：神君讲话于上林苑中。神君，神仙名。上林，汉武帝时的园林名。《史记·孝武本纪》："是时上求神君，舍之上林中蹏氏观。神君者，长陵女子，以子死悲哀，故见神于先后宛若。……及武帝即位，则厚礼置祠之内中，闻其言，不见其人云。"

㊷罗阳仕于吴朝：罗阳来到吴国做官。《三国志·吴书·吴主传》："初，临海罗阳县有神，自称王表。周旋民间，语言饮食，与人无异，然不见其形。又有一婢，名纺绩。是月，遣中书郎李崇

赍辅国将军、罗阳王印绶迎表。……秋七月，崇与表至，权于苍龙门外为立第舍，数使近臣赍酒食往。表说水旱小事，往往有验。”

㊸蔽者：受蒙蔽的人，愚昧的人。

㊹虻：昆虫名。吸吮人、畜的血液。负：背。井蟆：井底之蛙。蟆，蛤蟆，青蛙。

㊺瑞应：吉祥的征兆。古人认为上天可以降下吉祥的征兆，以表彰君主的美德。

㊻冀致斯珍：希望招致这些吉祥的征兆。冀，希望。斯，这些。珍，吉祥的征兆。

【译文】

“从前王莽曾经引用《三坟》、《五典》来掩饰自己的奸邪，但不能据此就认为儒生都是窃权篡位的盗贼；司马相如凭借弹琴的方法去诱惑卓文君，但不能据此就认为高雅音乐的主要功能就是让人淫佚放荡。被噎死的人不能怪罪神农氏教会人们种植庄稼，被烧死的人不能迁怒于燧人氏发明了钻木取火，翻船溺死的人不能抱怨轩辕氏制造出船只，酗酒发疯的人不能非难杜康、仪狄酿造出酒浆。怎么可以因为栾太的奸邪作假，就认为仙道肯定没有呢？这就好比看见了赵高、董卓之类的奸臣，就认为古代没有伊尹、周公、霍光那样的忠臣；看见了商臣、冒顿之类的逆子，就认为古代没有伯奇、孝己那样的孝子。另外，《神仙集》中还记载了召唤神仙、驱逐鬼魅的方法，以及让人看见鬼怪的方术，世人听说这些，都认为这是虚假的传说。有的人断言天下没有鬼神；有的人则说即使有，也不能驱赶和召唤他们；也有的人说那些能够看见鬼怪的，男的叫‘觋’，女的叫‘巫’，这种本领是他们的天性使然，而不是经过学习可以获得的。《汉书》和《史记》都记载了齐国人少翁的事情，汉武帝封他为文成将军；汉武帝所宠幸的李夫人死后，少翁能让武帝重新看见她，如同生前一般；他还能让汉武帝看见灶神。这些都是史书上明文记载的啊。方术既能让鬼魂显现自己的身形，又能让本来不能看见鬼魂的人看见鬼魂，照此推论，其他的法术又有什么做不到的呢？鬼神无数次降临人间、呈现出光怪陆离的变化，而且经传典籍记载的内容中，有很多鬼神存在的证据，然而世俗人还是不相信天下有神仙鬼怪，更何况仙人居住在高峻遥远的地方，他们的清高与世俗的污浊全然不同，他们成仙升天而去，不再返回人间，如果不是学得道术的人，怎么能够看见、听到他们呢？而儒家、墨家知道神仙鬼怪之类的事情不能拿来训导世人，所以始终不明言他们的存在。那么世俗人不相信神仙的事情，不也在情理之中吗？只有那些能够识别真相的人，才能考核、选择各种方法，最终找到验证的途径，以确信神仙的肯定存在，但也只能独自清楚明白，却不能强迫别人也去相信。所以说，看不见鬼神，看不见仙人，并不能因此就认为世间没有仙人啊。人们无论聪明还是愚笨，都知道自己的身上有灵魂，如果灵魂部分离去就会使人生病，完全离去就会使人死亡。因此灵魂部分离去，术士就有捕捉游魂的‘拘录法’；完全离去，《仪礼》就有招回亡灵的‘招魂法’。灵魂是最贴近人的事物，灵魂虽然与人一起出生，并且相伴终身，却没有人能够听到、看见自己的灵魂。难道就可以仅仅因为没有听见、看见自己的灵魂，就说自己没有灵魂的存在吗？至于在辅氏这地方有过结草报恩的鬼魂，成汤的灵魂对齐国君主发怒，申生的灵魂与狐突交谈，杜伯的灵魂向周宣王报仇，彭生的灵魂托形于玄色的猪，如意的灵魂托形于青色的狗，灌夫的灵魂守着殴打田蚡，子义的灵魂击打燕简公，蓐收降临于莘地，栾侯来到了民家，素姜谈论谶纬，孝孙著述文章，神君在上林苑里谈话，罗阳到东吴国做官，这些鬼神的事迹，记载在典籍中，清清楚楚，数不胜数。然而那些愚昧的人还是认为没有神仙，更何况那些长生不老的事理，是世人很少能够听到的呢？如果希望让人们一定要相信这些事理，这就好像让蚊子牛虻背起大山、和井底之蛙讨论大海一样。世人从来没有见过蛟龙、麒麟、鸾鸟、凤凰，便认为天下根本就没有这些动物，认为是古人虚构出来的吉祥征兆，想以此促使君主们自强不息，希望自己也能够招致这些吉祥之物，更何况想让人相信世间有神仙呢？

“世人以刘向作金不成[①]，便谓索隐行怪[②]，好传虚无，所撰《列仙》，皆复妄作。悲夫！此所谓以分寸之瑕[③]，弃盈尺之夜光[④]；以蚁鼻之缺[⑤]，捐无价之淳钧[⑥]。非荆和之远识、风胡之赏真也[⑦]，斯朱公所以郁悒、薛烛所以永叹矣[⑧]。夫作金皆在《神仙集》中，淮南王抄出[⑨]，以作《鸿宝枕中书》[⑩]。虽有其文，然皆秘其要文，必须口诀，临文指解[⑪]，然后可为耳。其所用药，复多改其本名，不可按之便用也[⑫]。刘向父德治淮南王狱中所得此书[⑬]，非为师授也。向本不解道术，偶偏见此书[⑭]，便谓其意尽在纸上，是以作金不成耳。至于撰《列仙传》，自删秦大夫阮仓书中出之[⑮]，或所亲见，然后记之，非妄言也。狂夫童谣[⑯]，圣人所择；刍荛之言[⑰]，或不可遗[⑱]；采葑采菲[⑲]，无以下体[⑳]？岂可以百虑之一失，而谓经典之不可用？以日月曾蚀之故[㉑]，而谓悬象非大明哉[㉒]？外国作水精碗[㉓]，实是合五种灰以作之[㉔]。今交、广多有得其法而铸作之者[㉕]。今以此语俗人，俗人殊不肯信。乃云水精本自然之物，玉石之类，况于世间，幸有自然之金[㉖]，俗人当何信其有可作之理哉？愚人乃不信黄丹及胡粉是化铅所作[㉗]，又不信骡及駏驉是驴马所生[㉘]。云物各自有种，况乎难知之事哉？夫所见少，则所怪多，世之常也。信哉此言！其事虽天之明，而人处覆甑之下[29]，焉识至言哉！”

【注释】

①刘向作金不成：刘向炼制黄金没有成功。《汉书·楚元王传》：“向字子政，本名更生。……上复兴神仙方术之事，而淮南有《枕中鸿宝》、《苑秘书》。书言神仙使鬼物为金之术，及邹衍重道延命方，世人莫见，而更生父德武帝时治淮南狱得其书。更生幼而读诵，以为奇，献之，言黄金可成。上令典尚方铸作事，费甚多，方不验。上乃下更生吏，吏劾更生铸伪黄金，系当死。”

②索隐行怪：探索隐秘，行为怪诞。

③瑕：玉石上的斑痕。

④夜光：宝玉名。即夜光璧。

⑤蚁鼻：蚂蚁的鼻子。比喻极细小的缺陷。

⑥捐：抛弃。淳钧：宝剑名。为越国人欧冶子所铸。

⑦非：非议，不认可。荆和：楚国人卞和。荆，即楚国。和，卞和。楚国人，和氏璧的发现者。《韩非子·和氏》记载，楚国人卞和得到一块玉璞，先后献给楚厉王及楚武王，两位国君都认为他拿石头来欺骗自己，于是就砍掉了他的左右脚。一直到楚文王即位，这块玉璧才得到世人的认可。风胡：春秋时期善于鉴赏宝剑的人。

⑧斯：这。朱公：即范蠡。范蠡协助越王勾践灭吴后，隐居于陶，改名朱公。据说他善于鉴赏璧玉。薛烛：春秋时期善于鉴赏宝剑的人。永叹：长叹。永，长。

⑨淮南王：即淮南王刘安。刘安是汉文帝之弟淮南厉王刘长的长子，后袭父封为淮南王。武帝时，有人告刘安谋反，下狱自杀。

⑩《鸿宝枕中书》：书名。颜师古在《汉书·楚元王传》的注释中说：“《鸿宝》、《苑秘书》，并道术篇名，臧在枕中，言常存录之，不漏

泄也。”

⑪临文指解：面对文字，亲自指点解释。

⑫按之：按照字面的药物名称。

⑬德：即刘向的父亲刘德。刘德曾受朝廷指派去处理淮南王刘安谋反的事件。

⑭偶偏：偶然。

⑮阮仓：秦朝大夫。《神仙传·序》说，阮仓记载了古代成仙者数百人。

⑯狂夫：疯癫之人。

⑰刍荛（ráo）：割草、打柴。这里指割草、打柴之人。

⑱或：也许。遗：放弃。

⑲葑（fēng）：植物名。即蔓菁。菲：植物名。既萝菔。又叫芴、诸葛菜等。

⑳无以下体：不用根茎。无以，不用。下体，根茎。以上两句见《诗经·邶风·谷风》，原意为收获葑菲时，难道不去获取可以食用的根茎吗？这里指看问题不能只看次要的，而不顾本质。

㉑蚀：指日食、月食。

㉒悬象：天象。这里代指日月。

㉓水精：水晶。这里指玻璃。

㉔五种灰：五种灰粉状的矿物质。

㉕交：地名。交州。在今广西苍梧一带。广：地名。广州。在今天广东番禺一带。

㉖幸：侥幸。

㉗黄丹：古代的一种炼丹原料。胡粉：古代的一种炼丹原料。

㉘驱驉（jù xū）：兽名。形似骡马，可供骑乘。

㉙覆甑（zèng）：倒覆的甑。甑，古代的一种煮器，类似今天的锅。

【译文】

“世人因为刘向炼制黄金没有成功，就认为他喜欢探索隐秘而行为怪诞，爱好传播虚幻不实的事情，他所撰写的《列仙传》，也都是一些荒诞的故事。这真是可悲啊！这就是人们所说的因为微小的斑点，就抛弃很大的夜光璧玉；因为细小的缺口，就放弃无价的淳钧宝剑。人们不认可楚人卞和的远见卓识，以及风胡鉴赏真宝的能力，这就是陶朱公之所以会郁闷的理由、薛烛之所以要长叹的原因啊。制作黄金的方法都记载在《神仙集》里，淮南王刘安把它们抄录出来，据此写成了《鸿宝枕中书》。书中虽然有制作黄金的文字，但隐匿了最重要的内容，所以还必须要亲口传授秘诀，面对文字亲自指点解释，然后才能炼制成功。那些炼金所用的药物，又有很多被改变了本来的名字，因此还不能按照字面上的药物名称去使用。刘向的父亲刘德在处理淮南王谋反案件时得到了这本书，而不是由老师亲自传授而得到的。刘向本来不懂得道术，他偶然看到这本书，就以为炼金的方法都记载在书本上了，因此他炼金没有能够成功。至于他撰写的《列仙传》，是从秦国大夫阮仓的书中摘抄出来的，有些内容应该是阮仓所亲眼目睹的，然后才记载下来，并非胡乱编造的谎言啊！即使疯癫之人和儿童唱的歌谣，圣人都要选择采纳；即使割草打柴人的言论，有的还不能遗弃不听；就像采集葑菲那样，怎么能够遗弃它们的有用根茎呢？怎么能够因为千百次考虑中的一次失误，就认为经典是不能采用的？怎么能够因为太阳、月亮也曾有过被蚀缺的缘故，就认为太阳、月亮不是非常明亮的呢？外国制造的水精碗，实际上是汇合五种灰粉状的矿物质制作而成的。现在交州、广州还有很多学会了这种方法而制造水精碗的人。如果把这些话告诉世俗之人，世俗之人一点也不肯相信，而认为水精本来属于自然形成的物质，就像玉石之类的事物一样，更何况世间侥幸存在有自然形成的黄金，世人又怎么会相信黄金是可以由人工制作的道理呢？愚笨的人既不相信黄丹和胡粉是由熔化的铅所制作的，也不相信骡子和駏驉是由驴和马交配后所生育的。他们认为事物各有自己的固定种类,更何况那些难以理解的事物呢?所见识的少,自然感到奇怪的事情就多,这是世间的常理。这话说得多么正确啊!这些事理虽然好比天空般明亮清楚,然而如果一个人处于倒覆的甑锅之下,他又哪里能够理解这些最高妙的事理呢?”

对俗卷三

【题解】

对俗，回答世俗人的质疑。对，回答。俗，世俗。这里指世俗人的质疑。本卷采用一问一答的形式，对世俗人有关修道成仙的种种质疑予以解释。

对于人们是否能够成仙的疑问，葛洪首先依然是引用史料的记载作为证据，他说："民间君子，犹内不负心，外不愧影；上不欺天，下不食言，岂况古之真人，宁当虚造空文，以必不可得之事，诳误将来？何所索乎？"就连民间的一般君子尚且不会骗人，更何况那些得道真人。这就是用真人的人格去保证他们所记载的故事不假。其次，葛洪用以小见大的方法论证神仙可学。他说："今试其小者，莫不效焉。余数见人以方诸求水于夕月，阳燧引火于朝日……小既有验，则长生之道，何独不然乎？"既然以方诸求水、用阳燧引火这些小方术是可信的，那么推而广之，修道成仙这一类的大方术的效果自然也是毋庸置疑的。第三，使用类比的方法以证明人可以长生不死。葛洪引用《史记·龟策传列》中的"江淮间居人为儿时，以龟枝床，至后老死，家人移床，而龟故生"的记载，证明龟是长寿动物，既然我们"知龟有不死之法"，那么"为道者效之"，就完全可以"与龟同年"了。除此之外，葛洪还回答了神仙为什么有的升入天庭、有的却留居人间等问题。

葛洪用来证明神仙可学的证据和推理，从整体上看，可以说是似是而非，不伦不类。但在本卷中，也有一些颇具正面意义的思想和主张。第一，把积德行善看作修道成仙的前提。葛洪说："立功为上，除过次之。为道者以救人危，使免祸，护人疾病，令不枉死，为上功也。欲求仙者，要当以忠孝、和顺、仁信为本。若德行不修，而但务方术，皆不得长生也。"这就把世俗道德同修道成仙密切地结合了起来，这种道德教育虽然是以宗教信仰为基础，但对于提高民众的品德，保持社会安定，无意具有一定的积极意义。葛洪还专门谈到孝的问题，认为得仙道者长生不死，能够保证身体的永远完好，这不仅符合传统的孝道思想，而且还能光宗耀祖，同时也能够保证对祖宗的祭祀。这一调和儒、道思想的努力也是值得肯定的。第二，在少数地方，也体现了作者实事求是的精神。葛洪的神仙信仰应该说是十分坚定的，但他同时也说："吾今知仙之可得也，吾能休粮不食也，吾保流珠之可飞也、黄白之可求也。若责吾求其本理，则亦实复不知矣。"这实际就是承认自己对于学仙之事，是知其然而不知其所以然，虽然"不知其所以然"并没有动摇作者对神仙的信仰，但相对于那些不懂装懂、强为作解的人，还是显示出些许的实事求是精神。第三，提出了"推理"这一认识方法。当有人质疑"龟鹤长寿，盖世间之空言耳，谁与二物终始相随而得知之也"时，葛洪提出了推理认识的方法，他说："苟得其要，则八极之外，如在指掌；百代之远，有若同时；不必在乎庭宇之左右，俟乎瞻视之所及，然后知之也。……睹一隅则可以悟之矣。"从抽象的原则来看，这一观点无疑是正确的，这与孔子的"殷因于夏礼，所损益可知也；周因于殷礼，所损益可知也；其或继周者，虽百世可知也"（《论语·为政》），以及举一反三思想都是相通的，只不过孔子把这一认识方法运用于人事，而葛洪却把它运用于神仙信仰而已。

或人难曰[①]："人中之有老、彭，犹木中之有松、柏，禀之自然,何可学得乎?”抱朴子曰:“夫陶冶造化[2],莫灵于人。故达其浅者,则能役用万物;得其深者,则能长生久视。知上药之延年[3],故服其药以求仙;知龟、鹤之遐寿[4],故效其道引以增年[5]。且夫松、柏枝叶,与众木则别;龟、鹤体貌,与众虫则殊[6]。至于彭、老,犹是人耳,非异类而寿独长者,由于得道,非自然也。众木不能法松、柏,诸虫不能学龟、鹤,是以短折耳[7];人有明哲[8],能修彭、老之道,则可与之同功矣。若谓世无仙人乎,然前哲所记,近将千人,皆有姓字,及有施为本末[9],非虚言也。若谓彼皆特禀异气,然其相传皆有师,奉服食[10],非生知也[11]。若道术不可学得,则变易形貌[12],吞刀吐火[13],坐在立亡[14],兴云起雾[15],召致虫蛇,合聚鱼鳖[16],三十六石立化为水[17],消玉为粭[18],溃金为浆[19],入渊不沾[20],蹴刃不伤[21],幻化之事,九百有余,按而行之,无不皆效,何为独不肯信仙之可得乎?仙道迟成[22],多所禁忌。自无超世之志、强力之才,不能守之。其或颇好心疑,中道而废,便谓仙道长生,果不可得耳。仙经曰:‘服丹守一[23],与天相毕[24];还精胎息[25],延寿无极。’此皆至道要言也。民间君子,犹内不负心,外不愧影[26];上不欺天,下不食言,岂况古之真人,宁当虚造空文[27],以必不可得之事,诳误将来[28]?何所索乎[29]?苟无其命,终不肯信,亦安可强令信哉!”

【注释】

①难:责难,质疑。

②陶冶造化:大自然的创造化育。陶,烧制陶器。冶,冶炼金属。比喻创造。造化,自然的创造化育。

③上药：最好的长生药物。

④遐寿：长寿。遐，远，长。

⑤道引：又作“导引”。古代的一种养生术。即通过呼吸俯仰、曲伸手足、使血气流通、以促使身体健康的健身运动。

⑥殊：不同。

⑦短折：短命夭折。

⑧明哲：聪明智慧。敦煌本作“明知”。

⑨施为：行为。本末：始终。这里指经历、经过。

⑩服食：道教养生法。食用仙药。

⑪生知：“生而知之”的省略。指极为聪明的人。《论语・季氏》：“孔子曰：‘生而知之者，上也；学而知之者，次也；困而学之，又其次也；困而不学，民斯为下矣。’”

⑫变易形貌：改换形貌。道教方术的一种。易，改变。

⑬吞刀吐火：本为杂技的一种，葛洪把它视为一种法术。张衡《西京赋》：“吞刀吐火，云雾杳冥。”

⑭坐在立亡：坐在那里，突然消失。立，马上，突然。《神仙传・皇初平传》：“能坐在立亡，行于日中无影。”

⑮兴云起雾：能够兴起云雾。《西京杂记》卷三：“有东海人黄公……以绛缯束发。立兴云雾。”

⑯合聚鱼鳖：召集鱼鳖。《神仙传・玉子传》：“临渊投符，召鱼鳖之属，悉来登岸。”

⑰三十六石立化为水：三十六种矿石药物顷刻间化为液体。《云笈七签》卷一百七记载有《服云母诸石药消化三十六水法》一书，似乎就是介绍把三十六种矿石药物溶化为液体的方法。

⑱粭(yí)：同“饴”，糖浆。

⑲溃金为浆：把黄金溶化为液体。溃，烂，溶化。

⑳沾：打湿。

㉑蹴：踏上。

㉒迟：迟缓，慢。

㉓服丹：服食仙丹。守一：道教内炼方术。又叫存思。道教认为，人体的五官腑脏，都有神灵主之，人要想得道成仙，就要存思这些神灵，专一不离。

㉔相毕：一同结束。"与天相毕"也即与天同寿。

㉕还精：道教内丹修炼方术。又叫"还精补脑"。即把肾间的气向上导引，以促进身体健康。胎息：道教内丹修炼方术。以鼻吸气而闭之，以口微微吐出，不让自己听到气息出入的声音。

㉖愧影：愧对自己的身体。影，身影。代指身体。

㉗宁当：怎能。

㉘将来：指未来之人，后人。

【译文】

有人质疑说："人类之中有老子和彭祖，就好像树木中有松、柏一样，他们秉承了长寿的自然天性，怎么可能通过人为地学习得到呢？"抱朴子回答说："天地创造化育的万物中，没有什么比人类更具灵性了。因此学到较低层次道术的人，就能够役使万物；学到较高层次道术的人，就能够长生不死。他们知道最好的药物能够延年益寿，所以服用这些药物去追求成仙；他们知道灵龟和仙鹤有长久的寿命，所以仿效它们的导引动作去增加年龄。再说松、柏的枝叶，与其他各种树木有着很大差别；龟、鹤的体形，与其他各类鸟兽则完全不同。至于彭祖和老子，他们还是人，并不是能够独自长寿的非人类之物，只是由于他们掌握了道术，并非自然天性形成的长寿。所有的树木都不能效法松、柏，各类鸟兽也不会学习龟、鹤，因此才短命夭折；而人有聪明才智，只要能够修炼彭祖、老子的道术，就可以同他们一样取得长寿的功效。如果说世间确实没有仙人，可从前的哲人所记载的神仙，就有将近一千人，而且都留下了姓氏名字，以及他们的行为经历，可见这都不是虚构的谎言啊。如果认为他们都是非常特殊地秉承了奇特的精华之气的话，然而相传他们都有老师，并且奉行服用丹药之事，可见他们并非生来就是懂得道术的人。如果说道术无法学到的话，却有人能够改变形体面貌，吞下刀子吐出火焰，坐在那里转眼消失，兴云起雾，招致虫蛇，聚集鱼鳖，以及把三十六种矿石药物顷刻间化为液体，将玉石消融成糖浆，把黄金溶解成水液，潜入深渊而身体不会沾湿，踏上刀刃而身体不会受伤，各种变化之类的事情，就多达九百多种，依照这些法术来施行，没有不奏效的，那又为什么唯独不肯相信神仙是可以学到的呢？学仙成功从时间上说很慢，禁忌也很多。除非具备了超越世人的意志、强大有力的才能，否则是不可能持之以恒的。有的人很容易自我怀疑，半途而废，于是就认为神仙之道、长生不死，确实是学不到的。仙经说：'服用仙丹，守一存思，可以与天同寿；还精补脑，做到胎息，能够万寿无疆。'这些都是至理名言啊！民间有德行的人，尚且还能做到对内不辜负良心，对外不愧对自身；对上不欺骗苍天，对下不改变诺言，更何况古代那些得道的真人，他们难道会凭空捏造假话，拿绝对不可能办到的事情，去欺骗误导后来的人吗？他们又图的什么呢？如果没有修道成仙的命运，始终是不肯相信神仙的，又怎么能够勉强他们去相信呢？"

或难曰："龟、鹤长寿，盖世间之空言耳，谁与二物终始相随而得知之也？"抱朴子曰："苟得其要，则八极之外①，如在指掌；百代之远，有若同时；不必在乎庭宇之左右②，俟乎瞻视之所及③，然后知之也。《玉策记》曰④：'千岁之龟，五色具焉，其额上两骨起，似角，解人之言，浮于莲叶之上，或在从蓍之下⑤，其上时有白云蟠蛇⑥。千岁之鹤，随时而鸣，能登于木，其未千载者，终不集于树上也，色纯白而脑尽成丹⑦。'如此则见，便可知也。然物之老者多智，率皆深藏邃处[8]，故人少有见之耳。按《玉策记》及《昌宇经》[9]，不但此二物之寿也，云千岁松树，四边披越[10]，上杪不长[11]，望而视之，有如偃盖[12]，其中有物，或如青牛，或如青羊，或如青犬，或如青人，皆寿万岁。又云：'蛇有无穷之寿。猕猴寿八百岁变为猨[13]，猨寿五百岁变为玃[14]，玃寿千岁。蟾蜍寿三千岁。骐驎寿二千岁[15]。腾黄之马、吉光之兽[16]，皆寿三千岁。千岁之鸟、万岁之禽，皆人面而鸟身，寿亦如其名[17]。虎及鹿兔，皆寿千岁，寿满五百岁者，其毛色白。熊寿五百岁者，则能变化。狐狸豺狼，皆寿八百岁，满五百岁，则善变为人形。鼠寿三百岁，满百岁则色白，善凭人而卜[18]，名曰"仲"，能知一年中吉凶及千里外事。'如此比例[19]，不可具载，但博识者触物能名[20]，洽闻者理无所惑耳[21]。何必常与龟、鹤周旋[22]，乃可知乎？苟不识物，则园中草木、田池禽兽，犹多不知，况乎巨异者哉？《史记・龟策传》云：'江、淮间居人为儿时[23]，以龟枝床[24]，至后老死，家人移床，而龟故生[25]。'此亦不减五六十岁也。不饮不食，如此之久而不死，其与凡物不同亦远矣，亦复何疑于千岁哉？仙经象龟之息[26]，岂不有以乎[27]？故太丘长颍川陈仲弓[28]，笃论士也[29]。撰《异闻记》云：'其郡人张广定者，遭乱常避地。有一女年四岁，不能步涉，又不可担负，计弃之固当饿死，不欲令其骸骨之露，村口有古大冢[30]，上巅先有穿穴[31]，乃以器盛缒之[32]，下此女于冢中，以数月许干饭及水浆与之而舍去[33]。候世平定，其间三年，广定乃得还乡里，欲收冢中所弃女骨，更殡埋之。广定往视，女故坐冢中，见其父母，犹识之，甚喜。而父母犹初恐其鬼也。

父下人就之，乃知其不死。问之从何得食，女言粮初尽时，甚饥，见冢角有一物，伸颈吞气，试效之，转不复饥。日月为之，以至于今。父母去时所留衣被，自在冢中，不行往来[34]，衣服不败，故不寒冻。广定乃索女所言物，乃是一大龟耳。女出食谷，初小腹痛，呕逆[35]，久许乃习。'此又足以知龟有不死之法，及为道者效之，可与龟同年之验也。史迁与仲弓[36]，皆非妄说者也。天下之虫鸟多矣，而古人独举斯二物者，明其独有异于众故也，睹一隅则可以悟之矣[37]。"

【注释】

①八极：八方极远的地方。

②庭宇之左右：自家住宅的旁边。左右，旁边。

③俟：等到。

④《玉策记》：书名。本书《遐览》有著录。

⑤蓍（shī）：草名。多年生。古人常用蓍草茎占卜。

⑥蟠蛇：当依宝颜堂本作"蟠旋"。盘绕。

⑦脑尽成丹：头上完全变成红色。丹，红色。

⑧率：一般。邃处：深邃隐秘之处。

⑨《昌宇经》：书名。疑即《昌宇内记》。昌宇，传说为黄帝的臣子。

⑩披越：枝叶披散开去的样子。

⑪杪（miǎo）：树枝的细梢。

⑫偃盖：偃伏的车盖。

⑬猨：同"猿"，动物名。猿猴。

⑭玃（jué）：动物名。一种大猴。

⑮骐驎：同"麒麟"，古代传说中的一种象征祥瑞的动物。

⑯腾黄：神马名。其状如狐，背上有两角。吉光：一种神兽名。与

神马相似。

⑰如其名：像它们名字“千岁之鸟，万岁之禽”中的“千岁”、“万岁”一样。

⑱凭人而卜：依附于人而为别人占卜。指这些老鼠能够把自己的灵魂托付在人身上去为别人占卜。

⑲比例：例子。比，与“例”同义。

⑳触物能名：接触事物时就能够叫出它们的名字。实际是说能够了解这些事物。

㉑洽闻：见识很广。洽，广博，普遍。

㉒周旋：打交道，生活在一起。

㉓江、淮：两条河名。即长江和淮河。

㉔枝：通“支”，支撑。

㉕故：依旧，依然。

㉖象龟之息：效仿龟的呼吸。象，效仿。息，呼吸。

㉗有以：有原因，有道理。

㉘太丘：地名。在今河南永城西北一带。长：长官。颍川：地名。在今河南中部地区。陈仲弓：东汉人，名寔，字仲弓。颍川郡许人，曾在太丘任地方长官。

㉙笃论：言论诚实。

㉚大冢：大坟墓。

㉛上巅：坟墓的顶部，坟头。

㉜缒(zhuì)：用绳子拴着人、物，从高处放下去。

㉝许：表示约数。

㉞不行往来：没有来回走动。

㉟呕逆：呕吐。

㊱史迁：即太史公司马迁。

㊲一隅：一角。这里代指一件事情。《论语·述而》：“子曰：‘举一

隅不以三隅反，则不复也。'"

【译文】

有人质疑说："灵龟和仙鹤长寿，大概是世人随便编造的谎言吧？哪个人能够与这两种动物自始至终地待在一起，从而确认它们的长寿呢？"抱朴子回答说："如果能够掌握事理的要领，即使发生在八方之外极远之处的事情，也能够了如指掌；百代以前的遥远之事，也好似发生在同一时代一样；不必一定是发生在自己的家门口，等到自己亲眼看到，然后才能了解。《玉策记》说：'活了一千岁的灵龟，身上呈现出五种颜色，它们的额头上有双骨突起，好似兽角，能够听懂人的言语，可以飘浮在莲叶上，或者隐藏于丛生的蓍草下，它们的上空时常有白云盘旋。活了一千岁的仙鹤，随着时令而鸣叫，能够栖息在树木上，而那些还没到一千年的，是始终不能聚集在树木之上的，长寿的仙鹤身上颜色纯白，而头上则完全变成红色。看到这样的模样，就知道它们是长寿的。然而长寿的动物富于智慧，一般都隐藏在深邃隐秘的地方，所以人们很少能够看见它们。'按照《玉策记》和《昌宇经》的记载，不仅是龟、鹤这两种动物长寿，还说千年的松树，枝叶会向四边披散开来，上边的树梢很短，远远望过去，就好像偃伏的车盖一样，其中隐藏着一些动物，有的像青牛，有的像青羊，有的像青狗，有的像青人，都能长寿万年。书中还说：'蛇有无穷的寿命。猕猴寿命满八百岁就能变成猿猴，猿猴寿命满五百岁就能变成玃猴，玃猴可以活到一千年。蟾蜍可以活三千岁，麒麟可以活两千岁。腾黄这种神马、吉光这种神兽，都能活上三千年。"千岁鸟"、"万岁禽"，都长着人的面孔和鸟的身子，寿命也如同它们的姓名"千岁"、"万岁"一样。老虎和鹿、兔子，都能活到一千年，活到五百年的，它们的毛是白色的。熊的寿命能够达到五百年的，就能变化无常了。狐狸和豺狼，都能活到八百岁，活到五百岁时，就善于变作人形。老鼠能活到三百岁，活到一百岁的，就会变成白色，善于依附于人身而预卜吉凶，名字叫做"仲"，能够知道一年之中的吉凶，以及千里之外的事情。'诸如此类的例子，无法一一列举，只是只有那些博闻强识的人遇到事物才能够知道它们的名字，见多识广的人才能够明白事理而不会迷惑罢了。何必要与灵龟、仙鹤经常生活在一起，然后才能知道它们是长寿的呢？如果不能认识事物，那么即便是园圃中的草木、田野河池中的鸟兽，都会有很多不认识，更何况那些与众物大不相同的灵物呢？《史记·龟策传》记载：'长江、淮河一带有一位居民，在他还是小孩时，用一只乌龟支床，后来他衰老死亡了，家里人移开他的床铺，而那只乌龟却仍然活着。'如此算来这只乌龟的寿命也不少于五六十年了。不饮水不进食，能够在这样长的时间里不会死亡，可见它与一般动物的差异是太大了，又怎么能够去怀疑它可以活到一千岁呢？仙经说要仿效乌龟呼吸，岂不是很有道理吗？从前太丘的长官、颍川人陈仲弓，是位言论诚实的士人，他撰写的《异闻记》说：'他的同郡人张广定，遭遇动乱经常四处避难。他有个女儿年龄才四岁，不能长途跋涉，又不能挑着或背着她一同逃难。他想到抛弃她以后，她肯定会饿死，又不忍心让她的尸骸暴露在外。在这个村子边有一座大墓，墓顶上有一个挖穿的洞穴，张广定就把女孩装在一个器皿中吊了下去，把她放到了墓底，又拿了几个月的干粮和饮用水给她，然后离开她走了。等到社会安定，其间已经过了三年，张广定才得以返回故乡。他想去古墓收拾女儿的尸骨，重新埋葬。等他到了那里一看，发现女儿仍然安坐在墓穴中，她看到自己的父母，还能认得出来，非常高兴。而父母开始还担心她是鬼魂。父亲下到墓穴走到她身边，才相信她确实没有死。问她从哪儿得到吃的，女孩说刚断粮时，很饿，后来看见坟墓角落里有一个动物，伸长了脖子在吞咽空气，于是就试着仿效它，慢慢变得不再饥饿。后来就整天整月地吞咽空气，一直到今天。父母离去时所留下的衣服被褥，仍在坟墓中，因为不用来往行走，衣服没有破烂，因此没有感到寒冷。张广定就寻找女儿所说的那个动物，原来不过是一只大乌龟而已。女儿出来后食用粮食，开始时小腹有点疼痛，呕吐，很久以后才慢慢习惯。'由此又足以知道乌龟有长生不死的方法，追求道术的人仿效它，就可以取得与龟同样长寿的效果。太史公司马迁和陈仲弓，都不是胡言乱语之人。天下的虫鱼鸟兽很多，而古人之所以只举出这两种动物，是因为明确知道它们与众不同的缘故，明白了这一道理，就可以举一反三地领悟出其他许多类似的道理了。”

或难曰：“龟能土蛰[1]，鹤能天飞，使人为须臾之蛰[2]，有顷刻之飞，犹尚不能，其寿安可学乎？”抱朴子答曰：“虫之能蛰者多矣，鸟之能飞者饶矣，而独举龟、鹤有长生之寿者，其所以不死者，不由蛰与飞也。是以真人但令学其道引以延年，法其食气以绝谷[3]，不学其土蛰与天飞也。夫得道者，上能竦身于云霄[4]，下能潜泳于川海。是以萧史偕翔凤以凌虚[5]，琴高乘朱鲤于深渊[6]，斯其验也，何但须臾之蛰、顷刻之飞而已乎！龙、蛇、蛟、螭、狙、猬、鼍、蠡[7]，皆能竟冬不食[8]，不食之时，乃肥于食时也，莫得其法。且夫一致之善者[9]，物多胜于人，不独龟、鹤也。故太昊师蜘蛛而结网[10]，金天据九鳸以正时[11]，帝轩俟凤鸣以调律[12]，唐尧观蓂荚以知月[13]。归终知往[14]，乾鹊知来[15]，鱼伯识水旱之气[16]，蜉蝣晓潜泉之地[17]，白狼知殷家之兴[18]，鹙鹭见周家之盛[19]，龟鹤偏解导养，不足怪也。且仙经长生之道，有数百事，但有迟速烦要耳[20]，不必皆法龟鹤也。上士用思遐邈[21]，自然玄畅[22]，难以愚俗之近情，而推神仙之远旨。”

【注释】

①蛰(zhé):动物冬眠,藏匿起来不食不动。

②须臾:片刻。

③绝谷:即辟谷。不吃粮食。

④竦身:立身,站在。竦,立。

⑤萧史:人名。《列仙传》:"萧史者,秦穆公时人也。善吹箫,能致孔雀、白鹤于庭。穆公有女,字弄玉,好之。公遂以女妻之。……一旦,皆随凤凰飞去。"凌虚:飞上天空。虚,天空。

⑥琴高:人名。《列仙传》:"琴高者,赵人也。……后辞,入涿水中取龙子。……果乘赤鲤鱼来,出坐祠中。"朱鲤:红色的鲤鱼。

⑦螭(chī):传说中一种没有角的龙。狙(jū):猕猴。猬:刺猬。蠡:通"蠃",即螺。

⑧竟:整个。

⑨一致之善:一技之长。致,获得。

⑩太昊:传说中的帝王,即伏羲氏。师:效法。《周易·系辞下》说,古代伏羲氏结绳而作网罟,以捕兽打鱼。

⑪金天:传说中的古帝王。即少昊。九:泛指多。鳸(hù):鸟名。又写作"扈"。一说就是鷃。这里泛指鸟。据说少昊就是根据四季的不同鸟叫声来确定季节。《左传·昭公十七年》:"九扈为九农正。"孔颖达疏:"诸扈别春夏秋冬四时之名。"

⑫帝轩:即黄帝轩辕氏,传说中的古代帝王。俟:等待,依据。律:古代音乐中用来正音的一种竹管。这里泛指音律。《吕氏春秋·古乐》:"昔黄帝令伶伦作为律。……听凤皇之鸣,以别十二律。"

⑬唐尧:传说中的古帝王。即尧,因为封于唐,故称唐尧。蓂(míng)荚:草名。又叫历荚、瑞草。一说为树名。《竹书纪年》卷上记载,尧在位时,有草生于台阶旁,每月初一始生一荚,月半而

生十五荚，十六日以后每日落一荚，至三十日而落尽，如果为小月，则有一荚焦枯而不落。尧依据蓂荚的变化来了解月份。

⑭归终：传说中的一种神兽。往：有人离开。

⑮乾鹊：喜鹊。来：有客人到来。《西京杂记》卷三说："乾鹊噪而行人至。"

⑯鱼伯：又名青蚨。形状似蝉而稍大。

⑰蜉蝣：当依敦煌本作"蚍蜉"。大蚂蚁。

⑱白狼知殷家之兴：白狼知道商朝将要兴起。殷家，即商朝。因商朝后来迁都于殷（今河南安阳西北），所以商又称殷。古代五行家把五行同各个朝代相配，认为商朝配金德，色尚白，因此白狼的出现，预示商朝的兴起。

⑲鸑鷟（yuè zhuó）：凤凰之类的瑞鸟。周家：周朝。《国语·周语上》："周之兴也，鸑鷟鸣于岐山。"

⑳烦要：繁琐与简要。

㉑遐邈：远大。

㉒玄畅：玄妙通达。

【译文】

有人质疑说："灵龟能够在土中蛰伏，仙鹤能够在天上飞翔，假如让人仅仅只做片刻的蛰伏，只做短暂的飞翔，尚且不可能，它们的长寿又怎么可能学得到呢？"抱朴子回答说："昆虫中能够蛰伏的很多，禽鸟中能够飞翔的也很多，而人们唯独举出龟、鹤有长久的寿命，是因为它们不会死亡的原因，并不在于它们能够蛰伏和飞翔。因此得道之人只让人们去学习它们的导引动作来延长寿命，效法它们的汲取精气以不吃粮食，并不是要学习它们在土中蛰伏和在天上飞翔啊。那些掌握道术的人，向上可以立身于云霄之间，向下能够潜游于江海之中。因此萧史能够伴随着翱翔的凤凰畅游于天空，琴高能够乘坐着红色的鲤鱼遨游于深渊，这就是得道者具有神奇本领的明证，难道仅仅只是片刻的蛰伏、短暂的飞翔而已！龙、蛇、蛟、螭、猿猴、刺猬、鳄鱼、螺蛳，都能够做到整个冬天不进食，而且不进食的时候，比进食的时候还要肥壮，但没有人能够学到这些本领。而且具有一技之长的动物，有很多超过了人类，不仅仅是灵龟和仙鹤。因此太昊效仿蜘蛛而创制了网罟，金天依据各种扈鸟的叫声去校正季节，轩辕黄帝根据凤凰的鸣叫去调整音律，唐尧观察蓂荚的生长以了解月份。归终知道有人将要离去，喜鹊知道有人将要到来，鱼伯能够预测水旱的气候，蚍蜉能够知晓有泉水的地方，白狼能够知道殷王朝的兴起，鸑鷟能够预见周王室的兴盛，因此灵龟、仙鹤偏长于导引养生之术，也就不足为奇了。而且仙经中记录的能够使人长生不老的道术，有好几百种，只是有迟缓或迅速、繁琐或简要的差别而已，没有必要都去效法灵龟和仙鹤。上等的有道之士用心远大，其思想自然玄妙通达，很难用愚昧世人的浅薄思想，去推测神仙的深远意旨啊。”

或曰：“我等不知今人长生之理，古人何独知之？”“此盖愚暗之局谈[①]，非达者之用怀也[②]。夫占天文之玄道[③]，步七政之盈缩[④]，论凌犯于既往[⑤]，审崇替于将来[⑥]，仰望云物之征祥[⑦]，俯定卦兆之休咎[⑧]，运三棋以定行军之兴亡[⑨]，推九符而得祸福之分野[⑩]。乘除一算，以究鬼神之情状；错综六情[⑪]，而处无端之善否[⑫]。其根元可考也、形理可求也[⑬]。而庸才近器[⑭]，犹不能开学之奥治[⑮]，至于朴素[⑯]，徒锐思于糟粕[⑰]，不能穷测其精微也。夫凿枘之粗伎[⑱]，而轮扁有不传之妙[⑲]；掇蜩之薄术[⑳]，而伛偻有入神之巧[㉑]。在乎其人，由于至精也。况于神仙之道，旨意深远，求其根茎[㉒]，良未易也[㉓]。松、乔之徒[㉔]，虽得其效，未必测其所以然也，况凡人哉？其事可学，故古人记而垂之[㉕]，以传识者耳。若心解意得，则可信而修之。其猜疑在胸，皆自其命，不当诘古人何以独晓此，而我何以独不知之意耶。吾今知仙之可得也，吾能休粮不食也，吾保流珠之可飞也、黄白之可求也[26]。若责吾求其本理，则亦实复不知矣。世人若以思所能得谓之有，所不能及则谓之无，则天下之事亦鲜矣[27]。故老子有言：'以狸头之治鼠漏[28]，以啄木之护龋齿[29]，此亦可以类求者也，若蟹之化漆、麻之坏酒[30]，此不可以理推者也。'万殊纷然[31]，何可以意极哉[32]？设令抱危笃之疾[33]，须良药之救，而不肯即服，须知神农、歧伯所以用此草治此病本意之所由[34]，则未免于愚也。"

【注释】

①局谈：受拘束的见解，偏见。

②用怀：用心，思想。

③玄道：玄妙的天道、天象。

④步：推算，测算。七政：日、月和金、木、水、火、土五星。盈缩：有余与不足，多与少。这里比喻变化。

⑤凌犯：冲犯。一种古代星象学。比如，古人认为，代表灾难的彗星如果出现在某一星区，就预示与这一星区相应的地方会发生动乱。

⑥审：明白，知道。崇替：兴亡。崇，兴旺。替，灭亡。

⑦云物：云彩形成的模样。征祥：吉祥的征兆。古人用云气的样子附会人事，预言吉凶，又称"云占"。

⑧卦兆：卦象。即占卦的结果。休咎：吉凶。休，美好。咎，灾难。

⑨运三棋：古代的一种占卜方法。用木头制棋十二枚，每四枚一组，分为"上"、"中"、"下"三组。占卜时选择吉日，祝咒之后，一

齐掷地，以所得上、中、下情形成卦，查看卦词，以定吉凶。因为分为三组，故称“三棋”。

⑩九符：各种天象征兆。九，泛指多。符，征兆。分野：古人把十二星辰的位置与地上州、国的位置相对应，以天象的变异来预测州国的吉凶。就天文说，叫做分星；就地上说，叫做分野。这句话应理解为“推九符而得分野之祸福”。

⑪错综：综合分析。六情：人的六种感情，一般指喜、怒、哀、乐、爱、恶。

⑫处：安排妥当。无端：没有头绪。善否(pǐ)：善恶。

⑬根元：根源。

⑭器：才能。

⑮开：开悟，明白。奥治：奥妙的治学方法。

⑯至于朴素：达到返朴归真的境界。

⑰徒：白白地。锐思：绞尽脑汁。

⑱凿枘(ruì)：指木工开凿出孔洞，放入榫头。枘，榫头。伎：通“技”，技艺。

⑲轮扁：古代砍制车轮的名匠，名字叫扁。《庄子·天道》：“轮扁曰：‘斫轮，徐则甘而不固，疾则苦而不入。不徐不疾，得之于手而应于心，口不能言，有数存焉于其间。臣不能以喻臣之子，臣之子亦不能受之于臣，是以行年七十而老斫轮。’”

⑳掇蜩：捉蝉。

㉑伛偻有入神之巧：驼背的老人尚且有着出神入化的技巧。伛偻，弯腰驼背。《庄子·达生》：“仲尼适楚，出于林中，见痀偻者承蜩，犹掇之也。仲尼曰：‘子巧乎！有道邪？’曰：‘我有道也。五六月累丸二而不坠，则失者锱铢……。’孔子顾谓弟子曰：‘用志不分，乃凝于神。其痀偻丈人之谓乎？’”

㉒根茎：根部与主干。比喻根源。

㉓良：确实。

㉔松、乔：两位神仙名。即赤松子、王子乔。

㉕垂：留下，留给后人。

㉖流珠：炼丹的药物名。即汞。道教又称为流珠、姹女。黄白：黄金、白银。

㉗鲜：很少。

㉘狸：动物名。又叫野猫、山猫。鼠漏：疾病名。淋巴腺结核之症。用狸猫的头去治疗鼠瘘，是古人的一种不合理的比附，因为鼠怕猫。以下所引不见于今本《老子》。

㉙啄木：鸟名。即啄木鸟。龋(qǔ)齿：疾病名。因口腔不洁净而破坏了牙齿，使牙齿形成空洞。用啄木鸟治疗龋齿，也是一种比附，因为古人认为啄木鸟能够抓出深藏的蛀虫。

㉚蟹之化漆：螃蟹能够使漆坏掉。化，改变。这里指使变坏。《淮南子·览冥训》："蟹之败漆。"麻之坏酒：麻会使酒变坏。

㉛万殊：千万种不同的事物。

㉜极：完全考察清楚。

㉝笃：病重。

㉞神农：传说中的帝王。据说神农氏曾经尝百草，发明了中药。岐伯：又称"歧伯"，相传为黄帝大臣，是一位名医。据说《黄帝内经》就是黄帝和他对话的记录。

【译文】

有人说："我们这些现代人都无法知道如何长生不老的道理，为什么唯独古人能够知道呢？"抱朴子回答说："这大概就是愚昧人的颇有局限的言论吧，而不是通达者所具有的明智胸怀。占卜天象所表现出来的玄妙道理，推算日月五星的无常变化，评论从前星象的冲犯情况，预测将来的人事兴亡，仰望云气的吉祥征兆，俯看卦象的吉凶与否，运筹三棋以确定行军的成败，推导各种天象以预见地方的祸福。加减乘除一旦运算,就能够尽知鬼魅神仙的情况;综合分析各种情感,就能够妥善处理看似没有头绪的善恶事件。这些事物的根源起始是可以考察的,形迹和道理也是能够探索的。然而那些才能平庸、本领浅薄的人,尚且不能使他们明白治学的奥妙方法,从而达到返朴归真的境界,他们只是白白地在糟粕之中刻苦研求,不能透彻地理解精深微妙的学问。就是凿孔、装榫这类粗笨的技能,轮扁还有着不可言传的技艺;捕蝉、捉蜩之类浅薄的事情,驼背老人尚且有着出神入化的技巧。可见一切都取决于人,关键在于他们极度的精诚专一。更何况求仙的道术,志趣思想深邃高远,要想弄清楚其根源,实在是不容易啊。赤松子、王子乔的那些弟子,虽然得到求仙的效用,却也未必能够明白之所以会产生如此效用的原因,更何况那些平庸之辈呢?神仙可以学成,因此古人予以记载并把这些事情留传下来,以传授给那些见识高远的人。如果在心里理解、掌握了,就可以相信并修炼仙道。那些心中有疑问的人,都是自身命运引起的,他们不应该质问古人凭什么独自懂得仙道,而我自己为什么偏偏不懂得这些仙道的原因。我现在明知仙道是可以学到的,我能够断掉粮食而不食用,我能够确保流珠在炼丹炉中飞动,我能认定黄金、白银是可以炼制出来。但是如果要我说出其中的根本道理,那么我也确实不太明白。世俗之人如果认为自己思想所能明白的道理才算是有,所不能考虑清楚的道理就算是无,那么天下的事理也就太少了!因此老子说过这样的话:'用野猫的头去治疗鼠瘘病,用啄木鸟去保护龋齿,如果说这些方法还可以依据事理来推求的话,那么螃蟹能够败坏生漆,麻类能够毁坏酒浆,这类情况就无法用事理来推究了。'万物各不相同、杂乱无章,怎么能够把它们全部一一考察清楚呢?假如有人患了危重的疾病,急需良药的抢救,却又不肯马上服用,一定还要先考察清楚神农、歧伯之所以要用这种草药治疗这种疾病的本来用意是怎样回事,那就未免太愚蠢了!"

或曰："生死有命，修短素定[①]，非彼药物，所能损益。夫指既斩而连之，不可续也；血既洒而吞之，无所益也。岂况服彼异类之松柏，以延短促之年命，甚不然也。"抱朴子曰："若夫此论，必须同类，乃能为益，然则既斩之指，已洒之血，本自一体，非为殊族，何以既斩之而不可续，已洒之而不中服乎[②]？余数见人以蛇衔膏连已断之指[③]，桑豆易鸡鸭之足[④]，异物之益，不可诬也[⑤]。若子言不恃他物，则宜捣肉冶骨，以为金疮之药[⑥]；煎皮熬发，以治秃鬓之疾耶[⑦]。夫水土不与百卉同体，而百卉仰之以植焉[⑧]；五谷非生人之类[⑨]，而生人须之以为命焉。脂非火种[⑩]，水非鱼属，然脂竭则火灭，水竭则鱼死。伐木而寄生枯[⑪]，芟草而兔丝萎[⑫]，川蟹不归而蛣败[⑬]，桑树见断而蠹殄[⑭]，触类而长之[⑮]，斯可悟矣。金玉在九窍[⑯]，则死人为之不朽；盐卤沾于肌髓，则脯腊为之不烂[⑰]，况于以宜身益命之物，纳之于己，何怪其令人长生乎？"

【注释】

①修短：长短。修，长。素：平素，以前。

②中：适合，适用。

③蛇衔膏：药物名。蛇衔，草药名。南朝刘敬叔《异苑》："昔有田父耕地，值见伤蛇在焉。有一蛇衔草著疮上。经日，伤蛇走。田父取其草余叶以治疮，皆验。本不知草名，因以'蛇衔'为名。"

④桑豆：药物名。一说应作"桑虫"，指桑蠹虫。《本草纲目》卷四十一说桑蠹虫主治"心暴痛，金疮肉生不足"等。易：治疗。

⑤污：诬陷，不承认。

⑥金疮：刀剑等武器所造成的创伤。

⑦秃鬓：秃发。

⑧植：生长。

⑨生人：生民，人类。

⑩脂：油脂。

⑪寄生：依附于其他事物而生存的生物。这里指寄生于树木上的植物或动物。

⑫芟(shān)：割草。兔丝：即菟丝。又叫女萝。一种寄生植物。

⑬蛣(jié)：一种寄生于蟹的小虫。

⑭见断：被砍断。见，被。蠹(dù)：蛀蚀树木、器物的虫子。殄：死去。

⑮触类而长之：触类旁通。长之，引申开去。

⑯九窍：人体的九个孔窍。两眼、两耳、两鼻孔、口，加上二阴窍(大、小便处)。

⑰脯腊(fǔ xī)：干肉。

【译文】

有人说："人的生死都有一定的命运，寿命的长短也是早就注定好的，并不是那些药物，就能够增减人的寿命。手指头断了以后即使再接在一起，也不可能使它再继续存活了；鲜血流出来以后即使再把它吃进去，也没有什么补益了。更何况服食那些与人类不同的松柏，想以此去延长短暂的生命，太不合情理了！"抱朴子回答说："照这样说来，就必须是同类的事物，才能够带来益处啦，那么已经断掉的手指，已经流出的鲜血，本来属于同一躯体，并非不同的种类，为什么断了以后就不可能再接上继续存活，流出来以后就不适合再去服用了呢？我多次看到过人们用蛇衔膏去接连已经断离的手指，用桑豆去治疗鸡鸭的脚，可见不同的事物带来的益处，是不能不承认的。如果像您所说的那样人们不能依恃其他事物，那么就应该捣碎、炼制自己的肌肉和骨头，把它们作成治疗刀伤的药物；煎煮、熬制自己的皮肤和头发，去治疗秃头的疾病了。水土并不与百花属于同一物类，但百花却依赖它们而得以生长；五谷并不属于人类的同一物种，但人类却必须依靠它们来维持生命。油并不属于火一类，水并不属于鱼一类，然而油枯竭了，火就会熄灭；水干涸了，鱼就会死去。砍断树木而寄生物就会死亡，割断青草而兔丝就会枯萎，川蟹不归来而蛣虫就会死掉，桑树被砍断而蛀虫就会灭亡，如果能够触类旁通，就可以领悟其中的大道理了。把黄金白玉放在死者的九窍里，那么死者的尸体就会因此而不腐败；把盐巴咸卤浸透到骨肉中，那么干肉就会由此而不溃烂，何况把那些适宜养生、增益年寿的药物，服食进自己的体内，又何必奇怪它们能够令人长生不老呢？”

或难曰："神仙方书，似是而非，将必好事者妄所造作①，未必出黄、老之手②，经松、乔之目也。"抱朴子曰："若如雅论，宜不验也。今试其小者，莫不效焉。余数见人以方诸求水于夕月③，阳燧引火于朝日④，隐形以沦于无象⑤，易貌以成于异物⑥，结巾投地而兔走⑦，针缀丹带而蛇行⑧，瓜、果结实于须臾⑨，龙、鱼瀺灂于盘盂⑩，皆如说焉。按《汉书》栾太初见武帝，试令斗棋，棋自相触⑪。而《后汉书》又载魏尚能坐在立亡⑫，张楷能兴云起雾⑬，皆良史所记⑭，信而有征。而此术事，皆在神仙之部⑮，其非妄作可知矣。小既有验，则长生之道，何独不然乎？"

【注释】

①将必：肯定。

②黄、老：黄帝和老子。战国时期，稷下道家学派推崇黄老学说，从此就慢慢形成了"黄老学"。

③方诸：古代于月下承露取水的器物。远古时代用蛤壳，后来用铜

铸。《淮南子·天文训》:“方诸见月,则津而为水。”

④阳燧:凹面铜镜。用它聚集日光可以取火。《淮南子·览冥训》:“阳燧取火于日。”

⑤沦:沉匿,处于。无象:没有形象,看不到形象。

⑥易貌:改变面貌。

⑦结巾投地而兔走:将佩巾打结后投在地上,便化作兔子奔跑起来。当属古代的一种幻术。

⑧针缀丹带而蛇行:用针线连缀红带子,它就变成一条蛇爬行。当属古代的一种幻术。

⑨瓜、果结实于须臾:瓜、果顷刻之间就能结出了果实。须臾,顷刻之间。《神仙传》说,仙人介象种植瓜菜百果,都能够立刻结出果实。

⑩龙、鱼瀺灂(chán zhuó)于盘盂:龙、鱼在盆子里游来游去。瀺灂,出没游动的样子。《后汉书·方术列传下》注引《异苑》说:“赵侯以盆盛水,吹气作禁,鱼龙立见。”

⑪棋自相触:棋子自动地相互碰撞。《史记·封禅书》:“于是上使验小方,斗棋,棋自相触击。”

⑫魏尚:应为东汉人。但《后汉书》中未见此人的记载。西汉文帝时有叫魏尚的人,曾任云中郡守,但史书未记载其懂得法术。

⑬张楷:东汉人。《后汉书·张霸列传》记载张楷“性好道术,能作五里雾”。

⑭良史:德才兼备的史官。

⑮神仙之部:神仙的类别中。一些史书,如《后汉书》,专门列有“方术列传”,以记载一些神奇人物。

【译文】

有人责难说:“神仙方术之书,似是而非,一定是那些爱生事的人胡乱编造出来的,未必是出自于黄帝、老子的手笔,也未必经过赤松子、王子乔的审阅。”抱朴子回答说：“如果按照您的这种高论，那么这些书籍记载的方法应该是没有效验的。然而现在即使试验一下那些小方术，也是无不奏效的啊！我曾多次看见人们用方诸在夜晚向月亮取水，用阳燧在白天向太阳求火，这些人能够让自己隐藏于无形，改变自己的容貌而变为其他物种，将佩巾打结后扔在地上就化作奔跑的兔子，把针线缝制的红带子变成爬行的蛇，让瓜菜、水果在片刻之间结出果实，让龙、鱼在盘子中游动，这一切都完全像书中所说的一样。依照《汉书》的记载，栾太最初谒见汉武帝时，武帝曾试着让他使棋子相斗，结果棋子就自己互相撞击起来。而且《后汉书》还记载魏尚能端坐时突然就消失得无影无踪，张楷能够兴起云雾，这些都是德才兼备的史官所记载的历史，可靠而且有证据。这类有关方术的事情，都收录在神仙的类别之中，由此可见这些都不是胡编乱造的。小方术既然一一都得到了验证，那么长生不老的道术，为什么偏偏就不是真实可信的呢？”

或曰：“审其神仙可以学，政翻然凌霄①，背俗弃世，烝尝之礼②，莫之修奉③，先鬼有知④，其不饿乎⑤？”抱朴子曰：“盖闻身体不伤，谓之终孝⑥，况得仙道，长生久视，天地相毕，过于受全归完⑦，不亦远乎？果能登虚蹑景⑧，云轝霓盖⑨；餐朝霞之沆瀣⑩，吸玄黄之醇精⑪；饮则玉醴金浆⑫，食则翠芝朱英⑬；居则瑶堂瑰室⑭，行则逍遥太清⑮。先鬼有知，将蒙我荣：或可以翼亮五帝⑯，或可以监御百灵⑰；位可以不求而自致，膳可以咀茹华璚⑱；势可以总摄罗丰⑲，威可以叱咤梁成⑳；诚如其道，罔识其妙㉑，亦无饿之者。得道之高，莫如伯阳㉒。伯阳有子名宗，仕魏为将军㉓，有功封于段干㉔。然则今之学仙者，自可皆有子弟以承祭祀，祭祀之事，何缘便绝?"

【注释】

①政:通"正",只不过。翻然:飞升的样子。

②烝尝:祭祀名。冬祭叫做烝,秋祭叫做尝。这里泛指祭祀。

③莫之修奉:即"莫修奉之"。没有人去修习奉行了。

④先鬼:祖先的灵魂。

⑤饿:饥饿。古人认为,如果没有后人祭祀,祖先的灵魂就会挨饿。

⑥终孝:最高的孝敬。终,终究,彻底。这里指最高的。

⑦受全归完:从父母那里获得的完整身体,还要完整地还给自己的父母。即保持身体的完好。这是古代的一种孝道思想。《孝经·开宗明义章》:"身体发肤,受之父母,不敢毁伤,孝之始也。立身行道,扬名于后世,以显父母,孝之终也。"

⑧登虚蹑景:升天成仙。虚,天空。蹑,踏上。景,日光。

⑨轝(yú):通"舆",车。盖:车盖。

⑩沆瀣(hàng xiè):原指夜间之气。这里泛指精华之气。

⑪玄黄:天地。《易经·坤卦》:"天玄而地黄。"醇精:醇厚的精华之气。

⑫玉醴金浆:琼浆玉液。醴,甜美的酒。

⑬翠芝朱英:绿色的灵芝,红色的仙葩。英,花。

⑭瑶堂瑰室:美玉建成的宫殿。瑶,美玉。瑰,美石。

⑮太清:天空。也是道教所向往的最高神仙世界之一。

⑯翼亮:辅佐光大。五帝:指天上的五方之帝:东方苍帝,南方赤帝,中方黄帝,西方白帝,北方黑帝。另外,古人也以太昊、炎帝、黄帝、少昊、颛顼为五天帝。

⑰监御:监察。百灵:众多神灵。

⑱茹:吃。华璚(qióng):指华贵的盛宴。璚,同"琼",美玉。形容

美好。

⑲总摄:统管。罗丰:神话中的地名。据说是鬼王都城的所在地。处于北方,那里有山,高二千六百里,周回三万里。下有洞天,周回一万五千里。山上洞中各有穴宫,为六天鬼神的宫室。宋代以后,道士把它附会到四川丰都。

⑳梁成:生平事迹不详,死后为鬼中英杰。《太平御览》八百八十三引王隐《晋书》:"鬼之圣者梁成,贤者吴季子。"

㉑罔识:无法认识。

㉒伯阳:即老子。《史记·老子韩非列传》的"正义"引《朱韬玉札》及《神仙传》:"老子……姓李,名耳,字伯阳,一名重耳,外字聃。"

㉓段干:地名。春秋时魏国的城邑。《史记·老子韩非列传》:"老子之子名宗,宗为魏将,封于段干。"

【译文】

有人说:"我知道了神仙可以学成,只是飞升成仙到了天上,离开了人世,那么各种祭祀的活动,就没有人去修习奉行了,祖先的鬼魂难道不会饥饿吗?"抱朴子回答说:"我听说自己的身体不受损伤,就是最高的孝道,更何况学到了神仙之道,就能够长生不老,与天地同寿,这要超过那种保持身体完好的孝道,不是很远很远了吗?如果我们真的能够升上天空,脚踏日光,以云彩作车,以霓虹为车盖;咀嚼朝霞的精气,汲取天地的精华;饮用琼浆玉液,食用绿芝红花;居住在玉砌的宫殿里,行走在太清的天空中。祖先的鬼魂如果有知,必将因为我们而获得荣耀:他们有的可以辅佐五方天帝,有的可以监察各种神灵;高贵的地位可以不求而自来,用膳时可以品尝到华美的盛宴;论权势则可以统管鬼都,讲威风则可以呵斥梁成;如果真的学到了仙道,其间的事情奥妙得无法认识,自然也不会使祖宗挨饿的。最高的得道之人,没有谁能够超过老子。老子有个儿子名字叫宗,在魏国出仕当了将军,立了大功后被封在段干。由此可知如今学习仙道的人,自然也可以拥有自己的子孙来承继祭祀，祭祀的事情，怎么就会断绝呢？”

或曰：“得道之士，呼吸之术既备，服食之要又该[1]；掩耳而闻千里，闭目而见将来；或委华驷而辔蛟龙[2]，或弃神州而宅蓬瀛[3]；或迟回于流俗[4]，逍遥于人间，不便绝迹以造玄虚[5]；其所尚则同[6]，其逝止或异[7]，何也？”抱朴子答曰：“闻之先师云：‘仙人或升天，或住地，要于俱长生，去留各从其所好耳。’又服还丹金液之法[8]，若且欲留在世间者，但服半剂而录其半[9]。若后求升天，便尽服之。不死之事已定，无复奄忽之虑[10]，正复且游地上，或入名山，亦何所复忧乎？彭祖言：‘天上多尊官大神，新仙者位卑，所奉事者非一，但更劳苦，故不足役役于登天[11]，而止人间八百余年也。’又云：‘古之得仙者，或身生羽翼，变化飞行，失人之本，更受异形，有似雀之为蛤，雉之为蜃[12]，非人道也。’人道当食甘旨，服轻暖[13]，通阴阳[14]，处官秩[15]，耳目聪明，骨节坚强，颜色悦怿，老而不衰，延年久视，出处任意[16]，寒温风湿不能伤，鬼神众精不能犯，五兵百毒不能中[17]，忧喜毁誉不为累，乃为贵耳。若委弃妻子，独处山泽，邈然断绝人理[18]，块然与木石为邻[19]，不足多也[20]。昔安期先生、龙眉宁公、修羊公、阴长生[21]，皆服金液半剂者也。其止世间，或近千年，然后去耳。笃而论之[22]，求长生者，正惜今日之所欲耳[23]，本不汲汲于升虚，以飞腾为胜于地上也。若幸可止家而不死者，亦何必求于速登天乎？若得仙无复住理者[24]，复一事耳[25]。彭祖之言，为附人情者也[26]。”

【注释】

①该:具备,完备。

②委:抛弃。华驷:华美的车辆。驷,由四匹马驾的车。辔:缰绳。这里用作动词,驾驭。

③神州:中国。这里主要指人间。蓬瀛:即蓬莱和瀛洲,传说中的海中仙山。

④迟回:徘徊。流俗:人世间。

⑤便:马上。玄虚:玄妙的天上。虚,天空。

⑥所尚:所崇尚的,所追求的。即修道成仙。

⑦逝止:离开和停留。

⑧还丹:金丹。道教徒炼丹时,九转丹再炼,即化为还丹。金液:仙药名。先用黄金炼制成药金,再进一步炼制成金液,金液色黄赤,如水,道教认为服之可以成仙。

⑨录:保存。

⑩奄忽:迅疾。这里为死亡的委婉语。

⑪役役:劳作不息、辛辛苦苦的样子。

⑫雉之为蜃:野鸡化为蛤蜊。蜃,动物名。大蛤蜊。

⑬轻暖:又轻又暖的衣服。

⑭阴阳:这里指男女交媾之道。

⑮官秩:官职。

⑯出处:出仕与隐居。出,出仕,当官。处,隐居。

⑰五兵:五种兵器。说法不一,一说指矛、戟、钺、盾、弓矢。这里泛指兵器。百毒:泛指各种毒。

⑱邈然:遥远的样子。人理:人类的生活。

⑲块然:孤独的样子。

⑳多:称赞。

㉑安期先生:先秦琅琊人。受学于河上丈人,后卖药海边,得道成

仙。龙眉：山名。宁公：人名。后修道成仙。《列仙传》："王遣吏将上龙眉山颠，见宁先生，毛身广耳，被发鼓琴。"修羊公：人名。后成仙。《列仙传》："修羊公者，魏人也。在华阴山上石室中，有悬石榻，卧其上，石尽穿陷，略不食。"阴长生：人名。后成仙。《神仙传》说他是新野人，汉皇后之亲属，少生富贵之门而不好荣华，专务道术，后成仙而去。

㉒笃：真实，实事求是。

㉓惜：爱，留恋。

㉔无复：不能。住：指住在人间。

㉕复一事耳：那就又是另外一回事了。意思是说，如果成仙后不能留在人间的话，那就是另外一种做法了。

㉖附：符合。

【译文】

有人说："学得仙道的人，呼吸吐纳的法术已经学完，服食丹药的要诀也全部知道；捂着耳朵就能听到千里之外，闭上眼睛也能看见将来之事；他们有的抛弃华美的车辆而去驾驭着蛟龙，有的离开神州大地而去居住在蓬莱、瀛洲仙岛；有的徘徊于尘世，逍遥自在地生活于人间，不马上离开人世而飞升到天空；他们所崇尚的成仙目标都是相同的，但他们有的离开人间、有的留在尘世，却大不相同，这是为什么呢？"抱朴子回答说："我从老师那儿听说：'仙人有的升入天庭，有的住在地上，主要共同点就是都能够长生不死，至于离开或留下则各自顺应着各自的爱好罢了。'另外，按照服食还丹金液的方法，如果想暂时留在人间，就只服用一半剂量而留下另外一半。如果以后想升上天庭，就全部服下。长生不死的事情已经确定，不会再有死亡的后顾之忧，只是暂时在地上游历，或者进入名山，又有什么值得忧愁的呢？彭祖说：'天上有很多尊贵的官员和势大的神仙，而新得道的仙人地位卑下，所要供奉服役的事也不止一件两件，由于升天只是更加劳累辛劳，所以不值得辛辛苦苦地去上升天界，因而自己在人间又生活了八百多年。'又说：'古代的那些得道成仙的人，有的身上长出羽毛翅膀，能够变化飞行，从而失去了人的本身，变换成与人不同的其他事物，就好像鸟雀变成大蚌、野鸡化为蛤蜊一样，完全不是人的生活方式了。'人的生活方式就是应该吃甜美的食物，穿又轻又暖的衣服，男女正常地婚配，身处高官厚爵，耳聪目明，筋骨强健，容颜喜悦，年迈却不衰朽，能够延年益寿，出仕或退隐都能随意而行，寒冷、炎热、暴风、潮湿都不能伤害他，鬼怪、神灵，各种妖精都不能侵犯他，各种兵器、万般毒药都不能侵害他，忧愁、喜悦、诋毁、称誉都不能连累他，这才是可贵的啊！如果遗弃妻子儿女，独自隐居在深山大泽，远远地与人们的生活隔绝开来，孤独地与树木、顽石作邻居，这种日子并不值得称道啊！从前的安期先生、龙眉宁公、修羊公、阴长生等人，都是些服食还丹金液一半剂量的人啊。他们留在人间，有的将近一千年，然后才离去。实事求是地说，追求长生不死的人，正是留恋我们现在所想要的一切而已，本来就不会急急忙忙地去追求升入天庭、不会认为飞升天庭会比在地上生活更好啊。如果有幸可以留在家中而能够长生不死，那又何必要急切地追求升入天庭呢？如果学到仙道以后就没有留在人间的可能，那就是另外一回事了。彭祖所说的话，是符合人之常情的话啊！"

或问曰："为道者当先立功德，审然否[①]？"抱朴子答曰："有之。按《玉钤经中篇》云[②]：'立功为上，除过次之[③]。为道者以救人危，使免祸，护人疾病，令不枉死，为上功也。欲求仙者，要当以忠孝、和顺、仁信为本。若德行不修，而但务方术，皆不得长生也。行恶事大者，司命夺纪[④]，小过夺算[⑤]，随所犯轻重，故所夺有多少也。凡人之受命得寿，自有本数。数本多者，则纪算难尽而迟死，若所禀本少，而所犯者多，则纪、算速尽而早死。'又云:'人欲地仙[⑥],当立三百善;欲天仙,立千二百善。若有千一百九十九善,而忽复中行一恶,则尽失前善,乃当复更起善数耳[⑦]。故善不在大,恶不在小也。虽不作恶事,而口及所行之事[⑧],及责求布施之报[⑨],便复失此一事之善,但不尽失耳。'又云:'积善事未满,虽服仙药,亦无益也。若不服仙药,并行好事[⑩],虽未便得仙,亦可无卒死之祸矣[⑪]。'吾更疑彭祖之辈,善功未足,故不能升天耳。"

【注释】

①审:确实。然,这样。

②《玉钤经中篇》:书名。道教著作。

③除过:免除过错,不犯错误。

④纪:时间单位。三百天。本书《微旨》篇:"纪者,三百日也。"

⑤算:时间单位。三天。本书《微旨》篇:"算者,三日也。"

⑥地仙:成仙后活动于人间的,称地仙。

⑦更起:重新算起。

⑧口及:口中谈起。这里指夸耀。

⑨责:求。布施:以财物施舍于人。这里泛指干好事。

⑩并行:多行。

⑪卒(cù):通"猝",突然。

【译文】

有人问道:"追求仙道的人应当首先建立功德,确实是这样吗?"抱朴子回答说:"有这种说法。《玉钤经中篇》说:'建立功德为最好,免除过错的就次一等了。修炼道术的人认为救人于危难,使人避免灾祸,医治人们的疾病,使他们不白白地死去,这是最好的功德。追求仙道的人，首先应当把忠孝、和顺、仁信作为根本。如果不去修养品德行为，只是一味地去学习方术，那是不可能长生不老的。做了重大的邪恶之事，司命神就会扣除他一纪的寿命，干了小点的坏事，就会扣除他一算的寿命，根据所犯过错的轻重，所扣除的寿命也就有多有少。世俗之人接受命运、获得寿命，本来有一定的数量。数量本来就多的，纪算就较难扣完，要很晚才会死亡，如果所禀受的数量本来就很少，而所犯的过错又多，那么纪算就会迅速扣尽而很早就会死掉。'还说：'人如果想当地仙，就应该做三百件好事；想做天仙，就应该做一千二百件好事。如果做了一千一百九十九件好事，却突然在其间干了一件坏事，那么就会完全丧失从前所有的好事，又应该重新开始计算做好事的数量。因此做好事不在于其大，做坏事不在于其小。虽然不干坏事，却夸耀自己所干的好事，以及索要干好事的回报，就会丧失这一次好事的善果，只是不会完全丧失而已。'还说：'积累善事没有达到标准，即使是服食仙药，也没有用处。如果不服食仙药，只是不断地干好事，虽然不会马上成仙，但也可以免去突然死亡的灾难。'我甚至怀疑彭祖这些人，就是由于善良的功德还没有达到标准，所以才不能升入天庭的吧。"

金丹卷四

【题解】

在早期的道教活动中，烧炼金丹以求成仙是道士们的主要信仰之一。本篇比较详尽地阐述了有关炼制、服用金丹的理论和实践方法。

作者首先明确指出，服食金丹是成仙的最主要途径。葛洪认为，一般道士以行气、断谷、服食草木药物的方法去追求成仙的行为是非常荒谬的，认为其效果不过仅仅是获得长寿而已，而炼制金丹才是成仙的正途，认为“小丹之下者，犹自远胜草木之上者也”。并介绍了金丹术由左慈授葛玄、由葛玄授郑君、再由郑君授给自己的传承关系。

接着，作者重点解释金丹为什么能够使人长生不死的原因。他说：“夫金丹之为物，烧之愈久，变化愈妙；黄金入火，百炼不消，埋之，毕天不朽。服此二物，炼人身体，故能令人不老不死。此盖假求于外物以自坚固，有如脂之养火而不可灭。铜青涂脚，入水不腐，此是借铜之劲以扞其肉也。金丹入身中，沾洽荣卫，非但铜青之外傅矣。”葛洪从金丹的外用效果推理到内服可以成仙的神奇效果。换句话说，作者就是通过服食，把金丹的不朽性练入自己的肉体，从而使自身如同金丹那样毕天不朽。

既然炼制金丹是最好的成仙方法，于是作者就详细地介绍了各种金丹的制作原料、制作程序、服用方法及服用效果。在介绍了这些内容之后，葛洪还特别提醒炼丹时应注意的其他事项：第一，“合丹当于名山之中”，因为名山中居住的都是正神或地仙，他们会赐福于炼丹者。而“小山皆无正神为主，多是木石之精、千岁老物、血食之鬼。此辈皆邪炁，不念为人作福，但能作祸……或能坏人药也”。作者还介绍了数十座可供炼丹的名山。第二，炼丹还要“先斋百日，沐浴五香，致加精洁”，然后虔诚地祭祀神灵，以求得他们的福佑。第三，不要和那些愚昧的世俗人交往，更不能让“不信道者知之，谤毁神药”，否则“药不成矣”。第四，不可随便传授炼丹的秘方。他说：“黄帝以传玄子，戒之曰：此道至重，必以授贤，苟非其人，虽积玉如山，勿以此道告之也。”如果把秘方传授给不该传授的人，不仅炼丹不成，而且还会带来无法预料的灾难。

在本篇中，我们既能认识到作者作为一位宗教家对于信仰的虔诚，也能体会到作者知音难觅、无援无助的孤独郁闷，更能感受到作者那种悲天悯人的宗教情怀。

抱朴子曰：“余考览养性之书①，鸠集久视之方②，曾所披涉篇卷③，以千计矣，莫不皆以还丹、金液为大要者焉。然则此二事，盖仙道之极也。服此而不仙，则古来无仙矣。

【注释】

①考览：考察阅览。养性：即养生。

②鸠集：聚集。鸠，聚。

③曾所披涉：曾经翻览涉猎的。披，翻阅。涉，涉猎。

【译文】

抱朴子说：“我考察阅览养生的书籍，多方收集长寿的方术，我曾经翻阅涉猎过的篇目卷数，已经数以千计了，它们都把服食还丹和金液作为最重要的原则。那么这就说明服食还丹和金液这两种仙药，大概就是修道求仙的最好方法了。如果服用这些仙药还不能够成仙的话，那么自古以来就没有神仙了。

"往者上国丧乱[①]，莫不奔播四出[②]。余周旋徐、豫、荆、襄、江、广数州之间[③]，阅见流移俗道士数百人矣[④]。或有素闻其名，乃在云日之表者[⑤]，然率相似如一[⑥]，其所知见，深浅有无，不足以相倾也[⑦]。虽各有数十卷书，亦未能悉解之也，为写蓄之耳[⑧]。时有知行气及断谷、服诸草木药法[⑨]，所有方书，略为同文。无一人不有《道机经》[⑩]，唯以此为至秘，乃云是尹喜所撰[⑪]。余告之曰：'此是魏世军督王图所撰耳[⑫]，非古人也。'图了不知大药[⑬]，正欲以行气入室求仙[⑭]，作此《道机》，谓道毕于此，此复是误人之甚者也。余问诸道士以神丹、金液之事，及《三皇内文》召天神、地祇之法[⑮]，了无一人知之者。其夸诞自誉及欺人，云已久寿。及言曾与仙人共游者，将太半矣[⑯]，足以与尽微者甚鲜矣[⑰]。或有颇闻金丹，而不谓今世复有得之者，皆言唯上古已度仙人乃当晓之。或有得方外说[⑱]，不得其真经。或得杂碎丹方，便谓丹法尽于此也。

【注释】

①上国：中原一带。也可指京城。

②奔播：逃难，流亡。播，流亡。

③徐：地名。在今淮北一带。豫：地名。大约在今河南一带。荆：地名。在今湖北荆州一带。襄：地名。在今湖北襄阳一带。江：地名。在今江西一带。广：地名。在今广东一带。

④流移俗道士：四处流动的世俗道士。

⑤云日之表：在云日之上。形容声名显赫。

⑥率：大率，基本上。

⑦倾：倾倒，钦佩。

⑧写蓄：抄录收藏。

⑨行气：道教修炼的方术之一。又叫“服气”，“炼气”。以呼吸吐纳为主，辅以导引的一种养生方法。诸：诸多，各种各样。

⑩《道机经》：书名。道教著作之一。作者为三国王图。

⑪尹喜：春秋末年人。《史记·老子韩非列传》：“老子修道德，其学以自隐无名为务。居周久之，见周之衰，乃遂去。至关，关令尹喜曰：‘子将隐矣，强为我著书。’于是老子乃著书上下篇，言道德之意五千余言而去。”

⑫军督：军官名。督，大将。王图：三国魏人，曾任护军将军。道教信徒。

⑬了：完全。大药：最好的仙药，如金液、还丹等。

⑭正：只是。入室：登堂入室。比喻学问技艺达到精深阶段。

⑮《三皇内文》：书名。道教经书，作者不详。地祇(qí)：地神。

⑯太半：大半。

⑰尽微：完全了解求仙的微妙道理。鲜：少。

⑱方外：世外。这里指隐居之人。

【译文】

“从前中原一带动乱时，人们四处逃难流亡。我也在徐、豫、荆、襄、江、广等几个州之间流浪，结识了到处流落的凡俗道士数百人。他们有的是久闻盛名，其声名之高如同在云日之上，然而他们大多是彼此相似如一，他们的见识虽然有深浅、有无之分，但都不足以使我感到钦佩。他们虽然各自都拥有几十卷道书，但都不能完全理解，只不过是抄录后收藏着而已。当时也有人懂得一点行气和辟谷、服食各种草木药物的方法，他们所拥有的方术书籍，大致是相同的内容。他们没有一人不拥有一本《道机经》，因为把它当作了最为机密的经典，所以就说是尹喜所撰写的。我告诉他们说：'这本书不过是曹魏时期军督王图所撰写的而已，并不是古人。'王图全然不懂得金丹大药，只想用行气来登堂入室以企求成仙，于是就写了这本《道机经》，还自以为求仙之道全部都写在这本书中了，这是一本误人极深的书籍。我向这些道士询问神丹、金液之类的事情，以及《三皇内文》中召唤天仙、地神的方法，竟然没有一个人能够懂得它们。他们自吹自擂以欺骗别人，说自己已经很长寿了。向我谈及自己曾经与仙人共同生活过的道士，几乎占了一大半，然而真正能够完全懂得道术微妙之处的道士却寥寥无几。有的人多少听说点金丹的事，但不相信今天还能够炼制出来，都说只有上古那些已经升天的仙人才懂得炼制金丹。有的人虽然得到一些世外隐士的学说，却没有得到真正的修仙经书。有的得到一些杂乱琐碎的炼丹书籍，就认为所有的炼丹方法已经全部写在里面了。

"昔左元放于天柱山中精思[①]，而神人授之金丹仙经，会汉末乱[②]，不遑合作[③]，而避地来渡江东[④]，志欲投名山以修斯道。余从祖仙公[⑤]，又从元放受之。凡受《太清丹经》三卷，及《九鼎丹经》一卷、《金液丹经》一卷。余师郑君者[⑥]，则余从祖仙公之弟子也，又于从祖受之，而家贫无用买药[⑦]。余亲事之，洒扫积久[⑧]，乃于马迹山中立坛盟受之[⑨]，并诸口诀诀之不书者[⑩]。江东先无此书，书出于左元放，元放以授余从祖，从祖以授郑君，郑君以授余，故他道士了无知者也。然余受之已二十余年矣，资无担石[⑪]，无以为之[⑫]，但有长叹耳！有积金盈柜、聚钱如山者，复不知有此不死之法，就令闻之[⑬]，亦万无一信，如何？

【注释】

①左元放：三国方士。《后汉书·方术列传下》："左慈，字元放，庐江人也。少有神道。尝在司空曹操坐，操从容顾众宾曰：'今日高会，珍羞略备，所少吴松江鲈鱼耳。'放于下坐应曰：'此可得也。'因求铜盘贮水，以竹竿饵钓于盘中，须臾引一鲈鱼出，操大拊掌笑，会者皆惊。"天柱山：山名。在安徽潜山县西北。

②会：遇到。

③不遑：没有空闲时间。遑，闲暇。合作：调和制作。

④江东：地名。自汉至隋唐，人们称自安徽芜湖以下的长江南岸地区为江东。

⑤仙公：即葛玄。葛玄字孝先，三国吴琅琊人。后世道士尊称其为"葛仙公"、"太极仙翁"等。葛洪为其从孙。

⑥郑君：即郑隐，字思远。少年时曾学儒，成年后好道，为葛玄弟子。后来葛洪拜其为师。

⑦无用：没有费用。

⑧洒扫：洒水扫地。指侍奉老师。

⑨马迹山：山名。在江东一带。

⑩并诸口诀诀之不书者：后一"诀"字为衍文。应作"并诸口诀之不书者"。书，写，记录。

⑪担石：量词。比喻很少的资财。一百斤为一担，十斗为一石。

⑫无以：没有办法。

⑬就令：即使。

【译文】

"过去左元放在天柱山中精心思考时，有神仙把炼制金丹的仙经传授给了他，当时恰逢汉末动乱，没有机会去调合制作，又因逃难渡过长江来到江东，他便一心要进入名山去修炼这种仙道。我的从祖父葛仙公，又从左元放那里接受了这种道术。他一共得到了《太清丹经》三卷，以及《九鼎丹经》一卷、《金液丹经》一卷。我的老师郑君，就是我从祖父葛仙公的弟子，他又在我从祖父那里继承了这些道术，但因家境贫寒，没有金钱购买药物。我亲自侍奉郑君，洒水扫地过了很久，才在马迹山中筑立坛台，盟誓后接受了这些道书，以及一些没有记录下来的口诀。江东从前没有这些书，这些书出自左元放，左元放把它们传授给我的从祖父，从祖父把它们传授给郑君，郑君把它们传授给我，因此其他道士完全不知道这件事情。然而我虽然接受它们已经二十多年了，可我没有多少资产，没有办法炼制丹药，只剩下长长的叹息而已！有些人积蓄的黄金装满了柜子，聚积的钱财如同山峦，可又不知道有这种长生不死的方法，即使听说有这种方法，一万个人中也没有一个人能够相信，我又有什么办法呢？

“夫饮玉粭则知浆荇之薄味[①]，睹昆仑则觉丘垤之至卑[②]；既览金丹之道，则使人不欲复视小小方书。然大药难卒得办[③]，当须且将御小者以自支持耳[④]。然服他药万斛[⑤]，为能有小益，而终不能使人遂长生也。故老子之诀言云：‘子不得还丹、金液，虚自苦耳。’夫五谷犹能活人，人得之则生，绝之则死，又况于上品之神药，其益人岂不万倍于五谷耶？夫金丹之为物，烧之愈久，变化愈妙；黄金入火，百炼不消，埋之，毕天不朽。服此二物，炼人身体，故能令人不老不死。此盖假求于外物以自坚固，有如脂之养火而不可灭。铜青涂脚[⑥]，入水不腐，此是借铜之劲以扞其肉也[⑦]。金丹入身中，沾洽荣卫[⑧]，非但铜青之外傅矣[⑨]。世间多不信至道者，则悠悠者皆是耳[⑩]。然万一时偶有好事者[⑪]，而复不见此法，不值明师，无由闻天下之有斯妙事也。

【注释】

①玉粭(yí):琼浆玉液。粭,同"饴",糖浆。浆:古代一种带酸味的饮料。荇(xìng):植物名。一种水草。嫩时可食用。

②昆仑:传说中的神山。丘垤(dié):小土堆。垤,蚂蚁做窝时堆在穴口的小土堆。

③卒(cù):通"猝",突然。

④御:使用。小者:指一些小的方术。

⑤斛(hú):量器名。十斗为一斛。

⑥铜青:药物名。铜上所生的绿色物。又叫铜绿、黄龙。

⑦劲:坚强,力量。扞(hàn):保护。

⑧沾洽:润泽。荣卫:泛指气血。荣,荣气。又叫营气。指人体营养机能和血液循环状况。卫,卫气,指人体保护自我的功能和状况。

⑨非但:不仅。傅:通"敷",涂抹。

⑩悠悠:众多的样子。

⑪时偶:有时偶然。

【译文】

"只有饮用琼浆玉液后才知道酸浆荇菜的滋味淡薄,看到昆仑大山后才感到小土堆的极其矮小;明白了炼制金丹的道术后,就会使人不想再去阅读那些介绍小小方术的书籍。然而金丹类仙药难以仓促间炼制成功,因此应该暂且使用一些小的方术来自我保护生命。然而服食其他药物一万斛,也只能有小小的补益,最终不能使人获得长生不死的效果。所以老子的口诀说:'你若不能获得还丹、金液,就只能白白受苦了。'五谷尚且能够养活人,人们得到它们就能生存,失去它们就会死亡,又何况那些极品的神药呢,它们使人获得的益处难道不是五谷的千万倍吗?金丹这种东西,烧得越久,变化就越奇妙;黄金投入火中,经过千百次的烧炼也不会消失,埋在地下,可以与天地一样永远不会腐朽。

服食这两种物质，能够锻炼人的身体，所以能够使人不老不死。这大概是借助于外物来使自我身体强健，就如同油脂养育着火而使它不会熄灭一样。用铜青涂抹脚，脚浸入水中就不会腐烂，这就是借助于铜的力量来保护自己的肉体。金丹进入人体中，就会润泽人体的气血，这功效可不仅仅只是像铜青那样用于外敷啊。世人中很多不相信最为高妙的道术，这类人可以说比比皆是。然而，万一有时偶然有爱好此道的人，却又不明白这一正确方法，也没能遇上圣明的老师，他就无从知道天下竟有如此精妙的道术。

"余今略抄金丹之都较[①]，以示后之同志好之者。其勤求之，求之不可守浅近之方，而谓之足以度世也[②]。遂不遇之者，直当息意于无穷之冀耳[③]。想见其说，必自知出潢污而浮沧海[④]，背萤烛而向日月[⑤]，闻雷霆而觉布鼓之陋[⑥]，见巨鲸而知寸介之细也[⑦]。如其喽喽[⑧]，无所先入，欲以弊药必规升腾者[⑨]，何异策蹇驴而追迅风[⑩]，棹蓝舟而济大川乎[⑪]？又诸小饵丹方甚多，然作之有浅深，故力势不同[⑫]，虽有优劣，转不相及[⑬]。犹一酘之酒[⑭]，不可以方九酝之醇耳[⑮]。然小丹之下者，犹自远胜草木之上者也。凡草木烧之即烬，而丹砂烧之成水银[⑯]，积变又还成丹砂，其去凡草木亦远矣，故能令人长生。神仙独见此理矣，其去俗人，亦何缅邈之无限乎[⑰]！世人少所识，多所怪，或不知水银出于丹砂，告之终不肯信，云丹砂本赤物，从何得成此白物？又云丹砂是石耳，今烧诸石皆成灰，而丹砂何独得尔[⑱]？此近易之事，犹不可喻[⑲]，其闻仙道，大而笑之，不亦宜乎？上古真人悯念将来之可教者，为作方法，委曲欲使其脱死亡之祸耳[⑳]，可谓至言矣。然而俗人终不肯信，谓为虚文。若是虚文者，安得九转九变[21]，日数所成[22]，皆如方耶？真人所以知此者，诚不可以庸近思求也。

【注释】

①都较：大致内容。

②度世：脱离世间而成仙。

③息意：平息妄求之心。无穷：长生不死。冀：希望。

④潢(huáng)污：低洼的积水处。潢，积水池。

⑤萤烛：萤火般的微弱烛光。

⑥布鼓：布面做的鼓。这种鼓声音很小。

⑦寸介：一寸大的小甲虫。介，虫或水族动物的甲壳。代指小甲虫。

⑧喽喽(lóu)：纷乱琐碎。

⑨弊药：有害的药物。升腾：升天成仙。

⑩策：竹制的马鞭。用作动词。鞭打，驾驭。蹇(jiǎn)驴：跛脚的驴。

⑪棹：用桨划船。蓝舟：破船。蓝，通"襤"，破烂。

⑫力势：效力，效果。

⑬转：这里指翻来覆去地制作。

⑭酘(dòu)：进行了两次酿的酒。而仅仅经过一次酿造的酒叫做"一酘"。

⑮九酝：经过多次酿造的最纯正的酒。

⑯丹砂：一种矿物质。

⑰缅邈：相距遥远的样子。

⑱尔：如此，这样。

⑲喻：明白。

⑳委曲：曲折周详地。指把一件事情讲得清清楚楚。

㉑九转九变：九次变化。道教烧炼金丹，以九转为贵。转，循环变化。如丹砂烧制为水银，水银再烧制为丹砂，烧炼时间越久，转变次数越多，效能越高。

㉒日数所成：每天几次转化成功。

【译文】

“我现在大略地把烧炼金丹的大致内容抄录下来，把它留给后来那些志同道合、爱好仙道的人。他们应该勤奋地烧炼金丹，烧炼金丹时不能拘泥于一些浅薄的方术，而认为有了这些浅薄方术就可以脱离人世、升天成仙了。最终没有能够看到这些炼丹大法的人，也就只能放弃长生成仙的希望了。料想他们看到了这些炼丹大法之后，一定会感到自己是走出了低洼的积水坑而航行在苍茫的大海之上，放弃了萤火般微弱的烛光而走向了明亮的太阳和月亮，就好像听到雷霆之后深感布面鼓声的鄙陋一样，如同看见大鲸而后感到小甲虫的微不足道一般。至于那些纷乱琐碎的俗人，没有事先学到炼丹大法，就想服用一些有害的药物而计划升天成仙，这与鞭打着跛驴去追赶迅疾的飘风、划着破船去横渡大河有什么区别呢？另外，各种小小的服食丹方很多，然而制作的水平有浅有深，因此其功效也就各不相同，虽然各有优劣，但无论如何制作都比不上金丹大法。这就好像一次酿制的酒浆，无法与反复酿造的醇酒相比一样。然而即使是小小丹药中的下等者，也依然远远胜过草木药物中的上等者。所有的草木燃烧后都化作灰烬，而丹砂烧制后却变成水银，不断变化后又再次变成了丹砂，金丹的效能远远地超过了那些平凡的草木药物的效能，所以能够使人长生不老。只有神仙才能够明白这个道理，他们与世俗人之间的距离，是多么的遥远啊！世俗人见识少，于是感到奇怪的事情就多，有的不知道水银是出自丹砂，告诉他们也始终不肯相信，说丹砂本来是红色的物质，怎么会变成这种白色的液体呢？还说丹砂是一种矿石，而各种石头烧炼后都会变成灰烬，那么丹砂为什么单单能够成为这个样子呢？这本来是浅近易懂的事，他们尚且不能明白，那么当他们听到神仙学说后，认为这是夸大之辞而予以讥笑，不也是很自然的事情吗？上古得道的真人怜悯顾念后世那些可以教诲的人，为他们想方设法，详尽周全地想使他们脱离死亡的灾祸，他们的话可以算是至理名言了。然而俗人依然始终不肯相信，认为都是一些空话。如果是空话，这些金丹怎么可能多次变化，每天都能够几次转化成功，而且都与炼丹大法所说的一致呢？得道者之所以能够懂得这些道理的原因，确实不能凭着俗人那平庸浅近的思想去探求啊。

"余少好方术，负步请问[①]，不惮险远[②]，每有异闻，则以为喜。虽见毁笑，不以为戚[③]。焉知来者之不如今[④]？是以著此以示识者。岂苟尚奇怪[⑤]，而崇饰空言，欲令书行于世，信结流俗哉？盛阳不能荣枯朽[⑥]，上智不能移下愚[⑦]，书为晓者传，事为识者贵。农夫得彤弓以驱鸟[⑧]，南夷得衮衣以负薪[⑨]。夫不知者，何可强哉？世人饱食终日，复未必能勤儒墨之业，治进德之务，但共逍遥遨游，以尽年月。其所营也，非荣则利。或飞苍走黄于中原[⑩]，或留连杯觞以羹沸[⑪]，或以美女荒沉丝竹，或耽沦绮、纨[⑫]，或控弦以弊筋骨[⑬]，或博弈以弃功夫[⑭]。闻至道之言而如醉，睹道论而昼睡。有身不修，动之死地，不肯求问养生之法，自欲割削之[⑮]，煎熬之，憔悴之，漉汔之[⑯]。而有道者自宝秘其所知，无求于人，亦安肯强行语之乎？世人之常言，咸以长生若可得者[⑰]，古人之富贵者，已当得之，而无得之者，是无此道也。而不知古之富贵者，亦如今之富贵者耳，俱不信不求之，而皆以目前之所欲者为急，亦安能得之耶？假令不能决意[⑱]，信命之可延，仙之可得，亦何惜于试之？试之小效，但使得二三百岁，不犹愈于凡人之少夭乎！天下之事万端，而道术尤难明于他事者也。何可以中才之心，而断世间必无长生之道哉？若正以世人皆不信之，便谓为无，则世人之智者，又何太多乎！今若有识道意而犹修求之者，讵必便是至愚⑲，而皆不及世人耶？又或虑于求长生，倘其不得，恐人笑之，以为暗惑⑳。若心所断，万有一失，而天下果自有此不死之道者，不亦当复为得之者所笑乎？日月有所不能周照，人心安足孤信哉？”

【注释】

①负步：背着行装步行。负，背东西。

②惮：害怕，畏惧。

③戚：伤心，难过。

④焉知：怎么知道。焉，怎么。

⑤苟：不严肃，随便。奇怪：奇谈怪论。

⑥盛阳：阳气极盛之时。这里指春夏季节。荣：茂盛。

⑦移：改变。

⑧彤弓：朱红色的弓。古代帝王用以赐有功诸侯。

⑨南夷：南方的少数民族。衮衣：古代帝王及上公穿的绣有龙纹的礼服。

⑩飞苍走黄：带着苍鹰、黄犬打猎。苍，苍鹰。黄，黄犬。

⑪觞(shāng)：酒杯。羹沸：沸腾的羹汤。比喻喧闹的场所。

⑫耽沦：沉溺。绮、纨：两种华美的丝绸。代指华美的衣服。

⑬控弦：拉弓。

⑭博弈：六博和围棋。古代的两种游戏。功夫：时间，光阴。

⑮割削：伤害。之：代指身体。

⑯漉汔(lù qì):干涸,枯竭。

⑰咸:都,全部。

⑱决意:下定决心。

⑲讵(jù):难道。

⑳暗惑:愚昧昏惑。

【译文】

"我年少时就爱好道术,经常身背行装、徒步跋涉,到处拜谒求教,不怕道路险阻遥远,每当有了奇异的见闻,就感到非常高兴。虽然被别人批评讥笑,也毫不感到伤心沮丧。怎么见得后来者就不如现在的人呢?因此我写了这本书留给那些能够懂得道术的人。我岂能是随随便便地去提倡奇谈怪论,推崇修饰一些空话谎言,想使自己的书流传于世,以求得到世俗人的信任呢?阳气盛行的春夏季节也不能使枯木朽株繁荣茂盛,上等的智慧也不能改变下等的愚笨者,书籍是为理解者所流传的,事业是被知音者所看重的。农夫得到珍贵的彤弓,却用来驱赶小鸟;南夷得到华美的衮衣,却穿着去背负柴草。对于那些愚昧无知的人,又怎么能够勉强他们明白呢?世人饱食终日,又未必能够勤奋学习儒学和墨学,去从事修养品德的事情,而只是在一起到处逍遥游玩,混完一生。他们所致力追求的,不是名声,就是利益。他们有的人在原野里带着飞翔的苍鹰和奔跑的黄犬打猎,有的人在喧闹的场合中流连于美酒盛宴,有的人荒废于美女和丝竹音乐之中,有的人沉溺于华美的服饰,有的拉弓射箭以至伤害自己的身体,有的耽溺于博戏棋弈而浪费了可贵的光阴。这些人听到最高的道术就如同喝醉般地昏昏然,看到符合大道的言论却在白天打起了瞌睡。拥有身体却不去修炼,不停地走向死亡的境地,从不肯去询问学习养生的方法,自己想伤害自己的身体,煎熬自己的身体,使自己的身体憔悴,使自己的身体枯朽。而那些掌握大道的人非常珍惜并秘藏自己所知道的养生知识,也无求于世人,他们又怎么肯勉强去告知他们呢?世人常说的一些话,就是都以为如果长生不老是可以学到的话，那么古代的富贵者，自身早就学到了，然而却没有人能够学到，这就说明并没有什么学仙之道啊。说这话的人不知道古代的那些富贵者，不过就像今天的富贵者一样而已，他们都不相信仙道，也不去勤苦地追求仙道，而且都把满足眼前的欲望看作当务之急，又如何能够求得仙道呢？假如还不能下定决心，去坚信寿命是可以延长的，神仙是可以学得的，那又何必吝惜一点点财力而不去试试呢？如果尝试仙道能够获得一点小效果，哪怕只能延长二三百岁，不是也比凡人年纪轻轻就夭折了要强一些吗？天下的事情千头万绪，而学仙道术比起其他的事情更加难以理解啊。怎么能够凭着中等才能的思想，就去断定世间肯定没有长生之道呢？如果只因为世人都不相信，就认为仙道是没有的，那么世人中的聪明人，岂不是太多了吗？现在如果有一些明白仙道之理又还能修炼追求的人，难道就一定是最愚笨的，竟然还比不上一般的世人吗？又有人担心追求长生不老，如果不能如愿，恐怕人们讥笑自己，认为自己愚昧昏愦。如果自己心里断定没有仙道，万一这一断定有误，而天下的确存在不死之道，岂不也会被那些得道者所讥笑吗？就连太阳月亮都有不能照到的地方，哪里能够单单相信世人的意见呢？”

抱朴子曰："按《黄帝九鼎神丹经》曰[①]：'黄帝服之，遂以升仙。'又云：'虽呼吸道引，及服草木之药，可得延年，不免于死也；服神丹令人寿无穷已，与天地相毕，乘云驾龙，上下太清。'黄帝以传玄子[②]，戒之曰：'此道至重，必以授贤，苟非其人，虽积玉如山，勿以此道告之也。受之者以金人金鱼投于东流水中以为约[③]，唼血为盟[④]，无神仙之骨，亦不可得见此道也。合丹当于名山之中、无人之地，结伴不过三人。先斋百日，沐浴五香[⑤]，致加精洁[⑥]，勿近秽污，及与俗人往来，又不令不信道者知之，谤毁神药，药不成矣。成则可以举家皆仙，不但一身耳。’世人不合神丹，反信草木之药。草木之药，埋之即腐，煮之即烂，烧之即焦，不能自生，何能生人乎？

【注释】

①《黄帝九鼎神丹经》：书名。道教典籍。

②玄子：人名。传说服食九鼎神丹后成仙，被尊为“元君”。

③“受之者”句：接受它的人要把金人、金鱼投入东流的江河中以结誓约。古人在盟誓前，往往把一些金器或玉器投入江河以祭祀江河神灵，并请这些江河之神作证。

④唼（shà）血：饮血。唼，通“歃”，饮，喝。古人会盟时，杀牲饮血或把血涂抹嘴边，表示诚信。

⑤五香：古代以茴香、花椒、大料、桂皮、丁香为五香。这里泛指各种香料。

⑥致加精洁：做到非常的清洁。

【译文】

抱朴子说：“《黄帝九鼎神丹经》说：‘黄帝服用了九鼎神丹，于是得以升天成仙。’还说：‘虽然修炼呼吸导引，以及服食草木之类的药物，也可以获得长寿的效果，但不能免除死亡；而服食神丹就能够使人的寿命无穷无尽，与天地相始终，能够乘坐云气、驾驭蛟龙，随意上下于天庭。’黄帝把《九鼎神丹经》传授给玄子时，告诫他说：‘这种道术极其重要，一定要传授给贤人，如果不是合适的人选，即使他家中堆积的金玉如山，也不能把道术告诉他。接受这一道术的人要把金人、金鱼投入东流的江河之中以结誓约，要饮牲血或把血涂抹嘴唇以订立誓盟，如果接受者没有神仙的风骨，也不可能看到这种法术。炼制丹药应当在名山之中，在没有人的地方，结成的伴友也不要超过三个人。炼丹前先要斋戒一百天，用各种香料进行沐浴，做到十分的清洁，不能接近污秽的东西，也不要与世俗人来往，还不能让那些不相信道术的人知道，如果他们诽谤诋毁丹药，那么丹药就炼制不成了。一旦炼制成功，就可以使全家人都变成神仙，不只是一人而已。’世人不去炼制丹药，反而去相信草木一类的药物。草木制成的药物，埋在地下马上腐败，煮熬它们立即烂掉，焚烧它们很快焦枯，自身都不能生存，又如何能够使人长生呢？

“九丹者①，长生之要，非凡人所当见闻也。万兆蠢蠢②，唯知贪富贵而已，岂非行尸者乎？合时又当祭，祭自有图法一卷也。

【注释】

①九丹：九种仙丹。见下文详解。

②万兆：亿万民众。蠢蠢：众多而杂乱的样子。

【译文】

“九种仙丹，是长生不老的重要保证，它不是世俗人所能够看见和听到的。众多而杂乱的亿万民众，只知道贪图荣华富贵而已，他们难道不就是一群行尸走肉吗？调和炼制丹药时还应当祭祀，而祭祀自有图像及说明书一卷。

“第一之丹名曰‘丹华’。当先作玄黄①，用雄黄水、矾石水、戎盐、卤盐、礜石、牡蛎、赤石脂、滑石、胡粉各数十斤②，以为六一泥③，火之三十六日④，成。服之七日，仙。又以玄膏丸此丹⑤，置猛火上，须臾成黄金。又以二百四十铢⑥，合水银百斤，火之，亦成黄金。金成者，药成也。金不成，更封药而火之，日数如前，无不成也。

【注释】

①玄黄:水银与铅的合炼制品。《云笈七签》卷六十五:“取水银九斤,铅一斤,置土釜中,猛其火,从旦至日下晡,水银、铅精俱出,如黄金,名曰玄黄。”

②雄黄:矿物名。可供药用。矾石:矿物名。透明结晶体,有五种颜色。可入药。戎盐:即岩盐。因产于西部戎族地区而得名。卤盐:盐的一种。因产于卤城(今山西繁畤)一带而得名。礜(yù)石:矿物名。有毒,苍白二色者可以入药。牡蛎:动物名。又叫做蠔。可食用,也可入药。赤石脂:风化石的一种。以色理细腻者为胜,可用作涂饰墙壁,又为道教炼丹原料。滑石:矿物名。可入药。胡粉:铅粉。又叫铅华。可作化妆品,又可入药。

③六一泥:六合一为七,故称六一泥。这种泥共有戎盐、卤盐、礜石、牡蛎、赤石脂、滑石、胡粉七种原料。《云笈七签》卷六十五有“作六一泥法”:“矾石、戎盐、卤咸、礜石,右四物,分等烧之,二十日止,复取左顾牡蛎、赤石脂、滑石,凡七物,分等,视土釜大小自在,令足以泥土釜耳。合治万杵讫,置铁器中,猛下火九日九夜,药正赤,复治万杵,下细筛,和以醇酽苦酒,合如泥,名曰六一泥。”各书配制方法稍异。

④火:用火烧炼。

⑤玄膏:当依《云笈七签》作“玄黄膏”。即水银与铅的合炼制品。丸:用作动词。抟成药丸。

⑥铢(zhū):古代重量单位。二十四铢为一两。

【译文】

“第一种丹药名叫‘丹华’。先制作玄黄,再用雄黄水、矾石水、戎盐、卤盐、礜石、牡蛎、赤石脂、滑石、胡粉各数十斤,把它们制作成‘六一泥’,用火烧炼三十六天,这就炼制成功了。服食七天后,就能够成仙。再用玄黄膏把这种丹药制成丸子,放在猛火上面烧炼,顷刻之间就能变成黄金。还可以用二百四十铢丹药，用一百斤水银加以调制，用火烧炼，也能制成黄金。一旦黄金制成，说明丹药也就制成了。如果炼制不成黄金，可以再次把丹药封闭后继续炼制，炼制的天数如前面所说的那样，就没有炼制不成的。

“第二之丹名曰‘神丹’，亦曰‘神符’。服之百日，仙也。行度水火，以此丹涂足下，步行水上。服之三刀圭①，三尸、九虫皆即消坏②，百病皆愈也。

【注释】

①刀圭：古代量取药物的用具，类似我们现在的小调羹。《政和证类本草》卷一引陶弘景《名医别录》说：“凡散药有云‘刀圭’者，十分方寸匕之一，准如梧桐子大也。”

②三尸：神名。道教认为人身内有三种作祟的神，分别居于上、中、下三丹田内，称上尸、中尸、下尸。每逢庚申的日子，就向天帝报告人们的罪过。学仙之士必须除去三尸，才能升仙。九虫：人体内的九种寄生虫。有伏虫、蛔虫、白虫、肉虫、肺虫、胃虫、膈虫、赤虫、蛲虫。

【译文】

“第二种丹药名字叫做‘神丹’，又叫‘神符’。服食它一百天，可以成仙。能够安然地走过水火，用这种丹药涂抹在脚底，能够步行在水面之上。服食三刀圭，三尸及各种害虫都能马上消失坏死，各种疾病都能痊愈。

“第三之丹名曰‘神丹’。服一刀圭，百日，仙也。以与六畜吞之①，亦终不死。又能辟五兵②。服百日，仙人玉女、山川鬼神[③]，皆来侍之，见如人形[④]。

【注释】

①六畜：牛、马、羊、猪、鸡、犬。

②辟五兵：避免各种兵器的伤害。辟，排除，避免。五兵，说法不一，一说指矛、戟、钺、盾、弓矢。这里泛指兵器。

③玉女：神女。

④见(xiàn)：通“现”，显现。

【译文】

“第三种丹药名字也叫‘神丹’。服食一刀圭，连续一百天，就可以成仙。拿它给牛、马、羊、猪、鸡、犬等六畜吞服，六畜也最终不会死去。它还能使人避免各种兵器的伤害。服食一百天后，仙人神女、山川鬼神，都会来侍奉他，就像人一样地出现在他的面前。

“第四之丹名曰‘还丹’。服一刀圭，百日，仙也。朱鸟凤凰[①]，翔覆其上，玉女至傍。以一刀圭合水银一斤，火之，立成黄金。以此丹涂钱物，用之，即日皆还[②]。以此丹书凡人目上[③]，百鬼走避。

【注释】

①朱鸟：凤凰一类神鸟。

②还：返回。

③书：书写。

【译文】

“第四种丹药名叫‘还丹’。服食一刀圭，连续一百天，可以成仙。朱鸟和凤凰，将在他的上空飞翔，神女也将来到他的身旁。用一刀圭丹药掺合水银一斤，用火烧炼，立刻变成黄金。用这种丹药涂抹在钱财物品上，然后拿出去使用，当天又能够自动返回到主人身边。用这种丹药书写在凡人的眼睛上，各种鬼怪都会逃避。

“第五之丹名‘饵丹’。服之三十日，仙也。鬼神来侍，玉女至前。

【译文】

“第五种丹药名叫‘饵丹’。服食三十天后，可以成仙。鬼神都来侍奉服食者，神女也会来到他的面前。

“第六之丹名‘炼丹’。服之十日，仙也。又以汞合[①]，火之，亦成黄金。

【注释】

①汞：即水银。

【译文】

“第六种丹药名叫‘炼丹’。服食十天后，可以成仙。把它与水银掺合在一起，用火烧炼，也能够成为黄金。

“第七之丹名‘柔丹’。服一刀圭，百日，仙也。以缺盆汁和[①]，服之，九十老翁，亦能有子。与金公合[②]，火之，即成黄金。

【注释】

①缺盆：植物名。即覆盆子。《太平御览》卷九百九十三引《吴氏本

草》:“缺盆,一名复盆。”

②金公:即铅。

【译文】

“第七种丹药名叫‘柔丹’。服食一刀圭,连续一百天,就可以成仙。用缺盆的汁液与丹药调合,服用它,即使九十岁的老翁,也能生孩子。如果与铅掺合,用火烧炼,马上就能够变成黄金。

“第八之丹名‘伏丹’。服之,即日仙也。以此丹如枣核许持之[①],百鬼避之。以丹书门户上,万邪众精不敢前,又辟盗贼、虎狼也。

【注释】

①许:表示约数。

【译文】

“第八种丹药名叫‘伏丹’。服食这种丹药,当天就能成仙。把大小如枣核一样的这种丹药拿在手里,各种鬼怪都将躲开他。用这种丹药书写在门户上,万般邪鬼、各种精怪都不敢上前冒犯,还能让盗贼、虎狼避开。

“第九之丹名‘寒丹’。服一刀圭,百日,仙也。仙童仙女来侍,飞行轻举[①],不用羽翼。

【注释】

①轻举:轻身升天。

【译文】

“第九种丹药名叫‘寒丹’。服食一刀圭,连续一百天,就能够成仙。

仙童仙女都来侍奉，能够飞升天庭，不用羽毛翅膀。

“凡此九丹，但得一丹便仙，不在悉作之[①]。作之在人所好者耳。凡服九丹，欲升天则去，欲且止人间亦任意[②]，皆能出入无间[③]，不可得之害矣[④]。”

【注释】

①悉：全部。

②且：暂时。

③无间：没有间隙的物体。

④不可得之害矣：应理解为“不可得害之矣”。

【译文】

“所有这九种丹药，只要得到其中之一就能成仙，不必都去炼制。炼制哪一种丹药则根据各人的爱好而已。凡是服食以上九种丹药的人，愿意升天的就可以离开人间，希望暂时停留在人间的也任凭意愿，还完全能够在没有缝隙的地方出出入入，不会受到任何伤害。”

抱朴子曰：“复有太清神丹，其法出于元君。元君者，老子之师也。《太清观天经》有九篇[①]，云其上有三篇，不可教授[②]；其中三篇，世无足传[③]，常沉之三泉之下[④]；下三篇者，正是《丹经》上、中、下，凡三卷也。元君者，大神仙之人也，能调和阴阳，役使鬼神、风雨，骖驾九龙、十二白虎[⑤]，天下众仙皆隶焉[⑥]，犹自言亦本学道、服丹之所致也，非自然也，况凡人乎？其经曰：‘上士得道，升为天官；中士得道，栖集昆仑[⑦]；下士得道，长生世间。’愚民不信，谓为虚言，从朝至暮，但作求死之事，了不求生，而天岂能强生之乎？凡人唯知美食、好衣、声色、富贵而已，恣心尽欲，奄忽终殁之徒⑧，慎无以神丹告之⑨，令其笑道谤真。传《丹经》不得其人，身必不吉。若有笃信者，可将合药成以分之，莫轻以其方传之也。知此道者，何用王侯？为神丹既成，不但长生，又可以作黄金。金成，取百斤先设大祭⑩。祭自有别法一卷，不与九鼎祭同也⑪。祭当别称金，各检署之⑫。

【注释】

①《太清观天经》：书名。道教典籍。

②不可教授：不能传授给世人。

③世无足传：世人中没有值得传授的。

④三泉：三重泉。地下最深处的水。

⑤骖：驾驶。

⑥隶：隶属。

⑦昆仑：神山名。

⑧奄忽：瞬间。终殁：死亡。

⑨慎：表示告诫，相当于“千万”，用于否定。

⑩大祭：对天地神灵的祭祀。

⑪九鼎：这里指九鼎神丹。

⑫检署：查验安排。检，查验。署，安排。

【译文】

抱朴子说：“还有一种太清神丹，它的炼制方法出自元君。元君，是老子的老师。《太清观天经》共有九篇文章，据说那前面的三篇，是不能传授给世人的；中间的三篇，世人中没有值得传授的，因此经常被沉匿在深深的地下水中；后面的三篇，正是《丹经》中的上、中、下三篇，共有三卷。元君，是一位伟大的成仙之人，他能够调和阴阳，役使鬼神、风雨，还能够驾驭九条苍龙、十二只白虎，天下的仙人都隶属于他。他尚且还说自己也不过是学习道术、服食仙丹才达到现在的境界的，并非天生就是神仙，更何况平庸的世俗人呢？这本经书上说：‘上等的道士学到道术，就飞升成为天上的仙官；中等的道士学得道术，就可以栖身于昆仑仙山之上；下等的道士学得道术，也能够长生不死地生活在人世间。’愚昧的百姓不相信，认为那是虚假的谎言，从早到晚，只干些追求速死的事情，全然不去追求长生，那么上天又怎么能够强迫他们长生呢？世俗人只知道甘美的食物、漂亮的衣服、音乐女色、富贵荣华而已，他们恣意纵欲，对于这些瞬间就会死亡之辈，千万不能把仙丹的事情告诉他们，让他们讥笑仙道、诽谤真人。如果把《丹经》传授给不适当的人，自身必然会不吉利。如果有虔诚的相信者，可以把合成的仙药分点给他，不要轻易地把炼制丹药的方法传授给他。懂得这种仙道的人，哪里还用得着去当王称侯呢？炼制仙丹成功以后，不仅可以长生不老，还可以制作黄金。黄金炼成以后，先取出一百斤去祭祀天地神灵。祭祀方法本来还另有一卷书籍，与九鼎神丹的祭祀方法不同。祭祀九鼎神丹时应当另外称出黄金，各自查验安排妥当。

“礼天二十斤[①]，日月五斤，北斗八斤，太乙八斤[②]，井五斤，灶五斤，河伯十二斤[③]，社五斤[④]，门、户、闾鬼神、清君各五斤[⑤]，凡八十八斤。余一十二斤，以好韦囊盛之[⑥]，良日于都市中市盛之时，嘿声放弃之于多人处[⑦]，径去无复顾[⑧]。凡用百斤外，乃得自恣用之耳[⑨]。不先以金祀神，必被殃咎[⑩]。又曰：‘长生之道，不在祭祀事鬼神也，不在道引与屈伸也，升仙之要，在神丹也。知之不易，为之实难也。子能作之[⑪]，可长存也。’近代汉末新野阴君[⑫]，合此太清丹得仙。其人本儒生，有才思，善著诗，及《丹经赞》并序，述初学道随师本末，列己所知识之得仙者四十余人，甚分明也。作此太清丹，小为难合于九鼎⑬，然是白日升天之上法也。合之当先作华池、赤盐、艮云、玄白、飞符、三五神水⑭，乃可起火耳。

【注释】

①礼：祭祀。

②太乙：神名。又称“太一”、“泰一”等。为天神中最为尊贵者。

③河伯：神名。黄河之神。

④社：土地神。

⑤门、户、闾鬼神、清君：门神、户神、里巷之神和清君。根据《礼记·祭法》的说法，先秦分别祭门神和户神，后来二者合而为一。闾，里巷。清君，未详。疑为厕神，古代厕所又名“溷”，有浑浊义，为取悦厕神，故名“清君”。

⑥韦囊：皮袋。韦，皮革。囊，袋子。

⑦嘿（mò）：同“默”，闭口不讲话。

⑧径：直接，径直。顾：回头看。

⑨恣用：任意使用。

⑩被：受到。殃咎：灾难。

⑪子：您。这里泛指读丹经的人。

⑫阴君：即阴长生，新野（今河南新野）人，据说是东汉和帝阴皇后的高祖，曾从马鸣生学习仙术。

⑬小：少，稍微。

⑭华池：烧炼金丹用的器具。用来盛浓醋酸的溶解槽。醋中投放硝石等药物，可以溶解许多金属和矿物质。赤盐：炼丹原料。即红色的盐。《抱朴子内篇·黄白》有“治作赤盐法”：“用寒盐一斤，又作寒水石一斤，又作寒羽涅一斤，又作白矾一斤，合内铁器

中，以炭火火之，皆消而色赤，乃出之可用也。"艮云：疑为"艮雪"。"云"、"雪"繁体字形相近而误。《云笈七签》卷六十七引此文即作"艮雪"。炼丹原料。指升汞，或称"汞银霜"。玄白：一种炼丹原料。飞符：可能为符箓一类的东西。方士画的所谓能够驱使鬼神、消灾求福的图形或线条。三五：未详。"三五"是道教常用词之一，但各种含义用在此处，似皆不符。神水：水银的隐名。

【译文】

"祭天要用黄金二十斤，祭日月要用五斤，祭北斗要用八斤，祭太乙要用八斤，祭井要用五斤，祭灶要用五斤，祭河伯要用十二斤，祭土地神要用五斤，祭门、户、里巷的鬼神和清君要各用五斤，一共八十八斤。剩下的十二斤，要用质量好的皮口袋装着，待吉日良辰在都市中市场最热闹的时候，默默地把皮袋放置在人多的地方，然后径直离开而不要回头去看。一共使用一百斤黄金以后，才能够自己随意使用。如果不事先用黄金祭祀鬼神，就一定会遭受灾祸。还说：'长生不老的方法，并不在于祭祀和侍奉鬼神，也不在于导引和屈伸活动，升天成仙的要点，在于服用仙丹。懂得这个道理不容易，而实践起来更是困难。如果您能炼制仙丹，就可以长生不死了。'近代有汉末新野人阴长生先生，就是调合炼制这种太清丹而得道成仙的。这位先生本来是个儒生，很有才气、有思想，善于写诗，他在《丹经赞》及其序言里，记述了自己初学道术时追随老师的详细经过，列举了自己所认识的成仙之人四十多位，说得非常清楚。炼制这种太清丹药，比炼制九鼎神丹稍难，然而这是白日升天成仙的最好方法。调合炼制前应当先制作华池、赤盐、艮云、玄白、飞符、三五、神水，然后才可以点火炼制。

"一转之丹①，服之三年，得仙。二转之丹，服之二年，得仙。三转之丹，服之一年，得仙。四转之丹，服之半年，得仙。五转之丹，服之百日，得仙。六转之丹，服之四十日，得仙。七转之丹，服之三十日，得仙。八转之丹，服之十日，得仙。九转之丹，服之三日，得仙。若取九转之丹，内神鼎中②，夏至之后，爆之鼎热③，内朱儿一斤于盖下④，伏伺之⑤，候日精照之⑥。须臾翕然俱起⑦，煌煌辉辉⑧，神光五色，即化为还丹⑨。取而服之一刀圭，即白日升天。又九转之丹者，封涂之于土釜中⑩，糠火⑪，先文后武⑫。其一转至九转，迟速各有日数多少，以此知之耳。其转数少，其药力不足，故服之用日多，得仙迟也；其转数多，药力盛，故服之用日少，而得仙速也。

【注释】

①转：循环变化。炼丹时，由丹砂炼制成水银，再将水银炼制为丹砂，每循环变化一次，叫做一“转”。烧炼时间越久，转化的次数越多，功效就越大。

②内(nà)：同“纳”，纳入，放入。神鼎：对炼丹炉的美称。

③爆：暴晒。

④朱儿：丹砂。

⑤伏伺之：恭敬地低头等待着。伏，身体前倾，低着头。伺，等待。

⑥日精：太阳的精华。即日光。

⑦翕然：聚集的样子。

⑧煌煌辉辉：灿烂辉煌的样子。

⑨还丹：金丹名。道教徒炼丹时，九转丹再炼，即化为还丹。

⑩釜：锅。

⑪糠火：用糠皮燃烧的火。

⑫文：文火。小而缓的为文火。武：武火。大而猛的为武火。

【译文】

“经过一次转化的丹药，服食三年后，能够成仙。经过两次转化的丹药，服食两年后，能够成仙。经过三次转化的丹药，服食一年后，能够成仙。经过四次转化的丹药，服食半年后，能够成仙。经过五次转化的丹药，服食一百天后，能够成仙。经过六次转化的丹药，服食四十天后，能够成仙。经过七次转化的丹药，服食三十天后，能够成仙。经过八次转化的丹药，服食十天后，能够成仙。经过九次转化的丹药，服食三天后，就能够成仙。如果拿经过九次转化的丹药，放入丹鼎之中，到了夏至之后，暴晒丹鼎到发热，再放一斤丹砂在鼎盖下，然后恭敬地低头等待着，等待着阳光来照射。不大一会儿，它们就会融化为一而一同升腾起来，灿烂辉煌，发出神奇的五色光芒，这就转化为还丹了。取出后服食一刀圭，马上就可以白日升入天庭。另外，将经过九次转化的丹药放在土制的锅中泥封后，下面点起糠皮的火，先用文火后用武火去炼制也能成为还丹。从一转丹药到九转丹药，效果迟速反映在各自有长短不同的服食天数上，从服用天数就会知道它是几转的丹药了。转化次数少的，它们的药力不够，所以服食的日子就多，成仙就迟缓一些；那些转化次数多的，药力强盛，所以服食的日子就少，而成仙就迅速。

“又有九光丹，与九转异法，大都相似耳[①]。作之法，当以诸药合，火之，以转五石。五石者：丹砂、雄黄、白礜、曾青、慈石也[②]。一石辄五转而各成五色，五石而二十五色，色各一两，而异器盛之。欲起死人[③]，未满三日者，取青丹一刀圭和水，以浴死人，又以一刀圭，发其口内之，死人立生也。欲致行厨[④]，取黑丹和水，以涂左手，其所求如口所道皆自至，可致天下万物也。欲隐形及先知未然方来之事，及住年不老，服黄丹一刀圭，即便长生不老矣[⑤]，及坐见千里之外，吉凶皆知,如在目前也。人生宿命,盛衰寿夭,富贵贫贱,皆知之也。其法俱在《太清经》中卷耳。"

【注释】

①大都:大致,大体上。

②白礜(yù):矿物名。有毒,苍白二色者可以入药。曾青:矿物名。色青,可供绘画及溶化金属用,道教用作炼丹原料。慈石:矿物名。即磁石。

③起:起死回生。

④行厨:道教法术之一。施行此法时,只要说出想要的食物,便会由仙女送到跟前。

⑤即便:就,马上。

【译文】

"还有九光丹,炼制方法与九转神丹不同,但大体上近似。制作九光丹的方法,应该先把各种药物调合,然后用火烧炼,再用它们对五种石药加以炼制转化。这五种石药是:丹砂、雄黄、白礜、曾青、磁石。每一种石药经过五次转化,就各自呈现五种颜色,五种石头一共二十五种颜色,从每种颜色的药物中各取出一两,用不同的器皿盛放着。想要使死人复活的话,死亡还不到三天的,就取出一刀圭青色丹药与水调合,用来给死人洗浴,再取出一刀圭丹药,拨开死人的嘴巴放进去,死者就可以立即复活。想要行厨的,取出黑色的丹药与水调合,把它涂抹在左手上,那么此人所想得到的,就随着口中言辞而自行送到,并可以招致天下的万物。想要隐匿形体以及预先知道还没出现的事情,使青春永驻、长生不死的,只要服食一刀圭黄色的丹药,就能长生不老了,而且还能端坐在那里看见千里之外的事情,吉凶都能看到,就如同发生在眼前一般。人生的命运,盛衰寿夭,富贵贫贱,都能预先知道。所有这些法术都记载在《太清经》中卷里。"

抱朴子曰:“其次有《五灵丹经》一卷,有五法也。用丹砂、雄黄、雌黄[①],石硫黄[②]、曾青、矾石、慈石、戎盐、太乙余粮[③],亦用六一泥,及神室祭醮合之[④],三十六日成。又用五帝符[⑤],以五色书之,亦令人不死,但不及太清及九鼎丹药耳。

【注释】

①雌黄:矿物名。黄色。可作颜料,道教用它作炼丹原料。

②石硫黄:矿物名。即硫磺。道教用它作炼丹原料。

③太乙余粮:矿物名。道教用它作炼丹原料。

④神室:供奉神祇或斋戒的房屋。醮(jiào):祭祀。后来也指道士设坛祈祷。

⑤五帝符:符箓的一种。用以消灾祈福、厌劾鬼怪的法物。

【译文】

抱朴子说:“其次还有《五灵丹经》一卷,记载了五种法术。用丹砂、雄黄、雌黄、石硫磺、曾青、矾石、磁石、戎盐、太乙余粮,还要使用六一泥,到神室里祭祀祈祷后再进行配制,三十六天后配制成功。还有一种五帝符箓,用五种颜色书写这种符箓,也能让人长生不死,只是比不上太清九光丹和九鼎丹药而已。

“又有《岷山丹法》,道士张盖蹹精思于岷山石室中[①],得此方也。其法鼓冶黄铜[②],以作方诸,以承取月中水,以水银覆之,致日精火其中[③],长服之不死。又取此丹置雄黄铜燧中[④],覆以汞,曝之,二十日发而治之,以井华水服如小豆[⑤],百日,盲者皆能视之,百病自愈,发白还黑,齿落更生。

【注释】

①张盖蹹(tà):人名。生平不详。岷山:山名。在今四川、甘肃交界处。

②鼓冶:鼓风冶炼。

③火:烧。

④铜燧:一种铜制的取火工具,类似铜镜。

⑤井华水:清晨首次取出的井水。

【译文】

"又有《岷山丹法》,道士张盖蹹在岷山石室里精心修炼,才得到这种丹方。方法是冶炼黄铜,做成承露的器皿方诸,用它来承接月亮下面的露水,再用水银覆盖在上面,然后用日光在其中烘烤,长年服食它就能长生不死。还可以取这种丹药放置在装有雄黄的铜燧中,用水银覆盖,让太阳曝晒,二十天后打开研制,用每天清晨初汲的井华水吞服小豆粒大小的丹药,一百天以后,盲人就能看见东西,各种疾病自然痊愈,白发恢复黑色,牙齿脱落后能够重新长出来。

"又《务成子丹法》,用巴沙、汞置八寸铜盘中[①],以土炉盛炭,倚三隅堑以枝盘[②],以硫黄水灌之,常令如泥,百日服之,不死。

【注释】

①巴沙:巴蜀出产的丹砂。沙,通"砂"。

②"倚三隅"句:这句话的意思是,依靠土炉三边高起的部分来支撑铜盘,一面较低,用来添加木炭。倚,靠。三隅,三边。堑,土高起。《说文·土部》:"堑……大也。"枝,支撑。

【译文】

"又有《务成子丹法》,把巴砂、汞放置在八寸大的铜盘中,土炉子里放着炭火，依靠炉子三边高起的部分支撑着铜盘，用硫黄水浇灌它，经常让它如同稀泥一样，服食一百天，就能长生不死了。

“又《羡门子丹法》，以酒和丹一斤，用酒三升和，曝之四十日，服之一日，则三虫、百病立下[①]；服之三年，仙道乃成，必有玉女二人来侍之，可役使致行厨。此丹可以厌百鬼[②]，及四方死人、殃注、害人宅[③]，及起土功妨人者[④]，悬以向之，则无患矣。

【注释】

①三虫：泛指人体内的寄生虫。下：泄下，排除掉。

②厌（yā）：镇除妖邪。

③殃注：灾难发生。注，附着，发生。

④起土功：兴办土木工程。妨人：害人。

【译文】

“还有《羡门子丹法》，用酒调和丹药一斤，再用酒三升配制，曝晒四十天，只要服食一天，那么人体内的寄生虫和各种疾病就会立刻泻下消失；服食三年，求道成仙的事情也能够成功，一定会有两名仙女前来侍奉，可以使唤她们来行厨。这种丹药还可以镇除各种鬼怪，还有那些各处让人暴死、发生灾难、伤害人身的凶宅，以及一施工就会施害于人的鬼怪，只要悬起丹药面对着它们，就没有祸患了。

“又有《立成丹》，亦有九首[①]，似九鼎而不及也。其要一本更云[②]：取雌黄、雄黄，烧下其中铜[③]，铸以为器，覆之三岁淳苦酒上[④]，百日，此器皆生赤乳[⑤]，长数分，或有五色琅玕[⑥]，取理而服之[⑦]，亦令人长生。又可以和菟丝[⑧]，菟丝是初生之根，其形似菟[9]，掘取克其血[10]，以和此丹，服之立变化，任意所作也。又和以朱草[11]，一服之，能乘虚而行云[12]。朱草状似小枣，栽长三四尺[13]，枝叶皆赤，茎如珊瑚[14]，喜生名山岩石之下，刻之汁流如血，以玉及八石、金银投其中[15]，立便可丸如泥，久则成水，以金投之，名为'金浆'，以玉投之，名为'玉醴'，服之皆长生。

【注释】

①首：量词。篇。

②本：文书，文章。

③下其中铜：流出其中的铜液。

④淳苦酒：味道醇厚的醋。一说指三年以上的醋。苦酒，醋。

⑤赤乳：红色乳状物。

⑥琅玕（láng gān）：像珠子一样的美石。

⑦理：调理，调制。

⑧菟丝：植物名。

⑨菟：通"兔"。

⑩克：通"刻"。血：指与血相似的汁液。

⑪朱草：植物名。

⑫乘虚：升上天庭。虚，天空。

⑬栽（cái）：通"裁"，才，仅仅。

⑭珊瑚：海中珊瑚虫分泌堆积成的树状物，可作装饰品。

⑮八石：道教炼丹的八种矿物质，有丹砂、雄黄、雌黄、空青、硫磺、云母、戎盐、硝石。

【译文】

"还有《立成丹》，此书也有九篇文章，此丹的效果近似九鼎神丹但又比不上它。其中主要的一篇还说：取雌黄、雄黄，冶炼后流出其中的铜液，铸造成为器皿，覆盖在味道醇厚的陈醋上，一百天以后，这种器皿上就长满了红色的乳状物，长度有好几分，或者长出五彩的美石，取下研制后服食，也能使人长生不老。还可以与菟丝调和，菟丝是要它的初生根茎，其形状像兔子。挖掘出来，刻削后让它流出血一样的汁液，取这种汁液调和这种丹药，服食下去立即就能发生变化，能够做一切想做的事情。还可以用朱草调和，一旦服用它，就能够升上天空在云间行走。朱草的形状好似小枣，仅仅高三四尺，枝叶都是红色的，树茎如同珊瑚，喜欢生长在名山的岩石下面。刻削它，有像血一样的汁液流出，把玉石和八种石药、金银投入其中，立即就可以像泥一样搓制成药丸，时间长了就会变成水，用黄金投放进去调和，名叫'金浆'；把玉石投放进去调和，名叫'玉醴'，服食后都能长生不老。

"又有《取伏丹法》，云天下诸水[①]，有名'丹'者，有南阳之丹水之属也[②]，其中皆有丹鱼[③]。当先夏至十日，夜伺之，丹鱼必浮于水侧，赤光上照，赫然如火也[④]。网而取之，可得之。得之虽多，勿尽取也。割其血，涂足下，则可步行水上，长居渊中矣。

【注释】

①水：河流。

②南阳：地名。在今河南南阳。丹水：河名。发源于陕西，东入河南南阳，注入均水。

③丹鱼：红色的鱼。

④赫然：火红的样子。

【译文】

“还有《取伏丹法》，说天下众多的河流中，有名字叫‘丹’的，比如南阳的丹水之类的河流，其中都有红色的鱼。在夏至前十天，于夜里伺探着它们，红色的鱼一定会浮现在水边，红光向上照射，红彤彤的如同火焰一样。撒网捕捉，就可以捉到它们。捉到的虽然很多，但不要全部取用。刀割它们取出血液，涂抹在脚底，就可以在水面上行走，还能够长久地居住在深水之中了。

“又《赤松子丹法》，取千岁虆汁及矾桃汁淹丹[①]，著不津器中[②]，练蜜盖其口[③]，埋之入地三尺，百日，绞柠木赤实[④]，取汁和而服之，令人面目鬓发皆赤，长生也。昔中黄仙人有赤须子者[⑤]，岂非服此乎？

【注释】

①虆(léi)：藤蔓。矾桃：果名。疑即蟠桃。

②不津器：不会渗漏的器皿。津，渗漏。

③练蜜：又软又白的蜜。又名石蜜。练，本指又软又白的丝织品，这里形容蜜又软又白。

④柠木：即柠树。

⑤中黄：古国名。赤须子：神仙名。《列仙传》：“赤须子……好食松实、天门冬、石脂，齿落更生，发堕再出，服霞绝粒，遂去吴山下十余年，莫知所之。”

【译文】

“还有《赤松子丹法》，收取千年的藤蔓液汁和矾桃液汁腌制丹药，放入不会渗漏的器皿中，用练蜜封住器皿的口，埋入地下三尺，过了一百天，再绞取柠木的红色果实，用果实的液汁调和丹药服食，能够使人面孔、眼睛、鬓发都变成红色，这就可以长生不老了。从前中黄国中有仙人名叫赤须子的，莫非就是服用了这种丹药吧？

“又《石先生丹法》，取乌鷇之未生毛羽者①，以真丹和牛肉以吞之，至长，其毛羽皆赤，乃煞之②，阴干百日③，并毛羽捣服一刀圭，百日，得寿五百岁。

【注释】

①鷇(kòu)：幼鸟。

②煞：通“杀”。

③阴干：把东西放在透风而没有太阳的地方慢慢地干。

【译文】

“还有《石先生丹法》，捉来还没有长出羽毛的乌鸦幼鸟，用上等丹药掺和牛肉让它吞食，等到长大后，它的羽毛都会变成红色的。杀了它，阴干一百天，连着羽毛捣碎后服食一刀圭，连续服食一百天，能够活到五百岁。

“又《康风子丹法》，用羊乌、鹤卵、雀血①，合少室天雄汁②，和丹，内鹄卵中③，漆之，内云母水中④，百日化为赤水。服一合⑤，辄益寿百岁；服一升⑥，千岁也。

【注释】

①羊乌：鸟名。即阳乌，又名阳鸦。似鹳而殊小，身黑，颈长而白，能入药。羊，通“阳”。

②少室：山名。在河南登封北。天雄：一种药草。可以强筋骨，轻身健行。

③内(nà):通“纳”,放入。鹄:天鹅。

④云母:矿物名。可入药。

⑤合(gě):容量单位。一升的十分之一。

⑥升:容量单位。一斗的十分之一。

【译文】

“还有《康风子丹法》,用羊乌、仙鹤卵、雀乌血,调制少室山天雄的汁液,再与丹药糅合在一起,放入天鹅蛋中,涂上漆,放入云母水中,一百天后,水就变成了红色。服食一合,就能增加寿命一百岁;服食一升,增加一千岁。

“又《崔文子丹法》,纳丹鹜腹中[①],蒸之,服,令人延年,长服不死。

【注释】

①鹜(wù):野鸭。

【译文】

“还有《崔文子丹法》,把丹药放入野鸭肚子中,然后蒸煮,服食它,使人延年益寿,长久服用就能长生不死。

“又《刘元丹法》,以丹砂内玄水液中[①],百日,紫色,握之不污手,又和以云母水,内管中漆之[②],投井中,百日化为赤水。服一合,得百岁,久服长生也。

【注释】

①玄水:醋。另外,水银、酒,古人也称为玄水。

②管:竹管。

【译文】

“还有《刘元丹法》，把丹砂放入醋液中，一百天后，会变成紫色，用手握持也不会污染手，再掺和云母水，然后放入竹管中用漆涂上，投放在水井中，一百天后变为红色的水。服食一合，得到一百年的寿命，长久服食就能长生不老。

“又《乐子长丹法》，以曾青、铅丹合汞及丹砂，著铜筩中[①]，干瓦、白滑石封之[②]，于白砂中蒸之八十日，服如小豆，三年，仙矣。

【注释】

①筩(tǒng)：筒状的容器。

②干瓦：干燥的瓦粉。可入药。白滑石：矿物名。白色的滑石粉。可入药。

【译文】

“还有《乐子长丹法》，用曾青、铅丹配制汞和丹砂，放入铜制的筒中，用干瓦粉和白滑石封堵起来，一起放进白砂中蒸制八十天，服食如同小豆大小的丹药，连续三年后，就能成仙了。

“又《李文丹法》，以白素裹丹[①]，以竹汁煮之，名‘红泉’，乃浮汤上蒸之[②]，合以玄水。服之一合，一年，仙矣。

【注释】

①白素：白色的丝绸。

②汤：开水。

【译文】

“还有《李文丹法》，用白色的丝绸包裹丹丸，用竹子汁液煎煮，叫做

'红泉',再放在沸腾的开水上蒸煮,然后用醋调制。服食一合,一年后,就可以成仙了。

"又《尹子丹法》,以云母水和丹,密封致金华池中[①],一年出,服一刀圭,尽一斤,得五百岁。

【注释】

①金华池:溶有黄金的醋液。

【译文】

"还有《尹子丹法》,用云母水调和丹药,密封后放到溶有黄金的醋液中,一年后拿出,每次服食一刀圭,服完一斤后,可以得到五百年寿命。

"又《太乙招魂魄丹法》,所用五石[①],及封之以六一泥,皆似九丹也[②]。长于起卒死三日以还者[③],折齿内一丸,与硫黄丸俱以水送之,令入喉,即活,皆言见使者持节召之[④]。

【注释】

①五石:五种炼丹原料。丹砂、雄黄、白礜、曾青、磁石。

②九丹:即九转仙丹。

③以还者:以内的人。

④节:符节。古代用来作凭证的东西。

【译文】

"还有《太乙招魂魄丹法》,所使用的一共有五种石药,用六一泥把它们封闭起来,一切都像炼制九转神丹一样。它的特效是能够使猝死三天以内的人重新复活,用法是折断死者门齿,放入口中一粒丹丸,与硫磺丸一起用水送下去，让它进入喉咙，人马上就能复活，复活者都说看见使者拿着符节把自己召唤回来了。

"又《采女丹法》，以兔血和丹，与蜜蒸之百日。服之如梧桐子者大一丸，日三，至百日，有神女二人来侍之，可役使。

【译文】

"还有《采女丹法》，用兔子血调和丹药，和蜜糖配制后蒸煮一百天。服食如同梧桐树子大小的一粒丹丸，每天三次，连续服用一百天后，有神女二人来侍奉，可以役使她们。

"又《稷丘子丹法》，以清酒、麻油、百华醴、龙膏和①，封以六一泥，以糠火煴之②，十日成。服如小豆一丸，尽剂，得寿五百岁。

【注释】

①清酒：清洁的陈酒。麻油：胡麻油。即后世说的芝麻油。百华(huā)醴：蜂蜜。一说指各种花酿制的甜酒。华，花。醴，甜酒。龙膏：植物名。即覆盆子。色乌赤，因形似覆盆，故名。

②煴(yūn)：没有火苗的火。

【译文】

"还有《稷丘子丹法》，用清酒、麻油、百花醴、龙膏调和，用六一泥封闭起来，再用没有火苗的糠皮火炼制，十天后炼制成功。服食如同小豆大小的一粒，服完剂量后，得到寿命五百岁。

“又《墨子丹法》，用汞及五石液于铜器中[①]，火熬之，以铁匕挠之[②]，十日，还为丹[③]。服之一刀圭，万病去身，长服不死。

【注释】

①五石液：用丹砂、雄黄、白礜、曾青、磁石五种矿物原料调配成的液体。

②匕：食器。勺子。扰：搅动。

③还：再次转变。

【译文】

“还有《墨子丹法》，把汞和五种石药调制成的溶液放入铜器中，用火煎熬，再用铁勺子不停搅动，十天后，再次转变为丹药。服食一刀圭，身体的各种疾病全部消失，长期服食就能长生不死。

“又《张子和丹法》，用铅、汞、曾青水合封之，蒸之于赤黍米中[①]，八十日成，以枣膏和[②]，丸之，服如大豆，百日，寿五百岁。

【注释】

①黍：黍子。

②枣膏：用枣子制成的泥状物。

【译文】

“还有《张子和丹法》，用铅、汞、曾青水调和密封，在红色的黍米中蒸制，八十天后制成，再用枣子泥配制，抟成丸子，服食如同大豆大小的丹丸，连续一百天后，寿命能够达到五百岁。

“又《绮里丹法》，先飞取五石玉尘①，合以丹砂、汞，内大铜器中煮之，百日，五色，服之不死。以铅百斤，以药百刀圭，合火之，成白银。以雄黄水和而火之，百日成黄金。金或太刚者，以猪膏煮之②；或太柔者，以白梅煮之③。

【注释】

①飞取：一种研制药物的方法。先研药物为粉末，置于水中，去其粗屑而取其精华。

②猪膏：猪油。

③白梅：盐梅。用盐渍而色发白，故名。

【译文】

“还有《绮里丹法》，先飞取五种石药的粉末，再用丹砂和汞调合，放入大的铜器中炼制，一百天后，出现五种色彩，服食后可以长生不死。用一百斤铅，一百刀圭丹药，混合后用火炼制，可以制成白银。再用雄黄水调和后用火炼制，一百天后变成黄金。黄金如果太坚硬了，就用猪油煮制；如果太柔软了，就用白梅煮制。

“又《玉柱丹法》，以华池和丹①，以曾青、硫黄末覆之荐之②，内筒中沙中，蒸之五十日，服之百日，玉女、六甲、六丁、神女来侍之③，可役使，知天下之事也。

【注释】

①华池：本指烧炼金丹用的器具，用来盛浓醋酸的溶解槽。这里指投放了硝石的醋。

②荐：铺垫。

③六甲：道教神名。指甲子、甲寅、甲辰、甲午、甲申、甲戌，属阳，为

男神。六丁：道教神名。指丁卯、丁巳、丁未、丁酉、丁亥、丁丑，属阴，为女神。

【译文】

“还有《玉柱丹法》，用华池调和丹药，再用曾青、硫磺的粉末覆盖、铺垫着它，放入筒子的沙粒中，蒸制五十天，服食一百天后，玉女、六甲神、六丁神、神女都来侍奉，可以役使他们，还能够知道天下的事情。

“又《肘后丹法》，以金华和丹①，于瓦封之，蒸八十日，取如小豆，置盘中，向日和之，其光上与日连。服如小豆，长生矣。以投丹阳铜中②，火之成金。

【注释】

①金华：即金华池。溶有黄金的醋液。

②丹阳：地名。在今湖北秭归东。其他叫丹阳的地方还有多处。

【译文】

“还有《肘后丹法》，用金华调和丹药，用干瓦粉密封，蒸制八十天，取出如同小豆粒大小的丸药，放入盘中，对着太阳调制，它的光芒向上与日光相连接。服食如同小豆大小的丸粒，就能长生不老。把丹药投入丹阳出产的铜器中，烧制后形成黄金。

“又《李公丹法》，用真丹及五石之水各一升，和令如泥，釜中火之，三十六日出，和以石硫黄液①，服之十年，与天地相毕。

【注释】

①石硫黄：即硫磺。

【译文】

“还有《李公丹法》，用真丹和五种石药的水各一升，把它们调和得如同稀泥，放在锅中烧炼，三十六天后取出，再用石硫磺的溶液配制，服食十年后，就能够与天地同寿。

“又《刘生丹法》，用白菊花汁、地楮汁、樗汁和丹①，蒸之，三十日，研合服之。一年，得五百岁，老翁服更少②，不可识，少年服亦不老。

【注释】

①地楮(chǔ)：楮树。其果实可入药。樗(chū)：即臭椿树。可入药。

②更：变化。少(shào)：年轻。

【译文】

“还有《刘生丹法》，用白菊花的汁液、地楮的汁液、樗树的汁液调合丹药，然后一起蒸制，三十天后，研制调合后服用。一年以后，可得寿命五百岁，若是老翁服食后，会变得年轻，年轻得让人不敢相认，年轻人服用后不会衰老。

“又《王君丹法》，巴沙及汞内鸡子中①，漆合之，令鸡伏之三枚，以王相日服之②，住年不老。小儿不可服，不复长矣。与新生鸡犬服之，皆不复大，鸟兽亦皆如此验。

【注释】

①巴沙：即“巴砂”。巴蜀出产的丹砂。鸡子：鸡蛋。

②王相日：即“旺相日”。兴旺的日子，吉日。

【译文】

“还有《王君丹法》，用巴蜀出产的丹砂和汞放入鸡蛋中，用漆封闭起来，让母鸡孵着三枚这样的鸡蛋，然后在吉祥的日子服食，能使人青春永驻而长生不老。小孩不能服食，不然就不会再生长发育了。给刚出生的鸡、狗服食，它们都不会再长大，鸟兽吃后也都发生同样的效应。

“又《陈生丹法》，用白蜜和丹，内铜器中封之，沉之井中一期[①]。服之经年[②]，不饥；尽一斤，寿百岁。

【注释】

①期(jī)：一周年。

②经年：满一年。

【译文】

“还有《陈生丹法》，用白色蜜糖调合丹药，放在铜制器皿中密封，再把它沉在井中一周年。服食它满一年，就不会饥饿；服用一斤，就可以长命百岁。

“又《韩终丹法》，漆、蜜和丹煎之[①]，服可延年久视，立日中无影。过此以往[②]，尚数十法，不可具论。”

【注释】

①漆：生漆。可入药。

②过此以往：除此之外。此，代指以上所介绍的种种丹药。

【译文】

“还有《韩终丹法》，用生漆、蜜糖与丹药调合后煎制，服食后可以延年益寿，站立在阳光下而没有身影。除此而外，还有几十种炼制丹药方法，这里无法一一论述了。”

抱朴子曰：“金液，太乙所服而仙者也，不减九丹矣。合之用古秤黄金一斤，并用玄明龙膏、太乙旬首中石、冰石、紫游女、玄水液、金化石、丹砂①，封之成水。其经云：‘金液入口，则其身皆金色。老子受之于元君。’元君曰：‘此道至重，百世一出，藏之石室，合之，皆斋戒百日，不得与俗人相往来。于名山之侧，东流水上，别立精舍②，百日成，服一两便仙。若未欲去世，且作地、水仙之士者③，但斋戒百日矣。若求升天，皆先断谷一年，乃服之也。若服半两，则长生不死，万害百毒，不能伤之。可以畜妻子，居官秩，任意所欲，无所禁也。若复欲升天者，乃可斋戒，更服一两，便飞仙矣。’

【注释】

①玄明龙膏：即水银。太乙旬首中石：即雄黄。冰石：又名凝水石。紫游女：红色戎盐。玄水：醋。另外，水银、酒，古人也称为玄水。金化石：即硝石。

②精舍：道士修炼的地方。

③地、水仙：地仙和水仙。

【译文】

抱朴子说：“金液，是太乙神所服用后而成仙的药物，它的效能不比九转神丹差。配制的方法是用古秤秤黄金一斤，并添加玄明龙膏、太乙旬首中石、冰石、紫游女、玄水液、金化石、丹砂，密封后让它们变化为水。经书上说：‘金液服入口中，服食者全身就会变成金色。老子从元君那里学到了这种方法。’元君说：‘这种道术极为重要，一百代才出现一次，一般是密藏在石室之中，调制时，都需要斋戒一百天，不能和世俗人相互交往。要在名山的旁边，在向东流去的河水岸边，另外修建修道的精舍，待一百天炼成后，服食一两便能成仙。如果还不想离开人间，想暂时留在世上做地仙、水仙的人，只要斋戒一百天就行了。如果追求升天，都应该先断绝谷食一年，再服用金液。如果服食半两，就能长生不死，各种各样的毒害，也不能损伤他。还可以养活妻子儿女，身居要职，想干自己一切想干的事情，没有谁能够禁止。如果又想升天了，仍然可以于斋戒后，再服食一两，就可以飞升天庭成仙了。

"以《金液为威喜巨胜之法》①，取金液及水银一味合煮之②，三十日，出，以黄土瓯盛③，以六一泥封，置猛火炊之，六十时④，皆化为丹。服如小豆大，便仙。以此丹一刀圭粉，水银一斤，即成银。又取此丹一斤置火上，扇之，化为赤金而流，名曰'丹金'。以涂刀剑，辟兵万里。以此丹金为盘碗，饮食其中，令人长生。以承日月得液，如方诸之得水也，饮之不死。以金液和黄土，内六一泥瓯中，猛火炊之，尽成黄金，中用也⑤。复以火炊之，皆化为丹，服之如小豆，可以入名山大川为地仙。以此丹一刀圭粉水银，立成银，以银一两和铅一斤，皆成银。《金液经》云：'投金人八两于东流水中⑥，饮血为誓⑦，乃告口诀，不如本法，盗其方而作之，终不成也。凡人有至信者，可以药与之，不可轻传其书，必两受其殃⑧。天神鉴人甚近⑨，人不知耳。'"

【注释】

①《金液为威喜巨胜之法》：道教典籍。威喜，植物名。又叫木威喜

芝。巨胜，胡麻的别称。即芝麻。古人认为胡麻为八谷之胜，故名“巨胜”。

②一味：在中药中，每一种药物称为“一味”。

③瓯：小盆。

④时：时辰。古人把一昼夜分为十二个时辰。

⑤中用：能够使用。

⑥投金人八两：投放八两重的金人。一说当作“投金八两”，“人”字为衍文。

⑦饮血：即“歃血”。古人会盟时，杀牲饮血或把血涂抹嘴边，表示诚信。

⑧两：指传授和接受丹方的双方。

⑨鉴：审察，监视。

【译文】

“使用《金液为威喜巨胜之法》炼丹，就是取金液和水银一味混合煮制，三十天以后，取出来，用黄土盆盛着，用六一泥密封，放在猛火上烧炼，六十个时辰以后，都会变为丹药。服食如同小豆大小的药丸，就能成仙。把这种丹药的一刀圭粉剂，加水银一斤，马上就变成银子。再取这种丹药一斤放置在火上，用扇子鼓风，就能变成赤色金子流出来，名叫‘丹金’。把这种丹金涂抹在刀剑上，就能使敌军退避一万里。用这种丹金做成盘子和碗，用它们吃饭饮水，能够使人长生不老。用它们承接日月而得到水，就如同方诸能够获得水一样，饮用这种水就不会死亡。用金液拌和黄土，放在六一泥制成的小盆中，用猛火烧炼，全部都能够变成黄金，可以使用。再用火烧炼，都能变成丹药，服食如同小豆大小的丸粒，就可以进入名山大川当地仙。用这种丹药的一刀圭粉剂拌和水银，马上就能变成银子，用这种银子一两掺和铅一斤，都能变成白银。《金液经》说：‘把八两重的金人投到东流的河水里，饮下鲜血，立下誓言，才能把炼丹的口诀告诉学炼丹的人。如果不按照这种方法行事，而是盗取秘方来炼制，最终也不会成功。凡是最讲信用的人，才能把丹药给他，不能够轻易地传授经书，不然双方都要蒙受灾难。天神在很近的地方监察着人们，只是人们感觉不到而已。'"

抱朴子曰："九丹诚为仙药之上法，然合作之，所用杂药甚多。若四方清通者[①]，市之可具[②]；若九域分隔[③]，则物不可得也。又当起火，昼夜数十日，伺候火力，不可令失其适，勤苦至难，故不及合金液之易也。合金液，唯金为难得耳。古秤金一斤，于今为二斤，率不过直三十许万[④]，其所用杂药差易具[⑤]，又不起火，但以置华池中，日数足便成矣，都合可用四十万而得一剂[⑥]，可足八人仙也。然其中稍少合者[⑦]，其气力不足以相化成[⑧]，如酿数升米酒，必无成也。"

【注释】

①清通：社会清平，交通顺畅。

②市：买。具：具备。

③九域：九州，天下。

④率：大体上。直：价值。三十许万：约三十万钱。一枚铜钱叫一钱。

⑤差：稍微。

⑥都合：总共。

⑦少：指所用的黄金、杂药的数量不足。

⑧气力：指各种药物的功效。

【译文】

抱朴子说："炼制九丹确实是制作仙药的最好方法，然而要想调合制作九丹，所使用的杂药种类很多。如果是在天下太平、交通顺畅的时候，还能够购买齐备；如果是在天下四分五裂、交通阻隔的时候，那么各类药物就不可能买到。而且还必须点起炉火，连续数十个日日夜夜，照看着火力，不能让它失去适宜的温度，辛勤艰苦、极其困难，所以比不上调制金液那样容易。调制金液，只是黄金难以获取而已。古秤的一斤黄金，相当于现在的两斤，大致价值不超过三十来万钱，而它所需要的杂药也稍微容易置办齐全。又不需燃火炼制，只要把黄金杂药配制好放置在华池中，天数够了也就成功了，总数大致要用四十万钱就能制成一剂仙药，可以使八个人成仙。然而如果在制作过程中使用的黄金杂药数量少了，它们的功效就不足以促使彼此发生变化而制作成功，这就好像只用几升米去酿造酒一样，肯定无法成功。”

抱朴子曰：“其次有《饵黄金法》，虽不及金液，亦远不比他药也。或以豕负革肪及酒炼之[①]，或以樗皮治之，或以荆酒、慈石消之[②]，或有可引为巾[③]，或立令成水服之。或有禁忌，不及金液也。或以雄黄、雌黄合饵之[④]，可引之张之如皮。皆地仙法耳。银及蚌中大珠[⑤]，皆可化为水服之，然须长服，不可缺，故皆不及金液也。”

【注释】

①豕(shǐ)负革肪：猪皮下的脂肪。豕，猪。革，皮。之：代指黄金。

②荆酒：用荆类植物泡制的酒。消：溶解。

③引为巾：牵引得如同头巾。

④饵：食用。

⑤蚌：软体动物，生活在水中。有些种类可产珍珠。

【译文】

抱朴子说：“其次有《饵黄金法》，既比不上金液，也远远比不上其他仙药。有的人用猪皮下的脂肪调和酒来炼制黄金,有的人用樗树皮泡制黄金,有的人用荆酒、磁石来销溶黄金,有的人可以将黄金牵引得像头巾一样,有的人能够立刻让黄金变成液体服用。有的人在服食黄金药物时有种种禁忌,但没有炼制金液的禁忌多。有的人用雄黄、雌黄搀和着黄金服食,可以将黄金牵引、撑大得如同一张皮革那样。这些都是追求成为地仙的方法。白银和蚌中的大珍珠,都可以化成液体服用,然而需要长期服用,不能间断,所以都比不上金液。"

抱朴子曰:"合此金液、九丹,既当用钱,又宜入名山,绝人事,故能为之者少,且亦千万人中,时当有一人得其经者。故凡作道书者,略无说金丹者也[①]。第一禁,勿令俗人之不信道者,谤讪评毁之,必不成也。郑君言,所以尔者[②],合此大药皆当祭,祭则太乙、元君、老君、玄女皆来鉴省[③]。作药者若不绝迹幽僻之地,令俗间愚人得经过闻见之,则诸神便责作药者之不遵承经戒,致令恶人有谤毁之言,则不复佑助人,而邪气得进,药不成也。必入名山之中,斋戒百日,不食五辛生鱼[④],不与俗人相见,尔乃可作大药。作药须成乃解斋,不但初作时斋也。郑君云:左君告之[⑤],言诸小小山,皆不可于其中作金液、神丹也。凡小山皆无正神为主,多是木石之精、千岁老物、血食之鬼[⑥]。此辈皆邪炁[⑦],不念为人作福,但能作祸,善试道士[⑧],道士须当以术辟身[⑨],及将从弟子,然或能坏人药也。今之医家,每合好药好膏,皆不欲令鸡犬、小儿、妇人见之。若被诸物犯之,用便无验。又染彩者,恶恶目者见之[⑩],皆失美色。况神仙大药乎?

【注释】

①略无：大致上没有，很少。略，大致。

②尔：这样。

③老君：即老子。道教徒尊称老子为“老君”或“太上老君”。玄女：女神名。又称九天玄女。

④五辛：五种辛味的蔬菜。一说指葱、薤（xiè）、韭、蒜、兴蕖（qú）。

⑤左君：即左慈。东汉末年的方士。

⑥老物：老妖怪。

⑦炁：同“气”。

⑧试：考察，考验。即考察道士的功力如何。

⑨辟：捍卫，保护。

⑩彩：彩色丝织物。恶恶（wù è）目：忌讳面目凶恶者。第一个“恶”是厌恶、忌讳的意思。第二个“恶”是凶恶、丑陋的意思。

【译文】

抱朴子说：“炼制金液、九转神丹，既需要花钱，还应该进入名山，断绝人间事务，因此能够炼制的人很少，在千万人中间，有时大概也只有一个人能够得到炼丹真经。因此凡是写作道书的人，很少谈及金丹。炼制金丹的第一个禁忌就是，不要让那些不相信道术的俗人，去诽谤、诋毁道术，否则一定不会成功。郑先生说过，之所以如此的原因是，炼制这种上等仙药时都必须祭祀，祭祀时，太乙、元君、老君、玄女都要前来监察。炼造仙药的人如果不隐藏到幽静僻远的地方，而让那些世俗的愚昧人经过这里时能够听到、看见他们，那么神仙们就会责备炼造仙药的人不遵守经书中的戒条，致使恶人有诽谤诋毁的言论，便不会再保佑帮助炼制仙药的人，从而让邪气得以乘虚而入，仙药也就不能炼制成功了。一定要进入名山之中，斋戒一百天，不吃葱、薤、韭、蒜、兴蕖等辛辣蔬菜和活鱼。不与俗人相见，这才可以炼制上等仙药。炼制仙药一定要在成功以后才能解除斋戒，不仅仅是开始炼制时才斋戒。郑先生还说：左君告诉过他，说那些小小的山区，都不可以在其中炼制金液、九转神丹。所有的小山中都没有正神作主，大多都是一些树木和山石的精怪、千年的老妖魅、吸血的鬼怪。这些妖魔鬼怪都只有妖邪之气，不考虑为人造福，而只能兴灾作祸，而且喜欢考验道士的功力，而道士必须用道术保护自身，以及随从的弟子，然而这些妖魔鬼怪或许能够毁坏人们的仙药。现在的那些医药家，每当配制上等的好药好膏时，都不想让鸡狗、小孩、妇女看见。如果被各种东西冲犯了，使用时就没有效验。还有那些染制彩色丝织品的人，忌讳面目凶恶的人看见，否则就会失去美好的色彩，更何况炼制神仙大药呢？

“是以古之道士，合作神药，必入名山，不止凡山之中，正为此也。又按仙经，可以精思合作仙药者，有华山、泰山、霍山、恒山、嵩山、少室山、长山、太白山、终南山、女几山、地肺山、王屋山、抱犊山、安丘山、潜山、青城山、娥眉山、绥山、云台山、罗浮山、阳驾山、黄金山、鳖祖山、大小天台山、四望山、盖竹山、括苍山①，此皆是正神在其山中，其中或有地仙之人。上皆生芝草②，可以避大兵大难，不但于中以合药也。若有道者登之，则此山神必助之为福，药必成。若不得登此诸山者，海中大岛屿，亦可合药。若会稽之东翁洲、亶洲、纻屿③，及徐州之莘莒洲、泰光洲、郁洲④，皆其次也。今中国名山不可得至⑤，江东名山之可得住者，有霍山，在晋安⑥；长山、太白，在东阳⑦；四望山、大小天台山、盖竹山、括苍山，并在会稽。”

【注释】

①华山:五岳之一,世称西岳。在今陕西境内。泰山:五岳之一,世称东岳。在今山东境内。霍山:在今福建境内。另外,安徽也有霍山。恒山:五岳之一,世称北岳。在今河北境内。嵩山:五岳之一,世称中岳。在今河南境内。少室山:嵩山的主峰之一。长山:一名金华山。在今浙江境内。太白山:在今浙江境内。终南山:秦岭山峰之一,在今陕西境内。女几山:在今河南境内。地肺山:在今江苏境内。王屋山:在今河南境内。抱犊山:在今山西境内。安丘山:在今山东境内。潜山:在今安徽境内。青城山:道教十大洞天之一。在今四川境内。娥眉山:即"峨眉山"。在今四川境内。绥(ruí)山:当依道藏本作"绥山"。在峨眉山西南。云台山:在今四川境内。罗浮山:道教十大洞天之一。在今广东境内。阳驾山:未详。黄金山:未详。今湖北钟祥有黄金山,不知是否此山。鳖祖山:疑即"鳖子山",在今浙江境内。大小天台山:在今浙江境内。四望山:在今浙江境内。盖竹山:在今浙江境内。括苍山:道教十大洞天之一。在今浙江境内。

②芝草:即灵芝。

③会(kuài)稽:在今江苏东南部及浙江西部一带。东翁洲:岛屿名。当在今浙江近海处。亶(dǎn)洲:岛屿名。当在今浙江近海处。纻(zhù)屿:岛屿名。当在今浙江近海处。

④徐州:地名。在今淮北一带。莘莒洲:岛屿名。在今淮北附近。泰光洲:岛屿名。在今淮北一带。郁洲:岛屿名。在今淮北一带。

⑤中国:中原。因为当时中原动乱,道路不通,因此葛洪说"今中国名山不可得至"。

⑥晋安:地名。治所在今福建福州。

⑦东阳：地名。治所在今浙江金华。

【译文】

“因此古代的那些道士，炼制仙药时，一定要进入名山，不会在一般的山里，也正是由于这些原因。另外，根据仙经的说法，可以用来精心思考和炼制仙药的名山，有华山、泰山、霍山、恒山、嵩山、少室山、长山、太白山、终南山、女几山、地肺山、王屋山、抱犊山、安丘山、潜山、青城山、峨眉山、緌山、云台山、罗浮山、阳驾山、黄金山、鳖祖山、大小天台山、四望山、盖竹山、括苍山，这些山都是正神居住的名山，山中或许有修成地仙的人。山上都生长着灵芝草，可以躲避大的战乱和灾难，不仅仅是有利于在山中炼制仙药而已。如果有道之人登上这些名山，那么这些山中神仙一定会帮助他获得福祉，仙药也一定能够炼制成功。如果不能登上这些名山，那么海中的大岛屿，也可以用来炼制仙药。比如会稽郡的东翁洲、亶洲、纻屿，以及徐州的莘莒洲、泰光洲、郁洲，都是次一等的炼丹之地。现在的中原名山无法进入了，而江东可以居住修炼的名山，有霍山，在晋安；长山、太白山，在东阳；四望山、大小天台山、盖竹山、括苍山，都在会稽。”

抱朴子曰：“予忝大臣之子孙①，虽才不足以经国理物②，然畴类之好③，进趋之业④，而所知不能远余者，多挥翮云汉、耀景辰霄者矣⑤。余所以绝庆吊于乡党、弃当世之荣华者⑥，必欲远登名山，成所著子书⑦，次则合神药，规长生故也⑧。俗人莫不怪予之委桑梓⑨，背清涂⑩，而躬耕林薮⑪，手足胼胝⑫，谓予有狂惑之疾也。然道与世事不并兴⑬，若不废人间之务，何得修如此之志乎？见之诚了、执之必定者⑭，亦何惮于毁誉，岂移于劝沮哉⑮？聊书其心，示将来之同志尚者云⑯。后有断金之徒⑰，所捐弃者，亦与余之不异也。

【注释】

①忝(tiǎn)：谦词。辱没，有愧于。

②经国理物：治理国家，处理万事。

③畴类：同类。

④进趍(qū)：追求。趍，同“趋”。

⑤挥翮(hé)云汉：在天上挥动着翅膀飞翔。翮，翅膀。汉，银河。耀景辰霄：在云霄中闪耀着光芒。景，日光。辰，星辰。以上两句都是比喻追求世俗的功业。

⑥庆吊：庆贺与吊唁。代指人事应酬。乡党：乡里。

⑦子书：指自己写作的《抱朴子》等书。古人把书籍分为经(儒家经典)、史(历史书籍)、子(诸子百家)、集(文学艺术)四大类，葛洪的著作应属子书。

⑧规：规划，谋划。

⑨委：放弃，离开。桑梓：故乡。桑与梓本来是古代经常栽种在住宅旁的两种树木，后来用它们代指故乡。

⑩清涂：高远的仕途。

⑪躬：亲自。林薮(sǒu)：山林水泽之间。薮，大泽，湖泊。

⑫胼胝(pián zhī)：手脚上的老茧。

⑬道：用作动词。修道。

⑭了：清楚，明白。

⑮移：改变，动摇。劝沮：鼓励与阻止。劝，鼓励。

⑯尚：崇尚。指崇尚大道。

⑰断金：心心相印，坚韧不拔。《易经·系辞上》：“二人同心，其利断金。”

【译文】

抱朴子说："我愧为大臣的子孙，虽然才能不足以治理国家、处理万事，然而那些同类的好友，他们所追求的功业，他们所掌握的知识不能远远超过我的原因，是他们大多都在高高的殿堂上追求世俗的功名和利禄了。我之所以在家乡断绝一切贺喜吊丧的人事交往，抛弃现在的荣华富贵，就是一心想要远远地登上名山，完成自己所写的书籍，其次就是想炼制成仙的神药，追求长生的缘故。世俗人都责怪我离开故乡，放弃高远的仕途，而亲自跑到山林水泽之间耕作，手和脚都长满了老茧，都认为我患上了癫狂迷惑的疾病。然而修炼仙道和世俗事业不能共同兴办，如果不废弃人间的琐务，哪里能够去修炼实现如此高远的志向呢？把此事看得清清楚楚，办此事就能坚定不移，又怎么会惧怕世人的诋毁和赞誉，又哪里会因为世人的鼓励或阻止而动摇不定呢？我不过是姑且直抒胸臆，以出示给将来志同道合的崇道者而已。如果后世有与我心心相印、坚忍不拔的人，他所抛弃的，和我所抛弃的也就不会有任何差别了。

"《小神丹方》，用真丹三斤，白蜜六斤搅合，日暴煎之，令可丸。旦服如麻子许十丸①，未一年，发白者黑，齿落者生，身体润泽。长服之，老翁成少年，长生不死矣。

【注释】

①麻子：大麻的子粒。麻，大麻。

【译文】

"《小神丹方》，用真丹三斤，加上白蜜六斤搅合，每天用大火煎熬，让它可以抟成药丸。早上服食十粒如同大麻的种子大小的药丸，不到一年时间，头发白的就能够变黑，牙齿掉落的就能够重新长出，身体润泽。长久地服食，能使老翁变成少年，可以长生不死了。

“《小丹法》，丹一斤，捣筛，下淳苦酒三升[1]，漆二升，凡三物合，令相得[2]，微火上煎，令可丸。服如麻子三丸，日再服[3]，三十日，腹中百病愈，三尸去；服之百日，肌骨强坚；千日，司命削去死籍[4]，与天地相毕，日月相望[5]，改形易容，变化无常，日中无影，乃别有光也。

【注释】

①淳苦酒：味道醇厚的醋。一说指三年以上的醋。

②相得：互相搅拌均匀。

③再：两次。

④司命：主管寿命的神。死籍：死亡的名单。

⑤相望：相比。望，比较。

【译文】

“《小丹法》，用丹药一斤，捣碎筛细，放入三升淳苦酒，二升生漆，总共三种原料配合，把它们搅拌均匀，在微火上煎熬，使它可以抟成药丸。服食三粒如同大麻种子大小的药丸，每天服食两次，三十天后，体内的各种疾病就会痊愈，三尸虫就会离开；服食一百天后，身体强壮；服食一千天后，司命神就会把他从死亡的名单上删掉，他就可以与天地同寿，与日月相配，能够改换形貌，变化无常，在阳光下没有影子，另外还会发出光芒。

“《小饵黄金法》，炼金内清酒中[1]，约二百过出入[2]，即沸矣，握之出指间，令如泥；若不沸，及握之不出指间，即削之[3]，内清酒中无数也。成，服之如弹丸一枚，亦可一丸分为小丸，服之三十日，无寒温[4]，神人玉女侍之。银亦可饵之，与金同法。服此二物，能居名山石室中者，一年即轻举矣。

止人间，服亦地仙，勿妄传也。

【注释】

①炼金：烧炼黄金。

②过：次。

③削：通“销”，用火烧炼金属。

④无寒温：没有寒冷温暖的感觉。即不怕寒冷和炎热。

【译文】

“《小饵黄金法》，把烧炼过的黄金放入清酒中，大约反复地放入、拿出两百次，清酒就沸腾了，用手握着清酒让它从手指缝间挤出，如同稀泥一样；如果清酒不沸腾，或者手握着时不能从手指缝间挤出，就再次烧炼黄金，放入清酒之中而不计反复放入、拿出的次数。配制成功后，服食一粒如同弹丸大小的丹药，也可以把一粒大药丸分为若干小药丸，服食三十天，就不再惧怕寒冷和炎热，还有神人、仙女来侍奉。白银也可以服食，和服食黄金的方法相同。服食这两种药物后，能够居住在名山的石室之中的人，只要一年时间就能够轻身飞升天庭了。想留在人间的，服食后也能成为地仙，但不要轻易地传授这种方法。

“《两仪子饵黄金法》，猪负革脂三斤，淳苦酒一升，取黄金五两，置器中，煎之土炉，以金置脂中，百入百出，苦酒亦尔。食一斤，寿蔽天地[①]；食半斤，寿二千岁；五两，寿千二百岁。无多少，便可饵之。当以王相日作，服之神良[②]。勿传非人[③]，传示非人，令药不成不神。欲食去尸药[④]，当服丹砂也。”

【注释】

①蔽:遮盖。这里指超过。

②神良:效果极为神奇良好。

③非人:不适当的人。

④尸:三尸。道教认为人身内有三种作祟的神,分别居于上、中、下三丹田内,称上尸、中尸、下尸。每逢庚申的日子,就向天帝报告人们的罪过。学仙之士必须除去三尸,才能升仙。

【译文】

"《两仪子饵黄金法》,用猪的皮下脂肪三斤,淳苦酒一升,再拿五两黄金,放入器皿中,在土炉子上烧炼,然后再取出黄金放入脂肪中,这样放入、取出各一百次,在淳苦酒中放入、取出也是如此。服食一斤这样的丹药,寿命能够超过天地;服食半斤,寿命能够长达二千岁;服食五两,寿命能够长达一千二百岁。无论多少,都可以服食。应当在吉日里制作这种丹药,服食后效果神奇良好。只是这种方法不要传授给不适当的人,如果传授给不适当的人,就会使丹药炼制不成功,也没有神效。如果想要服食驱除三尸虫的药物,就应该服食丹砂。"

至理卷五

【题解】

至理，最高真理。这个最高真理，当然主要是指修道成仙之理。本篇除了进一步强调服食金丹是成仙的根本方法之外，还提出了其他许多养生、修仙的方法和道术。

首先要注意保证身体的健康。作者开篇就指出，要想修仙成功，必须远离繁杂的世务，因为“形者，神之宅也。故譬之于堤，堤坏则水不留矣；方之于烛，烛糜则火不居矣。身劳则神散，气竭则命终。根竭枝繁，则青青去木矣；气疲欲胜，则精灵离身矣”，这段文字用生动形象的比喻说明肉体对于精神的重要作用，而繁忙的世俗事务会损害人的健康，不利于养生修仙。正是出于这一原因，作者列举了大量的历史名医治病救人的事例，记载了许多医疗方法，虽然其主要目的是要通过医术可以治病，进一步类推出养生可以成仙的结论，但作者对于医学保健的重视，还是值得肯定的。

其次是内丹。所谓内丹，就是以身体为丹炉，以精气为炼丹原料，通过反复修炼以达到成仙目的。文中说：“引三景于明堂，飞元始以炼形；采灵液于金梁，长驱白而留青；凝澄泉于丹田，引沉珠于五城。”修炼内丹虽然不是葛洪思想的重点，他对内丹的论述也比较简略，但这些观念无疑对以后内丹的发展起到了推动作用。

再次是行气。葛洪说:“服药虽为长生之本,若能兼行气者,其益甚速。若不能得药,但行气而尽其理者,亦得数百岁。”行气与内丹修炼有着密切关系,是养生术之一,但葛洪在本篇中用大量的篇幅渲染行气的禁咒作用:“禁虎豹及蛇蜂,皆悉令伏不能起。……以炁禁白刃,则可蹈之不伤,刺之不入。若人为蛇虺所中,以炁禁之则立愈。近世左慈、赵明等,以炁禁水,水为之逆流一二丈。又于茅屋上然火,煮食食之,而茅屋不焦。又以大钉钉柱,入七八寸,以炁吹之,钉即涌射而出。”这种渲染,就超出了养生范围,滑入方术末流了。

最后是房中术。作者说:“然又宜知房中之术,所以尔者,不知阴阳之术,屡为劳损,则行气难得力也。”房中术在汉代已经较为流行,《汉书·艺文志》就著录了房中术八家,《后汉书·方术列传下》也记载了冷寿光“年可百五六十岁,行容成公御妇人法”等。事实上,远在先秦,人们已经关注到房事对健康的影响,《庄子·达生》说:“夫畏涂者,十杀一人,则父子兄弟相戒也,必盛卒徒而后敢出焉,不亦知乎!人之所取畏者,衽席之上,饮食之间,而不知为之戒者,过也!”葛洪对房中术虽然没有详细介绍,但他再次提出这一点,无疑对养生者有着一定的警示作用。

本文可以说是正确与错误交错,科学与迷信相杂。作者探讨了疾病的起因,认为是由于欲念、衰老、病毒、邪气、风冷等因素引起的,并记载了许多医疗保健知识,这些即使对于今天的人们,也有一定的启示意义。然而作者过分夸大了人的养生能力,以至于相信不死成仙;也过分夸大了人对自然的支配能力,妄图使用禁咒的方术来控制自然事物,从而走上了认识的歧途。

抱朴子曰:“微妙难识,疑惑者众。吾聪明岂能过人哉?适偶有所偏解[①],犹鹤知夜半[②],燕知戊巳[③],而未必达于他事也。亦有以校验,知长生之可得、仙人之无种耳。

【注释】

①偏解:局限于某一方面的见解,偏才。

②鹤:鸟名。据说鹤喜欢在半夜鸣叫。

③燕知戊巳:燕子知道哪天是戊巳日。据说燕子于戊巳日不衔泥筑巢。吴淑《事类赋》十九引《博物志》说,燕戊巳不衔泥涂巢,此非才智,自然得之。

【译文】

抱朴子说:“求仙之道幽微玄妙而难以认识,因此感到疑惑的人很多。我的聪明才智哪里能够超过别人呢?不过是偶然地有那么一点偏才罢了,这就好像仙鹤知道什么时候是半夜、燕子知道哪一天是戊巳日一样,对其他的事理就未必能够清楚明白了。另外还通过一些验证,使我知道长生不死是可以学到的,而仙人也并非天生的而已。

“夫道之妙者,不可尽书;而其近者,又不足说。昔庚桑胼胝①,文子厘颜②,勤苦弥久,及受大诀③,谅有以也④。夫圆首含气⑤,孰不乐生而畏死哉?然荣华势利诱其意,素颜玉肤惑其目⑥,清商流徵乱其耳⑦,爱恶利害搅其神,功名声誉束其体,此皆不召而自来,不学而已成。自非受命应仙,穷理独见⑧,识变通于常事之外,运清鉴于玄漠之域⑨,寤身名之亲疏⑩,悼过隙之电速者⑪,岂能弃交修赊⑫,抑遗嗜好,割目下之近欲,修难成之远功哉?夫有因无而生焉⑬,形须神而立焉⑭。有者,无之宫也;形者,神之宅也。故譬之于堤,堤坏则水不留矣;方之于烛⑮,烛糜则火不居矣⑯。身劳则神散,气竭则命终。根竭枝繁,则青青去木矣⑰;气疲欲胜,则精灵离身矣⑱。夫逝者无反期,既朽无生理,达道之士，良所悲矣！轻璧重阴[19]，岂不有以哉！故山林养性之家、遗俗得意之徒，比崇高于赘疣[20]，方万物乎蝉翼[21]，岂苟为大言，而强薄世事哉？诚其所见者了，故弃之如忘耳。是以遐栖幽遁[22]，韬鳞掩藻[23]，遏欲视之目[24]，遣损明之色[25]；杜思音之耳，远乱听之声；涤除玄览[26]，守雌抱一[27]，专气致柔[28]，镇以恬素，遣欢戚之邪情，外得失之荣辱，割厚生之腊毒[29]，谧多言于枢机[30]，反听而后所闻彻[31]，内视而后见无朕[32]，养灵根于冥钧[33]，除诱慕于接物，削斥浅务[34]，御以愉慔[35]，为乎无为，以全天理尔。

【注释】

①庚桑：即庚桑楚。老子的弟子。胼胝(pián zhī)：手脚上的老茧。

②文子：老子的弟子。著《文子》一书。厘：通“黧”，黑色。

③及：才能够。一说当作“乃”，形近而误。大诀：秘诀，真诀。

④谅：的确。有以：有缘由。

⑤圆首：指长着圆形脑袋的人类。含气：有生命的东西。

⑥素颜玉肤：指美女。素，白色。颜，面孔。

⑦清商流徵(zhǐ)：清扬的商音和婉转的徵音。这里泛指动听的音乐。

⑧穷理：穷尽事理。

⑨清鉴：清晰的鉴别能力。玄漠：玄妙的清静境界。

⑩寤：通“悟”，觉悟，明白。

⑪过隙之电速：形容光阴飞逝，如白驹过隙、电光一闪。

⑫交：可以交往、得到的东西。指世俗中的荣华富贵。赊：远。这里指高远的仙道。

⑬有：存在。指万物。无：指看不见、摸不着的大道。

⑭神:灵魂。立:生存。

⑮方:比如。

⑯糜:熔化,耗尽。

⑰青青:绿色。代指树木的生命。

⑱精灵:指灵魂。

⑲轻璧重阴:轻视珍宝,重视光阴。璧,玉璧。代指珍宝。

⑳崇高:高官厚禄。赘疣:多余的疣子。疣,生在皮肤上的肉赘,一般称瘊子。

㉑蝉翼:蝉的翅膀。比喻微不足道。

㉒遐栖幽遁:远离尘世隐居到幽深的地方。遐,遥远。遁,隐居。

㉓韬鳞掩藻:隐藏优点,掩盖才能。也即韬光养晦。韬,遮掩。鳞,龙鳞。比喻才华。藻,文采。代指才华。

㉔遏:遏制,压抑。

㉕明:视力。

㉖涤(dí)除玄览:清除尘垢,保持心灵的清明。涤,洗。玄览,指心灵。高亨《老子正诂》说,"览"应作"鉴"。鉴,镜子。比喻能观照万物的心。

㉗守雌:守柔。雌,雌性动物具有柔和的性格,故"雌"有柔和义。抱一:坚守着大道。一,指独一无二的大道。

㉘专气致柔:专一精神,以达到柔弱状态。气,精神。以上三句出自《老子》。

㉙厚生:疑当作"厚味"。美味。《国语·周语下》:"厚味寔腊毒。"腊毒:极毒。一说"腊"是长久的意思。

㉚谧:静止,不要作声。枢机:枢为门枢,机为门闸。枢主开,机主闭,两者连言,比喻事物的关键。

㉛反听:道教的修行方术之一。又作"返听"。即集中注意力凝听自己的呼吸等声音。

㉜内视:道教的修行方术之一。又叫“内观”。即双目合闭,集中精神观视身内的某一部位,以防止思想外驰。无朕:无迹;无形无象。指虚无清静的境界。

㉝灵根:元神。在道教中,灵根的含义非常多,如舌根、肚脐等处,都称为灵根。冥钧:深不可识的大道。冥,深邃而看不清楚的样子。钧,本为制造陶器的一种工具,因大道可以产生万物,因此古人常用“钧”来比喻大道。

㉞浅务:浅薄的俗务。

㉟慔:通“漠”,寂静,恬淡。

【译文】

“求仙之道的微妙之处,无法完全描述;而那些浅近的道理,又不值得去谈论。从前庚桑楚劳累得手足长满茧子,文子辛苦得颜面黝黑,艰苦奋斗了很久,才获得了学仙的秘诀,这确实是有道理的啊。凡是人类和其他有生命的事物,哪个不喜欢生存而畏惧死亡呢?然而富贵荣华、权势利益惑乱了他们的思想,容貌美丽、皮肤洁白的美人迷住了他们的眼睛,清扬的商音、婉转的徵音扰乱了他们的耳朵,喜爱和憎恶、利益和灾害搅乱了他们的精神,功勋业绩、名声荣誉约束了他们的身体,这些都是不必召唤而自然产生、无需学习而自然养成的本能。如果不是命中注定本该成仙,能够穷尽事理而见解独到,在常规的事物之外明白变通的道理,在玄妙清静的领域中发挥自己清晰的鉴别能力,明白生命和虚名哪个值得亲近哪个应该疏远,面对如闪电般迅速流逝的光阴而深感悲哀的人,哪个能够放弃世俗的荣华富贵而去追求远大的成仙目标,放弃自己的各种世俗嗜好,割舍眼前的欲望,而去修炼难以成功的高远仙业呢?万物依靠大道才能产生,形体必须灵魂才能生存。万物,就好比大道的宫舍;形体,就好比灵魂的住宅。因此用堤坝打个比方,一旦堤坝崩坏,水就无法留驻;再拿蜡烛打个比方,只要蜡烛燃尽,火就不会存在。身体疲惫不堪而神志就会散乱,元气衰败竭尽而生命就会终结。

根部枯萎而枝叶太多，那么代表生命的绿色就会告别树木；元气疲竭而欲望强烈，那么代表生命的灵魂就会离开身体。逝去的东西就不可能再有返回的时候，已经枯朽的事物就不可能再有复活的道理，明白大道的人，确实为此而感到悲哀啊！他们轻视珍宝而看重光阴，难道不是有理由的吗？因此那些隐居山林修养真性的大师，放弃俗务而自得其乐的人们，将高贵的地位看作多余的肉瘤，把世间万物看成是微不足道的秋蝉翅膀，他们岂能随随便便地讲些大话，勉强自己去贬低世间的事务呢？确实是因为他们把事理看得十分明白，因此才抛弃它们就如同忘却了一样。他们隐居在幽深遥远的地方，韬光养晦，遏止自己想四处观望的眼睛，放弃那些会损伤视力的美色；杜塞自己想四处听闻的耳朵，远离那些会扰乱听力的声音；清除尘垢以保持心灵的清明，守柔遵道，专一精神以达到柔弱状态。用恬淡清静的原则来压制着自己的世俗欲望，排除欢喜或悲伤这些不合正道的情感，将得失荣辱置之度外，割舍极为有害的各种美味，在关键之时要闭口少说，坚持反听然后才会听得清楚，坚持内视然后才能发现虚无清静的境界。在深邃难识的大道境界中培养自己的元神，在待人接物的时候排除一切诱惑。丢弃那些浅薄的俗务，用恬愉淡泊的情怀来养护生命，做一些清静无为的事情，以此来保全自己的天然理性。

“乃吹吸宝华①，浴神太清②。外除五曜③，内守九精④。坚玉钥于命门⑤，结北极于黄庭⑥。引三景于明堂⑦，飞元始以炼形⑧；采灵液于金梁⑨，长驱白而留青⑩；凝澄泉于丹田⑪，引沉珠于五城⑫。瑶鼎俯爨⑬，藻禽仰鸣⑭；瑰华擢颖⑮，天鹿吐琼⑯；怀重规于绛宫⑰，潜九光于洞冥⑱。云苍郁而连天⑲，长谷湛而交经⑳。履蹑乾兑㉑，召呼六丁㉒；坐卧紫房㉓，咀吸金英㉔。晔晔秋芝㉕，朱华翠茎㉖；皛皛珍膏㉗，溶溢霄零[28]；治饥止渴，百痾不萌[29]；逍遥戊巳[30]，燕和饮平[31]；拘魂制魄[32]，骨填体轻[33]。故能策风云以腾虚、并混舆而永生也[34]。然梁尘之盈尺[35]，非可求之漏刻[36]；山霤洞彻[37]，非可致之于造次也[38]。患于闻之者不信、信之者不为、为之者不终耳。夫得之者甚希而隐[39]，不成者至多而显。世人不能知其隐者，而但见其显者，故谓天下果无仙道也。"

【注释】

①哎(fǔ)吸：咀嚼，汲取。宝华：宝贵的精华之气。

②太清：极为清明的元气。

③外除五曜："除"字当依《太平御览》卷七百二十的引文作"珍"。五曜，金、木、水、火、土五大行星。

④九精：内丹术术语。泛指体内的各种精华之气。九，泛指多。一说此处的"九精"是指人体九窍的精华。

⑤坚：坚守。指闭目塞听，不受外界诱惑。玉钥：内丹术术语。指人身精气出入之处，即面部的七窍。命门：内丹术术语。这里指脐下丹田穴。有时也指脾、鼻、肾等处。

⑥北极：内丹术术语。这里指心神。黄庭：内丹术术语。这里指上丹田，即人两眉间却入三寸处，道教认为上丹田是藏神之处。另外还指脾、心中、目等等。

⑦三景：指日、月、星。明堂：内丹术术语。指心。另外还指肺、脾、两眉间深入一寸处等等。

⑧飞：引来，呼吸。元始：元气，最初的精气。古人认为，在没有天地万物的时候，整个宇宙间都是茫茫的一片气，这种混沌之气就叫元气，而万物都是由元气形成的。

⑨灵液：内丹术术语。指口中津液。金梁：内丹术术语。指牙齿。

⑩白:指白发。青:黑。指黑发。

⑪澄泉:清澈的泉水。比喻人的精气。丹田:内丹术术语。丹田分上、中、下三丹田。上丹田在头部,中丹田在胸部,下丹田在脐部。

⑫沉珠:内丹术术语。即为内丹家所追求的内丹,又称“元珠”、“灵珠”、“宝珠”等。五城:脐下丹田的异名。

⑬瑶鼎:对炼丹炉的美称。瑶,美玉。爨(cuàn):烧火做饭。这里指炼丹。

⑭藻禽:美丽的鸟。

⑮瑰华(huā)擢颖:瑰丽的鲜花已经盛开。华,花。擢,抽出。颖,穗。这里指花朵。

⑯天鹿:白色的神鹿。古人认为是一种祥瑞。琼:美玉。

⑰重规:重大的规范。绛宫:指心。道教称心为绛宫。

⑱九光:多种颜色的光芒。比喻各种优点。洞冥:幽深的隐居处。

⑲苍郁:苍茫浓郁。

⑳长谷:长河。湛:清澈。交经:交错。

㉑履蹑乾兑(duì):自由来往于天地之间。履蹑,脚踏,来往。乾,八卦中的卦名。代表天。兑,八卦中的卦名。代表泽。这里指隐居之处。

㉒六丁:神名。指六丁神。

㉓紫房:又叫紫府。神仙居住的地方。

㉔金英:外丹名词。一种可供炼丹的药金。代指仙丹。

㉕晔晔(yè):光亮、光彩的样子。秋芝:秋日的灵芝。

㉖朱华(huā):红色的花。华,花。

㉗皛皛(xiǎo):明亮洁白的样子。珍膏:珍奇的神膏。

㉘溶溢:形容珍贵的仙膏满溢的样子。零:飘落。

㉙痾(kē):疾病。

㉚戊巳：大地。古人认为戊巳这一天代表土，因此这里用“戊巳”代表大地。

㉛燕和饮平：享受着平和的心境。燕，通“宴”，享受。

㉜拘魂制魄：守候着灵魂。古人认为，灵魂能够与肉体合而为一，人就健康；一旦灵魂与肉体分离，人就死亡。

㉝填：充实，结实。

㉞混舆：天地。混，通“浑”。古代有浑天说，认为天地如同鸟卵，天包地就像卵包黄。舆，大地。《周易·说卦》：“坤为地。……为大舆。”

㉟盈：满，高。

㊱漏刻：顷刻之间。

㊲山霤(liù)：装饰有山形花纹的接水槽。霤，屋檐下接水的沟槽。洞彻：洞穿。

㊳造次：仓促，时间短暂。

㊴希：同“稀”，少。隐：隐居而不为人知。

【译文】

“于是咀嚼吸取宝贵的精华之气，在极为清明的元气之中沐浴自己的精神。珍摄身外的五星光辉，持守身内的各种精华。闭目塞听，将意念坚守于下丹田；持守精神，让心思集结在上丹田。引导日、月、星的光辉来到自己的心中，呼吸元始的精气以修炼自己的肉体；在牙齿之间汲取口中的津液，以驱走白发而使黑发长驻；凝结精气于丹田，引来内丹到脐下。我们俯身点火炼起丹来，美丽的小鸟抬着头向天鸣叫；瑰丽的鲜花已经盛开，白色的神鹿吐出琼玉；把重大的修仙规范恪守在心中，韬光养晦于幽深的隐居之处。苍茫浓郁的云与长天相连，悠长清澈的河流纵横交错。我们自由来往于天地之间，召唤役使着六丁之神；我们行走坐卧在神仙洞府之中，咀嚼品味着长生的仙丹。光彩夺目的秋日灵芝，有着红色的花朵和翠绿的枝茎；洁白明亮的珍奇神膏，是那样充盈地从天上飘落而下；这些灵芝和神膏能够疗饥止渴，使百病不生；我们在大地上逍遥自由，享受着平和的心境；我们守持着自己的灵魂，使得筋骨结实而体态轻盈。因此我们能够鞭策着风云而飞升天庭，与永恒的天地一道长生。然而梁柱上堆积的一尺厚的灰尘，并非能够在顷刻间形成；画有山形花纹的接水槽被水滴穿，这也不能够在短期内做到。令人担心的是那些听说仙道的人不会相信，相信的人又不去施行，施行的人也不能坚持到底。那些修道成仙的人很少而且隐居起来不为人所知，求仙失败的人很多而且往往被人们所知道。世人无法知道那些隐居的成功者，而只看见那些容易被人了解的失败者，因此就说天下确实没有什么求仙之道。”

抱朴子曰：“防坚则水无漉弃之费[①]，脂多则火无寝曜之患[②]；龙泉以不割常利[③]，斤斧以日用速弊；隐雪以违暖经夏[④]，藏冰以居深过暑[⑤]；单帛以幔镜不灼[⑥]，凡卉以偏覆越冬[⑦]。泥壤，易消者也，而陶之为瓦[⑧]，则与二仪齐其久焉[⑨]；柞、楢[⑩]，速朽者也，而燔之为炭[⑪]，则可亿载而不败焉。辕豚以优畜晚卒[⑫]，良马以陟峻早毙[⑬]；寒虫以适己倍寿[⑭]，南林以处温长茂。接煞气则雕瘁于凝霜[⑮]，值阳和则郁蔼而条秀[⑯]。物类一也，而荣枯异功，岂有秋收之常限、冬藏之定例哉[⑰]？而人之受命，死生之期，未若草木之于寒天也，而延养之理，补救之方，非徒温暖之为浅益也。久视之效[⑱]，何为不然？而世人守近习隘[⑲]，以仙道为虚诞，谓黄、老为妄言[⑳]，不亦惜哉！夫愚夫乃不肯信汤药针艾[㉑]，况深于此者乎！皆曰：俞跗、扁鹊、和、缓、仓公之流[㉒]，必能治病，何不勿死？又曰：富贵之家，岂乏医术，而更不寿，是命有自然也。乃责如此之人,令信神仙,是使牛缘木、马逐鸟也[23]。"

【注释】

①防:堤坝。漉(lù)弃:渗漏。

②寝:中止,熄灭。曜:明亮,灯光。

③龙泉:宝剑名。这里泛指宝剑。

④隐雪:指隐藏在背阴处的积雪。违:避开,远离。

⑤居深:处于深深的地下。古人于冬季凿冰,深藏于地窖,以备夏季使用。

⑥幔镜:覆盖在铜镜上。幔,帐幕。这里用作动词,覆盖。由于铜镜的导热性能好,把薄薄的丝绸缠在铜镜上,用火烧,丝绸不易被烧坏。

⑦偏覆:特别地受到保护覆盖。偏,特别地。

⑧陶:烧制,制造陶器。

⑨二仪:天地。

⑩柞、楢(zuò yóu):两种树名。

⑪燔(fán):焚烧。

⑫辕豚(tún):栏中的小猪。辕,本指车上的直木。这里代指用木条建成的猪栏。优畜:良好地喂养。

⑬陟(zhì)峻:登上高峰。陟,登上。峻,高峻的山峰。

⑭适己:适合自己。

⑮煞气:杀气。指不利于草木生长的寒气。雕瘁:凋零。雕,通"凋"。

⑯阳和:温和。郁蔼:茂盛的样子。条秀:生长美好。条,生长。

⑰秋收:秋天萧条。收,收缩,萧条。冬藏:冬季死亡。藏,本指冬季万物隐藏不现,这里代指死亡。

⑱视:活。

⑲近：浅近。指浅近的道理。隘：狭隘的见解。

⑳黄、老：黄帝与老子。这里代指道教修仙的学说。

㉑艾：植物名。中医把它的叶子制成艾卷，按穴位烧灼以治疗疾病。与针法治疗合称针灸。

㉒俞跗（fū）：传说中黄帝时的良医。扁鹊：战国时名医秦越人。和：即医和。春秋时名医。缓：即医缓。春秋时名医。仓公：汉代名医。

㉓缘木：爬树。缘，攀爬。

【译文】

抱朴子说："堤坝坚固了水就没有渗漏的浪费，油脂充裕了火就没有熄灭的隐患；龙泉宝剑因为不去切割而经常保持锋利，斧头由于天天使用而很快就被用坏；隐藏在背阴处的积雪因为远离温暖而能够经历夏天，储备的冰块由于埋于地下深处而能够度过酷暑；单薄的丝绸因为缠绕着铜镜而燃烧不坏，普通的花卉由于被特别地覆盖保护而越过寒冬。泥土，本来是容易被消散的，然而如果把它烧制成陶器，就能够与天地一样长存；柞楢，本来是很容易腐烂的，然而如果把它们烧制成木炭，就可以亿万年不会朽败。栏中的小猪因为得到良好的喂养而活得很久，优良的骏马由于登高涉险而过早死亡；耐寒的虫子因为气候适宜自己生存而加倍的长寿，南方的树林因为身处温暖的环境而长期繁茂。草木遇到萧杀的寒气就会凋零在凝结的冰霜之中，遇见阳春的温暖就会生长得郁郁葱葱。事物的种类是一样的，但繁茂和枯萎的结果却不相同，难道真的存在到了秋季就一定会萧条的限制、到了冬日就一定会死亡的定规吗？人类接受的生命，以及生死的时间长短，并不像草木受寒冷气候的影响那样明显，而且延年养寿的道理、滋补救治的方法，也不仅仅只是像温暖气候为草木带来的那一点点益处。追求长生不死的功效，为什么就不能像我们所说的那样呢？然而世俗人固守着浅近的道理和狭隘的见解，认为求仙的道术是虚幻荒诞的，还认为黄帝、老子的学说是胡编乱造的谎言，这难道不是很可惜吗？愚昧无知的人就连汤药针艾的效果都不相信，何况比这更深奥的道理呢？他们都说：俞跗、扁鹊、医和、医缓、仓公这帮人，假如真的能够治病的话，为什么不能免于死亡呢？还说：富贵的人家，难道会缺乏医术，然而他们比常人还要短寿，这说明生命的长短是自然而然形成的。如果还去要求这样的人，让他们也相信神仙，这就好比让牛爬上树木、让马去追赶飞鸟一样了。”

抱朴子曰："召魂小丹、三使之丸[①]，及五英八石[②]，小小之药，或立消坚冰，或入水自浮，能断绝鬼神，禳却虎豹[③]，破积聚于腑脏[④]，追二竖于膏肓[⑤]，起猝死于委尸[⑥]，返惊魂于既逝。夫此皆凡药也，犹能令已死者复生，则彼上药也，何为不能令生者不死乎？越人救虢太子于既殒[⑦]，胡医活绝气之苏武[⑧]，淳于能解颅以理脑[⑨]，元化能刳腹以浣胃[⑩]，文挚愆期以瘳危困[⑪]，仲景穿胸以纳赤饼[⑫]。此医家之薄技，犹能若是，岂况神仙之道，何所不为？夫人所以死者，诸欲所损也，老也，百病所害也，毒恶所中也，邪气所伤也，风冷所犯也。今道引行气，还精补脑，食饮有度，兴居有节[⑬]，将服药物[⑭]，思神守一，柱天禁戒[⑮]，带佩符印[⑯]，伤生之徒，一切远之，如此则通，可以免此六害[⑰]。今医家通明肾气之丸[⑱]，内补五络之散[⑲]，骨填苟杞之煎[⑳]，黄蓍建中之汤[㉑]，将服之者，皆致肥丁[㉒]。漆叶青蓁[㉓]，凡弊之草，樊阿服之[㉔]，得寿二百岁，而耳目聪明，犹能持针以治病。此近代之实事，良史所记注者也。

【注释】

①召魂小丹、三使之丸:两种丹药名。

②五英八石:这里泛指各种可供服食的植物及矿石药物。英,花。代指草木。

③禳:古代以祭祷消除灾难的一种活动。

④积聚:指积聚在体内能够导致各种疾病的东西。

⑤二竖:两个小人。代指病魔。膏肓:古代医学称心尖脂肪为"膏",心脏和隔膜之间为"肓"。《左传·成公十年》:"(晋)公疾病,求医于秦,秦伯使医缓为之。未至,公梦疾为二竖子,曰:'彼,良医也。惧伤我,焉逃之?'其一曰:'居肓之上,膏之下,若我何?'医至,曰:'疾不可为也。在肓之上,膏之下。攻之不可,达之不及,药不至焉,不可为也。'公曰:'良医也。'厚为之礼而归之。"

⑥起:起死回生。委尸:放弃抢救希望的死尸。委,放弃。

⑦越人:即扁鹊。虢太子:虢国的太子。殒:死亡。《史记·扁鹊仓公列传》:"虢太子死。扁鹊至虢宫门下……乃使弟子子阳厉针砥石,以取外三阳五会。有间,太子苏。"

⑧胡医:匈奴的医生。胡,对北方少数民族的称呼。这里具体指匈奴。绝气:没有呼吸。苏武:西汉的一位民族英雄。《汉书·苏武传》记载,汉使苏武在匈奴时受到牵连,他为保持节操,引佩刀自杀,胡医凿地为坎,里面放置无烟之火,覆苏武其上,蹈打其背以出血,苏武气绝半日而复苏。

⑨淳于:即仓公。仓公姓淳于,名意。关于仓公能打开头颅治疗脑病的事情,未见其他古书记载。

⑩元化:即华佗,华佗字元化。东汉末年名医。刳(kū):剖开。《后汉书·方术列传下》:"若疾发结于内,针药所不能及者,乃令先以酒服麻沸散,既醉无所觉,因刳破腹背,抽割积聚。若在肠胃,

则断截湔洗，除去疾秽，既而缝合，傅以神膏，四五日创愈，一月之间皆平复。”

⑪文挚：战国时宋国名医。愆期：不按期赴约。瘳(chōu)：治愈。《吕氏春秋·至忠》：“齐王疾痟，使人之宋迎文挚。文挚至，视王之疾，谓太子曰：‘王之疾必可已也。虽然，王之疾已，则必杀挚也。’太子曰：‘何故？’文挚对曰：‘非怒王则疾不可治，怒王则挚必死。’太子顿首强请曰：‘苟已王之疾，臣与臣之母以死争之于王，王必幸臣与臣之母，愿先生之勿患也。’文挚曰：‘诺。请以死为王。’与太子期，而将往不当者三，齐王固已怒矣。文挚至，不解屦登床，履王衣，问王之疾，王怒而不与言。文挚因出辞以重怒王，王叱而起，疾乃遂已。”

⑫仲景：姓张名机，字仲景。东汉名医。关于他剖开病人胸膛并放入红色药饼的事情，未见其他古书记载。

⑬兴居：起居。兴，起身活动。

⑭将服：服食保养。将，扶持，保养。

⑮柱天：遵守着上天的禁令。柱，支撑，坚守。

⑯符印：符节印玺。这里是指道士所佩带的神仙符印。

⑰六害：即上文所说的诸欲、衰老、百病、恶毒、邪气、风冷六种危害。

⑱通明肾气之丸：药物名。用于补肾。

⑲内补五络之散：药物名。五络，五脏经络。

⑳骨填苟杞之煎：药物名。骨填，使筋骨结实。苟杞，又作“枸杞”。草药名。久服可以坚筋骨、轻身不老、耐寒暑等。煎，汤。

㉑黄蓍建中之汤：药物名。黄蓍，又作“黄芪”。草药名。具有壮筋骨、长肉补血等功效。

㉒肥丁：肥壮。丁，壮。

㉓漆叶：漆树之叶，可入药。青蓁：当依《后汉书·华佗列传》作“青

黏”。青黏，又名地节、黄芝，主理五脏，益精气。

㉔樊阿：东汉华佗的学生。《后汉书·方术列传下》：“阿从佗求方可服食益于人者，佗授以漆叶青黏散：漆叶屑一斗，青黏十四两，以是为率。言久服去三虫，利五藏，轻体，使人头不白。阿从其言，寿百余岁。漆叶处所而有，青黏生于丰、沛、彭城及朝歌间。”

【译文】

抱朴子说：“召魂小丹、三使之丸，以及各种草药和石药，这些小小的药物，有的能够使坚冰立刻融化，有的能够使人进入水中自动飘浮，它们能够排除鬼神的捣乱，避免虎豹的侵害，能够消解积聚在体内的各种致病的东西，驱逐已经进入膏肓的病魔，使猝然死亡的尸体起死回生，让已经逝去的受惊灵魂重新返回。这些都是一些很普通的药物，尚且能够使已经死去的人重新复活，那么那些最好的药物，为什么就不能使活着的人长生不死呢？扁鹊救活了已经死去的虢国太子，匈奴医生挽救了已经断气的苏武，淳于意能够剖开头颅去治疗大脑，华佗能够刳开腹腔去洗涤肠胃，文挚故意失约激怒齐王以治好他的重病，张仲景能够剖开胸膛放入红色的药饼。这些都是医家的雕虫小技，尚且能够起死回生，更何况求仙的道术，又有什么不能做到的呢？人之所以会死亡，是由于各种欲望造成的损害，是衰老，是各种疾病的侵扰，是毒药的侵入，是邪气的伤害，是冷风的袭击。假如能够导引肢体、呼吸吐纳，收回精华以补养大脑，饮食有节度，起居有规律，服用药物，内视守神以坚守大道，遵照天理以持守戒律，佩带着能够驱逐鬼怪的符节印玺，凡是有害于生命的东西，统统避而远之，像这样就可以生活通畅顺利，就可以免除上述的六种危害了。现在的医家使用通明肾气丸、内补五络散、骨填苟杞煎、黄蓍建中汤，服食这些药物的人，都能够健康强壮。漆叶和青蓁，都是一些普普通通、容易腐烂的草木，然而樊阿服用它们之后，能够活到两百岁，而且耳聪目明，还能够拿起针为人治疗疾病。这是近代的真实事情，是优秀的史官所记载下来的。

“又云：有吴普者[①]，从华陀受五禽之戏[②]，以代导引，犹得百余岁。此皆药术之至浅，尚能如此，况于用其妙者耶？今语俗人云：理中、四顺[③]，可以救霍乱[④]；款冬、紫苑[⑤]，可以治欬逆[⑥]；萑芦、贯众之煞九虫[⑦]；当归、芍药之止绞痛[⑧]；秦胶、独活之除八风[⑨]；菖蒲、干姜之止痹湿[⑩]；菟丝、苁蓉之补虚乏[⑪]；甘遂、葶历之逐痰癖[⑫]；括楼、黄连之愈消渴[⑬]；荠苨、甘草之解百毒[⑭]；芦如、益热之护众创[⑮]；麻黄、大青之主伤寒[⑯]，俗人犹谓不然也，宁煞生请福[⑰]，分蓍问崇[⑱]，不肯信良医之攻病，反用巫史之纷若[⑲]。况乎告之以金丹可以度世，芝英可以延年哉？

【注释】

①吴普：华佗的弟子。

②五禽戏：古代模仿五种鸟兽动作而制定的健身体操。五禽，指虎、鹿、熊、猿、鸟五种动物。详见《后汉书·方术列传下》。

③理中：药物名。由草药制成。《晋书·宣五王列传》：“左右以稻米干饭杂理中丸进之，(司马)攸泣而不受。”四顺：药物名。《本草纲目·草部》卷十二：“四顺汤，用人参、甘草、干姜、附子炮各二两，水六升，煎二升半，分四服。”

④霍乱：疾病名。

⑤款冬：草药名。主治咳嗽逆气、善喘等。紫苑：草药名。又作“紫菀”。主治咳逆上气、胸中寒热结气等。

⑥欬(kài)逆：疾病名。咳嗽而气息上涌。欬，通“咳”。

⑦萑(huán)芦：草药名。即芦苇。可以解大热、开胃等。贯众：草

药名。主治腹中邪气诸毒,杀三虫等。九虫:指体内各种作祟致病的虫。

⑧当归:草药名。主治呕逆、下痢、腹痛、齿痛等。芍药:药物名。主治疼痛、风痹,有利小便、益气的功能。

⑨秦胶:草药名。又叫秦艽、秦纠等。主治寒热邪气、寒湿风痹、肢节痛,利小便。独活:草药名。主治诸贼风、百节痛风等。八风:由各种风吹引起的疾病。风,中医的"六淫"之一,指由风引起的疾病,表现为寒、热、偏瘫等等。

⑩菖蒲:草药名。主治风寒湿痹、咳逆上气等。干姜:草药名。主治风湿麻痹、下痢等。

⑪菟丝:草药名。主治男女虚冷,能够添精益髓、去腰疼膝冷等。苁蓉:草药名。可以养五脏、强阴、益精气等。

⑫甘遂:草药名。主治面目浮肿,去痰水等。葶(tíng)历:草药名。主治上气咳嗽,止咳喘,除胸中痰等。痰癖:多痰症。

⑬括楼:草药名。可以涤痰结,利咽喉,止消渴等。黄连:草药名。能够止消渴、大惊,除水利骨等。消渴:今称糖尿病。

⑭荠苨(nǐ)、甘草:草药名。都可以解百毒。

⑮芦如:草药名。又名桔梗。能够养血排脓、补内漏等。益热:草药名。主治创伤、止血。

⑯麻黄:草药名。主治中风、伤寒、头痛等。大青:草药名。主治瘟疫、寒热等。

⑰煞生:即杀害生灵。这里指宰杀牛羊等以祭祀神灵。

⑱分蓍(shī):用蓍草占卜。蓍,一种多年生草本植物,古人常用以占卜。祟:鬼神带给人的灾祸。

⑲纷若:多而杂的样子。

【译文】

"史书上还说:有个叫吴普的人,跟随华佗学习'五禽戏',以此代替导引健身，他还能够活到一百多岁。这些都是一些最浅薄的医药之术，尚且能够有如此效果，更何况是采用那些高妙的仙术呢？假如告诉俗人说：理中、四顺，可以救治霍乱；款冬、紫苑，可以治疗咳嗽；萑芦、贯众，能够杀死九虫；当归、芍药，能够止住绞痛；秦胶、独活能够消除八风；菖蒲、干姜能够中止风湿麻痹；菟丝、苁蓉能够滋补体虚乏力；甘遂、葶历能驱逐痰症；括楼、黄连能治愈糖尿病；荠苨、甘草能消解各种毒物；芦如、益热能护养各种创伤；麻黄、大青能主治伤寒，然而俗人却还不会相信药物能有如此效果，他们宁愿杀生祭祀以求福分，用蓍草占卦来询问鬼神祸福，也不肯相信优秀的医生能治愈疾病，反倒使用众多的巫师。更何况告诉他们金丹可以使人离世成仙，灵芝可以使人延年益寿呢？

"昔留侯张良[①]，吐出奇策，一代无有，智虑所及，非浅近人也，而犹谓不死可得者也。其聪明智用，非皆不逮世人[②]，而曰：'吾将弃人间之事，以从赤松游耳。'遂修道引，绝谷一年，规轻举之道。坐吕后逼蹴[③]，从求安太子之计，良不得已，为画致四皓之策[④]，果如其言。吕后德之[⑤]，而逼令强食之，故令其道不成耳。按孔安国《秘记》云[⑥]：'良得黄石公不死之法[⑦]，不但兵法而已。'又云：'良本师四皓，角里先生、绮里季之徒，皆仙人也。良悉从受其神方，虽为吕后所强饮食，寻复修行仙道[⑧]，密自度世，但世人不知，故云其死耳。'如孔安国之言，则良为得仙也。又汉丞相张苍[⑨]，偶得小术，吮妇人乳汁，得一百八十岁。此盖道之薄者，而苍为之，犹得中寿之三倍[⑩]，况于备术[⑪]，行诸秘妙，何为不得长生乎？此事见于《汉书》，非空言也！"

【注释】

①张良:秦汉之交时人。辅佐刘邦建立西汉,被封为留侯。

②不逮:比不上。

③坐:因为。吕后:汉高祖刘邦之妻。逼蹴(cù):施加压力以相催促,逼迫。汉高祖刘邦欲废太子,太子为吕后所生,于是吕后向张良求计,张良建议请来四皓,以辅太子,高祖认为太子羽翼已经丰满,便放弃了废除太子的想法。

④画:筹划。四皓:汉初隐居于商山中的四位须眉皆白的老人。他们是东园公、绮里季、夏黄公、甪里先生。皓,白。这里指白发。

⑤德之:感恩于他。

⑥孔安国:西汉人,孔子后裔。

⑦黄石公:张良的老师。《史记·留侯世家》记载,张良刺杀秦始皇失败后,逃亡于下邳,在一座桥上,黄石公授予张良《太公兵法》。

⑧寻:不久。

⑨张苍:西汉人。《史记·张丞相列传》:"苍之免相后,老,口中无齿,食乳,女子为乳母。妻妾以百数,尝孕者不复幸。苍年百有余岁而卒。"

⑩中寿:中等寿命。六十岁。其他还有百岁、八十岁、七十岁为中寿的说法。

⑪备术:完备的求仙方术。

【译文】

"从前留侯张良献出许多奇策,一代人中没有谁能够比得上他,他深谋远虑,绝非一位见识浅近的人,而他尚且认为长生不死是可能的。他的聪明才智,并非比不上世人,然而他说:'我将要放弃人间的事务,而与神仙赤松子一起生活。'于是他就修炼导引,断绝粮食一年,计划学习轻身飞升的方术。只是因为吕后的催逼,向他求教巩固太子地位的计策,张良迫不得已,才为她策划招致四位隐居的白发老人的谋略,结果正像他所策划的那样成功了。吕后很感激他，于是就逼着让他勉强进食，因此才使他的求仙没有成功。孔安国《秘记》说：‘张良获得了黄石公长生不死的法术，还不仅仅只是得到了兵法而已。’还说：‘张良本来以四位隐居的白发老人为师，而角里先生、绮里季这些人，都是些神仙。张良追随他们并完整地接受了他们的仙方，虽然被吕后逼迫而勉强饮食，但不久又修炼仙道，秘密地离世成仙了，只是世人不知道，所以才说他死了。’如果按照孔安国的说法，那么张良是已经修成神仙了。另外汉朝的丞相张苍偶然学得小方术，饮用妇女的奶汁，活到了一百八十岁。这不过是一种微不足道的方术，而张苍实践了这一小方术，尚且活到了中等寿命的三倍长，何况是具备了完美的方术，施行诸多奥妙的手段，为什么就不能长生不老呢？这些事都见于《汉书》，并不是谎言啊！”

抱朴子曰：“服药虽为长生之本，若能兼行气者，其益甚速。若不能得药，但行气而尽其理者，亦得数百岁。然又宜知房中之术①，所以尔者②，不知阴阳之术③，屡为劳损，则行气难得力也④。夫人在气中，气在人中，自天地至于万物，无不须气以生者也。善行气者，内以养身，外以却恶，然百姓日用而不知焉。吴越有禁咒之法⑤，甚有明验，多炁耳⑥。知之者可以入大疫之中，与病人同床而已不染。又以群从行数十人，皆使无所畏，此是炁可以禳天灾也。或有邪魅山精，侵犯人家，以瓦石掷人，以火烧人屋舍，或形见往来，或但闻其声音言语，而善禁者以炁禁之，皆即绝，此是炁可以禁鬼神也。入山林多溪毒蝮蛇之地⑦，凡人暂经过，无不中伤，而善禁者以炁禁之，能辟方数十里上，伴侣皆使无为害者。又能禁虎豹及蛇蜂，皆悉令伏不能起。以炁禁金疮，血即登止[⑧]，又能续骨连筋。以炁禁白刃，则可蹈之不伤，刺之不入。若人为蛇虺所中[⑨]，以炁禁之则立愈。近世左慈、赵明等[⑩]，以炁禁水，水为之逆流一二丈。又于茅屋上然火，煮食食之，而茅屋不焦。又以大钉钉柱，入七八寸，以炁吹之，钉即涌射而出。又以炁禁沸汤[⑪]，以百许钱投中，令一人手探摝取钱[⑫]，而手不灼烂。又禁水着中庭露之，大寒不冰。又能禁一里中炊者尽不得蒸熟。又禁犬，令不得吠。昔吴遣贺将军讨山贼[⑬]，贼中有善禁者，每当交战，官军刀剑皆不得拔，弓弩射矢皆还向[⑭]，辄致不利。贺将军长智有才思，乃曰：'吾闻金有刃者可禁[⑮]，虫有毒者可禁，其无刃之物，无毒之虫，则不可禁，彼能禁吾兵者[⑯]，必不能禁无刃物矣。'乃多作劲木白棒[⑰]，选异力精卒五千人为先登，尽捉棓彼山贼[⑱]。贼恃其善禁者，了不能备，于是官军以白棒击之，大破彼贼。禁者果不复行，所打煞者，乃有万计。夫炁出于形，用之其效至此，何疑不可绝谷治病、延年养性乎？

【注释】

①房中之术：即房中术。简称房术。是一种关于男女交媾以养身的方术。有所谓运气、逆流、采战等等。

②尔：这样。

③阴阳之术：即男女交媾的房中术。

④得力：有益。

⑤吴越：地名。在今江浙一带。禁咒：气禁和咒语。气禁是一种气功巫术，通过运气以达到某种目的。咒语是一种用来祈福和诅咒的口诀。

⑥炁：同“气”。

⑦溪毒：溪流上的有毒瘴气。蝮蛇：毒蛇名。

⑧登：立即，顿时。

⑨虺(huǐ)：毒蛇名。

⑩赵明：东汉术士。《后汉书·方术列传下》作“赵炳”。

⑪沸汤：沸腾的开水。汤，开水。

⑫攎(lù)：捞取。

⑬贺将军：即三国时吴国将军贺齐，字公苗。

⑭矢：箭。还向：反射回来。

⑮金：这里指金属制的刀枪等兵器。

⑯兵：兵器。

⑰劲木：刚劲坚硬的木头。白棒：木棒。

⑱棓(bàng)：通“棒”，棍棒。这里用作动词，指用棍棒打击。

【译文】

抱朴子说：“服食仙药虽然是长生不老的根本，但如果能够同时运行真气，那效益来得就更加快了。如果不能获得仙药，只要是能够非常恰当地去运气，也能够活到几百岁。然而还应该懂得房中术，之所以要求懂得这些，是因为如果不懂得阴阳交媾的方法，往往会因为疲惫不堪而遭受损害，那么运行真气就难以获得应有的效益。人都生活在气之中，而气又存在于人的体内，从天地直到万物，没有不需要气而能够生存的。善于运行真气的人，对内可以保养身体，对外可以清除邪恶，然而人们虽然每天都在运用气却又不太明白这些道理。吴、越一带有禁咒的法术，非常有效验，就是因为他们的真气充溢而已。懂得运行真气的人可以深入疫情严重的环境之中，与病人同床睡眠而自身不会被感染。还可以与数十人同行，能够使他们全都无所畏惧，这是因为真气可以禳除天灾。有些邪恶的鬼魅和山野的精怪，侵害人家，用瓦块石头投掷人，用火烧人的房屋，有时它们显现自己的身形来来往往，有时却只能听见它们的声音言语,而善于禁气的人用气来禁止它们,它们都会立即消失,这说明气可以禁止鬼神啊。进入山林后,常有山溪瘴气、蝮蛇出没之地,世俗之人即使短暂经过,也没有不被侵害而受伤的,而善于禁气的人用气来禁制它们,能够使它们逃避到方圆几十里之外去,随行的伴侣都能够不受伤害。运行真气还能够禁制虎豹和毒蛇、毒蜂,让它们都伏卧在地而不能起身。用气禁止刀枪创伤,流血能够马上止住,还能够把断了的筋骨连接起来。用气来禁制锋利的刀刃,就可以踩上去而不会受伤,刺也刺不进去。如果有人被毒蛇咬伤,用气来禁咒就能马上痊愈。近代的左慈、赵明等人,用气来禁咒水,水因此而逆向流动了一两丈。还能够在茅屋顶上点火,烹调食物来吃,而茅屋不会被烧焦。又用大钉子钉在木柱上,深入七八寸,用气来吹钉子,钉子马上喷射而出。又用气来禁咒沸腾的开水,把一百多枚铜钱投入其中,让一个人用手伸进去捞取铜钱,而手不会被烫伤。又禁咒那些放在庭院中暴露在外的水,极其寒冷也不会结冰。还能禁咒方圆一里内的做饭人都不能把饭做熟。还能禁咒狗,使它们无法吠叫。从前吴王派遣贺将军去剿灭大山里的叛贼,叛贼中有人善于禁咒,每当交战时,官军的刀剑都无法拔出,弓弩射出的箭都又反射回来,作战常常失利。贺将军长于智谋且有才思,于是他就说:'我听说有刃的金属器物可以气禁,有毒的虫子可以气禁,而那些没有刀刃的器物,没有毒的虫子,就不能气禁了,那些山贼能够用气禁我的兵器,肯定禁不了没有刀刃的器物。'于是就制作了大量的坚硬木棒,选择力量奇大的精兵五千人先行攀登,捉尽并棒击那些山贼。山贼们依仗那些善于禁咒的人,一点也没有防备,于是官军用木棒打击他们,大胜那些叛贼。那些善于禁咒之人果然不能再施行自己法术,被官军打死的山贼,就有数万人。气出自形体,使用的效果能够达到如此程度,为什么还要怀疑说不能断绝粮食以治疗疾病、延年益寿以养生成仙呢?

“仲长公理者[①]，才达之士也。著《昌言》。亦论‘行气可以不饥不病’，云：‘吾始者未之信也，至于为之者，尽乃然矣。养性之方，若此至约，而吾未之能也，岂不以心驰以世务、思锐于人事哉[②]？他人之不能者，又必与吾同此疾也。’昔有明师，知不死之道者，燕君使人学之，不捷而师死[③]。燕君怒其使者，将加诛焉。谏者曰：‘夫所忧者，莫过乎死；所重者，莫急乎生。彼自丧其生，亦安能令吾君不死也？’君乃不诛。其谏辞则此为良说矣。使彼有不死之方，若吾所闻行炁之法，则彼说师之死者[④]，未必不知道也，直不能弃世事而为之，故虽知之而无益耳，非无不死之法者也。又云：‘河南密县，有卜成者[⑤]，学道经久，乃与家人辞去，其始步稍高[⑥]，遂入云中不复见。此所谓举形轻飞，白日升天，仙之上者也。’陈元方、韩元长[⑦]，皆颍川之高士也[⑧]，与密相近，二君所以信天下之有仙者，盖各以其父祖及见卜成者成仙升天故耳。此则又有仙之一证也。”

【注释】

①仲长公理：东汉人。姓仲长，名统，字公理。曾著《昌言》一书。

②心驰：操心。思锐：极力地用心思。

③捷：成功。

④师之死者：那位死去的老师。

⑤卜成：应作“上成”。东汉方士。《后汉书·方术列传下》所记载的有关上成公的事情，与本文一致。

⑥稍：渐渐地，慢慢地。

⑦陈元方：人名。韩元长：人名。《博物志·方士》：“颍川陈元方、

韩元长,时之通才者。所以并信有仙者,其父时所传闻:河南密县有成公,其人出行,不知所至,复来还,语其家云:'我得仙。'因与家人辞诀而去,其步渐高,良久,乃没而不见。至今密县传其仙去。二君以信有仙,盖由此也。"

⑧颍川:地名。在今河南许昌一带。

【译文】

"仲长统,是一位有才能的通达之士,著有《昌言》一书。他也说过'运行真气可以不饥饿不生病'的话,还说:'我开始也不相信这些事情,直到看见有人这么做了,才知道完全就是如此。修身养生的方术,像这样的极为简约,然而我还不能做到,难道不就是因为自己把心思用在世务中、把思虑放在人事上了吗?其他不能学习仙道的人,也肯定和我犯的是同一种毛病。'过去有位贤明的法师,是一位懂得不死道术的人,燕君就派使者去向他学习,还没有学到手而这位法师却死了。燕君对这位使者大为恼怒,准备诛杀他。有一位进谏的人说:'人所忧愁的事情,没有什么能超过死亡的了;所重视的事情,没有什么比生存更迫切的了。连他自己都丧失了生命,又怎么能够使我们的国君您不死亡呢?'于是燕君就没有诛杀使者。这段进谏的言辞可以算是很恰当的言论了。假如那位法师有长生不死的方术,就像我知道的运行真气的方法一样,那么进谏者所说的那位死去的法师,未必就不懂得长生之道,只是他不能抛弃世间俗事而去专心修炼而已,因此虽然懂得长生之道却也没有得到任何益处,并不是他不懂得长生不死的方术啊。又说:'在河南的密县,有个叫卜成的人,学习道术很久之后,就和家人告别而去,然后步履渐渐升高,随后慢慢步入云中消失了。这就是人们所说的举形轻飞,白日升天,是成仙者中的最上等人了。'陈元方、韩元长,都是颍川的思想境界高远的人士,他们距离密县很近,这两位之所以相信天下有仙人,或许就是因为他们各自的父辈、祖辈能够亲眼目睹卜成成仙升天的缘故吧。这又是神仙存在的一个证据啊。"

微旨卷六

【题解】

微旨，微妙的旨意。本篇进一步论证了养生成仙的可能，重点介绍了炼制金丹之外的其他修仙方术。

首先，葛洪批评了连“沉浮过于金羽，皂白分于粉墨”这样如此分明的是是非非都不能辨别的世俗人，认为同他们谈论成仙大道，就如同与“宛转果核之内”的小虫子谈论广阔的天地一样，表现出一个虔诚的宗教家的盲目自信和自尊。

接着，葛洪教导那些有志于学道的追随者说，虽然炼制金丹是成仙的正途，“然事大费重，不可卒办也”，炼制金丹不仅费时费工，而且还需要大量钱财，不是一朝一夕能够办成的事情。因此“宝精爱炁”、“将服小药以延年命”、“学近术以辟邪恶”，就成了当务之急。作者还特别强调，在使用各种小的道术时，一定要把它们结合起来，而且还要坚定信念，循序渐进，才能收到良好的效果。葛洪在本篇中为学道者提供的护身养生的方法主要有以下几点。

第一，要修德行善。葛洪认为行善是修仙的首要任务，他说：“禁忌之至急，在不伤不损而已。”因为“天地有司过之神，随人所犯轻重，以夺其算，算减则人贫耗疾病，屡逢忧患，算尽则人死”，作恶多端，养生将会毫无效果。作者详细地列举了恶事与善事的具体内容，大至慈爱万物，小到不跨越别人的水井灶台，可以说几乎包揽了世俗社会中的所有道德内容。接着还举出了历史上善有善果、恶有恶报的典型事例，以增强自己观点的说服力。应该说，葛洪的这一思想，客观上还是具有极大的积极意义的。

第二，介绍了一些护身防盗的巫术。由于作者所处的社会是一个动乱的社会，护身防盗就特别为世人所关心，于是作者就介绍了一些防止伤害的巫术。比如，为了防范强盗，就应该"常以执日，取六癸上土，以和百叶薰草，以泥门户，方一尺，则盗贼不来"，在门上涂一片掺有植物叶片的泥巴，强盗就不敢光顾，这只能看作荒唐的梦呓。

第三，内丹和房中术。作者所介绍的内丹修炼，主要体现在他引用的一段口诀中："始青之下月与日，两半同升合成一。出彼玉池入金室，大如弹丸黄如橘。中有嘉味甘如蜜，子能得之谨勿失。"把津液与神气结合起来，炼成大如弹丸、黄如橘子的内丹，以保证自己的长生。房中术是中国十分古老的一种养生术，葛洪在介绍这一方术时，既肯定了它的养生作用，也批判了一些人对此术作用的夸大，明确指出：房中术虽然重要，但不足以成仙，只能治疗小病，防止伤身而已。

抱朴子曰："余闻归同契合者[①]，则不言而信著[②]；途殊别务者，虽忠告而见疑[③]。夫寻常咫尺之近理[④]，人间取舍之细事，沉浮过于金羽，皂白分于粉墨[⑤]，而抱惑之士，犹多不辨焉，岂况说之以世道之外，示之以至微之旨？大而笑之，其来久矣，岂独今哉？夫明之所及，虽玄阴幽夜之地[⑥]，豪厘芒发之物[⑦]，不以为难见；苟所不逮者，虽日月丽天之炤灼[⑧]，嵩、岱干云之峻峭[⑨]，犹不能察焉。黄老玄圣，深识独见，开秘文于名山，受仙经于神人，蹶埃尘以遣累[⑩]，凌大遐以高跻[⑪]。金石不能与之齐坚，龟鹤不足与之等寿，念有志于将来[12]，悯信者之无文，垂以方法[13]，炳然著明[14]，小修则小得，大为则大验。然而浅见之徒，区区所守，甘于荼、蓼而不识粭蜜[15]，酣于醨酪而不赏醇醪[16]。知好生而不知有养生之道，知畏死而不信有不死之法；知饮食过度之畜疾病，而不能节肥甘于其口也；知极情恣欲之致枯损，而不知割怀于所欲也。余虽言神仙之可得，安能令其信乎？”

【注释】

①归同契合：志向相同，思想契合。归，归宿，志向。契，相合。

②信著：诚信显著。即相互信赖。

③见：被。

④寻常：长度单位。古代八尺为一寻，十六尺为一常。咫：长度单位。古代八寸为一咫。这里都是用来形容短小的距离。

⑤皂白：黑白。皂，黑。粉：化装用的白色粉末。

⑥玄阴：阴暗。玄，黑色。

⑦豪：通“毫”，长度单位。十丝为一毫，十毫为一厘。芒：谷类植物种子壳上或草木上的针状物。这里都是用来比喻非常细小的东西。

⑧丽：附着，依附。炤（zhāo）灼：明亮的样子。

⑨嵩：即嵩山。在今河南境内。岱：即泰山。在今山东境内。干云：直冲云霄。干，冲。

⑩蹶：蹶然，疾起的样子。这里指很快离开的样子。埃尘：尘世。遣累：排遣各种拖累。

⑪大遐：高远的太空。跻：登，升。

⑫有志：指有志于修道成仙的人。

⑬垂：流传。

⑭炳然：清楚明白的样子。

⑮荼（tú）、蓼（liǎo）：两种野菜名。荼菜味苦，蓼菜味辛辣。粭蜜：蜜糖。

⑯醨（lí）：薄酒。酪（lào）：醋。醇：味道醇厚的酒。醪（láo）：浊酒。这里代指味美的酒。

【译文】

抱朴子说："我听说目标一致、志同道合的人，即使不交谈也能够相互信任；道路不同、追求各异的人，即使是忠心相告也会受到怀疑。一些非常浅近的道理，世间取舍的小事，是沉是浮分明得比金属必沉和羽毛必浮还要明白，是黑是白明确得比白粉和黑墨还要清楚，然而那些满心糊涂的人，尚且有很多不能分辨，更何况对他们谈论世俗之外的事情，向他们出示极其微妙的道理呢？他们肯定认为这是夸大之辞从而加以讥笑，这种情况由来已久了，哪里仅仅是现在才如此呢？视力能够看见的人，即使是在黑暗如夜的地方，一毫一厘细小得如同麦芒、头发那样的事物，也不难看见；如果是看不见的人，即使是天上日月的光芒，嵩山、泰山直冲云霄的峻峭，他们也无法看到。黄帝、老子是思想玄远的圣人，见识深远独到，他们在名山之中打开神秘的文章，从神仙那里接受修仙的经书，急速地离开尘世以排除各种拖累，飞越高远的天空以上升成仙。金属和石头不能与他们比坚强，神龟与仙鹤无法同他们比寿命。他们考虑到将来那些有志于修仙的人，同情这些修仙信道的人没有文字典籍可读，于是就把修仙的方法流传下来，这些典籍把修仙的方法说得清清楚楚，小修炼就有小的收获，大力修炼就有大的效验。然而那些见识短浅的人，持守着自己的浅陋见解，以为荼、蓼甘甜而不知食用蜜糖，醉心于薄酒酸醋之中却不知品尝醇厚的美酒。他们虽然知道爱惜生命却不知道有养生之道，知道畏惧死亡却不相信有长生不死的方法；明知饮食过度会招致疾病，却不能有节制地去食用肥肉美食；明知放纵情欲会导致身体衰败，却不知道割舍自己的心中欲望。我虽然反复说明神仙可以修成，又怎么能够使他们相信呢?”

或人难曰:“子体无参午达理、奇毛通骨[①]，年非安期、彭祖多历之寿，目不接见神仙，耳不独闻异说，何以知长生之可获，养性之有征哉[②]？若觉玄妙于心得，运逸鉴于独见[③]，所未敢许也[④]。夫衣无蔽肤之具，资无谋夕之储[⑤]，而高谈陶朱之术[⑥]，自同猗顿之策[⑦]，取讥论者，其理必也。抱痼疾而言精和、鹊之技[⑧]，屡奔北而称究孙、吴之算[⑨]。人不信者，以无效也。”余答曰:“夫寸鲔泛迹滥水之中[⑩]，则谓天下无四海之广也；芒蝎宛转果核之内[⑪]，则谓八极之界尽于兹也[⑫]。虽告之以无涯之浩汗[⑬]，语之以宇宙之恢阔，以为空言，必不肯信也。若令吾眼有方瞳[⑭]，耳长出顶[⑮]，亦将控飞龙而驾庆云[⑯]，凌流电而造倒景[⑰]，子又将安得而诘我？设令见我，又将呼为天神、地祇、异类之人[⑱]，岂谓我为学之所致哉？姑聊以先觉挽引同志[⑲]，岂强令吾子之徒皆信之哉？若令家户有仙人，属目比肩，吾子虽蔽[⑳]，亦将不疑。但彼人之道成，则蹈青霄而游紫极[㉑]，自非通灵，莫之见闻，吾子必为无耳。世人信其臆断，仗其短见，自谓所度[㉒]，事无差错，习乎所致[㉓]，怪乎所希，提耳指掌[㉔]，终于不悟，其来尚矣[㉕]，岂独今哉?”

【注释】

①参(sān)午达理:十五条长长的纹理。参午，又写作“参五”，即“三五”。参，通“三”。一说“参午”义为错杂纵横。达，通达，长长

的。《史记·老子韩非列传》"正义":"老子……方口厚唇,额有三五达理。"通骨:流畅的骨相。通,流畅,无阻碍。这里指骨节纤细而不明显。

②征:验证,效验。

③逸鉴:超人的见解。逸,通"轶",超越。

④许:同意,赞成。

⑤无谋夕之储:不能保证晚上有饭吃。即朝不保夕。

⑥陶朱:即范蠡。春秋时人。曾帮助越王勾践灭吴,后隐居于陶,改名为朱公,经商成为巨富。

⑦猗(yī)顿:春秋人。以经营畜牧及盐业而致富。

⑧痼疾:积久不易治疗的病。和、鹊:即医和、扁鹊。古代名医。

⑨北:败北,失败。孙、吴:即孙子和吴起。古代著名军事家。

⑩鮹(shāo):鱼名。王明先生《抱朴子内篇校释》认为当作"蛸",井中的一种小虫。泛迹滥水:当作"泛滥迹水"。在足迹坑的水中游荡。迹,足迹。

⑪芒蝎(hé):很小的木中蠹虫。芒,形容细小。

⑫八极:八方最远处。代指整个天地之间。兹:这里。指果核之内。

⑬浩汗:即"浩瀚"。辽阔的样子。

⑭方瞳:两个瞳孔呈正方形。本书《祛惑》:"仙人目瞳皆方。"

⑮耳长出顶:耳朵从头顶长出。本书《论仙》说神仙"邛疏之双耳,出乎头巅"。

⑯庆云:五色的祥云。

⑰造:到达。倒景(yǐng):道教指天上最高之处。景,通"影"。《汉书·郊祀志》:"登遐倒景。"注:"如淳曰:在日月之上,反从下照,故其景倒。"

⑱呼:称呼,认为。地祇(qí):地神。

⑲姑聊：姑且。先觉：先知先觉。指自己。

⑳蔽：受蒙蔽，愚昧。

㉑紫极：星座名。

㉒度(duó)：推测，思量。

㉓所致：所得到的东西。代指身边的事物。

㉔提耳指掌：犹言“耳提面命”，形容教导之恳切。提耳，提着耳朵教导。指掌，指划着手掌教育。

㉕尚：久远。

【译文】

有人诘难说：“您的额头没有十五道长长的纹理，也没有奇异的毛发和流畅的骨相，年龄并不像安期生、彭祖那样具有长久的寿命，又没有亲眼见过神仙，也没有亲耳听到过异闻，凭什么知道长生不老是可以获得的，养生修仙是可以验证的呢？如果说只是您自己内心领悟到了玄妙道理，是独自发现的超人见解，那是我们所不敢认同的。论衣着，您没有遮蔽身体的服装；论资财，您没有任何积蓄而朝不保夕，却高谈陶朱公的致富方法，自认为发家的谋略与猗顿相同，您招致别人的讥讽批评，是理所当然的。这就好比自身患上痼疾却自夸精通医和、扁鹊的医术，屡吃败仗还自称深懂孙子、吴起的军事谋略。人们不相信您，是因为没有实效啊。”我回答说：“一寸来大的小鱼游荡在脚迹里的积水之中，就会认为天下没有辽阔的四海；麦芒般的蝎虫蠕动在水果核之内，就认为四面八方的界限尽在于此了。虽然把无边的浩瀚大海告诉给它们，把恢宏的宇宙描绘给它们，它们都认为这是谎言，一定不肯相信。如果我的眼睛里也有方形的瞳子，耳朵也长在头顶上，我也将会驾驭着飞翔的蛟龙，乘坐着五色的祥云，脚踏飞驰的闪电，升上天庭的最高之处，您又怎么能够来诘问我呢？即便是见到了我，又认为我是天神、地祇、异类的人了，哪里还会认为我是经过学习而达到如此境界的呢？我不过是姑且凭着自己的先知先觉来提携志同道合的人，岂能勉强命令像您这样的人们都去相信仙道呢？如果家家户户都有仙人，睁眼即见，比肩皆是，先生您即使愚昧，也必将不会怀疑。但是那些人一旦修成仙道，就会脚踏着青云而漫游于星空，如果不是能够与神灵沟通的人，就无法看见听见他们，先生您也一定认为没有此事了。世人相信自己的主观臆断，依仗自己的浅短见识，自己认为自己所思考的事情，是不会有差错的，他们习惯于身边的东西，惊奇于那些所罕见的事物，即便是提着他们的耳朵讲解，用手指在他们的手掌上指点，也始终不会觉悟，这种情况由来已久，哪里只是今天才是如此的呢？”

或曰：“屡承嘉谈①，足以不疑于有仙矣，但更自嫌于不能为耳②。敢问更有要道，可得单行者否③？”抱朴子曰：“凡学道当阶浅以涉深④，由易以及难。志诚坚果，无所不济⑤，疑则无功，非一事也。夫根荄不洞地⑥，而求柯条干云；渊源不泓窈⑦，而求汤流万里者⑧，未之有也。是故非积善阴德⑨，不足以感神明；非诚心款契⑩，不足以结师友；非功劳不足以论大试⑪；又未遇明师而求要道，未可得也。九丹金液，最是仙主⑫。然事大费重，不可卒办也。宝精爱炁，最其急也，并将服小药以延年命，学近术以辟邪恶，乃可渐阶精微矣。”

【注释】

①承：承受，接受。这里是聆听的意思。是一种客气用语。

②自嫌：自己怀疑。嫌，疑惑，怀疑。

③单行：专行。这里指某一方面的简单方法。

④阶浅：通过浅近的阶段。阶，台阶。用作动词。通过。

⑤济：成功。

⑥根荄(gāi):根部。荄,根。洞地:穿入大地。

⑦泓(hóng)窈:洪大深邃。泓,水大的样子。窈,深。

⑧汤(shāng):水大的样子。一般"汤汤"连用。

⑨阴德:暗中施德于人。

⑩款契:诚挚亲密。

⑪大试:大用,重任。

⑫仙主:成仙的关键。主,主要,关键。

【译文】

有人说:"多次聆听您的美谈,完全使我不怀疑神仙的存在了,只是还有点怀疑自己不能修炼而已。请问是否有更简要的途径,可以得到某一方面的简单修行方法吗?"抱朴子说:"凡是学习仙道的人,都应当循序渐进地由浅入深,由易到难。如果意志虔诚坚定果敢,就能无所不成,如果犹犹豫豫就无法成功,不仅在修道这一件事情上是如此。树根不能深入大地,却要求枝条直入云霄;源泉不够宏大深邃,却要求洪流越过万里,这都是不可能的。因此不去积累善事、暗中施德,就不足以感动神明;不是忠心耿耿、诚挚亲切,就不足以结交师友;如果没有功劳,就不足以考虑委予重任;如果没有遇到贤明的老师却要求学习关键的道术,也是不可能的。九丹金液,是最为重要的成仙关键。然而此事重大、费用昂贵,不可能在短期内操办成功。因此珍惜精气,就是当务之急了,再加上服食一些效果稍差的药物以延年益寿,学习一些浅近的法术去驱邪逐恶,然后才可以渐渐地深入学习精深微妙的仙术。"

或曰:"方术繁多,诚难精备,除置金丹,其余可修,何者为善?"抱朴子曰:"若未得其至要之大者,则其小者不可不广知也,盖藉众术之共成长生也[①]。大而喻之,犹世主之治国焉[②],文、武、礼、律,无一不可也;小而喻之,犹工匠之为车焉，辕、辋、轴、辖[3]，莫或应亏也[4]。所为术者，内修形神，使延年愈疾；外攘邪恶，使祸害不干[5]。比之琴瑟，不可以孑弦求五音也[6]；方之甲胄[7]，不可以一札待锋刃也[8]。何者？五音合用不可阙[9]，而锋刃所集不可少也。凡养生者，欲令多闻而体要[10]，博见而善择，偏修一事，不足必赖也。又患好事之徒，各仗其所长，知玄、素之术者[11]，则曰：'唯房中之术，可以度世矣。'明吐纳之道者，则曰：'唯行气可以延年矣。'知屈伸之法者，则曰：'唯导引可以难老矣。'知草木之方者，则曰：'唯药饵可以无穷矣，'学道之不成就，由乎偏枯之若此也[12]。浅见之家，偶知一事，便言已足。而不识真者，虽得善方，犹更求无已，以消工弃日，而所施用，意无一定，此皆两有所失者也[13]。或本性戆钝[14]，所知殊尚浅近[15]，便强入名山，履冒毒螫，屡被中伤，耻复求还，或为虎狼所食，或为魍魉所杀[16]，或饿而无绝谷之方，寒而无自温之法，死于崖谷，不亦愚哉？夫务学不如择师，师所闻素狭[17]，又不尽情以教之，因告云：'为道不在多也。'夫为道不在多，自为已有金丹至要，可不用余耳。然此事知之者甚希，宁可虚待不必之大事，而不修交益之小术乎[18]？譬犹作家[19]，云不事用他物者[20]，盖谓有金银珠玉，在乎掌握怀抱之中，足以供累世之费者耳。苟其无此，何可不广播百谷，多储果蔬乎[21]？是以断谷辟兵，厌劾鬼魅[22]，禁御百毒，治救众疾，入山则使猛兽不犯，涉水则令蛟龙不害，经瘟疫则不畏，遇急难则隐形，此皆小事，而不可不知，况过此者，何可不闻乎[23]？"

【注释】

①藉：凭借。

②世主：国君。

③辕：车前驾牲畜的直木。辋(wǎng)：车轮的外圈。辖(xiá)：安在车轴末端的挡铁，用以防止车轮脱落。

④莫或：没有一个。或，有的。

⑤干：干犯，侵害。

⑥孑弦：单独的一根琴弦。孑，孤单。

⑦甲胄：甲衣和头盔。

⑧札：铠甲上用皮革或金属制成的叶片。

⑨阙：通“缺”，缺乏。

⑩体要：体会、使用其中的要点。

⑪玄、素：玄女和素女。是传说中向黄帝传授房中术的两名神女。

⑫偏枯：偏狭，偏执。

⑬两有所失：两方面都有所失。既失去了好的方术，又浪费了宝贵的时间。

⑭戆(zhuàng)钝：愚钝。戆，愚直。

⑮殊：非常。

⑯魍魉：传说中的山川精怪。

⑰素狭：向来知识面就很狭窄。素，平素，向来。

⑱交：共同，结合。

⑲作家：治理家务。

⑳事用：使用，从事。

㉑疏：通“蔬”，蔬菜。

㉒厌(yā)劾：镇压。厌，镇压。劾，弹劾，审判。

㉓闻：听到，学习。

【译文】

有人说:“修仙的方术很多,确实难以全部精通,除了炼制金丹之外,其余可供修行的各种方术,哪一种最好呢?”抱朴子说:“如果还没有得到最重要的关键道术,那么小道术就不能不去广泛地学习了,因为要凭借各种小方术来共同促成长生不死。如果用大事来作比喻的话,就好比国君治理国家,文治、武备、礼仪、法律,缺一不可;如果用小事来作比喻的话,就好比工匠造车,车辕、车辋、车轴、车辖,没有一样可以缺少。所修炼的方术,对内要养护形体与精神,使自己延年益寿,治愈疾病;对外要攘除邪恶,使祸害无法侵犯。拿琴瑟作比喻,就是不能用一根琴弦弹奏出五音来;拿甲胄打比方,就是不能用一个甲衣片去应对刀剑。为什么呢?五音要琴弦联合使用而不可或缺,刀锋落下来时每一叶铠甲片都不能缺少。大凡养生的人,要让自己广泛地学习而体会其中要旨,增加见识而善于选择,只是单独修炼某一种方法,是不可能值得完全依赖的。还要担心那些多事的人,各自仗恃自己的长处,比如懂得玄女、素女的道术的人,就说:‘只有房中术,才能够使人离开世俗而成仙。’明白呼吸吐纳的人,就说:‘只有运行真气,才能够延年益寿。’掌握屈伸身体、导引锻炼的人,就说:‘只有导引,才可以阻止人的衰老。’精通草木药方的人,就说:‘只有服食草木药物,才能够长生不死。’学习道术不能成功,就是由于像这样的偏执于一端。见识短浅的人,偶然懂得一种方法,就认为已经足够了。而那些不识真正仙术的人,虽然已经得到了好的方法,却还在那里孜孜不倦地寻求其他方法,从而浪费了时间,他们在使用修仙方法时,思想上又犹豫不决,于是就导致了既丢掉了好方法、又浪费了宝贵时间这两种失误。有的人本性愚钝,所懂得的道术还非常浅薄,就勉强进入名山,走向并冒着毒虫刺螫的危险,屡次被咬伤,然而又耻于返回,他们有的被虎狼吃掉,有的被魍魉杀死,有的饥饿难忍而又没有断谷的方术,寒冷异常却又没有自求温暖的方法,于是就死于山崖深谷之中,这岂不是太愚笨的吗?致力于学道的人最好要选择老师，有一些老师的知识面本来就很狭窄，还不尽心尽力地去教导弟子，因此就对弟子们说：‘学习道术不可务多。’说学习道术不必务多，是指自己认为自己已经拥有了最重要的金丹术，可以不用学习其他方法了。然而真正懂得金丹术的人很少，难道可以白白等待不能保证成功的炼丹大事，而不去修炼结合起来能够带来好处的小道术吗？譬如治理家庭，如果说不必从事其他事务，是因为自己已经拥有了金银珠宝，而且已经是握在自己手中、揣在自己怀里，足以提供几代人的生活费用了。如果没有这些金银珠宝，怎么可以不去广泛地播种百谷，多多地储备水果蔬菜呢？因此断绝谷物、躲避兵刃，压制鬼魅，抵御百毒，治疗各种疾病，进入深山后能够使猛兽不来侵犯，涉渡江河时能够使蛟龙不来伤害，经历瘟疫能无所畏惧，遇到急难能隐藏形体，这些虽然都是小道术，但不能不掌握，更何况比这些更重要的大道术，怎么可以不去学习呢？”

或曰：“敢问欲修长生之道，何所禁忌？”抱朴子曰：“禁忌之至急，在不伤不损而已。按《易内戒》及《赤松子经》及《河图记命符》皆云：‘天地有司过之神，随人所犯轻重，以夺其算[①]，算减则人贫耗疾病，屡逢忧患，算尽则人死。诸应夺算者有数百事，不可具论。’又言：‘身中有三尸[②]。’三尸之为物，虽无形而实魂灵鬼神之属也。欲使人早死，此尸当得作鬼，自放纵游行，享人祭酹[③]。是以每到庚申之日，辄上天白司命[④]，道人所为过失。又月晦之夜[⑤]，灶神亦上天白人罪状。大者夺纪。纪者，三百日也。小者夺算。算者，三日也。吾亦未能审此事之有无也。然天道邈远，鬼神难明。赵简子、秦穆公皆亲受金策于上帝[⑥]，有土地之明征。山川草木，井灶污池，犹皆有精气；人身之中，亦有魂魄；况天地为物之至大者，于理当有精神，有精神则宜赏善而罚恶。但其体大而网疏，不必机发而响应耳[7]。然览诸道戒，无不云欲求长生者，必欲积善立功，慈心于物，恕己及人[8]，仁逮昆虫[9]，乐人之吉，愍人之苦，赒人之急[10]，救人之穷，手不伤生，口不劝祸，见人之得如己之得，见人之失如己之失，不自贵，不自誉，不嫉妒胜己，不佞谄阴贼[11]，如此乃为有德，受福于天，所作必成，求仙可冀也。若乃憎善好杀，口是心非，背向异辞[12]，反戾直正[13]，虐害其下，欺罔其上，叛其所事，受恩不感，弄法受赂，纵曲枉直[14]，废公为私，刑加无辜，破人之家，收人之宝，害人之身，取人之位，侵克贤者，诛戮降伏，谤讪仙圣，伤残道士，弹射飞鸟，刳胎破卵，春夏燎猎[15]，骂詈神灵[16]，教人为恶，蔽人之善，危人自安，佻人自功[17]，坏人佳事，夺人所爱，离人骨肉，辱人求胜，取人长钱[18]，还人短陌[19]，决放水火，以术害人，迫胁尪弱[20]，以恶易好，强取强求，掳掠致富，不公不平，淫佚倾邪，凌孤暴寡，拾遗取施，欺绐诳诈[21]，好说人私，持人短长，牵天援地[22]，咒诅求直[23]，假借不还[24]，换贷不偿[25]，求欲无已，憎拒忠信，不顺上命，不敬所师，笑人作善，败人苗稼，损人器物，以穷人用[26]，以不清洁饮饲他人，轻秤小斗，狭幅短度[27]，以伪杂真，采取奸利，诱人取物，越井跨灶，晦歌朔哭[28]。凡有一事，辄是一罪，随事轻重，司命夺其算、纪，算尽则死。但有恶心而无恶迹者夺算[29]，若恶事而损于人者夺纪，若算、纪未尽而自死者，皆殃及子孙也。诸横夺人财物者，或计其妻子家口以当填之[30]，以致死丧，但不即至耳。其恶行若不足以煞其家人者，久久终遭水火劫盗，及遗失器物，或遇县官疾病[31]，自营医药，烹牲祭祀所用之费，要当令足以尽其所取之直也。故道家言，枉煞人者，是以兵刃而更相杀[32]。其取非义之财，不避怨恨，譬若以漏脯救饥[33]，鸩酒解渴[34]，非不暂饱，而死亦及之矣。其有曾行诸恶事，后自改悔者，若曾枉煞人，则当思救济应死之人以解之。若妄取人财物，则当思施与贫困以解之。若以罪加人，则当思荐达贤人以解之。皆一倍于所为[35]，则可便受吉利，转祸为福之道也。能尽不犯之，则必延年益寿，学道速成也。夫天高而听卑[36]，物无不鉴[37]，行善不怠，必得吉报。羊公积德布施[38]，诣乎皓首[39]，乃受天坠之金。蔡顺至孝[40]，感神应之。郭巨煞子为亲[41]，而获铁券之重赐[42]。然善事难为，恶事易作，而愚人复以项托、伯牛辈[43]，谓天地之不能辨臧否[44]，而不知彼有外名者，未必有内行；有阳誉者，不能解阴罪。若以荠、麦之生死[45]，而疑阴、阳之大气[46]，亦不足以致远也[47]。盖上士所以密勿而仅免[48]，凡庸所以不得其欲矣。”

【注释】

①算：时间单位。三天。

②三尸：道教认为人身内有三种作祟的神，分别居于上、中、下三丹田内，称上尸、中尸、下尸。每逢庚申的日子，就向天帝报告人们罪过。学仙之士必须除去三尸，才能升仙。

③祭酹(lèi)：祭祀。酹，把酒洒在地上以表示祭奠。

④司命：神名。掌管人的生死。司，掌管。

⑤晦：旧历每月的最后一天。

⑥赵简子：春秋末期晋国贵族。《史记·赵世家》记载：赵简子生

病，五天不省人事，醒来后说自己在天帝的宫廷里过得很快乐，天帝还赐给他两个竹器，预示他的后代会成为诸侯。秦穆公：春秋时期秦国君主。《史记·封禅书》记载：秦穆公病卧五日而不醒，醒后说梦见了上帝，上帝命令自己平定晋国动乱。金策：黄金制成的简策。

⑦机发：扳动机关而发射。响应：像回音那样回应。形容速度极快。响，回声。

⑧恕：用自己的心去推想别人的心。

⑨逮：及，达到。

⑩赒(zhōu)：周济，赈救。

⑪佞谄：巧言谄媚。阴贼：阴险的贼子。

⑫背向异辞：背后当面说法不一。

⑬戾(lì)：违反，反对。

⑭纵曲枉直：纵容邪恶，冤枉好人。曲，不正直的人。

⑮燎猎：用放火烧山的方式去打猎。

⑯詈(lì)：骂。

⑰佻(tiāo)：窃取。

⑱长钱：很多钱。

⑲陌(bǎi)：通“佰”，古代计量钱的单位，一百钱。这里代指钱。

⑳尪(wāng)：孱弱。

㉑绐(dài)：欺骗。

㉒牵天援地：指天画地。形容发誓的样子。一说指说人短长时乱扯一通。

㉓求直：求得理直气壮以掩饰自己的理亏。

㉔假：借。

㉕换贷：换东西和借钱。

㉖穷：穷尽，消耗完。

㉗狭幅短度:窄幅面、短尺子。指卖布匹时不给足应有的数量。

㉘晦歌朔哭:每月的最后一天唱歌,每月的最初一天哭泣。朔,旧历的每月初一。

㉙恶心:做坏事的动机。恶迹:坏事。

㉚以当填之:用来抵偿别人的损失。

㉛县官:代指官府。这里指吃官司。

㉜更相杀:反过来杀自己。

㉝漏脯:隔宿之肉。古人认为这种肉为漏水所沾,有毒,食之会致死。

㉞鸩(zhèn)酒:用鸩鸟羽毛浸泡的毒酒。鸩,一种有毒的鸟。

㉟所为:指过去所做的坏事。

㊱听卑:监察着人间。听,指监察、观察。卑,低。指人间。

㊲鉴:监察。

㊳羊公:即羊祜。晋代人。《抱朴子外篇・广譬》:"羊公积行,黄发不倦,而乃坠金雨集。"但《晋书・羊祜列传》记载,羊祜去世后,"襄阳百姓于岘山祜平生游憩之所建碑立庙,岁时飨祭焉。望其碑者,莫不流涕,杜预因名为'坠泪碑'"。史书只有百姓为他坠泪之说,未见上天为他坠金的记载。

㊴诣:到,至。

㊵蔡顺:东汉人。《后汉书・周磐列传》:"蔡顺,字君仲,亦以至孝称。……母年九十,以寿终。未及得葬,里中灾,火将逼其舍,顺抱伏棺柩,号哭叫天,火遂越烧它室,顺独得免。"

㊶郭巨:西汉人。《太平御览》卷四百一十一:"刘向《孝子图》曰:郭巨,河内温人。……妻产男,虑养之则妨供养,乃令妻抱儿欲掘地埋之,于土中得金一釜,上有铁券云:'赐孝子郭巨。'"

㊷铁券:铁制券契。帝王颁赐功臣,授以世代享受特权的凭证。这里指上天赐给郭巨的铁券。

㊸项托：据说他七岁时就当了孔子的老师，十岁夭折。伯牛：孔子弟子。德行高尚，生病早死。

㊹臧否（pǐ）：善恶。臧，善。否，恶。

㊺荠、麦：荠菜和小麦。

㊻而疑阴、阳之大气：怀疑阴、阳大气的运行规律。春夏阳气盛，是万物生长的季节，而荠、麦却在夏季枯萎。

㊼致远：实现远大的志向。

㊽密勿：勤勉努力。

【译文】

有人问："请问要想修炼长生不死之道，有什么禁忌吗？"抱朴子回答说："禁忌中最紧要的一点，就是不要去损害别人而已。《易内戒》、《赤松子经》和《河图记命符》都说：'天地有掌管人间过错的神仙，他们按照人们所犯错误的轻重，来扣除人们的"算"，"算"减少了人就会贫病交加，屡次遇上灾难。"算"被扣除完了，人也就死了。'各种应该扣除'算'的原因有好几百种，无法一一详细介绍。还说：'人的体内有三尸。'三尸这种事物，没有形体，实际上就是魂灵鬼神之类的东西。它们希望人们早点死亡，这三尸才能成为鬼怪，从而自由自在、放纵游荡，才能享受人们的祭品。因此每当到了庚申这一天，它们就上天去报告司命神，诉说人们所犯的过失。另外在每月最后一天的夜晚，灶神也要上天禀告人们的罪状。所犯的过错大就被扣除一'纪'。一纪，就是三百天。所犯的过错小就被扣除一'算'。一算，就是三天。我也弄不清楚这些事情是有是无。然而天道高远，鬼神难测。赵简子、秦穆公都从上帝那儿亲自接受了黄金制作的简策，作为拥有国土的明确证据。山川草木，井灶池塘，都还有精灵之气；人们的体内，也有魂魄；何况天地作为万物中最大的事物，按道理也应该有自己精神意识，有了精神意识，那么就应该能够赏善罚恶。只是由于天地的形体太庞大，而它们的法网似乎很稀疏，不一定能够像触动机关那样马上就发出回应。然而浏览各类修道的戒律，都告诫那些想追求长生不死的人，一定要积善行德，爱护万物，推己及人，仁爱施及昆虫，为别人的喜事而感到快乐，为别人的痛苦而感到伤心，赈济别人于急难之时，解救别人于困境之中，手不伤害生灵，口不劝勉惹祸，看见别人的成功有如自己获得成功，看到别人的错误如同自己犯了错误，不把自己看得很尊贵，不自我称赞，不忌妒胜过自己的人，也不讨好阴险的贼子，如此才算是有了美好的德行，将会得到上天的赐福，所做的事情一定能够成功，而求仙的事情也就有了希望。如果憎恶善人而且喜好杀生，口是心非，背后当面说法不一，反对正直之人，迫害自己的下属，欺骗自己的上级，背叛职守，知恩不报，玩弄法律以接受贿赂，纵容邪恶而冤枉好人，假公济私，惩罚无罪之人，破坏别人家庭，夺取别人的财宝，伤害别人的身体，窃夺别人的地位，伤害贤能之士，诛杀已降之人，诽谤仙人圣哲，伤害有道之士，弹射飞鸟，挖出牲畜的胎，击破禽鸟的蛋，春夏季节用焚烧山林的方法打猎，咒骂神灵，教人作恶，遮蔽别人的优点，危害别人以保全自我，窃取别人的功劳占为己有，破坏别人的好事，夺去别人的爱物，离散别人的骨肉，羞辱别人以求取胜，借别人的钱多，还别人的钱少，决水放火，用巫术害人，胁迫弱小者，用质量差的东西换取别人质量好的东西，强行夺取强行索要，掠夺别人以达到富足，不讲公平，淫逸邪恶，欺负孤儿而施暴于寡妇，拾取别人遗失的物品，骗取别人的施舍，欺骗诳诈，好说别人隐私，抓住别人的短处，指天画地，用发誓的方式来掩盖理亏，借东西不归还，换东西和借债也不偿还，追求满足自己的欲望无休无止，憎恨并拒绝与忠信之人交往，不服从上级的命令，不尊敬自己的师长，讥笑别人做的好事，损坏别人的庄稼，破坏别人的器物，造成别人的财用穷尽，拿不清洁的东西给别人吃喝，卖东西时用轻秤小斗，卖的布匹幅面窄、尺寸短，把假货掺进真货一起卖，牟取奸利，骗人的钱财，跨越别人的水井和灶台，月末一天高歌而月初一天痛哭等等。这些事情只要干了一件，就是一重罪过。随着罪过的轻重，司命神就去扣除他们的'算'和'纪'，

‘算’扣除完了就会死去。只有邪恶的念头而没有邪恶行为的人被扣除‘算’，如果有邪恶的行为损害了别人就会被扣除‘纪’，如果被罚的‘算’和‘纪’还没有扣除完而人就自行死了，那就会继续祸害到自己的子孙。那些蛮横夺取别人财物的人，上天就会考虑让他的妻子儿女或其他家人来补偿别人的损失，以至于让其家人付出生命的代价，只是这些报应不会马上发生而已。如果他的邪恶行为还不足以祸及自己家人的生命，即使时间再长久，其家人也会遭遇到水火之灾或被人抢劫，还会丢失东西，或许会遇上官司、生病，要自己去准备医药费用，以及烹杀畜牲祭祀神灵所耗费的费用，总会让他们把所抢劫来的钱财消耗干净为止。所以那些懂得大道的人说，冤枉杀人，就等于是拿着兵器反过来杀害自己。那些获取不义之财、不怕别人怨恨的人，就好比用漏脯充饥、用毒酒解渴一样，虽然暂时吃饱了，然而死亡也随即而来。那些曾经干过各种邪恶之事的人，后来自己悔改了，如果过去曾经无理地杀害过别人，那就应当设法拯救就要死去的人以解脱自己。如果过去曾经无理地夺取别人的财物，那就应当设法赠送财物给贫困者以解脱自己。如果过去曾经以罪过强加于人，那就应该设法举荐贤达之人以解脱自己。都要加倍地补偿自己过去的所作所为，才可能获得吉祥福佑，这就是转祸为福的方法啊。如果能够完全不犯上述罪过，就一定会延年益寿，能够很快地学得成仙道术。上天虽然高高在上，但时刻都在监察着人间，凡是人间的事情，上天没有不明察的，行善事不懈怠，一定会得到好报。羊祜积德行善，一直到白发苍苍的老年，于是就获得了上天赐下的黄金。蔡顺最守孝道，感动得神仙前来保佑。郭巨准备为父母牺牲儿子，从而获得了铁券这样的贵重赏赐。然而好事难做，坏事易行，一些愚蠢的人又拿项托、伯牛这些人作例子，就认为天地不能明辨是非善恶，却不知道那些有外表名声的人，未必就有内在的美德；在表面受到赞誉的人，并不能消除他们暗中造下的罪孽。如果仅仅因为荠菜、小麦的生死，就去怀疑阴阳之气的运行规律，那也就不足以去完成远大的修仙大事了。这大概就是上等士人之所以勤奋努力而免于灾祸、凡夫俗子之所以事事不能如愿的原因吧。”

或曰：“道德未成，又未得绝迹名山，而世不同古，盗贼甚多，将何以却朝夕之患、防无妄之灾乎①？”抱朴子曰：“常以执日②，取六癸上土③，以和百叶薰草④，以泥门户，方一尺，则盗贼不来。亦可取市南门土，及岁破土、月建土⑤，合和为人，以著朱鸟地⑥，亦压盗也⑦。有急则入生地而止⑧，无患也。天下有生地，一州有生地，一郡有生地，一县有生地，一乡有生地，一里有生地⑨，一宅有生地，一房有生地。”

【注释】

①却：打退，消除。无妄之灾：不是由于自己的过错而引起的灾难。这里泛指意外的灾难。妄，行为不正，不法。

②执日：即未日。古人用天干地支纪日，“执日”即地支中的“未日”。《淮南子·天文训》：“寅为建，卯为除，辰为满，巳为平，主生；午为定，未为执，主陷。”

③六癸：指甲寅这一天。古人认为天干中的“甲”是最尊贵的，一般隐而不露，所以甲子称“六戊”，甲寅称“六癸”。上土：指六癸日取回的土。

④百叶：即“柏叶”。柏树叶。薰草：香草名。又叫蕙草。

⑤岁破：古代术士所说的凶日名。岁，指太岁。古代天文学中假设的星辰名。古代术士认为太岁所在之日为凶日，与太岁相背之日也是凶日，叫“岁破”。王充《论衡·难岁》：“抵太岁名曰‘岁下’，负太岁名曰‘岁破’，故皆凶也。”月建：农历每月所置之日为

"月建"。如正月建寅,二月建卯等。

⑥朱鸟:即朱雀。这里代指南方。朱鸟本是南方七星宿的总名,其形状似鸟,故名朱鸟。与苍龙、白虎、玄武合称"四灵",分别代指南、东、西、北四方,故朱鸟指南方。

⑦压:压制,抵御。

⑧生地:可以安全地保护生命的地方。

⑨里:一种居民组织。古代二十五家为一里。

【译文】

有人说:"仙道还未修成,又不能隐居到名山之中,而且现在的世道不同于古代,盗贼很多,那么用什么来躲避旦夕之祸、预防意外之灾呢?"抱朴子回答:"应当在执日这一天,拿甲寅这天取来的土,与柏叶、薰草掺合在一起,然后用它来涂抹门户,大小一尺见方,这样盗贼就不会来了。也可以取来集市南门口的土,以及岁破那一天的土、月建那一天的土,混和制作成人形,把它放在南边朱雀之地,也能镇住盗贼。一旦有急难就进入可以保护生命的安全之地,这样就可以没有祸患了。天下有安全之地,一州有安全之地,一郡有安全之地,一县有安全之地,一乡有安全之地,一里有安全之地,一个住宅有安全之地,就连一个房间里也有安全之地。"

或曰:"一房有生地,不亦逼乎[①]?"抱朴子曰:"经云:'大急之极,隐于车轼[②]。'如此,一车之中,亦有生地,况一房乎?"

【注释】

①逼:狭窄。

②轼:古代车厢前用作扶手的横木。

【译文】

有人说："一个房间里都有安全之地，那里不是太狭窄了吗？"抱朴子说："经书上说：'在极为危急的时刻，可以隐藏在车轼的下面。'如此说来，一车之中，也有安全之地，何况是一个房间呢？"

或曰："窃闻长生之道①，当知二山，不审此山，为何所在，愿垂告悟②，以祛其惑③。"抱朴子曰："有之。非华、霍也，非嵩、岱也。夫太元之山④，难知易求，不天不地，不沉不浮，绝险绵邈，崔嵬崎岖⑤。和气氤氲⑥，神意并游。玉井泓邃⑦，灌溉匪休⑧。百二十官⑨，曹府相由⑩。离、坎列位⑪，玄芝万株，绛树特生⑫，其宝皆殊，金玉嵯峨⑬，醴泉出隅⑭。还年之士，挹其清流⑮，子能修之，乔、松可俦⑯。此一山也。长谷之山⑰，杳杳巍巍⑱，玄气飘飘⑲，玉液霏霏⑳，金池紫房㉑，在乎其隈㉒。愚人妄往，至皆死归。有道之士，登之不衰，采服黄精㉓，以致天飞。此二山也。皆古贤之所秘，子精思之。"

【注释】

①窃闻：听说。窃，谦辞。私自，私下。

②垂：敬辞。表示对方高于自己。

③祛（qū）：除去。

④太元之山：指人的头颅。太元，头发。道教称头发神为太元。

⑤崔（zuì）嵬：山高峻的样子。

⑥氤氲（yīn yūn）：云气很盛的样子。

⑦玉井：即玉泉。内丹术术语。指口中津液。泓邃：水深而清澈的样子。

⑧匪休：无休止。匪，不。

⑨百二十官：泛指体内各种器官的神灵。

⑩曹府：官府。曹，分职治事的官署。相由：相互帮助。由，帮助。

⑪离：卦名。代表火。坎，卦名。代表水。

⑫“玄芝”二句：这里用玄芝、绛树的茂盛比喻生命力的旺盛。玄芝，黑色的灵芝。玄，黑色。绛树，红色的树木。特，耸起，挺立。

⑬金玉：代指炼成的内丹。嵯峨：高大的样子。

⑭醴泉：内丹术术语。指口中津液。隅：一角，一边。

⑮挹（yì）：舀。这里指饮用。

⑯乔、松：两位神仙名。王子乔和赤松子。俦（chóu）：伴侣，同辈。

⑰长谷：长谷在古代的含义很多。根据下文，这里当暗指女性的阴部。

⑱杳杳：深远幽静的样子。巍巍：高大的样子。

⑲玄气：内丹术术语。即肾间之气。

⑳玉液：这里指肾液，即阴液。霏霏：盛多的样子。

㉑金池紫房：性器官的隐语。指女性的阴部。

㉒隈（wēi）：山或水的弯曲之处。暗指两股之间。

㉓黄精：指女性的精气。房中术的目的之一就是男性采阴补阳，即采女性的精气以达到强身的作用。

【译文】

有人问：“我听说要想学到长生不死的道术，应当了解两座山，不知道这两座山究竟在哪里，希望您赐教点悟，以解除我的疑惑。”抱朴子说：“是有这样两座山。但它们既不是华山、霍山，也不是嵩山、泰山。一座叫做太元山，难以了解却容易找到，它不在天上也不在地下，不会下沉也不会上浮，非常的险要而遥远，峰峦高峻而山路崎岖。那里的中和之气弥漫充溢，可以让我们的精神到那里游历。那里的玉井泉水深邃而清澈，无休无止地灌溉着万物。那里还有一百二十位仙官，他们各司其职而又相互帮助。火与水各居其位，黑色的灵芝成千上万，红色的奇树高耸挺拔，这些宝物都很奇异，黄金白玉巍峨伫立，甘美的泉水从一边涌出。长生不老的人，饮用着那清澈的流水。如果您能修炼，就能够成为与王子乔、赤松子同类的仙人。这是其中的一座山。另外一座叫做长谷山，深远幽静、峰峦巍峨，云气缭绕，玉流霏霏，金色的池塘和紫色的住房，就在那山水弯曲的地方。愚蠢的人胡乱地闯了进去，进去以后的归宿就是死亡。而懂得仙道的人，登上这座山就不会衰老，他们采食那里的精华之气，因此能够飞升天庭。这是第二座山。这些都是古代圣贤秘而不宣的修炼方法，您应当专心深入地思索啊。"

或曰："愿闻真人守身炼形之术。"抱朴子曰："深哉问也！夫'始青之下月与日[①]，两半同升合成一[②]。出彼玉池入金室[③]，大如弹丸黄如橘[④]。中有嘉味甘如蜜，子能得之谨勿失。既往不追身将灭，纯白之气至微密[⑤]。升于幽关三曲折[⑥]，中丹煌煌独无匹[⑦]。立之命门形不卒[⑧]，渊乎妙矣难致诘[⑨]'。此先师之口诀，知之者不畏万鬼五兵也[⑩]。"

【注释】

①始青之下月与日：刚开始修炼内丹时要让两只眼睛内视丹田。始青，刚开始修炼内丹的时候。《云笈七签》卷十二："三玄出始青，言万物生而青色也。"月与日，指两只眼睛。左目为日，右目为月。

②两半同升合成一：让口中的津液与体内的神气共同出现并合二为一。两半，指口中的津液与体内的神气。《云笈七签》卷五十六："口中舌上所出之液，液与神气一合，谓两半合一也。"升，出现。合成一，二者合为一体，目的是要把它们结合起来炼成内丹。

③出彼玉池入金室：内丹就是这样从口中进入心室。玉池，指口中出津液处。《云笈七签》卷五十六："玉池者，口中舌上所出之液。"金室，指心室。《云笈七签》卷五十六对"入金室"解释说："在于心室。心室者，神之舍，气之宅，精之主，魂之魄。"

④大如弹丸黄如橘：内丹如弹丸大小，颜色黄如橘子。

⑤纯白之气至微密：还要让这颗内丹化为纯白的细微之气。

⑥升于幽关三曲折：这股纯白之气出现在两肾之间时多次委婉辗转。幽关，指两肾之间。《云笈七签》卷十一："两肾间为幽关。"三，泛指多次。

⑦中丹煌煌独无匹：中丹光彩夺目无可比拟。中丹，处于中等水平的内丹。《丘祖全书》："一尘不染，绵绵固守精气神，如此三年不漏下丹结，六年不漏中丹结，九年不漏上丹结。"煌煌，光彩夺目的样子。

⑧立之命门形不卒：内丹处于丹田之内而人就不会死亡。命门，这里指脐下丹田穴。有时也指脾、鼻、肾等处。卒，死亡。

⑨渊乎妙矣难致诘：这种境界深邃微妙很难探讨清楚。渊，深渊。比喻深邃难识。诘，追究，探讨。

⑩五兵：五种兵器。说法不一，一说指矛、戟、钺、盾、弓矢。这里泛指兵器。

【译文】

有人说："我想知道得道真人用来守护自身、修炼形体的方法。"抱朴子说："这个问题提得很深刻啊！'刚开始修炼内丹时要让两只眼睛内视丹田，让口中的津液与体内的神气共同出现并合二为一。内丹就是这样从口中进入心室，如弹丸大小而颜色黄如橘子。它的味道很美如蜜糖一样甘甜，您如果获得它就千万别再让它失去。失去后如不追回自身将会死亡，还要让这颗内丹化为纯白的细微之气。这股纯白之气出现在两肾之间时多次委婉辗转，炼成的中丹光彩夺目无可比拟。

内丹处于丹田之内而人就不会死亡，这种境界深邃微妙很难探讨清楚。'这是先师留下的口诀，懂得这个道理的人就不会害怕万千鬼怪、各种兵器的伤害了。"

或曰："闻房中之事，能尽其道者①，可单行致神仙，并可以移灾解罪，转祸为福，居官高迁，商贾倍利，信乎？"抱朴子曰："此皆巫书妖妄过差之言，由于好事增加润色②，至令失实。或亦奸伪造作虚妄，以欺诳世人，隐藏端绪③，以求奉事④，招集弟子，以规世利耳⑤。夫阴阳之术，高可以治小疾，次可以免虚耗而已。其理自有极，安能致神仙而却祸致福乎？人不可以阴阳不交，坐致疾患；若欲纵情恣欲，不能节宣⑥，则伐年命。善其术者，则能却走马以补脑⑦，还阴丹以朱肠⑧。采玉液于金池⑨，引三五于华梁⑩，令人老有美色，终其所禀之天年⑪。而俗人闻黄帝以千二百女升天，便谓黄帝单以此事致长生，而不知黄帝于荆山之下、鼎湖之上⑫，飞九丹成⑬，乃乘龙登天也。黄帝自可有千二百女耳，而非单行之所由也⑭。凡服药千种，三牲之养⑮，而不知房中之术，亦无所益也。是以古人恐人轻恣情性，故美为之说，亦不可尽信也。玄、素谕之水火⑯，水火煞人，而又生人，在于能用与不能耳。大都知其要法，御女多多益善；如不知其道而用之，一两人足以速死耳。彭祖之法，最其要者，其他经多烦劳难行，而其为益不必如其书。人少有能为之者，口诀亦有数千言耳。不知之者，虽服百药，犹不能得长生也。"

【注释】

①尽其道:完全懂得房中术。

②好事:指好事的人。

③隐藏端绪:隐藏自己的动机。端绪,开端。这里指动机。

④奉事:指让别人来侍奉自己。

⑤规:图谋。

⑥节宣:对性欲进行节制和疏导。

⑦却:节制,阻止。走马:指漏泄精液。

⑧阴丹:还精之术。即把精液转化为有利于健康的丹药。朱肠:使肠胃更加红润、健康。朱,红。

⑨玉液:指实施房中术时所采到的精华之液。金池:比喻女性的阴部。

⑩三五:内丹术术语。说法不一。这里指精、气、神的结合体。华梁:华美的大梁。暗喻男阴。

⑪天年:自然的寿命。

⑫荆山:有许多山叫荆山,这里指河南灵宝南的覆釜山。鼎湖:地名。古代传说黄帝曾铸鼎于荆山下,鼎成,有龙垂胡须迎黄帝上天。后人因名其处为鼎湖。

⑬飞:炼制。因为金丹在炼制过程中,变化非常大,所以用“飞”来形容。

⑭所由:所得,结果。

⑮三牲:古人一般以牛、羊、猪为三牲。道教则以獐、鹿、麂为三牲。这里泛指美食。

⑯之:代指男女交合。

【译文】

有人问:“我听说过房中术,据说能够完全懂得其中奥秘的人,可以只用施行这一种方术就能够成仙了,而且还可以排除灾祸,消除罪孽,转灾为福。当官的能步步高升，做买卖的能加倍赢利，这是真的吗?”抱朴子说:“这些都是巫书中装神弄鬼、胡说八道的过分言辞，由于那些好事的人添油加醋，以至于失去了真实性。有的也可能是奸诈者故意编造的谎言，用来欺骗世人，他们隐瞒自己的真实动机，目的是要让别人来侍奉自己，招揽弟子，以图谋世俗的利益罢了。阴阳交接的方术，高超一些的可以治疗小病，次一等的只能避免体能的耗损而已。它的效用本来就很有限，怎么能够修行成仙而且还能够避祸得福呢？人不能不进行阴阳交合，不然会因此带来疾病；但如果要放纵性欲，不能有所节制和正确疏导，则又会减损寿命。擅长这种方术的人，能够阻止泄精以补益大脑，把精液收回而使肠胃更加红润。到金池中采回玉液，把精、气、神引向华梁，能够使老人具有美好的面容，可以享尽自己应有的寿命。而世人听说黄帝因为与一千二百个女子进行房中术而升天，就认为黄帝是单独依靠这件事而得以长生不老的，却不知道黄帝在荆山之下、鼎湖之上，炼制九丹成功，才能乘着蛟龙升入天庭。黄帝自然可以拥有一千二百个女子，然而成仙并非是只施行这种房中术的结果。凡是服食药物千百种，靠着美食的供养，却不懂得房中术的，也不会有什么益处。古人担心人们轻易地放纵情欲，于是就将这种方术的效果讲得很美，他们的话也不可完全相信。玄女、素女把男女交合比作水火，水火既能杀人，也能救人，在于能够正确使用和不能正确使用而已。大体上懂得了房中术的主要方法，男女交合就越多越好；如果不懂这种道术而胡乱使用，那么仅仅与一两人交合也就足以招致死亡。彭祖的房中术，是最重要的，其他经书介绍的房中术大都繁琐难以实行，它们带来的好处也未必像书中写的那样。人们很少有能够施行这些房中术的，仅仅口诀就有好几千字。但不懂得房中术的人，即使服用各种药物，仍然不能求得长生不死啊。”

塞难卷七

【题解】

塞难，回答别人的责难和质疑。塞，堵塞，抵御。这里引申为回答、辩解。难，责难，质疑。本篇的主要内容有以下两点。

一是用星气的差异来说明人们能否成仙的原因，这也是本篇的重点内容。当有人询问："皇穹至神，赋命宜均，何为使乔、松凡人受不死之寿，而周、孔大圣无久视之祚哉？"对此，葛洪回答说："命之修短，实由所值，受气结胎，各有星宿。……命属生星，则其人必好仙道。好仙道者，求之亦必得也。命属死星，则其人亦不信仙道。不信仙道，则亦不自修其事也。"也就是说，一个人是否能够成仙，在他怀胎受气的那一刻就已经决定了。这种命定论思想源远流长，《论语·颜渊》："死生有命，富贵在天。"汉代的王充也认为，在一个人生命形成的一瞬间（即受孕的一瞬间），就是接受天之气的关键时刻。此时，一个人接受的天之气是坚强的，那么这个人的身体就会健康，身体健康就不会夭折，就能长寿；反之，如果一个人接受的天之气是软弱的，那么这个人的身体就会羸弱，身体羸弱就不能长寿，严重的还会夭折。很显然，葛洪是把这种命定论嫁接到了修道成仙上来了。葛洪的这一主张虽然能够"圆满"地回答为什么有人可以成仙而有人难以成仙的问题，但同儒家的"人人皆可成圣"和佛教的"人人皆可成佛"的观念相比，不仅宗教气量显得狭小，而且也不利于道教的发展壮大,因为既然命运已经决定了一个人能否成仙,个人努力只是白费,那么就会把一大批人关在道教的门外。

二是讨论了儒、道的差异。在本篇中,葛洪在承认孔子是儒家圣人、老子是得道圣人的前提下,谈到了儒、道两家的两点差异:第一,道是本,儒是末。他说:“儒教近而易见,故宗之者众焉;道意远而难识,故达之者寡焉。道者,万殊之源也;儒者,大淳之流也。”儒、道是源与流、也即本与末的关系。因此他反问世人:“三皇以往,道治也;帝王以来,儒教也。谈者咸知高世之敦朴,而薄季俗之浇散,何独重仲尼而轻老氏乎?”第二,儒家和道家的思想施行起来,各有自己的难处,也各有自己的易处,但归根结底学道要比学儒容易。他说:“笃论二者,儒业多难,道家约易,吾以患其难矣,将舍而从其易焉。”正是因为学道容易一些,所以葛洪最终选择了道家道教。

除此之外,葛洪在本篇中还谈到儒道互补、不可过分自我相信、道不同不相为谋等问题,同时也抒发了自己曲高和寡、缺乏知音的苦闷。

或曰:“皇穹至神[①],赋命宜均,何为使乔、松凡人受不死之寿,而周、孔大圣无久视之祚哉[②]?”抱朴子曰:“命之修短[③],实由所值[④],受气结胎,各有星宿[⑤]。天道无为[⑥],任物自然,无亲无疏,无彼无此也。命属生星[⑦],则其人必好仙道。好仙道者,求之亦必得也。命属死星,则其人亦不信仙道。不信仙道,则亦不自修其事也。所乐善否,判于所禀[⑧],移易予夺,非天所能。譬犹金、石之消于炉冶,瓦器之甄于陶灶[⑨],虽由之以成形,而铜、铁之利钝,瓮、罂之邪正[⑩],适遇所遭,非复炉灶之事也。”

【注释】

①皇穹:皇天,苍天。

②周、孔:周公姬旦和孔子,儒家心目中的圣人。祚:福。

③修:长。

④所值:所遇的机会。值,遇。

⑤星宿:星星。古代有一种观点认为,天上的星宿,有的主生,有的主死,有的主贵,有的主贱。一个人的命运好坏,是在受孕的那一刻就决定了,如果受孕时刚好遇到的是主生的星宿,那就能够长寿;如果遇到的是主死的星宿,那就只能短命了。

⑥无为:清静无为。即没有主观好恶、顺其自然地去行事。

⑦属(zhǔ):适逢。生星:主生的星宿。

⑧判:区别,不同。

⑨甄:制造陶器。陶灶:烧制陶器的窑炉。

⑩瓮、罂:两种盛水或酒的陶器名。

【译文】

有人说:"皇天最为神明,赋予人的生命应该是均等公平的,可为什么让王子乔、赤松子这些平凡的人获得了不死的寿命,而周公、孔子这样的大圣人却没有得到长生的福分呢?"抱朴子回答说:"寿命的长短,实在是由于个人所遇到的机会形成的,人们在禀受阴阳二气、结为胚胎的时候,都各自有星宿在值守。上天的原则是清静无为的,一任万物的自然发展,无论对谁都无亲无疏,没有彼此之分。命运刚好遇上主生的星宿,那么这个人一定会爱好神仙之道。而爱好神仙之道的人,追求仙道也一定能够成功。命运刚好遇到主死的星宿,那么这个人也就不会相信神仙之道。而不相信神仙之道,自己也就不会去修炼仙道了。人们的爱好是对是错,其差别就来自所禀持的天性,某种天性的改变和有无,并非上天所能决定的。譬如金属、石头在炉中冶炼,各种陶器在窑中制成,虽然都是由于炉和窑制成的,但铜器、铁器是锋利还是厚钝,瓮、罂的式样是周正还是歪斜，则是由于偶然遇到的各种情况造成的，而与窑炉没有关系了。”

或人难曰：“良工所作，皆由其手，天之神明，何所不为？而云人生各有所值，非彼昊苍所能匠成[①]，愚甚惑焉，未之敢许也。”抱朴子答曰：“浑茫剖判[②]，清浊以陈[③]，或升而动[④]，或降而静[⑤]，彼天地犹不知所以然也。万物感气[⑥]，并亦自然，与彼天地，各为一物，但成有先后，体有巨细耳。有天地之大，故觉万物之小；有万物之小，故觉天地之大。且夫腹背虽包围五脏，而五脏非腹背之所作也；肌肤虽缠裹血气，而血气非肌肤之所造也。天地虽含囊万物，而万物非天地之所为也。譬犹草木之因山林以萌秀，而山林非有事焉[⑦]；鱼鳖之托水泽以产育，而水泽非有为焉。俗人见天地之大也，以万物之小也，因曰天地为万物之父母，万物为天地之子孙。夫虱生于我，岂我之所作？故虱非我不生，而我非虱之父母，虱非我之子孙。蠛蠓之育于醯醋[⑧]，芝檽之产于木石[⑨]，蛣蝠之滋于污淤[⑩]，翠萝之秀于松枝[⑪]，非彼四物所创匠也[⑫]，万物盈乎天地之间，岂有异乎斯哉[⑬]？天有日月寒暑，人有瞻视呼吸，况远况近[⑭]，以此推彼，人不能自知其体老少痛痒之何故，则彼天亦不能自知其体盈缩灾祥之所以；人不能使耳目常聪明，荣卫不辍阂[⑮]，则天亦不能使日月不薄蚀[⑯]，四时不失序。由兹论之，夭寿之事，果不在天地，仙与不仙，决在所值也。夫生我者，父也；娠我者，母也。犹不能令我形器必中适，姿容必妖丽，性理必平和，智慧必高远，多致我气力，延我年命；而或矬陋尪弱[⑰]，或且黑且丑，或聋盲顽嚚[18]，或枝离劬蹇[19]，所得非所欲也，所欲非所得也，况乎天地辽阔者哉！父母犹复其远者也，我自有身，不能使之永壮而不老，常健而不疾，喜怒不失宜，谋虑无悔吝[20]。故授气流形者，父母也，受而有之者，我身也，其余则莫有亲密乎此者也，莫有制御乎此者也。二者已不能有损益于我矣，天地亦安得与知之乎？必若人物皆天地所作，则宜皆好而无恶，悉成而无败，众生无不遂之类[21]，而项、杨无春彫之悲矣[22]！子以天不能使孔、孟有度世之祚[23]，益知所禀之有自然，非天地所剖分也[24]。圣之为德，德之至也。天若能以至德与之，而使之所知不全，功业不建，位不霸王，寿不盈百，此非天有为之验也。圣人之死，非天所杀；则圣人之生，非天所挺也[25]。贤不必寿，愚不必夭；善无近福，恶无近祸；生无定年，死无常分；盛德哲人，秀而不实[26]；窭公庸夫[27]，年几二百。伯牛废疾[28]，子夏丧明[29]；盗跖穷凶而白首[30]，庄跻极恶而黄发[31]。天之无为，于此明矣。”

【注释】

①昊苍：上天。昊，广大。苍，深青色。两者均为天空的特征，这里用来指代天。匠成：做成，创造。

②浑茫剖判：由混沌状态分开为天地。浑茫，指宇宙间还没有天地万物时的混沌状态。剖判，分开。指分开为天地。

③清浊以陈：天地各居其位。清，指天。浊，指地。陈，陈列。各居其位。

④或升而动：有的升在上面而运动。指天。

⑤或降而静：有的降在下面而安静。指地。

⑥感气：接受阴阳二气。感，感染，接受。

⑦有事：有所作为。

⑧蠛蠓（miè měng）：一种小飞虫，醯（xī）：醋。

⑨檽（nòu）：树名。

⑩蛣蝠（jié qū）：应作“蛣蟩”。即孑孓，水中的一种小赤虫。而“蛣蝠”则是木中的蠹虫。

⑪翠萝：一种经常缠绕在松树等植物上生长的藤蔓。

⑫创匠：创造。

⑬斯：此。代指上述几句话谈到的情况。

⑭况近况远：当依宋浙本《抱朴子》作“以近况远”。况，比拟，说明。

⑮荣卫：泛指气血。荣，荣气。又叫营气。指人体营养机能和血液循环状况。卫气，指人体保护自我的功能和状况。辍阂（chuò hé）：阻碍不通。辍，中止。阂，阻隔。

⑯薄蚀：日月相掩食。《吕氏春秋·明理》：“其月有薄蚀。”注：“薄，迫也。日月激会相掩，名为薄食。”

⑰矬（cuó）：矮小。尪（wāng）：孱弱。

⑱顽嚚（yín）：顽固而愚昧。嚚，愚蠢。

⑲枝离：又作“支离”。形体不全、支离破碎的样子。劬（qú）：劳累。这里引申为软弱无力。蹇：跛行。

⑳悔吝：后悔受辱。吝，羞辱。

㉑遂：顺利，遂意。

㉒项、杨：项托和扬乌。相传项托为孔子老师，十岁早夭。杨乌，“杨”应作“扬”。为西汉著名思想家扬雄之子，据说他七岁时就能够与父亲讨论文章，九岁夭折。春彫：春季就凋零了。比喻人夭折。彫，通“凋”。

㉓度世：超越人世而成仙。

㉔剖分：安排，决定。

㉕挺：宽待，照顾。

㉖秀而不实：只开花而不结果。比喻显露出才华而没能成就功业。秀，植物抽穗开花。

㉗窦公：战国时魏文侯的乐师，活了一百八十岁，双目失明。

㉘伯牛：孔子弟子。后患上恶疾。

㉙子夏：孔子弟子。儿子死后，子夏因哭泣而失明。

㉚盗跖：先秦时期的一个强盗头子。《史记·伯夷列传》说盗跖长寿而殁，所以说"白首"。

㉛庄跻：先秦时期的一个强盗头目。另有一位叫庄跻的，为楚庄王的苗裔，曾任楚国将军。黄发：老年。老人发白，白久则黄，因此黄发是高寿的象征。

【译文】

有人责难说："能工巧匠所制作的器物，都是经过了他们的双手，上天如此神明，有什么做不到的？而你却说人的生命长短是由各自遭遇的机会形成的，不是苍天所能决定，我这个愚笨之人深感疑惑，不敢苟同你的看法。"抱朴子回答说："当混沌世界一分为二时，清明的苍天和浊重的大地各居其位，苍天升到上面而不停运行，大地降到下面而安静不动，就连那天地尚且不知道为什么会是如此啊。万物接受阴阳二气，也是自然而然的，与那天地，各自成为一种独立事物，只是成形的时间有先有后，形体有大有小而已。因为有了天地的巨大，才感到万物的渺小；因为有了万物的渺小，才感到天地的巨大。再说人的前腹后背虽然包围着五脏，但五脏并非腹背所制作的；肌肤虽然包裹着血气，但血气并非肌肤所创造的。天地虽然包含囊括了万物，但万物却不是天地所创制的。譬如草木是因为山林而出生繁荣，但山林却没有对草木有所作为；鱼鳖依靠水泽来孕育生活，但水泽并非对鱼鳖有意帮助。世俗的人们看见天地是那样的巨大，认为万物是那样的渺小，于是就说天地是万物的父母，万物是天地的子孙。那么虱子生在我的身上，难道这些虱子就是我创造出来的？虱子如果没有我就不能生长，然而我并非虱子的父母，虱子也不是我的子孙。蠛蠓出生在酸醋里，灵芝、檽树生长于木头和石头之间，孑孓繁殖在浊水之中，翠萝繁荣于松枝之上，然而这些都并不是那四种事物所创造出来的。万物充斥于天地之间，难道与这个道理会有什么不同吗？上天有日月寒暑，人们有观望呼吸，用身边的事情去推知遥远的事情，用此处的道理去推论彼处的道理，人们自己无法知道自己的身体衰老、幼小、痛痒的原因，那么上天自然也不能知道自己盈满、亏损、祸灾、吉祥的起因；人们不能保证自己的耳朵和眼睛永远保持着良好的听力和视力，血气不会被阻碍不通，那么上天自然也不能保证自己能够使得日月不相互掩食，四季不偶而失去秩序。由此而论，长寿与夭折的事情，确实不是由天地决定的，能成仙与不能成仙，取决于人们所遇到的星宿。生养我的，是我的父亲；孕育我的，是我的母亲。连父母尚且不能使我的形体一定适中，姿貌一定英俊美丽，性格一定平和，智慧一定高超，送给我更多的力气，延长我的寿命；有的人矮小瘦弱，有的人又黑又丑，有的人又聋又瞎，愚笨而顽固，有的人形体不全而体弱跛行，人们所获得的天资并不是他们所希望得到的，所希望得到的天资又不是他们所获得的，更何况天地是那样的辽阔遥远！父母也还算是距离我们较远的，我们自己拥有自己的身体，尚且还不能使自身永远健壮而不衰老，经常健康而不生病，喜怒不要失去准则，考虑事情不会后悔受辱。授予我们生气、形成我们形体的人，是父母，接受这些而拥有它们的人，是我们自己，其余的就没有比这些更加亲密的人了，然而这些人没有一个能够控制驾驭自己的一切。父母和自身都已经不能对自己的身体容貌有所损益了，那么天地又怎么能够参与并决定我们的命运呢？如果人类都是由天地创造出来的，那么人人都应该非常美好而无邪恶，都应该是成功者而没有失败者，众生也就没有不顺心遂意的，而项托、扬乌也就不会有幼年夭折的悲哀了！您认为上天不能使孔、孟获得离世成仙的福分，就更应该知道人们所禀受的一切都是自然而然的，并非是天地所能决定的。圣明作为一种道德，是道德中的最高境界。上天如果能够把最好的品德赋予他们，却又使他们的知识不全面，事业不成功，地位也不能称霸做王，寿命不满百岁，这些都是上天并非有意作为的证据啊！圣人的死亡，并非由于上天的杀害；那么圣人的生存，也不是因为上天的照顾。圣贤不必长寿，愚人不必夭折；善人没有眼前的福佑，恶人没有近期的灾祸；生存没有一定的年寿，死亡没有一定的规矩；具备盛大德行的哲人，却只开花而未能结果；而像窦公那样的凡夫俗子，年龄却接近两百。伯牛患上了痼疾，子夏丧失了视力；盗跖极为凶劣却活到白头，庄跻极其邪恶却长寿而终。上天的行为是自然而无意识的，从这些事情中就可以看得出清清楚楚了。”

或曰："仲尼称自古皆有死[①]，老子曰神仙之可学[②]。夫圣人之言，信而有征，道家所说，诞而难用。"抱朴子曰："仲尼，儒者之圣也；老子，得道之圣也。儒教近而易见，故宗之者众焉；道意远而难识，故达之者寡焉。道者，万殊之源也；儒者，大淳之流也[③]。三皇以往[④]，道治也；帝王以来[⑤]，儒教也。谈者咸知高世之敦朴[⑥]，而薄季俗之浇散[⑦]，何独重仲尼而轻老氏乎！是玩华藻于木末[⑧]，而不识所生之有本也。何异乎贵明珠而贱渊潭，爱和璧而恶荆山[⑨]？不知渊潭者，明珠之所自出；荆山者，和璧之所由生也。且夫养性者，道之余也；礼乐者，儒之末也。所以贵儒者，以其移风易俗，不唯揖让与盘旋也[⑩]；所以尊道者，以其不言而化行，匪独养生之一事也。若儒、道果有先后，则仲尼未可专信，而老氏未可孤用。仲尼既敬问伯阳[⑪]，愿比老、彭[⑫]。又自以知鱼鸟而不识龙，喻老氏于龙[⑬]。盖其心服之辞，非空言也。与颜回所言‘瞻之在前[14]，忽然在后；钻之弥坚[15]，仰之弥高[16]’，无以异也。”

【注释】

①仲尼称自古皆有死：孔子说自古以来人人都会死亡。《论语·颜渊》：“自古皆有死，民无信不立。”

②老子曰神仙之可学：老子说可以学道成仙。这一思想不见于《老子》，应是老子被神化以后，后人假托于他的言论。

③大淳：最淳厚的品德。

④三皇：传说中的帝王。说法不一，一种说法指天皇、地皇、人皇，一种说法指伏羲、神农、黄帝。

⑤帝王：指夏商周以后家天下的时代。

⑥高世：远古时代。

⑦季俗：末世的风俗。浇散：浮华浇薄。

⑧华藻：华美。这里指华美的鲜花。木末：树梢。

⑨和璧：即和氏璧。荆山：在湖北境内。《韩非子·和氏》：“楚人和氏得玉璞楚山中，奉而献之厉王。”

⑩盘旋：回旋辗转。形容行礼的样子。

⑪伯阳：即老子。《史记·老子韩非列传》“正义”引《朱韬玉札》及《神仙传》说：“老子……姓李，名耳，字伯阳，一名重耳，外字聃。”

⑫愿比老、彭：希望把自己比作老子、彭祖。也即向老、彭学习。老、彭，关于老彭是谁，有不同看法，一说指商代的贤人老彭，一说指老子和彭祖两人，彭祖是传说时代的长寿之人。语见《论语·述而》：“述而不作，信而好古，窃比于我老彭。”

⑬喻老氏于龙：把老子比作飞龙。《史记·老子韩非列传》：“孔子去，谓弟子曰：‘鸟，吾知其能飞；鱼，我知其能游；兽，吾知其能

走。……至于龙，吾不能知，其乘风云而上天。吾今日见老子，其犹龙邪！'"

⑭颜回：孔子弟子。瞻之：看到他。瞻，看。《论语·子罕》："颜渊喟然叹曰：'仰之弥高，钻之弥坚；瞻之在前，忽焉在后。夫子循循然善诱人。'""瞻之在前，忽焉在后"两句是描写孔子思想微妙玄通，无处不在，难以捉摸。

⑮钻之弥坚：越去钻研他越发觉得他思想的坚实深厚。

⑯仰之弥高：抬头仰望，觉得他越发的崇高。之，代之孔子。弥，更加。这句话形容孔子高不可攀。

【译文】

有人说："孔子说自古以来人人都有一死，老子讲成仙不死是可以学到的。可见圣人的言论，是真实而有证据的；道家的言论，是荒诞而难以实践的。"抱朴子说："孔子，是儒家的圣人；老子，是得道的圣人。儒家的学说浅近而容易明白，所以学习的人就很多；道家的思想高远而难以认识，所以理解的人就很少。大道，是万事万物的根源；儒学，是最淳朴品德的末流。三皇以前，是用道家思想来治理的；家天下以后，则是用儒家学说来教化的。讨论历史的人们都知道赞美远古时代的敦厚淳朴，看不起末世风俗的浮华浇薄，可为什么偏偏要看重孔子而轻视老子呢！这就好比只知道观赏大树末梢的鲜花，而不知道产生这些鲜花的根本所在。这与看重明珠却轻视深渊、热爱和氏璧而厌恶荆山有什么区别呢？人们不知道深渊这个地方，就是明珠生长的环境；荆山这座山峰，正是和氏璧出产的地方。再说养生修身，只是道家思想的末流；礼乐制度，只是儒家学说的末节。人们之所以看重儒家，是因为他们能够移风易俗，不仅仅是因为他们的打躬作揖与周旋行礼啊；之所以尊重道家，是因为他们能够沉默无语而使教化流行，不仅仅是因为他们能够修身养生这一件事啊。如果说儒家与道家果真有先后的区别的话，那么孔子的学说也不能一味地相信，老子的思想也不可单独地使用。孔子尊敬地向老子请教，自称愿意将自己比作老子、彭祖。他还认为自己了解鱼鸟而无法认识飞龙，因此把老子比喻为飞龙。想来这都是孔子心中敬佩的表白，而不是虚情假意的谎言啊。这与颜回赞美孔子时所说的‘看见他本来就在前面，却忽然又到了后面去了；越去钻研越发觉得老师思想的坚实深厚，越是仰望越发觉得老师的崇高’，没有任何区别啊。”

或曰：“仲尼亲见老氏而不从学道，何也？”抱朴子曰：“以此观之，益明所禀有自然之命，所尚有不易之性也①。仲尼知老氏玄妙贵异，而不能挹酌清虚②，本源大宗③，出乎无形之外④，入乎至道之内，其所咨受，止于民间之事而已，安能请求仙法耶？忖其用心汲汲⑤，专于教化，不存乎方术也。仲尼虽圣于世事，而非能沉静玄默、自守无为者也。故老子戒之曰：‘良贾深藏若虚⑥，君子盛德若愚，去子之骄气与多欲，态色与淫志⑦，是无益于子之身。’此足以知仲尼不免于俗情，非学仙之人也。夫栖栖遑遑⑧，务在匡时⑨，仰悲凤鸣⑩，俯叹匏瓜⑪，沽之恐不售⑫，慷慨思执鞭⑬，亦何肯舍经世之功业，而修长生之迂阔哉！”

【注释】

①所尚：所崇尚的事情。不易：不可改变。易，改变。

②挹酌：舀取，汲取。清虚：清静的境界。

③本源：用作动词。探索根本源头。大宗：最为根本的思想。

④无形：指无形的精神境界。

⑤忖：思想，推测。汲汲：急急忙忙的样子。

⑥良贾(gǔ)：优秀的商人。贾，商人。以下几句话见《史记·老子

韩非列传》。

⑦态色：容貌。这里指傲慢的容貌。淫志：过分的志向。淫，过分。

⑧栖栖（xī）遑遑：到处奔波、忙碌不安的样子。

⑨匡时：拯救社会。匡，拯救，帮助。

⑩仰悲凤鸣：仰天长叹凤鸟不来。古人认为凤凰出现是天下太平的征兆。《论语·子罕》："子曰：'凤鸟不至，河不出图，吾已矣夫！'"

⑪俯叹匏（páo）瓜：低头悲叹自己像个瓠瓜一样无人食用。也即叹息无人重用自己。匏瓜，即瓠瓜，植物名。葫芦的一种，果实嫩时可以食用。《论语·阳货》："吾岂瓠瓜也哉，焉能系而不食？"

⑫沽之恐不售：想卖又怕卖不出去。沽，卖。《论语·子罕》："沽之哉！沽之哉！我待贾者也。"

⑬慷慨思执鞭：感慨万分地想去当一个拿着鞭子管理市场秩序的人。执鞭，执鞭之人。拿着鞭子管理市场秩序的人。一说指为人执鞭赶车。《论语·述而》："子曰：'富而可求也，虽执鞭之士，吾亦为之。如不可求，从吾所好。'"

【译文】

有人说："孔子亲自见到老子而不向他学习道术，这是为什么呢？"抱朴子说："从这一点来看，更加说明了人们禀受的是自然而然的命运，所崇尚的事情反映出各自不可改变的天性。孔子知道老子思想是那样的玄妙、高贵和奇异，却不能汲取他的清静虚无主张，探索他的主要思想本源，超越于无形的精神境界之上，深入到高妙的大道之内，他所请教和学习到的，只不过是一些人世间的事情而已，又怎么能够请教那些修仙的法术呢？推测孔子最为急切的目的，全部在于教化民众，而不在于求仙方术。孔子虽然在人间世务上是个圣人，却不能做到安静沉默，自我持守着清静无为。因此老子告诫他说：'优秀的商人深深地隐藏着自己的财富货物，表面看起来好像一无所有，君子品德高尚，表面看起来却似乎很愚笨。您应该除去您的傲慢之气和众多欲念、骄矜的神姿和过分的志向，这些对您的自身没有任何好处。’由此也足以知道孔子不能免除世俗的情感，不是一位能够修习仙道的人。孔子整天忙忙碌碌，一心要拯救社会，他仰天长叹凤鸟不再飞来，低头悲叹自己像个瓠瓜一样无人食用，想兜售自己又怕兜售不出去，感慨万分地竟然想去当一个拿着鞭子管理市场秩序的人，他又怎么肯舍弃治理天下的功业，而去修炼看似迂阔的长生不死之术呢？”

或曰：“儒、道之业，孰为难易？”抱朴子答曰：“儒者，易中之难也；道者，难中之易也。夫弃交游，委妻子[①]，谢荣名，损利禄，割粲烂于其目[②]，抑铿锵于其耳[③]，恬愉静退，独善守己，谤来不戚，誉至不喜，睹贵不欲，居贱不耻，此道家之难也。出无庆吊之望[④]，入无瞻视之责[⑤]，不劳神于七经[⑥]，不运思于律历[⑦]，意不为推步之苦[⑧]，心不为艺文之役[⑨]，众烦既损，和气自益，无为无虑，不怵不惕[⑩]，此道家之易也。所谓‘难中之易’矣。夫儒者所修，皆宪章成事[⑪]，出处有则[⑫]，语默随时，师则循比屋而可求[⑬]，书则因解注以释疑，此儒者之易也。钩深致远[⑭]，错综典、坟[⑮]，该《河》、《洛》之籍籍[⑯]，博百氏之云云[⑰]，德行积于衡巷[⑱]，忠贞尽于事君，仰驰神于垂象[⑲]，俯运思于风云[⑳]，一事不知，则所为不通，片言不正，则褒贬不分，举趾为世人之所则[㉑]，动唇为天下之所传，此儒家之难也。所谓‘易中之难’矣。笃论二者[㉒]，儒业多难，道家约易，吾以患其难矣，将舍而从其易焉。世之讥吾者，则比肩皆是也；可与得意者[㉓]，则未见其人也。若同志之人，必存乎将来，则吾亦未谓之为希矣[㉔]。”

【注释】

①委:抛弃。

②粲烂:灿烂。这里指灿烂美丽的色彩。

③铿锵:象声词。形容动听的音乐。

④庆吊:庆祝和吊唁。这里泛指世俗中各种人事交往。

⑤瞻视:看望。这里指照看家人。道士出家修行,因此无须照看家人。

⑥七经:儒家的七部经典。历代所指不一,东汉时指《诗经》、《尚书》、《易经》、《仪礼》、《春秋》、《公羊传》、《论语》。

⑦律历:乐律和历法。

⑧推步:推求天文历法。

⑨艺文:文章经典。

⑩怵:恐惧,害怕。惕:提心吊胆。

⑪宪章:遵循,效法。

⑫出处:出仕和隐居。

⑬比屋:一家挨着一家。形容很多。比,紧密排列。

⑭钩深致远:物在深处,能钩取之;物在远处,能招致之。这里用来比喻治学的广博精深。

⑮错综:交错综合。典、坟:"三坟、五典"的略称。据说是我国最古的书籍,这里泛指古代文献。

⑯该:全面懂得,兼通。《河》、《洛》:《河图》和《洛书》的简称。《河图》,据说就是八卦。《洛书》,据说即《尚书·洪范》中的"九畴",传说是大禹治国的九类大法。籍籍:纷繁的样子。

⑰百氏:诸子百家。云云:通"芸芸",众多的样子。

⑱衡巷:平民居住的里巷。泛指民间。

⑲驰神:使用自己的心神。垂象:天文,天象。

⑳风云:人间的政治风云。

㉑举趾：抬脚。代指一举一动。

㉒笃论：深入讨论、评价。

㉓得意：深得其中意味。

㉔“若同志”三句：是说即使在未来才能够找到志同道合之人，自己也认为不算是太少。极言知音难觅。希，通“稀”，稀少。

【译文】

有人问：“儒家和道家的事业，哪一个困难哪一个容易呢？”抱朴子回答说：“儒家的事业，是容易事业中的困难者；道家的事业，是困难事业中的容易者。抛弃朋友，离开妻儿，谢绝荣誉功名，不要利益俸禄，眼睛要割舍灿烂美丽的色彩，耳朵要排除优美动听的音乐，恬淡谦退，独守善德，诽谤来了而不必悲伤，荣誉到了也不会欢喜，看到显贵不会羡慕，位居低贱不以为耻，这是学习道家思想时的困难之处。然而出门没有庆贺与吊唁的要求，进门没有照顾家人的责任，不必劳神于儒家七经，不必用心于乐律历法，思虑不必为推算天文历法而吃苦，心思不必为读书做文而受劳，众多的烦恼既已减少，中和的元气自然增益，无所施为无所忧虑，不必害怕不必恐惧，这是学习道家思想的容易之处。这就是我所说的‘道家事业是困难事业中的容易者’的意思。儒家所修养的，就是效法已有成规的事情，出仕和隐退都有一定的原则，言谈和沉默可以随机应变，寻找老师时可以说到处都有，读书时遵循着注解就可以消除疑惑，这是学习儒家思想时的容易之处。领悟深奥的道理，综合运用三坟、五典，完全精通《河图》、《洛书》中纷繁复杂的思想，博采百家学说，积恩德于民众，尽忠心于君主，抬起头来观察天象的吉凶，低下头去思考人间的风云，一件事不明白，那么所做的事情就不顺利，一句话不恰当，那么褒贬的言论就不明确，举手投足都应成为世人的法则，只言片语都将被天下人广泛流传，这是学习儒家思想的困难之处。这就是我所说的‘儒家的事业是容易事业中的困难者’的意思。如果深入地评价儒、道两家，儒家的事业困难更多，道家的思想简约容易，我正是因为害怕学习儒家的困难，于是将舍弃儒家而追随容易学习的道家。世上讥讽我的人，比比皆是；可以与他一起理解其中深意的人，却还没有见到。如果有志同道合的人，那也肯定只能出现于未来，即使如此我也不会认为是很稀少的了。”

或曰：“余阅见知名之高人、洽闻之硕儒、果以穷理尽性、研核有无者多矣[①]，未有言年之可延、仙之可得者也。先生明不能并日月，思不能出万夫，而据长生之道[②]，未之敢信也。”抱朴子曰：“吾庸夫近才，见浅闻寡，岂敢自许以拔群独识，皆胜世人乎？顾曾以显而求诸乎隐[③]，以易而得之乎难；校其小验，则知其大效；睹其已然，则明其未试耳。且夫世之不信天地之有仙者，又未肯规也[④]。率有经俗之才、当途之伎[⑤]，涉览篇籍助教之书[⑥]，以料人理之近易，辨凡猥之所惑[⑦]，则谓：‘众之所疑，我能独断之；机兆之未朕[⑧]，我能先觉之。是我与万物之情，无不尽矣；幽翳冥昧[⑨]，无不得也。我谓无仙，仙必无矣。’自来如此其坚固也。吾每见俗儒碌碌，守株之不信至事者[⑩]，皆病于颇有聪明，而偏枯拘系[⑪]，以小黠自累[⑫]，不肯为纯[⑬]，在乎极暗，而了不别菽麦者也[⑭]。夫以管窥之狭见[⑮]，而孤塞其聪明之所不及，是何异以一寻之绠[⑯]，汲百仞之深[⑰]，不觉所用之短，而云井之无水也。俗有闻猛风烈火之声，而谓天之冬雷；见游云西行，而谓月之东驰。人或告之，而终不悟信，此信己之多者也。夫听声者，莫不信我之耳焉；视形者，莫不信我之目焉。而或者所闻见，言是而非，然则我之耳目，果不足信也。况乎心之所度[⑱]，无形无声，其难察尤甚于视听，而以己心之所得，必固世间至远之事，谓神仙为虚言，不亦蔽哉[19]！”

【注释】

①洽：广博。硕儒：大儒。果：确实。宋浙本《抱朴子》作“足”。穷理尽性：能够完全明白天理物性。研核：研究考核。

②据：依据，坚持。

③顾：只不过。

④规：谋划，谋求。

⑤经世：经营社会，治理国家。当途：当仕途。指执掌大权。伎：技艺，本领。

⑥助教：有助于教化。

⑦凡猥：平庸。猥，平庸。

⑧机兆之未朕：征兆还没有显现。朕，迹象。用作动词。显现迹象。

⑨幽翳冥昧：幽深昏暗。这里指不容易明白的道理和事情。

⑩守株：守株待兔，墨守成规。至事：最高妙的事情。指修仙的事情。

⑪偏枯：偏颇，固执于一端。这里指偏于某一方面的才能。拘系：拘束。

⑫小黠：小聪明。

⑬纯：纯正，美好。这里指修仙之事。

⑭菽(shū)：豆类的总称。

⑮管窥：通过竹管来观察上天。比喻见识狭窄。

⑯寻：长度单位。八尺为一寻。绠(gěng)：井绳。

⑰仞：长度单位。七尺或八尺为一仞。

⑱度(duó)：推测，思考。

⑲蔽：遮蔽，愚昧。

【译文】

有人说："我见过的知名高士、博学大儒、能够穷尽天理物性、知道万物有无的人已经够多的了，他们都没有谈到寿命可以延长、求仙可以成功。先生您的才华无法与日月相比，智慧不能超出众人，却坚持相信长生之道，我还是不太敢相信您啊。"抱朴子说："我不过是个凡夫俗子，才能平平而见识浅薄，哪里敢自以为是出类拔萃而见解独到、各方面都能够超过世人呢？只不过我曾经从明显的事物中去追寻隐秘的问题，从容易理解的现象中去获取难以明白的道理；通过小的试验，去了解它的大效用；通过观察已经发生的事情，去推知还没有经过验证的事情而已。而世上不相信天地间有神仙的人，又不肯去探求。大率人们有了治理国家的才能，有了掌权执政的能力，他们阅读的书籍就多是有助于世俗教化的书，以此来研究人间那些浅显的事理，辨析平庸之辈的疑惑，他们说：'众人所疑惑的问题，我能够予以解答；征兆还没有显现，我能够预先发觉。这说明我自己和万事万物的真实情况，我都能了解得一清二楚；那些不容易理解的道理，我也都研究得明明白白。我说没有神仙，神仙肯定就是没有。'他们从来就是如此的顽固不化。我常常发现那些碌碌无为的世俗儒生，墨守成规而拒不相信神仙学说，他们的共同毛病就是有点小聪明，却被自己的一些偏才所约束，因为这点小聪明而拖累了自己，不肯去探索更为纯真美好的事物，他们处于极其昏暗无知的境地之中，完全不能区分豆子与小麦的不同。凭借着以管窥天得来的一点狭隘见解，而自己堵塞遮蔽住了自己的聪明才智还没有能够达到的地方，这与用七尺长的绳子去百仞深的井中汲水，不知道自己的绳子太短，反而说井中无水又有什么区别呢？俗人中有听到狂风烈火的声音，就认为上天冬季也会打雷；看见游动的云彩向西飘动，就认为月亮是在向东飞驰。有人告诉了他们真相，但他们却始终不觉悟不相信，这种人太过分地相信自己了。凡是听声音的人，没有不相信自己耳朵的；看物体的人，没有不相信自己眼睛的。然而有时的所见所闻，也会似是而非，那么这就说明连自己的耳朵眼睛，也确实还不能完全相信。更何况是我们的心所思考的一些问题，这些问题既没有形体也没有声音，要想思考清楚比看东西、听声音更难，那么凭着自己的一点心得，就去判定世间那些极为深远的事理，认为有关神仙的事情都是谎言，岂不是很愚昧吗？”

抱朴子曰：“妍媸有定矣[①]，而憎爱异情，故两目不相为视焉[②]；雅、郑有素矣[③]，而好恶不同，故两耳不相为听焉；真伪有质矣，而趋舍舛忤[④]，故两心不相为谋焉。以丑为美者有矣，以浊为清者有矣，以失为得者有矣。此三者乖殊，炳然可知[⑤]，如此其易也，而彼此终不可得而一焉，又况乎神仙之事，事之妙者，而欲令人皆信之，未有可得之理也。凡人悉使之知，又何贵乎达者哉？若待俗人之息妄言，则俟河之清[⑥]，未为久也。吾所以不能默者，冀夫可上可下者[⑦]，可引致耳。其不移者[⑧]，古人已末如之何矣。”

【注释】

①妍媸（yán chī）：美与丑。

②两目：两个人的眼睛。相为：共同。

③雅、郑：雅乐与郑声。雅，《诗经》中的一类，包括“小雅”和“大雅”。古人认为是高雅的音乐。郑，指《诗经》中的“郑风”，即郑国音乐。古人认为郑国的音乐淫荡。素：本质。

④趋舍：取舍。舛忤（chuǎn wǔ）：背离，抵触。

⑤炳然：明明白白的样子。

⑥俟河之清：等待黄河水变清。俟，等待。河，黄河。古人认为黄河水千年才能变清一次。

⑦冀:希望。可上可下者:指对神仙信仰处于半信半疑状态的人。

⑧不移:无法改变的最愚蠢的人。指坚决不相信神仙的人。

【译文】

抱朴子说:“美丽与丑陋的不同是肯定的,然而由于人们的爱憎情感的差异,所以两个人的眼睛无法获得同样的感受;雅乐和郑声具有不同的性质,然而由于人们的好恶标准有别,所以两个人的耳朵无法获得同样的听觉享受;真实和虚假是不同的品质,然而由于人们的取舍兴趣不同,所以两个人的心很难得出同样的结论。把丑陋看作美丽的人是有的,把混浊当成清澈的人是有的,把失误视为成功的人也是有的。丑美、浊清、得失这三种情况差别很大,清清楚楚很容易辨别,但就像这些如此容易辨别的事情,人们彼此之间尚且始终不可能有统一的看法,更何况神仙的事情,乃是事物中最为奇妙的,要想让每个人都相信,按道理自然也是不可能的。如果连平庸之人都能够明白求仙之事,那么又有什么必要去看重通达之士呢?如果要等待俗人不再讲胡言乱语,那恐怕要等到黄河变得清澈的时候了,而且这还不算长久。我之所以不能保持沉默,是希望那些对神仙信仰处于半信半疑状态的人,可以被我引导到正道上来。至于那些无法改变的愚昧之人,古人也已经拿他们没有办法了。”

抱朴子曰:“至理之未易明,神仙之不见信[①],其来久矣,岂独今哉?太上[②],自然知之;其次,告而后悟;若夫闻而大笑者,则悠悠皆是矣[③]。吾之论此也,将有多败之悔、失言之咎乎!夫物莫之与[④],则伤之者至焉。盖盛阳不能荣枯朽之木[⑤],神明不能变沉溺之性,子贡不能悦录马之野人[⑥],古公不能释欲地之戎狄[⑦],实理有所不通,善言有所不行。章甫不售于蛮越[⑧],赤舃不用于跣夷[⑨],何可强哉?夫见玉而指之曰石，非玉之不真也，待和氏而后识焉；见龙而命之曰蛇，非龙之不神也，须蔡墨而后辨焉[10]。所以贵道者，以其加之不可益，而损之不可减也。所以贵德者，以其闻毁而不惨，见誉而不悦也。彼诚以天下之必无仙，而我独以实有而与之诤[11]，诤之弥久，而彼执之弥固，是虚长此纷纭[12]，而无救于不解，果当从连环之义乎[13]？"

【注释】

①见：被。

②太上：素质最好的人。

③悠悠：很多的样子。

④物莫之与：即"物莫与之"。对于别人，如果不去赞成他的话。物，事物。这里主要指人。与，赞成。

⑤盛阳：阳气极盛之时。这里指春夏季节。荣：茂盛。

⑥子贡不能悦录马之野人：子贡不能够取悦于扣马的农夫。子贡，孔子弟子。善于言辞。录，扣押。野人，农夫。《吕氏春秋·必己》："孔子行道而息，马逸，食人之稼，野人取其马。子贡请往说之，毕辞，野人不听。"

⑦古公不能释欲地之戎狄：周先祖古公亶父不能劝解想要土地的西方戎狄民族。古公，即大王亶父，周民族的祖先。戎狄，西方的少数民族。《庄子·让王》："大王亶父居邠，狄人攻之。事之以皮帛而不受，事之以犬马而不受，事之以珠玉而不受，狄人之所求者土地也。大王亶父……因杖策而去之。"

⑧章甫不售于蛮越：章甫不能在蛮越一带卖出。章甫，古代的一种礼帽。售，卖出。蛮，南方的少数民族。越，地名。在今江浙一带。《庄子·逍遥游》："宋人资章甫而适诸越，越人断发文身，无

所用之。”

⑨赤舄(xì)不用于跣夷:赤舄不被赤脚的东夷民族所用。赤舄,古代君王和贵族穿的一种礼鞋。跣,赤脚。夷,东方的少数民族。

⑩蔡墨:春秋时人,善于辨识龙。《左传·昭公二十九年》:“龙见于绛郊。魏献子问于蔡墨曰:‘吾闻之,虫莫知于龙,以其不生得也。谓之知,信乎?’对曰:‘人实不知,非龙实知。古者畜龙,故国有豢龙氏,有御龙氏。’”

⑪诤:通“争”,争辩。

⑫长(zhǎng):增加,加重。

⑬从连环之义:顺从连环无法解开的本性而不再去费心解开它。这句话的意思是说,既然愚昧之人对神仙的疑惑是不可以解决的,那就顺应着他们的愚昧天性,不要再去费心解决他们的疑惑。

【译文】

抱朴子说:“最高的道理不容易理解,神仙的学说不被人相信,由来已久了,哪里只是今天如此呢?素质最高的人,自然而然就懂得神仙之道;稍次的人,告诉他们之后就会醒悟;至于听到神仙之道后就大声嘲笑的人,可以说就比比皆是了。我这样讲,大概会造成多次失败的后悔,会招致失言带来的灾祸吧?如果不去赞同别人的话,中伤自己的人就会到来了。阳气强盛的春夏也不能使枯朽的树木繁茂,神奇的智慧也不能改变沉溺于世俗的品性,子贡不能取悦扣留马匹的农夫,古公不能解劝想要地盘的戎狄民族,真实的道理也有说不通的地方,善良的言论也有不能施行的时候。章甫不能在蛮族居住的越地出售,赤舄不被赤脚的东夷民族使用,这怎么能够勉强呢?见到美玉却指着说是石头,这并非美玉不是真的,只是要等到和氏来才能够认识;看到龙却说是蛇,这并非龙没有神灵,只是要等到蔡墨来才可能辨别。人们之所以看重大道,是因为想给大道增加点什么也增加不了,想给大道减少点什么也减少不了。人们之所以看重美德，是因为具有美德的人听到诋毁不会悲哀，看见荣誉不会欢喜。别人确实认为天下肯定没有神仙，而唯独我认为确实存在而同他争辩，争辩得越久，而别人坚持己见越固执，这是白白地助长了矛盾、混乱，而对他的不理解仙道没有任何补益，我是否真的应当顺从连环不可解开的本性而别再去费心解开它呢？”

释滞卷八

【题解】

释滞，解决世俗人的困惑。释，解释，解决。滞，滞碍不通，困惑。对于修道成仙这种虚无缥缈、难以企及的事情，世俗人自然是困惑重重，而本篇就是从不同的角度，针对不同的问题，以解决世俗人的这些困惑。

针对世俗人对于修道求仙与治理社会之间矛盾的顾虑，作者列举了诸如黄帝、老子、吕望、范蠡等人的事例，以说明世功和求仙是完全可以兼顾的。如果确实由于能力有限，精力不济，那就放弃世功，专心求仙。并且强调说，如果求仙成功，可以推而广之，使天下人人不死，其功德可谓无量。由此可见，求仙与治世不仅不矛盾，甚至可以合二为一。

针对世俗人对求仙的畏难情绪，作者指出求仙也并非想象中的复杂和困难，只要做好宝精、行气和服食金丹就可以了。作者比较详细地介绍了行气胎息的方法，顺便谈到了房中术。同时强调，修习这些方术时都需要志向坚决、坚持不懈和明师指点。另外，如果只学习行气和房中术，而不去炼制金丹大药，也无法成仙。

针对世俗人不知如何选择道书阅读的问题，作者反复说明：虽然世上的道书堆积如山，但真正出自黄帝、老子之手的却很少。即便是出自老子之手的《老子》一书，也过于简约，只为求道者提供了一些简略的线索而已，至于《文子》、《庄子》等书，更属修仙道术中的末流，读之作用不大。因此读道书时一定要注意辨别真伪、择优而从，千万不可盲目阅读以浪费时间。

针对世俗人担心大家都去修习仙道，必然会造成辅佐政务的人才减少这一问题，作者引用古人事例，说明修道者的存在对治理天下并无影响，更何况当今社会是“士有待次之滞，官无暂旷之职，勤久者有迟叙之叹，勋高者有循资之屈；济济之盛，莫此之美”，少那么一两个修仙之人，无妨于人才济济的大局。因此世俗人的这些担心，实在是多虑。

针对世俗人关于“果其仙道可求得者，五经何以不载？周、孔何以不言？圣人何以不度世”的疑问，作者解释说，圣人之所以没有成仙，主要是由于各人所遇到的星宿不一样，从而造成每个人的爱好不同，因此每个人的命运也就不同。对于五经为什么没有记载求仙之道的疑问，作者回答说，五经没有记载、周孔没有说过的事物太多了，如天上的星象运行、地上的奇闻怪事，多不胜数，然而这些，“求之于五经之上则无之，索之于周、孔之书则不得，今宁可尽以为虚妄乎?”五经没有记载，并不能证明仙术的不存在。

或问曰：“人道多端[①]，求仙至难，非有废也，则事不兼济[②]。艺文之业，忧乐之务，君臣之道，胡可替乎[③]？”抱朴子答曰：“要道不烦，所为鲜耳[④]。但患志之不立，信之不笃，何忧于人理之废乎？长才者兼而修之，何难之有？内宝养生之道，外则和光于世[⑤]；治身而身长修，治国而国太平；以六经训俗士[⑥]，以方术授知音；欲少留则且止而佐时[⑦]，欲升腾则凌霄而轻举者，上士也。自持才力，不能并成，则弃置人间，专修道德者，亦其次也。昔黄帝荷四海之任，不妨鼎湖之举[⑧]；彭祖为大夫八百年，然后西适流沙[⑨]。伯阳为柱史[10]，宁封为陶正[11]，方回为闾士[12]，吕望为太师[13]，仇生仕于殷[14]，马丹官于晋[15]，范公霸越而泛海[16]，琴高执笏于宋康[17]，常生降志于执鞭[18]，庄公藏器于小吏[19]。古人多得道而匡世，修之于朝隐[20]，盖有余力故也！何必修于山林，尽废生民之事，然后乃成乎？亦有心安静默，性恶喧哗，以纵逸为欢[21]，以荣任为戚者。带索蓝缕[22]，茹草操耜[23]，玩其三乐[24]，守常待终，不营苟生，不惮速死，辞千金之聘，忽卿相之贵者。无所修为[25]，犹常如此，况又加之以知神仙之道，其亦必不肯役身于世矣。各从其志，不可一概而言也。”

【注释】

①人道多端：世俗的事情纷繁复杂。多端，头绪多。

②事不兼济：两件事情不可能都做成功。事，指人间的事情和修仙的事情。济，成功。

③替：废弃。

④鲜：少。

⑤和光于世：在社会上不要过分显露自己的才华。和光，才华内蕴，不露锋芒。

⑥六经：儒家的六部经典。指《诗经》、《尚书》、《易经》、《礼记》、《乐经》、《春秋》。

⑦佐时：治理社会。佐，辅佐，帮助。时，时代，社会。

⑧鼎湖之举：在鼎湖飞天成仙。鼎湖，地名。古代传说黄帝曾铸鼎于荆山之下，鼎成，有龙垂胡须迎黄帝上天，后人因名其处为鼎湖。

⑨西适流沙：向西去了沙漠一带。适，到。流沙，沙漠。一说为国名。本书《极言》篇："按《彭祖经》云：'其自帝喾佐尧，历夏至殷

为大夫，殷王遣彩女从受房中之术，行之有效，欲杀彭祖，以绝其道，彭祖觉焉而逃去。去时年七八百余，非为死也。'《黄石公记》云：'彭祖去后七十余年，门人于流沙之西见之。'非死明矣。"

⑩伯阳为柱史：老子当过柱下史。伯阳，即老子，老子字伯阳。柱史，又称柱下史，史官名。

⑪宁封：黄帝时人，后成仙。陶正：官名。掌管制造陶器。《列仙传》说宁封曾经当过黄帝的陶正。

⑫方回：尧时人。后成仙。闾士：官名。古代二十五家为闾。负责一闾事务的官员叫做闾士。

⑬吕望：西周初年人，即姜子牙。太师：官名。

⑭仇（qiú）生：商朝人。后成仙。仕：做官。

⑮马丹：春秋时期人。后成仙。晋：周代诸侯国名。在今山西、河北南部及陕西中部一带。

⑯范公：指范蠡。霸越：使越国称霸。范蠡辅助越王勾践破吴，然后乘舟泛海而去。

⑰琴高：战国时期赵国人。后成仙。执笏：拿着手板。古代臣下朝见君王时，要手执手板，称"执笏"。这里指做官。宋康：即宋康王。战国时宋国君主。

⑱常生：即平常生。生平不详，后成仙。《列仙传》说他"后数十年，复为华阴门卒"。《搜神记》卷一则明确说他"复为华阴市门卒"。所谓"市门卒"，即看守市场大门的管理人员。古代的市场管理人员一般要手持皮鞭以维持市场秩序，且地位低下。

⑲庄公：可能即庄子。因为庄子早年在漆园当过一般官吏。器：才能。

⑳朝隐：意思是官吏虽在朝廷任职，却淡泊恬退，与隐居无异。

㉑纵逸：自由逍遥。

㉒带索蓝缕：以绳索为衣带，衣衫破烂。索，绳索。蓝缕，衣服

破烂。

㉓茹草：吃野菜。草，指野菜。耜（sì）：农具名。

㉔三乐：指成为一个人、一个男人、一个长寿的男人三种快乐。《列子·天瑞》记载，荣启期长乐无忧，孔子询问他快乐的原因，他回答说："天生万物，唯人为贵，而吾得为人，是一乐也；男女之别，男尊女卑，故以男为贵，吾既得为男矣，是二乐也；人生有不见日月、不免襁褓者，吾既已行年九十矣，是三乐也。"

㉕修为：作为。

【译文】

有人问道："人世间的事务纷繁复杂，而求仙又是最为困难的事情，如果不放弃一个方面，世俗的事情和求仙的事情不可能全部做好。文章经典的研习，给人带来忧愁或欢乐的事务，君臣之间的道义，怎么可以废弃呢？"抱朴子回答说："主要的修仙道术并不繁琐，所要做的事情也不多。只是担心志向不能确立，信仰不够虔诚，哪里用得着去担心废弃人事方面的责任呢？才能高超的人兼顾修仙和世务，又有什么难处呢？对内则重视养生之道，对外则和光同尘；养生时能够使自身得到很好的长期保养，治国时也能够使国家太平安定；用儒家六经来教育世人，用修仙道术来传授知音；想要稍微滞留人世时就姑且留下来辅佐时政，想要升天时就踏着云霄飞身离去，这就是上等的得道之士。自己考虑一下自己的能力，如果不能在两个方面都取得成功，那就抛弃人世间的事务，一心一意地去修道成仙，这也算是次一等的人了。过去黄帝担负着天下的重担，却并不妨碍他在鼎湖得道飞升；彭祖当了八百年的大夫，然后还西行到了流沙国。老子做过柱下史，宁封当过陶正，方回当过闾士，吕望当过太师，仇生出仕于商朝，马丹为官于晋国，范蠡使越国称霸后泛沧海而去，琴高在宋康王的朝堂上拿过手板，常生降身去做手持鞭子的市场管理人员，庄公深藏才华而去当了小吏。很多古人学得仙道而又能治理国家，在朝廷中修身隐居，大概是因为他们才华横溢的缘故吧？何必一定要进入山林里修炼，完全废弃治理百姓的责任，然后才能成功呢？也有一些人内心恬静祥和，生性厌恶热闹，把自由逍遥的生活当作一种快乐，把荣华富贵看作一种悲哀。他们把绳索当衣带，衣衫褴褛，吃野菜，握农具，玩味着人生的三大乐趣，保持着平日的贫寒而等待着人生的终结，他们不愿意苟且偷生，不害怕早来的死亡，谢绝千金的聘用，蔑视卿相的高位。这些清静无为的人尚且能够如此，更何况另外又懂得了神仙道术的人，那么他们一定不肯在世间操劳受苦了。人生各有所求，不可一概而论啊。”

抱朴子曰：“世之谓一言之善，贵于千金，然盖亦军国之得失，行己之臧否耳①。至于告人以长生之诀，授之以不死之方，非特若彼常人之善言也，则奚徒千金而已乎？设使有困病垂死，而有能救之得愈者，莫不谓之为宏恩重施矣。今若按仙经，飞九丹，水金玉②，则天下皆可令不死，其惠非但活一人之功也。黄老之德，固无量矣，而莫之克识③，谓为妄诞之言，可叹者也。”

【注释】

①臧否(pǐ)：善恶。臧，善。否，恶。

②水金玉：将金玉熔化为液体，以供服食。水，用作动词。把……溶化为水。

③克：能够。

【译文】

抱朴子说：“世人常说一句金玉良言，比千金还要可贵，然而这些金玉良言大概也不过是有关国家军事的成败、个人行事的善恶而已。至于把长生的秘诀告诉别人，把不死的方术传授给大家，这不只是像世俗人说的那种金玉良言，又岂止是仅仅价值千金而已呢？假如患上重病就要死去，有人能够把他救活并使他痊愈，人们都会说这是大恩大德。如果按照修仙的经典去做，那么炼制九转神丹，溶化黄金玉石，就能使整个天下的人都免于死亡，这种恩德就不仅仅是救活一个人的功德了。黄帝、老子的恩德的确无法估量，然而却没有谁能够理解，还认为他们讲的都是荒诞的言论，实在是可叹啊！”

抱朴子曰：“欲求神仙，唯当得其至要。至要者，在于宝精、行炁、服一大药便足[①]，亦不用多也。然此三事，复有浅深。不值明师，不经勤苦，亦不可仓卒而尽知也。虽云行炁，而行炁有数法焉；虽曰房中，而房中之术，近有百余事焉；虽言服药，而服药之方，略有千条焉。初以授人，皆从浅始，有志不怠，勤劳可知，方乃告其要耳。故行炁，或可以治百病，或可以入瘟疫，或可以禁蛇虎，或可以止疮血，或可以居水中，或可以行水上，或可以辟饥渴，或可以延年命。其大要者，胎息而已[②]。得胎息者，能不以鼻口嘘吸，如在胞胎之中，则道成矣。初学行炁，鼻中引炁而闭之，阴以心数至一百二十[③]，乃以口微吐之，及引之[④]，皆不欲令己耳闻其炁出入之声，常令入多出少，以鸿毛著鼻口之上，吐炁而鸿毛不动为候也[⑤]。渐习转增其心数，久久可以至千，至千则老者更少，日还一日矣[⑥]。夫行炁当以生炁之时，勿以死炁之时也。故曰仙人服六炁[⑦]，此之谓也。一日一夜有十二时，其从半夜以至日中六时为生炁，从日中至夜半六时为死炁。死炁之时，行炁无益也。善用炁者，嘘水，水为之逆流数步；嘘火，火为之灭；嘘虎狼，虎狼伏而不得动起；嘘蛇虺，蛇虺蟠而不能去。若他人为兵刃所伤,嘘之,血即止;闻有为毒虫所中,虽不见其人,遥为嘘祝我之手,男嘘我左,女嘘我右,而彼人虽在百里之外,即时皆愈矣。又中恶急疾,但吞三九之炁[8],亦登时差也[9]。但人性多躁,少能安静以修其道耳。又行炁大要,不欲多食,及食生菜肥鲜之物,令人炁强难闭。又禁恚怒,多恚怒则炁乱,既不得溢,或令人发欬[10],故鲜有能为者也[11]。予从祖仙公[12],每大醉及夏天盛热,辄入深渊之底,一日许乃出者,正以能闭炁胎息故耳。房中之法十余家,或以补救伤损,或以攻治众病,或以采阴益阳,或以增年延寿,其大要在于还精补脑之一事耳。此法乃真人口口相传,本不书也。虽服名药,而复不知此要,亦不得长生也。人复不可都绝阴阳[13],阴阳不交,则坐致壅阏之病[14],故幽闭怨旷[15],多病而不寿也。任情肆意,又损年命。唯有得其节宣之和,可以不损。若不得口诀之术,万无一人为之而不以此自伤煞者也[16]。玄、素、子都、容成公、彭祖之属[17],盖载其粗事,终不以至要者著于纸上者也。志求不死者,宜勤行求之。余承师郑君之言[18],故记以示将来之信道者,非臆断之谈也。余实复未尽其诀矣。一涂之道士[19],或欲专守交接之术[20],以规神仙,而不作金丹之大药,此愚之甚矣。"

【注释】

①宝精:珍惜精华之气。炁:同"气"。

②胎息:道教行气方法。下文对胎息有详细介绍。

③阴:暗中。

④引:吸气。

⑤候：标准。

⑥日还一日：一天比一天年轻。还，返老还童。

⑦六炁：自然之气。六气本指阴、阳、风、雨、晦（夜晚）、明（白天）。一说指天地四时之气。这里泛指大自然之气。

⑧三九：二百七十次。《云笈七签》卷五十九："若行气未定，意中疲倦，便练气，以九十息为一节，三九二百七十息为一竟。"

⑨登时：立即，马上。差（chài）：同"瘥"，病好了。

⑩欬（kài）：咳嗽。

⑪鲜：很少。

⑫仙公：即葛玄。葛玄字孝先，三国吴琅琊人。后世道士尊称其为"葛仙公"、"太极仙翁"等。葛洪为其从孙。

⑬都：完全。阴阳：指男女房事。

⑭坐：因此。壅阏（è）：闭塞不通。

⑮幽闭：禁锢。这里指男女不接触。怨旷：怨妇与旷夫。女无夫叫做怨妇，男无妻叫做旷夫。

⑯煞：杀，死亡。

⑰玄、素、子都、容成公、彭祖：几位仙人名。指玄女、素女、巫炎（字子都）、容成公、彭祖。都是精通房中术的术士，据传说分别著有《玄女经》、《素女经》、《子都经》、《容成经》、《彭祖经》各一卷。

⑱郑君：郑隐，字思远。少年时曾学儒，成年后好道，为葛玄弟子。后来葛洪拜其为师。

⑲一涂：只用一种方法。涂，同"途"，道路，方法。

⑳交接：指男女房事。

【译文】

抱朴子说："想要学习求仙之道，一定要把握住其中的关键问题。所谓的关键问题，就在于要珍惜自己的精华之气、行气、服食一种上等仙药，这就足够了，而不必使用其他更多的方法。然而这三件事做起来又有深浅的差别。如果没有遇到好的老师，没有经过勤学苦练，也不可能在短期内对此有全面的了解。即便只说行气，但行气的方法就有好几种；虽然只谈房中术，但房中术的内容，也有将近一百多种不同的做法；哪怕只讲服食药物，但服食药物的方法，大约也有一千来种。开始拿这些方术传授别人时，都是从浅显的内容学起，如果对方志向坚定而且能够坚持不懈，吃苦耐劳而且能够听懂，才可以告知那些关键问题。行气这种方术，有的可以用来治疗百病，有的可以用来深入疫区，有的可以用来禁制毒蛇猛虎，有的可以用来阻止疮口流血，有的可以用来待在水里，有的可以用来行走在水面，有的可以用来避免饥渴，有的可以用来延年益寿。其中最主要的，就是胎息而已。学得胎息的人，能够不用鼻子和嘴巴呼吸，如同在胞胎之中一样，如此胎息之术就学习成功了。刚开始学习行气的时候，以鼻腔吸进气息后闭于体内，暗中用心数到一百二十下，然后才用嘴把气轻轻吐出来，吐气和吸气，都不要让自己的耳朵听到这些呼吸的声音，经常使进气多而出气少，用鸿雁的羽毛放在鼻子嘴唇上，而以呼吸时羽毛不动作为标准。逐渐练习以使闭气时用心数的数字慢慢增加，时间长了可以增加到一千个数，到了一千个数，就能够使人返老还童，一天比一天年轻。行气的时间应当选择在'生气'的时候，不要在'死气'的时候。说仙人服食自然之气，讲的就是这个意思。一天一夜共有十二个时辰，从半夜到正午的六个时辰叫做'生气'之时，从正午到半夜的六个时辰叫做'死气'之时。在'死气'的时候，行气是没有益处的。善于行气的人，用气嘘水，水为此而倒流数步；用气嘘火，火因此而熄灭；用气嘘虎狼，虎狼伏在地上而不能活动；用气嘘毒蛇，毒蛇盘踞在那里而无法逃离。如果有人被兵器刺伤，嘘气后流血马上止住；听说有人被毒虫咬伤，虽然没有见到这个人，远远地为他嘘气并祝咒自己的手，受伤者是男性就嘘自己的左手，是女性就嘘自己的右手，那位受伤者即使是在百里之外，也能立即痊愈。另外如果犯了严重的急病，只要吞气二百七十下，也能马上痊愈。只是人们大多性情浮躁,很少有人能够安静下来修炼这种道术而已。另外行气的一个关键问题,就是不要吃得太多,不要吃生蔬菜和肥美新鲜的食物,这些食物使人的气息强盛而难以闭守。还忌讳发怒,怒气一多而气息就会紊乱,这样一来就不能使气息充盈,有时还会让人咳嗽,所以很少有修炼成功的。我的从祖父葛仙公,每当大醉和夏天极热时,就进入深渊的底部,一天左右的时间才出来,就是因为他能够做到闭气胎息的缘故。房中术也有十多家,有的用来补救损伤,有的用来治疗各种疾病,有的用来采集阴精以增益阳气,有的用来延年益寿,最主要的还在于还精补脑这一件事而已。这种方术是得道的真人们口耳相传,本来是没有写在书中的。虽然服食了各种名贵药物,如果还不懂得房中术的要点,也是不能长生不老的。人们不能完全断绝阴阳交接,如果阴阳不交接,就会引起闭塞不通的毛病,因此那些无法接触异性的怨妇和旷夫,都会患上多种疾病而不能长寿。然而如果放纵情欲,也会减损寿命。只有能够遵循既节制又疏导的中和原则,才可以不损害健康。如果无法获得口口相传的房中秘诀,那么施行这种方术而不会伤害自身的,一万个人中也没有一个啊。玄女、素女、子都、容成公、彭祖这些人,大概只是记载了房中术中的粗略内容,他们最终也不肯把最重要的关键问题写进书中。立志于追求长生术的人,应该勤奋实践、努力追求。我接受了郑先生的教诲,所以把这些内容记录下来以传授给未来的信道者,这些内容并非我自己的主观臆断。我也确实还没有把这些秘诀全部写出来。只学习一种方术的求道者,如果想只使用男女交媾这一种方术,就想去修道成仙,而不去炼制金丹之类的上等药物,这实在是最愚笨的了!”

抱朴子曰:“道书之出于黄、老者,盖少许耳,率多后世之好事者,各以所知见而滋长,遂令篇卷至于山积。古人质朴,又多无才,其所论物理,既不周悉,其所证按[①],又不著明，皆阙所要而难解[2]。解之又不深远，不足以演畅微言[3]，开示愤悱[4]，劝进有志，教戒始学，令知玄妙之涂径，祸福之源流也。徒诵之万遍，殊无可得也。虽欲博涉，然宜详择其善者，而后留意，至于不要之道书，不足寻绎也[5]。末学者或不别作者之浅深[6]，其于名为道家之言，便写取累箱盈筐[7]，尽心思索其中。是探燕巢而求凤卵，搜井底而捕鳝鱼[8]，虽加至勤，非其所有也。不得必可施用，无故消弃日月，空有疲困之劳，了无锱铢之益也[9]。进失当世之务，退无长生之效，则莫不指点之，曰：'彼修道如此之勤，而不得度世，是天下果无不死之法也。'而不知彼之求仙，犹临河羡鱼，而无网罟[10]，非河中之无鱼也。又五千文虽出老子[11]，然皆泛论较略耳[12]。其中了不肯首尾全举其事，有可承按者也[13]。但暗诵此经，而不得要道，直为徒劳耳，又况不及者乎？至于文子、庄子、关令尹喜之徒[14]，其属文笔，虽祖述黄、老[15]，宪章玄虚[16]，但演其大旨，永无至言。或复齐死生，谓无异以存活为徭役，以殂殁为休息[17]，其去神仙，已千亿里矣，岂足耽玩哉[18]？其寓言譬喻，犹有可采，以供给碎用，充御卒乏[19]，至使末世利口之奸佞、无行之弊子[20]，得以老、庄为窟薮[21]，不亦惜乎？"

【注释】

①证按：证据。

②阙：通"缺"，缺乏。要：要点。

③演畅：充分阐述。微言：道理精微的言论。

④愤悱（fěi）：心中苦思冥想而又表达不清楚。愤，一心想弄明白却

又无法明白的心情。悱，想表达清楚却又表达不清楚的样子。《论语·述而》："不愤不启，不悱不发，举一隅不以三隅反，则不复也。"

⑤寻绎：学习研究。

⑥末学：不善于学习的人。

⑦写取：抄写收录。累：叠加。

⑧鳝鱼：鱼名。一般生活在沟壑池塘，而不会生活在井中。一本作"鳣鱼"，即鲤鱼。

⑨锱铢（zī zhū）：比喻数量很少。锱、铢都是古代很小的重量单位，六铢等于一锱，四锱等于一两。

⑩网罟（gǔ）：捕鱼的网。

⑪五千文：指《老子》这本书。《老子》共五千余字。

⑫较略：大略。

⑬承按：学习，考察。

⑭文子：老子弟子，著有《文子》一书。关令尹喜：关令，官名。守关的官员。尹喜，因为尹喜曾任关令一职，因此人们称他为"关令尹喜"。老子过关时，尹喜挽留他写作了《老子》一书。尹喜自己也写书一卷，叫《关尹子》。

⑮祖述：效法，遵循。

⑯宪章：效法，学习。

⑰殂殁：死亡。

⑱耽玩：深入研究。耽，因爱好而沉浸其中。玩，玩味，学习。

⑲充御卒（cù）乏：填补一时的空缺。御，用。卒，通"猝"，突然的，一时的。本句意思是说，这些书偶尔阅读一下还可以，不能作为修仙的经书来看待。

⑳弊子：坏人，小人。

㉑窟薮（sǒu）：人或物生活聚集的地方。这里比喻立论的根据。窟，

山洞。薮，水泽。

【译文】

抱朴子说："道教书籍真正出自黄帝、老子之手的，大概只是少数而已，大多为后世的好事之徒，各自依据自己的所见所闻增加进来的，以至于使道书多得堆积如山。古人质朴，大多数又没有什么才华，他们所论述的事物道理，已经不够周详完备，他们所提供的证据，也不够清楚明白，都缺少要点而难以理解。他们的一些解释也不够深入，无法充分阐述精微的道理，以启发那些苦思冥想而又无法表达清楚的人们，以鼓舞激发有志之人，以教育劝诫初学者，使他们找到走向玄妙仙术的途径，以及明白招致祸福的根源。白白地背诵它们一万遍，也没有一点收获。如果有人想要广博地涉猎道书，也应该仔细地选择其中好的，然后再去专心学习，至于那些无关紧要的道教书籍，就不值得去深入研究了。一些不善于学习的人，可能就不去区别作者水平的高低，只要是名为道家的言论，就抄录收藏得满箱满筐，尽心尽力地思索书中的思想。这就好比在燕子的巢穴中去寻求凤凰蛋、到水井的底部去捕捉鳝鱼一样，即使加倍勤奋努力，也无法从里面找到。在无关紧要的道书中是无法寻到有用的知识的，反而白白地浪费了时光，可以说是徒劳无功，没有丝毫的益处。这种人进入社会而没有做好当世的事务，退居山林也没有获得长生不死的效益，结果使人人都对他指指点点，说：'他修习道术如此勤奋，还是不能离开尘世成仙，这说明天下确实没有什么不死的仙法啊。'人们并不知道此人的所谓求仙，就好比面对着河水羡慕游鱼、却又没有渔网一样，并非河中没有鱼啊。另外五千多字的《老子》虽然是出自老子之手，但那不过是泛泛地阐述了一个简略内容而已。书中完全没有自始至终地完整地讲清楚事理，只是提供了一些可供学习考察的线索。如果只是默默背诵这本书，而学不到更重要的道术，那也只能是徒劳无益罢了，何况那些还比不上《老子》的书呢？至于文子、庄子、关令尹喜这些人，他们著书立说，虽然继承了黄帝、老子的思想，遵循了清静无为的原则，但也只是阐述了其中的主要宗旨，而完全没有关于修道成仙的至理名言。他们有的把死亡和生存看作一样，声称人生在世与服劳役没有两样，把死亡看成是休息，这些思想主张与神仙之术相距已有千万里了，哪里值得去深入研究呢？其中的一些寓言譬喻，也还有可供借鉴之处，以备在琐碎事务上的使用，填补一时的需要，然而却使世道衰落时的一些伶牙俐齿的奸佞、没有美好品行的小人，得以拿老子、庄子的思想作为口实，岂不是很可惜了吗？”

或曰："圣明御世[①]，唯贤是宝，而学仙之士，不肯进宦，人皆修道，谁复佐政事哉？"抱朴子曰："背圣主而山栖者，巢、许所以称高也[②]；遭有道而遁世者，庄伯所以为贵也[③]；轩辕之临天下[④]，可谓至理也，而广成不与焉[⑤]；唐尧之有四海，可谓太平也，而偓佺不佐焉[⑥]。而德化不以之损也，才子不以之乏也。天乙革命[⑦]，而务光负石以投河[⑧]；姬武翦商[⑨]，而夷、齐不食于西山[⑩]；齐桓之兴[⑪]，而少稷高枕于陋巷[⑫]；魏文之隆[⑬]，而干木散发于西河[⑭]。四老凤戢于商洛[⑮]，而不妨大汉之多士也；周党麟跱于林薮[⑯]，而无损光武之刑厝也[⑰]。夫宠贵不能动其心，极富不能移其好，濯缨沧浪[⑱]，不降不辱，以芳林为台榭[⑲]，峻岫为大厦[⑳]，翠兰为细床[㉑]，绿叶为帏幕，被褐代衮衣[㉒]，薇、藿当嘉膳[㉓]，非躬耕不以充饥，非妻织不以蔽身，千载之中，时或有之，况又加之以委六亲于邦族[㉔]，捐室家而不顾，背荣华如弃迹[㉕]，绝可欲于胸心，凌嵩峻以独往，侣影响于名山[㉖]，内视于无形之域，反听乎至寂之中，八极之内，将遽几人[㉗]？而吾子乃恐君之无臣，不亦多忧乎？"

【注释】

①圣明：指圣明的君主。御：驾驭，治理。

②巢、许：巢父和许由，都是唐尧时的隐士。

③庄伯：庄光，字子陵，东汉人。后避汉明帝讳，改称严光。少与刘秀同学，刘秀即帝位后，庄光改变姓名，隐居不见。

④轩辕：即黄帝轩辕氏，传说中的古代帝王。临：治理。

⑤广成：广成子。与：指参与治国。

⑥偓佺（wò quán）：人名。《列仙传》说他在尧时避世修道，好食松实，后成仙。

⑦天乙：即商汤王。《史记·殷本纪》："主癸卒，子天乙立，是为成汤。"革命：改变天命。这里指商汤王推翻夏朝，建立商王朝。古人认为王者受命于天，因此改朝换代被称为"革命"。

⑧务光：夏代人。传说商汤王让天下与他，他表示拒绝，并负石投水自杀。

⑨姬武：指周武王。周武王姓姬，故称"姬武"。翦：灭掉。

⑩夷、齐：伯夷和叔齐。商朝孤竹国君的两个儿子。《史记·伯夷列传》说，周武王灭商以后，两人不食周粟，饿死在首阳山。西山：即首阳山。

⑪齐桓：即齐桓公。春秋五霸之一。

⑫少稷：指小臣稷。春秋时齐国隐士。《吕氏春秋·下贤》说，齐桓公想见小臣稷，一天去了三次，也未能见到他。

⑬魏文之隆：魏文侯把国家治理得十分强盛。魏文，即魏文侯。战国时期魏国君主。

⑭干木：段干木。散发：披散着头发。形容生活自由的样子。西河：地名。古人称黄河上游南北流向的一段叫西河。《高士传》说魏文侯想让他作相，段干木予以拒绝。

⑮四老：四位老人。即"四皓"。汉初隐居于商山中的四位须眉皆

白的老人，他们是东园公、绮里季、夏黄公、甪里先生。凤戢(jí)：像凤凰一样隐匿。戢，收敛，隐藏。商洛：地名。在今陕西商州一带。

⑯周党：东汉太原人。《后汉书·逸民列传》说他见光武帝时，"伏而不谒，自陈愿守所志，帝乃许焉"。麟跱(zhì)：像麒麟一样地生活。跱，同"峙"，立。引申为生活。

⑰刑厝(cuò)：指无人犯法，以至于刑法搁置不用。厝，通"措"，搁置不用。

⑱濯缨沧浪：洗帽带子于沧浪水中。濯，洗涤。缨，系冠的带子。沧浪，水名。在今湖北北部。这一句是描写隐居生活。《楚辞·渔父》记载，渔父对被流放的屈原说："沧浪之水清兮，可以濯我缨；沧浪之水浊兮，可以濯我足。"

⑲榭：建筑在高土台上的房屋。

⑳峻岫(xiù)：高峻的山峰。岫，山峰。

㉑细(yīn)床：有褥垫的床铺。细，褥垫。

㉒被褐(pī hè)：穿着粗布衣服。被，通"披"，穿着。褐，古代穷人穿的粗布衣，比喻贫贱的生活。衮衣：绣有龙形等花纹的高贵服饰。

㉓薇、藿(huò)：两种野菜名。藿，豆叶。

㉔六亲：父、母、兄、弟、妻、子。另外"六亲"还有其他说法。这里泛指亲人。

㉕迹：足迹，脚印。

㉖影响：这里指自己的影子和回声。

㉗遽：竟然，究竟。

【译文】

有人说："圣明的君主治理国家，非常重视贤人，而那些学习仙道的士人，不肯出仕做官，如果人人都去修习仙道，谁来辅佐国政呢？"抱朴子说："离开圣明的君主而到山林隐居，这是巢父、许由被称赞为高尚之人的原因；遇到清明盛世却逃避社会，这是庄伯之所以被人看重的缘故；轩辕氏君临天下的时候，可以说是天下大治了，而广成子却不去参与政事；唐尧拥有四海的时候，可以算是天下太平了，但偓佺却不去辅佐君主。然而德泽教化并未因此而受损，贤人也并未因此而缺乏。商汤王推翻夏代，而务光却背着石头投入黄河；周武王翦灭商朝，但伯夷、叔齐却在西山上绝食；齐桓公使齐国兴盛了，而少稷却在穷街陋巷里高枕而卧；魏文侯使魏国强大了，但段干木却在西河一带散发而游。四位老人像凤凰一样隐匿在商洛地区，并没有妨碍大汉王朝的人才济济；周党像麒麟一般傲世独立在山林水泽，也无损于汉光武帝时刑法搁置不用的太平局面。尊宠高贵不能打动他们的思想，极为富有不能改变他们的爱好，在沧浪之水中洗涤帽缨，不降低人格也不受羞辱，他们把芳草茂林当作歌台舞榭，把崇山峻岭视为高楼大厦，以青翠的兰草为褥垫床铺，以碧绿的树叶作帷幕大帐，披着粗布衫以代替华贵的衮衣，把野菜豆叶当成美味佳肴，如果不是亲自耕作出来的粮食就不去用它充饥，如果不是妻子织出的布匹就不去把它穿在身上，在漫长的千年岁月之中，或许有一些这样的人，更何况再加上要抛弃家族之中的亲人，放弃家庭而毫不顾及，抛却荣华富贵如同丢弃自己的脚印，断绝心中的各种欲望，独自一人登上高山峻岭，在名山之中与自己的影子和声音相伴，向内去观察无形无象的清静领域，回头去聆听无声无息的寂静境界，在整个天地之间，这样的人究竟又能有几个呢？而您却担心君主没有大臣，这岂不是太多虑了吗？"

或曰："学仙之士，独洁其身而忘大伦之乱[①]，背世主而有不臣之慢[②]，余恐长生无成功，而罪罟将见及也[③]。"抱朴子答曰："夫北人、石户、善卷、子州[④]，皆大才也，而沉遁放逸，养其浩然，升降不为之亏[⑤]，大化不为之缺也[⑥]。况学仙之士，未必有经国之才，立朝之用，得之不加尘露之益，弃之不觉毫厘之损者乎！方今九有同宅[7]，而幽荒来仕[8]，元凯委积[9]，无所用之。士有待次之滞[10]，官无暂旷之职，勤久者有迟叙之叹[11]，勋高者有循资之屈[12]；济济之盛，莫此之美，一介之徒，非所乏也。昔子晋舍视膳之役[13]，弃储贰之重[14]，而灵王不责之以不孝[15]；尹生委衿带之职[16]，违式遏之任[17]，而有周不罪之以不忠[18]。何者？彼诚亮其非轻世薄主[19]，直以所好者异，匹夫之志，有不可移故也。夫有道之主，含垢善恕[20]，知人心之不可同，出处之各有性[21]，不逼不禁，以崇光大。上无嫌恨之偏心，下有得意之至欢，故能晖声并扬于罔极[22]，贪夫闻风而忸怩也[23]。吾闻景风起则裘炉息[24]，世道夷而奇士退[25]。今丧乱既平，休牛放马[26]，烽燧灭影[27]，干戈载戢[28]，繁弱既韬[29]，卢、鹊将烹[30]，子房出玄帷而反闾巷[31]，信、越释甲胄而修鱼钓[32]，况乎学仙之士，万未有一，国家吝此以何为哉[33]？然其事在于少思寡欲，其业在于全身久寿，非争竞之丑，无伤俗之负[34]，亦何罪乎？且华、霍之极大[35]，沧海之滉瀁[36]，其高不俟翔埃之来[37]，其深不仰行潦之注[38]，撮壤土不足以减其峻，挹勺水不足以削其广[39]，一世不过有数仙人，何能有损人物之鞅掌乎[40]？”

【注释】

①大伦：最重要的伦理关系。也即人与人关系的根本准则。

②世主：君主。慢：怠慢。

③罪罟：法网。罟，网。

④北人：北人无择，姓北人名无择。一说“北人”是北方人的意思。

《庄子·让王》说，舜要让位于他，他便跳入清泠渊而死。石户：人名。《庄子·让王》说，舜要让位于他，他便带领全家逃到海岛。善卷：人名。《庄子·让王》说，舜要让位于他，他便逃入深山。子州：即子州支父。姓子名州，字支父。《庄子·让王》说，舜要让位于他，他坚决拒绝。

⑤升降：日月的升起与落下。这里指日月。

⑥大化：大自然。

⑦九有：九州，指全国。古代把天下分为冀、兖、青、徐、扬、荆、豫、梁、雍九州。

⑧幽荒来仕：偏僻荒远之地的人都来到朝中做官。

⑨元凯委积：人才成群结队。元，八元。凯，八凯。《左传·文公十八年》说，高阳氏有才子八人，天下之民谓之“八恺（凯）”；高辛氏有才子八人，天下之民谓之“八元”。这里用“元凯”代指有才华的人。委积，聚积，堆积。

⑩待次：按次序等待。

⑪迟叙：进职太慢。叙，依等级、次序进职。

⑫循资：论资排辈。

⑬子晋：王子晋。周灵王太子。《列仙传》说，周灵王太子晋好吹笙作凤凰鸣，游伊、洛间，道士浮丘公接上嵩山，成仙而去。视膳：古代儿女侍奉父母及长辈进餐时的礼节。这里泛指侍奉父母。

⑭储贰：即储君，君主的继承人。

⑮灵王：即周灵王，王子晋之父。

⑯尹生：即关令尹喜。《列仙传》说他见到老子后，与老子俱游流沙，莫知所终。衿带：比喻形势回环的险要之地。这里指尹喜负责守护的关口。

⑰式遏：遏制坏人作恶。式，发语词。遏，遏制。尹喜守关的职责就是抗击敌寇，督察坏人。

⑱罪之：降罪于他，惩罚他。

⑲彼：指上文提到的周灵王和周朝统治者。诚：确实。亮：原谅，谅解。薄主：瞧不起君主。

⑳含垢：忍受羞辱。恕：用自己的心去推想别人的心。

㉑出处：出仕与隐居。

㉒晖声：道德和名声。晖，光辉。指美好的品德。罔极：无限。

㉓贪夫：贪婪之人。忸怩：羞愧的样子。

㉔景风：夏至后暖和的风。裘炉息：皮衣和火炉都用不上了。息，停止，不用。

㉕夷：平静，太平。奇士：能出奇策的人。

㉖休牛放马：指牛马得到休息，不用再上战场。《史记·周本纪》记载，周武王灭商后，"纵马于华山之阳，放牛于桃林之虚；偃干戈，振兵释旅，示天下不复用也"。

㉗烽燧：烽火。

㉘干：盾牌。载：动词词头，无义。戢：收藏。

㉙繁弱：良弓的名字。韬：收藏。

㉚卢、鹊：良犬的名字。《博物志》卷六说："韩国有黑犬，名卢；宋有骏犬，曰鹊。"

㉛子房：张良，字子房，西汉刘邦谋士。功成后封万户侯，后学养生术。玄帷：帷幄，军中的帐幕。闾巷：指平民居住的地方。闾，古代二十五家为一闾。

㉜信、越：韩信和彭越。都是汉高祖的名将。

㉝吝此：舍不得放弃这些修仙之人。

㉞负：负心之事，坏事。

㉟华、霍：山名。华山在今陕西，霍山在今安徽。

㊱滉瀁(huàng yàng)：水深广的样子。

㊲俟(sì)：等待。引申为依赖。翔埃：被风吹来的灰尘。

㊳行潦(háng lǎo):路上的积水。行,路。潦,雨后的积水。

㊴挹(yì):舀出来。

㊵鞅掌:繁多。

【译文】

有人说:"学习仙道的人,只顾自身的高洁而忘记了基本伦理的混乱,背叛了国君而有不守臣职的怠慢,我担心长生之术还没学到,而法网将会落到自己的头上了。"抱朴子回答说:"北人、石户、善卷、子州,都是才能很高的人,却藏匿隐遁而随心所欲,去修养自己的浩然之气,而日月并未因此而受到亏损,大自然也并未因此而有所缺失。何况学习仙道的人,未必就有治理国家的才能,以及居朝为官的作用,得到他们不会增添灰尘露珠那样小的益处,放弃他们也不会觉得有一丝一毫的损失啊!当今九州如同一家,偏僻荒远之地的人都来做官,英才成群结队,却无处使用。士人们滞留于原地以排队等待,而官位却没有暂时的空缺;劳苦已久的人有进职太慢的感叹,功大勋高的人有论资排辈的委屈;人才济济的盛况,没有哪个时代能够与现在相比,一两个人不去出仕,并不会造成人才的缺乏。从前王子晋逃避侍养君父的义务,丢弃继承君位的重任,然而周灵王并没有责怪他的不孝;关令尹喜擅离镇守险要关口的要职,放弃了遏制敌寇、盘查坏人的大任,而周王朝也没有怪罪他的不忠。为什么呢?因为周灵王和周王朝确实能够谅解他们并非轻视政务、蔑视君主,只是因为他们的爱好有所不同、就连普通人的志向也无法改变的缘故。圣明的君主,能够忍受羞辱而善于宽恕,他们懂得人心不可强求一致,出仕和隐居各有天性,所以不逼迫不禁止,以便将各自的优点发扬光大。君主没有猜忌报复的狭隘之心,臣民就有各得所欲的最大幸福,因此能够使君主的美德和声誉传扬到无边遥远的地方,那些贪婪的人听到君主的高尚风范就会羞惭无比。我听说夏天的风吹来了,皮袍和火炉就派不上用场;世道太平时,身怀奇策异谋的人就该隐退了。如今动乱已经平息,纵马于华山而放牛于桃林,烽火不起，刀枪入库，良弓已经收藏，名犬也将烹杀，就连张良一类的谋臣也要走出军帐而返回平民里巷，韩信、彭越一类的名将也将脱下铠甲去修治钓鱼用具，更何况学习仙道的人，万人之中没有一个，国家又为什么会舍不得放弃这些人呢？而且修习仙道的事情在于减少思虑和欲望，目的在于保全身体增加寿命，他们没有争名逐利的丑行，也没有伤风败俗的过错，又有什么罪过呢？而且天下像华山、霍山一般极其高大，像沧海一样极为辽阔，它的高大不必依赖风吹来的那点尘土，它的辽阔也不必仰仗流入一点路边的雨水，抓走一撮土不足以降低它的高度，舀出一勺水不足以减损它的辽阔，全社会不过就那么几个仙人，哪里会有损于人才济济的局面呢？”

或曰：“果其仙道可求得者，五经何以不载？周、孔何以不言？圣人何以不度世？上智何以不长存？若周、孔不知，则不可为圣；若知而不学，则是无仙道也。”抱朴子答曰：“人生星宿，各有所值，既详之于别篇矣[①]。子可谓戴盆以仰望，不睹七曜之炳粲[②]；暂引领于大川[③]，不知重渊之奇怪也[④]。夫五经所不载者无限矣，周、孔所不言者不少矣，特为吾子略说其万一焉。虽大笑不可止，局情难卒开[⑤]，且令子闻其较略焉。夫天地，为物之大者也。九圣共成《易经》[⑥]，足以弥纶阴阳[⑦]，不可复加也。今问善《易》者，周天之度数[⑧]，四海之广狭，宇宙之相去凡为几里，上何所极，下何所据，及其转动，谁所推引，日月迟疾，九道所乘[⑨]，昏明修短[⑩]，七星迭正[⑪]，五纬盈缩[⑫]，冠珥薄蚀[⑬]，四七凌犯[⑭]，彗孛所出[⑮]，气矢之异[⑯]，景、老之祥[⑰]，辰极不动[⑱]，镇星独东[⑲]；羲和外景而热[⑳]，望舒内鉴而寒[㉑]；天汉仰见[㉒]，为润下之性；涛潮往来，有大小之变；五音六属[23]，占喜怒之情；云动气起，含吉凶之候[24]；欃枪、尤、矢[25]，旬始、绛绎[26]，四镇、五残[27]，天狗、归邪[28]，或以示成，或以正败[29]；明《易》之生[30]，不能论此也。以次问《春秋》四部、《诗》、《书》、三《礼》之家[31]，皆复无以对矣。皆曰：'悉正经所不载，唯有巫咸、甘公、石申、《海中》、《郄萌》、《七曜》记之悉矣[32]。'余将问之曰：'此六家之书，是为经典之教乎？'彼将曰：'非也。'余又将问曰：'甘、石之徒，是为圣人乎？'彼亦曰：'非也。'然则人生而戴天，诣老履地，而求之于五经之上则无之，索之于周、孔之书则不得，今宁可尽以为虚妄乎？天地至大，举目所见，犹不能了，况于玄之又玄、妙之极妙者乎？"

【注释】

①别篇：其他篇章。这里指《塞难》。葛洪在《塞难》中详细地阐述了人的命运、性格与星宿的关系。

②七曜：日、月和金、木、水、火、土五星的合称。炳粲：光明的样子。

③暂：短时。引领：伸着脖子。领，脖子。

④重渊：极深的深渊。

⑤局情：狭隘的认识。卒(cù)：通"猝"，突然的，一时。开：打开。

⑥九圣共成《易经》：传统认为，《易经》经历三圣之手，伏羲制卦，文王系辞，孔子作十翼。本文所说的九圣，应指伏羲氏、神农氏、黄帝、尧、舜、禹、汤、周文王、孔子。《隋书·经籍志一》在介绍《周易》时说："自初起至于孔子，九圣之所增演，以广其意。"

⑦弥纶：包罗。

⑧周天：绕天一周。度数：这里指距离、长度。

⑨九道：月亮运行的轨迹。《汉书·天文志》："月有九行者，黑道

二，出黄道北；赤道二，出黄道南；白道二，出黄道西；青道二，出黄道东。……然用之，一决房中道。”乘：计量。这里指计量路程的远近。

⑩昏明：夜晚和白天。修：长。

⑪七星：星宿名。南方朱雀七宿中的第四宿的七星。另外，北斗也叫“七星”。迭正：交替运行及其正常状况。

⑫五纬：金、木、水、火、土五颗行星。盈缩：出现的早晚。《汉书·天文志》：“凡五星早出为赢……晚出为缩。”

⑬冠珥：太阳四周的云气。《汉书·天文志》颜师古注：“气在日上为冠、为戴，在旁直对为珥，在旁如半环向日为抱。”薄蚀：日月相掩食。

⑭四七：二十八宿。古人把黄道的恒星分成二十八个星座，称为“二十八宿”。凌犯：相互冲犯。

⑮彗孛(beì)：彗星。

⑯气矢：形状似箭的云气。矢，箭。

⑰景：景星，又叫瑞星、德星，形状无常，常出现于有道之国。老：老人星，即南极星。

⑱辰极：北极星。

⑲镇星：土星的别称。

⑳羲和：神话中为太阳驾车的神，这里代指太阳。外景：向外发光。景，日光。

㉑望舒：神话中为月亮驾车的神，这里代指月亮。内鉴：向内映照。

㉒天汉：银河。

㉓六属：六律。指黄钟、太蔟、姑洗、蕤宾、夷则、无射。古人用竹管制作不同的定音器，作用类似于今天的定调。这些竹制定音器和它们吹出的乐律都叫做“律”。乐律分阴阳两大类，每类各六种，阳类六种叫“六律”，阴类六种叫“六吕”。

㉔候：征兆。

㉕欃(chán)枪、尤、矢：均为星名。欃枪，彗星。尤，蚩尤旗。矢，枉矢。类似大流星。

㉖旬始、绛绎：星名。旬始，出现在北斗旁，状如雄鸡。绛绎，状如火焰。

㉗四镇、五残：星名。四镇，出现在天的四角，离地约四丈。五残，《史记·天官书》："五残星……状类辰星，去地可六丈。"

㉘天狗、归邪：星名。《史记·天官书》："天狗，状如大奔星，有声，其下止地，类狗。""如星非星，如云非云。命曰'归邪'。"

㉙正：通"征"，征兆。

㉚生：儒生，读书人。

㉛春秋四部：四本《春秋》。《墨子·明鬼》记载有周之《春秋》、燕之《春秋》、宋之《春秋》、齐之《春秋》。三《礼》之家：指儒家经典《周礼》、《仪礼》、《礼记》。

㉜巫咸：传说中的神巫名。甘公、石申：都是先秦时的天文学家。《海中》、《郄萌》、《七曜》：均为占星书名。

【译文】

有人说："如果真的有神仙之道可以学习的话，儒家的五经为什么没有记载？周公、孔子为什么没有谈论过？圣人为什么不能离世成仙？最聪明的人为什么不能长生不老？如果周公、孔子不知道此事，那么他们算不上是圣人；如果他们知道此事而不去学习，那么这说明世间根本就没有神仙之道。"抱朴子回答说："每个人的命运都是由星宿决定的，而各自所遇到的星宿有所不同，这个道理已经在其他篇章里详细论述过了。您可以说是头顶着盆子去仰望天空，于是就看不见日月五星的光辉；还可以说是伸着脖子望了大河一眼，根本无法了解深渊里的奇特景象。五经中没有记载的知识是无限的多，周公、孔子没有谈论过的道理也很不少，我仅仅为您大略地谈谈其中的万分之一的内容吧。虽然您听了会大笑不止，您的狭隘认识局面很难一下子被打开，但我还是姑且让您听听大致的情况吧。天地，是事物中最庞大的。九位圣人共同撰写了《易经》，足以涵盖阴阳之道，高深得无以复加了。现在去问问那些擅长《易经》的人：绕天一周的长度有多少，四海的宽窄如何，宇宙之间相距一共有多少里，天的极限在何处，大地的依托在哪里，天地的运转，是谁在推拉，太阳月亮运行的迟缓，月亮运行的九种轨道如何计量，夜晚和白天的长短，南方朱雀七星的更替变化与正常状态，五颗行星的出现早晚，冠气珥气和日月的薄蚀，二十八宿的相互冲犯，彗星为什么出现，形状如箭的云气变异，景星、老人星的吉祥征兆，北极星的不运动，镇星独自出现在东方；太阳向外发光而炽热，月亮向内映照而寒冷；银河需要我们仰头才能看见，却具有向下润泽的特性；潮水来来往往，有或大或小的变化；五音六律，可以用来占卜喜怒的情感；云气涌动，包含着吉凶的征兆；彗星、蚩尤旗星与枉矢星，旬始星与绛绎星，四镇星与五残星，天狗星与归邪星，它们有的预示成功，有的暗示失败；那些懂得《易经》的书生，根本无法回答这些现象产生的原因。依次再去请教那些研究四部《春秋》、《诗经》、《尚书》，以及“三礼”的学者，他们也都将无法回答。都会说：‘这些都是正规经书所不记载的，只有巫咸、甘公、石申等人，及《海中》、《郄萌》、《七曜》等书才有详尽记载。’我要问问他们：‘这六家之书，能够算是经典的教育吗？’他们必将回答说：‘不是的。’那么我还要问问他们：‘甘公、石申之流可以算是圣人吗？’他们也将回答说：‘不是。’那么人们出生后就顶着天，一直到老还要踏着地，而有关天地的这些知识，在五经中寻找不到，在周公、孔子的书中也看不到，难道就可以说这些知识都是虚无的吗？天地最大，举目就能够看见，尚且无法明白，何况那些深邃之中的深邃、玄妙之中最为玄妙的道理呢？”

复问俗人曰：“夫乘云、茧产之国[①]，肝心不朽之民[②]，巢居穴处，独目、三首[3]，马闲、狗蹄[4]，修臂交股[5]，黄池无男[6]，穿胸旁口[7]，廪君起石而泛土船[8]，沙壹触木而生群龙[9]，女娲地出[10]，杜宇天堕[11]，甓飞犬言[12]，山徙社移[13]，三军之众，一朝尽化[14]，君子为鹤，小人成沙，女丑倚枯[15]，贰负抱桎[16]，寄居之虫，委甲步肉[17]，二首之蛇[18]，弦之为弓[19]，不灰之木[20]，不热之火[21]，昌蜀之禽[22]，无目之兽[23]，无身之头[24]，无首之体[25]，精卫填海[26]，交让递生[27]，火浣之布[28]，切玉之刀[29]，炎昧吐烈[30]，磨泥漉水[31]，枯灌化形[32]，山夔前跟[33]，石修九首[34]，毕方人面[35]，少千之劾伯率[36]，圣卿之役肃霜[37]，西羌以虎景兴[38]，鲜卑以乘鳖强[39]，林邑以神录王[40]，庸、蜀以流尸帝[41]，盐神婴来而虫飞[42]，纵目世变于荆岫[43]，五丁引蛇以倾峻[44]，肉甚振翅于三海[45]。金简玉字，发于禹井之侧[46]；《正机》、《平衡》[47]，割乎文石之中[48]。凡此奇事，盖以千计，五经所不载，周、孔所不说，可皆复云无是物乎？至于南人能入柱以出耳[49]，御寇停肘水而控弦[50]，伯昏蹑亿仞而企踵[51]，吕梁能行歌以凭渊[52]，宋公克象叶以乱真[53]，公输飞木鸢之翩翾[54]，离朱觌毫芒于百步[55]，贲、获效膂力于万钧[56]，越人揣针以苏死[57]，竖亥超迹于累千[58]，郢人奋斧于鼻垩[59]，仲都袒身于寒天[60]，此皆周、孔所不能为也，复可以为无有乎？若圣人诚有所不能，则无怪于不得仙，不得仙亦无妨于为圣人，为圣人偶所不闲[61]，何足以为攻难之主哉！圣人或可同去留[62]，任自然，有身而不私，有生而不营[63]，存亡任天，长短委命，故不学仙，亦何怪也？”

【注释】

①乘云茧产：乘云、吐茧。乘云，《博物志》卷二："大人国……其儿则长大，能乘云而不能走。"茧产，人能吐蚕茧。《山海经·海外北经》："欧丝之野在大踵东，一女子跪据树欧丝。""欧丝"即"呕丝"，吐丝作茧。

②肝心不朽：心肝不会朽烂。《博物志》卷二："无綮民……死埋之，其心不朽，百年还化为人。细民，其肝不朽，百年而化为人。"

③独目：一只眼。《山海经·海外北经》："一目国在其东，一目中其面而居。"三首：三个头。《山海经·海外南经》："三首国在其东，其为人一身三首。"

④马闲：应作"鸟爪"。一本《抱朴子》为"鸟爪"。《山海经·海内经》："有嬴民，鸟足。"狗蹄：《山海经·大荒北经》："有犬戎国，有神，人面兽身，名曰犬戎。"大概即"狗蹄"义。

⑤修臂交股：手臂很长，两腿交叉。修，长。股，大腿。《淮南子·地形训》载有"修臂民"和"交股民"。

⑥黄池无男：黄池没有男子。黄池，传说中的地名。《山海经·海外西经》："女子国，在巫咸北。"郭璞注："有黄池，妇人入浴，出即怀妊矣。"

⑦穿胸：胸膛贯穿。《博物志》卷二记载有"穿胸国"："二臣恐，以刃自贯其心而死，禹哀之，乃拔其刃疗以不死之草，是为穿胸民。"旁口：嘴长在旁边。未详出处。

⑧廪君起石而泛土船：廪君的即位是由于以剑击中石穴和乘土船不沉。廪君，南方的一位少数民族首领。起，兴起，指即位当君主。《后汉书·南蛮西南夷列传》："巴郡南郡蛮，本有五姓：巴氏、樊氏，瞫氏，相氏，郑氏。……未有君长，俱事鬼神，乃共掷剑于石穴，约能中者，奉以为君。巴氏子务相乃独中之，众皆叹。又令各乘土船，约能浮者，当以为君。余姓悉沉，唯务相独浮。

因共立之，是为廪君。”

⑨沙壹触木而生群龙：沙壹因为触摸木头而生下一群龙子。《后汉书·南蛮西南夷列传》：“哀牢夷者，其先有妇人名沙壹，居于牢山。常捕鱼水中，触沉木若有感，因怀妊，十月产子男十人。后沉木化为龙，出水上。沙壹忽闻龙语曰：‘若为我生子，今悉何在？’九子见龙惊走，独小子不能去，背龙而坐，龙因舐之。其母鸟语，谓背为九，谓坐为隆，因名子曰九隆。及后长大，诸兄以九隆能为父所舐而黠，遂共推以为王。”

⑩女娲地出：女娲由地下生出。女娲，女神名。传说女娲人头蛇身，蛇的洞穴在地下，所以说是“地出”。

⑪杜宇天堕：杜宇从天上落下。杜宇，传说中蜀国的君主。扬雄《蜀王本纪》：“有一男子，名曰杜宇，从天堕。……自立为蜀王，号曰望帝。”

⑫甓(pì)飞：砖头能够飞起。《三国志·魏书·方技传》注：“扶风马钧，巧思绝世。……尝试以车轮县瓴甓数十，飞之数百步矣。”犬言：狗会讲话。古代记载犬言的事例很多，被视为凶兆。如《晋书·五行志下》：“惠帝太安中，江夏张骋所乘牛言曰：‘天下乱，乘我何之！’骋惧而还，犬又言曰：‘归何早也？’”

⑬山徙社移：山峰和社坛移动。社，社坛。祭祀土神的地方。《搜神记》卷六：“夏桀之时，厉山亡；秦始皇之时，三山亡；周显王三十二年，宋大邱社亡；汉昭帝之末，陈留昌邑社亡。京房《易传》曰：‘山默然自移，天下兵乱，社稷亡也。’”

⑭三军之众，一朝尽化：众多的三军，瞬息之间全部发生变化。《太平御览》卷八十五：“周穆王南征，一军尽化。君子为猿、为鹄；小人为虫、为沙。”

⑮女丑倚枯：女丑靠在树上被晒死。女丑，女巫名。《山海经·海外西经》：“女丑之尸，生而十日炙杀之。”传说远古时期，天上有

十个太阳，当人们因天旱难耐时，有曝晒巫人以求雨的习俗。

⑯贰负抱桎(zhì)：贰负在疏属山被桎梏锈住。贰负，传说中的神话人物。桎，木制的脚镣。在脚叫"桎"，在手叫"梏"。《山海经·海内西经》："贰负之臣曰危，危与贰负杀窫窳，帝乃梏之疏属之山，桎其右足。"

⑰寄居之虫，委甲步肉：有些虫子寄居在其他物体身上，有的动物可以放弃甲壳用肌肉行走。委，放弃。甲，壳。步，行走。《本草纲目》卷四十六集解："鹦鹉螺，质白而紫，头如鸟形，其肉常离壳出食，出则寄居虫入居，螺还则虫出也。肉为鱼所食，则壳浮出，人因取之作杯。"

⑱二首之蛇：两个头的蛇。《博物志》卷三："常山之蛇名率然，有两头。"

⑲弦之为弓：仅仅弓弦就可以当作弓使用。《战国策·楚策四》："更羸与魏王处京台之下……有间，雁从东方来，更羸以虚发而下之。魏王曰：'然则射可至此乎?'更羸曰：……'其飞徐而鸣悲。飞徐者，故疮痛也；鸣悲者，久失群也，故疮未息，而惊心未至也。闻弦音，引而高飞，故疮陨也。"王明先生《抱朴子内篇校释》："《尔雅·释地》：'中有枳首蛇焉。'郭注：'歧头蛇也。……亦名弩弦。'《石药尔雅》：'蛇脱皮，一名蛇符弓皮。'是谓'弦之为弓'欤。"

⑳不灰之木：烧不成灰的树木。《太平御览》卷八百七十一说："《齐地记》曰：东南卢水水侧有胜火木，方人俗音曰'挺木'，经野火烧之不死，炭亦不灭。东方有不灰之木。"

㉑不热之火：据说有一个名叫萧丘的海岛，此处的火焰不热。参见《论仙篇》。

㉒昌蜀之禽：据《蜀十三州志》记载，使蜀国昌盛的杜宇变作杜鹃鸟。杜宇曾使蜀地昌盛，后让位与鳖灵，自己化为杜鹃鸟。

㉓无目之兽:没有眼睛的野兽。本书《登涉》篇:“短狐,一名蜮,一名射工,一名射影,其实水虫也,状如鸣蜩,状似三合杯,有翼能飞,无目而利耳。”

㉔无身之头:没有身体的头。《吕氏春秋·先识》:“周鼎著饕餮,有首无身。食人未咽,害及其身。”

㉕无首之体:没有头的身体。《山海经·大荒西经》:“有人无首,操戈盾立。名曰夏耕之尸。”

㉕精卫填海:精卫鸟衔木石填海。《山海经·北山经》:“有鸟焉,其状如乌,文首、白喙、赤足,名曰精卫,其鸣自詨。是炎帝之少女名曰女娃,女娃游于东海,溺而不返,故为精卫,常衔西山之木石,以堙于东海。”

㉗交让递生:交让树交替生存。交让,树名。交让树两树相对而生,一树枯则一树生,每年交换一次。《太平御览》卷九百六十一:“《大魏诸州记》曰:……有交让树,两两相对,岁更互枯互生,不俱盛。”

㉘火浣之布:用火洗的布。浣,洗。

㉙切玉之刀:切玉的刀。《列子·汤问》:“周穆王征西戎,西戎献锟铻之剑、火浣之布。其剑长尺有咫,练钢赤刃,用之切玉,如切泥焉;火浣之布,浣之必投于火,布则火色,垢则布色,出火而振之,皓然疑乎雪。”

㉚炎昧吐烈:吞火吐火。昧,看不见。指把火吞进去。《山海经·海外南经》:“厌火国……兽身黑色,生火出其口中。”

㉛磨泥漉水:从水中捞取泥浆进行磨制。漉,捞取。王嘉《拾遗记》卷五:“元封元年,浮忻国贡兰金之泥。此金出汤泉,盛夏之时,水常沸涌,有若汤火,飞鸟不能过。国人常见水边有人冶此金为器,金状混混若泥,如紫磨之色;百铸,其色变白,有光如银,即‘银烛’是也。”

㉜枯灌化形：以泪灌溉枯木，能够使枯木繁茂。《太平御览》卷一百五十七引王嘉《拾遗记》："张掖郡郅奇，字君珍。居丧尽礼，以泪洒石，石即成痕；著枯木枯草，在冬必茂。"

㉝山夔前跟：山夔的脚跟向前。山夔，传说中一种的山兽。《山海经·大荒东经》："其上有兽，状如牛，苍身而无角，一足，出入水则必风雨……其名曰夔。"

㉞石修九首：在石山中修成九个头。《山海经·东山经》："又南五百里，曰凫丽之山，其上多金玉，其下多箴石。有兽焉，其状如狐，而九尾、九首、虎爪，名曰蠪侄，其音如婴儿，是食人。"

㉟毕方人面：毕方长着人的面孔。毕方，传说中的鸟名。《山海经·海外南经》："毕方鸟……人面一脚。"

㊱少千之劾伯率：少千能够镇住伯率之鬼。少千，人名。伯率，即伯敬。鬼名。《太平广记》卷四五六引《列异传》："鲁少千者得仙人符，楚王少女英为魅所病，请少千。少千未至数十里，止宿。夜有乘鳖盖车，从数千骑来，自称伯敬，候少千。遂请内酒数榼，肴饯数案，临别言：'楚王女病，是吾所为。君若相为一还，我谢君二十万。'千受钱，即为还，从他道诣楚，为治之。于女舍前，有排户者，但闻云：'少千欺汝翁。'遂有风声西北去，视处有血满盆，女遂绝气，夜半乃苏。王使人寻风，于城西北得一死蛇，长数丈，小蛇千百，伏死其旁。"

㊲圣卿之役肃霜：圣卿能够役使肃霜的鬼魂。圣卿，人名。肃霜，骏马名。这里指肃霜马的鬼魂。刘义庆《幽明录》："阳起，字圣卿。……母至厕上，见鬼，头长数尺，以告圣卿。圣卿曰：'此肃霜之神。'劾之出来，变形如奴。"

㊳西羌以虎景兴：西羌族因为模样如虎的东西而兴起。西羌，西方的一个少数民族。《后汉书·西羌列传》："羌无弋爰剑者，秦厉公时为秦所拘执，以为奴隶。……后得亡归，而秦人追之急，藏

于岩穴中得免。羌人云:爰剑初藏穴中,秦人焚之,有景象如虎,为其蔽火,得以不死。"后爰剑被推举为西羌民族的首领。

㊴鲜卑以乘鳖强:鲜卑民族因为乘鳖而变得强大。鲜卑,少数民族名。这里的"鲜卑"应为"夫余",是一个少数民族国家。《后汉书·东夷列传》:"东明长而善射,王忌其猛,复欲杀之。东明奔走,南至掩淲水,以弓击水,鱼鳖皆聚浮水上,东明乘之得度,因至夫余而王之焉。"

㊵林邑以神录王:奴文因为神灵的选择而在林邑国称王。林邑,国名。录,录用,选择。奴文是林邑国的国王。《晋书·四夷列传》:"(奴文)尝牧牛涧中,获二鲤鱼,化成铁,用以为刀。刀成,乃对大石嶂而咒之曰:'鲤鱼变化,冶成双刀,石嶂破者,是有神灵。'进斫之,石即瓦解。文知其神,乃怀之。随商贾往来,见上国制度,至林邑,遂教逸作宫室、城邑及器械。逸甚爱信之,使为将。文乃谮逸诸子,或徙或奔。及逸死,无嗣,文遂自立为王。"

㊶庸、蜀以流尸帝:庸国、蜀国让漂来的尸体当了帝王。扬雄《蜀王本纪》记载,荆人鳖灵(一作令)死,其尸漂流至蜀后复活,蜀王杜宇立以为相。杜宇自以德不如鳖灵,以其国禅之,鳖灵即位,号曰开明帝。

㊷盐神婴来而虫飞:盐神用青丝带缠绕自己,并变成飞虫。婴,缠绕。《后汉书·南蛮西南夷列传》:"(巴郡南郡蛮首领)廪君乃乘土船,从夷水至盐阳。盐水有神女,谓廪君曰:'此地广大,鱼盐所出,愿留共居。'廪君不许。盐神暮辄来取宿,旦即化为虫,与诸虫群飞,掩蔽日光,天地晦冥。积十余日,廪君伺其便,因射杀之,天乃开明。"李贤注引《代本》:"廪君使人操青缕以遗盐神,曰:'婴此即相宜,云与女俱生,(弗)宜将去。'盐神受缕而婴之,廪君即立阳石上,应青缕而射之,中盐神,盐神死,天乃大开。"

㊸纵目世变于荆岫:长着竖眼睛的神怪在楚国山上世代变化。纵

目，眼睛竖着长。荆，即楚国。岫，山峰。屈原《大招》："豕首纵目，被发鬤只。长爪踞牙，诶笑狂只。"

㊹五丁引蛇以倾峻：五丁拉蛇出洞时拉倒了高峻的山峰。五丁，先秦时蜀国的五位大力士。倾，倒。峻，高山。扬雄《蜀王本纪》："秦王知蜀王好色，乃献美女五人于蜀王。蜀王爱之，遣五丁迎女。还至梓潼，见一大蛇入山穴中。一丁引其尾，不出。五丁共引蛇，山乃崩，压五丁。"

㊺肉甚振翅于三海：肉甚振翅飞翔于三海之上。肉甚，神怪名。《博物志》卷二："羽民国，民有翼，飞不远。"疑"肉甚"即指"羽民国"之类的人。

㊻金简玉字，发于禹井之侧：黄金制成的简册，玉石上刻的字，出现在禹井的旁边。《云笈七签》卷七："孔灵符《会稽记》云：会稽山南有宛委山，其上有石，俗呼为石篑，壁立干云，累梯然后至焉。昔禹治洪水，厥功未就，斋于此山，发石篑，得金简字，以知山河体势，于是疏导百川。"禹井，在今浙江会稽山。《汉书·地理志上》："会稽山在南，上有禹冢、禹井。"

㊼《正机》、《平衡》：道教典籍名。

㊽文石：有花纹的石头。文，通"纹"，花纹。本书《辨问》篇："《灵宝经》有《正机》、《平衡》、《飞龟授袟》凡三篇，皆仙术也。吴王伐石以治宫室，而于合石之中，得紫文金简之书。"

㊾南人能入柱以出耳：南人能够走入柱子并将耳朵露出来。此典故出处不详。

㊿御寇停肘水而控弦：列子拉弓射箭时能够在臂肘上放置一杯水。御寇：即列御寇。后人称列子。先秦的思想家。控弦，拉弓。《庄子·田子方》："列御寇为伯昏无人射，引之盈贯，措杯水其肘上。发之，适矢复沓，方矢复寓。"

51伯昏蹑亿仞而企踵：伯昏踮起脚跟站在亿仞高的悬崖边。伯昏，即伯昏无人，列子的老师。仞，长度单位。七尺或八尺为一仞。企踵，踮起脚跟。《庄子·田子方》："列御寇为伯昏无人射……伯昏无人曰：'是射之射也，非不射之射也。尝与汝登高山，履危石，临百仞之渊，若能射乎？'于是无人遂登高山，履危石，临百仞之渊，背逡巡，足二分垂在外，揖御寇而进之。御寇伏地，汗流至踵。"

52吕梁能行歌以凭渊：有人能够在吕梁的深渊中边游泳边唱歌。吕梁，地名。凭渊，在深渊中游泳。《庄子·达生》："孔子观于吕梁，县水三十仞，流沫四十里，鼋鼍鱼鳖之所不能游也。见一丈夫游之，以为有苦而欲死也，使弟子并流而拯之。数百步而出，被发行歌而游于塘下。"

53宋公克象叶以乱真：有人为宋公用象牙雕刻树叶，雕刻成功后足以乱真。宋公，宋国君主。克，通"刻"，象，象牙。《韩非子·喻老》："宋人有为其君以象为楮叶者，三年而成。丰杀茎柯，毫芒繁泽，乱之楮叶之中而不可别也。"

54公输飞木鸡(xuán)之翩翾(xuān)：公输班制作的木鸟可以在天上翩翩飞翔。公输，即公输班。因是鲁国人，后人称鲁班。鸡，即燕子。翩翾，飞翔的样子。《墨子·鲁问》："公输子削竹木以为鹊，成而飞之，三日不下。"

55离朱觌(dí)毫芒于百步：离朱能看清百步外毛发、麦芒大小的东西。离朱，传说中视力极好的人。觌，看见。《慎子》："离朱之明，察秋毫之末于百步之外。"

56贲、获效膂(lǚ)力于万钧：孟贲、乌获凭着臂力能够举起万钧之重。贲，孟贲，一名孟说。战国时期的大力士。获，乌获。战国时期的大力士。效，成效，能够。钧，重量单位。三十斤为一钧。《史记·秦本纪》："武王有力好戏，力士任鄙、乌获、孟说皆至大官。"

(57)越人揣针以苏死：扁鹊用针灸能够使死人复活。越人，秦越人，即扁鹊。苏，苏醒，复活。《史记·扁鹊仓公列传》："虢太子死。扁鹊至虢宫门下……乃使弟子子阳厉针砥石，以取外三阳五会。有间，太子苏。"

(58)竖亥超迹于累千：竖亥能够快速行走千万里。竖亥，人名。《淮南子·地形》记载，大禹派竖亥从北极走到南极，一共是二亿三万三千五百里七十五步。

(59)郢(yǐng)人奋斧于鼻垩(è)：匠石能够挥起斧头削去郢人鼻子上的白色泥点。《庄子·徐无鬼》："郢人垩漫其鼻端，若蝇翼，使匠石斫之。匠石运斤成风，听而斫之，尽垩而鼻不伤。"郢人，郢都人。郢，地名。楚国的都城，在今湖北江陵。垩，白色泥土。

(60)仲都袒身于寒天：仲都能够在寒冷的天气里不穿衣服。仲都，王仲都。汉朝人。《博物志》卷五："王仲都当盛夏之月，十炉火炙之不热；当严冬之时，裸之而不寒。"

(61)闲：通"娴"，熟习，知道。

(62)同去留：等同生死。去，离开人间死去。留，留在人间生活。

(63)营：经营，养护。

【译文】

抱朴子又反问世俗人说："有乘云而行、吐丝作茧的国家，有心肝死而不朽的百姓，有人住在树上或洞中，有人只有一只眼睛，有人却有三个脑袋，有的人长着鸟的脚爪，有的人生有狗的蹄子，有的臂膀很长，有的腿股交叉，黄池一带没有男人，有的人胸中有孔窍，有的人嘴巴长在旁边，廪君的即位是由于以剑击中石穴和乘土船不沉，沙壹因为触摸木头而生下一群龙子，女娲从地下出生，杜宇从天上落下，砖能够飞起，狗能够说话，山峰和社坛能够移动，众多的三军，瞬息之间全部变化，君子变成仙鹤，小人变成细沙，女丑靠在树上被晒死，贰负在疏属山被桎梏铐住，有的虫子寄居在其他物体上生活，有的虫子可以不要甲壳而靠肌肉行走，有两头之蛇，有惊弓之鸟，有不能烧成灰的树木，有不会发热的火焰，使蜀地昌盛的杜宇变成了鸟，有没有眼睛的野兽，有没有身体的头颅，有没有头颅的身体，精卫鸟誓填沧海，交让树交递生长，有在火中洗涤的布料，有能切割玉石的刀剑，有人能吞下和吐出烈火，有人从水中捞取泥浆进行磨制，灌溉枯木使之重生，山夔的脚跟向前，有人在石山中修成九个头，毕方鸟长着人的面孔，少千能威镇伯率之鬼，圣卿能役使肃霜之神，西羌因为老虎一样的东西庇护而兴盛，鲜卑由于乘坐鱼鳖而强大，林邑国奴文因为神灵的选择而称王，庸国、蜀国用漂来的尸体作为帝王，盐神变为飞虫还用青丝带缠绕，长着竖眼睛的怪物在楚国的山区里世代变化，五个力士为拉出巨蟒而使山崩倒，肉甚振动翅膀飞越三海。金制的简策、玉刻的文字，在禹井边被发现；《正机》、《平衡》这些书籍，从纹石中被剖出。凡此种种奇异的事情，大约数以千计，然而五经都没有记载，周公、孔子也没有谈论过，难道说这些事情都没有吗？至于南人能走入柱子并且将耳朵露出来，列子能够在拉弓射箭时放置一杯水于肘上，伯昏能够踮起脚跟站在亿仞高的悬崖边，有人能在吕梁的深渊急浪里游泳高歌，有人为宋公雕刻的象牙树叶足以乱真，公输般能制作木鸟而翱翔天空，离朱能看清百步外毛发麦芒大小的东西，孟贲、乌获能用强大的手臂举起万钧之重，扁鹊怀揣针石就能够起死回生，竖亥健步如飞日行千里，匠石挥起斧头砍掉郢人鼻尖上的白色泥点，仲都能在寒冬赤身裸体。这些都是周公、孔子所不能做到的，但能够因此就认为这些事情都没有吗？如果承认圣人的确有做不到的事情，那就不用奇怪他们为何不能修为神仙，就是不能当神仙也无妨于他们成为圣人。身为圣人偶有不能，哪里能够作为批评他们的主要理由呢？圣人也许能够齐同生死，顺应自然，拥有自身却没有私心，拥有生命也不去用心养护，生生死死全部顺应天意，寿命长短全部交给命运，因此他们不去学习仙道，又有什么值得奇怪的呢？”

道意卷九

【题解】

道意，大道的内容。意，思想，内容。道，是先秦道家的最高哲学范畴。关于先秦道家对“道”的解释，我们在《畅玄》篇的“题解”中已经作了大致说明。

葛玄作为道教的代表人物之一，理所当然地继承了“道”的思想，认为“道者，涵乾括坤，其本无名。论其无，则影响犹为有焉；论其有，则万物尚为无焉。……方者得之而静，员者得之而动；降者得之而俯，升者得之以仰”。这一类的描述，与老庄思想基本一样。而且葛洪也认为，要想得道，必须“淡默恬愉，不染不移，养其心以无欲，颐其神以粹素”，如果做到这一点，“则不请福而福来，不禳祸而祸去矣”。葛洪的这一主张与老庄也无二致。

但葛洪毕竟是一位宗教家，所以他在继承老庄的“道”的同时，又对“道”加以改造，把主要阐述修身、治国的老庄之“道”引向了以养生成仙为主要内容的道教之“道”。正是由于葛洪的思想与老庄思想有同有异，所以他有时赞美老庄，有时又批评老庄。

在本篇中，最值得我们关注的是葛洪对当时社会上的迷信活动的无情批判。他说：“孝武尤信鬼神，咸秩无文，而不能免五柞之殂；孙主贵待华向，封以王爵，而不能延命尽之期。”他还说：“宽衰老羸悴，起止咳噫，目瞑耳聋，齿堕发白，渐又昏耗，或忘其子孙，与凡人无异也。然民复谓宽故作无异以欺人……宽亦得温病，托言入庐斋戒，遂死于庐中。而事宽者犹复谓之化形尸解之仙，非为真死也。”葛洪批判的对象，上至帝王，下至普通百姓。他列举的鲍鱼神、李树神、古墓水、石人神、马太守等等事例，更让读者看清楚了迷信活动的荒唐和欺骗。

葛洪不仅揭露迷信活动的荒唐和欺骗，更揭示了这些活动带来的社会危害。从大的方面看，一些人打着神鬼的旗号，聚众谋反，搅得整个天下不得安宁；从小的方面看，迷信使一些百姓倾家荡产，死无葬身之财。于是葛洪提出了自己对那些巫师妖道的惩处方法：“唯宜王者更峻其法制，犯无轻重，致之大辟，购募巫祝不肯止者，刑之无赦，肆之市路。”从这里不难看出，葛洪对迷信骗人活动的深恶痛绝。

应该说，葛洪对世俗迷信的反对态度是极为明确和坚决的，这一主张，即使对于今天的生活，也不乏借鉴意义。可惜的是，葛洪在反对世俗迷信的同时，又端出了自己的神仙信仰，他反复申明：“天下非无仙道也，宽但非其人耳。”也就是说，自己的神仙信仰是正道，而其他迷信活动则属于邪道，实际上，葛洪不过是用一个错误替换了另一个错误而已。

抱朴子曰：“道者，涵乾括坤[①]，其本无名[②]。论其无，则影响犹为有焉；论其有，则万物尚为无焉。隶首不能计其多少[③]，离朱不能察其仿佛[④]；吴札、晋野竭聪[⑤]，不能寻其音声乎窈冥之内[⑥]；犭周狶、犭步猪疾走[⑦]，不能迹其兆朕乎宇宙之外[⑧]。以言乎迩[⑨]，则周流秋毫而有余焉[⑩]；以言乎远，则弥纶太虚而不足焉[⑪]。为声之声[⑫]，为响之响，为形之形，为影之影。方者得之而静[⑬]，员者得之而动[⑭]；降者得之而俯，升者得之以仰。强名为‘道’，已失其真，况复乃千割百判[⑮]，亿分万析，使其姓号至于无垠[⑯]，去道辽辽[⑰]，不亦远哉！

【注释】

①涵乾括坤:囊括了整个天地。乾,天。坤,地。

②其本无名:大道本来是没有名称的。道是天地万物规律的总称,本来没有名称,人们为了表述的方便,于是就为它起了个名称——道。古人同时还认为,无论给它什么样的名字,都无法概括它的所有内容。

③隶首:人名。传说是黄帝时人,始作算术。

④离朱:人名。相传视力过人。仿佛:大体情况。

⑤吴札:春秋吴国人,善于鉴别音乐。晋野:即师旷,字子野。因是春秋晋国人,故称"晋野"。善于鉴别音乐。

⑥窈冥:深邃而难以认识的样子。

⑦猯狶(diāo xī):野兽名。猞(shè)猪:野兽名。

⑧迹:追踪。兆朕:迹象。宇宙:四方上下叫做"宇",古往今来叫做"宙"。

⑨迩:近。引申为小。

⑩周流:周旋流动。秋毫:秋天的兽毛。

⑪太虚:天空。

⑫为声之声:是形成声音的声音。意思是主宰声音。

⑬方者:指大地。古人认为天圆地方。

⑭员者:指上天。员,通"圆"。

⑮判:分开。

⑯无垠:无限。这几句是说,人们在解释各自的"道"时,见仁见智,把本来的大道割裂得支离破碎,已经失去了本来面目。

⑰辽辽:遥远的样子。

【译文】

抱朴子说:"大道,囊括了天地,它本来是没有名字的。如果从'无'的角度来看,那么即使是影子、回声和它相比也都算是实有的;如果从

‘有’的角度来看，那么即使是万事万物和它相比也都算是虚无的。隶首不能计算出它的数量，离朱不能看清楚它的轮廓。吴札和晋野用尽他们的听力，也不能在幽深绵邈之中聆听到它的声音；善于奔跑的野兽飞快地奔走，也不能在宇宙之外追寻到它的踪迹。如果从小的角度来看，那么即使让它在秋天野兽的细毛之中周旋游动也有剩余的空间；如果从大的角度来看，那么即使囊括整个天空也不能把它装满。它能够主宰声音，主宰回响，主宰形体，主宰影子。大地因为有了道而得以安静，上天因为有了道而得以运动，向下降落的事物因为有了道而得以俯身向下，向上升起的事物因为有了道而得以仰身向上。勉强给它起了个名字叫做‘道’，已经无法描述它的本来面目，何况还要千百次地撕裂它，亿万回地分割它，使它的名号内容无限地改变分裂下去，这样一来离开大道的本旨就越来越遥远，这岂不是太远离大道了吗？

“俗人不能识其太初之本[①]，而修其流淫之末[②]。人能淡默恬愉，不染不移，养其心以无欲，颐其神以粹素[③]，扫涤诱慕，收之以正，除难求之思，遣害真之累，薄喜怒之邪，灭爱恶之端[④]，则不请福而福来，不禳祸而祸去矣。何者？命在其中[⑤]，不系于外，道存乎此，无俟于彼也[⑥]。患乎凡夫不能守真，无杜遏之检括[⑦]，爱嗜好之摇夺[⑧]，驰骋流遁，有迷无反，情感物而外起，智接事而旁溢[⑨]，诱于可欲，而天理灭矣，惑乎见闻，而纯一迁矣[⑩]。心受制于奢玩，情浊乱于波荡[⑪]，于是有倾越之灾[⑫]，有不振之祸[⑬]，而徒烹宰肥腯[⑭]，沃酹醪醴[⑮]，撞金伐革[⑯]，讴歌踊跃，拜伏稽颡[⑰]，守请虚坐[⑱]，求乞福愿，冀其必得，至死不悟，不亦哀哉！

【注释】

①太初：最原始的。古人认为远古时代的人们能够坚守大道，本性淳朴善良。

②流淫之末：后世那些邪恶的事情。淫，邪恶。

③颐：保养。粹素：纯粹朴素的品质。

④端：事情。引申为情感。

⑤其中：指自己的心中。

⑥彼：指除了自身之外的其他事物。

⑦杜遏：杜绝遏止。检括：约束。

⑧摇夺：摇动掠夺。

⑨旁溢：走向邪路。旁，旁门邪道。溢，溢出，流向。

⑩纯一：纯正专一的品性。

⑪波荡：到处奔走竞争。

⑫倾越：倾倒，灭亡。越，坠落。

⑬不振：无法挽救。振，救济。

⑭肥腯(tú)：肥壮。这里指肥壮的牛羊猪。

⑮沃酹(lèi)：以酒浇地祭祀鬼神。醪醴：泛指酒。

⑯金：指钟一类的乐器。革：指鼓一类的乐器。

⑰稽颡(qǐ sǎng)：古代的一种礼节。跪下，拱手至地，头也至地。

⑱守请虚坐：守着一无所有的神座去请求。虚坐，指供奉神灵的地方实际上是一无所有。

【译文】

“凡俗之人不能认识人类最初的美好天性，而去学习后世的一些邪恶之事。一个人如果能够做到淡泊恬愉，不受污染，坚定不移，用没有私欲的品性来修养心灵，用纯粹朴素的品质来涵养精神，扫除一切虚荣的诱惑，用正确的原则来约束自己，放弃难以追求的志愿，排除危害真性的累赘，削除欢喜与发怒的这些不正确感情，灭掉嗜好和憎恶这些不恰当情感，那么即使不去乞求福分而福分自然到来，不必去禳除灾祸而灾祸自然消除。为什么呢？因为命运决定于自己的内心，而不取决于外在环境，大道就存在于自己的心中，不需要身外的其他事物。值得担心的是那些凡庸之辈不能保持自己的真性，不能杜塞欲望以约束自我，听凭各种嗜好对自己的伤害掠夺，任由欲望的泛滥流行，走上迷途而不知返回。情感被外物打动就会发泄出去，智慧接触外物就会走向邪路，被各种能够勾起欲望的事物所诱惑，天理也就被泯灭了，被自己的所见所闻迷惑住了，淳朴专一的天性也就被改变了。心灵被各种奢侈的玩乐所控制，情感被到处争名夺利的行为所搅乱，于是就会出现灭亡的灾祸，就会发生无法挽救的忧患，然后再去白白地屠宰烹煮肥羊肥牛，用酒浇地以祭祀神灵，敲钟打鼓，唱歌跳舞，跪拜叩头，守着实际上一无所有的神座，乞求神灵赐福，希望一定能够得到福佑，这些人至死也不醒悟，这岂不是很可悲的吗？

"若乃精灵困于烦扰①，荣卫消于役用②，煎熬形气，刻削天和。劳逸过度，而碎首以请命③；变起膏肓④，而祭祷以求痊；当风卧湿，而谢罪于灵祇⑤；饮食失节，而委祸于鬼魅。蕞尔之体⑥，自贻兹患，天地神明，曷能济焉？其烹牲罄群⑦，何所补焉？夫福非足恭所请也，祸非禋祀所禳也。若命可以重祷延，疾可以丰祀除，则富姓可以必长生，而贵人可以无疾病也。夫神不歆非族⑧，鬼不享淫祀⑨；皂隶之巷⑩，不能纡金根之轩⑪；布衣之门，不能动六辔之驾⑫。同为人类，而尊卑两绝，况于天神，缅邈清高，其伦异矣，贵亦极矣，盖非臭鼠之酒肴、庸民之曲躬所能感降，亦已明矣。夫不忠不孝，罪之大恶，积千金之赂、太牢之馔⑬，求令名于明主⑭，释愆责于邦家⑮，以人释人，犹不可得，况年寿难获于令名，笃疾难除于愆责，鬼神异伦，正直是与[16]，冀其曲祐[17]，未之有也。夫惭德之主[18]，忍诟之臣[19]，犹能赏善不须贷财，罚恶不任私情，必将修绳履墨[20]，不偏不党[21]，岂况鬼神，过此之远，不可以巧言动，不可以饰赂求，断可识矣。

【注释】

①精灵：精神，灵魂。

②荣卫：泛指气血。荣，荣气。又叫营气。指人体营养机能和血液循环状况。卫，卫气。指人体保护自我的功能和状况。

③碎首：把头磕破。

④膏肓(huāng)：古代医学称心尖脂肪为"膏"，心脏和隔膜之间为"肓"。这里代指体内深处。

⑤灵祇(qí)：神灵。祇，地神。

⑥蕞(zuì)尔：渺小的样子。

⑦罄群：把成群的牲畜杀完。罄，全部用尽。

⑧歆(xīn)：祭祀时，神鬼享受的祭物的气味。非族：不同族类的人。

⑨淫祀：不合礼制的祭祀。

⑩皂隶：奴隶。

⑪纡(yū)：绕弯，回旋。金根之轩：即金根车，是一种用黄金装饰的豪华车子。

⑫六辔：古代一车四马，使用六根缰绳。辔，缰绳。

⑬太牢之馔(zhuàn)：丰盛的宴会。宴会或祭祀时并用牛、羊、猪三牲，叫太牢。馔，美食。

⑭令名：美好的名声。令，美好。

⑮愆(qiān)责：罪责。愆，罪过。

⑯正直是与：即"与正直"。帮助正直之人。与，帮助。

⑰曲祐：不合情理的袒护。

⑱惭德：因办事有缺误而心中含愧。

⑲忍诟：能够为国家而忍受耻辱。

⑳修绳履墨：遵循法律。绳、墨，本指木匠画直线用的工具，这里引申为法度。

㉑不偏不党：不偏私，不结党。

【译文】

“如果一个人的心灵被烦恼所困扰，血气被奔波所消耗，那么就会煎熬自己的身体，削弱自己的天然和气。疲劳与安逸过度，然后去磕破脑袋请求好运；体内发生了病变，然后去祭祀神灵祈求痊愈；在风口湿地里睡出疾病，然后去向神灵请罪；饮食没有节制，然后却归罪于鬼怪。拿着自己的渺小身体，给自己带来如此多的祸患，天地神灵，又怎么能够救护他呢？即使他烹杀了所有的畜群去祭祀，又有什么补益呢？福分并不是虔诚地去敬祀神灵所能请求来的，灾祸也不是祭祀鬼神所能解除的。假如生命可以用隆重的祭祀来延长，疾病可以由丰厚的祭品来消除，那么富裕之家就肯定能够长生不死了，显贵人物也可以没有疾病了。神灵不去接受不同族类人的祭品，鬼魂不去享用不合礼制的祭祀；奴隶居住的街巷，没有金根车在那里徘徊；普通百姓的门前，没有六辔大车在那里走动。同属于人类，但尊贵卑贱竟然有天壤之别，何况天神遥远清高，他们的身份与人类迥异，他们的高贵也达到了极点，他们自然不是臭老鼠一般的酒食菜肴、平凡百姓的打躬作揖所能感动得了的，这是很明白的道理啊。不忠不孝，这是最大的罪恶，积累千金的财物，置办丰盛的美食，想用这些到圣明君主那里去换取美好的名声，向国家要求解脱自己的罪责，以人的身份去要求别人宽恕自己，尚且不可能做到，更何况长寿的获得难于美名的获得，痼疾的消除难于罪责的消除，鬼神与人并非同类，他们只去帮助正直之人，要想得到鬼神不合情理的保佑，是从来没有的事情。那些道德有点缺憾就会感到羞愧的君主，能够为国家忍受羞辱的大臣，尚且能够不用贿赂就去赏赐善人，不徇私情而去处罚恶行，他们肯定能够遵循法律，不偏私不结党，更何况鬼神，他们的美德远远超过了这些君臣，不可以用花言巧语来打动他们，不可以拿丰盛财物去请求他们，这是完全可以明白可以断定的事情。

“楚之灵王①，躬自为巫，靡爱斯牲②，而不能却吴师之讨也③；汉之广陵④，敬奉李须⑤，倾竭府库，而不能救叛逆之诛也；孝武尤信鬼神⑥，咸秩无文⑦，而不能免五柞之殂⑧；孙主贵待华向⑨，封以王爵，而不能延命尽之期。非牺牲之不博硕，非玉帛之不丰醲⑩，信之非不款⑪，敬之非不重，有丘山之损，无毫厘之益，岂非失之于近⑫，而营之于远乎？

【注释】

①楚之灵王：即楚灵王。春秋时期楚国君主。桓谭《新论·言体》：“昔楚灵王骄逸轻下，简贤务鬼，信巫祝之道……躬执羽绂，起舞坛前。吴王来攻，其国人告急，而灵王鼓舞自若。”

②靡：不。斯：那些。牲：牲畜。这里指用来做祭品的牲畜。

③吴：春秋时国名。在今长江下游一带。

④广陵：指汉武帝儿子广陵王刘胥。《汉书·武五子传》说，广陵王为争夺帝位，请来女巫李女须，使神鬼作法，事败自杀。

⑤李须：是一个女巫，即《汉书·武五子传》中提到的李女须。

⑥孝武：即汉武帝。汉代号称以孝治天下，因此帝号前皆有一“孝”字。

⑦咸秩无文：全部按照秩序去祭祀那些不在礼书记载中的众神。咸，都，全部。无文，礼书中没有文字记载的。《汉书·郊祀志上》：“天子祭天下名山大川，怀柔百神，咸秩无文。五岳视三公，

四渎视诸侯。”

⑧五柞：宫殿名。故址在今陕西周至。因为那里有五棵柞树，故名。殂(cú)：死亡。《汉书·武帝纪》：“帝崩于五柞宫。”

⑨孙主：指三国时期吴国君主孙权。华向：可能即王表，或是王表一类的巫师。《三国志·吴书·孙权传》：“临海罗阳县有神，自称王表。周旋民间，语言饮食，与人无异，然不见其形。又有一婢，名纺绩。是月，遣中书郎李崇，赍辅国将军罗阳王印绶迎表。”

⑩醲(nóng)：本指酒味浓厚。引申为丰厚。

⑪款：诚恳。

⑫近：指自身。

【译文】

“楚国的灵王，亲自当巫师，不吝惜那些作祭品的牲畜，然而还是不能打退吴国军队的进攻；汉代的广陵王，恭敬地侍奉李女须，用尽仓库的钱财，然而也不能逃脱叛逆后的被诛杀；汉武帝尤其信奉鬼神，按照秩序去祭祀那些不在礼书记载中的所有神灵，却也没能免除五柞宫中的死亡；孙权厚待华向，封给他王爵，仍然也没能使生命在结束的时候再加以延长。这并非祭祀时用的牺牲不多不大，也并非祭祀时用的玉石丝帛不丰厚，更不是信仰得不虔诚，也不是恭敬得不庄重，然而结果却只有山丘般的损失，而没有丝毫的收益，这岂不是因为自身出现了失误，却向遥远的神灵求救吗？

“第五公诛除妖道①，而既寿且贵；宋庐江罢绝山祭②，而福禄永终；文翁破水灵之庙③，而身吉民安；魏武禁淫祀之俗④，而洪庆来假⑤。前事不忘，将来之鉴也。明德惟馨⑥，无忧者寿，啬宝不夭⑦，多惨用老⑧，自然之理，外物何为！若养之失和，伐之不解[⑨]，百痾缘隙而结[⑩]，荣卫竭而不悟，太牢三牲，曷能济焉？

【注释】

①第五公：东汉人。姓第五，名伦，字伯鱼。“公”是对他的尊称。《后汉书·第五伦列传》：“（第五伦）拜会稽太守。……会稽俗多淫祀，好卜筮。……伦到官，移书属县，晓告百姓，其巫祝有依托鬼神诈怖愚民，皆案论之。”

②宋庐江：指宋均，庐江是他做官的地方。东汉人。《后汉书·宋均列传》：“浚遒县有唐、后二山，民共祠之，众巫遂取百姓男女以为公妪，岁岁改易，既而不敢嫁娶，前后守令莫敢禁。均乃下书曰：‘自今以后，为山娶者皆娶巫家，勿扰良民。’于是遂绝。”

③文翁：西汉人，曾任蜀郡太守。水灵：水神。《水经注》卷三十三：“蜀有回复水，江神尝溺杀人，文翁为守，祠之，劝酒不尽，拔剑击之，遂不为害。”

④魏武：即魏武帝曹操。《三国志·魏书·武帝纪》：曹操作济南相时，“禁断淫祀”。

⑤洪庆：洪福。假（gé）：来到。

⑥明德惟馨：高尚的品德才是真正的芳香。明，圣明，高尚。馨，芳香。

⑦啬宝不夭：爱惜身体就不会夭折。啬，爱惜。宝，指宝贵的身体。

⑧惨：忧伤。用：因而。

⑨解（xiè）：通“懈”，懈怠。

⑩痾（kē）：疾病。缘隙：乘机。

【译文】

“第五伦除掉了妖道，能够既长寿又显贵；宋均罢除了对山神的祭祀，能够使福禄长存；文翁毁坏水神的庙宇，自身吉利而百姓安宁；曹操禁止不合礼制的祭祀风俗，而洪福来临。从前的事情不要忘记，就能成为未来的借鉴。高尚的品德才是真正的芳香，没有忧患的人才能长寿，珍惜身体的人才不会夭折，忧患过多的人就会因此衰老，这是自然的法则，身外之物与此又有什么关系！如果在保养身体时失去了平和心态，不停地去伤害自己的生命，百病就会趁机而入，血气枯竭而又不能醒悟，即使用牛、羊、猪这样的太牢去祭祀神灵，又有什么作用呢？

“俗所谓道，率皆妖伪，转相诳惑，久而弥甚。既不能修疗病之术，又不能返其大迷，不务药石之救，惟专祝祭之谬，祈祷无已，问卜不倦，巫祝小人，妄说祸祟。疾病危急，唯所不闻，闻辄修为[①]，损费不訾[②]。富室竭其财储，贫人假举倍息[③]，田宅割裂以讫尽，箧柜倒装而无余[④]。或偶有自差[⑤]，便谓受神之赐；如其死亡，便谓鬼不见赦。幸而误活，财产穷罄，遂复饥寒冻饿而死，或起为劫剽[⑥]，或穿窬斯滥[⑦]，丧身于锋镝之端[⑧]，自陷于丑恶之刑，皆此之由也。或什物尽于祭祀之费耗，縠帛沦于贪浊之师巫[⑨]，既没之日，无复凶器之直、衣衾之周[⑩]，使尸朽虫流，良可悼也[⑪]！愚民之蔽，乃至于此哉！淫祀妖邪，礼律所禁，然而凡夫终不可悟。唯宜王者更峻其法制，犯无轻重，致之大辟[⑫]，购募巫祝不肯止者[⑬]，刑之无赦，肆之市路[⑭]。不过少时，必当绝息。所以令百姓杜冻饥之源，塞盗贼之萌，非小惠也。

【注释】

①修为：努力请巫师来挽救病人。

②不訾(zī):无法计量。訾,通"赀",计量。

③假举倍息:借来利息加倍的钱财。假举,借贷。

④倒装:倒出所有的财物。

⑤差(chài):同"瘥",疾病痊愈。

⑥剽:抢劫。

⑦穿窬斯滥:穿壁越墙,无恶不作。穿,穿墙。窬,通"逾",翻墙。"穿窬"指打洞翻墙的偷盗行为。斯,就。滥,放肆,无恶不作。

⑧镝:箭头。

⑨縠(hú):有绉纹的纱。

⑩凶器:指棺材。直:同"值",钱财。衾(qīn):覆盖尸体的单被。周:周身,全身。

⑪良:确实。

⑫大辟:死刑。

⑬购募:悬赏揭发。

⑭肆:执行死刑后陈尸示众。

【译文】

"世俗人所说的道士,大都是一些弄虚作假的妖道,他们相互蒙蔽相互欺骗,随着时间的推移越来越严重。他们既不去学习治疗疾病的方法,又不能从迷乱中恢复清醒,也不致力于药物针石一类的救人办法,只是专注于错误的祭祀,他们祈祷不已,占卜不倦,这些巫师小人,胡言乱语一些神鬼作祟降祸之事。人们在疾病危急的时候,要么没有听到他们的胡言乱语,一旦听到了就去尽力请他们作法,结果损失的费用难以计数。富有人家用尽他们的积蓄,贫困人家借利息加倍的钱物,田园房宅被一点一点地卖完,箱子柜子倒空了没有任何余物。也许疾病偶然自己病愈了,巫师就说这是得到了神灵的恩赐;如果死亡了,就说这是因为鬼魂不予赦免。病人如果阴差阳错地侥幸活了下来,但财产也已经用光,于是就在饥寒交迫之中死去;有的也许会铤而走险,干起抢劫勾当，有的穿壁逾墙无恶不作，他们要么死于刀锋箭镝之下，要么受到名声极为丑恶的刑罚，这一切都是由于这个缘故啊。人们的所有财物都在祭祀的花费中用尽，丝帛也都落入了贪得无厌的巫师手中，死了之后，连买棺材的钱也没有，也没有完整裹尸的衣服被子，使得尸体腐烂而蛆虫横流，这的确让人悲哀啊！愚笨民众的蒙昧，竟然达到了这样的程度！不合礼制的祭祀及装神弄鬼的恶行，是礼法刑律所禁止的，然而那些凡庸匹夫始终不能醒悟。现在应该做的就只能是让君王对此严刑峻法，犯此法的人无论轻重，统统判为死刑而不予赦免，然后在闹市、路边陈尸示众。要不了多长时间，这些恶习一定会绝迹。这是堵塞百姓挨冻受饿的源头、杜绝盗贼产生的方法，并非一点点小恩小惠啊！

“曩者有张角、柳根、王歆、李申之徒[1]，或称千岁，假托小术，坐在立亡[2]，变形易貌，诳眩黎庶，纠合群愚。进不以延年益寿为务，退不以消灾治病为业，遂以招集奸党，称合逆乱[3]，不纯自伏其辜[4]，或至残灭良人。或欺诱百姓，以规财利，钱帛山积，富逾王公，纵肆奢淫，侈服玉食，妓妾盈室，管弦成列，刺客死士，为其致用，威倾邦君，势凌有司[5]，亡命逋逃[6]，因为窟薮[7]。皆由官不纠治，以臻斯患，原其所由[8]，可为叹息！吾徒匹夫，虽见此理，不在其位，末如之何！临民官长[9]，疑其有神，虑恐禁之，或致祸祟。假令颇有其怀[10]，而见之不了，又非在职之要务，殿最之急事[11]，而复是其愚妻顽子之所笃信，左右小人，并云不可，阻之者众，本无至心而谏，怖者异口同声，于是疑惑，竟于莫敢，令人扼腕发愤者也。

【注释】

①曩者:过去,从前。张角:东汉人。为太平道创始人,黄巾军的首领。柳根:疑为刘根,《后汉书·方术列传下》说他有道术,隐居嵩山中,炫惑百姓。王歆:东汉初年人。是与赤眉军同时起义的首领之一。李申:人名。事迹未详。

②坐在立亡:坐在那里,突然消失。

③称合:举兵合力。称,举。

④不纯:不单,不仅。辜:罪。

⑤有司:官府,官吏。

⑥逋逃:犯法逃亡的人。

⑦窟薮:洞穴与水泽。指某一类人的聚集处。

⑧原:本原。用作动词,探索本原。

⑨临:监临,治理。

⑩怀:心意。这里指打算追究妖道责任的想法。

⑪殿最:考核政绩。古代考核军功或政绩时,以上等为最,下等为殿,或首名为最,末名为殿。

【译文】

“从前有张角、柳根、王歆、李申之流,他们有的自称活了一千岁,假借一些小道术,如坐在那里突然消失、改变形貌等等,用来欺骗百姓,聚合群氓。从大处讲,他们不把延年益寿作为自己的目标;从小处看,也不把消灾除病作为自己的事业,于是就招集奸党,举兵叛乱,不仅自己犯罪被杀,而且还坑害了良民。他们有的欺骗诱惑百姓,以谋取财富,他们的钱财堆积如山,财富超过王公贵族,恣意骄奢淫逸,穿着奢侈的衣服,吃着最好的食物,妻妾挤满了房屋,乐队排成了行列,刺客杀手、亡命之徒,为他们所招揽使用,威风压倒了国君,权势凌驾于官府,亡命在逃之徒,全都聚集在他们那里。这都是由于官府不去纠察治理,才出现这样的祸患,追溯其原因,真让人为之叹息!我不过是个普通百姓,虽然看清了其中的缘由，但不在治民的位置上，对此也无奈何啊！治理百姓的长官们，怀疑这些巫师们有神相助，担心如果去禁止他们，也许会给自己带来灾祸。即便是心里确实有惩治巫师的想法，但由于自己手中的证据不是太明了，又不是自己职责的主要任务，也不是考核政绩时的最关键问题，再加上他们愚蠢的妻子和顽劣的孩子深深相信这些巫师，身边的小人，也都说不能禁止，阻挠的人很多，本来就没有坚定的信念去劝谏国家禁止巫术，怕事者又异口同声地反对，于是就犹豫不决，以至于最终也没有人敢于出来制止，这真是令人扼腕痛惜的事情啊！

“余亲见所识者数人，了不奉神明，一生不祈祭，身享遐年[①]，名位巍巍，子孙蕃昌，且富且贵也。唯余亦无事于斯[②]，唯四时祀先人而已。曾所游历水陆万里，道侧房庙，固以百许[③]，而往返径游，一无所过[④]，而车马无颇覆之变[⑤]，涉水无风波之异，屡值疫疠，当得药物之力，频冒矢石，幸无伤刺之患，益知鬼神之无能为也。又诸妖道百余种，皆煞生血食[⑥]，独有李家道无为为小差[⑦]。然虽不屠宰，每供福食[⑧]，无有限剂[⑨]，市买所具，务于丰泰，精鲜之物，不得不买，或数十人厨，费亦多矣，复未纯为清省也，亦皆宜在禁绝之列。

【注释】

①遐年：长寿。

②斯：代词。代指上文讲的各种巫术、妖道。

③许：表示约数。

④过：拜访。这里指祭祀。

⑤颇覆：颠覆，翻倒。颇，疑应作“倾”。

⑥血食:古代杀牲取血,用以祭祀。

⑦李家道:道教派别名。下文对李家道的情况有介绍。无为:清静无为。这里指不用巫术作恶。小差(chài):疾病稍微转好。这里指稍微好一些。差,同"瘥",病好了。

⑧福食:祭神用的食品。

⑨限剂:限度,限量。

【译文】

"我亲自看见和认识的几个人,他们完全不信奉神灵,一生也不祈祷祭祀,然而却享有长寿,名声地位都很尊贵,子孙也很昌盛,可以说是既富有又高贵。就是我本人也没有去从事这一类的事情,只是四季祭祀祖先而已。我所游历过的水道旱路有上万里,道边遇到的庙宇大约也有一百多所,但我往来经过时,从未去祭祀过,而我的车马并没有发生倾覆的事故,渡水时也没有遇到风浪方面的异常,多次遇上瘟疫,也是得到了药物效力的保护,多次在战场上冒着箭头石块冲杀,幸而也没有受伤的祸患,从而更加明白鬼神对此是无能为力的。那些妖邪的道派有一百多种,都杀生取血祭祀神鬼,只有李家道派相对清静无为,算是稍微好一些。然而李家道虽然不屠宰,但是每次置办祭祀物品时,没有限量,在集市上购买祭品时,尽力要求丰厚,精美新鲜的食物,不能不买,有时几十个人下厨房做祭品,浪费也太多了,也不能算是纯粹的清静节省啊,因此也应该放在禁止的道派之中。

"或问李氏之道起于何时。余答曰:吴大帝时[①],蜀中有李阿者,穴居不食,传世见之,号为'八百岁公'。人往往问事,阿无所言,但占阿颜色[②]:若颜色欣然,则事皆吉;若颜容惨戚,则事皆凶;若阿含笑者,则有大庆;若微叹者,即有深忧!如此之候,未曾一失也。后一旦忽去,不知所在。后有一人姓李名宽，到吴而蜀语，能祝水治病[3]，颇愈，于是远近翕然[4]，谓宽为李阿，因共呼之为‘李八百’，而实非也。自公卿以下，莫不云集其门，后转骄贵，不复得常见，宾客但拜其外门而退，其怪异如此。于是避役之吏民[5]，依宽为弟子者恒近千人，而升堂入室、高业先进者[6]，不过得祝水及三部符、导引、日月行气而已[7]，了无治身之要、服食神药、延年驻命、不死之法也。吞气断谷，可得百日以还，亦不堪久，此是其术至浅可知也。余亲识多有及见宽者，皆云宽衰老羸悴[8]，起止咳噫[9]，目瞑耳聋，齿堕发白，渐又昏耗[10]，或忘其子孙，与凡人无异也。然民复谓宽故作无异以欺人，岂其然乎？吴曾有大疫，死者过半。宽所奉道室，名之为‘庐’，宽亦得温病[11]，托言入庐斋戒，遂死于庐中。而事宽者犹复谓之化形尸解之仙[12]，非为真死也。夫神仙之法，所以与俗人不同者，正以不老不死为贵耳。今宽老则老矣，死则死矣，此其不得道，居然可知矣[13]，又何疑乎？若谓于仙法应尸解者，何不且止人间一二百岁，住年不老，然后去乎？天下非无仙道也，宽但非其人耳。余所以委曲论之者[14]，宽弟子转相教授，布满江表[15]，动有千许，不觉宽法之薄，不足遵承而守之，冀得度世，故欲令人觉此而悟其滞迷耳。

【注释】

①吴大帝：人名。指孙权。

②颜色：面部表情。

③祝水：对水念咒语。巫师声称这种被施咒的水可以用来治病等。

④翕(xī)然：心悦诚服的样子。这里指归服。

⑤避役：逃避劳役。

⑥升堂入室：深得老师的思想精华。《论语·先进》："子曰：'由也升堂矣，未入于室也。'"高业：学业优秀。先进：这里指学业排在前面的弟子。

⑦日月行气：吸取日月的精华之气。

⑧羸（léi）悴：瘦弱憔悴。

⑨起止：行动。咳噫（ài）：咳嗽。

⑩昏耗（mào）：昏聩糊涂。耗，通"眊"，糊涂。

⑪温病：发热之病。

⑫尸解：成仙方法之一。道教认为修道者死后，留下形骸，魂魄离去成仙，叫"尸解"。

⑬居然：确实。

⑭委曲：反复详细地。

⑮江表：长江以南地区。表，外。从中原的角度看，江南地处长江之外，故称"江表"。

【译文】

"有人问李家之道兴起于何时。我回答说：吴大帝孙权的时候，蜀郡有个名叫李阿的人，他住在山洞里不吃粮食，传说世世代代都有人看见过他，号称'八百岁公'。人们常常去向他求问事情的吉凶，李阿并不回答，但人们可以通过他的表情来占卜吉凶：如果脸色欣喜，那么事情就吉利；如果容颜悲伤，那么事情就凶险；如果李阿面带笑容，就大吉大利；如果微微叹息，就有深重忧患。他如此出示征兆，从来没有一次失误。后来突然离开，不知道去了哪里。后来有一个姓李名宽的人，到了吴郡却说着蜀地方言，能够用祝祷过的水治疗疾病，颇有疗效，因此远近的人都归服于他，认为李宽就是李阿，因而都称他为'李八百'，而实际上并不是。自公卿以下，人们都云集在他的门下。后来李宽越来越骄贵起来，人们不再能够经常见到他，宾客们也只能在外门参拜后就退了回去，他的行事就是如此的怪异。于是那些为了逃避劳役的小吏百姓，投在李宽门下当弟子的经常就有近千人，但即使是能够升堂入室、学业高深的优秀弟子，也不过是学得祝祷水以及三本符、导引之术、日月行气而已，完全没有学到修身养性的要旨、服食神仙大药、延年益寿、长生不老的方法。呼吸吐纳断绝谷物，也只能坚持在一百天以内，无法长期坚持下去，这些法术的肤浅由此可知了。在我亲自结识的人中，有很多见过李宽，都说李宽衰老瘦弱，动辄咳嗽，眼花耳聋，齿落发白，还渐渐昏聩糊涂，有时竟然忘记了自己的子孙，与世俗人没有什么两样。然而百姓们又说李宽是故意装出与世人没有两样来骗人的，难道真是这样吗？吴郡曾经发生了大瘟疫，死亡的人有一大半。李宽修炼住的道室，被称为'庐'，李宽自己也患上了发热病，借口进入'庐'斋戒，于是就死在庐中。然而那些信奉李宽的人还说他是变化形体、尸解而去的仙人，并非真正死亡了。修仙的方术，之所以与俗人不同，其可贵之处就在于不衰老、不死亡而已。如今的李宽老也老了，死也死了，他没有真正得道这一点确实是明白可知的，又有什么可怀疑的呢？如果说他按照修仙之法应当尸解仙去，那么为什么不暂时留在人间一两百年，青春永驻不再衰老，然后再离去呢？天下并非没有修仙之道，只是李宽不是修仙之人而已。我之所以要反复详细地谈论这件事情，是因为李宽的弟子们相互传授，遍及长江以南，动辄有一千多人，他们没有察觉到李宽法术的浅薄，根本不值得去继承和持守，还想凭借此术离开人世成仙。所以我想让人们了解真相，使他们能够从迷惑之中醒悟过来。

"天下有似是而非者，实为无限，将复略说故事，以示后人之不解者。昔汝南有人于田中设绳罥以捕獐而得者[①]，其主未觉。有行人见之，因窃取獐而去，犹念取之不事[②]，其上有鲍鱼者[③]，乃以一头置罥中而去。本主来，于罥中得鲍鱼，怪之，以为神，不敢持归。于是村里闻之，因共为起屋立庙，号为'鲍君'。后转多奉之者，丹楹藻棁④，钟鼓不绝。病或有偶愈者，则谓有神，行道经过，莫不致祀焉。积七八年，鲍鱼主后行过庙下，问其故，人具为之说。其鲍鱼主乃曰：'此是我鲍鱼耳，何神之有？'于是乃息。

【注释】

①汝南：地名。在今河南境内。罥(juàn)：捕兽的网。獐：动物名。一种小型鹿类动物。

②不事：不是件好事。

③鲍鱼：鱼名。

④丹楹藻棁(zhuō)：红漆的柱子，绘饰的大梁。丹，红色的颜料。楹，柱子。藻，花纹。棁，梁上的短柱。

【译文】

"天下似是而非的事情，实在是多得无限，我将再大略地说说从前的一些事情，以告知未来那些不了解真相的人们。从前汝南郡有人在田野中设置兽网捕捉獐子，而且也捕捉住了，只是那位主人还没有发现。有一个行路的人看见了，于是就偷偷把獐子拿走了，临走前又觉得就这样偷走了不成体统。刚好他身上带有鲍鱼，就拿出一条放在网中离开了。原来的主人来了，从网中看到了鲍鱼，认为这就太离奇了，以为是条神鱼，不敢拿回家。当时村里的人们听说了这事，就同心协力建成房屋，立起庙宇，尊称它为'鲍君'。后来信奉鲍君的人越来越多，庙中是红柱画梁，钟鼓不绝。病人偶尔有痊愈的，就认为鲍君真有神灵，走路经过这里的人，也都要进去祭拜鲍君。过了七八年，那条鲍鱼的主人经过这座庙宇，询问建庙的原因，人们便为他详细解说。那位鲍鱼的主人于是说：'这不过是我的一条鲍鱼而已，哪有什么神灵？'于是此事才得以平息。

“又南顿人张助者[①]，耕白田[②]，有一李栽[③]，应在耕次[④]。助惜之，欲持归，乃掘取之，未得即去，以湿土封其根，以置空桑中[⑤]，遂忘取之。助后作远职不在。后其里中人[⑥]，见桑中忽生李，谓之神。有病目痛者，荫息此桑下，因祝之言：‘李君能令我目愈者，谢以一豚[⑦]。’其目偶愈，便杀豚祭之。传者过差[⑧]，便言此树能令盲者得见。远近翕然，同来请福，常车马填溢，酒肉滂沱[⑨]，如此数年。张助罢职来还，见之，乃曰：‘此是我昔所置李栽耳，何有神乎？’乃斫去，便止也。

【注释】

①南顿：地名。在今河南项城。

②白田：旱田。

③栽：幼苗。

④次：所在之处。

⑤空桑：桑树的空洞里。由于年代久远，桑树的主干会长出空洞，空桑就指老桑树的空洞。

⑥里中人：同村的人。里，乡里，家乡。

⑦豚（tún）：猪。

⑧过差：过分，夸张。

⑨滂沱：形容雨大的样子。这里引申为形容酒肉很多的样子。

【译文】

“另外南顿有一位名叫张助的人，他在耕种旱田时，看到一棵小李子树苗，长在应该耕种的地方。张助感到毁掉了可惜，就想拿回来，于是就挖了出来，因为还不能马上回家，就用湿土包住它的根部，放置在一棵老桑树的空洞里，结果又忘记带走了。张助随后到远方任职不在本地。后来他的同乡人，看见桑树的空洞里突然长出一棵李树，就认为这一定是树神。有个眼睛生病疼痛的人，在这棵桑树下休息乘凉，随口祈祷说：'李树先生如果能让我的眼睛痊愈的话，我就用一头猪来答谢。'结果他的眼疾偶然好了，于是就杀了头猪来祭祀。传话的人太夸张了，就说这棵树能够让盲人重见光明。远近的人们都很信服，一起来祈求福佑，经常是车水马龙，祭祀的酒肉极为丰盛，如此过了好几年。张助离职回来，看见了这种情景，就说：'这不过是我过去放置的一棵李子树苗而已，哪里有什么神灵呢？'于是就把它砍掉了，祭祀的事情这才停了下来。

"又汝南彭氏墓近大道，墓口有一石人。田家老母到市买数片饼以归，天热，过荫彭氏墓口树下，以所买之饼暂著石人头上①，忽然便去②，而忘取之。行路人见石人头上有饼，怪而问之，或人云：'此石人有神，能治病，愈者以饼来谢之。'如此转以相语，云头痛者摩石人头，腹痛者摩石人腹，亦还以自摩，无不愈者。遂千里来就石人治病，初但鸡豚，后用牛羊，为立帷帐，管弦不绝，如此数年。忽日前忘饼母闻之，乃为人说，始无复往者。

【注释】

①著：放置。

②忽然：忽略的样子。

【译文】

"还有一件事，汝南郡彭家的坟墓靠近大路，墓地的入口处有一个石人。有个村里老妇人到集市上买了几张饼子回家，因为天热，路过彭家墓地入口处时就在那里的树下乘凉，把买来的饼子暂时放在石人头上，离开时忽略了这件事，忘记拿走饼子了。过路人看见石人头上有饼子，感到很奇怪，就询问原因，有人回答说：'这个石人有神灵，能够治病，治好病的人用饼子来答谢它。'这些话辗转相传，于是就说头痛的人用手摸石人的头部，肚子痛的人用手摸石人的肚子，再反过来摸自己的相应部位，没有不痊愈的。于是千里之外的人们都来请石人治病，开始时用来祭祀的只有鸡和猪，后来就用牛和羊，还为石人建立帷帐，音乐管弦之声不绝于耳，这样一直过了好几年。突然有一天，从前忘记饼子的老妇人听说了这事，就为人们作了解释，人们这才不再去拜祭石人了。

"又洛西有古大墓[①]，穿坏多水，墓中多石灰，石灰汁主治疮。夏月，行人有病疮者烦热，见此墓中水清好，因自洗浴，疮偶便愈。于是诸病者闻之，悉往自洗，转有饮之以治腹内疾者。近墓居人，便于墓所立庙舍而卖此水，而往买者又常祭庙中，酒肉不绝。而来买者转多，此水尽，于是卖水者常夜窃他水以益之[②]。其远道人不能往者，皆因行便或持器遗信买之[③]。于是卖水者大富。人或言无神，官申禁止[④]，遂填塞之，乃绝。

【注释】

①洛西：洛阳西边。

②益：增加，添加。

③行便：去的人顺便。遗：当为"遣"字之误。信：信使。这里指所托之人。

④申：告诫约束。

【译文】

"还有，洛阳的西边有一座古代的大坟墓，破败的大坟墓里有很多积水，坟墓中又有很多石灰，而石灰水主治疮伤。一年夏天，有位生疮的过路人因为天热烦躁，看见这墓中的水十分清澈，于是就用墓中的水洗浴，结果疮口就这样偶然被治愈了。于是那些有病的人们听说了这件事以后，都前去洗浴，更有人饮用这墓中水来治疗腹中疾病。住在墓地旁边的居民，就在墓边修建庙宇来卖这种水，而去买水的人又经常在庙中祭祀，祭祀的酒肉源源不断。从此来买水的人越来越多，这种水卖光了，于是卖水的人就经常在夜间偷偷地把其他的水添加到墓里。那些住在远方而不能前往的人，都托前去的人顺便捎带，或者派人携带器皿来买水。于是卖水的人就变得非常富有。一直到有人说这水没有神灵，再加上官方明令禁止，于是就填塞了坟穴，卖水的事这才停止。

"又兴古太守马氏在官[①]，有亲故人投之求恤焉[②]。马乃令此人出外住，诈云是神人道士，治病无不手下立愈。又令辨士游行[③]，为之虚声[④]，云能令盲者登视[⑤]，躄得即行[⑥]。于是四方云集，趋之如市，而钱帛固已山积矣。又敕诸求治病者[⑦]，虽不便愈，当告人言愈也，如此则必愈；若告人未愈者，则后终不愈也，道法正尔[⑧]，不可不信。于是后人问前来者，前来辄告之云已愈，无敢言未愈者也。旬日之间，乃致巨富焉。凡人多以小黠而大愚，闻延年长生之法，皆为虚诞，而喜信妖邪鬼怪，令人鼓舞祈祀。所谓神者，皆马氏诳人之类也。聊记其数事，以为未觉者之戒焉。"

【注释】

①兴古：地名。在今贵州普安。

②求恤：请求救济。

③辨士：能言善辩的人。辨，通“辩”。

④虚声：虚张声势。

⑤登：马上，立即。

⑥躄(bì)：瘸子。

⑦敕：告诫，嘱咐。

⑧正尔：正是这样。尔，这样。

【译文】

“还有，一个姓马的兴古太守在任时，有亲朋好友投到他的门下请求救济。马太守就让这个亲友居住在外边，编造说这个人是位神人道士，治起病来手到病除。又让那些能言善辩的人四处宣传，为他虚张声势，说他能够让瞎子立即复明，让瘸子马上行走。于是四方人士云集于此，蜂拥而来就如同赶集一般，而此人的钱财丝帛自然已经是堆积如山了。他又告诫那些求医的人，即使没有即刻痊愈，也应该告诉别人说是痊愈了，只有这样才能够肯定痊愈；如果告诉别人说还没有痊愈的话，那么以后就不再会痊愈了，还说道教的法术就是如此，不可不信。于是以后来求医的人就询问以前来求医的人，以前求医者就告诉说自己已经痊愈了，没有人敢说自己还没有痊愈。十几天的时间，竟然聚敛到了巨大的财富。一般的人都是小聪明而大愚蠢，听说长生延年的法术，都认为是虚假荒诞的，却喜欢去相信那些邪恶鬼怪，让人们去击鼓跳舞以祭祀祈福。所谓的神仙，都是马氏骗人之类的事情。我姑且记载下这几件事，用来提醒那些还没有醒悟的人。”

或问曰：“世有了无知道术方伎，而平安寿考者[①]，何也？”抱朴子曰：“诸如此者，或有阴德善行，以致福祐；或受命本长，故令难老迟死；或亦幸而偶尔不逢灾伤，譬犹田猎所经，而有遗禽脱兽；大火既过，时余不烬草木也[②]。要于防身却害[3]，当修守形之防禁，佩天文之符剑耳[4]，祭祷之事无益也。当恃我之不可侵也，无恃鬼神之不侵我也。然思玄执一[5]，含景环身[6]，可以辟邪恶，度不祥，而不能延寿命、消体疾也。任自然无方术者，未必不有终其天年者也，然不可以值暴鬼之横枉、大疫之流行[7]，则无以却之矣。夫储甲胄、蓄蓑笠者，盖以为兵、为雨也，若幸无攻战，时不沉阴，则有与无正同耳；若矢石雾合，飞锋烟交，则知裸体者之困矣；洪雨河倾，素雪弥天，则觉露立者之剧矣[8]。不可以荠麦之细碎[9]，疑阴阳之大气[10]，以误晚学之散人[11]，谓方术之无益也。”

【注释】

①寿考：长寿。考，老，年龄大。

②不烬：没有被烧成灰烬。

③却：打退，抵御。

④符：符箓。方士画的所谓能够驱使鬼神、消灾求福的图形或线条。剑：道士用来驱鬼镇邪的法器。

⑤思玄执一：思考并遵循大道。玄、一，都指独一无二的、玄妙的大道。

⑥含景环身：存想日光，让它环绕自身。为道教护身法术之一。含，想象。景，日光。

⑦横枉：横行不法。

⑧剧：艰难，困苦。

⑨荠、麦：荠菜和小麦。

⑩疑阴阳之大气：怀疑阴阳大气的运行规律。春夏阳气盛，是万物生长的季节，而荠麦却在夏季枯萎。

⑪散人：一般人，世俗人。

【译文】

有人问："也有一些世人完全不懂得道术方伎，却能够一生平安长寿，这是为什么呢？"抱朴子说："像这样的人，有的是因为有阴德善事，从而获得了神灵的福佑；有的是从上天接受的命运本来就该长寿，所以使他们难以衰老而推迟了死亡；有的不过只是偶然没有碰到灾祸伤害，就好像打猎人所经过之处，也有逃脱的鸟兽；大火过后，有时也会剩下没有被烧为灰烬的草木一样。关键的问题在于防护身体、避免伤害，应当修炼那些保护形体的防卫措施，佩带绘有天文的神符神剑，而祭祀祈祷的事情没有什么益处。应当依仗自己不可侵犯的法术，不要去依恃鬼神不来侵犯自己。然而思考并遵循大道，存想日光并让它环绕自身，只可以用来避开邪恶，克服不吉利的事情，却不能延年益寿、消除体内疾病。顺应自然而没有方术的人，未必就不能终享天年，然而不可以用来抵挡残暴鬼怪的横行不法，以及大瘟疫的流行，如果一旦遇到就没办法去抗拒了。凡是储备铠甲头盔、蓑衣斗笠的人，大致都是用来预防兵器和暴雨的。如果有幸没有发生战争，没有阴雨天气，那么拥有铠甲、蓑衣和没有这些东西是一样的；如果遇到箭头石块像云雾聚合，飞舞的刀锋像风烟交错，才知道身体裸露者的困窘；如果遇到大雨倾盆，河水暴涨，白雪满天，才感到露天站立者的艰难。人们不能因为荠、麦这些小小的事物，去怀疑阴阳大气的运行规律，从而贻误后来学道的那些世俗之人，让他们认为道术是没有用处的。"

明本卷十

【题解】

明本，阐明学术思想的本源。本篇讨论的核心内容是儒、道两家的先后是非问题。

关于儒、道两家的是非得失，是中国思想史上从古至今都没有能够完全解决的一个颇具争议的问题。远在先秦时期，道家就批评儒家的效法古人，是“推舟于陆也，劳而无功，身必有殃”(《庄子·天运》)，而儒家也毫不客气地反讥道家的代表人物庄子不过是一个不足道的“鄙儒”(《史记·孟子荀卿列传》)而已。到了汉代，“世之学老子者则绌儒学，儒学亦绌老子”(《史记·老子韩非列传》)，儒、道两家相互批评成为当时的一个社会普遍现象，这种矛盾甚至反映到了政治领域。到了魏晋时期，儒、道两家更是旗帜鲜明地在各个问题上展开了长期而深入的辩论。

作为魏晋士大夫之一的葛洪，对于这一问题也给出了自己的明确答案。本篇一开始就说：“道者，儒之本也；儒者，道之末也。”道为本，儒为末，先后顺序一目了然。葛洪在批判阴阳、儒、墨、法各家之后，认为“唯道家之教，使人精神专一，动合无形，包儒、墨之善，总名、法之要，与时迁移，应物变化，指约而易明，事少而功多，务在全大宗之朴、守真正之源者也”。在本篇中，葛洪还大致分析了世俗社会贬道褒儒的原因，那就是“世间浅近者众，而深远者少，少不胜众，由来久矣”，由于人们的见识浅薄，根本没有能力去认识深邃的道家思想。葛洪的这一评价，不仅是受到了个人信仰和时代风尚的影响，而且在一定程度上，也反映出了客观事实：以老庄为首的道家，在社会、个人等各个方面，确实揭示了一些为儒家所忽略的问题。

当然，在中国思想发展史上，儒、道两家不仅有矛盾和争执，而更多的还是交流和融合。道家创始人老子与儒家创始人孔子的师生关系，不仅是一件学术美谈，而且更具有一种意味深长的思想内涵。可以说，在历史的长河中，儒、道两家的思想交流和融合从未停歇过，从而形成了中国古代儒、道互补的健康文化局面。到了全真教出现后，更是把三教合一作为自己的立教宗旨之一，其代表人物之一的马钰就写了一首诗歌，题目就是《敬三教》：“待士非凡俗，崇僧性不凡。再三须重道，决要敬麻衫。”诗中说的士、僧、道指的就是儒、释、道。实际上，葛洪在安排道先儒后次序的同时，对儒家也并非持排斥态度。

最后还要说清楚的一点是，我们现在把道家划为哲学，把道教归于宗教，二者有很大差异。而葛洪是把道家与道教视为一家的，这也是古人的普遍看法。

或问儒、道之先后。抱朴子答曰：“道者，儒之本也；儒者，道之末也。先以为阴阳之术[①]，众于忌讳，使人拘畏；而儒者博而寡要[②]，劳而少功；墨者俭而难遵[③]，不可遍循[④]；法者严而少恩[⑤]，伤破仁义。唯道家之教，使人精神专一，动合无形[⑥]，包儒、墨之善，总名、法之要[⑦]，与时迁移[⑧]，应物变化，指约而易明[⑨]，事少而功多，务在全大宗之朴、守真正之源者也[⑩]。而班固以史迁先黄、老而后六经[⑪]，谓迁为谬。夫迁之洽闻[⑫]，旁综幽隐[⑬]，沙汰事物之臧否[⑭]，核实古人之邪正。其评论也，实原本于自然；其褒贬也，皆准的乎至理[15]。不虚美，不隐恶，不雷同以偶俗[16]。刘向命世通人[17]，谓为实录[18]；而班固之所论，未可据也。固诚纯儒，不究道意，玩其所习，难以折中[19]。

【注释】

①先以为：前人认为。以下几句话的观点出自《史记·太史公自序》，持此观点者为司马迁的父亲司马谈。阴阳：阴阳家。先秦的学派之一。代表人物为邹衍、邹奭。其学包括阴阳四时、五德终始等等。

②寡要：要点很少。

③墨：墨家。先秦的学派之一。代表人物为墨翟。

④遍循：完全遵守。遍，完全。

⑤法：法家。先秦的学派之一。代表人物为商鞅、韩非等。

⑥动合无形：行动符合无形的大道。一说意思是"行动分合不露形迹"。

⑦名：名家。先秦的学派之一，代表人物有惠施、公孙龙等。以辩论名实关系为主题。

⑧与时迁移：与时代一起变化。

⑨指约：主题简约。指，通"旨"，主旨，主题。

⑩大宗：本原。朴：未经加工过的原木叫做"朴"。这里指本色、原貌。

⑪班固：东汉人，史学家。《汉书》的主要作者。史迁：西汉人。即太史公司马迁。班固在《汉书·司马迁传》中曾批评司马迁说："其是非颇缪于圣人，论大道则先黄老而后六经，序游侠则退处士而进奸雄……此其所蔽也。"

⑫洽闻：博闻。洽，广博。

⑬旁综幽隐：旁及隐微的学问。

⑭沙汰：淘汰。这里有批评、评价的意思。臧否(pǐ)：好坏。

⑮准的：箭靶。这里用作动词，是"以……为原则"的意思。

⑯偶俗：迎合世俗。偶，合。

⑰刘向：汉代的大学问家。原名更生，字子政。汉高祖刘邦之弟楚元王刘交的四世孙，著有《新序》、《说苑》、《列女传》等书。命世：著名于当世。

⑱实录：忠实的记录。

⑲折中：不偏不倚。

【译文】

有人问儒家、道家孰先孰后的问题。抱朴子回答说："道家，是儒家的根本；儒家，是道家的末枝。前人认为阴阳学派的思想，忌讳繁多，使人们的行为拘束畏惧；而儒家博学多识但要点很少，办事辛苦而功效甚微；墨家提倡节俭但难以遵循，无法完全照办；法家严苛而绝少恩义，伤害了仁义之德。只有道家的教化内容，能够使人精神专一，行动符合无形的大道，包含了儒家、墨家的优点，囊括了名家、法家的要旨，能够紧随着时代而演进，顺应着事物而变化，要点简约而明白易懂，事务很少而功效很大，他们尽力保全事物的本来面貌，坚守大道的真正源头。然而班固因为司马迁把黄帝、老子的学说放在儒家六经的前面，就认为司马迁是错误的。司马迁博闻强识，旁及隐微的学问，评论事件的善恶得失，核实古人的邪正好坏。他的评论，确实是以自然法则为根本；他的褒贬，都符合最高的真理。他不夸大历史人物的优点，也不隐瞒历史人物的邪恶，不去苟同以迎合世俗。刘向是一位著名当世的博学之人，他认为司马迁的著作是历史的真实记录；而班固的评论，是不足为凭的。班固确实是一个纯粹的儒生，他不能深究道家的旨意，只是在他所熟悉的学问里玩味，所以很难公正地去看问题。

“夫所谓道，岂唯养生之事而已乎？《易》曰：‘立天之道[1]，曰阴与阳；立地之道，曰柔与刚；立人之道，曰仁与义。’又曰：‘《易》有圣人之道四焉[2]。’苟非其人，道不虚行[3]。又于治世隆平，则谓之有道；危国乱主，则谓之无道。又坐而论道，谓之三公[4]；国之有道，贫贱者耻焉[5]。凡言道者，上自二仪[6]，下逮万物，莫不由之[7]。但黄、老执其本，儒、墨治其末耳。今世之举有道者[8]，盖博通乎古今，能仰观俯察，历变涉微[9]，达兴亡之运，明治乱之体，心无所惑，问无不对者，何必修长生之法，慕松、乔之武者哉[10]？而管窥诸生[11]，臆断瞽说，闻有居山林之间、宗伯阳之业者[12]，则毁而笑之曰：‘彼小道耳，不足算也。’嗟乎！所谓抱萤烛于环堵之内者[13]，不见天光之焜烂[14]；侣鲉虾于迹水之中者[15]，不识四海之浩汗；重江河之深，而不知吐之者昆仑也[16]；珍黍、稷之收[17]，而不觉秀之者丰壤也[18]。今苟知推崇儒术，而不知成之者由道。道也者，所以陶冶百氏、范铸二仪、胞胎万类、酝酿彝伦者也[19]。

【注释】

①立天之道：天的生存之道。立，生存。

②《易》有圣人之道四焉：《易经》中包含了四种圣人之道。这四种圣人之道分别是指优美的文辞、事物变化的规律、制造器物的原型、占卜的方法。《周易·系辞》：“《易》有圣人之道四焉：以言者尚其辞，以动者尚其变，以制器者尚其象，以卜筮者尚其占。”

③虚行：自动地推广开去。意思是说，大道是需要人来推行的，如果没有合适的人，大道不可能自我推行。

④三公：辅佐君主的最高官员。各个朝代名号不一，西周为太师、

太傅、太保，西汉为大司马、大司徒、大司空。

⑤国之有道，贫贱者耻焉：如果政治清明社会安定，此时的贫贱之人应该感到羞耻。《论语·泰伯》："子曰：'邦有道，贫且贱焉，耻也；邦无道，富且贵焉，耻也。"

⑥二仪：天与地。

⑦由之：遵循大道。由，遵循。

⑧举：称。

⑨历变涉微：经历过各种变故和微妙的事件。涉，经历。

⑩武：脚印，足迹。这里代指行为事迹。

⑪管窥：从竹管中观察事物。比喻见识狭窄。

⑫伯阳：即老子。《史记·老子韩非列传》的"正义"引《朱韬玉札》及《神仙传》："老子……姓李，名耳，字伯阳，一名重耳，外字聃。"

⑬环堵：小小的室内。堵，土墙。长高各一丈为一堵。

⑭焜(kūn)烂：辉煌灿烂。

⑮鲉(yóu)：小鱼名。迹：足迹。

⑯吐之者昆仑：这些水都是由昆仑山流出来的。吐，流。

⑰黍：黏黄米。稷：谷子。

⑱秀之：使它们开花结果。秀，抽穗扬花。

⑲陶冶：制造，成就。百氏：诸子百家。范铸：创造。彝伦：天、地、人的规律。

【译文】

"我所说的大道，哪里仅仅只是养生的内容而已呢？《易经》说：'上天的生存之道，就是阴和阳；大地的生存之道，就是柔和刚；人们的生存之道，就是仁和义。'还说：'《易经》包含着四种圣人之道。'如果没有适当的人，大道是不会自己推行开去的。对于兴旺太平的安定国家，人们就称它为'有道的社会'；对于暴君统治的危机四伏的国家，人们就称它为'无道的社会'。端坐在那里讨论大道的人，被称为三公；国家有道的时候，那些贫贱的人就应该感到羞耻。大凡是谈论大道的人，上自天地，下至万物，处处都要遵循着大道。只是黄帝、老子掌握了大道的根本，而儒家、墨家学到了大道的末枝而已。如今世上所称赞的有道者，大约不外是通今博古，能够仰观天象而俯察地理的人，他们经历过各种变故和微妙的事件，通晓兴亡的变化，明白治乱的主因，内心无疑惑，有问必有答，那又何必一定要去修习长生不老的方法，仰慕赤松子、王子乔的生活方式呢？因此那些见识浅薄的儒生们，主观臆断，盲目瞎说，一听说有人居处在山林之间、效法老子的事业，就诋毁、讥笑他们，说：'那不过是小小的道术而已，不值得一提啊！'唉，这些人正是所谓的住在小小的室内、守着萤火虫一般的烛光，看不到天上日月的灿烂辉煌；与小鱼小虾在脚迹窝的积水中相互为伴，不知道四海的浩瀚辽阔；他们虽然看重大江大河的深邃，却不知道流出这些水的是高峻的昆仑山；虽然珍视粮食的收获，却不明白使它们开花结果的是丰厚的土壤。如今的人们只知道推崇儒术，却不知道成就儒家的是大道。大道，成就了百家，创造了天地，生育了万物，蕴涵了天地之间的所有规律。

"世间浅近者众，而深远者少，少不胜众，由来久矣。是以史迁虽长而不见誉，班固虽短而不见弹[①]。然物以少者为贵，多者为贱。至于人事，岂独不然？故藜、藿弥原[②]，而芝英不世[③]；枳、棘被野[④]，而寻木间秀[⑤]；沙砾无量，而珠璧甚鲜[⑥]；鸿隼屯飞[⑦]，而鸾凤罕出；虺蜴盈薮[⑧]，而虬龙希觌[⑨]；班生多党[⑩]，固其宜也！夫道者，内以治身，外以为国；能令七政遵度[⑪]，二气告和[⑫]；四时不失寒燠之节[⑬]，风雨不为暴物之灾；玉烛表升平之征[⑭]，澄醴彰德洽之符[⑮]；焚轮虹霓寝其祆[⑯]，穑云商羊戢其翼[⑰]。景耀高照[⑱]，嘉禾毕遂[⑲]；疫疠不流，祸乱不作；堑垒不设[20]，干戈不用；不议而当，不约而信；不结而固，不谋而成；不赏而劝，不罚而肃；不求而得，不禁而止；处上而人不以为重，居前而人不以为患；号未发而风移，令未施而俗易，此盖道之治世也。

【注释】

①弹：弹劾，批评。

②藜、藿(lí huò)：野菜名。

③芝英：传说中的瑞草名。一说指灵芝的花。不世：不显于世，罕见。

④枳、棘：两种身上长刺的小灌木。

⑤寻木：高大的树木。间：间或。秀：高出，出现。

⑥鲜：很少。

⑦隼(sǔn)：一种凶猛的鸟。屯飞：群飞。屯，群聚。

⑧虺(huǐ)：毒蛇名。蜴：即蜥蜴。薮：草木茂盛的水泽。

⑨虬：传说中的一种龙。

⑩班生：即班固。党：同党。这里指拥护者。

⑪七政：日、月及金、木、水、火、土五星。

⑫二气：阴阳二气。告和：显得十分和谐。

⑬燠(yù)：热，暖。

⑭玉烛：四季气候和谐。意思是说君主德美如玉，可致四时和气之祥。《尔雅·释天》："四气和谓之玉烛。"

⑮澄醴：清澈的醴泉。比喻甘雨。洽：普遍。符：征兆。《尔雅·释天》："甘雨时降，万物以嘉，谓之醴泉。祥。"

⑯焚轮虹霓寝其祅(yāo)：象征妖孽的暴风虹霓不再出现。焚轮，颓风，自上而下的暴风。《尔雅·释天》："焚轮谓之颓。"寝，止。祅，同"妖"，古人称反常怪异的事物。

⑰穦云商羊戢其翼：乱云商羊都销声匿迹。穦云，乱云。商羊，传说中的一种鸟。大雨前，这种鸟屈起一只脚跳舞。戢其翼，收敛起自己的翅膀。即销声匿迹。

⑱景耀：日光。

⑲遂：顺利成熟。

⑳堑：壕沟。

【译文】

“世上见识浅薄的人很多，而见识深远的人很少。人少的总是敌不过人多的，这种情况由来已久了。因此司马迁虽然远见卓识但没有受到称誉，班固虽然目光短浅却也没有受到批评。然而事物还是以稀为贵，以多为贱，反映在人事上，难道就不是如此吗？因此藜藿满地，而芝英就非常稀少；荆棘蔽野，而乔木则间或一见；沙粒无数，而珍珠玉璧就极为少有；鹰雁群飞，而鸾鸟凤凰就很少出现；虺蛇蜥蜴遍布沼泽，而虬龙就难得见到；因此班固的支持者众多，也的确是应有的现象啊！大道，对内可以用它修养自身，对外可以用它治理国家；它能够使日月五星遵循着自己的轨道运行，使阴阳二气表现得十分和谐；使四季的冷暖合乎各自的时节，使风雨不带来有害万物的灾难；让四季和顺以显示太平的预兆，使甘雨普降以作为君德普施的象征；象征妖孽的暴风、虹霓不再出现，预示灾难的乱云、商羊销声匿迹。辉煌的阳光高照，美好的庄稼成熟；瘟疫不再流行，祸乱不再产生；战壕堡垒毋须设置，盾牌戈戟不再使用；不用商议办事就很妥当，不必约束大家都很守信用；不必结盟而关系牢固，不用谋划却事事成功；不必奖赏而人们做事努力，不必处罚而纪律就很肃整；不必追求而幸福就能得到，不用禁令而坏事就能中止；处于百姓的上面而百姓却不会感到他的沉重，站在百姓的前面而百姓却不会感到他是个妨碍；号令还没发出而风气就已经发生了变化，法律还没施行而习俗就已经出现了改变，这大概就是以道治国的效果吧。

"故道之兴也,则三五垂拱而有余焉[1];道之衰也,则叔代驰骛而不足焉[2]。夫唯有余,故无为而化美;夫唯不足,故刑严而奸繁。黎庶怨于下,皇灵怒于上[3]:或洪波横流,或亢阳赤地[4],或山谷易体[5],或冬雷夏雪,或流血漂橹[6],积尸筑京[7],或坑降万计[8],析骸易子[9]。城愈高而冲愈巧[10],池愈深而梯愈妙,法令明而盗贼多,盟约数而叛乱甚。犹风波骇而鱼鳖扰于渊[11],纤罗密而羽禽躁于泽[12],豺狼众而走兽剧于林,爨火猛而小鲜糜于鼎也[13]。君臣易位者有矣[14],父子推刃者有矣[15],然后忠义制名于危国[16],孝子收誉于败家。疾疫起而巫医贵矣,道德丧而儒墨重矣。由此观之,儒、道之先后,可得定矣。"

【注释】

①三五:三皇五帝。三皇,传说中的帝王。说法不一,一说指天皇、地皇、人皇,一说指伏羲、神农、黄帝。五帝,传说中的帝王。说法不一,一说指伏羲、神农、黄帝、尧、舜。垂拱:垂衣拱手。形容治国清静无为,不费力气。

②叔代:衰乱的时代。驰骛:奔驰,忙碌。

③皇灵:皇天,上帝。

④亢阳:大旱。亢阳,阳气极盛,因此古人把阳光炽烈、久旱不雨叫做"亢阳"。

⑤山谷易体:山峰与山沟交换位置。指地震。

⑥橹:大盾牌。

⑦京:京观。古时战胜的一方为了炫耀武功,收集敌人尸首,封土成高冢,称为"京观"。

⑧坑降:活埋降卒。

⑨析骸易子：劈开骨头作柴，交换孩子食用。形容极为苦难的生活。析，劈开。易，交换。本句是《左传·宣公十五年》中“析骸以爨，易子而食”的缩语。

⑩冲：古代用来冲撞城墙的战车。

⑪骇：涌起。扰：乱。

⑫纤罗密：罗网的网眼细密。纤，细。

⑬爨(cuàn)：烧火做饭。小鲜：小鱼。糜：烂。《老子》六十章：“治大国若烹小鲜。”

⑭君臣易位：君臣互换位置。指臣下篡夺君位。

⑮父子推刃：父子之间相互残杀。推刃，进刀。

⑯制名：成名。

【译文】

“因此当大道兴起的时候，三皇五帝即使垂衣拱手还显得有点多余；当大道沦丧的时候，衰世的人们即使整天忙忙碌碌还显得力不从心。正是因为垂衣拱手还显得有点多余，所以能够做到清静无为而教化完美；正是因为忙忙碌碌还显得力不从心，所以即使严刑峻法而邪恶依然众多。于是百姓在下边怨恨，皇天在上面发怒：要么是洪水横流，要么是久旱不雨、赤地千里，要么是地震引起山谷易位，要么是冬天打雷而夏日下雪，要么是战场的鲜血浮起盾牌，尸体堆积成高大的‘京观’，要么是坑杀数以万计的降卒，劈开骨骸当柴，交换孩子食用。城墙越高而用来冲撞城墙的战车做得越巧，护城河越深而用来攀登的云梯做得越妙，法令制定得越严明而盗贼越多，盟约缔结得越频繁而叛乱越严重。这就好比风浪越高而鱼鳖在深潭中就越混乱，网罗越细密而禽鸟在大泽中就越不安宁，豺狼越多而走兽在森林里就越困苦，炊火越猛烈而小鱼在锅中就烂得越快。于是臣下篡夺君位的事情出现了，父子之间相互残杀的事情也出现了，然后那些忠臣在危难的国家里成名了，孝子在破败的家庭中受到了赞誉。疾病瘟疫出现时，巫师医生才显得可贵；道德沦丧后，儒家、墨家才会受到重视。由此看来，儒家与道家孰先孰后，就可以确定下来了。”

或问曰：“昔赤松子、王乔、琴高、老氏、彭祖、务成、郁华皆真人①，悉仕于世，不便遐遁②。而中世以来，为道之士，莫不飘然绝迹幽隐，何也？”抱朴子答曰：“曩古纯朴，巧伪未萌，其信道者，则勤而学之，其不信者，则嘿然而已③。谤毁之言，不吐乎口，中伤之心，不存乎胸也。是以真人徐徐于民间④，不促促于登遐耳。末俗偷薄⑤，雕伪弥深，玄淡之化废⑥，而邪俗之党繁，既不信道，好为讪毁，谓真正为妖讹，以神仙为诞妄，或曰‘惑众’，或曰‘乱群’，是以上士耻居其中也。昔之达人，杜渐防微，色斯而逝⑦，夜不待旦，睹几而作⑧，不俟终日。故赵害鸣犊⑨，而仲尼旋轸⑩；醴酒不设，而穆生星行⑪；彼众我寡，华元去之⑫。况乎明哲，业尚本异⑬，有何恋之当住其间哉？夫渊竭池漉⑭，则蛟龙不游；巢倾卵拾⑮，则凤凰不集；居言于室，而翔鸥不下⑯；凡卉春翦，而芝蓂不秀⑰。世俗丑正⑱，慢辱将臻⑲，彼有道者，安得不超然振翅乎风云之表，而翻尔藏轨于玄漠之际乎⑳？山林之中非有道也，而为道者必入山林，诚欲远彼腥膻㉑，而即此清净也。夫入九室以精思㉒，存真一以招神者㉓，既不喜喧哗而合污秽，而合金丹之大药，炼八石之飞精者㉔，尤忌利口之愚人，凡俗之闻见，明灵为之不降，仙药为之不成，非小禁也。止于人中，或有浅见毁之有司㉕，加之罪福㉖；或有亲旧之往来，牵之以庆吊㉗，莫若幽隐一切，免于如此之臭鼠矣。彼之邈尔独往㉘，得意嵩岫，岂不有以乎㉙？或云：‘上士得道于三军，中士得道于都市，下士得道于山林。’此皆为仙药已成，未欲升天，虽在三军，而锋刃不能伤；虽在都市，而人祸不能加；而下士未及于此，故止山林耳。不谓人之在上品者，初学道，当止于三军、都市之中而得也。然则黄、老可以至今不去也。”

【注释】

①老氏：即老子。务成：仙人名。郁华：仙人名。

②便：马上，立即。遐遁：远远地离开人世。遐，远。

③嘿（mò）：同“默”，闭口不言。

④徐徐：迟缓的样子。这里指留在人间而不急于离去。

⑤偷薄：不厚道。偷，刻薄。

⑥玄淡：符合大道的淡泊。玄，道。

⑦色斯而逝：一看到人的神情不善就马上离去。色，表情。斯，就。《论语·乡党》：“色斯举矣，翔而后集。”

⑧睹几而作：一看到微小的苗头就开始行动。几，征兆，苗头。

⑨赵：指晋国的大夫赵简子。赵简子的后代建立了赵国。鸣犊：人名。赵国的贤人。

⑩旋轸：回转车头。轸，车。《史记·孔子世家》：“孔子……将西见赵简子，至于河，而闻窦鸣犊、舜华之死也。临河而叹曰：‘美哉水，洋洋乎！丘之不济此，命也夫！’”

⑪穆生星行：穆生连夜就离开了。穆生，西汉儒生。星，代指夜晚。《汉书·楚元王传》：“初，元王敬礼申公等。穆生不耆酒，元王每置酒，常为穆生设醴。及王戊即位，常设。后忘设焉。穆生退曰：‘可以逝矣！醴酒不设，王之意怠，不去，楚人将钳我于市。’……遂谢病去。”

⑫华元：春秋宋国贵族。《左传·宣公二年》记载，华元与郑国作战失败，回国后受到百姓的当面嘲讽，华元对手下说："去之，夫其口众我寡。"

⑬业尚本异：崇尚的事业根本就不一样。

⑭漉：淘干，使干涸。

⑮巢倾卵拾：打翻鸟巢以拾取鸟卵。

⑯翔鸥：飞翔的海鸥。《列子·黄帝》："海上之人有好沤（鸥）鸟者，每旦之海上，从沤鸟游，沤鸟之至者百住而不止。其父曰：'吾闻沤鸟皆从汝游，汝取来，吾玩之。'明日之海上，沤鸟舞而不下也。"

⑰蓂（míng）：蓂荚。传说中的一种吉祥草。秀：开花。

⑱丑正：把正确的事情看作丑恶。丑，以……为丑恶。

⑲臻：至，到来。

⑳翻尔：翻然。返身离开的样子。藏轨：隐迹。玄漠：遥远寂静的地方。漠，寂静。

㉑腥膻：本指腥膻的味道。这里比喻污浊的气氛。

㉒九室：修炼时住的静室。

㉓真一：独一无二的真正大道。"真一"在道教中还有其他许多含义。

㉔八石：道士炼丹的八种矿石原料。说法不一，一说是指丹砂、雄黄、雌黄、石留黄、曾青、矾石、磁石、戎盐。飞精：本指一种炼丹原料。这里指炼制时游动的原料精华。

㉕有司：官府。

㉖罪福：主要指罪。一说"福"应作"祸"。

㉗庆吊：庆贺和吊唁。

㉘邈尔：遥远的样子。

㉙有以：有原因。

【译文】

有人问道："从前赤松子、王子乔、琴高、老子、彭祖、务成、郁华，都是得道的真人，又都在世上做过官，他们并没有立即远远离开人间。但是到了中古以后，修炼道术的人，莫不飘然离开人世而深深隐居起来，这是为什么呢？"抱朴子回答说："上古的人纯朴，机巧虚伪之心还没有产生，那些相信道术的人，就勤奋地学习道术，那些不相信道术的人，也就默不作声而已，诽谤诋毁的话语，不会从他们的口中说出；伤害人的念头，也不会存在于他们的胸中。因此那些真人就从从容容地生活于人间，而不必急急忙忙地升天远去。末世的风俗变得轻佻刻薄，虚伪作假越来越严重，符合大道的清静淡泊的教化被废弃了，而那些邪恶庸俗之徒越来越多，他们既不相信道术，又喜欢讥讽诋毁别人，把真实的事情说成妖孽谎言，把修道成仙的事情说成是荒诞虚妄，有的说提倡修仙是'迷惑百姓'，有的说是'扰乱群众'，因此上等的修仙者就认为与这些世俗人生活在一起是一种耻辱。从前那些思想通达的人，能够防微杜渐，晚上看见别人脸色不对就马上离开，绝对不会等到第二天早晨；看到一些征兆苗头就立即行动，绝对不会推迟一天。因此赵国害死了鸣犊，孔子就掉转车头回去；没有安排甜酒，穆生就连夜出走；对方的人多而自己的人少，华元就赶快离去。更何况那些明智的哲人，他们所崇尚的事业本来就与世人有很大差异，有什么值得他们留恋而逗留于世人之中呢？竭泽而渔，蛟龙就不会前来游动；打翻鸟巢以拾取鸟卵，凤凰就不会到这里聚集；在家中说了不利于海鸥的话，而飞翔的鸥鸟就不会再落下；平凡的花卉如果在春天被人剪掉，灵芝和蓂荚就不再开花。世俗之人把正确的事情视为丑恶的事情，那么怠慢和羞辱就会到来，因此那些拥有道术的人，怎么能不超然翱翔于长风彩云之上、翻然隐迹于遥远寂静的地方呢？山林之中并没有什么道术，然而学习道术的人一定要进入山林，他们确实是想远离那些污浊的气氛，生活在这清幽雅净的地方。那些进入静室去精心思考、存思大道以召唤神仙的人，既不喜欢喧哗的人世而与世人同流合污，况且要想配制金丹大药，炼制八石飞精，就更应该避开伶牙俐齿的愚蠢人，忌讳俗人听到看到，这样就会使神灵不再降临，仙药因此而炼制不成，这些可不是小的禁忌啊。修仙者如果留在人间，可能有见识短浅的人到官府去诽谤他们，把罪行强加在他们身上；可能会有亲朋旧友的交往，用庆贺和吊唁之类的事情去拖累他们，还不如脱身离开这一切，避免这些臭老鼠一般的世俗杂事。他们独自一人到了遥远的地方，自得其乐于高山峻岭之中，难道不是有他们自己的道理吗？有人说：'上等道士在三军中获得道术，中等道士在都市中获得道术，下等道士在山林中获得道术。'这些说的都是仙药已经炼成，但还不想升上天庭的人，他们虽然身在军队中，但刀剑不能伤害他们；他们虽然生活在都市，但人们无法加害于他们；下等的道士还没有达到这种境界，所以就只能在山林中生活而已。这些话不是说素质上等的人，在刚刚学习道术的时候，就可以活动在军队、都市之中而去获得道术啊。如果是这样，那么黄帝、老子一直到今天也不用离开人间了。"

或问曰："道之为源本，儒之为末流，既闻命矣[1]，今之小异，悉何事乎？"抱朴子曰："夫升降俯仰之教[2]，盘旋三千之仪[3]，攻守进趣之术，轻身重义之节，欢忧礼乐之事，经世济俗之略，儒者之所务也。外物弃智[4]，涤荡机变，忘富逸贵[5]，杜遏劝沮[6]，不恤乎穷[7]，不荣乎达，不戚乎毁，不悦乎誉，道家之业也。儒者祭祀以祈福，而道者履正以禳邪[8]。儒者所爱者，势利也；道家所宝者，无欲也。儒者汲汲于名利，而道家抱一以独善[9]。儒者所讲者，相研之簿领也[10]；道家所习者，遣情之教戒也。夫道者，其为也，善自修以成务[11]；其居也[12]，善取人所不争；其治也，善绝祸于未起；其施也，善济物而不德⑬;其动也,善观民以用心;其静也,善居慎而无闷。此所以为百家之君长,仁义之祖宗也。小异之理,其较如此⑭,首尾污隆⑮,未之变也。”

【注释】

①闻命:领教。

②升降俯仰:上去、下来、俯身、抬头。用这些动作形容儒家行礼的样子。

③盘旋三千之仪:三千种进退周旋的礼仪。盘旋,形容行礼的样子。《礼记·礼器》:“故经礼三百,曲礼三千。”

④外物:看轻身外之物。外,置之度外。物,名利等。

⑤逸:放弃。

⑥杜遏劝沮:不受外人鼓励与批评的影响。杜遏,阻止。引申为不受影响。劝,鼓励。沮,批评。

⑦恤:忧愁。穷:困窘。

⑧履正:遵循正道。履,遵循。

⑨抱一:坚守着大道。一,指独一无二的大道。独善:独善其身。

⑩簿领:文簿。这里泛指书籍。

⑪成务:成就一番事业。

⑫居:处世。

⑬不德:不认为自己对别人有恩德。

⑭较:大较,大致情况。

⑮首尾:先后。污隆:高下。污,地形低。隆,高。

【译文】

有人问道:“道家是本源,儒家是末流,这一点我已经领教了,现在儒、道两家之间的小小差异,都有哪些内容呢?”抱朴子说:“上去下来、俯身抬头的这些礼节教育,三千种进退周旋的礼仪规范,攻守进取的计谋,轻身重义的气节，或喜或忧的礼乐制度，经世济俗的方略，这些都是儒生们所要从事的。看轻身外之物，抛弃世俗智慧，排除机巧之心，忘却荣华富贵，不受外人劝勉或批评的影响，不为自己的困境而忧伤，不为自己的显达而荣耀，不因为别人的诋毁而悲戚，也不因为别人的赞美而高兴，这些就是道家所从事的事业。儒家用祭祀来祈求福佑，而道家遵循正道以禳除邪恶。儒家所喜爱的，是权势利益；道家所珍视的，是无私无欲。儒家急切追求的是名声和利益，而道家坚守大道以独善其身。儒家的教育内容，是大家一起切磋文献典籍；道家的学习主题，是排遣世俗之情的教义禁戒。大道，如果想要遵循它有所作为的话，那就要善于自我修养以成就一番事业；如果想要遵循它为人处世的话，那就要善于去获取别人所不愿意争夺的东西；如果想要遵循它去治国的话，那就要善于消解还没有萌芽的灾祸；如果想要遵循它去施行恩德的话，那就要善于救济万物而不认为自己有什么恩德；如果想要遵循它去有所行动的话，那就要在善于体察民情的基础上去使用心智；如果想要遵循它去安居在家的话，那就要善于谨慎生活而没有烦恼。这就是道家之所以能够成为百家的首领、仁义的根源的原因。儒、道两家略有差异的地方，大致就是这些，两家的先后高低，和我前面讲的没有什么变化。”

或曰：“儒者，周、孔也；其籍，则六经也。盖治世存正之所由也，立身举动之准绳也，其用远而业贵，其事大而辞美，有国有家，不易之制也。为道之士，不营礼教，不顾大伦，侣狐貉于草泽之中[①]，偶猿猱于林麓之间[②]，魁然流摈[③]，与木石为邻，此亦东走之迷[④]，忘葵之甘也[⑤]。”抱朴子答曰：“摛华骋艳[⑥]，质直所不尚；攻蒙救惑[⑦]，畴昔之所餍[⑧]。诚不欲复与子较物理之善否，校得失于机吻矣[⑨]。然观孺子之坠井，非仁者之意；视瞽人之触柱，非兼爱之谓耶？又陈梗概，粗抗一隅[10]。夫体道以匠物、宝德以长生者[11]，黄、老是也。黄帝能治世致太平，而又升仙，则未可谓之后于尧、舜也；老子既兼综礼教，而又久视[12]，则未可谓之为减周、孔也。故仲尼有'窃比'之叹[13]，未闻有疵毁之辞。而末世庸民，不得其门，修儒墨而毁道家，何异子孙而骂詈祖考哉[14]？是不识其所自来，亦已甚矣。夫侏儒之手[15]，不足以倾嵩、华[16]；焦侥之胫[17]，不足以测沧海。每见凡俗守株之儒[18]，营营所习[19]，不博达理，告顽舍嚚[20]，崇饰恶言，诬诘道家。说糟粕之滓，则若睹骏马之过隙也[21]；涉精神之渊，则沦溺而自失也。犹斥鷃之挥短翅[22]，以凌阳侯之波[23]；犹苍蝇之力驽质[24]，以涉眴猿之峻[25]。非其所堪，祇足速困[26]。然而喽喽守于局隘[27]，聪不经旷[28]，明不彻离[29]，而欲企踵以包三光[30]，鼓腹以奋雷灵[31]，不亦蔽乎？盖登旋玑之眇邈[32]，则知井谷之至卑[33]；睹大明之丽天[34]，乃知鶕金之可陋[35]。吾非生而知之，又非少而信之。始者蒙蒙[36]，亦如子耳。既观奥秘之弘修[37]，而恨离困之不早也。五经之事，注说炳露[38]，初学之徒，犹可不解，岂况金简玉札[39]，神仙之经，至要之言，又多不书，登坛歃血[40]，乃传口诀。苟非其人，虽裂地连城，金璧满堂，不妄以示之。夫指深归远[41]，虽得其书而不师受，犹仰不见首，俯不知跟，岂吾子所详悉哉？夫得仙者，或升太清，或翔紫霄[42]，或造玄洲[43]，或栖板桐[44]，听钧天之乐[45]，享九芝之馔[46]，出携松、羡于倒景之表[47]，入宴常、阳于瑶房之中[48]，曷为当侣狐貉而偶猿狖乎[49]？所谓不知而作也。夫道也者，逍遥虹霓，翱翔丹霄，鸿崖六虚[50]，唯意所造[51]。魁然流摈，未为戚也。牺腊聚处[52]，虽被藻绣[53]，论其为乐，孰与逸麟之离群以独往[54]，吉光坼偶而多福哉[55]？”

【注释】

①貉（hé）：动物名。

②猱（náo）：动物名。似猿，行动敏捷。

③魁然：孤独的样子。流摈：弃绝世间到处流浪。摈，摈弃。

④东走之迷：向东乱跑的迷惑。《韩非子·说林上》：“狂者东走，逐者亦东走。其东走则同，其所以东走之为则异。”

⑤葵：蔬菜名。

⑥摛（chī）：铺张。

⑦攻蒙：启发蒙昧。

⑧畴昔：昔日。这里指从前的君子。餍（yàn）：吃饱。这里引申为追求、愿意。

⑨机吻：嘴巴上的机巧，巧言善辩。

⑩粗抗：粗略地列举。抗，举。一隅：一角，一部分。

⑪匠物：成就万物。匠，工匠。用作动词，制造。

⑫久视：长生。视，活。

⑬窃比之叹：私下把自己比作老子的感叹。《论语·述而》：“述而不作，信而好古，窃比于我老彭。”

⑭骂詈（lì）：咒骂。詈，骂。考：死去的父亲。

⑮侏儒：身材短小的人。

⑯倾：完全。这里引申为“完全测量”之义。

⑰焦侥：传说中矮人。

⑱守株之儒：墨守成规的儒生。守株，守株待兔，墨守成规。

⑲营营：辛苦经营的样子。

⑳告顽舍嚚（yín）：告诉了他们而他们不听，不告诉他们而他们又愚

蠢。顽，顽固不化。嚚，愚蠢。《左传·文公十八年》："告之则顽，舍之则嚚。"

㉑说糟粕之滓，则若睹骏马之过隙也：在谈论粗俗而又粗俗的学问时，他们聚精会神而忘记了时间的流逝。骏马之过隙，形容时间流逝之快。

㉒斥鷃(yàn)：小鸟名。鷃，同"鴳"。

㉓阳侯：古代传说中的波涛之神。

㉔驽：才能低下，笨拙。

㉕眴(xuàn)猿：使猿猴头晕目眩。眴，应作"眗"，眩晕。

㉖祇：只。速：招来。

㉗喽喽：琐碎的样子。局隘：狭隘。

㉘经：经历，达到。旷：即春秋时的师旷，听力极好。

㉙彻：清楚。离：即离朱。古代视力极好的人。

㉚企踵：踮起脚跟。三光：日、月、星。

㉛鼓：敲击，拍打。奋雷灵：超越雷声。雷灵，雷神。这里指雷声。

㉜旋玑：星名。北斗星中形成斗形的四颗星。这里代指北斗星。旋，通"璇"。

㉝井谷：井中出水的孔窍。《周易·井卦》："井谷射鲋。"

㉞大明：指日月。丽天：依附于天，即天上。丽，附着。

㉟鵕金：王明先生《抱朴子内篇校释》："疑谓鵕明鸟羽上之金光。"

㊱蒙蒙：糊涂的样子。

㊲弘修：伟大的修行。即修道成仙。

㊳炳露：明显，清楚。

㊴金简玉札：指写在金玉上的道书。简，书简。札，古代用来写字的小木片。

㊵歃(shà)血：古人会盟时，杀牲饮血或把血涂抹嘴边，表示诚信。

㊶指深归远：思想深邃。指、归，意旨，意向。

㊷紫霄：天空。

㊸造：到。玄洲：传说中的地名。神仙住的地方。

㊹板桐：仙山名。传说中昆仑山的三峰之一。

㊺钧天：天之中央。上帝居住的地方。

㊻九芝：神草名。一芝九茎。馔：美食。

㊼松、羡：两位神仙名。"松"指赤松子，"羡"指羡门子高。倒景（yǐng）：道教指天上最高之处。景，通"影"。《汉书·郊祀志》："登遐倒景。"注："如淳曰：在日月之上，反从下照，故其景倒。"

㊽常、阳：两位修道成仙的人。"常"指平常生，"阳"指陵阳子明。瑶：美玉。

㊾偶猿狖（yòu）：与猿猴为伴。狖，长尾猿。

㊿鸿崖：仙人名。这里是指像鸿崖那样自由活动。六虚：上下四方。

51唯意所造：随心所欲，无所不至。造，到。

52牺腯（tú）：作牺牲用的、肥壮的牛羊猪。牺，作牺牲的牛羊猪。腯，肥壮。

53被（pī）：同"披"。藻绣：华丽的衣服。

54逸麟：不受拘束、自由自在的麒麟。

55吉光：神马名。坼（chè）偶：离开伙伴。坼，离开。

【译文】

有人说："儒家，就是周公、孔子这些人啊；儒家的经典，就是六经啊。这些大概算是治理国家、坚守正道的必由之路了，是人们立身行事的准则，他们的作用深远而功业可贵，他们的事业伟大且文辞优美，治理国家管理家庭，儒家思想是不可更改的规范。那些修道的人，不学习礼教，不顾及伦理，在荒草沼泽之中与狐貉为伴，在树林山麓之间与猿猴为友，孤孤单单地远离人世，与树木山石作邻居，这是一种向东乱跑的糊涂行为，忘记了家园中葵菜的甘甜啊。"抱朴子回答说："铺设华艳的辞藻，这是本性质朴的人所不推崇的；救治蒙昧迷惑之人，这才是古代圣人所追求的。我确实不想再与您争辩事理的好坏，用巧妙的言辞去争论儒、道两家的是非得失。然而看到小孩落入井中而不去营救，并不是仁慈者的用心；看着盲人碰到柱子上而不去搀扶，也不是博爱者的心愿吧？那我就再为您陈述一下道理的梗概，粗略地谈谈我的一点看法。体察大道以成就万物，珍惜美德以追求长生，黄帝、老子就是这样的人。黄帝能够治理国家并使社会安定，然后又成仙而去，这不能说他不如尧、舜；老子既兼有礼义教化的知识，又能够长生不死，这不能说他比不上周公、孔子。因此孔子有'我个人想与老子、彭祖相比'的感叹，并没有听到孔子有一句诋毁老子的言辞。然而衰世中的那些平庸百姓，因为没有找到正确门路，于是就去修习儒家、墨家的学说而去批评道家，这与当子孙的去咒骂祖宗有什么区别呢？这是因为他们不了解自己的来由，这也够过分了。侏儒的手臂，不足以测量嵩山、华山的高度；焦侥的腿脚，不足以探测沧海的深度。我常常看到世俗中那些守株待兔的儒生，辛辛苦苦地钻研他们所熟悉的儒经，不能认识通达之理，告诉他们而他们顽固不化，不告诉他们而他们又愚蠢无比，他们编造修饰一些坏话，诬蔑斥责道家。在谈论粗俗而又粗俗的学问时，他们聚精会神而忘记了时间的流逝；一旦进入深邃微妙的精神领域之中，他们就沉沦下去而丧失了自我。他们好比斥鴳那样挥动着短短的翅膀，就想要飞越滚滚的波涛；又好像苍蝇那样凭着笨拙的力量，就想要越过使猿猴头晕目眩的高山峻岭。这都不是它们所能胜任的，只会招来更多的困窘。然而他们却非常琐碎地守着狭隘的眼界，听力赶不上师旷，视力比不上离朱，却还想踮起脚跟去囊括日、月、星辰，拍打着肚皮去超过雷声，这岂不是太愚昧了吗？登上浩渺的北极星才感到井中的流水洞是如此的低下，看到天上日月的辉煌，才懂得鵔鸃羽毛的金光是那样的微弱。我并非天生就理解道家，也不是从小就信仰它。开始我也是迷迷蒙蒙，就像您现在这样。在我看到了奥妙而伟大的修道成仙事业以后，才遗憾自己没有能够早一点儿摆脱迷惑。五经中所记述的事情，注释阐说得清楚明白，然而那些初学之人，尚且还不能理解，更何况是那些金简玉札，记载的都是神仙的经典，都是一些最重要的言论，而且还有很多内容没有诉诸文字，还必须登上神坛、歃血为盟，然后才肯传授秘诀。如果不是合适的人选，即使他拥有土地城池，满屋的黄金玉璧，也不能随便传授给他。道家的经典意旨深远，即使拿到这些经典而没有老师的亲自传授，依然是抬头看不见它们的头顶，低头看不到它们的脚跟，这些哪里是您所能完全理解的呢？那些学道成仙的人，有的升上了太清仙境，有的翱翔于紫霄天庭，有的来到了玄洲，有的生活于板桐，他们欣赏着天堂的音乐，享用着仙芝做成的佳肴。外出时与赤松子、羡门子高携手来到天庭的最高处，回来后设宴招待平常生、陵阳子明于琼瑶宫中，怎么能够说是与狐貉、猿猴为伴侣呢？您正是人们所谓的不懂而乱说啊！得道的境界，可以逍遥于虹霓之上，翱翔在红霞之间，像仙人鸿崖那样漫游于四方上下，随心所欲而无所不至。即使独自一人远离人世，也不会感到悲伤。那些作为祭品的肥壮的牛羊猪聚集在一起，即使身上披着华丽的绣衣，但若是论起快乐，哪里比得上离群独居、自由自在的麒麟，以及离开伙伴、福佑众多的吉光呢？”

仙药卷十一

【题解】

本篇主要是向读者介绍了修仙所应服食的各种药物，这些药物从金石到植物，无所不包。本篇的内容可以说是科学与巫术杂陈、正确与错误互见。

葛洪在本篇介绍了许多药物知识，这些知识对于今天的人们也不乏借鉴作用。比如他说："楚人呼天门冬为'百部'，然自有百部草，其根俱有百许，相似如一也，而其苗小异也。真百部苗似拔揳，唯中以治欬及杀虱耳，不中服食，不可误也。如黄精一名'白及'，而实非中以作糊之白及也。按《本草》药之与他草同名者甚多，唯精博者能分别之，不可不详也。"一药多名，多药一名，这的确是中医药界所应该特别重视的问题，不然就会差之毫厘而谬以千里。从本质上看，这与儒家的正名思想也是一致的，如果没有准确的正名，无论是社会政治，还是科学技术，都将是一片混乱。除了这些大的原则之外，一些细节问题也值得我们关注，比如葛洪描述了大量矿物和植物的特性，其中的一些药物，如菊花、枸杞、茯苓等等，至今仍然是人们常用的养生药物。

本篇的错误也非常明显，最主要的就是葛洪无限地夸大了各种药物的养生功能，认为这些药物不仅可以用来治病养生，更重要的是可以使人们长生不死，甚至会为服食者带来神奇的功能。比如服食者成仙以后，不仅仅是长生不死，还能够使“仙人玉女往从之”、“坐在立亡”、“行厨”、“乘云而行”等等。另外，葛洪在介绍服食这些药物时，还与巫术搀和在一起，比如采摘仙药要选择“王相日”，还要走“禹步”，还要祭天地、拜鬼神等等。更重要的是，在葛洪介绍的养生药物中，有许多是有毒物质，如黄金、硫磺等，服用这些药物，对人体大概是有百害而无一利。

关于本篇的价值，主要有三点。第一，使我们更清楚地了解到古人认识客观事物的一些特点，那就是类比思维。远在原始时期，人们就根据自身存在意识的这一特点，类推出万物有灵的结论。这一思维方式在本篇中表现得也很明显，比如葛洪坚信“服金者寿如金，服玉者寿如玉也”这一观点，实际上这就是典型的类比思维，这种认识方法不能说毫无合理之处，但也往往容易把人们引向歧途。第二，本篇介绍了大量的药物及其疗效，这些药物包括了金属、石头、动物、植物等等，如果我们能够剔除其中的宗教神秘色彩和过分夸张的言辞，这些知识对我们今天的生活还是有一定的启发意义的。第三，通过本篇，我们基本上可以了解魏晋时期包括道教在内的人们所使用的养生药物，从这一点看，本篇的史料价值和学术价值也是很高的。

抱朴子曰：“神农四经曰①：‘上药令人身安命延，升为天神，遨游上下，使役万灵，体生毛羽，行厨立至②。’又曰：‘五芝及饵丹砂、玉札、曾青、雄黄、雌黄、云母、太乙禹余粮③，各可单服之，皆令人飞行长生。’又曰：‘中药养性，下药除病，能令毒虫不加，猛兽不犯，恶气不行，众妖并辟④。’又《孝经援神契》曰：‘椒、姜御湿⑤，菖蒲益聪⑥，巨胜延年⑦，威喜辟兵⑧。’皆上圣之至言，方术之实录也。明文炳然，而世人终于不信，可叹息者也！

【注释】

①神农：传说中的帝王，相传他尝百草，首创医学。四经：为假托神农氏名义的四本医学著作。

②行厨：道教法术之一。施行此法时，只要说出想要的食物，便会由仙女送到跟前。

③五芝：各种灵芝。指石芝、木芝、草芝、肉芝、菌芝，详见下文。饵：服用。丹砂：一种可供炼丹的矿物质。玉札：植物名。即地榆。曾青：矿物名。色青，可供绘画及溶化金属用，道教用作炼丹原料。雄黄：一种矿物名。可供药用。雌黄：一种矿物名。黄色。可作颜料，道教用它作炼丹原料。云母：一种矿物名。可入药。太乙禹余粮：一种矿物名。道教用它作炼丹原料。

④辟(bì)：通“避”，躲避。

⑤椒、姜御湿：椒、姜可以抵御风湿。椒，植物名。种类较多，可作味料。

⑥菖蒲：植物名。可入药。聪：听力。

⑦巨胜：胡麻的别称。即芝麻。古人认为胡麻为八谷之胜，故名“巨胜”。

⑧威喜：植物名。又叫木威喜芝。

【译文】

抱朴子说：“神农氏的四部经书说：‘最好的药物能够使人的身体健康而长寿，能够升上天庭成为神仙，自由自在地遨游于天地之间，还可以役使各种神灵，身上长出羽毛，想要什么食物都能立即办到。’又说：‘服食五种灵芝以及丹砂、玉札、曾青、雄黄、雌黄、云母、太乙禹余粮，这几种药物可以单独服用，而且都能够使人飞行而且长生。’还说：“中等药物能够养生，下等药物可以治病，能够使毒虫无法加害于自己，使猛兽无法侵害自己，邪恶之气不能流行，各种妖孽全都逃避。’另外《孝经援神契》也说：‘椒、姜能够抵御风湿，菖蒲能够提高听力，巨胜能够延年益寿,威喜能够避开兵灾。'这些都是圣人的至理名言,是对于道术的真实记录。文字写得清清楚楚,然而世人始终不肯相信,这真是令人叹息啊!

"仙药之上者丹砂,次则黄金,次则白银,次则诸芝,次则五玉①,次则云母,次则明珠,次则雄黄,次则太乙禹余粮,次则石中黄子②,次则石桂③,次则石英④,次则石脑⑤,次则石硫黄⑥,次则石饴⑦,次则曾青,次则松柏脂、茯苓,地黄、麦门冬、木巨胜、重楼、黄连、石韦、楮实⑧。象柴⑨,一名'托卢'是也,或云'仙人杖',或云'西王母杖',或名'天精',或名'却老',或名'地骨',或名'苟杞'也。天门冬⑩,或名'地门冬',或名'莚门冬',或名'颠棘',或名'淫羊食',或名'管松'。其生高地,根短而味甜,气香者善。其生水侧下地者,叶细似蕴而微黄⑪,根长而味多苦,气臭者下⑫,亦可服食,然喜令人下气⑬,为益尤迟也。服之百日,皆丁壮倍駃于术及黄精也⑭,入山便可蒸,若煮啖之,取足可以断谷。若有力可饵之,亦可作散⑮,并及绞其汁作酒,以服散尤佳。楚人呼天门冬为'百部',然自有百部草⑯,其根俱有百许,相似如一也,而其苗小异也。真百部苗似拔揳⑰,唯中以治咳及杀虱耳⑱,不中服食⑲,不可误也。如黄精一名'白及',而实非中以作糊之白及也⑳。按《本草》药之与他草同名者甚多㉑,唯精博者能分别之,不可不详也。黄精一名'兔竹',一名'救穷',一名'垂珠'。服其花胜其实,服其实胜其根,但花难多得。得其生花十斛㉒,干之才可得五六斗耳,而服之日可三合㉓,非大有役力者不能辨也㉔。服黄精仅十年,乃可大得其益耳。俱以断谷不及术，术饵令人肥健，可以负重涉险，但不及黄精甘美易食，凶年可以与老小休粮，人不能别之，谓为'米脯'也㉕。

【注释】

①五玉：泛指各种玉石。如本篇下文介绍的和阗白玉、南阳玉、日南玉等。

②石中黄子：矿物名。可入药。

③石桂：矿物名。可入药。本篇下文介绍说："石桂芝，生名山石穴中，似桂树而实石也。"

④石英：矿物名。可入药。

⑤石脑：矿物名。可入药。

⑥石硫黄：矿物名。可入药。

⑦石饴：用玉石炼制成的一种长寿药物。本篇下文说："玉可以乌米酒及地榆酒化之为水，亦可以葱浆消之为饴。"

⑧松柏脂：松树和柏树的油脂。茯苓：植物名。可入药。地黄：植物名。可入药。麦门冬：植物名。可入药。木巨胜：未详。可能为巨胜中的一种。重楼：植物名。可入药。即黄精的别名。黄连：植物名。可入药。石韦：植物名。可入药。又叫金星草。楮(chǔ)实：植物名。可入药。楮是一种树，楮实即楮树的果实。

⑨象柴：植物名。即枸杞，可入药。

⑩天门冬：植物名。可入药。

⑪蕴(wēn)：通"薀"，一种水草名。

⑫气臭者下：气味发臭的属于下等。

⑬喜：容易。下气：气向下运行。

⑭驶(shǐ)：同"驶"，马疾行。这里是迅速的意思。术(zhú)：中药名。

⑮散:屑状药。

⑯百部草:植物名。可入药。

⑰拔揳(xiē):植物名。可入药。

⑱中:适合。

⑲不中:不适合。

⑳白及:植物名。可入药。

㉑《本草》:书名。全名《神农本草经》,已佚,有清人辑本。他草:指其他有关中草药的书籍。

㉒斛(hú):量器名。十斗为一斛。

㉓合(gě):容量单位。一升的十分之一。

㉔大有役力者:具有很大财力物力的人。辨:当依崇文本《抱朴子》作"办",备办。

㉕米脯:晒干的熟米。

【译文】

"仙药中最上等的是丹砂,其次是黄金,其次是白银,其次是各种灵芝,其次是各种玉石,其次是云母,其次是珍珠,其次是雄黄,其次是太乙禹余粮,其次是石中黄子,其次是石桂,其次是石英,其次是石脑,其次是石硫黄,其次是石饴,其次是曾青,其次是松柏脂、茯苓、地黄、麦门冬、木巨胜、重楼、黄连、石韦、楮实。象柴,另一个名字叫做'托庐',有的人把它叫做'仙人杖',有的人把它叫做'西王母杖',有的人把它叫做'天精',有的人把它叫做'却老',有的人把它叫做'地骨',有的人把它叫做'苟杞'。天门冬,有的人把它叫做'地门冬',有的人把它叫做'莛门冬',有的人把它叫做'颠棘',有的人把它叫做'淫羊食',有的人把它叫做'管松'。生长在高地的天门冬,根部短而味甘甜,气味香的为最好。生长在水边低地的天门冬,叶子纤细好似蕴草而微微发黄,根部长而味道苦,气味发臭的属于下等,也可以服用,然而容易使人体的气向下运行,产生的功效特别迟缓。服用这些药物一百天,就能使人强壮,比术和黄精的药效快了一倍，入山就可蒸食，如果是煮熟了吃，吃了足够的数量就可以不用再吃粮食。如果有财力就可以服食，也可以制成屑末，或者绞出汁液来制作成酒喝，其中以服食屑末为最佳。楚地的人称天门冬为'百部'，但药物中本来另有一种百部草，它们都有一百多条根须，长得几乎一模一样，只是二者的叶苗稍有差异。真正的百部草长得像拔揳，只适合用来治疗咳嗽和杀死虱子而已，不能用来服食，千万别弄错了。另如黄精的另一个名字是'白及'，而实际上并不是适合做成糊粥状的那种白及。《本草》中的药物和其他有关药草书籍中的药物名字相同的很多，只有精通博识的人才能把它们区别开来，对此不可不详细了解。黄精的另一个名字是'兔竹'，又叫做'救穷'，又叫做'垂珠'。服食它的花比服食它的果实效果好，服食它的果实又比服食它的根部效果好，但花难以多得。收取它的鲜花十斛，晒干后不过只有五六斗而已，每天可以服用三合，如果不是很有财力物力的人是无法办到的。服食黄精只用十年，就可以大得益处。大家都认为断绝谷物不如服食术，服食术可以令人强健，可以背负重物、通过险境，但术不如黄精甜美好吃，灾荒年可以与一家老小食术而不用吃粮。人们分辨不清，就把它叫做'米脯'了。

"五芝者，有石芝，有木芝，有草芝，有肉芝，有菌芝，各有百许种也。

"石芝者，石象芝生于海隅名山，及岛屿之涯有积石者，其状如肉象有头尾四足者[①]，良似生物也。附于大石，喜在高岫险峻之地，或却著仰缀也[②]。赤者如珊瑚，白者如截肪[③]，黑者如泽漆[④]，青者如翠羽，黄者如紫金，而皆光明洞彻如坚冰也。晦夜去之三百步，便望见其光矣。大者十余斤，小者三四斤。非久斋至精，及佩《老子入山灵宝》五符，亦不能得见此辈也。凡见诸芝，且先以《开山却害符》置其上，则不得复隐蔽化去矣。徐徐择王相之日[5]，设醮[6]，祭以酒脯[7]，祈而取之，皆从日下禹步闭气而往也[8]。又若得石象芝，捣之三万六千杵[9]，服方寸匕[10]，日三，尽一斤，则得千岁；十斤，则万岁。亦可分人服也。又玉脂芝，生于有玉之山，常居悬危之处，玉膏流出[11]，万年已上[12]，则凝而成芝，有似鸟兽之形，色无常彩，率多似山玄、水苍玉也[13]。亦鲜明如水精，得而末之[14]，以无心草汁和之[15]，须臾成水，服一升，得一千岁也。七明九光芝，皆石也，生临水之高山石崖之间，状如盘碗，不过径尺以还[16]，有茎蒂连缀之，起三四寸[17]，有七孔者，名'七明'，九孔者，名'九光'。光皆如星，百余步内，夜皆望见其光。其光自别，可散不可合也。常以秋分伺之[18]。得之，捣服方寸匕，入口则翕然身热、五味甘美[19]。尽一斤则得千岁，令人身有光，所居暗地如月，可以夜视也。石蜜芝，生少室石户中[20]，户中便有深谷，不可得过，以石投谷中，半日犹闻其声也。去户外十余丈有石柱，柱上有偃盖石[21]，高度径可一丈许，望见蜜芝从石户上堕入偃盖中，良久，辄有一滴，有似雨后屋之余漏，时时一落耳。然蜜芝堕不息，而偃盖亦终不溢也。户上刻石为科斗字[22]，曰：'得服石蜜芝一斗者寿万岁。'诸道士共思惟其处，不可得往，唯当以碗器著劲竹木端以承取之，然竟未有能为之者。按此石户上刻题如此，前世必已有得之者也。石桂芝，生名山石穴中，似桂树而实石也。高尺许，大如径尺，光明而味辛，有枝条。捣服之，一斤得千岁也。石中黄子，所在有之[23]，沁水山为尤多[24]。其在大石中，则其石常润湿不燥，打其石有数十重，乃得之。在大石中，赤黄溶溶[25]，如鸡子之在其壳中也。即当饮之，不饮则坚凝成石，不复中服也。法正当及未坚时饮之，既凝则应末服也。破一石中，多者有一升，少者有数合，可顿服也[26]。虽不得多，相继服之，共计前后所服，合成三升，寿则千岁。但欲多服[27]，唯患难得耳。石脑芝，生滑石中[28]，亦如石中黄子状，但不皆有耳。打破大滑石千许，乃可得一枚。初破之，其在石中，五色光明而自动，服一升得千岁矣。石硫黄芝，五岳皆有，而箕山为多[29]。其方言许由就此服之而长生[30]，故不复以富贵累意，不受尧禅也。石硫丹者，石之赤精[31]，盖石硫黄之类也。皆浸溢于崖岸之间，其濡湿者可丸服[32]，其已坚者可散服。如此有百二十，皆石芝也，事在《太乙玉策》及《昌宇内记》，不可具称也。

【注释】

①肉象：肥胖的大象。肉，多肉，肥胖。

②却著：倒着附着。仰缀：仰面连缀。

③截肪：切开的一块脂肪。

④泽漆：有光泽的漆。

⑤王相之日：即“旺相日”。兴旺的日子，吉日。

⑥醮(jiào)：祭祀。特指道士设坛祭祀。

⑦脯：干肉。

⑧禹步：本指跛行。相传禹治水辛苦，身病偏枯，行走艰难。后代的巫师、道士仿效这种步态，被称为“禹步”。本篇下文对禹步的步态有详细解释。闭气：屏着呼吸。

⑨杵：捣物的棒槌。

⑩方寸匕：方寸大小的汤匙。

⑪玉膏：白色的液体。实际上就是岩石中的溶液。

⑫已：通“以”。

⑬山玄：玉石名。颜色犹如山的青色而有斑纹的玉石。玄，深黑色。这里形容山的颜色。水苍玉：玉石名。颜色犹如水绿色而有斑纹的玉石。《礼记·玉藻》：“公侯佩山玄玉，大夫佩水苍玉。”孙希旦《礼记集解》引古注：“山玄、水苍，玉色似山之玄而杂有文，似水之苍而杂有文。”

⑭末之：把它磨成碎末。

⑮无心草：植物名。可入药。

⑯以还：以内。

⑰起：隆起。

⑱伺：侦察，寻找。

⑲翕然：身体舒适的样子。

⑳少室：山名。在今河南登封北，嵩山西部，因山有石室而得名。户：门。

㉑偃盖：仰面的车盖。偃，仰卧。

㉒科斗字：又叫科斗文、科斗书。科斗，即蝌蚪。我国古文字的一种，以头粗尾细如蝌蚪而名。

㉓所在：随处，到处。

㉔沁水山：向外渗水的山。

㉕溶溶：这里指色彩润泽的样子。

㉖顿：马上，立即。

㉗欲：宜，应该。

㉘滑石：一种矿物质，可入药。

㉙箕山：山名。在河南登封东南。

㉚许由：尧时的隐士，相传隐居于箕山。

㉛赤精：红色的精华。

㉜濡(rú)：又软又湿。

【译文】

“五种灵芝中，有石芝，有木芝，有草芝，有肉芝，有菌芝，每种灵芝又各有一百多类。

“在石芝中，石象芝生长在海边的名山上，以及有很多石头的海岛边，它的形状如同有头有尾有四只脚的肥胖大象，很像活的一样。它们依附在大石头上，喜欢生长在陡峭险峻的地方，有的仰面附着在峭壁上。红色的石象芝像珊瑚，白色的石象芝像切开的脂肪，黑色的石象芝如同光泽的漆块，青色的石象芝如同翠鸟的羽毛，黄色的石象芝如同紫色的金子，它们都晶莹剔透得如同坚硬的冰块一样。在黑暗的夜晚，离开它三百步就能看到它的光亮。大的重十多斤，小的有三四斤。如果不是极其虔诚地长期斋戒，以及佩带着《老子入山灵宝》五种符箓，是不可能见到这种石芝的。一旦发现这些石象芝，就应该先用《开山却害符》放置在石象芝的上面，这样它就不会再隐蔽变化而去了。然后从容不迫地选择一个吉利的日子，安排神坛，用酒肉祭祀，祈祷后再去摘取，而且还要在阳光下用禹步的行走方式、屏着呼吸前往摘取。如果得到了石象芝，用杵捣它三万六千下，每次服食方寸大的一勺，每天三次，吃完一斤，就能够活到一千年；吃完十斤，就能够活到一万年。也可以分给别人服食。还有玉脂芝，生长在有玉石的山中，一般生长在高高的悬空之处，玉石的溶液不断流出，经过一万年以上，就凝结成了玉脂芝，有的像鸟兽的形状，颜色没有一定，大多都像山玄玉或水苍玉一样。它们也晶莹得像水精石。得到玉脂芝后碾成粉末，用无心草的汁液调和，片刻之间就融化为水，饮用一升，就能够活到一千岁。七明九光芝，都是石质的，生长在靠水的高山石崖之间，形状如同盘子和碗，直径大小都在一尺以内，有茎蒂把它们同山体连结在一起，隆起三四寸高，身上有七个孔窍的，叫做‘七明’，有九个孔窍的，叫做‘九光’。它们发出的光芒如同星光，一百多步以内，在夜间都能看到它们的亮光。它们的光芒各有区别，可以分散而不能合拢。常常在秋分那天去寻找它们。如果得到它们，就把它们捣碎服食方寸大的一勺，进入口中就会感到身体马上舒适发热，五味俱全而甘甜可口。服完一斤就可以活到一千岁，使人的身体发光，如果在暗处这光芒就如同月光一样，可以在夜间看到。石蜜芝，生长在少室山的石门内，石门内有很深的山谷，无法越过，如果用石头投进山谷，半天后还能听到石头的滚落声。距石门外十多丈处有一根石柱，柱子上有一块如同仰面车盖的石头，高度和直径约一丈左右，能远远望见蜜芝从石门上滴落到车盖一样的石头中，很久很久，才落下一滴，犹如雨后屋中残余的漏雨，时时才落下一点而已。尽管蜜芝不停地落下，而车盖石却始终不会满溢出来。石门上铭刻着蝌蚪文字，刻的是：‘能够服食石蜜芝一斗的人长寿一万岁。’所有的道士都想到那里去，然而却到不了，只能将碗之类的器皿绑在强劲坚固的竹子、木棍顶端去接取，但最终也没有人能够得到。根据这扇石门上刻的这些文字，从前肯定有人已经获得过石蜜芝。石桂芝，生长在名山的石洞中，模样像桂花树但实际上是石头。高一尺左右，大的直径约一尺，晶莹鲜亮而味道辛辣，有枝条。捣碎服食，服用一斤可得一千岁。石中黄子，到处都有，向外渗水的山上尤其多。它生长在大石头之中，这样的大石头就经常润湿而不会干燥，敲开这种石头几十层，才能得到它。它生在大石头中间，红黄色鲜明润泽，就如同鸡蛋黄在蛋壳中一样。得到后要马上饮用，不饮用就会很快凝结成坚硬的石头，不再适合服食了。按照修炼方法，就应该在还没有凝固的时候饮用，凝固以后就应该碾成粉末来服用了。打破一块石头，多的可以有一升，少的就只有几合，可以马上服用。虽然一次得到的不多，但坚持不断服食，先后总共所服用的，如果达到了三升，就能够长寿一千岁。应该多多服用，只是担心找不到。石脑芝，生长在滑石中，形状也像石中黄子一样，但不是到处都有而已。打破大滑石一千块左右，才可能得到一枚石脑芝。刚开始打破滑石时，石脑芝在这块石头中，五彩晶莹而且自己蠕动，服食一升，可以活到一千岁。石硫黄芝，五岳都有，而箕山最多。那个地方的人说当年的许由就是在此地服食石硫黄芝才得以长生不老的，因此他不再把荣华富贵放在自己的心上，不接受尧的禅让。石硫丹，是石头中的红色精华，大概属于石硫黄之类的物质。石硫丹都在山崖水边浸润着，那些又软又湿的可以抟成丸子服用，那些已经凝固的可以制成屑末服食。像这样的有一百二十种，都属于石芝，这些事情记载在《太乙玉策》和《昌宇内记》中，我在这里无法一一详细介绍了。

"及夫木芝者，松柏脂沦入地千岁，化为茯苓。茯苓万岁，其上生小木，状似莲花，名曰'木威喜芝'。夜视有光，持之甚滑，烧之不然[①]，带之辟兵。以带鸡而杂以他鸡十二头共笼之[②]，去之十二步，射十二箭，他鸡皆伤，带威喜芝者终不伤也。从生门上采之[③]，于六甲阴干之[④]，百日，末服方寸匕，日三，尽一枚，则三千岁也。千岁之栝木[⑤]，其下根如坐人，长七寸，刻之有血，以其血涂足下，可以步行水上不没；以涂人鼻以入水，水为之开，可以止住渊底也；以涂身则隐形，欲见则拭之[⑥]。又可以治病，病在腹内，刮服一刀圭[⑦]，其肿痛在外者，随其所在刮一刀圭[⑧]，即其肿痛所在以摩之，皆手下即愈，假令左足有疾，则刮涂人之左足也。又刮以杂巨胜为烛，夜遍照地下，有金玉宝藏，则光变青而下垂，以锸掘之可得也[⑨]。末之，服尽十斤，则千岁也。又松树枝三千岁者，其皮中有聚脂，状如龙形，名曰'飞节芝'，大者重十斤，末服之，尽十斤，得五百岁也。又有樊桃芝，其木如升龙，其花叶如丹罗[⑩]，其实如翠鸟，高不过五尺，生于名山之阴，东流泉水之土[11]，以立夏之候伺之，得而末服之，尽一株，得五千岁也。参成芝，赤色有光，扣之枝叶，如金石之音，折而续之，即复如故。木渠芝，寄生大木上，如莲花，九茎一丛，其味甘而辛。建木芝，实生于都广[12]，其皮如缨蛇[13]，其实如鸾鸟。此三芝得服之，白日升天也。黄庐子、寻木华、玄液华，此三芝生于泰山要乡及奉高[14]，有得而服之，皆令人寿千岁。黄蘗檀桓芝者[15]，千岁黄蘗木下根，有如三斛器，去本株一二丈，以细根相连状如缕，得，末而服之，尽一枚则成地仙，不死也。此辈复百二十种，自有图也[16]。

【注释】

①然：同"燃"，燃烧。

②带鸡：给鸡带上木威喜芝。

③生门：这里指东方。古人把东方与生气相联系。《风俗通义·祀典》："《月令》：'九门磔禳，以毕春气。'盖天子之城，十有二门，东方三门，生气之门也，不欲使死物见于生门，故独于九门杀犬磔禳。"

④六甲：古人用天干、地支相配计算时日，其中有甲子、甲戌、甲申、甲午、甲辰、甲寅六天带有"甲"字的日子，叫做"六甲"。

⑤栝(guā)：即桧树。

⑥见(xiàn)：通"现"，现身。拭：擦掉。

⑦刀圭：古代量取药物的用具。类似我们现在的小调羹。

⑧随其所在刮一刀圭：根据病人的疼痛部位在栝树根部"坐人"的相应部位刮下一刀圭。

⑨锸(chā)：农具名。相当于今天的铁锹。

⑩丹罗：红色的丝绸。

⑪泉水之土:泉水边。其他《抱朴子》版本均作“泉水之上”。

⑫都广:传说中的地名。《山海经·海内经》:“西南黑水之间,有都广之野。后稷葬焉。”

⑬缨:缠绕。

⑭要乡、奉高:地名。都在泰山附近。

⑮黄蘖:树名。又叫做黄柏。

⑯自有图:还有绘图。本书《遐览》著录有《木芝图》、《菌芝图》、《肉芝图》、《石芝图》等书。

【译文】

“还有木芝,松柏的油脂沉入地下一千年后,变成茯苓。茯苓长到一万年后,它的上面会生出小树木,形状像莲花,名叫‘木威喜芝’。夜间看去有亮光,用手摸着很光滑,烧它也烧不燃,佩带着它能够避免兵器的伤害。拿它给鸡带上,再把这只鸡同其他十二只鸡一起放在笼子里,站在十二步远的地方,射出十二支箭,其他的鸡都会受伤,而佩带木威喜芝的那只鸡始终不会受伤。要从东边的生门采摘它,选择在六甲日子里把它阴干,一百天后,碾成粉末,服食方寸大小的一勺,每天三次,吃完一枚,就能活到三千岁。千年的栝树,它的根部形状像一个端坐着的人,长七寸,用刀刻削后有血流出,把它的血涂在脚下,可以步行在水面上而不会沉没;用它的血涂抹在人的鼻子上进入水中,水将为它而避开,可以停留在深渊的底部;用它的血涂抹身子就能隐去形体,想要显现时就把它擦拭干净。还可以治疗疾病,如果病在腹内,只要刮削服食一刀圭,如果肿痛在体外,就根据病人的疼痛部位在栝树根部‘坐人’的相应部位刮下一刀圭,立即用它在肿痛处揉摸,都能够手到病除。比如左脚有病,就刮下来涂抹人的左脚。还可以把刮下的粉末与巨胜搀和后做成蜡烛,夜间到处照耀地面,如果地下有金玉宝藏,那么蜡烛的光芒就变成青色并往下垂落,然后就可以用锸把它们挖出来。把它碾成粉末,服食完十斤,就能活到一千岁。松树的枝干达到了三千年,它的皮下就有凝聚的油脂，形状就像龙一样，名叫‘飞节芝’，大的重十斤，碾成粉末服食，吃完十斤，可以活到五百岁。还有樊桃芝，它的主木像飞升的蛟龙一样，它的花叶如同红色的丝绸一般，果实就像翠鸟的形状，高度不过五尺，生在名山的北面、向东流动的泉水旁边，在立夏的时候去寻找它们，找到后碾成粉末服食，吃完一株可以活到五千岁。参成芝，红色而有光芒，敲击它的枝叶，会发出敲击金石的声音，把它折断后再连接起来，它马上就会恢复原状。木渠芝，寄生在大树上，形状像莲花，每丛九支茎，它的味道甜中带辣。建木芝，实际上是生长在都广一带，它的皮像缠绕的蛇，它的果实形状像鸾鸟。如果能够服食后面讲的这三种木芝，就可以于大白天而升入天庭。黄庐子、寻木华、玄液华，这三种灵芝生长在泰山的要乡和奉高，如果能够获得并服食它们，都能够让人长寿一千年。黄蘗檀桓芝，生长在千年的黄蘗树的根部，就好像三个斛器一样，离开根部一两丈远，有形状如同丝线的纤细根须相互连接，找到后，碾成粉末服食，吃完一枚就能够成为地仙，不会死亡了。这一类木芝也有一百二十种，还有它们的绘图。

“草芝有独摇芝，无风自动，其茎大如手指，赤如丹，素叶似苋[①]，其根有大魁如斗[②]，有细者如鸡子十二枚，周绕大根之四方，如十二辰也[③]，相去丈许，皆有细根，如白发以相连，生高山深谷之上，其所生左右无草。得其大魁，末服之，尽，则得千岁；服其细者，一枚百岁，可以分他人也。怀其大根即隐形，欲见则左转而出之。牛角芝，生虎寿山及吴坂上[④]，状似葱，特生如牛角[⑤]，长三四尺，青色，末服方寸匕，日三，至百日，则得千岁矣。龙仙芝，状如升龙之相负也[⑥]，以叶为鳞，其根则如蟠龙，服一枚则得千岁矣。麻母芝，似麻而茎赤色，花紫色。紫珠芝，其花黄，其叶赤，其实如李而紫色，二十四枝辄相连，而垂如贯珠也[⑦]。白符芝，高四五尺，似梅，常以大雪而花，季冬而实[⑧]。朱草芝，九曲，曲有三叶，叶有三实也。五德芝，状似楼殿，茎方，其叶五色各具而不杂，上如偃盖，中常有甘露，紫气起数尺矣。龙衔芝，常以仲春对生，三节十二枝，下根如坐人。凡此草芝，又有百二十种，皆阴干服之，则令人与天地相毕[⑨]，或得千岁、二千岁。

【注释】

①素：白色。苋(xiàn)：即苋菜，也可入药。

②大魁：大块。魁，通"块"。这里指大块的根部。

③辰：星辰。

④虎寿山：山名。吴坂：吴地的山坡上。吴，在今长江下游一带。坂，山坡。

⑤特：独。

⑥相负：相互背负。

⑦贯珠：穿在一起的珠子。

⑧季冬：冬天的最后一个月。古人把每个季节都分为孟、仲、季三个月。

⑨相毕：同寿。

【译文】

"草芝中有独摇芝，没有风时它自己也会摇动，它的茎干大小如同手指，红得像丹砂，白色的叶子像苋菜叶子，它的根部有像斗一样大的块状物，还有小得像鸡蛋一样的十二个块状物，围绕在大根的四周，就如同十二个星星一样，彼此相距各一丈多，都有纤细的根须，这些像白头发一样的纤细根须把它们相互连接在一起，独摇芝生长在高山深谷之上，它所生长的地方周围没有草。找到大块根，碾成粉末服食，服食完，就能活到一千岁；服食那些小点的根，服食一枚可活一百岁，也可以分给其他人服食。怀揣着它的大根就能隐去身形，如果想要显身就向左转弯并把它拿出来。牛角芝，生长在虎寿山和吴地的山坡上，形状像葱，单独生长时如同牛角，长三四尺，青色，碾成粉末服食方寸大小的一勺，每日三次，服食到一百天，就能活到一千岁。龙仙芝，形状如同相互背负的飞升的龙一样，叶子好像是龙鳞，它的根部就像盘踞的龙，服食一枚就能活到一千岁。麻母芝，像麻但茎干为红色，花为紫色。紫珠芝，它的花是黄色的，它的叶子是红色的，它的果实像李子而带有紫色，二十四颗果实相互连缀，就像垂挂着的一串珠子。白符芝，高四五尺，像梅树一样，常在下大雪时开花，冬末结出果实。朱草芝，茎干有九个弯，每一弯曲处有三片叶子，每片叶子有三颗果实。五德芝，形状如同楼阁殿堂，茎干是方形的，它的叶片有五种颜色而且彼此互不混杂，上部如同仰卧的车盖，其中常常有甘露，周围的紫色云气能够升起好几尺高。龙衔芝，常常在春季二月成双成对地生长，一共有三个节十二根枝，下面的根部像一个端坐着的人。所有这些草芝，一共也有一百二十种，都要阴干后服食，能够使人与天地同寿，或者可以活到一千岁、两千岁。

“肉芝者，谓万岁蟾蜍①，头上有角，颔下有丹书八字再重②。以五月五日，日中时取之，阴干百日。以其左足画地，即为流水，带其左手于身③，辟五兵，若敌人射己者，弓弩矢皆反还自向也。千岁蝙蝠，色白如雪，集则倒县④，脑重故也。此二物得而阴干，末服之，令人寿四万岁。千岁灵龟，五色具焉，其雄额上两骨起似角，以羊血浴之，乃剔取其甲，火炙捣服方寸匕，日三，尽一具，寿千岁。行山中，见小人乘车马，长七八寸者，肉芝也，捉取服之，即仙矣。风生兽似貂[5]，青色，大如狸[6]，生于南海大林中，张网取之。积薪数车以烧之，薪尽而此兽在灰中不然，其毛不焦，斫刺不入，打之如皮囊，以铁锤锻其头数十下乃死。死而张其口以向风，须臾便活而起走，以石上菖蒲塞其鼻即死。取其脑以和菊花服之，尽十斤，得五百岁也。又千岁燕，其窠户北向[7]，其色多白而尾掘[8]，取阴干，末服一头，五百岁。凡此又百二十种，此皆肉芝也。

【注释】

①蟾蜍：动物名。俗称癞蛤蟆。

②颔(hàn)：下巴。再重：重叠两次。再，二。

③左手：指蟾蜍的左前腿。

④县(xuán)：悬挂。

⑤貂：动物名。体长腿短。

⑥狸：动物名。又叫做野猫、山猫。

⑦窠户：燕巢的出入口。窠，巢。

⑧尾掘：尾巴翘起。掘，通“崛”，高起。

【译文】

“所谓的肉芝，是指活了一万年的蟾蜍，它的头上长出了角，下巴有两个红色的‘八’字重叠。在五月五日那天，正值中午时分去捉取，阴干到一百天。用它的左后脚画地，就会有水流出来，把它的左前腿佩带在身上，能够避开各种兵器的伤害，如果敌人用箭射自己，弓弩发出的箭都会反过去射向敌人自身。活了一千年的蝙蝠，颜色洁白如雪，落下来后身子倒悬在那里，这是因为它们的脑袋太重了。捉到这两种动物后把它们阴干，做成粉末服食，使人的寿命长达四万岁。千年的灵龟，五色具备，雄龟的额头上有两块骨头隆起，样子好似角。用羊血洗浴它，然后剔取它的甲壳，用火烧烤、捣碎后服食方寸大小的一勺，每天三次。服完一个龟甲，寿命可以长达一千岁。在山中行走，如果看见有小人乘坐着车马，只有七八寸高，那也是肉芝，捉来服食，就能立即成仙了。风生兽的样子长得像貂，青色，大小如狸，生长在南海的大森林中，可以张网捕取它。即使用几车的柴草去烧它，柴草烧完了而这种野兽在灰中依然不会被烧坏，它的毛不会被烧焦，斧砍刀刺不进，敲打它如同敲打皮袋一样，要用铁锤击打它的头部数十下它才会死去。死后张着口对着风，转眼之间它又复活过来逃走，但用石头上长的菖蒲堵塞它的鼻子而它马上就会死亡。取出它的大脑，与菊花搀和在一起服用，吃完十斤，可以活到五百岁。还有一千年的燕子，它们的巢口向北，它们多为白色而且尾巴向上翘起。捉取后阴干，制成粉末服食一只，可以活到五百岁。所有这些又有一百二十种，这些都是肉芝。

"菌芝，或生深山之中，或生大木之下，或生泉之侧。其状或如宫室，或如车马，或如龙虎，或如人形，或如飞鸟，五色无常，亦百二十种，自有图也。皆当禹步往采取之，刻以骨刀，阴干，末服方寸匕，令人升仙，中者数千岁，下者千岁也。欲求芝草，入名山，必以三月、九月，此山开出神药之月也，勿以山佷日①，必以天辅时②，三奇会尤佳③。出三奇吉门到山，须六阴之日④，明堂之时⑤，带《灵宝符》，牵白犬，抱白鸡，以白盐一斗，及开山符檄⑥，著大石上，执吴唐草一把以入山⑦，山神喜，必得芝也。又采芝及服芝，欲得王相专和之日⑧，支干上下相生为佳⑨。此诸芝，名山多有之，但凡庸道士，心不专精，行秽德薄，又不晓入山之术，虽得其图，不知其状，亦终不能得也。山无大小，皆有鬼神，其鬼神不以芝与人，人则虽践之，不可见也。

【注释】

①山佷(hěn)日:进山不吉利的日子。佷,乖戾,不顺。

②天辅时:古代术数家用语。指上天福佑的吉利之时。古术数家将上天天蓬、天内、天冲、天辅等九星与时辰相配,而天辅星是主大吉的一颗星。

③三奇:古代术数家用语。古代术数家以乙、丙、丁为三奇。古人以天干地支相互配合计算时日,具有乙、丙、丁的时日即为"三奇会"。后来术数家又以乙、丙、丁为天上三奇;甲、戊、庚为地上三奇;辛、壬、癸为人间三奇。"三奇"出现在年月日里,顺次排列时则为吉利。

④六阴之日:当指"六辛"之日。古人用天干地支计算时日,六个带有"辛"字的日子即为"六辛"。

⑤明堂之时:古代术数家按"一、二、三、四、五、六、七、八、九、绛宫、明堂、玉堂"分为十二宫,然后与天干、地支相互配合,用来纪时。如甲子日的明堂在酉时,乙丑日的明堂在亥时,丙寅日的明堂在丑时等等。

⑥符檄:类似符箓。檄,古代用来征召、声讨的文书。

⑦吴唐草:植物名。可入药。《千金翼方》卷四说它味甘平无毒,主轻身益气长年。

⑧王相专和之日:吉利祥和的日子。

⑨支干上下相生:古代术数家把天干、地支与五行、阴阳等相互配合,从而形成或相生、或相克的关系,比如"甲生丁",因为"甲"代表阳,象征木,而"丁"代表阴,象征火,阴阳相吸,木能生火,所以就形成了"甲丁相吸,甲木生丁火"的相生关系。

【译文】

"菌芝,有的生长在深山中,有的生长在大树下,有的生长在泉水边。它们的形状有的像窑洞房室,有的像车马,有的像龙虎,有的像人形，有的像飞鸟，五颜六色没有一定，也有一百二十种，也都有它们的绘图。采摘它们时都应该用禹步的行走方式前往，先用骨刀刻削它们，阴干后，制成粉末，服食方寸大小的一勺，就能够使人升天成仙，中等效果的可以活到几千岁，效果最差的也能活到一千岁。要想找到芝草，进入名山的时间，一定要选择在三月、九月，这时是名山奉出神药的月份。不要在不吉利的日子进山，一定要选在上天福佑的吉祥日子，如果是三奇聚会时最好。在三奇聚会的吉祥日子进入山中，在六阴的那一天，于明堂的时辰里，带着《灵宝符》，牵着白狗，抱着白鸡，用白盐一斗，以及开山符檄，把这些放在大石头上，然后手持一把吴唐草入山，山神就会高兴，一定能够得到灵芝。另外采摘灵芝和服食灵芝，应该在吉利祥和的日子，天干地支上下处于相生的时辰最好。这些灵芝，名山大多都有生长，只是那些平庸的道士，用心不专一不精诚，品行污秽而道德浅薄，又不懂得进山的方术，虽然获得了它们的绘图，却没有真正了解它们的性状，因此他们始终是找不到的。山无论大小，都有鬼神，如果那些鬼神不愿意把灵芝送给人，那么人们即使把灵芝踩在脚下，也无法看见。

“又，云母有五种，而人多不能分别也，法当举以向日，看其色，详占视之，乃可知耳。正尔于阴地视之[①]，不见其杂色也。五色并具而多青者名‘云英’，宜以春服之[②]；五色并具而多赤者名‘云珠’，宜以夏服之；五色并具而多白者曰‘云液’，宜以秋服之；五色并具而多黑者名‘云母’，宜以冬服之；但有青黄二色者名‘云沙’，宜以季夏服之；皛皛纯白名‘磷石’[③]，可以四时长服之也。服五云之法，或以桂、葱、水玉化之以为水[④]，或以露于铁器中，以玄水熬之为水[⑤]，或以硝石合于筒中埋之为水[⑥]，或以蜜搜为酪[⑦]，或以秋露渍之百日，韦囊挺以为粉[⑧]，或以无巅草、樗血合饵之[⑨]，服之一年，则百病除，三年久服，老公反成童子。五年不阙，可役使鬼神，入火不烧，入水不濡，践棘而不伤肤，与仙人相见。又他物埋之即朽，著火即焦，而五云以纳猛火中，经时终不然，埋之永不腐败，故能令人长生也。又云：服之十年，云气常覆其上，服其母以致其子⑩，理自然也。又向日看之，晻晻纯黑色起者⑪，不中服，令人病淋发疮⑫。虽水饵之，皆当先以茅屋霤水⑬，若东流水、露水，渍之百日，淘汰去其土石，乃可用耳。中山卫叔卿服之⑭，积久能乘云而行，以其方封之玉匣之中。仙去之后，其子名度世，及汉使者梁伯，得而按方合服，皆得仙去。

【注释】

①正尔：只是。正，只。尔，词尾，无义。

②“五色”二句：古人把春天与青色相配、夏天与红色相配、秋天与白色相配、冬天与黑色相配，所以青色的云母适宜在春季服用。宜，适宜，应该。

③皛皛(xiǎo)：皎洁光亮的样子。

④水玉：植物名。又叫半夏，可入药。

⑤玄水：醋。另外，水银、酒，古人也称为玄水。

⑥硝石：一种矿物质。可入药。

⑦搜：通“溲”，浸泡。酪：糊粥状的食品。

⑧韦囊：皮袋。韦，熟皮。埏(shān)：糅合。

⑨无巅草：植物名。可入药。樗(chū)血：指樗树汁。樗，即臭椿树，可入药。

⑩服其母以致其子：服食它的母亲自然能够招来它的儿子。古人认为云母为云雾之母，故有此说。

⑪晻晻(àn):昏暗的样子。起:出现。

⑫淋:指小便淋漓、涩痛等症状。

⑬霤(liù):屋顶上流下来的雨水。

⑭中山:地名。在今河北境内。卫叔卿:汉武帝时的修道成仙者。

【译文】

“另外,云母有五种,但人们大多不能区别它们。区别它们的方法应该是举起来对着太阳,观察它们的颜色,要仔细地观察它们,然后才可以识别。如果只是在光线阴暗的地方观察,就分辨不出它们的杂色。五色都具备而青色居多的叫‘云英’,适合在春季服用;五色都具备而红色居多的叫‘云珠’,适合在夏季服用;五色都具备而白色居多的叫‘云液’,适合在秋季服用;五色都具备而黑色居多的叫‘云母’,适合在冬季服用;只有青、黄两种颜色的叫‘云沙’,适合在夏末服用;皎洁光明、颜色纯白的叫‘磷石’,可以在四季长期服用。服食五种云母的方法,或者用桂花、葱、水玉把它们溶化为水,或者把露水收集在铁器之中,用玄水把云母熬成水,还可以把硝石与云母搀和在一起放在筒子里,埋在地下形成水,或者用蜜浸泡成糊粥状,或者用秋天的露水浸泡上一百天,再用皮袋装着揉成粉末,或者用无颠草、樗树汁混合起来食用,服用一年之后,百病痊愈,长期地服用三年,老翁将会返老还童。如果连续五年不断地服用,就可以使唤鬼神,进入火中不会被烧伤,进入水里不会被弄湿,脚踏荆棘也不会弄伤皮肤,还能够与仙人见面。其他的东西如果埋在地下就会很快腐烂,放在火中很快就会被烧焦,然而把这五种云母放在烈火中,经历一个时辰也不会被烧坏,埋在地下永远也不会腐烂,所以能够使人长生不死。修道者还说:服食十年,常有云气笼罩在服食者的头上,服用云气的母亲从而招来它的孩子,这是理所当然的事情。另外对着太阳观察云母,如果出现的全是色彩昏暗的黑色,那就不适合服食,吃了会使人小便淋漓涩痛、生出疮来。虽然是制成液体饮用,那也应该首先选用茅草房的屋檐雨水,如果是向东流去的水、露水,要先把云母浸泡一百天，淘汰掉其中的泥土砂石，然后才能饮用。中山的卫叔卿服食云母，时间久了就能够乘云飞行，他还把他的秘方封藏在玉制的匣子中。他成仙离去以后，他有一个儿子名叫度世，还有汉朝的一位使者名叫梁伯，得到了这个秘方并按方调制服用，后来也都成仙而去了。

“又，雄黄当得武都山所出者①，纯而无杂，其赤如鸡冠，光明晔晔者②，乃可用耳。其但纯黄似雄黄色，无赤光者，不任以作仙药③，可以合理病药耳④。饵服之法，或以蒸煮之，或以酒饵，或先以硝石化为水，乃凝之，或以玄胴肠裹蒸之于赤土下⑤，或以松脂和之，或以三物炼之⑥，引之如布，白如冰，服之皆令人长生，百病除，三尸下，瘢痕灭，白发黑，堕齿生。千日则玉女来侍，可得役使，以致行厨。又玉女常以黄玉为志⑦，大如黍米，在鼻上，是真玉女也，无此志者，鬼试人耳。

【注释】

①武都山：山名。一在今甘肃西固，一在今四川绵竹。

②晔晔：光明的样子。

③不任：不堪，不能。任，堪。

④合：调制。理：治疗。

⑤玄胴(dòng)肠：猪大肠。胴肠，猪大肠。《大观本草》引此句为“猪胴”。

⑥三物：指上文提到的硝石、玄胴肠、松脂。

⑦志：通“痣”，皮肤上生的有色斑痕或小疙瘩。

【译文】

“另外，雄黄应该寻找武都山出产的，那里的雄黄纯粹而没有杂质，那些红得像鸡冠、晶莹明彻的，才可以服用。那些只有纯黄色，好像雄黄一样颜色的，而没有红光，不能用作修仙之药，只能用来配制治病的药物而已。服食的方法，或者蒸煮它们，或者用酒送服，或者先用硝石把它们溶化为水，然后再让它们凝结起来，或者用猪大肠裹着放在红土的下面蒸煮，或者用松脂加以调和，或者用硝石、玄胴肠、松脂搀和它们炼制，炼制到能够把它们拉伸得像布帛一样，色白如冰，这样服食后都能使人长生不老，百病痊愈，三尸虫被打下，瘢痕消失，白发变黑，落牙再生。服食千日后则会有神女前来服侍，还可以使唤她们，能够使想要的食物自动送来。另外，神女经常有黄玉痣，大小如同黍米，长在鼻子上，这才是真正的神女，如果没有这颗黄玉痣，那就是鬼怪为了试探人而假扮的。

“玉亦仙药，但难得耳。《玉经》曰：‘服金者寿如金，服玉者寿如玉也。’又曰：‘服玄真者，其命不极[①]。’‘玄真’者，玉之别名也。令人身飞轻举，不但地仙而已。然其道迟成，服一二百斤，乃可知耳。玉可以乌米酒及地榆酒化之为水[②]，亦可以葱浆消之为饴，亦可饵以为丸，亦可烧以为粉，服之一年已上，入水不沾，入火不灼，刃之不伤，百毒不犯也。不可用已成之器，伤人无益，当得璞玉[③]，乃可用也。得于阗国白玉尤善[④]，其次有南阳徐善亭部界中玉及日南庐容水中玉亦佳[⑤]。赤松子以玄虫血渍玉为水而服之[⑥]，故能乘烟上下也。玉屑服之与水饵之，俱令人不死。所以为不及金者，令人数数发热，似寒食散状也[⑦]。若服玉屑者，宜十日辄一服雄黄、丹砂各一刀圭，散发洗沐寒水，迎风而行，则不发热也。董君异尝以玉醴与盲人服之[⑧]，目旬日而愈。有吴延稚者[⑨]，志欲服玉，得《玉经》方不具，了不知其节度禁忌，乃招合得圭、璋、环、璧[⑩]，及校剑所用甚多[⑪]，欲饵治服之，后余为说此不中用，乃叹息曰：'事不可不精，不但无益，乃几作祸也！'

【注释】

①不极：无限。

②乌米：黑米。地榆：又叫玉札。根可酿酒。

③璞玉：未经加工过的玉石。

④于阗(tián)：汉代西域国名。在今新疆和田一带。

⑤南阳：地名。在今河南南阳。徐善亭：地名。在今河南南阳一带。部界：范围内。日南：地名。在今两广一带。庐容水：河名。在日南境内。

⑥玄虫：虫名。可能即蝉。班昭《蝉赋》："伊玄虫之微陋，亦摄生于天壤。"可见古人把蝉又称为"玄虫"。

⑦寒食散：又叫"五石散"，道教炼制的丹药名。服食后身体发热，宜吃冷食，故名。

⑧董君异：董奉，字君异。汉代名医，传说后来成仙。玉醴：玉制的甜酒。

⑨吴延稚：人名。

⑩圭、璋、环、璧：四种玉器名。圭，为长形玉版，上圆或尖，下方。璋，形状像半个圭。环，圆形，中心有大孔。璧，为平圆形，中心有小孔。

⑪校(qiāo)剑：剑柄。这里指剑柄上的玉饰。校，通"骹"。器物的柄或腿。

【译文】

“玉石也是一种仙药，只是很难获得而已。《玉经》说：‘服食黄金的人寿命如黄金，服食玉石的人寿命如玉石。’还说：‘服食玄真的人，寿命无限。’所谓的‘玄真’，就是玉石的别名。服用玉石能够使人飞升天庭，还不仅仅是做个地仙而已。然而服食玉石的效果很慢，要服食一两百斤，才能感觉到效果。玉石可以用乌米酒和地榆酒把它溶化为水，也可以用葱汁把它消溶成饴糖，也可以把它像糕饼一样作成药丸，也可以把它烧炼成粉末，服食一年以上，进入水中不会被沾湿，进入火中不会被烧坏，各种刀剑无法伤害他，各种毒药也不能侵犯他。但不能服食已经加工成器物的玉石，那样只会伤害人而不能带来任何益处，应当寻找未加工过的璞玉，这才可以用来服食。如果能够得到于阗国的白玉最好，其次南阳徐善亭一带的玉石，以及日南郡庐容河水中的玉石也好。赤松子用玄虫的血把玉石浸泡成水后再服用，因此他能够乘坐着云烟畅游于天地之间。服食玉屑或者用水吞服玉屑，都能使人长生不死。服用玉石之所以比不上服用黄金，是因为它常常使人发烧，就像服食寒食散后的症状一样。像那些服食玉屑的人，应当每十天就服用雄黄、丹砂一次，每次各一刀圭，披散着头发，在冷水中沐浴，然后迎风行走，这样就不会发烧了。董君异曾经让盲人服食玉制的甜酒，那人的眼睛十天后就痊愈了。还有一位名叫吴延稚的人，立志要服食玉石，他得到的《玉经》方剂并不完备，完全不懂得其中的方法和禁忌，于是就收集了很多的圭、璋、环、璧，以及装饰剑柄的玉石，想要炼制后服食它们，后来我给他解释说这些东西不适合服食，他才叹息说：‘对事理不能不精通啊，不然不仅没有任何效益，反而差一点儿给自己造成了祸患！’

“又，银但不及金、玉耳，可以地仙也。服之法，以麦浆化之，亦可以朱草酒饵之[①]，亦可以龙膏炼之[②]，然三服，辄大如弹丸者，又非清贫道士所能得也。

【注释】

①朱草：植物名。本书《金丹》篇："朱草状似小枣，栽长三四尺，枝叶皆赤，茎如珊瑚，喜生名山岩石之下，刻之汁流如血。"

②龙膏：即覆盆子。色乌赤，因形似覆盆，故名。

【译文】

"另外，服食白银只是比不上服食黄金、玉石而已，但也可以成为地仙。服食银子的方法是，用麦子的浆液把白银溶化，也可以用朱草酒送服，还可以用龙膏炼制它，然而每天要服食三次，每次就要服食大小如同弹丸的一块银子，这又不是清贫的道士所能办得到的。

"又，真珠径一寸以上可服，服之可以长久，酪浆渍之[①]，皆化如水银，亦可以浮石水、蜂窠化[②]，包彤蛇黄合之[③]，可引长三四尺，丸服之，绝谷服之，则不死而长生也。

【注释】

①酪浆：牲畜的乳汁。另外如醋、果汁也叫做"酪"。

②浮石：一种矿物质名。可入药。

③彤：红色。蛇黄：蛇腹中的一种物质，可入药。

【译文】

"另外，直径一寸以上的珍珠也可以服用，服用珍珠可以长寿。用牲畜的乳汁浸泡珍珠，都能化成水银一样的液体，也可以用浮石水、蜂巢去溶解，然后包裹在红色的蛇黄中加以调合，就可以拉长到三四尺，抟成丸子服食，断绝谷物服食，就不会死亡而长生不老了。

"淳漆不沾者[①]，服之令人通神长生，饵之法，或以大无肠公子[②]，或云'大蟹'，十枚投其中，或以云母水，或以玉水合服之，九虫悉下，恶血从鼻去，一年，六甲、行厨至也[3]。

【注释】

①淳漆：即纯漆。没有搀进其他物质的漆。淳，通“纯”。

②无肠公子：螃蟹的别称。

③六甲：神名。传说是上帝的使者。

【译文】

“不沾粘的纯漆，服食后能够与神灵交往、长生不老，服食的办法是，或者用大的无肠公子，有人叫做‘大螃蟹’的，十只投放在漆中，或者用云母制成的水，或者用玉石制成的水与纯漆混合服食，各种虫子都会被打下，污血从鼻腔中流出，服食一年，就能使唤六甲神，就能想要什么食物都会自动送来。

“桂可以葱涕合蒸作水[1]，可以竹沥合饵之[2]，亦可以先知君脑[3]，或云‘龟’，和服之。七年，能步行水上，长生不死也。

【注释】

①涕：汁液。

②沥：水滴。

③先知君：龟的别称。

【译文】

“桂可以用葱的汁液混合着蒸制成水，还可以用竹子上的水滴混合着食用，也可以用先知君，有人叫做‘龟’的大脑，混合着食用。服食七年以后，就能够在水面上行走，而且能够长生不死。

“巨胜[①]，一名胡麻，饵服之不老，耐风湿、补衰老也。桃胶[②]，以桑灰汁渍[③]，服之，百病愈，久服之，身轻，有光明，在晦夜之地如月出也，多服之则可以断谷。

【注释】

①巨胜：即芝麻。

②桃胶：桃树上渗出的胶状物。

③桑灰：桑木烧成的灰。

【译文】

“巨胜，它的另一个名称叫‘胡麻’，服食后不会衰老，能够抵御风湿，滋补防衰老。桃胶，可以用桑灰搅拌的水去浸泡它，服食下去，百病痊愈，长期服用，身体轻捷，而且能够发出光亮，在黑暗的夜晚，就好像月亮出来了一样，多多服用就可以不用再吃粮食。

“柠木实之赤者[①]，饵之一年，老者还少，令人彻视、见鬼[②]。昔道士梁须[③]，年七十乃服之，转更少。至年百四十岁，能夜书，行及奔马，后入青龙山去[④]。槐子，以新瓮合泥封之[⑤]，二十余日，其表皮皆烂，乃洗之，如大豆，日服之，此物主补脑，久服之，令人发不白而长生。玄中、蔓方、楚飞廉、泽泻、地黄、黄连之属[⑥]，凡三百余种，皆能延年，可单服也。灵飞散、未央丸、制命丸、羊血丸[⑦]，皆令人驻年却老也。

【注释】

①柠(chǔ)木：一种落叶乔木，又名“榖木”。

②彻视：透视物体。

③梁须：人名。

④青龙山：古代叫青龙山的地方很多，江苏有两处，江西一处，湖南一处，这里所指何处不详。

⑤瓮（wèng）：一种大口的坛子。

⑥玄中、蔓方：当为药名。未详。飞廉：植物名。可入药。泽泻：植物名。可入药。

⑦灵飞散、未央丸、制命丸、羊血丸：都是道教炼制的药丸名。

【译文】

“柠树有红色的果实，服用这些果实一年之后，使人返老还童，还能够使人透视物体、看到鬼怪。从前有个道士名叫梁须，七十岁时才开始服食柠树的红色果实，于是变得越来越年轻。到了一百四十岁时，还能够在夜间写字，行走的速度可以赶上奔跑的马，后来进入青龙山隐居。槐树的种子，要用新坛子装着，然后调和稀泥密封，二十多天以后，这些种子的表皮都烂掉了，再用水洗干净，一颗颗如同大豆一样，可以每天服食这些种子，这些种子的主要功能是补脑，长期服用，能够使人头发不白而长生不老。玄中、蔓方、楚地的飞廉、泽泻、地黄、黄连之类的药物，一共有三百多种，都能够延年益寿，也都可以单独服用。灵飞散、未央丸、制命丸、羊血丸，都能够使人青春永驻、不再衰老。

“南阳郦县山中有甘谷水①，谷水所以甘者，谷上左右皆生甘菊②，菊花堕其中，历世弥久，故水味为变。其临此谷中居民，皆不穿井，悉食甘谷水，食者无不老寿，高者百四五十岁，下者不失八九十，无夭年人，得此菊力也。故司空王畅、太尉刘宽、太傅袁隗③，皆为南阳太守，每到官，常使郦县月送甘谷水四十斛以为饮食。此诸公多患风痹及眩冒④，皆得愈，但不能大得其益，如甘谷上居民生小便饮食此水者耳。又，菊花与薏花相似⑤，直以甘苦别之耳⑥，菊甘而薏苦，谚言所谓'苦如薏'者也。今所在有真菊[⑦],但为少耳,率多生于水侧,缑氏山与郦县最多[⑧]。仙方所谓日精、更生、周盈[⑨],皆一菊,而根、茎、花、实异名,其说甚美,而近来服之者略无效,正由不得真菊也。夫甘谷水得菊之气味,亦何足言?而其上居民,皆以延年,况将复好药,安得无益乎?

【注释】

①郦县:地名。在今河南南阳的内乡。

②甘菊:菊花的一种,又叫家菊,可入药。

③司空:官名。王畅:人名。东汉灵帝时为司空。太尉:官名。刘宽:人名。东汉灵帝时为太尉。太傅:官名。袁隗:人名。东汉灵帝时为太傅。

④风痺:疾病名。手足麻木不仁之症。眩冒:疾病名。头晕目眩。

⑤薏(yì)花:即野菊花。又叫"苦薏",也可以入药。

⑥直:只是。

⑦所在:到处。

⑧缑(gōu)氏山:山名。在今河南偃师。

⑨日精:指菊根。更生:指菊花的叶片。周盈:指菊茎。

【译文】

"南阳的郦县山中有甘谷水,甘谷水之所以甘甜,是因为甘谷的两岸都生长着甘菊,菊花落在了水中,经历的时间久了,所以水的味道就变得甘甜起来。那些靠近这个山谷居住的百姓,都不挖水井,全都饮用甘谷水,饮用的人没有不长寿的,高寿的人可以活到一百四五十岁,寿命短一些的也不少于八九十岁,从来没有夭折的人,都是因为得到了菊花的效力。因此司空王畅、太尉刘宽、太傅袁隗,都当过南阳太守,每次到任,就让郦县每个月送四十斛甘谷水来饮食。这几位先生大多患有风湿麻痹和头晕症，后来都痊愈了，但没能得到更大的好处，那是因为他们不像甘谷两岸的居民那样从小就饮用这种水啊。另外菊花和薏花相似，只能用甘甜与苦涩的味道去辨别二者，菊花甘甜而薏花苦涩，正如谚语所说的‘苦如薏花’那样。现在到处都有真正的甘菊，只是数量很少而已，大都生长在水边，缑氏山和郦县最多。仙方中所谓的日精、更生、周盈，都同样是指菊，而根、茎、花、实的名称不同，服用甘菊的效果说得很好，但近来服用菊的人大多都没有效果，就是因为没有找到真正的甘菊。甘谷的水仅仅是得到菊花的一些气味，又哪里值得一提呢？然而那些甘谷两岸的居民，都能够因此而延年益寿，何况还有更好的药物，怎么会没有益处呢？

“余亡祖鸿胪少卿曾为临沅令①，云此县有廖氏家，世世寿考，或出百岁，或八九十。后徙去，子孙转多夭折。他人居其故宅，复如旧，后累世寿考。由此乃觉是宅之所为，而不知其何故，疑其井水殊赤②，乃试掘井左右，得古人埋丹砂数十斛，去井数尺，此丹砂汁因泉渐入井，是以饮其水而得寿，况乃饵炼丹砂而服之乎！

【注释】

①亡祖：应是指葛洪的祖父葛系。《晋书·郭璞葛洪列传》说葛系曾担任吴国的大鸿胪。鸿胪少卿：官名。掌管朝廷的各种礼仪。临沅：地名。在今湖南常德。《抱朴子外篇·自叙》说葛系当过临安县令。

②殊赤：很红。

【译文】

“我故去的祖父鸿胪少卿曾经当过临沅县令，他说这个县里有户廖姓的人家，世世代代长寿，有的活了一百多岁，有的活了八九十岁。后来搬家到别处，子孙们越来越多地短命夭折了。其他人家住进了他的老房屋，仍然像从前一样，后人世世代代长寿。因此才感到长寿可能是这个住宅带来的，但又不知道究竟是什么缘故，于是怀疑这里的井水太红，就试着挖掘水井的周围，结果找到古人埋藏的几十斛丹砂，丹砂离井几尺远，这些丹砂的汁水顺着泉水渐渐地渗入井中，因为饮用这种井水就能够长寿，更何况是直接炼制丹砂并服食它们呢！

“余又闻上党有赵瞿者[①]，病癞历年[②]，众治之不愈，垂死。或云不如及活流弃之[③]，后子孙转相注易[④]，其家乃赍粮将之[⑤]，送置山穴中。瞿在穴中，自怨不幸，昼夜悲叹，涕泣经月。有仙人行经过穴，见而哀之，具问讯之。瞿知其异人，乃叩头自陈乞哀，于是仙人以一囊药赐之，教其服法。瞿服之百许日，疮都愈，颜色丰悦[⑥]，肌肤玉泽。仙人又过视之，瞿谢受更生活之恩，乞丐其方。仙人告之曰：‘此是松脂耳，此山中更多此物，汝炼之服，可以长生不死。’瞿乃归家，家人初谓之鬼也，甚惊愕。瞿遂长服松脂，身体转轻，气力百倍，登危越险，终日不极[⑦]，年百七十岁，齿不堕，发不白。夜卧，忽见屋间有光大如镜者，以问左右，皆云不见，久而渐大，一室尽明如昼日。又夜见面上有彩女二人[⑧]，长二三寸，面体皆具，但为小耳，游戏其口鼻之间，如是且一年，此女渐长大，出在其侧。又常闻琴瑟之音，欣然独笑。在人间三百许年，色如小童，乃入抱犊山去[⑨]，必地仙也。于时闻瞿服松脂如此，于是竞服。其多役力者，乃车运驴负，积之盈室。服之远者[⑩]，不过一月，未觉大有益，辄止，有志者难得如是也。

【注释】

①上党:地名。在今山西长治。

②癞:一种恶病,即麻风病。

③流弃:抛弃。

④注易:这里指流动迁徙。注,流动。易,改变。这里指改变住所。

⑤赍(jī):携带。将:扶持。

⑥颜色:面部表情。

⑦极:疲倦。

⑧彩女:宫女。这里指神女。

⑨抱犊山:山名。在今山西境内。

⑩远:时间长。

【译文】

“我还听说上党有个名叫赵瞿的人,患上癞病好多年,众多医生都无法治愈,马上就要死了。有人说还不如趁他活着的时候把他抛弃了,后来他的子孙们要流动迁徙了,于是他的家人就带着粮食扶着他,把他送到了一个山洞里。赵瞿住在山洞里,抱怨自己的不幸,昼夜悲叹,一连哭泣了好几个月。有一位仙人云游经过山洞,看见他以后感到很可怜,详细地询问他。赵瞿知道他是个非同寻常的人,就磕着头自我陈述,乞求怜悯,于是仙人就拿出一袋药送给了他,并教给他服食的方法。赵瞿服用此药一百来天,疮疤全部痊愈,面容丰满、神色愉悦,肌肤润泽如玉。仙人再次前来看望他,赵瞿感谢仙人的再生之恩,并乞求这种药方。仙人告诉他说:‘这不过就是松脂而已,这座山里有很多这种东西,你炼制后服食,可以长生不死。’赵瞿回到了家,家人开始认为他是个鬼,非常的惊愕。赵瞿于是就长期地服食松脂,身体变得越来越轻便,力气百倍增加,翻越危岭险峰,整天不觉疲惫,到了一百七十岁的时候,牙齿不落,头发不白。他夜间躺卧时,突然看见屋里有一片大小如同镜子的光亮,他询问身边其他的人是否看到,大家都说没有看见,时间长了那光亮渐渐变大，整个室内都明亮得如同白天一样。他还在夜里看见脸上有两位神女，高两三寸，面貌身体都具备，只是身材小了一些而已，两位神女在他的嘴巴、鼻子之间游戏玩耍，如此过了将近一年，这两位神女渐渐长大，经常出现在他的身边。他还经常听到琴瑟的声音，独自欣然微笑。他在人间生活了三百年左右，面色像个儿童，最后进入了抱犊山，他一定是成了地仙。当时的人们听说赵瞿服食松脂的效果如此之好，于是竞相服食。那些财力物力多的人，竟然用车拉驴驮，把整个房子都堆满了。然而服食松脂时间长久的人，也不过一个月，一旦感觉不到大的效果，就不再服食，那些真正有志求仙的人竟然是如此的少有啊！

“又，汉成帝时①，猎者于终南山中②，见一人无衣服，身生黑毛。猎人见之，欲逐取之。而其人逾坑越谷，有如飞腾，不可逮及。于是乃密伺候其所在③，合围得之，定是妇人④。问之，言：‘我本是秦之宫人也，闻关东贼至⑤，秦王出降⑥，宫室烧燔，惊走入山。饥无所食，垂饿死，有一老翁教我食松叶松实，当时苦涩，后稍便之⑦，遂使不饥不渴，冬不寒，夏不热。’计此女定是秦王子婴宫人，至成帝之世，二百许岁。乃将归，以谷食之，初闻谷臭呕吐⑧，累日乃安。如是二年许，身毛乃脱落，转老而死。向使不为人所得，便成仙人矣。

【注释】

①汉成帝：西汉的一位皇帝。名刘骜。公元前32—前8年在位。

②终南山：山名。秦岭山峰之一，在今陕西境内。

③伺候：侦察，探查。

④定：竟然。

⑤关东贼：指秦朝末年函谷关以东的农民起义军，包括刘邦、项羽等人的军队。关，指函谷关，在今河南灵宝。

⑥秦王：指下文提到的秦二世的侄子子婴，子婴降于刘邦。

⑦稍：慢慢地。便：习惯。

⑧谷臭(xiù)：粮食的气味。臭，气味。

【译文】

“另外，在汉成帝的时候，打猎的人在终南山中，看见一个没有穿衣服的人，身体上长着黑毛。猎人看见后，就想追上去抓获此人。然而此人跨越深坑宽谷，如同腾飞一般，根本无法追上。于是猎人们就秘密侦察此人的栖身之处，然后包围起来把此人捕获了，竟然是个女人。人们问她是怎么回事，她回答说：‘我本来是秦朝宫中的宫女，听说关东的叛乱者打过来了，秦王投降了，宫殿也被烧毁了，我因为害怕就逃入深山。饥饿难耐而又没有吃的，就在快要饿死的时候，有一位老翁告诉我可以吃松叶和松果，开始感到苦涩，后来也就慢慢适应了，于是我就不再饥饿不再干渴，冬天不觉得寒冷，夏天也不觉得炎热。’算来这个女人一定是秦王子婴的宫女，到汉成帝时，已经活了二百来岁。于是就把她带了回去，拿粮食做的食品给她吃，她刚开始时一闻到谷物的味道就呕吐，几天后才适应。如此过了两年左右，身上的黑色毛发方才脱落，然后慢慢变得衰老而死去。假如她没有被人抓住，就已经成为仙人了。

“南阳文氏，说其先祖，汉末大乱，逃去山中，饥困欲死。有一人教之食术[①]，遂不能饥。数十年乃来还乡里，颜色更少，气力胜故。自说在山中时，身轻欲跳，登高履险，历日不极，行冰雪中，了不知寒。常见一高岩上[②]，有数人对坐博戏者[③]，有读书者，俯而视文氏，因闻其相问，言：‘此子中呼上

否？'其一人笑言：'未可也。'术一名'山蓟'，一名'山精'。故《神药经》曰：'必欲长生，常服山精。'

【注释】

①术（zhú）：植物名。可入药。

②常：通"尝"，曾经。

③博戏：下棋。

【译文】

"南阳有一个姓文的人，说他有一位祖先，在汉末大乱的时候，逃到了山中，饥饿困乏得快要死去。有一个人告诉他可以吃术，于是就不再饥饿了。几十年以后才回到故乡，容颜变得更加年轻，气力也胜过往日。他自己说在山中的时候，身体轻快得只想向上跳跃，登高峰走险路，好几天也不会感到疲倦，行走在冰雪之中，也完全不觉得寒冷。曾经看到在一个高高的岩石上，有几个人相对坐着下棋游戏，其中有一位读书的，低头看见了文姓的祖先，接着这位祖先就听到那几个人在相互问话，一位问道：'这位先生适合招呼上来吗？'其中另一位笑着回答说：'还不行吧。'术的另一个名字叫'山蓟'，还有一个名字叫'山精'。所以《神药经》说：'要想不死长生，经常服食山精。'

"昔仙人八公[①]，各服一物，以得陆仙[②]，各数百年，乃合神丹金液，而升太清耳。人若合八物，炼而服之，不得其力，是其药力有转相胜畏故也[③]。韩终服菖蒲十三年，身生毛，日视书万言，皆诵之，冬袒不寒。又，菖蒲生须得石上，一寸九节已上，紫花者尤善也。赵他子服桂二十年，足下生毛，日行五百里，力举千斤。移门子服五味子十六年[④]，色如玉女，入水不沾，入火不灼也。楚文子服地黄八年[⑤]，夜视有光，手上车弩也[⑥]。林子明服术十一年，耳长五寸，身轻如飞，能超逾渊谷二丈许。杜子微服天门冬，御八十妾，有子百三十人，日行三百里。任子季服茯苓十八年，仙人玉女往从之，能隐能彰[⑦]，不复食谷，灸瘢皆灭，面体玉光。陵阳子仲服远志二十年[⑧]，有子三十七人，开书所视不忘，坐在立亡。仙经曰：'虽服草木之叶，已得数百岁，忽怠于神丹，终不能仙。'以此论之，草木延年而已，非长生之药可知也。未得作丹，且可服之，以自榰持耳[⑨]。"

【注释】

①八公：八位修道成仙的人。即下文的韩终、赵他子、移门子、楚文子、林子明、杜子微、任子季、陵阳子仲八人。

②陆仙：即地仙。

③转相胜畏：互相抵消。大意是说这几种药的药性可能相克，因此相互抵消了药效。

④五味子：植物名。可入药。

⑤地黄：植物名。可入药。

⑥手上车弩：徒手能够制止车弩。上，应为"止"。《太平御览》卷九百八十九引此文作"手止车弩"。车弩：一种用绞车发射箭的机械。

⑦隐：隐身。彰：显身。

⑧远志：植物名。可入药。

⑨榰（zhī）持：支持，保养。榰，支撑。

【译文】

"从前有八位仙翁，各自服食一种药物，都成为了地上的仙人，活了几百岁，然后又炼制九转神丹和黄金液汁，从而飞升上了天庭。人们如果把这八种药物混合起来，一起炼制后服食，将没有效果，这是因为这些药物之间相互抵消了药效的缘故。韩终服食菖蒲十三年，身上长出羽毛，每天能看上万字的书，而且全能背诵，冬日裸露身体而不会感到寒冷。另外，服用的菖蒲应该是生长在石头上的，一寸有九个以上的节，紫色花的最好。赵他子服食桂二十年，脚下长出了羽毛，能够日行五百里，力气能举起千斤。移门子服食五味子十六年，面色如同美女，进入水中不会被沾湿，进入火里不会被烧伤。楚文子服食地黄八年，夜间去观察他好像他身上有光亮，他能够徒手阻止车弩的发射。林子明服食术十一年，耳朵长达五寸，身体轻捷如飞，能够跳越两丈左右宽的山谷。杜子微服食天门冬，与八十位妻妾同房，有孩子一百三十人，能够日行三百里。任子季服食茯苓十八年，仙人神女都前去跟随着他，他能隐身能显形，不用再吃粮食，瘢痕全都消失，面容身体像白玉一样的光洁。陵阳子仲服食远志二十年，有孩子三十七人，看书时能够过目不忘，坐在那里会突然消失得无影无踪。仙经上说：'虽然服食草木的叶子，也能够活到几百岁，但如果忽略了服食仙丹，最终也无法成仙。'由此可知，草木类的药物只能用来延年益寿而已，并不是能够使人长生不死的药物。那些还不能炼制金丹的人，可以暂时服食这类药物，以便自我保养。"

或问："服食药物，有前后之宜乎？"抱朴子答曰："按《中黄子服食节度》云：'服治病之药，以食前服之；养性之药，以食后服之。'吾以咨郑君[①]，何以如此。郑君言：'此易知耳，欲以药攻病，既宜及未食，内虚，令药力势易行，若以食后服之，则药但攻谷而力尽矣；若欲养性，而以食前服药，则力未行，而被谷驱之下去，不得止，无益也。'"

【注释】

①郑君：郑隐，字思远。少年时曾学儒，成年后好道。葛洪拜其为师。

【译文】

有人问："服食各种药物，有先后的要求吗？"抱朴子回答说："《中黄子服食节度》说：'服用治疗疾病的药物，应该在吃饭前服用；而用来养生的药物，则应该在吃饭后服用。'我就这个问题去请教郑先生，问为什么要这样服用。郑先生说：'这很容易理解，想要用药物去攻治疾病，就应该在吃饭之前服用，因为此时腹内空虚，药物的力量容易发挥，如果在饭后服用，那么药物只是攻治食物而药力就用完了；如果想要养生，而在吃饭前就服用药物，那么在药力还没有发挥作用的时候，就被食物驱赶了下去，而不能在体内停留，所以没有益处。'"

或问曰："人服药以养性，云有所宜，有诸乎？"抱朴子答曰："按《玉策记》及《开明经》，皆以五音六属[①]，知人年命之所在。子午属庚，卯酉属己，寅申属戊，丑未属辛，辰戌属丙，巳亥属丁。一言得之者[②]，宫与土也；三言得之者，徵与火也；五言得之者，羽与水也；七言得之者，商与金也；九言得之者，角与土也。若本命属土，不宜服青色药[③]；属金，不宜服赤色药；属木，不宜服白色药；属水，不宜服黄色药；属火，不宜服黑色药。以五行之义，木克土，土克水，水克火，火克金，金克木故也。若金丹大药，不复论宜与不宜也。

一言宫：庚子庚午，辛未辛丑，丙辰丙戌，丁亥丁巳，戊寅戊申，己卯己酉。

三言徵：甲辰甲戌，乙亥乙巳，丙寅丙申，丁酉丁卯，戊午戊子，己未己丑。

五言羽：甲寅甲申，乙卯乙酉，丙子丙午，丁未丁丑，壬辰壬戌，癸巳癸亥。

七言商：甲子甲午，乙丑乙未，庚辰庚戌，辛巳辛亥，壬申壬寅，癸卯癸酉。

九言角：戊辰戊戌，己巳己亥，庚寅庚申，辛卯辛酉，壬午壬子，癸丑癸未。

【注释】

①五音：指宫、商、角、徵、羽五个音阶。这里把五音运用于算命。也就是把五音与五行、五色相对应，用来占卜命运吉凶，也可推知服药禁忌。其对应关系如下：

五行：木火土金水

五色：青赤黄白黑

五音：角徵宫商羽

下文所说的"宫与土"、"徵与火"，就是"宫"与"土"相配、"徵"与"火"相配。

六属：即下文"子午属庚，卯酉属己，寅申属戊，丑未属辛，辰戌属丙，己亥属丁"。比如"子午属庚"亦即下文提到的"一言宫"中的"庚子庚午"；"卯酉属己"即"己卯己酉"等等。

②一言得之：字面意思是"只用一个字就能够确定的"。具体所指不详。

③本命：即上文说的"人年命之所在"。作者在下文把六十个甲子年全部排列出来，并与五音相互配合，比如出生于"一言宫"这一列年份的人，其本命就属"土"。

④若本命属土，不宜服青色药：如果本命属土，就不适合服用青色的药物。古代有五行相克的思想，五行相克的次序是：木（青色）

克土（黄色）、金（白色）克木（青色）、火（红色）克金（白色）、水（黑色）克火（红色）、土（黄色）克水（黑色）。作者把五行相克的理论运用到了养生服食方面。

【译文】

有人问："人们服食药物来养护生命，据说有一些讲究，有这回事吗？"抱朴子回答说："按照《玉策记》和《开明经》的说法，要依据五音和六属，来了解一个人的本命属性。比如子午属于庚，卯酉属于已，寅申属于戊，丑未属于辛，辰戌属于丙，巳亥属于丁。只用一个字就能够确定的，属于宫和土；三个字能够确定的，属于徵和火；五个字能够确定的，属于羽和水；七个字能够确定的，属于商与金；九个字能够确定的，属于角与木。如果一个人的本命属于土，那就不适宜服食青色的药物；本命属于金，不适宜服食红色的药物；本命属于木，不适宜服食白色的药物；本命属于水，不适宜服食黄色的药物；本命属于火，不适宜服食黑色的药物。按照五行的道理，是因为木克土、土克水、水克火、火克金、金克木的缘故啊。至于服食金丹大药，就不用再去考虑适宜和不适宜的问题了。

一个字的叫宫。年份有：庚子庚午，辛未辛丑，丙辰丙戌，丁亥丁巳，戊寅戊申，己卯己酉。

三个字的叫徵。年份有：甲辰甲戌，乙亥乙巳，丙寅丙申，丁酉丁卯，戊午戊子，己未己丑。

五个字的叫羽。年份有：甲寅甲申，乙卯乙酉，丙子丙午，丁未丁丑，壬辰壬戌，癸巳癸亥。

七个字的叫商。年份有：甲子甲午，乙丑乙未，庚辰庚戌，辛巳辛亥，壬申壬寅，癸卯癸酉。

九个字的叫角。年份有：戊辰戊戌，己巳己亥。庚寅庚申，辛卯辛酉，壬午壬子，癸丑癸未。

“禹步法：前举左，右过左，左就右；次举右，左过右，右就左；次举右[1]，右过左，左就右。如此三步[2]，当满二丈一尺，后有九迹[3]。

【注释】

①右：当为“左”字之误。

②步：举足两次为一步。

③迹：足迹。

【译文】

“禹步的行走方式是：先向前迈出左脚，右脚超过左脚，左脚再向右脚靠近；再向前迈出右脚，左脚超过右脚，右脚再向左脚靠近；再向前迈出左脚，右脚超过左脚，左脚再向右脚靠近。像这样走出三步，应当走满两丈一尺长，后面留下九个脚印。

“《小神方》：用真丹三斤，白蜜一斤，合和，日曝煎之，令可丸。旦服如麻子十丸[1]，未一年，发白更黑，齿堕更生，身体润泽。长服之，老翁还成少年，常服长生不死也。

【注释】

①麻子：大麻的子粒。麻，植物名。大麻。

【译文】

“《小神方》：用真丹三斤，白色蜜糖一斤，混合在一起，然后用太阳暴晒、煎煮，让它可以抟成药丸子。早上服食十粒如同大麻的种子大小的药丸，不到一年时间，头发白的就能够变黑，牙齿掉落的就能够重新长出，身体润泽。长久服食，能使老翁变成少年，如此长期服用就可以长生不死了。

"《小饵黄金方》:火销金纳清酒中[①],二百出,二百入,即沸矣。握之出指间,令如泥,若不沸及握之不出指间,即复销之内酒中无数也。成,服如弹丸一枚,亦可汁一丸分为小丸[②],服三十日,无寒温,神人玉女下之[③]。又银亦可饵,与金同法。服此二物,可居名山石室中,一年即轻举矣。人间服之,名地仙。勿妄传也。

【注释】

①销金:烧炼黄金。

②汁:"汁"字疑误,应为"将"。本句当为"将一丸分为小丸"。

③下之:为他而降下人间。之,代指服食的人。

【译文】

"《小饵黄金方》:把用火烧炼过的黄金放入清酒中,两百次拿出,再两百次放入,这时的清酒就会沸腾了。水分蒸发后的酒握在手中就会从指缝中涌出,如同稀泥一样,如果酒不沸腾,或者手握时不能涌出指缝,就再烧炼黄金放入酒中无数次。制成后,服食如同弹丸那样大小的一粒,也可以将一粒大药丸分为若干小丸子,服食三十天以后,就感觉不到寒冷和炎热了,神人神女就会为他从天上降下。另外,白银也可以服食,与服食黄金是同一种方法。服食这两种药物,应该居住在名山的石洞中,一年就可以飞身升天了。生活在世人中间去服食它们,可以成为地仙。这些方法不能随便传授出去。

"《两仪子饵销黄金法》:猪负革肪三斤[①],醇苦酒一斗[②],取黄金五两,置器中煎之,出炉,以金置肪中,百入百出,苦酒亦尔。餐一斤金,寿弊天地[③];食半斤金,寿二千岁;五两,千二百岁。无多少,便可饵之。当以王相之日,作之神良[④]。

勿传人;传人,药不成,不神也。欲食去尸药[⑤],当服丹砂。

【注释】

①猪负革肪:猪皮下的脂肪。革,皮。

②醇苦酒:味道醇厚的醋。一说指三年以上的醋。苦酒,醋。

③寿弊天地:比天地还要长寿。弊,通"蔽",遮盖,超过。

④神良:效果极为神奇良好。

⑤尸:神名。三尸。道教认为人身内有三种作祟的神,分别居于上、中、下三丹田内,称上尸、中尸、下尸。每逢庚申的日子,就向天帝报告人们的罪过。学仙之士必须除去三尸,才能升仙。

【译文】

"《两仪子饵销黄金法》:用猪的皮下脂肪三斤,醇苦酒一斗,再拿五两黄金,放入器皿中烧炼,出炉后,把黄金放入脂肪中,这样放入取出各一百次,放入取出醇苦酒也是如此。服食一斤这样的黄金丹药,寿命可以超过天地;服食半斤这样黄金丹药,可以活到两千岁;服食五两,可以活到一千二百岁。无论多少,都可以服食。应当选择在吉利的日子炼制,这样的效果才会神奇良好。不能随便传授给别人;如果随便传授给别人,药物就炼制不成,也就没有神奇的效果了。想要服食驱除三尸的药物,应当服食丹砂。

"《饵丹砂法》:丹砂一斤,捣、簁[①],下醇苦酒三升,淳漆二升,凡三物合,令相得[②],微火上煎之,令可丸。服如麻子三丸,日再。四十日,腹中百病愈,三尸去;服之百日,肌骨坚强;服之千日,司命削死籍[③],与天地相保,日月相望[④],改形易容,变化无常,日中无影,乃别有光矣。"

【注释】

①簁(shāi):筛子。这里用作动词。

②相得:相互搅拌匀称。

③司命:主管寿命的神。死籍:死亡的名单。

④相望:表示相差无几。

【译文】

“《饵丹砂法》:用丹砂一斤,捣碎、筛过,放入醇苦酒三升,再加入没有杂质的纯漆二升,总共三种药物混合,把它们充分搅拌匀称,在小火上煎煮,使它们可以抟成丸子。服食如麻籽大小的三粒,每天两次。四十天后,体内百病痊愈,三尸离去;服食一百天以后,肌骨强壮;服食到一千天,司命神就会把他从死亡名单中删除,他可以与天地共存,和日月同在,改变形体容貌,能够变化无常,在阳光下没有影子,却会发出另外的光芒。”

辨问卷十二

【题解】

辨问，辨析世人对求仙的疑问。辨，辨析，释疑。修道成仙毕竟是一件虚无缥缈的事情，对此，世人不能不感到疑惑。为了解决世人的这些疑惑，葛洪写了本篇。

世人的第一个疑问是："若仙必可得，圣人已修之矣，而周、孔不为之者，是无此道可知也。"葛洪针对这一疑问解释说：儒家圣人和求仙之人关注的事情和努力的方向不同，圣人积极入世，以治天下为己任，他们"制礼作乐，著法垂教，移不正之风，易流遁之俗，匡将危之主，扶亡征之国"，根本没有精力和时间再去"闭聪掩明，内视反听，呼吸导引，长斋久洁，入室炼形，登山采药"。接着，葛洪顺便纠正了世人对"圣人"这一称号的狭隘理解，认为"圣者，人事之极号也，不独于文学而已矣"。也就是说，只要一个人在自己的领域里做出了别人无法企及的成就，都可以称为"圣"，比如有"棋圣"、"书圣"、"画圣"、"木圣"等等，从而得出结论，修道成仙的人也可以称为成仙之圣人，这就打破了儒家对"圣人"这一称号的垄断。

世人的第二个疑问是"圣人之道，不得枝分叶散，必总而兼之，然后为圣"，也就是说，圣人肯定是全知全能的人。葛洪针对这一错误观点，列举了大量的历史事实和理论依据，以证明儒家的圣人"所以过绝人者，唯在于才长思远，口给笔高，德全行洁，强训博闻之事耳，亦安能无事不兼邪”。接着，葛洪用最为简单而生动的事例来证明自己的观点，那就是让孔子去弄弹丸、耍长剑，去钻刀圈、爬旗杆，孔子肯定无法做到这些常人能够做到的事情。葛洪的这些举例虽然有点极端，但要说明的道理却是正确的：我们不能要求圣人无所不知，无所不能。既然如此，那么儒家圣人不懂得神仙之道，也就不足为奇了。

世人的第三个带有疑惑性质的推测是“周、孔皆能为此，但不为耳”，圣人们有能力修仙但不屑于去修仙而已。葛洪对此讲了一段极具启发意义的话：“必不求之于明文，而指之以空言者，吾便可谓周、孔能振翮翻飞，翱翔八极……周、孔密自为之，而秘不告人，外托终亡之形，内有上仙之实。如此，则子亦将何以难吾乎?”如果不以事实为根据，讨论就成了漫无边际的胡言乱语。应该说，这一反驳是非常有力的。然而葛洪马上笔锋一转，说“亦又未必不然也”，周、孔修道成仙的事情也未必就肯定不存在。再接着葛洪的笔锋又一转：即使周、孔没有修道成仙，也不能以此证明修道成仙是虚妄的事情。从这里不难看出，虔诚的宗教信仰是如何束缚了葛洪的逻辑思维。

或问曰：“若仙必可得，圣人已修之矣，而周、孔不为之者，是无此道可知也。”抱朴子答曰：“夫圣人不必仙，仙人不必圣。圣人受命，不值长生之道[①]，但自欲除残去贼，夷险平暴[②]，制礼作乐，著法垂教，移不正之风，易流遁之俗[③]，匡将危之主[④]，扶亡征之国。刊《诗》、《书》，撰《河》、《洛》[⑤]，著经诰[⑥]，和《雅》、《颂》[⑦]，训童蒙[⑧]，应聘诸国。突无凝烟，席不暇暖[⑨]。其事则鞅掌罔极[⑩]，穷年无已，亦焉能闭聪掩明，内视反听[⑪]，呼吸导引，长斋久洁，入室炼形，登山采药，数息思神，断谷清肠哉？至于仙者，唯须笃志至信，勤而不怠，能恬能静，便可得之，不待多才也。有入俗之高真[12]，乃为道者之重累也。得合一大药，知守一养神之要，则长生久视，岂若圣人所修为者云云之无限乎[13]？且夫俗所谓圣人者，皆治世之圣人，非得道之圣人。得道之圣人，则黄、老是也；治世之圣人，则周、孔是也。黄帝先治世而后登仙，此是偶有能兼之才者也。古之帝王，刻于泰山，可省读者，七十二家。其余磨灭者，不可胜数，而独记黄帝仙者，其审然可知也[14]。

【注释】

①值：遇上。古人认为，一个人的命运，比如富贵贫贱，比如是否爱好修仙等等，在他受孕的时候，就已经被当时的星气所决定了。关于这一点，本书《塞难》篇中已有说明。

②夷：铲平，消除。

③易：改变。流遁：堕落。

④匡：匡扶，拯救。

⑤《河》、《洛》：图书名。《河图》和《洛书》的简称。《河图》，据说就是八卦。《洛书》，一说即《尚书·洪范》中的"九畴"，传说是大禹治国的九类大法。

⑥诰(gào)：这里指训诫勉励的文告。

⑦《雅》、《颂》：《诗经》中的两类诗歌名称。《诗经》共分风、雅、颂三部分。

⑧童蒙：幼稚未启蒙的儿童。这里泛指愚昧的人。

⑨"突无"二句：主要是说明圣人为了治理国家，四处奔波，难以在一个地方久留。《淮南子·修务篇》云："孔子无黔突，墨子无暖席。"突，烟囱。

⑩鞅掌：公务繁忙的样子。

⑪内视：道教的修行方术之一。又叫“内观”。即双目合闭，集中精神观视身内的某一部位，以防止思想外驰。反听：道教的修行方术之一。又叫“返听”。即集中注意力凝听自己的呼吸等声音。

⑫入俗之高真：从事世俗事务的那种高尚和真诚态度。入俗，入世，治理国家。

⑬云云：通“芸芸”，众多的样子。

⑭审然：明确，明白。

【译文】

有人问道：“如果通过修炼就一定能够得道成仙，那么圣人早就修炼成功了，然而周公、孔子却没有去修炼，这就说明没有神仙之道是显而易见的事情。”抱朴子回答说：“圣人不一定能够成仙，仙人也不一定能够成圣。圣人禀受命运时，没有遇到长生不死的机会，他们一心只想铲除残贼，消除暴乱，制定礼乐，拟定法规以推行教化，改变不够端正的风气，纠正日趋坠落的习俗，匡扶即将危亡的君主，拯救败征已现的国家。他们刊定《诗经》、《尚书》，撰修《河图》、《洛书》，创作经书、文告，修正《雅》、《颂》，教育愚昧之人，受聘于各国君主。忙碌得连烟囱里都没有凝聚的烟灰，席子都没有时间暖热。他们的事务繁多无限，一年到头无休无止，又怎么能够做到闭目塞听、内视返听、呼吸吐纳、导引健身、长期斋戒以清静身心、安居室内以修炼形体、登上高山以采摘仙药、暗数气息以反思神灵、断绝谷物以清洁肠胃呢？至于那些修仙的人，只需要信念真诚，勤奋不怠，能够做到恬静，就可以成功，不需要很多的才华。从事世俗事务的那种高尚真诚的态度，刚好是修仙之人的沉重拖累。只要能够炼制出一味上等仙药，懂得持守大道、保养精神的要点，就能够长生不死了，哪里需要像世俗圣人那样去做无休无止的众多事务呢？而且世俗所说的圣人，都是指那些治理国家的圣人，而不是指修道成仙的圣人。修道成仙的圣人，则是指黄帝、老子这样的人；治理国家的圣人，则是指周公、孔子这样的人。黄帝先治理国家然后升天成仙，这是偶尔出现的能够二者兼顾的大才之人啊。古代的帝王，在泰山上刻石留念，现在能够辨认读出的，也只剩七十二家了。其余被磨灭掉的，数不胜数，但是有关黄帝成仙的记载，还是明确可知的。

“世人以人所尤长、众所不及者，便谓之‘圣’。故善围棋之无比者，则谓之‘棋圣’，故严子卿、马绥明于今有棋圣之名焉[①]；善史书之绝时者[②]，则谓之‘书圣’，故皇象、胡昭于今有书圣之名焉[③]；善图画之过人者，则谓之‘画圣’，故卫协、张墨于今有画圣之名焉[④]；善刻削之尤巧者，则谓之‘木圣’，故张衡、马钧于今有木圣之名焉[⑤]。故孟子谓伯夷，清之圣者也[⑥]；柳下惠，和之圣者也[⑦]；伊尹，任之圣者也[⑧]。吾试演而论之[⑨]，则圣非一事：夫班输、倕、狄[⑩]，机械之圣也；附、扁、和、缓[⑪]，治疾之圣也；子韦、甘均[⑫]，占候之圣也；史苏、辛廖[⑬]，卜筮之圣也；夏育、杜回[⑭]，筋力之圣也；荆轲、聂政[⑮]，勇敢之圣也；飞廉、夸父[⑯]，轻速之圣也；子野、延州[⑰]，知音之圣也；孙、吴、韩、白[⑱]，用兵之圣也。圣者，人事之极号也，不独于文学而已矣[⑲]。庄周云：‘盗有圣人之道五焉：妄意而知人之藏者[⑳]，明也；先入而不疑者，勇也；后出而不惧者，义也；知可否之宜者，知也[㉑]；分财均同者，仁也。不得此道而成天下大盗者，未之有也。’”

【注释】

①严子卿：严武，字子卿。三国吴人，善围棋。见《三国志·吴书·赵达传》裴松之注。马绥明：疑即晋人马朗，著有《围棋势》一书，见《隋书·经籍志》。

②史书：汉代称令史（负责书记的官员）所常用的字体为“史书”，也即当时所常用的隶书。这里泛指书法。

③皇象：字休明，三国吴人，善书法。见《三国志·吴书·赵达传》裴松之注。胡昭：三国魏人。字孔明，善书法。见《三国志·魏书·管宁传》。

④卫协：晋人，工绘画。张墨：卫协的弟子。见唐张彦远《历代名画记》。

⑤张衡：东汉人，长于机巧，造浑天仪、地动仪等。《后汉书》有传。马钧：三国时人，造指南车等。见《三国志·魏书·方技传》。

⑥清之圣：清高的圣人。伯夷是商代孤竹国君的儿子，为推让君位于兄弟而逃到周国，后因反对周武王灭商，坚决不食周粟而饿死于首阳山，所以说他清高。

⑦柳下惠：春秋鲁国人。姓展名禽，字季。封于柳下，故名“柳下季”。一说居于柳树下，故名。死后谥号“惠”，故又称“柳下惠”。为人随和，所以下文说他是“和之圣”。

⑧伊尹：商朝名臣，以天下为己任，所以下文说他是“任之圣”。任，也可以理解为“善于做事”。

⑨演：推衍，推而论之。

⑩班输：即公输班，战国时鲁国人，又称“鲁班”。倕（chuí）：人名。工倕，相传是尧时的能工巧匠。狄：通“翟”。战国时鲁国人，又称“墨子”，是墨家创始人，据说他能够制造会飞的木鸢和守城的器械。这几个人都是古代的名匠。

⑪附、扁、和、缓：人名。分别指俞跗、扁鹊、医和、医缓，都是古代名医。

⑫子韦、甘均：人名。都是先秦的星占家。《史记·天官书》：“昔之传天数者……于宋子韦，郑则裨灶，在齐甘公。”

⑬史苏、辛廖：人名。都是先秦的善于卜筮者。

⑭夏育：人名。周朝时卫国人。杜回：人名。战国时秦人。都是当时著名的力士。

⑮荆轲、聂政：人名。先秦的两个刺客。荆轲刺秦王，聂政刺韩傀。事见《史记·刺客列传》。

⑯飞廉：传说中的人名。一说即风神，善于行走。夸父：传说中的人名。曾与太阳赛跑。

⑰子野：即师旷，字子野。春秋晋国人，擅长音乐。延州：即春秋时吴国贵族季札。季札本封于延陵，后封于州来，故称“延州”。善于鉴别音乐。

⑱孙、吴、韩、白：分别指孙武、吴起、韩信、白起，都是古代著名的军事家。

⑲文学：这里指儒家的文章经典。

⑳妄意：凭空推测。意，同“臆”，猜度。这段文字见于《庄子·胠箧》，文字稍有出入，原文为：“夫妄意室中之藏，圣也；入先，勇也；出后，义也；知可否，知也；分均，仁也。五者不备，而能成大盗者，天下未之有也。”

㉑知：通“智”，智慧。

【译文】

“世人认为某些人具有特殊的长处，而一般人无法企及，于是就称他们为‘圣人’。因此那些善于围棋而无与伦比的人，就被称为‘棋圣’，所以严子卿、马绥明至今仍然享有棋圣的美名；那些善于书法而压倒一世的人，就被称为‘书圣’，所以皇象、胡昭至今仍然享有书圣的美名；那些善于绘画并超过别人的人，就被称为‘画圣’，所以卫协、张墨至今仍然享有画圣的美名；那些善于制造木器而特别机巧的人，就被称为‘木圣’，所以张衡、马钧至今仍然享有木圣的美名。因此孟子称赞伯夷，说他是清高的圣人；柳下惠，是随和的圣人；伊尹，是以天下为己任的圣人。我尝试着把这个道理推论开去，那么圣人就不再局限于某一种事业上了：公输般、工倕、墨翟，就是制造机械的圣人；俞跗、扁鹊、医和、医缓，就是治疗疾病的圣人；子韦、甘均，就是占卜天象的圣人；史苏、辛廖，就是卜卦占筮的圣人；夏育、杜回，就是强健有力的圣人；荆轲、聂政，就是英勇无畏的圣人；飞廉、夸父，就是轻捷善走的圣人；子野、延州，就是懂得音乐的圣人；孙子、吴起、韩信、白起，就是善于用兵的圣人。圣人，是人世间各行各业中的最高称号，不仅仅局限于文章经术而已。庄子说过：'盗贼拥有五种圣人的品质：能够凭空推测出别人家中储藏的财物，这就是圣明；进屋抢东西时冲在最前面而毫不犹豫，这就是勇敢；撤退时走在最后头而毫不恐惧，这就是义气；能够非常恰当地判断是否可以下手，这就是智慧；分赃时公平无私，这就是仁爱。不具备这些品质而能够成为天下大盗的，这是绝不会有的事情。'"

或曰："圣人之道，不得枝分叶散，必总而兼之，然后为圣。"余答之曰："孔子门徒，达者七十二，而各得圣人之一体，是圣事有剖判也。又云：颜渊具体而微[①]，是圣事有厚薄也。又《易》曰：'有圣人之道四焉：以言者尚其辞[②]，以动者尚其变，以制器者尚其象[③]，以卜筮者尚其占。'此则圣道可分之明证也。何为善于道德以致神仙者，独不可谓之为得道之圣？苟不有得道之圣，则周、孔不得为治世之圣乎？既非一矣，何以当责使相兼乎？按仙经以为诸得仙者，皆其受命偶值神仙之气，自然所禀。故胞胎之中，已含信道之性，及其有识，则心好其事，必遭明师而得其法。不然，则不信不求，求亦不得也。《玉钤经·主命原》曰[④]：'人之吉凶，制在结胎受气之日，皆上得列宿之精。其值圣宿则圣，值贤宿则贤，值文宿则文，值武宿则武，值贵宿则贵，值富宿则富，值贱宿则贱，值贫宿则贫，值寿宿则寿，值仙宿则仙。又有神仙圣人之宿，有治世圣人之宿，有兼二圣之宿，有贵而不富之宿，有富而不贵之宿，有兼富贵之宿，有先富后贫之宿，有先贵后贱之宿，有兼贫贱之宿，有富贵不终之宿，有忠孝之宿，有凶恶之宿。'如此不可具载，其较略如此[5]。为人生本有定命，张车子之说是也[6]。苟不受神仙之命，则必无好仙之心，未有心不好之而求其事者也，未有不求而得之者也。自古至今，有高才明达，而不信有仙者，有平平许人学而得仙者[7]，甲虽多所鉴识而或蔽于仙，乙则多所不通而偏达其理，此岂非天命之所使然乎？

【注释】

①具体而微：各方面都具备了，只是深度、厚度不够。具，全面。这里是指具备了孔子的各方面才能。微，小。《孟子·公孙丑上》："冉牛、闵子、颜渊，则具体而微。"

②尚：崇尚，看重。这段话见于《周易·系辞上》。

③象：卦象。古人认为，通过观察八卦图象，可以受到启发，从而制造出各种器具。

④《玉钤经·主命原》：书名。其中的"主命原"当为《玉钤经》中的一章，主要讨论人们命运的主宰者和命运形成的原因。

⑤较略：大概，大略。

⑥张车子：人名。其事见《搜神记》卷十，主要是讲述了一个贫富命运是先天注定的故事，张车子是一个命中注定富有的人。

⑦平平许人：平平常常的人。许，这样，如此。

【译文】

有人说："圣人之道不应该像枝枝叶叶那样各自分散开来，一定要同时具备各种才能，这样才算得上是位圣人。”我回答他说：“在孔子的弟子中，学业优秀的有七十二位，但各自也只学到了圣人才能的某一部分，这说明圣人之道是可以分散开来的。还听说：颜渊具备了老师的各方面才能而只是深度厚度不够，这说明圣人之道是有深厚浅薄之分的。另外《周易》说：‘《周易》含有四种圣人之道：用来指导言论的人崇尚它的文辞精美，用来指导行动的人崇尚它的变化规律，用来指导制造器具的人崇尚它的卦象的象征，用来指导卜问决疑的人崇尚它的占卦原理。’这就是圣人之道可以分散开来的明证。为什么善于修道成仙的人，偏偏就不能被称为得道的圣人呢？如果他们不能被称为得道的圣人，那么周公、孔子是否也不能被称为治国的圣人呢？既然圣人的称呼不能被局限于某一种事业上，那么为什么要去苛求圣人必须具备所有的才能呢？仙经认为那些得道成仙的人，都是在获得生命之时偶尔遇到了神仙的星气，这是天然的禀赋。因此当他们还在胚胎之中时，就已经具备了相信仙道的天性，等到他们有了意识之后，就会自然地喜好仙道，也一定会遇到圣明的老师而获得修仙的方法。如果没有遇到神仙星气，他就不会相信和追求仙道，即使追求也追求不到。《玉钤经·主命原》说：‘人的一生吉凶，取决于结成胚胎、接受星气的那一天，人们都从天上获得众星宿的精气。他们中遇到圣明星宿的人，就会成为圣人；遇到贤良星宿的，就会成为贤人；遇到文才星宿的人，就会成为文人；遇到武才星宿的人，就会成为武将；遇到显贵星宿的人，就会成为贵人；遇到富有星宿的人，就会成为富翁；遇到低贱星宿的人，就会成为贱人；遇到贫穷星宿的人，就会成为穷人；遇到长寿星宿的人，就会成为长寿之人；遇到神仙星宿的人，就会成为神仙。还有神仙类圣人的星宿，有治国类圣人的星宿，有兼具两类圣人的星宿，有显贵但不富有的星宿，有富有但不显贵的星宿，有兼备富贵的星宿，有先富有而后贫穷的星宿，有先显贵而后低贱的星宿，有兼具贫穷低贱的星宿，有富有显贵却不能终身保有的星宿，有忠孝的星宿，有凶恶的星宿。’诸如此类，无法一一详细写出来了，其内容也大略如此。人生本来就有注定的命运，张车子的故事说明的就是这个道理。如果没有获得成仙的命运，就一定没有爱好修仙的志向，也没有内心不爱好而去追求神仙之道的人，还没有不去追求就能够获得仙道的人。从古到今，有的人才能高妙而明白事理，然而就是不相信神仙的存在，也有一些平平庸庸的人却修道成仙了；甲虽然见多识广却在修仙方面蒙昧无知，乙虽然许多事情不懂却偏偏理解求仙之道，这难道不是天生的命运导致他们各自如此的吗？

“夫道家宝秘仙术，弟子之中，尤尚简择[①]，至精弥久，然后告之以要诀，况于世人，幸自不信不求，何为当强以语之邪？既不能化令信之，又将招嗤速谤[②]。故得道之士，所以与世人异路而行，异处而止，言不欲与之交，身不欲与之杂。隔千里，犹恐不足以远烦劳之攻；绝轨迹，犹恐不足以免毁辱之丑。贵不足以诱之，富不足以移之，何肯当自炫于俗士，言我有仙法乎？此盖周、孔所以无缘而知仙道也。且夫周、孔，盖是高才大学之深远者耳，小小之伎，犹多不闲[③]，使之跳丸弄剑[④]，逾锋投狭[⑤]，履絙登幢[⑥]，擿盘缘案[⑦]，跟挂万仞之峻峭[⑧]，游泳吕梁之不测[⑨]，手扛千钧[⑩]，足蹑惊飚[⑪]，暴虎槛豹[⑫]，揽飞捷矢[⑬]，凡人为之，而周、孔不能，况过于此者乎？他人之所念虑，蚤虱之所首向[⑭]，隔墙之朱紫[⑮]，林下之草芥，匣匮之书籍，地中之宝藏，丰林邃薮之鸟兽，重渊洪潭之鱼鳖，令周、孔委曲其采色[⑯]，分别其物名，经列其多少[⑰]，审实其有无，未必能尽知，况于远此者乎？圣人不食则饥，不饮则渴，灼之则热，冻之则寒，挞之则痛，刃之则伤，岁久则老矣，损伤则病矣，气绝则死矣。此是其所与凡人无异者甚多，而其所以不同者至少矣。所以过绝人者，唯在于才长思远，口给笔高⑱，德全行洁，强训博闻之事耳，亦安能无事不兼邪？既已著作典谟⑲，安上治民，复欲使之两知仙道，长生不死，以此责圣人，何其多乎？

【注释】

①简：选拔。

②速：招致。

③闲：通“娴”，熟悉。

④跳丸弄剑：古代杂技名。跳丸，又叫“弄丸”，用双手抛接弹丸。弄剑，耍剑。玩法与弄丸相似。

⑤逾锋投狭：古代杂技名。逾锋，跳越刀剑，类似今天的过刀山。投狭，类似今天的钻刀圈。

⑥履絙(gēng)登幢(chuáng)：古代杂技名。履絙，走绳技艺。絙，粗绳索。登幢，类似今天的爬竿。幢，一种作为仪仗用的旗帜。这里主要指旗杆。

⑦擿(zhì)盘缘案：古代杂技名。擿盘，抛接盘子。擿，投掷。缘案，叠起桌椅再攀爬上去。

⑧跟挂万仞之峻峭：古代杂技名。用脚后跟倒挂于万仞之上，犹如现在的空中飞人。仞，长度单位。七尺或八尺为一仞。

⑨游泳吕梁之不测：能够在吕梁的深不可测的水中游泳。吕梁，地名。《庄子·达生》：“孔子观于吕梁，县水三十仞，流沫四十里，鼋鼍鱼鳖之所不能游也。见一丈夫游之，以为有苦而欲死也，使弟子并流而拯之。数百步而出，被发行歌而游于塘下。”

⑩扛(gāng)：两手举东西。钧：重量单位。三十斤为一钧。

⑪足蹑惊飚：脚踏疾速的狂风。指迅速奔跑。

⑫暴虎槛豹：徒手与老虎搏斗，将豹子赶入兽笼。暴，徒手搏斗。

槛，兽笼。用作动词，关入兽笼。

⑬揽飞捷矢：用手接住迅飞的箭。

⑭首向：头的朝向。

⑮朱紫：红紫。“朱紫”常用来代指高级官员的服饰，这里泛指颜色。

⑯委曲：事情的经过细节。这里用作动词。

⑰经列：划分排列。这里泛指说清楚。

⑱给(jǐ)：便捷。笔高：善于写作。

⑲典谟：经典。谟，谋略。这里指谈论谋略的书籍。

【译文】

“道家珍视并秘藏自己的修仙道术，即使对于弟子，也要进行挑选，只有那些精心修炼并能持之以恒的弟子，老师才肯告诉他们要领秘诀，更何况世俗中的人，他们自己本来就不相信也不追求成仙，为什么要勉强去告诉他们呢？那样既不能通过教育使他们相信神仙，而且还会招来他们的耻笑和诽谤。因此那些得道的人，不与世人在同一条道路上行走，不与世人在同一个地方停留，不想与世人有语言交流，也不想与世人有身体接触。与世人远隔千里，还唯恐不足以远离令人烦恼的攻讦；深深地隐藏起来，还担心不足以躲开被诋毁的羞辱。显贵不足以引诱他们，财富不足以打动他们，他们又怎肯在世俗人士面前炫耀自我、宣称自己拥有成仙的法术呢？这大概就是周公、孔子之所以没有缘分去了解仙道的原因吧。再说周公、孔子，大概应该算是才高学博的深思熟虑之人了，但是就连一些小小的技艺，他们尚且还不能熟习，如果让他们去弄弹丸耍长剑，过刀山钻刀圈，走绳索爬旗竿，掷盘子攀桌案，足跟倒挂在万仞的险峰之上，游泳于深不可测的吕梁急水之中，双手举起千钧，脚踏狂风飞奔，徒手博虎，驱豹入笼，手接飞箭，这些平常人都能够做到的事，而周公、孔子却无法做到，更何况比这些更困难的事情呢？别人的心思，跳蚤虱子的脑袋朝向，隔墙那边是红是紫，树林中的小草，箱子柜子里的书籍，地下的宝藏，茂林大泽中的鸟兽，深渊大潭里的鱼鳖，如果让周公、孔子一一去说清楚它们的颜色，讲清楚它们的名称，数清楚它们的多少，审查核实它们的有无，周、孔也未必能够完全知道，更何况比这些更加深远的事物呢？圣人不吃饭就会饥饿，不喝水就会干渴，烧他们会感到灼热，冻他们会感到寒冷，打他们会感到疼痛，刺他们会受到伤害，年岁久了他们会衰老，受到损伤他们会患上疾病，呼吸断了他们会死亡。这些都说明他们与常人相同之处很多，而不同之处就太少太少了。他们超过常人的地方，只是在于他们才华横溢而思虑长远、口才敏捷而文笔高妙、道德完美而品行纯洁、长于教诲而见多识广这些方面而已，又怎么能够做到无所不懂呢？他们既然已经撰写了经典著作，安定了君主，治理了民众，还要让他们同时懂得修仙之道，做到长生不死，拿这些去苛求圣人，岂不是太过分了吗？

“吾闻至言逆俗耳，真语必违众，儒士卒览吾此书者[①]，必谓吾非毁圣人。吾岂然哉！但欲尽物理耳。理尽事穷，则似于谤讪周、孔矣。世人谓圣人从天而坠，神灵之物，无所不知，无所不能。甚于服畏其名，不敢复料之以事，谓为圣人所不能，则人无复能之者也；圣人所不知，则人无复知之者也，不可笑哉！今具以近事校之，想可以悟也。完山之鸟，卖生送死之声，孔子不知之，便可复谓颜回只可偏解之乎[②]？闻太山妇人之哭，问之，乃知虎食其家三人，又不知此妇人何以不徙去之意，须答乃悟[③]。见罗雀者纯得黄口，不辨其意，问之乃觉[④]。及欲葬母，不知父墓所在，须人语之[⑤]；既定墓崩，又不知之，弟子诰之，乃泫然流涕[⑥]。又疑颜渊之盗食，乃假言欲祭先人，卜掇尘之虚伪[⑦]。厩焚，又不知伤人、马否[⑧]。颜渊后，便谓之已死[⑨]。又周流七十余国，而不能逆知人之必不用之也[10]，而栖栖遑遑[11]，席不暇温。又不知匡人当围之[12]，而由其途[13]。问老子以古礼[14]，礼有所不解也。问郯子以鸟官[15]，官有所不识也。行不知津[16]，而使人问之，又不知所问之人必讥之而不告其路，若尔可知，不问也。下车逐歌凤者[17]，而不知彼之不住也。见南子而不知其无益也[18]。诸若此类，不可具举，但不知仙法，何足怪哉！又俗儒云：'圣人所不能，则余人皆不能。'则宕人水居[19]，梁母火化[20]，伯子耐至热[21]，仲都堪酷寒[22]，左慈兵解而不死[23]，甘始休粮以经岁[24]，范轶见斫而不入[25]，鳖令流尸而更生[26]，少千执百鬼[27]，长房缩地脉[28]，仲甫假形于晨凫[29]，张楷吹嘘起云雾[30]，未闻周、孔能为斯事也。"

【注释】

①卒(cù)：通"猝"，突然。

②"完山"四句：这几句话讲的故事见于《说苑·辨物》："孔子晨立堂上，闻哭者声音甚悲，孔子援琴而鼓之，其音同也。孔子出，而弟子有吒者，问：'谁也？'曰：'回也。'孔子曰：'回何为而吒？'回曰：'今者有哭者，其音甚悲，非独哭死，又哭生离者。'孔子曰：'何以知之？'回曰：'似完山之鸟。'孔子曰：'何如？'回曰：'完山之鸟生四子，羽翼已成，乃离四海，哀鸣送之，为是往而不复返也。'孔子使人问哭者，哭者曰：'父死家贫，卖子以葬之，将与其别也。'孔子曰：'善哉，圣人也！'"完山，山名。偏解，因为有偏才而理解。

③"闻太山"五句：这几句话讲的故事见于《礼记·檀弓下》："孔子过泰山侧，有妇人哭于墓者而哀。夫子式而听之，使子路问之曰：'子之哭也，壹似重有忧者？'而曰：'然。昔者吾舅死于虎，吾

夫又死焉，今吾子又死焉。’夫子曰：‘何为不去也？’曰：‘无苛政。’夫子曰：‘小子识之，苛政猛于虎也。’”太山，山名。即泰山。

④“见罗雀”三句：这几句话讲的故事见于《说苑·敬慎》：“孔子见罗者，其所得者皆黄口也，孔子曰：‘黄口尽得，大爵独不得，何也？’罗者对曰：‘黄口从大爵者不得，大爵从黄口者可得。’孔子顾谓弟子曰：‘君子慎所从，不得其人，则有罗网之患。’”罗，网。用作动词，用网捉鸟。黄口，幼鸟。

⑤“及欲”三句：此事见于《史记·孔子世家》：“丘生而叔梁纥死，葬于防山。防山在鲁东，由是孔子疑其父墓处，母讳之也。……孔子母死，乃殡五父之衢，盖其慎也。郰人挽父之母诲孔子父墓，然后往合葬于防焉。”

⑥“既定”四句：此事见于《礼记·檀弓上》：“孔子既得合葬于防，曰：‘吾闻之，古也墓而不坟。今丘也，东西南北之人也，不可以弗识也。’于是封之，崇四尺。孔子先反，门人后，雨甚至，孔子问焉，曰：‘尔来何迟也？’曰：‘防墓崩。’孔子不应。三，孔子泫然流涕曰：‘吾闻之，古不修墓。’”既定墓崩，安葬后坟墓又倒塌了。泫然，流泪的样子。

⑦“又疑”三句：此事见于《吕氏春秋·任数》：“孔子穷乎陈、蔡之间，藜羹不斟，七日不尝粒，昼寝。颜回索米，得而爨之，几熟。孔子望见颜回攫其甑中而食之。选间，食熟，谒孔子而进食。孔子佯为不见之。孔子起曰：‘今者梦见先君，食洁而后馈。’颜回对曰：‘不可。向者煤室入甑中，弃食不祥，回攫而饭之。’孔子叹曰：‘所信者目也，而目犹不可信；所恃者心也，而心犹不足恃。弟子记之，知人固不易矣。’”卜掇尘之虚伪，弄清楚颜渊抓食沾尘食物的事是真是假。卜，推测，弄清楚。掇，拾取。

⑧“厩焚”二句：此事见于《论语·乡党》：“厩焚。子退朝，曰：‘伤人乎？’不问马。”厩焚，马棚失火。厩，马棚。

⑨“颜渊”二句：此事见于《论语·先进》：“子畏于匡，颜渊后。子曰：‘吾以女为死矣。’曰：‘子在，回何敢死？’”谓，以为。

⑩逆知：事先知道。逆，预先。

⑪栖（xī）栖遑遑：到处奔波、不得安宁的样子。

⑫不知匡人当围之：不知道匡地的人要围困他。匡，地名。在今河南长垣。《史记·孔子世家》：“将适陈，过匡，颜刻为仆，以其策指之曰：‘昔吾入此，由彼缺也。’匡人闻之，以为鲁之阳虎。阳虎尝暴匡人，匡人于是遂止孔子。孔子状类阳虎，拘焉五日。”

⑬由其途：通过匡地的道路。其，代指匡。

⑭问老子以古礼：向老子学习古礼。《史记·孔子世家》：“（孔子）适周问礼，盖见老子云。”

⑮问郯（tán）子以鸟官：向郯子请教以鸟名来命名官职的事。郯子，郯国的君主。郯国在今山东郯城。鸟官，用鸟名来命名官职。《左传·昭公十七年》：“郯子来朝，公与之宴。昭子问焉，曰：‘少皞氏鸟名官，何故也？’郯子曰：‘吾祖也，我知之。……’仲尼闻之，见于郯子而学之。”

⑯行不知津：出门在外不知渡口。津，渡口。《论语·微子》：“长沮、桀溺耦而耕，孔子过之，使子路问津焉。”而长沮、桀溺批评了孔子，没有告知渡口所在。

⑰下车逐歌凤者：孔子下车追赶唱“凤兮凤兮”歌的人。《论语·微子》：“楚狂接舆歌而过孔子曰：‘凤兮凤兮！何德之衰！往者不可谏，来者犹可追。已而已而！今之从政者殆而！’孔子下，欲与之言。趋而辟之，不得与之言。”

⑱南子：卫灵公的夫人。《论语·雍也》：“子见南子，子路不说。夫子矢之曰：‘予所否者，天厌之！天厌之！’”

⑲宕人水居：宕人住在水中。《博物志》卷二：“南海外有鲛人，水居如鱼，不废织绩，其眼能泣珠。”

⑳梁母火化：梁母能够变化出火焰。《列仙传》："啸父者，冀州人也。少在西周市上补履，数十年人不知也。后奇其不老，好事者造求其术，不能得也。唯梁母得其作火法。临上三亮，上与梁母别，列数十火而升。西邑多奉祀之焉。"

㉑伯子耐至热：伯子能够忍受酷热。伯子，神仙名。即幼伯子。《列仙传》："幼伯子者，周苏氏客也。冬常著单衣，盛暑著襦袴。"

㉒仲都堪酷寒：仲都能够忍受酷寒。仲都，王仲都。汉朝人。《博物志》卷五："王仲都当盛夏之月，十炉火炙之不热；当严冬之时，裸之而不寒。"

㉓左慈兵解而不死：左慈虽然被兵器所杀而实际不死成仙了。左慈，三国时的术士。兵解，道教称死于兵器的得道者为兵解，即借助兵器解脱肉体而成仙。左慈的事迹见于《后汉书·方术列传下》及《神仙传》等。

㉔甘始休粮以经岁：甘始可以一年以上不吃粮食。甘始，三国时的术士。《神仙传》说他善行气，不饮食，在世数百年。

㉕范轶见斫而不入：范轶被刀砍而砍不进。见，被。范轶，《晋书·四夷列传》作"范逸"，林邑国君主。但他"见斫而不入"的事未见史书记载。

㉖鳖令：又作鳖灵。扬雄《蜀王本纪》记载，荆人鳖灵死，其尸漂流至蜀后复活，蜀王杜宇立以为相。杜宇自以德不如鳖灵，以其国禅之，鳖灵即位，号曰开明帝。

㉗少千：人名。其捉鬼之事可参见本书《释滞》注。

㉘长房缩地脉：长房能够缩短两地距离。长房，即费长房，东汉术士。缩地脉，化远为近的法术。《后汉书·方术列传下》和《神仙传》都说费长房有神术，千里之遥，如在眼前，瞬息即至。

㉙仲甫假形于晨凫：仲甫能够变化为早晨的飞凫。仲甫，李仲甫。传说中的仙人。凫，鸟名。即野鸭。《神仙传》说李仲甫有一位

熟人,住在五百余里之外,一天早上,熟人用网捉到一只鸟,视之,原来是李仲甫。

㉚张楷吹嘘起云雾:张楷呼出云雾。张揩,东汉人。《后汉书·张霸列传》记载张楷“性好道术,能作五里雾”。

【译文】

“我听说最高的理论难以听进俗人的耳朵,真实的话语必然违背众人的心愿,儒生们如果突然之间读到我的这本书,肯定认为我是在责难诽谤圣人。我哪里会这样做呢?只不过是想彻底弄清楚事理而已。事理被彻底弄清楚了,结果就好像是在诽谤周公、孔子了。世人以为圣人是从天上降下来的,是神奇之人,无所不知,无所不能。世人极其敬畏圣人的名字,以至于不敢依据一些具体事实来评论圣人,认为圣人所不能做到的,就再也没有其他的人能够做到了;圣人所不知道的,就再也没有其他的人能够知道了,这岂不是很可笑的吗?现在我就完全用一些浅近的事例来考查这个问题,想来能够使世人醒悟了。完山的鸟儿叫声,卖掉自己的儿子以埋葬父亲的哭声,孔子并不知道,这能够说只有颜回独具这方面的偏才而听明白了吗?孔子听到泰山有个妇人在哭,询问以后,才知道老虎吃掉了她家三个亲人,而且也不明白她为什么不搬家离去的原因,必须别人回答后才知道。孔子看见用网捉鸟的人捉到的全是幼鸟,也不懂得其中缘故,打听后才明白。孔子想埋葬自己的母亲时,却不知道父亲的坟墓在哪里,还需要别人告知他;父母合葬后而坟墓崩塌了,孔子又不知道这事,等学生们告诉他,他才泫然泪下。孔子还怀疑颜回偷吃东西,就找借口说饭前想要祭祀祖先,以此弄清楚颜回抓起来吃掉沾尘食物的事是真是假。马棚失火后,孔子又不知道是否伤了人和马。颜回落在后边,孔子就认为他已经死了。另外,孔子周游了七十多个国家,却不能预先知道别人肯定不会任用自己,从而四处奔波而不得安宁,以至于连席子都没有被暖热过。还不知道匡地的民众会包围自己,偏偏要从匡地的道上走过。又向老子请教古代礼仪，这说明他对礼仪有所不知。还向郯子打听用鸟名来命名官职的事，这说明他对官名有所不晓。半道上不知道渡口在哪儿，就派人去打听，并不知道所问的人肯定会讥讽自己，而且还不告诉他所想问的路，如果这些他早已知道，他也就不去问路了。孔子下车去追赶那高歌‘凤凰啊，凤凰啊’的人，却不知道那人根本不会停下来。去见南子时并不知道这次见面没有任何用处。诸如此类，不能一一枚举，那么孔子仅仅不懂得神仙之道，又有什么值得奇怪的呢？世俗的儒生还说：‘圣人所不能做到的，其他的人也都做不到。’那么宕人在水中居住，梁母变化出火焰，伯子能够忍耐酷热，仲都能够忍受严寒，左慈被杀后却不死成仙，甘始不吃粮食可达一年以上，范轶被刀砍杀却砍不进去，鳖令的尸体漂流后却复活，少千能够抓住各种鬼怪，长房能够缩短两地距离，仲甫变化为早晨的飞凫，张楷能够吹起云雾，也没有听说过周公、孔子能够做这样的事情啊。”

俗人或曰：“周、孔皆能为此，但不为耳。”吾答之曰：“必不求之于明文，而指之以空言者，吾便可谓周、孔能振翮翻飞[①]，翱翔八极，兴云致雨，移山拔井，但不为耳。一不以记籍见事为据者[②]，复何限哉[③]！必若所云者，吾亦可以言周、孔皆已升仙，但以此法不可以训世，恐人皆知不死之可得，皆必悉委供养[④]，废进宦而登危浮深[⑤]，以修斯道，是为家无复子孙，国无复臣吏，忠孝并丧，大伦必乱，故周、孔密自为之，而秘不告人，外托终亡之形，内有上仙之实。如此，则子亦将何以难吾乎？亦又未必不然也。《灵宝经》有《正机》、《平衡》、《飞龟授袟》凡三篇[⑥]，皆仙术也。吴王伐石以治宫室[⑦]，而于合石之中，得紫文金简之书，不能读之，使使者持以问仲尼，而欺仲尼曰：‘吴王闲居，有赤雀衔书以置殿上，不知其义，故远咨呈。’仲尼以视之，曰：‘此乃《灵宝》之方，长生之法，禹之所服，隐在水邦[8]，年齐天地，朝于紫庭者也[9]。禹将仙化，封之名山石函之中，乃令赤雀衔之，殆天授也。’以此论之，是夏禹不死也，而仲尼又知之，安知仲尼不皆密修其道乎？正复使圣人不为此事，未可谓无其效也。

【注释】

①翮（hé）：翅膀。

②一：完全。见（xiàn）事：现有的事情。见，通“现”。

③限：限制，边际。

④悉：全部。委：放弃。供养：指供养父母。

⑤浮深：渡过大河。深，深水。

⑥袟（zhì）：通“帙”，书套，这里指书籍。

⑦伐石：采石。

⑧水邦：多水的国家。

⑨紫庭：仙人居住的地方。

【译文】

有的世人说：“周公、孔子都能够做到这些修仙之事，只是不屑于去做而已。”我回答他说：“如果坚决不按照明文记载的典籍去考察，只是用空话来论定事情的话，那我就可以说周公、孔子能够振翅飞翔，翱翔于四面八方，能够兴云起雨，移动高山，拔起深井，只是他们不屑于去做而已。如果完全不用典籍里的记载和现成的事实作为证据的话，那讨论起来可以说就不着边际了！如果一定如您所说，那么我也可以说周公、孔子都已经升天成仙了，只是他们认为这种法术不能够用来教育世人，担心人们知道不死成仙是可能的以后，都将会放弃供养父母，不去入世做官而去登上高山、渡过大河，修炼求仙之道去了。这样一来家中就没有了子孙，国家就没有了臣吏，忠孝都沦丧了，主要的伦理关系必定混乱，因此周公、孔子就自己暗中修炼，保守秘密而不告诉别人，对外假托还有死后的尸体，对己则有升天成仙的事实。如果我像这样说，那您又将如何来反驳我呢？事实上也未必不是这样。《灵宝经》共有《正机》、《平衡》、《飞龟授袟》三篇文章，讲的都是神仙的法术。吴王采石修建宫室时，在密闭的大石头中，获得了写有紫色文字的黄金简策，却无法读懂，就派使者拿着这些黄金简策去请教孔子。使者欺骗孔子说：'吴王闲居无事时，有一只红色鸟雀衔着这些书放在殿堂上，我们不懂得它的内容，所以远远地来到这里向您咨询。'孔子看了书，说：'这是《灵宝》仙方，长生不死的法术，是大禹所服食的药方。后来大禹隐居在多水的国家，与天地同寿，最后朝拜天庭成了天仙了。大禹将要成仙之前，就把它封藏在名山的石函之中，而今红色鸟雀把它衔来，大概是上天有意赠送的吧。'根据这些来分析，说明夏禹也没有死亡，而且孔子也知道这事，那么我们又怎么知道孔子没有秘密修炼过仙道呢？即便是圣人没有去做求仙的事，也不能因此就断定修仙没有效果。

"人所好恶，各各不同，喻之以面[①]，岂不信哉！诚合其意，虽小必为也；不合其神[②]，虽大不学也。好苦憎甘，既皆有矣；嗜利弃义，亦无数焉。'圣人之大宝[③]，曰位；何以聚人，曰财。'又曰：'富与贵，是人之所欲[④]。'而昔已有禅之以帝王之位而不用，委之以四海之富而不愿，蔑三九之官[⑤]，背玉帛之聘[⑥]，遂山林之高洁，甘鱼钓之陋业者，盖不可胜数耳。又曰：'男女饮食，人之大欲存焉[⑦]。'是以好色不可谏[⑧]，甘旨可忘忧。昔有绝谷弃美、不畜妻妾、超然独往、浩然得意、顾影含欢、漱流忘味者[⑨]，又难胜记也。人情莫不爱红颜艳姿、轻体柔身，而黄帝逑笃丑之嫫母[⑩]，陈侯怜可憎之敦洽[11]。人鼻无不乐香，故流黄、郁金[12]，芝、兰、苏合[13]，玄胆、素胶[14]，江离、揭车[15]，春蕙、秋兰[16]，价同琼瑶，而海上之女，逐酷臭之夫[17]，随之不止。周文嗜不美之菹[18]，不以易太牢之滋味[19]，魏明好椎凿之声[20]，不以易丝竹之和音。人各有意，安可求此以同彼乎？周、孔自偶不信仙道[21]，日月有所不照，圣人有所不知，岂可以圣人所不为，便云天下无仙？是责三光不照覆盆之内也[22]。”

【注释】

①喻之以面：就好像人们的面孔各不相同一样。喻，以……为比方。

②神：思想，想法。

③大宝：最为宝贵的。这段话见于《易经·系辞下》，原文为："圣人之大宝，曰位；何以守位？曰仁；何以聚人？曰财。"

④所欲：所想得到的。这两句话出自《论语·里仁》："子曰：'富与贵，是人之所欲也，不以其道得之，不处也。'"

⑤三九之官：三公九卿，都是朝廷中的重要官员。不同时代具体所指不尽相同，东汉时的三公指太尉、司徒、司空，九卿指太常、光禄勋、卫尉、太仆、廷尉、大鸿胪、宗正、大司农、少府。

⑥背：违背，拒绝。玉帛：玉石、丝帛。是古代极重的聘礼。

⑦人之大欲存焉：人所具有的最大欲望。《礼记·礼运》："饮食男女，人之大欲存焉。"

⑧谏：劝告，改变。

⑨漱流：喝山间流水。比喻过清苦的生活。

⑩逑：配偶。这里用作动词，以……为配偶。嫫母：传说中极丑但有美德的女子。

⑪陈侯:陈国的君主。怜:爱。敦洽:春秋时期陈国的女子,极丑。《吕氏春秋·遇合》:"陈有恶人焉,曰敦洽雠糜,雄颡广颜,色如浃赪,垂眼临鼻,长肘而盭。陈侯见而甚说之,外使治其国,内使制其身。"

⑫流黄、郁金:两种香料名。指流黄香和郁金香。

⑬芝、兰:两种香草名。苏合:香料名。苏合香。

⑭玄胆、素胶:当为两种香料名。具体何指不详。一说"玄胆"疑为麝香之类,"素胶"疑为白胶香。

⑮江离、揭车:两种香草名。

⑯蕙:香草名。

⑰逐酷臭之夫:追随着体味极臭的男子。《吕氏春秋·遇合》:"人有大臭者,其亲戚、兄弟、妻妾、知识无能与居者,自苦而居海上。海上人有说其臭者,昼夜随之而弗能去。"

⑱周文:即周文王。菹(zū):酸菜,腌菜。《吕氏春秋·遇合》:"若人之于滋味,无不说甘脆,而甘脆未必受也。文王嗜菖蒲菹,孔子闻而服之,缩頞而食之,三年然后胜之。"

⑲太牢:丰盛的宴会。宴会或祭祀时并用牛、羊、猪三牲,叫太牢。

⑳魏明:三国时的魏明帝。《新论·殊好》:"汉顺听山鸟之音,云胜丝竹之响;魏文好槌凿之声,不贵金石之和。"魏文帝与魏明帝为父子关系,两书记载稍异。

㉑偶:偶然的原因。比如出生时没有遇到神仙之星气等。

㉒三光:日、月、星。覆盆:倒放的盆子。

【译文】

"人们的好恶,各自不同,就好像人们的面孔不同一样,这难道不是事实吗?确实合乎自己的意愿,虽然是一件微不足道的事情也一定要做;如果是不符合自己想法的事情,即使是伟大的事业也不愿去学习。喜欢苦涩而讨厌甘甜,这都是有的;追求利益而抛弃道义,那就多得无法计数。‘圣人最为宝贵的，就是职位；用来招集百姓的，就是钱财。’《论语》也说：‘富有和显贵，这是人们所想得到的。’然而从前出现过把帝王的权位禅让给他而他却不愿继承、把四海的财富交付给他而他却不愿接受的人，他们蔑视三公九卿的高位，拒绝玉石绢帛的重礼聘请，满足于山林里的高洁生活，甘心于钓鱼的低贱职业，这种人也多得无法计数。《礼记》又说：‘男女饮食，是人所具有的最大欲望。’因此好色是不可改变的本性，美味可以使人忘却忧愁。然而从前却有断绝粮食、抛弃美色、不娶娇妻美妾、超然于世俗而独自一人生活、心中充满了浩然自得之意、看着自己的身影而自我陶醉、喝着山间清流而忘却美味的人，这种人也同样多得无法计数。人之常情是没有不喜欢红润美丽的面庞、轻盈柔软的身姿的，然而黄帝却娶了相貌奇丑的嫫母，陈侯却爱上了面目可憎的敦洽。人的鼻子没有不喜欢香味的，所以流黄香与郁金香，芝草、兰草和苏合香，玄胆与素胶，江离和揭车，春日的蕙草以及秋天的兰花，其价值等同于美玉，然而海边的女子，却追随着体味极臭的男子，跟在他身边不舍得离开。周文王喜欢吃味道不美的腌菜，不会用它去交换丰盛的美食；魏明帝喜欢听槌子敲击凿子的声音，不愿用它去取代丝竹管弦的和谐之音。人各有志，怎么能够要求人们彼此相同呢？周公、孔子自身因为偶然的原因而不相信仙道，日月也有照不到的地方，圣人也有不懂得的东西，怎么能够因为圣人没有去求仙，就断定天下没有神仙呢？这样做就好比去责备日、月、星辰没有照亮倒放着的盆子里面一样。”

极言卷十三

【题解】

所谓“极言”，也就是最真诚、最符合大道的言论。这些言论，主要内容无外乎养生成仙，用葛洪自己的话说，那就是“长生之理，尽于此矣”。在本篇中，作者所阐述的内容主要有以下几个方面。

首先，葛洪反复强调凡是成仙之人，“莫不负笈随师，积其功勤，蒙霜冒险，栉风沐雨，而躬亲洒扫，契阔劳艺，始见之以信行，终被试以危困，性笃行贞，心无怨贰，乃得升堂以入于室”。换句话说，要想成仙，必须在明师的指导下，通过不懈地学习才能成功。在谈到如何学道时，他提出了许多有启发意义的忠告，比如学习要有坚定的意志，要淡泊名利，要持之以恒，要从小事做起等等。作者强调：“井不达泉，则犹不掘也；一步未至，则犹不往也。……然升峻者患于垂上而力不足，为道者病于方成而志不遂。”因此告诫修道者千万不要犯了功败垂成的错误。葛洪还说：“非长生难也，闻道难也；非闻道难也，行之难也；非行之难也，终之难也。”如果排除求仙这一目的不谈，仅从学习的角度来看，这些经验都是值得我们借鉴的。

接着，葛洪为了使人们获得修道成仙的坚定信念，就对黄帝既然已经成仙、为何又留下一座坟墓的疑问进行了多角度的论证，从而得出结论，黄帝的确是不死成仙了，坟墓的存在只不过是后人修建的衣冠冢以示纪念而已。除了黄帝，葛洪又对彭祖、安期的不死做了考证，从而为世人学仙树立了榜样。

向世人说明了要想成仙必须学习的道理，又为世人树立了成仙的榜样，接下来要做的事情就是讨论学仙的方法了。葛洪除了再次强调服食金丹的重要性之外，还提出了大量的具有一定科学性的医学养生知识。葛洪认为，养生要防患于未然，不要"觉病之日，始作为疾"，这就使我们想到扁鹊的故事，扁鹊在评价自己兄弟三人医术高低时是这样说的："长兄最善，中兄次之，扁鹊最为下。……长兄于病视神，未有形而除之，故名不出于家。中兄治病，其在毫毛，故名不出于闾。若扁鹊者，镵血脉，投毒药，副肌肤间，而名出闻于诸侯。"(《鹖冠子·世贤》)这种防病意识，不仅在古代，即使在今天，也是一个非常重要而又容易被人们所忽略的问题。在这一部分中，葛洪还提出了许多保健知识，如："是以养生之方，唾不及远，行不疾步；耳不极听，目不久视；坐不至久，卧不及疲；先寒而衣，先热而解；不欲极饥而食，食不过饱；不欲极渴而饮，饮不过多。"像这一类的经验之谈，在本篇中还很多，这些养生知识都是值得我们认真学习和体会的。

或问曰："古之仙人者，皆由学以得之，将特禀异气耶[①]？"抱朴子答曰："是何言欤？彼莫不负笈随师[②]，积其功勤，蒙霜冒险，栉风沐雨[③]，而躬亲洒扫，契阔劳艺[④]，始见之以信行，终被试以危困，性笃行贞，心无怨贰，乃得升堂以入于室[⑤]。或有怠厌而中止，或有怨恚而造退，或有诱于荣利，而还修流俗之事，或有败于邪说，而失其淡泊之志，或朝为而夕欲其成，或坐修而立望其效。若夫睹财色而心不战、闻俗言而志不沮者[⑥]，万夫之中，有一人为多矣。故为者如牛毛，获者如麟角也。夫彀劲弩者[⑦]，效力于发箭；涉大川者，保全于既济；井不达泉，则犹不掘也；一步未至，则犹不往也。修涂之累[⑧]，非移晷所臻[⑨]；凌霄之高，非一篑之积[⑩]。然升峻者患于垂上而力不足[⑪]，为道者病于方成而志不遂。千仓万箱，非一耕所得；干天之木[⑫]，非旬日所长；不测之渊，起于汀滢[⑬]；陶朱之资[⑭]，必积百千。若乃人退已进，阴子所以穷至道也[⑮]；敬卒若始[⑯]，羡门所以致云龙也[⑰]。我志诚坚，彼何人哉[⑱]！"

【注释】

①将：抑或，还是。

②负：背着。笈(jí)：书箱。

③栉(zhì)风沐雨：直译为"以风梳发，以雨洗头"。即冒着风雨。栉，梳子；梳头。沐，本指洗头，这里指淋雨。

④契(qiè)阔：本指离散、聚合。这里引申为辛劳。劳艺：劳动。艺，种植。

⑤乃得升堂以入于室：才能教授更深入的学问。《论语·先进》："子曰：'由也升堂矣，未入于室也。'"

⑥战：矛盾，斗争。《韩非子·喻老》："子夏见曾子，曾子曰：'何肥也？'对曰：'战胜，故肥也。'曾子曰：'何谓也？'子夏曰：'吾入见先王之义则荣之，出见富贵之乐又荣之，两者战于胸中，未知胜负，故臞。今先王之义胜，故肥。'"

⑦彀(gòu)：拉满弓弩。

⑧修涂：长途。修，长。

⑨移晷(guǐ)：日影移动一下。形容时间短暂。晷，日影。臻：到。

⑩篑(kuì)：盛土的竹筐。

⑪峻：高山。垂：将要。

⑫干:冲,达到。

⑬汀滢(yìng):小水流。

⑭陶朱:即著名政治家范蠡。范蠡助越王勾践灭吴以后,乘船到齐国,后定居于陶,改名叫“朱公”,治产业成为巨富。资:钱财。

⑮阴子:阴长生,后汉人。《神仙传》说他向马鸣生学道,十几年,马鸣生只谈论世俗之事,不教度世仙术,其他弟子纷纷离去,唯有阴长生毫不懈怠,最终得道成仙。

⑯敬卒:严肃认真到最后。敬,认真。卒,最后。

⑰羡门:羡门子高,得道成仙之人。

⑱彼何人哉:本句的意思是,那些成仙的人是什么样的人,我也就会是什么样的人。本句套用了《孟子·滕文公上》中的话:“颜渊曰:‘舜何人也?予何人也?有为者亦若是。’”

【译文】

有人问道:“古代的成仙之人,是通过学习而成仙的呢?还是因为独自禀受了奇异的精气而成仙的呢?”抱朴子回答道:“你这是什么话啊?他们都是身背着书箱、追随着老师,不断地勤奋学习,他们踏着寒霜,冒着危险,顶着风雨,亲自洒水扫地,艰苦劳作,他们首先要表现出自己的诚信行为,最后还要受到危险困苦的考验,只有信仰虔诚而行为坚贞,胸无抱怨也无二心,这才能够升堂入室。其中有的人因为懈怠厌倦而半途而废;有的人因为抱怨忿恨而退缩不进;有的人受到荣华富贵的诱惑,从而又回到世俗去从事世俗事务;有的人受到异端邪说的蛊惑,从而失去了清静恬淡的品质;有的人早上才开始修炼,而晚上就希望成功;有的人刚坐下修炼却马上希望见到成效。至于那些看到钱财美色而不产生任何思想矛盾,听到世俗的言论而心里从不感到沮丧的人,一万个男子中间,只要有一个就算是很多的了。因此修道的人多如牛毛,而得道成仙的人却是凤毛麟角。能够拉开硬弓的人,力量体现在发出的利箭上;能够横渡大江的人，体现在能够安全地到达彼岸；挖井而没有挖到泉水，就等于没挖；差一步没到，就如同没有出发。长途跋涉的劳顿，不是片刻所能导致的；直插云霄的高度，并非一筐土所能积累的。然而登高之人最值得担心的就是在将要登上山顶时却力气不足，修习道术的人最值得发愁的就是在即将成功的时候而意志不够。千仓万箱的粮食，并不是一次耕作的收获；高耸入云的树木，不是十天半月所能长成的；深不可测的深渊，是从积累小小的水流开始的；陶朱公的资财，一定是积累千百次而形成的。别人都退缩而自己继续前进，这就是阴长生能够完全获取仙道的原因；自始至终都严肃认真，这就是羡门子能够招致云雾蛟龙的缘故。如果自己的志向坚定不移，就能够像成仙的人一样成功！”

抱朴子曰：“俗民既不能生生[①]，而务所以煞生[②]。夫有尽之物，不能给无已之耗；江河之流，不能盈无底之器也。凡人利入少而费用多者，犹不供也，况无锱铢之来[③]，而有千百之往乎？人无少长，莫不有疾，但轻重言之耳。而受气各有多少，多者其尽迟，少者其竭速。其知道者补而救之，必先复故[④]，然后方求量表之益[⑤]。若令服食终日，则肉飞骨腾；导引改朔[⑥]，则羽翮参差，则世间无不信道之民也。患乎升、勺之利未坚[⑦]，而钟、石之费相寻[⑧]，根柢之据未极[⑨]，而冰霜之毒交攻。不知过之在己，而反云道之无益，故捐丸散而罢吐纳矣。故曰：非长生难也，闻道难也；非闻道难也，行之难也；非行之难也，终之难也。良匠能与人规、矩[⑩]，不能使人必巧也；明师能授人方书，不能使人必为也。夫修道犹如播谷也，成之犹收积也。厥田虽沃[⑪]，水泽虽美，而为之失天时，耕锄又不至，登稼被垄[12]，不获不刈，顷亩虽多，犹无获也。凡夫不徒不知益之为益也，又不知损之为损也，夫损易知而速焉，益难知而迟焉，人尚不悟其易，安能识其难哉？夫损之者如灯火之消脂，莫之见也，而忽尽矣；益之者如苗禾之播殖，莫之觉也，而忽茂矣。故治身养性，务谨其细，不可以小益为不平而不修[13]，不可以小损为无伤而不防。凡聚小所以就大，积一所以至亿也。若能爱之于微，成之于著，则几乎知道矣[14]。"

【注释】

①生生：保养生命。第一个"生"为动词，保养。第二个"生"为名词，生命。

②煞生：伤害生命。煞，通"杀"，杀害，伤害。

③锱铢（zī zhū）：比喻数量很少。锱、铢都是古代很小的重量单位，六铢等于一锱，四锱等于一两。

④复故：恢复原来的元气。

⑤量表之益：一定数量的好处。量，量器。表，古代用来测量日影以计时的表竿。这里用"量表"代指某种数量的益处。

⑥改朔：一两个月。朔，古人把旧历每个月的初一叫做"朔"。改变一次"朔"，也就是过了一个月。

⑦升、勺：两种容量单位。一斗的十分之一叫做"升"，约一升的百分之一叫做"勺"。这里用来形容数量很少。

⑧钟、石：两种容量单位。六石四斗为一"钟"，十斗为一"石"。这里形容数量很多。相寻：连续不断而来。寻，到。

⑨根柢：根部。据：基础。极：最好。

⑩规、矩：两种木工工具。用来画圆的工具叫"规"，用来画方的工

具叫“矩”。这里代指木工技术。

⑪厥：其，他们的。

⑫登：庄稼成熟。垄：田地。

⑬不平：不足，不够。平，丰收。引申为多、足够。《汉书·食货志上》：“再登曰平，余六年食；三登曰泰平，二十七岁，遗九年食。”

⑭几乎：接近于，差不多。

【译文】

抱朴子说：“世俗百姓本来就不知道去养护自己的生命，而且还专门去干一些伤害生命的事情。有限的事物，不可能供给无限的消耗；江河的流水，也无法装满无底的器皿。凡是钱财收入少而花费开销多的人，尚且不能支撑供应，更何况没有丝毫的收入，却有成百上千的支出呢？人们无论年长年幼，没有哪个没有疾病，只是病有轻重而已。而人们禀受的元气有多有少，元气多的人消耗起来就比较慢，元气少的人很快就消耗完了。那些懂得道术的人就要去补充元气，他们一定要先行恢复身体中元气的原状，然后再去追求某种程度的益处。如果只用服食一天的药物，就能够使人飞升成仙；只用导引一两个月，就能够使人生出参差不齐的羽翼，那么世间就没有不相信仙术的人了。令人担忧的是少量的益处还未真正获得，而大量的耗费却接踵而来，根部的基础还未完全打好，而冰雪霜冻的灾害却交相侵害。世人不知道过错就在自己身上，反而说学习道术没有任何好处，因此就抛弃了仙丹灵药而中止了呼吸吐纳。所以说，并不是长生不死困难，而是懂得修仙的道术困难；并不是懂得修仙道术困难，而是实行这些道术困难；并不是实行这些道术困难，而是坚持到底困难。优秀的工匠能够教给人们木工技术，却不能够使人们的木工技术一定高超；圣明的老师能够传授给人们记载仙术的书籍，却不能够使人们肯定去实践。修炼道术好比播种庄稼，修炼成功好比收获粮食。他们的田地虽然肥沃，灌溉条件虽然很好，但在耕种时失去了合适的季节，又不去耕地锄草，成熟的庄稼覆盖着田野，也不去收割，那么即使田地很多，仍然是一无所获。那些凡夫俗子不仅不知道好处是一种好处，而且也不知道损害是一种损害。损害容易感觉得到而且来得快，好处难以感觉而且来得慢，人们对容易感觉到的损害尚且不能感知，又怎么能够认识那些难以感觉到的好处呢？对身体有害的行为如同灯火消耗油脂一样，在人们的不知不觉之中，油脂突然就用光了；对身体有益的措施如同播种禾苗，在人们的不知不觉之中，禾苗就忽然茂盛了。因此保养生命，务必注意细小的事情，不能认为小的益处不值得重视而不去修养，也不能认为小的损害不会带来大伤害而不去提防。不断聚集小的事情才能够成就大业，不断从一个一个地积累才能够达到亿万数量。如果能够从细微之处去爱惜生命，就能够取得显著的成效，这样基本上就是懂得道术了。”

或问曰：“古者岂有无所施行，而偶自长生者乎？”抱朴子答曰：“无也。或随明师，积功累勤[①]，便得赐以合成之药。或受秘方，自行治作，事不接于世，言不累于俗，而记著者止存其姓名，而不能具知其所以得仙者，故阙如也[②]。昔黄帝生而能言，役使百灵，可谓天授自然之体者也，犹复不能端坐而得道。故陟王屋而受丹经[③]，到鼎湖而飞流珠[④]，登崆峒而问广成[⑤]，之具茨而事大隗[⑥]，适东岱而奉中黄[⑦]，入金谷而咨涓子[⑧]，论道养则资玄、素二女[⑨]，精推步则访山稽、力牧[⑩]，讲占候则询风后[⑪]，著体诊则受雷、岐[⑫]，审攻战则纳五音之策[⑬]，穷神奸则记白泽之辞[⑭]，相地理则书青乌之说[⑮]，救伤残则缀金冶之术[⑯]。故能毕该秘要，穷道尽真，遂升龙以高跻[⑰]，与天地乎罔极也。然按神仙经，皆云黄帝及老子奉事太乙元君以受要诀[⑱]，况乎不逮彼二君者[⑲]，安有自得仙度世者乎？未之闻也。”

【注释】

①累：不断地。勤：劳苦，勤奋。

②阙如：缺乏。这里指没有记载。

③陟(zhì)：登上。王屋：山名。在今河南境内。

④到鼎湖而飞流珠：到鼎湖炼制金丹。鼎湖，地名。古代传说黄帝曾铸鼎于荆山下，鼎成，有龙垂胡须迎黄帝上天。后人因名其处为鼎湖。飞，炼制。因为金丹在炼制过程中，变化非常大，所以用“飞”来形容。流珠，金丹。

⑤登崆峒而问广成：登上崆峒山去向广成子请教。崆峒，山名。今甘肃、河南境内有几处崆峒山，而且传说黄帝都登过这些山。广成，即仙人广成子。

⑥之具茨而事大隗(wěi)：到具茨山去拜访大隗。之，到。具茨，山名。大隗，人名。得道的高士。

⑦适东岱而奉中黄：到泰山去侍奉中黄真人。适，到。东岱，山名。即东岳泰山。中黄，仙人名。又叫中黄真人、中黄丈人、中黄道君。

⑧入金谷而咨涓子：到金谷去咨询涓子。金谷，地名。在今河南洛阳。涓子，仙人名。

⑨论道养则资玄、素二女：讨论房中术时则受教于玄女和素女。道养，依照道术养生。这里具体指房中术。资，借助，受教。玄、素二女，两个仙女名。玄女和素女。

⑩精推步则访山稽、力牧：为了精确推算天文历法则去咨询山稽、力牧。推步，推算天文历法。山稽、力牧，都是黄帝的大臣。

⑪讲占候则询风后：研究占候术时则咨询风后。占候，观察天象变化以测吉凶。风后，黄帝的大臣。

⑫著体诊则受雷、岐：写作医学著作时则受教于雷公、岐伯。体诊，对身体的诊断。也即医学。雷、岐，雷公和岐伯。为黄帝时的大臣，善于医学。

⑬审攻战则纳五音之策：为了弄懂战术就接受了利用五音作战的策略。审，明白。《云笈七签》卷一百记载：黄帝与蚩尤战，“玄女教黄帝三宫秘略、五音权谋、阴阳之术”。

⑭穷神奸则记白泽之辞：为了彻底弄清楚各种神怪而记述了白泽的言辞。白泽，神兽名。《云笈七签》卷一百记载：黄帝巡视至东海边，得白泽神兽，能说话。黄帝向它询问天下鬼神等事一万一千五百二十种，并记下了它的回答，绘成图以示天下。

⑮相地理则书青乌之说：视察地理时则记载下了青乌子的说法。青乌，又叫青乌子，懂得地理风水，因此后人又称风水学为青乌学。《云笈七签》卷一百记载，黄帝开始划分地形时，曾向青乌子请教，事后又把谈话内容写入书中。

⑯救伤残则缀金冶之术：为了救助伤残之人则综合学习金冶的医术。缀，缀合，综合。金冶，又叫金冶子。

⑰跻(jī)：升。

⑱太乙元君：神仙名。

⑲不逮：不及，赶不上。逮，赶上。

【译文】

有人问道：“古代的人是否有不用修炼仙术，而非常偶然地就能长生不死呢?”抱朴子回答说：“没有。有的人追随着圣明的老师，不断勤奋地积累着功德，于是老师就赐予他已经炼成的仙药。有的人接受的是秘方，自己钻研炼制，不做与世人接触的事情，不受世人言论的拖累，而记载他们事迹的书籍只留下了他们的姓名，却不能详细知道他们成仙的过程和方法，所以缺而不论。从前黄帝一出生就能说活，还能够使唤各种神灵，这可以说是上天自然而然地授予他一个神奇的身体了，然而就连黄帝还不能端坐在那里就能够得到仙术。因此黄帝登上王屋山接受了炼丹经书，来到了鼎湖去炼制仙丹，爬上崆峒山去请教广成子，前往具茨山去侍奉大隗，到东岳泰山拜望中黄真人，进入金谷去咨询涓子。谈到房中术时则受助于玄女、素女，为了精确推算天文历法则要访问山稽、力牧，讲求占候术时则要请教风后，写作医书时则要受教于雷公、岐伯，为了懂得战术则要去采纳利用五音作战的策略，为了彻底明白神怪之事则要记述白泽的言辞，为了勘测地理则要记录下青乌子的学说，为了救治伤残之人则要综合金冶子的医术。因此黄帝才能够完全掌握奥秘要诀，穷尽真正的道术，于是才能够乘龙升天，寿命与天地一样无穷无尽。而且在神仙经典的记载中，都说黄帝和老子是拜太乙元君为师才学到了主要秘诀，更何况还比不上这两位先生的人，又怎么可能仅仅依靠自己就超越尘世而升天成仙呢？我从未听说过这样的事情。”

或曰：“黄帝审仙者①，桥山之冢②，又何为乎？”抱朴子答曰：“按《荆山经》及《龙首记》，皆云黄帝服神丹之后，龙来迎之，群臣追慕，靡所措思③，或取其几杖④，立庙而祭之；或取其衣冠，葬而守之。《列仙传》云：‘黄帝自择亡日，七十日去，七十日还，葬于桥山，山陵忽崩，墓空无尸，但剑舄在焉⑤。’此诸说虽异，要于为仙也。言黄帝仙者，见于道书及百家之说者甚多，而儒家不肯长奇怪、开异涂⑥，务于礼教，而神仙之事，不可以训俗，故云其死，以杜民心耳⑦。朱邑、栾巴、于公⑧，有功惠于民，百姓皆生为之立庙祠⑨。又古者盛德之人，身没之后，臣子刊其勋绩于不朽之器。而今世君长迁转⑩，吏民思恋，而树德颂之碑者，往往有焉，此亦黄帝有庙墓之类也，岂足以证其必死哉？”

【注释】

①审：确实。

②桥山之冢：桥山的坟墓。桥山，山名。在今陕西黄陵。《史记·五帝本纪》：“黄帝崩，葬桥山。”

③靡所措思：没办法寄托自己的哀思。靡，无。措，放置，寄托。

④几杖：几案与手杖。都是老人平时靠身和走路扶持之用。

⑤舄(xì)：鞋子。

⑥长：助长。异涂：异路。指异端，其他不合正道的学说。涂，同“途”。

⑦以杜民心：以断绝百姓求仙的想法。杜，杜绝。

⑧朱邑：西汉人。《汉书·循吏传》说他为人淳厚，死后百姓为之立祠。栾巴：东汉人。为官有政绩，且有道术。于公：于定国之父。《汉书·于定国传》：“于定国字曼倩，东海郯人也。其父于公为县狱史，郡决曹，决狱平，罗文法者于公所决皆不恨。郡中为之生立祠，号曰于公祠。”

⑨生为之立庙祠：在他们活着的时候就为他们立庙祭祀。

⑩君长：地方长官。迁转：迁升或转任其他地方。

【译文】

有人说：“如果黄帝确实是成仙了，那么桥山上的那座黄帝坟墓，又是怎么一回事呢？”抱朴子回答说：“按照《荆山经》和《龙首记》中的内容，都说黄帝在服食仙丹之后，有龙把他接走了，然而大臣们对他追念不已，无法寄托自己的哀思，于是就有人找来他的几案手杖，建立庙宇来祭祀他；有人取来他的衣服帽子，埋葬后就在那里守护着。《列仙传》说：‘黄帝自己选择了死亡的日子，七十天后离去，七十天后又回来，最后埋葬在桥山。山陵突然崩塌，墓中空空的没有尸体，只有他的刀剑和鞋子在里面。'这些说法虽然不同,但主要的内容都是说黄帝成了仙。有关黄帝成仙的记载,散见于道教典籍和百家书籍中的很多,然而儒家不愿意助长奇谈怪论、开启异端之说,一心致力于礼教,他们认为有关神仙的事迹,不能够拿来教育世人,所以就说黄帝死了,以断绝百姓的求仙之心。像朱邑、栾巴、于公这些人,对百姓有功德恩惠,百姓就在他们活着时为他们立庙祭祀。另外古代那些品德高尚的人,去世之后,臣下、子孙都要把他们的丰功伟绩刊刻在不朽的器皿上。当今一些地方长官升迁或转任到其他地方后,他们的下属和百姓思念他们,就为他们建立歌功颂德的纪念碑,这种情况比比皆是,这与黄帝有庙宇、坟墓是同类的情况,怎么能够用桥山的陵墓来证明黄帝肯定是死去了呢?"

或人问曰:"彭祖八百,安期三千,斯寿之过人矣,若果有不死之道,彼何不遂仙乎?岂非禀命受气,自有修短,而彼偶得其多,理不可延,故不免于雕陨哉[①]?"抱朴子答曰:"按《彭祖经》云:'其自帝喾佐尧[②],历夏至殷为大夫,殷王遣彩女从受房中之术[③],行之有效,欲杀彭祖,以绝其道,彭祖觉焉而逃去。'去时年七八百余,非为死也。《黄石公记》云:'彭祖去后七十余年,门人于流沙之西见之[④]。'非死明矣。又彭祖之弟子,青衣乌公、黑穴公、秀眉公、白兔公子、离娄公、太足君、高丘子、不肯来七八人,皆历数百岁,在殷而各仙去,况彭祖何肯死哉!又刘向所记《列仙传》亦言彭祖是仙人也。又安期先生者,卖药于海边,琅琊人传世见之[⑤],计已千年。秦始皇请与语,三日三夜。其言高,其旨远,博而有证,始皇异之,乃赐之金璧,可直数千万。安期受而置之于阜乡亭[⑥],以赤玉舄一量为报[⑦],留书曰:'复数千载,求我于蓬莱山[8]。'如此，是为见始皇时已千岁矣，非为死也。又始皇刚暴而骜很[9]，最是天下之不应信神仙者，又不中以不然之言答对之者也[10]。至于问安期以长生之事，安期答之允当[11]，始皇惺悟[12]，信世间之必有仙道，既厚惠遗，又甘心欲学不死之事，但自无明师也，而为卢敖、徐福辈所欺弄[13]，故不能得耳。向使安期先生言无符据[14]，三日三夜之中，足以穷屈，则始皇必将烹煮屠戮，不免鼎俎之祸[15]，其厚惠安可得乎？"

【注释】

①雕陨：凋零。这里指死亡。

②帝喾(kù)：古代帝王，相传为黄帝的曾孙。

③彩女：宫女。

④流沙：沙漠。一说为国名。

⑤瑯琊：地名。又写作"琅琊"。在今山东诸城一带。

⑥阜乡亭：地名。

⑦量：通"緉"，双。

⑧蓬莱山：传说中的仙山名。

⑨骜很：傲慢任性。骜，傲慢。很，乖戾。

⑩不中：不能。不然：不正确。

⑪允当：得当。允，得当。

⑫惺悟：醒悟。惺，明白。

⑬卢敖、徐福：都是秦朝的术士。《史记·秦始皇本纪》记载，齐人徐市(即徐福)为秦始皇率领童男童女去寻求海上三神山，燕人卢生(即卢敖)为秦始皇寻求神仙羡门、高誓。

⑭符据：证据。

⑮鼎俎之祸：杀身之祸。鼎，本是烹煮用的一种器具，这里指烹煮犯人的大锅。俎，切肉的砧板。这里指杀人用的砧板。

【译文】

有人问道："彭祖活了八百岁，安期生活了三千岁，这些寿命已经是超过常人了，如果确实有不死的道术，他们为什么不接着修炼成仙呢？难道不是因为禀受的命运和元气不同，使人们的寿命自然有长有短，而他们偶然能够长寿，按照道理也无法再延长了，因此他们也不免一死吗？"抱朴子回答说："《彭祖经》说：'彭祖自从帝喾时期就辅佐帝尧，后来经历了夏代，直至商代都一直做大夫。商王派宫女跟他学习房中术，行之有效，就想杀掉彭祖以断绝这种法术，彭祖发觉后就逃走了。'彭祖逃走时年龄已有七八百岁了，并没有死去。《黄石公记》说：'彭祖逃走后七十多年，弟子在流沙国的西边看见过他。'彭祖没有死去是显而易见的。另外彭祖的弟子青衣乌公、黑穴公、秀眉公、白兔公子、离娄公、太足君、高丘子、不肯来等七八个人，都活了几百岁，在商代各自成仙而去，更何况彭祖又哪里会死呢！另外刘向所著的《列仙传》也说彭祖是仙人。还有安期先生这个人，他在海边卖药，相传琅琊人世世代代都看到过他，算来也已经有一千年了。秦始皇把他请来和他交谈，一连谈了三天三夜。安期先生的言辞高妙，意旨清远，见多识广而且言之有据。秦始皇听后很惊奇，就赏赐给他黄金玉璧，价值好几千万钱。安期生接受后把它们放在阜乡亭，拿出一双红玉鞋作为回报，并留下书信说：'再过几千年，到蓬莱山来找我。'由此看来，他会见秦始皇的时候已经上千岁了，并没有死去啊。另外秦始皇这个人刚强残暴而且傲慢任性，是天下最不应该相信神仙的人，又是最不能用不妥当的言辞来回答的人。当他询问安期先生有关长生不死的事情时，安期先生回答得很恰当，于是秦始皇醒悟了，他相信世间一定有求仙之道，既重重地赠送安期先生厚礼，又心甘情愿地要学习不死的方术，只是他没有圣明的老师，反而被卢敖、徐福之流所欺骗戏弄，因此没有能够学到成仙之术。假如安期先生的话毫无根据，那么在三天三夜的长谈之中，足以使安期先生理屈辞穷，如此秦始皇必将把他烹杀掉，安期先生将不免杀身之祸，又怎么能够获得那些厚重的礼物呢？”

或问曰：“世有服食药物，行气导引，不免死者，何也？”抱朴子答曰：“不得金丹，但服草木之药及修小术者，可以延年迟死耳，不得仙也。或但知服草药，而不知还年之要术，则终无久生之理也。或不晓带神符，行禁戒，思身神，守真一，则止可令内疾不起、风湿不犯耳。若卒有恶鬼强邪、山精水毒害之[①]，则便死也[②]。或不得入山之法，令山神为之作祸，则妖鬼试之，猛兽伤之，溪毒击之[③]，蛇蝮螫之，致多死事，非一条也。或修道晚暮，而先自损伤已深，难可补复。补复之益，未得根据[④]，而疾随复作，所以克伐之事，亦何缘得长生哉？或年老为道而得仙者，或年少为道而不成者，何哉？彼虽年老而受气本多，受气本多则伤损薄，伤损薄则易养，易养故得仙也。此虽年少而受气本少，受气本少则伤深，伤深则难救，难救故不成仙也。夫木槿、杨柳[⑤]，断殖之更生，倒之亦生，横之亦生。生之易者，莫过斯木也。然埋之既浅，又未得久，乍刻乍剥[⑥]，或摇或拔，虽壅以膏壤、浸以春泽[⑦]，犹不脱于枯瘁者，以其根荄不固[⑧]，不暇吐其萌芽，津液不得遂结其生气也。人生之为体，易伤难养，方之二木，不及远矣。而所以攻毁之者，过于刻剥，剧乎摇拔也。济之者鲜[⑨]，坏之者众，死其宜也。夫吐故纳新者，因气以长气，而气大衰者则难长也；服食药物者，因血以益血，而血垂竭者则难益也。夫奔驰而喘逆[⑩]，或欬或满[⑪]，用力役体，汲汲短乏者[12]，气损之候也；面无光色，皮肤枯腊[13]，唇焦脉白[14]，腠理萎瘁者[15]，血减之证也。二证既衰于外，则灵根亦凋于中矣[16]。如此，则不得上药，不能救也。

【注释】

①卒(cù)：通“猝”，突然。

②便：马上，立即。

③溪毒：溪流上的有毒瘴气。

④根据：巩固下来。

⑤木槿、杨柳：两种树木名。木槿和杨柳的生命力都极强。

⑥乍刻乍剥(pū)：时而砍削，时而敲打。乍，时而。剥，通“扑”，击，打。

⑦壅：把土或肥料培在植物的根部。膏壤：肥沃的土壤。

⑧荄(gāi)：本指草根。这里泛指根部。

⑨鲜：很少。

⑩喘逆：呼吸急促而不顺畅。逆，呼吸不顺畅。

⑪欬满(ké mèn)：咳嗽胸闷。欬，同“咳”。满，通“懑”，胸闷。

⑫汲汲：急切的样子。这里用来形容急促喘息的样子。

⑬枯腊(xī)：干腊肉。腊，干肉。

⑭唇焦脉白：嘴唇枯焦，脉象无力。

⑮腠(còu)理：中医指皮下肌肉之间的空隙和皮肤的纹理。萎瘁：枯萎憔悴。

⑯灵根：这里指元气。

【译文】

有人问道：“世上有些人虽然服食药物，行气导引，仍然不免于死亡，这又是为什么呢？”抱朴子回答说：“得不到金丹，只是服食一些草木类药物和修炼一些小小道术，只能够延长一点寿命、推迟一下死亡而已，是不能够成为神仙的。有的人只知道服食一些草药，而不知道返老还童的主要方法，那最终也不可能长久生存啊。有的人不知道佩带神符，遵守禁忌，反思身体内部各个器官的神灵，坚定不移地守着真正的大道，那就只能使体内的疾病不产生，风寒湿气无法侵犯而已。如果突然出现凶恶的鬼魂、强大的妖魔、山中的精怪、水里的毒虫来侵害他们，他们就会马上死去。有的人没有学到进入深山的法术，使山神因此而给他带来祸害，还会有妖魔鬼怪出来试探他，凶猛的野兽伤害他，溪中的瘴气攻击他，毒虫蝮蛇叮咬他等等，能够致死的原因很多，并不只是一种。有的人很晚才去修炼道术，而自己以前受到的损伤已经很严重，难以修补恢复。修补恢复带来的一些好处，还没有得到巩固，而疾病随即又发生了。这些都是伤害身体的事情，又如何能够长生不老呢？有的人年龄老迈才去修炼道术而就获得了道术，也有的人年纪轻轻就去修炼道术却没有成功，这是为什么呢？这是因为那些老人虽然年龄老迈但自然禀受的元气本来就很多，禀受的元气多而受到的伤害相对就小了，伤害小就容易养护，容易养护所以就获得了仙道。而那些年轻人虽然年富力强，但自然禀受的元气本来就很少，禀受的元气本来就少而受到的伤害相对就大，伤害大就难以补救，难以补救就不能成为神仙了。木槿和杨柳，折断后插种下去马上就能够重新获得生命，倒着插能生存，横着插也能生存。最容易生存的，没有能够超过这两种树木的了，然而如果埋得既浅，种植的时间又不长，时而砍削它们，时而敲打它们，时而摇动它们，时而拔起它们，那么即使用肥沃的土壤去培植它们，用春天的雨露去滋润它们，它们依然无法摆脱枯萎的命运，这是因为它们的根柢扎得还不牢固，没有时间去长出萌芽，体内的津液还不能够凝聚到生命的元气。人的生命作为一种实体，容易受伤而难以保养，与这两种树木相比，生命力相差太远了。然而攻击毁坏人的生命的各种因素，其力量超过了砍削、敲打，也超过了摇动、拔起。补救生命的措施太少，而损害生命的事情太多，死亡是理所当然的。吐出旧气、吸进新气的人，是想用元气来助长元气，而元气大伤的话就难以助长了；服食药物的人，是想用气血来补充气血，而气血将要枯竭时就难得补充了。有人奔跑起来就气喘吁吁、呼吸不畅，或者咳嗽，或者胸闷，在使用体力时，如果呼吸急促、短气乏力，这就是元气已经被耗损的症状；面部没有光彩，皮肤干枯蜡黄，嘴唇枯焦，脉象无力，腠理萎缩憔悴，这就是气血衰减的症状。这两种身体衰弱的症状表现在外，那么就说明元气在体内已经衰败了。在这种情况下，如果得不到上等的药物，就无法救治了。

“凡为道而不成、营生而得死者[①]，其人非不有气血也，然身中之所以为气为血者根源已丧，但余其枝流也。譬犹入水之烬，火灭而烟不即息；既断之木，柯叶犹生。二者非不有烟，非不有叶，而其所以为烟为叶者，已先亡矣。世人以觉病之日，始作为疾，犹以气绝之日，为身丧之候也。唯怨风冷与暑湿，不知风冷暑湿，不能伤壮实之人也，徒患体虚气少者，不能堪之，故为所中耳。何以较之[①]？设有数人，年纪老壮既同，服食厚薄又等，俱造沙漠之地，并冒严寒之夜，素雪堕于上，玄冰结于下[②]，寒风摧条而宵骇[③]，咳唾凝冱于唇吻[④]，则其中将有独中冷者，而不必尽病也。非冷气之有偏，盖人体有不耐者耳。故俱食一物，或独以结病者，非此物之有偏毒也；钧器齐饮，而或醒或醉者，非酒势之有彼此也；同冒炎暑，而或独以暍死者[⑤]，非天热之有公私也；齐服一药，而或昏瞑烦闷者，非毒烈之有爱憎也[⑥]。是以冲风赴林[⑦]，而枯柯先摧；洪涛凌崖，而拆隙首颓[⑧]；烈火燎原，而燥卉前焚；龙碗坠地[⑨]，而脆者独破。由兹以观，则人之无道，体已素病，因风寒暑湿者以发之耳。苟能令正气不衰，形神相卫，莫能伤也。凡为道者，常患于晚，不患于早也。恃年纪之少壮、体力之方刚者，自役过差[⑩]，百病兼结，命危朝露，不得大药，但服草木，可以差于常人[⑪]，不能延其大限也。故仙经曰：'养生以不伤为本。'此要言也。神农曰：'百病不愈，安得长生！'信哉斯言也。"

【注释】

①营：经营，养护。

②玄冰：深厚的冰。玄，深清色。冰结得深厚，颜色呈现玄色，故名"玄冰"。

③摧条：吹折树枝。

④沍(hù)：同"冱"，冰冻。

⑤暍(yè)：中暑。

⑥毒烈：强烈的药性。毒，强烈。

⑦冲风：猛烈的风。

⑧拆隙：缝隙。这里指有缝隙的堤岸。

⑨龙碗：绘有龙纹的碗。

⑩过差：过度。

⑪差(chài)：同"瘥"，疾病痊愈。这里指稍好一些。

【译文】

"凡是修炼道术而不成功、养护生命却走向死亡的人，并非他们身上没有气血，然而他们体内那些制造气血的根源却已经丧失，只剩下一些支流而已。比如把燃烧的余柴放入水中，火焰虽然熄灭了而烟气不会马上消失；已经折断了的树木，它们的枝叶还会暂时生存。这两种东西并非没有烟气，并非没有叶子，然而它们生烟长叶的根源，已经消失了。世人认为感到有病的那一天，才算是生病的开始，这就好像把断气的那一天，当作死亡的症状一样。人们总是抱怨大风、寒冷、暑热和潮湿，却不知道这些风、寒、暑、湿并不能伤害强壮的人，只是那些体质虚弱、气血缺乏的人，无法抗御，所以就会受到它们的伤害。用什么来证明这个道理呢？假如有几个人，年纪的大小情况一样，服装与食物的好坏也是相同，他们一起来到沙漠之中，一起冒着严寒的夜气，白雪从天上飘落，深厚的冰在地下凝结，夜间刮断树枝的寒风使人感到惊恐，咳嗽出的口水在嘴唇边凝结成冰，那么其中肯定有人会受到寒冷的伤害，而绝非每个人都要生病。其原因并非寒冷有所偏向，只是因为有些人的体质承受不了而已。大家都吃同一种食物，有的人却偏偏因此造成疾病，并非这些食物有偏指某人的毒素；用同样的酒杯一起饮酒，而有的人清醒，有的人沉醉，这并非酒的力量对他们有彼此之分；大家同样遇到了炎热酷暑，而有的人独自中暑而亡，这并非上天的炎热有公私之别；大家服用同一类药物，有的人服用后昏迷烦闷，这并非强烈的药性对他们有爱憎之情。因此猛烈的风直冲树林，枯朽的枝条先被刮断；洪大的波涛漫上陆地，有裂缝的堤岸先被冲垮；熊熊的烈火扑向原野，干燥的草卉先被烧燃；绘有龙纹的碗掉在地上，脆弱的碗独自破裂。由此看来，人们如果没有道术，身体向来就有病根，因此就会由于风、寒、暑、湿而引发疾病了。如果能够使体内的正气不衰竭，肉体和精神相互养护，就没有什么东西能够伤害他了。凡是修炼道术的人，常常令人担忧的是他们修炼得太晚，而不是修炼得太早。如果自恃年纪还轻，身体正处于强健时期，于是就使自己过度劳累，结果百病交集，性命就会像晨露一样岌岌可危，这时如果没有金丹大药，只是服食一些草木之药，可以因此而会稍好于常人，但也不能使他的生命在终结时再有所延长。因此仙经说：'养生要以不伤害身体为根本。'这是最重要的格言啊。神农说：'各种疾病不痊愈，如何能够长生不死呢？'这话讲得非常正确啊！"

或问曰："所谓伤之者，岂非淫欲之间乎？"抱朴子曰："亦何独斯哉！然长生之要，在乎还年之道。上士知之，可以延年除病；其次不以自伐者也。若年尚少壮而知还年，服阴丹以补脑①，采玉液于长谷者②，不服药物，亦不失三百岁也，但不得仙耳。不得其术者，古人方之于冰杯之盛汤、羽苞之蓄火也③。且又才所不逮，而困思之，伤也；力所不胜，而强举之，伤也；悲哀憔悴，伤也；喜乐过差，伤也；汲汲所欲，伤也；久谈言笑，伤也；寝息失时，伤也；挽弓引弩，伤也；沉醉呕吐，伤也；饱食即卧，伤也；跳走喘乏，伤也；欢呼哭泣，伤也；阴阳不交④，伤也；积伤至尽则早亡，早亡非道也。是以养生之方，唾不及远，行不疾步；耳不极听，目不久视；坐不至久，卧不及疲；先寒而衣⑤，先热而解；不欲极饥而食，食不过饱；不欲极渴而饮，饮不过多。凡食过则结积聚，饮过则成痰癖⑥。不欲甚劳、甚逸，不欲起晚，不欲汗流，不欲多睡，不欲奔车走马，不欲极目远望，不欲多啖生冷，不欲饮酒当风，不欲数数沐浴，不欲广志远愿，不欲规造异巧。冬不欲极温，夏不欲穷凉⑦，不露卧星下，不眠中见肩⑧，大寒大热，大风大雾，皆不欲冒之。五味入口，不欲偏多，故酸多伤脾，苦多伤肺，辛多伤肝，咸多则伤心，甘多则伤肾，此五行自然之理也⑨。凡言伤者，亦不便觉也，谓久则寿损耳。是以善摄生者⑩，卧起有四时之早晚，兴居有至和之常制⑪；调利筋骨，有偃仰之方；杜疾闲邪⑫，有吞吐之术；流行荣卫⑬，有补泻之法⑭；节宣劳逸⑮，有与夺之要。忍怒以全阴气，抑喜以养阳气⑯。然后先将服草木以救亏缺，后服金丹以定无穷，长生之理，尽于此矣。若有欲决意任怀[17]，自谓达识知命，不泥异端[18]，极情肆力，不营久生者，闻此言也，虽风之过耳，电之经目，不足谕也。虽身枯于流连之中[19]，气绝于纨、绮之间[20]，而甘心焉，亦安可告之以养生之事哉？不惟不纳，乃谓妖讹也。而望彼信之，所谓以明鉴给矇瞽、以丝竹娱聋夫也[21]！”

【注释】

①阴丹：道教房中术的一种，又叫还精之术。即男女性交时，男子精液不泄，还精补脑，同时从女子处采集阴气以助健康。

②玉液：精液的隐语。长谷：女子阴部的隐语。

③方：比方，比喻。汤：开水。羽苞：羽毛制成的包。苞，装东西的包。

④阴阳不交：男女不交接。

⑤先寒而衣：赶在寒冷到来之前就增加衣服。

⑥痰癖：多痰症。

⑦穷：极。

⑧见(xiàn)肩：露出肩膀。见，通“现”，露出来。

⑨此五行自然之理也：这就是五行相克的自然道理。古人把五行与五味、五脏相配，具体内容为：木配酸、肝；火配苦、心；土配甘、脾；金配辛、肺；水配咸、肾。而“五行”具有“相克”的关系，“木克土”，因此“酸多伤脾”；“火克金”、因此“苦多伤肺”，余可以此类推。

⑩摄生：养生。

⑪兴居：起居。兴，起。这里泛指日常生活。

⑫闲：防止。

⑬荣卫：泛指气血。荣，荣气。又叫营气。指人体营养机能和血液循环状况。卫气，指人体保护自我的功能和状况。

⑭补泻：补充已经泄漏的气血。

⑮节宣：节制劳逸以活动气血。宣，宣导，活动。

⑯忍怒以全阴气：不要发怒以保全体内的阴气。古人认为人和万物都是由阴阳二气构成，如果发怒，就会伤害体内的阴气；如果过分高兴，就会伤害体内的阳气。

⑰决意任怀：坚决地一意孤行。任怀，任性。

⑱不泥异端：不拘泥于道教的异端之说。异端，是站在世俗人的角度对道教的评价。

⑲流连：留恋。指留恋于自己的情欲、嗜好之中。

⑳纨、绮：两种丝绸名。这里代指灯红酒绿的糜烂生活。

㉑鉴：镜子。矇瞽：盲人。

【译文】

有人问道："所谓伤害身体的事情，难道不就是指男女之间的淫欲吗？"抱朴子说："又何止淫欲这一件事情呢？长生不死的关键问题，在于返老还童的道术。高明的道士懂得了这一点，于是就能够延年益寿而消除疾病；次一等的道士也不会因为淫欲而伤害自己身体。如果在年轻时就懂得返老还童的道术，就能够采食阴丹以补益大脑，在邃长的山谷中采集白玉般的浆液，这样即使不吃丹药，寿命也不会少于三百岁了，只是不能成为神仙而已。不懂得这种方术而放纵淫欲的人，古人把这种情况比作在冰做的杯子里盛开水，在羽毛制的包裹中装烈火。另外，才华有所不及，却还要去苦苦思索，这对身体是一种伤害；力气有所不及，却还要勉强扛举，这对身体是一种伤害；伤心得面容憔悴，这对身体是一种伤害；过分的高兴和快乐，这对身体是一种伤害；急切地去追求满足自己的欲望，这对身体是一种伤害；长久地言谈说笑，这对身体是一种伤害；没有能够按时就寝休息，这对身体是一种伤害；拉强弓硬努，这对身体是一种伤害；大醉呕吐，这对身体是一种伤害；吃饱了立即就睡，这对身体是一种伤害；跳跃快跑得喘气乏力，这对身体是一种伤害；大声欢呼和伤心哭泣，这对身体是一种伤害；男女不交媾，这对身体是一种伤害；不断积累各种伤害以达到极限，人就会早死，而早死的原因就是没有遵守大道。因此养生的方法是，吐唾沫时不要用力吐到远处，走路时步子不要太快；耳朵不要听得太累，眼睛不看得太久；坐的时间不要太长，在感到疲倦之前就要躺下休息；在感到寒冷之前就要增加衣服，在感到热燥之前就要解开衣裳；不要在感到很饿的时候才去吃饭，吃饭也不要吃得过饱；不要在感到太渴的时候才去喝水，喝水也不要喝得太多。吃得过多就会造成积食，喝得过多就会引起痰症。不要太疲劳、太安逸，不要很晚起床，不要大汗淋漓，不要睡眠过多，不要乘着车马狂奔，不要极目远望，不要多吃生冷食物，不要对着风口饮酒，不要频繁洗头洗澡，不要志愿过于远大，不要考虑制造精巧奇异的器具。冬季不宜太温暖，夏天不宜太凉快，不要在星空下露天躺卧，不要在睡眠时露出肩头，大寒大热，大风大雾，都不要前去承受它们。进食五味食品时，不宜偏好于某一种味道，因为酸味太重会伤害脾脏，苦味太重会伤害肺部，辣味太重会伤害肝脏，咸味太重会伤害心脏，甜味太重会伤害肾脏，这是五行相克的自然道理。上述的种种伤害，也不是立即就能够被感觉到，我说的意思是积累得时间久了就会损害寿命。因此那些善于养生的人，睡觉起床的早晚时间依照四季不同而各有差异，起居生活都要遵守最为中和的常规；调养保护自己的筋骨，那有一俯一仰的健身方法；杜绝疾病、防止邪气，那有吐故纳新的道术；想要气血畅通，那有补充已泄气血的技巧；节制劳逸以活动气血，那有允许做什么和禁止做什么的主要原则。不要恼怒以保全体内的阴气，不要喜悦去养护体内的阳气。然后先服食一些草木药物来补救亏损，再服食金丹大药来巩固无穷的寿命，长生不死的道理，全部都在这里了。如果有人坚决要一意孤行，自认为旷达知命，不愿拘泥于道教的异端之说，放纵情欲而竭尽气力，不去追求长生不死，那么他们听到了这些话，即使用疾风吹过耳朵，闪电掠过眼睛，也不足以比喻他们对此的轻视态度。这种人的身体即使在流连忘返的玩乐中死去，气息即使在灯红酒绿的糜烂生活里断掉，他们也心甘情愿，那么又怎么能够拿养生的事理去告诫他们呢？他们不仅不采纳这些建议，还会说这些建议都是妖言谎话啊。如果想让他们相信养生之道，那就好比拿明镜给瞎子使用，拿丝竹音乐让聋子欣赏一样了！”

勤求卷十四

【题解】

勤求，勤奋地追求。主要是指勤奋地寻找真正懂得仙术的老师。由于在现实社会中，真正懂得仙术的老师根本就不存在，因此葛洪提倡的这种不懈追求，也不过是在捞水月、采镜花而已，到头来必然是一场虚无而已。但是如果撇开葛洪学道求仙这一具体内容不谈，仅仅抽象地从他提出的要注重选择老师的这一原则来看，其中还是包含了许多值得重视、具有积极意义的教育思想。下面我们把本篇中有关择师的主张做一梳理和总结。

首先，葛洪认为，无论做什么事情都离不开老师的指点。他说："至于射御之粗伎，书数之浅功，农桑之露事，规矩之小术，尚须师授以尽其理，况营长生之法。"也就是说，从粗浅的工艺制作，到深邃的求仙道术，都需要老师的传授，没有老师，要想"尽其理"，是不可能的。继承前人的经验，少走弯路，以最小的付出而获取最大的效益，拜师无疑是最好的途径。

其次，要在寻求老师方面多下工夫。拜师十分重要，然而真正值得师从的老师并不多，"非仓卒可值也"。正因为如此，所以就需要下极大的工夫去广泛地寻求。这也是本篇被命名为"勤求"的用意所在。

第三，注意鉴别老师的真伪。关于这一点，是葛洪论述的重点，他尖锐地指出："诸虚名之道士，既善为诳诈，以欺学者，又多护短匿愚，耻于不知，阳若以博涉已足。……此等岂有意于长生之法哉？为欲以合致弟子，图其财力，以快其情欲而已耳。"这样的老师真可谓是图财害命啊。有志于学道的人如果不善于识别老师的真假，万一追随了这种假老师，即使耗尽自己的所有财产和生命，最后依然是一无所有。除了告诫要善于识别真假老师之外，葛洪同时强调还要善于识别真假道书，不然，即使诵读"数千百卷，诣老无益"。

第四，一定要尊重老师。一旦找到了真正的老师，就要对老师予以应有的尊重。葛洪分别列举了汉太后尊重夏侯胜、汉成帝尊重张禹、汉章帝尊重桓荣的故事说明尊重老师的重要性。接着又以七十岁的灌叔本拜身为自己的童仆、年仅十三岁的陈安世为师的例子，说明了"道之所存，师之所存也"(韩愈《师说》)的道理。最后葛洪得出了"明师之恩，诚为过于天地、重于父母多矣，可不崇之乎"的结论，把老师地位放在天地、父母之上，这可以说是前无古人、后无来者的提法。

除此之外，在学习方面，葛洪还提出了许多值得借鉴的方法，比如学习要专心致志、持之以恒、不耻下问、知错必改等等。这些主张，如果用在正确的方面，无疑都能够产生积极的作用。

抱朴子曰："天地之大德曰生，生，好物者也[①]！是以道家之所至秘而重者，莫过乎长生之方也。故血盟乃传，传非其人，戒在天罚。先师不敢以轻行授人，须人求之至勤者，犹当拣选至精者乃教之，况乎不好不求，求之不笃者，安可炫其沽以告之哉[②]？其受命不应仙者，虽日见仙人成群在世，犹必谓彼自异种人，天下别有此物，或呼为鬼魅之变化，或云偶值于自然，岂有肯谓修为之所得哉？苟心所不信，虽令赤松、王乔言提其耳，亦当同以为妖讹。然时颇有识信者，复患于不能勤求明师。夫晓至要得真道者，诚自甚稀，非仓卒可值也。然知之者，但当少耳，亦未尝绝于世也，由求之者不广不笃，有仙命者，要自当与之相值也。然求而不得者有矣，未有不求而得者也。世间自有奸伪图钱之子，而窃道士之号者，不可胜数也。然此等复不谓挺无所知也③，皆复粗开头角④，或妄沽名，加之以伏邪饰伪，而好事之徒，不识其真伪者，徒多之进问⑤，自取诳惑，而拘制之，不令得行，广寻奇士异人，而告之曰：'道尽于此矣。'以误于有志者之不少，可叹可恚也⑥！或闻有晓消五云、飞八石、转九丹、冶黄白、水琼瑶、化朱碧、凝霜雪于神炉、采灵芝于嵩岳者⑦，则多而毁之曰⑧：'此法独有赤松、王乔知之，今世之人而云知之者，皆虚妄耳。'则浅见之家，不觉此言有诈伪而作⑨，便息远求之意。悲夫，可为慨叹者也！

【注释】

①好物：好事情。"天地之大德曰生"一句见于《周易·系辞下》，"生，好物者也"一句见于《左传·昭公二十五年》。

②沽：沽名钓誉。

③挺：很，非常。

④粗开头角：刚刚崭露头角。这里比喻刚刚获得一些粗略的道教养生知识。头角，比喻才华或知识。

⑤徒：徒然，白白地。多之：称赞他们。多，称赞。

⑥恚(huì)：气愤。

⑦五云：五种云母。炼制与服食云母的方法见本书《仙药》篇。飞：炼制。八石：道士炼丹的八种矿石原料。说法不一，其中一种说法是指丹砂、雄黄、雌黄、石留黄、曾青、矾石、磁石、戎盐。转九

丹:炼制九转金丹。转,变化。道教烧炼金丹,以九转为贵。如丹砂烧制为水银,水银再烧制为丹砂,烧炼时间越久,转变次数越多,效能越高。冶黄白:炼制黄金、白银。黄金、白银也是道教的炼丹原料。水琼瑶:将美玉溶化为水。道教认为服食玉制的水也可以长生。朱碧:指朱砂、碧玉。都是炼丹原料。

⑧多:意动用法,认为……夸大。毁:诋毁。

⑨作:造作。这里指编造。

【译文】

抱朴子说:"天地最大的恩德是使万物能够生存,生存,是一件好事啊!因此道家所最保密、最重视的,没有任何东西可以超过长生不死的方术了。所以要歃血盟誓后才肯传授,如果传授的对象不适当,依据戒律还要受到上天的惩罚。从前的那些道教老师们不敢轻易地就把仙术传授给别人,必须是那些非常勤奋的求道之人,而且还要在他们中间选择最精干好学的人才肯传授,何况那些不喜好不学习仙术、或者学习不够真诚的人,老师怎么能够为了炫耀自我、沽名钓誉就告诉给他们仙术呢?那些命中注定不该成仙的人,即使每天都看到仙人成群结队地生活在人间,他们还是会认定那些仙人本来就属于另一类人,天下本来就有这种仙人,有的人甚至认为他们是由鬼怪变化而来的,有的人又说他们是偶然碰到了自然的仙道,哪里肯相信这些仙人都是修炼而成的呢?如果心中不信,那么即使是让赤松子、王子乔提着他们的耳朵来告诉他们仙术,也会被他们视为妖言鬼话。然而有时也有一些颇有见识和相信仙术的人,但他们的失误往往在于不能辛勤地寻找明师。那些真正懂得并获得关键道术的老师,确实是非常罕见的,很难在短期内遇到。然而懂得道术的老师,只是很少而已,却从来没有在人世间绝迹过,只是因为寻找老师的人寻找的范围不大、态度不够真诚而已,那些具有成仙命运的人,最终还是会与这些得道的老师相遇的。当然寻找老师而最终也没有找到的人是有的,但从来也没有不去寻找就能遇到老师的人。世上也有一些奸诈贪财的人,他们盗用道士的名号,这些人也数不胜数。然而此等人也不能说完全不懂道术,只是他们都只懂得个皮毛而已,他们有的妄自沽名钓誉,再用一些妖邪虚假的事情进行自我装扮,而一些好事的人,不能识别他们的真假,白白地去赞美他们、请教他们,自己找着被人欺骗。而且这些假道士还约束他们,不让他们出去广泛地寻访奇士异人,还告诉他们说:'学仙的道术全在我这里啦。'因此就耽误了不少有志之士,这真是让人叹息让人愤慨呀!有的弟子听说有溶化五种云母、炼制八种药石、制成九转金丹、冶炼黄金白银、将琼瑶溶解为水、把朱砂碧玉变化为丹药、凝结霜雪于神奇的火炉之中、采集灵芝于嵩山之上的方法,这些假的道教老师就认为这是在夸张,并且诋毁说:'这些方法只有赤松子、王子乔知道,当今如果有人还自称懂得这些方法的话,那都不过是在撒谎骗人而已。'见识短浅的人,不知道这些话是为了欺骗自己而编造的,于是就打消了到远方寻求明师的想法。真是可悲啊,这真是让人为之感慨万分的事情啊!

"凌晷飙飞[1],暂少忽老,迅速之甚,谕之无物。百年之寿,三万余日耳。幼弱则未有所知,衰迈则欢乐并废,童蒙昏耄[2],除数十年,而险隘忧病,相寻代有[3],居世之年,略消其半,计定得百年者[4],喜笑平和,则不过五六十年,咄嗟灭尽[5],哀忧昏耄,六七千日耳,顾眄已尽矣[6],况于全百年者,万未有一乎!谛而念之[7],亦无以笑彼夏虫、朝菌也[8]。盖不知道者之所至悲矣。里语有之[9]:'人在世间,日失一日,如牵牛羊以诣屠所[10],每进一步,而去死转近。'此譬虽丑,而实理也。达人所以不愁死者,非不欲求,亦固不知所以免死之术,而空自焦愁,无益于事,故云'乐天知命,故不忧耳[11]。'非不欲久生也。姬公请代武王[12],仲尼曳杖悲怀[13],是知圣人亦不乐速死矣。俗人见庄周有大梦之喻[14]，因复竞共张齐死生之论[15]。盖诡道强达[16]，阳作违抑之言[17]，皆仲尼所为破律应煞者也[18]。今察诸有此谈者，被疾病则遽针灸[19]，冒危险则甚畏死。然末俗通弊，不崇真信，背典诰而治子书，若不吐反理之巧辨者，则谓之朴野，非老庄之学。故无骨殖而取偶俗之徒[20]，遂流漂于不然之说[21]，而不能自返也。老子以长生久视为业，而庄周贵于摇尾涂中[22]，不为被网之龟、被绣之牛[23]，饿而求粟于河侯[24]，以此知其不能齐死生也。晚学不能考校虚实，偏据一句，不亦谬乎？且夫深入九泉之下，长夜罔极，始为蝼、蚁之粮[25]，终与尘壤合体，令人怛然心热[26]，不觉咄嗟。若心有求生之志，何可不弃置不急之事，以修玄妙之业哉？其不信则已矣，其信之者，复患于俗情之不荡尽，而不能专以养生为意，而营世务之余暇而为之，所以或有为之者，恒病晚而多不成也[27]。凡人之所汲汲者，势利嗜欲也。苟我身之不全，虽高官重权，金玉成山，妍艳万计，非我有也。是以上士先营长生之事，长生定，可以任意。若未升玄去世[28]，可且地仙人间。若彭祖、老子，止人中数百岁，不失人理之欢，然后徐徐登遐，亦盛事也。

【注释】

①凌晷(guǐ)飙(biāo)飞：时光快得如同狂风飞逝。凌，度过。晷，日影。这里指时光。飙，狂风。

②耄(mào)：年老。

③代有：交替出现。代，交替，轮流。

④计定：就算是一定。

⑤咄嗟：犹呼吸之间。形容时间极短。

⑥顾眄：看，转眼。形容时间极短。

⑦谛：细察，详细。

⑧夏虫：指蟪蛄。蟪蛄夏生秋死，寿命很短。朝菌：一种朝生暮死的菌类。《庄子·逍遥游》："朝菌不知晦朔，蟪蛄不知春秋。"

⑨里语：俗话。里，通"俚"，俚俗。

⑩诣：到。

⑪乐天：乐于接受天命。这两句话出自《周易·系辞上》。

⑫姬公：周武王之弟周公姬旦。武王：即周武王。《史记·周本纪》记载，在周武王生病时，周公祭天祈祷，愿代武王而死。

⑬仲尼曳杖悲怀：孔子拖着拐杖而伤心。《史记·孔子世家》："孔子病，子贡请见。孔子方负杖逍遥于门……歌曰：'太山坏乎！梁柱摧乎！哲人萎乎！'因以涕下。……后七日卒。"

⑭庄周有大梦之喻：庄子把人生比作一场大梦。《庄子·齐物论》："梦饮酒者，旦而哭泣；梦哭泣者，旦而田猎。方其梦也，不知其梦也，梦之中又占其梦焉，觉而后知其梦也。且有大觉而后知此其大梦也。"

⑮张：宣扬。齐死生：生死是一样的。这是庄子的观点，认为生死一样，没有什么区别。

⑯诡道：诡辩之理。强达：强作旷达。

⑰阳：通"佯"，假装。违抑之言：违心之言。

⑱仲尼所为破律应煞者也：孔子所说的应该处以死刑的破坏律令的人。所为，即"所谓"，所说的。煞，通"杀"。《礼记·王制》："析言破律……杀。"

⑲遽：赶快，马上。

⑳骨殖：长骨头，骨气。偶俗：媚俗，迎合世俗。

㉑流漂：随波逐流。

㉒庄周贵于摇尾涂中：庄子看重的是像乌龟那样拖着尾巴生活在泥水之中。比喻即使生活艰苦，也愿意活在世上。《庄子·秋水》："庄子钓于濮水，楚王使大夫二人往先焉，曰：'愿以境内累矣。'庄子持竿不顾，曰：'吾闻楚有神龟，死已三千岁矣，王巾笥而藏之庙堂之上。此龟者，宁其死为留骨而贵乎？宁其生而曳尾于涂中乎？'二大夫曰：'宁生而曳尾于涂中。'庄子曰：'往矣，吾将曳尾于涂中。'"

㉓被网之龟：被渔网打起用作占卜的龟。被绣之牛：披着绣花毯子、用作祭品的牛。《庄子·列御寇》："或聘于庄子，庄子应其使曰：'子见夫牺牛乎？衣以文绣，食以刍叔，及其牵而入于大庙，虽欲为孤犊，其可得乎？'"

㉔饿而求粟于河侯：庄子挨饿时向监河侯借粮食。监河侯，官名。负责黄河水务的官员。一说指魏文侯。《庄子·外物》："庄周家贫，故往贷粟于监河侯。"

㉕蝼、蚁：两种虫子名。即蝼蛄和蚂蚁。

㉖怛(dá)然：忧伤的样子。

㉗恒：常常，总是。

㉘升玄：升天。玄，天，天空。去世：离开人间。

【译文】

"时光快得好像狂风飞逝，少年转眼之间就成了老人，人生过得太快，快得无法比喻。人生的百年寿命，也不过是三万多天而已！幼小的时候什么都不懂得，衰老后各种欢乐的事情统统消失，童年的蒙昧和老年的昏聩，这就除去了几十年，而危险、困苦、忧患、疾病，又接踵而至、交替出现，活在世上的岁月，大致又被它们消磨了一半，就算是确实能够活到一百岁的人，欢快平安的日子，也不过五六十年，瞬息之间就已过完，再除去忧愁昏聩的时间，也不过剩下六七千天而已，转眼之间就过去了，更何况能够保证活到一百岁的人，一万个人中还没有一个啊！仔细想想，人类也没有什么资格去嘲笑短命的夏虫、朝菌了。这大概就是那些不懂得仙术的人最为可悲之处啦！俗语说：'人活在世上，过一天就少一天，就好像被牵到屠宰场宰杀的牛羊一样，每向前走一步，离死亡就近了一步。'这个比喻虽然很难听，却是实在的道理。旷达的人之所以不为死亡而发愁，并非他们不想追求长生，而是因为他们确实不知道用什么办法去避免死亡，结果也只是白白地忧愁，于事无补，因此就说：'懂得并乐于接受天命，因此就没有忧愁。'他们并非不想长生啊。周公要代替周武王去死，孔子临死前拖着拐杖发愁，由此可知圣人也不愿意很快死去。世人看到庄子有人生如同大梦一场的比喻，因而就争相宣扬生死一样的论调。大概这些都是一些诡辩之理、强作旷达，假惺惺地说一些违心之话，这些人都是孔子所说的那种破坏条律、应该处死的人。如果去观察那些高谈这种论调的人，就会发现他们得了疾病马上就去针灸，遇到危险时也非常害怕死亡。但衰世习俗的共同毛病，就是不崇尚真实，只背诵经典文诰和研究诸子的著作，如果不能说出一些颠倒黑白的花言巧语，就会被认为是朴鄙粗野，不属于老庄的学问。因此那些没有骨气而喜欢迎合世俗的人，就在不正确的学说里随波逐流，而无法自拔。老子以长生不死为事业，庄周看重像乌龟那样拖着尾巴在泥水中的自由生活，而不愿意当网中的乌龟，以及披着文绣做祭品的牛，挨饿时又跑到监河侯那里去借粮，从这里就可以知道他并不能把生死看作一样。后来的学子不能够考察他们的真假，片面地抓住只言片语，这岂不是很荒谬吗？再说人死后被深深地埋在九泉之下，躺在无穷无尽的漫漫长夜之中，开始时成为蝼蚁的食物，最终与泥土化为一体，这真令人忧心忡忡、心中发烧，不知不觉地使人感慨不已。如果心中存有追求长生的志向，怎么能够不放弃那些不太迫切的事情，而去修炼玄妙的神仙之事呢？不相信仙术的人也就罢了，那些相信仙术的人，使人担心的是他们的世俗之情还没有被洗涤干净，因而不能一心一意地去养生，而只是在经营世俗事务的闲暇时间里偶然去养护一下身体，因此间或有一些学习仙道的人，常常令人遗憾的是他们养生太晚而大多不能成功。世人所急切追求的，是权势利益及嗜好欲望。如果自己的身体还不能保全，那么即使是高贵的官职、极重的权力，黄金白玉堆积如山，美人艳女数以万计，也都不是自己所能拥有的了。因此上等的道士先经营长生的事业，确定能够长生不老之后，再去随意所为。如果还没有能够离开人间升上天庭，那也可以暂时在人间当个地仙。像彭祖、老子，生活在人间几百年，并没有失去世俗人情的欢乐，然后才从从容容地登天而去，这也是一件盛事啊！

“然决须好师，师不足奉，亦无由成也。昔汉太后从夏侯胜受《尚书》[1]，赐胜黄金百斤，他物不可胜数。及胜死，又赐胜家钱二百万，为胜素服一百日[2]。成帝在东宫时[3]，从张禹受《论语》[4]。及即尊位，赐禹爵关内侯[5]，食邑千户[6]，拜光禄大夫[7]，赐黄金百斤，又迁丞相，进爵安昌侯。年老乞骸骨[8]，赐安车驷马[9]，黄金百斤，钱数万。及禹疾，天子自临省之，亲拜禹床下。章帝在东宫时[10]，从桓荣以受《孝经》[11]。及帝即位，以荣为太常上卿[12]。天子幸荣第[13]，令荣东面坐[14]，设几杖。会百官及荣门生生徒数百人，帝亲自持业讲说。赐荣爵关内侯，食邑五千户。及荣病，天子幸其家，入巷下车，抱卷而趋[15]，如弟子之礼。及荣薨[16]，天子为荣素服。凡此诸君，非能攻城野战，折冲拓境[17]，悬旌效节[18]，祈连方[19]，转元功[20]，骋锐绝域也[21]。徒以一经之业，宣传章句，而见尊重，巍巍如此[22]。此但能说死人之余言耳，帝王之贵，犹自卑降以敬事之，世间或有欲试修长生之道者，而不肯谦下于堪师者[23]，直尔蹴迮[24]，从求至要，宁可得乎！夫学者之恭逊驱走，何益于师之分寸乎？然不尔，则是彼心不尽；彼心不尽，则令人告之不力；告之不力，则秘诀何可悉得邪？不得已当以浮浅示之，岂足以成不死之功哉？亦有人皮肤好喜[25]，而信道之诚，不根心神，有所索欲，阳为曲恭，累日之间，怠慢已出。若值明智之师，且欲详观来者变态，试以淹久[26]，故不告之，以测其志。则若此之人，情伪行露，亦终不得而教之，教之亦不得尽言吐实，言不了则为之无益也。陈安世者[27]，年十三岁，盖灌叔本之客子耳[28]，先得仙道。叔本年七十，皓首，朝夕拜安世曰：'道尊德贵，先得道者则为师矣，吾不敢倦执弟子之礼也。'由是安世告之要方，遂复仙去矣。夫人生先受精神于天地，后禀气血于父母，然不得明师，告之以度世之道，则无由免死，凿石有余焰[29]，年命已凋颓矣。由此论之，明师之恩，诚为过于天地、重于父母多矣，可不崇之乎？可不求之乎？"

【注释】

①汉太后：指西汉昭帝的上官皇后。昭帝去世时，上官皇后年仅十四五岁，即为太后。夏侯胜：西汉的大臣。《尚书》：书名。儒家五经之一。《汉书·夏侯胜传》："胜用《尚书》授太后。"

②素服：白色的衣服，是一种凶服、孝服。

③成帝：西汉成帝刘骜。东宫：太子居住的地方。

④张禹：西汉的大臣。

⑤关内侯：爵位名。除少数外，大多没有封地。

⑥食邑：封地。

⑦光禄大夫：官名。没有具体职守，相当于顾问。

⑧乞骸骨：要求退休。

⑨安车驷马：古代高官告老或征召有德望的人，往往用安车，一般用两马，礼尊者用四马。安车，可共坐乘的车。驷马，四匹马拉一辆车。

⑩章帝：东汉章帝刘炟（dá）。

⑪桓荣：东汉的大臣。《孝经》：书名。儒家经典之一。

⑫太常上卿：官名。掌管礼仪、祭祀等事宜。

⑬幸：特指皇帝到某处去。

⑭东面：面向东。古代君臣见面，君主面向南，大臣面向北，这里让桓荣面向东，自己面向西受教，表示自己不敢把老师视为臣下。

⑮抱卷而趋：抱着书卷而小步快走。趋，小步快走。是古代一种尊重别人的走路方式。

⑯薨（hōng）：古代侯王死亡叫做"薨"。

⑰折冲：击退敌人。折，击退。冲，一种战车名。

⑱悬旌：悬挂旌旗，比喻进军。效节：尽忠。

⑲祈连方：被拜为一方诸侯。祈，祈求，这里引申为封拜。连，指连帅，古代十国诸侯之长名连帅。方，指方伯，一方诸侯之长叫方伯。

⑳转元功：迁升官职，评为首功。转，升迁。元功，首功。

㉑骋锐：施展才华。锐，锋利。比喻才华。绝域：最远的地方。

㉒巍巍：高大、显贵的样子。

㉓堪师：值得自己拜师学习。

㉔直尔：只是如此。蹴迮（cù zé）：仓促之间。

㉕皮肤：与下文的"心神"相对，指表面上。好喜：喜好，爱好。

㉖淹：长久。

㉗陈安世：人名。后修道成仙。

㉘客子:住在自家的外姓小孩。据《神仙传》说,陈安世是灌叔本雇佣的小童仆,在神仙的指导下,学道成仙了。

⑲凿石有余焰:开凿石头时发出的火星还没有熄灭。比喻生命极为短暂。

【译文】

“然而必须要找到好的老师,如果跟着一个不值得师从的老师,那也无法成功。从前汉太后跟着夏侯胜学习《尚书》,她赏赐给夏侯胜黄金一百斤,其他的物品就不计其数。夏侯胜去世的时候,太后又赏赐给他家二百万钱,还为他穿了一百天的白色丧服。汉成帝在东宫当太子时,跟着张禹学《论语》。等到即位当了皇帝以后,又赏赐他关内侯的爵位,以及一千户的封地,并授予光禄大夫一职,赏赐一百斤黄金,后来又升迁为丞相,进而授予安昌侯的爵位。张禹老了以后要求退休,成帝又赏赐给他一辆四匹马拉的安车,黄金一百斤,金钱好几万。张禹生病时,皇上亲自前去看望,在张禹床下行拜见礼。汉章帝当太子时,曾跟随桓荣学习《孝经》。章帝即位后,让桓荣当了太常上卿。天子亲自拜访他的府第,让桓荣面向东而坐,还安排了几案手杖。然后章帝召集百官和桓荣的弟子几百人,亲自主持这次教学活动。章帝还赏赐给他关内侯的爵位,以及五千家的封地。桓荣生病时,天子亲临他家,刚进入桓容居住的街巷就赶忙下车,抱着书卷,小步快走,就像弟子一样地行礼。桓荣死时,皇上为他穿白色丧服。上述的几位先生,并非能够攻城野战,打退敌人的进攻,开拓国家的疆土,进攻敌军以效忠朝廷,也不能拜为一方诸侯,建立首功而不断升迁,在遥远的边疆发挥自己的才华。他们仅仅只是凭着一部经书的传授,宣讲解释句读经义,就受到了如此的尊崇,从而获得如此显赫的地位。这几位先生不过只是解说一下死人留下的一些言论而已,而尊贵的帝王,尚且如此谦恭地去尊敬、侍奉他们,然而世上或许有一些希望修炼长生之术的人,却不肯对那些堪为老师的人表示谦恭,只想在极短的时间内,就去向老师求得关键的养生之术，这难道可能吗？学道之人的谦恭和奔忙，对老师哪里有丝毫的好处呢？然而如果不谦恭、奔忙，那就说明他不够尽心；如果不尽心，就会使老师传授道术时不尽力；老师传授道术不尽力，长生的秘诀又怎么能够全部掌握呢？即使迫不得已，老师也只是告诉他们一些浮浅的知识，他们怎么能够成就自己长生不死的事业呢？也有一些人表面上表现得非常爱好道术，然而他们这种表面上信道的虔诚，不是发自内心，而只是出于心中的欲望，便假装出谦恭的样子，若干日子之后，懈怠轻慢的态度就表现出来了。如果遇到明智的老师，将会详细地观察前来学道者的神态变化，用一个很长的时期来考验他们，故意不告诉他们仙术，用以考察他们的志向。这样一来那些人的虚伪态度和品行就会慢慢暴露，最终也得不到老师的传授，即使传授也不会把真正的仙术讲出来。如果传授得不明白，即使去修炼也没有什么益处。陈安世，在他只有十三岁时，不过只是一个灌叔本雇来的小童仆而已，然而却先获得了仙道。灌叔本当时已经七十岁了，白发苍苍，然而他一早一晚都要去拜谒陈安世，说：'道术是最为尊贵的，先得道的人就是我的老师，我不敢在施行弟子礼节方面有所懈怠。'因此陈安世就告诉他关键的秘方，于是灌叔本也成仙而去了。人的出生，是先从天地那里接受了精神灵魂，后从父母那里禀受了生气血液，然而如果遇不到高明的老师，没有人告诉他脱离人间而成仙的道术，他就无法免除死亡，就如同开凿石头时的火星还未熄灭，而人的寿命就已经在瞬息之间丧失了。由此而论，高明老师的恩德，确实是远远地超过天地、重于父母啊，能够不尊重他们吗？能够不去寻找他们吗？"

抱朴子曰："古人质正，贵行贱言，故为政者不尚文辨，修道者不崇辞说。风俗衰薄，外饰弥繁，方策既山积于儒门[①]，而内书亦鞅掌于术家[②]。初学之徒，即未便可授以大要，又亦人情以本末殷富者为快[③]，故后之知道者，干吉、容嵩、桂帛诸家[4]，各著千所篇[5]，然率多教诫之言，不肯善为人开显大向之指归也[6]。其至真之诀，或但口传，或不过寻尺之素[7]，在领带之中[8]，非随师经久、累勤历试者，不能得也。杂猥弟子[9]，皆各随其用心之疏密、履苦之久远，察其聪明之所逮，及志力之所能辨，各有所授。千百岁中，时有尽其囊枕之中，肘腋之下，秘要之旨耳[10]。或但将之合药[11]，药成分之，足以使之不死而已，而终年不以其方文传之。故世间道士，知金丹之事者，万无一也。而管见之属[12]，谓仙法当具在于纷若之书[13]，及于祭祀拜伏之间而已矣！夫长生制在大药耳，非祠醮之所得也。昔秦、汉二代，大兴祈祷，所祭太乙、五神、陈宝、八神之属[14]，动用牛羊谷帛，钱费亿万，了无所益。况于匹夫，德之不备，体之不养，而欲以三牲酒肴，祝愿鬼神，以索延年，惑亦甚矣。

【注释】

①方策：指讨论治国之策的书籍。山积：堆积如山。

②内书：指道教养生修仙的书籍。鞅掌：繁多。

③又亦人情以本末殷富为快：再加上人之常情是认为书籍越多、内容越详细，就越感到快乐。本末，从头到尾，比喻非常详细。殷富，丰富，数量多。本句是解释为什么各家的图书越来越多的原因。

④干吉：一作“于吉”，东汉人，现存道教经典《太平经》，相传为干吉所撰。容嵩：即宫崇，干吉的弟子，著书一百多卷。桂帛：疑指帛和，三国时人，从董奉及王远学道。

⑤千所篇：一千来篇。所，表约数。

⑥善：好好地，真诚地。指归：主旨。

⑦寻：古代长度单位。八尺为一寻。素：白色的丝绸。可以用来写字。

⑧领带：衣领和衣带。

⑨杂猥：杂乱而平庸。猥，平庸。

⑩秘要之旨：因重视而秘密保存。“旨”字当为衍文。

⑪将：带领。

⑫管见之属：从竹管中观察事物的人。比喻见识有限的人。

⑬纷若：繁多杂乱的样子。

⑭太乙：神名。最尊贵的天神。五神：指白、青、黄、赤、黑五位天帝。陈宝：汉代人尊崇的一位神仙。八神：指天主、地主、兵主、阴主、阳主、月主、日主、四时主。以上内容见于《史记·封禅书》。

【译文】

抱朴子说：“古代的人质朴纯正，重视行为而轻视空谈，所以那些执政者不崇尚文辞巧辩，而修道者不看重口才言说。后来世风慢慢变得衰微刻薄，人们对外表的修饰越来越繁多，讨论治国方略的典籍像山一样堆积在儒生的门下，养生修仙的书籍也乱纷纷地堆放在术士的家中。对于初学之人，不可能马上就去传授他们最重要的道术，再加上人之常情是认为书籍越多、内容越详细，就越感到快乐，因此后来那些获取了道术的人，像干吉、容嵩、桂帛等人，各自都写了一千来篇的文章，然而大多都是一些教训告诫的语言，不肯真诚地向人们公示大道的主旨。至于那些真正有用的秘诀，有的只是口耳相传，有的写在不过几尺长的白色丝绸上，藏在自己的衣领、衣带之中，如果不是长期追随老师，不断勤奋学习、历经考验的弟子，是无法学到的。对于那些杂多而平庸的一般弟子，则根据他们各自用心的多少，勤学苦练的时间长短，考察他们的智慧所能达到的程度，以及他们能力所能做到的地步，然后各自都有一些传授。千百年以来，时常有老师始终把秘诀藏在袋子或枕头之中、肘部或腋窝之下，非常重视地把它们秘密收藏着。有的老师只是带着弟子炼制丹药，药成后分给弟子服食，能够让弟子不再死亡而已，而始终也不肯把写成文字的秘方传授给他们。因此人世间的道士，真正懂得炼制金丹的，一万个人中没有一个。然而一些见识短浅的人，总认为神仙道术已经完全记录在杂乱繁多的图书之内，以及存在于祭祀祈祷的跪拜之中了。长生不死的道术关键在于仙丹大药而已，这些并不能在祭祀之中获得。从前秦、汉两代，大肆地举办祈祷活动，所祭祀的是太乙、五神、陈宝、八神之类，使用牛羊、粮食，丝帛，浪费了亿万金钱，最后没有丝毫益处。更何况那些普通百姓，他们道德不具备，身体不保养，却想拿一些牛、羊、猪和美酒佳肴，去祈求鬼神，想以此获取长生，这真是糊涂得太厉害了！

“或颇有好事者，诚欲为道，而不能勤求明师，合作异药，而但昼夜诵讲不要之书，数千百卷，诣老无益，便谓天下果无仙法。或举门扣头[①]，以向空坐，烹宰牺牲[②]，烧香请福，而病者不愈，死丧相袭，破产竭财，一无奇异，终不悔悟，自谓未笃。若以此之勤，求知方之师；以此之费，给买药之直者[③]，亦必得神仙长生度世也。何异诣老空耕石田、而望千仓之收？用力虽尽，不得其所也。所谓适楚而道燕[④]，马虽良而不到，非行之不疾，然失其道也。或有性信而喜信人，其聪明不足以校练真伪，揣测深浅，所博涉素狭，不能赏物。后世顽浅，趣得一人[⑤]，自誉之子，云‘我有秘书’，便守事之。而庸人小儿，多有外托有道之名，名过其实，由于夸诳，内抱贪浊，惟利是图。有所请为，辄强喑呜[⑥]，俯仰抑扬[⑦]，若所知宝秘乃深而不可得之状。其有所请，从其所求，俯仰含笑，或许以顷后[⑧]，故使不自觉者，欲罢而不能，自谓事之未勤，而礼币之尚轻也，于是笃信之心，尤加恭肃，赂以殊玩[9]，为之执奴仆之役，不辞负重涉远，不避经险履危，欲以积劳自效，服苦求哀，庶有异闻[10]。而虚引岁月，空委二亲之供养，捐妻子而不恤，戴霜蹈冰，连年随之，而妨资弃力，卒无所成。彼初诚欺之，末或惭之，懵然体中[11]，实自空罄短乏[12]，无能法以相教，将何法以成人乎？

【注释】

①举门：全家。

②牺牲：用作祭品的牲畜。

③给买药之直：供给购买炼丹药物的费用。直，价值，费用。

④适楚而道燕：到楚国去却走上通往燕国的道路。也即"南辕北辙"。适，到。

⑤趣：小步快跑。这里形容急急忙忙的样子。

⑥辄：就。强：假装，故意。喑呜(yīn wū)：忍声悲叹。也即装出自己不能答应对方的无奈样子。

⑦俯仰：俯身抬头。这里用来描写敷衍应付的样子。

⑧顷后：以后。

⑨殊玩：奇异的玩物。

⑩庶：希望。异闻：不同寻常的知识。

⑪懵然体中：自己糊糊涂涂。懵然，糊涂的样子。

⑫空罄：一无所有。罄，空无。

【译文】

"也有一些好事的人，他们也确实想学习道术，却不能勤奋地去寻找高明的老师，炼制具有奇效的药物，而只是日夜诵读一些不重要的书籍，即使是诵读几千卷几百卷，到老也没有任何用处，于是就说天下确实没有什么成仙的法术。他们有的全家叩头，白白地面向天空端坐，他们屠宰牛羊以祭祀，烧香以祈求福佑，然而生病的人还是无法痊愈，死亡却接踵而来，他们倾尽自己的财物，却没有任何奇迹发生，然而他们最终也没有醒悟后悔，还自以为是因为自己不够虔诚。如果他们把这样的辛勤，用来寻求那些懂得大道的老师；把这些费用，拿去购买炼丹的药物，他们就一定能够离开人间、长生不死而成为神仙了。他们的那些做法与一直到老都白白地在石头上耕种庄稼、却还希望有个装满千仓的粮食收获有什么差别呢？他们虽然用尽全力，也无法得到自己所想得到的东西。这就是人们所说的到南方的楚国去却朝着北方的燕国走，马匹即使很好却也达不到自己的目的地，这并非因为自己走得不快，而是因为没有能够找到正确的道路。也有的人具有相信仙道的天性却容易轻信别人，他们的智慧还不足以用来识别真假，无法测量世事的深浅，他们平时所涉猎的知识面本来就很狭隘，没有能力去鉴别事物。衰世的人们固执而又肤浅，他们在匆忙之中寻得一个老师，这个老师实际上是一个喜欢自我吹嘘的人，他吹嘘说'我有奇异的仙书'，于是人们便去侍奉他。有一些才能平庸的小人，他们大多对外声称自己拥有道术，获取了超过其实际才能的名声，这一切凭的都是自吹自擂，他们的内心贪婪污浊，惟利是图。如果别人对他们有所请求，他们就故意地装腔作势，摇头晃脑以敷衍应付，好像他们所懂得的道术宝贵、深邃得一般人无法求得一样。如果他们对别人有所请求，别人也满足了他们的请求，他们便会摇头摆脑地面含微笑，也许还会答应以后再传授仙术，于是就使那些没有醒悟的人，欲罢不能，还自以为侍奉得不够勤苦，或者是礼物太轻，于是自己的那颗虔诚之心，变得更加恭敬，用奇异的玩物去贿赂老师，为老师干些奴仆般的苦活儿，甘愿背着重物而长途跋涉，不畏途中的艰难险阻，想用这种长期的劳苦来自我表现，苦苦地哀求老师，希望能够学到一些奇妙的仙术。然而最终却是虚度了岁月，白白地放弃了对于父母双亲的供养，抛弃了对于妻子儿女的抚育，头顶寒霜而脚踏坚冰，年年追随着老师，结果却是耗费了资产，白费了力气，到头来一无所成。那些老师开始的时候的确是想骗人，到后来有的也许会感到惭愧，但自己心里尚且是糊糊涂涂的，实实在在没有一点仙术，根本就没有能力去传授仙术，他们又有什么方法使人成仙呢？

"余目见此辈不少，可以有十余人。或自号高名，久居于世，世或谓之已三四百岁，但易名字①，诈称圣人，托于人间，而多有承事之者②。余但不喜书其人之姓名耳。颇游俗间，凡夫不识妍蚩③，为共吹扬，增长妖妄，为彼巧伪之人，虚生华誉，歙习遂广④，莫能甄别，故或令高人偶不留意澄察⑤，而但任两耳者。误于学者，常由此辈，莫不使人叹息也！每见此曹，欺诳天下，以规势利者⑥，迟速皆受殃罚，天网虽疏，终不漏也，但误有志者可念耳⑦。世人多逐空声，鲜能校实⑧。闻甲乙多弟子，至以百许，必当有异，便载驰竞逐⑨，赴为相聚守之徒，妨工夫以崇重彼愚陋之人也，而不复寻精⑩。彼得门人之力，或以致富。辨逐之虽久⑪，犹无成人之道，愚夫故不知此人不足可事，何能都不与悟？自可悲哉！夫搜寻仞之垄⑫，求干天之木；漉牛迹之中⑬，索吞舟之鳞，用日虽久，安能得乎？嗟乎！将来之学者，虽当以求师为务，亦不可以不详择为急也。陋狭之夫，行浅德薄，功微缘少，不足成人之道，亦无功课以塞人重恩也⑭。深思其趣⑮，勿令徒劳也。"

【注释】

①易：改变。

②承事：奉承，侍奉。也即拜他们为师。

③妍蚩：美丑，真假。

④歙习：又作“翕习”。习惯，习以为常。

⑤澄察：澄清，考察。

⑥规：追求，图谋。

⑦念：顾念，同情。

⑧鲜：很少。

⑨载驰：驾车奔驰。形容急切的样子。

⑩寻精：寻找精通大道的人。

⑪辨逐：侍奉追随。辨，通“办”，做事。

⑫寻仞：长度单位。八尺为一寻，七尺或八尺为一仞。垄：田埂，高地。

⑬漉：淘干。牛迹：牛踩出的小坑。

⑭功课：功德。塞：抵偿，回报。

⑮趣：意趣，道理。

【译文】

“我亲眼见过的这种人就不少，大约有十几个。他们中有的人自称自己有很高的名声，说自己在世上活了很久，于是社会上也就有人说他们已经三四百岁了，实际上这些人只是改名换姓，假称自己是古代的某位圣人，现在来到了人间，于是就有很多世人去侍奉追随他们。我只是在这里不愿意写出这些人的姓名而已。他们在社会上到处游荡，凡夫俗子没有能力识别好坏真假，都来为他们吹嘘传扬，助长了他们的妖孽虚妄，为那些狡猾虚假的人，凭空增添了许多美誉，对此人们越来越习以为常了，于是就没有人能够再去仔细甄别了，因此有时就使一些高明之人也偶尔不再去留意考察，而相信了自己的耳朵所听到的传闻。耽误了那些真正希望学道者，通常就是这种人了，这不能不令人叹息啊！每次看到这些人，他们欺骗了天下人，以此来谋取权势财物，他们或迟或早都会受到惩罚，天网恢恢，最终是疏而不漏啊，只是耽误了有志之人实在令人感到可惜啊。很多世人喜欢去追逐空名,很少能够考察真实情况。世人听说某某有很多弟子,以至于上百人了,就认为此人肯定有不同寻常之处,于是就驾着马车争相追随,赶过来聚集在一起成为他的弟子,世人耽搁自己功夫而去崇拜那个愚笨浅薄的人,而不再去寻找精通大道的老师了。而那人得到弟子们的帮助,竟然以此致富。世人侍奉追随他已经很久了,却依然没有能够得到使人成仙的道术,愚笨的人本来就没有能力明白此人不值得师从,可为什么所有的人都不明白呢?这真是太可悲了!搜索几尺高的田埂,想要找到冲天的大树;淘干牛蹄印中的积水,想要找到吞舟的大鱼,即使花费很久很久的时日,又怎么能够找得到呢?哎!未来那些学道的人,虽然应当努力地寻找老师,但也不能不把仔细地鉴别老师作为当务之急啊!那些浅陋的人,行为低贱而道德浅薄,功德很小而仙缘很少,没有能力帮助别人得道成仙,也没有功德去报答别人的大恩。一定要深入地想想我讲的这些道理,千万不要使自己徒劳无益啊!”

抱朴子曰:“诸虚名之道士,既善为诳诈,以欺学者,又多护短匿愚,耻于不知,阳若以博涉已足[①],终不肯行求请问于胜己者,蠢尔守穷[②],面墙而立[③];又不但拱默而已[④],乃复憎忌于实有道者而谤毁之,恐彼声名之过己也。此等岂有意于长生之法哉?为欲以合致弟子[⑤],图其财力,以快其情欲而已耳。而不知天高听卑[⑥],其后必受斯殃也。夫贫者不可妄云我富也,贱者不可虚云我贵也,况道德之事实无[⑦],而空养门生弟子乎?凡俗之人,犹不宜怀妒善之心,况于道士,尤应以忠信快意为生者也,云何当以此之徽然函胸臆间乎[⑧]?人自不能闻见神明,而神明之闻见己之甚易也。此何异乎在纱幌之外[⑨],不能察轩房之内[⑩],而肆其倨慢,谓人之不见己？此亦如窃钟枨物⑪，铿然有声，恶他人闻之，因自掩其耳者之类也。而聋瞽之存乎精神者⑫，唯欲专擅华名，独聚徒众，外求声价，内规财力，患疾胜己，乃剧于俗人之争权势也⑬。遂以唇吻为刃锋，以毁誉为朋党，口亲心疏，貌合行离，阳敦同志之言⑭，阴挟蜂虿之毒⑮，此乃天人所共恶，招祸之符檄也⑯。

【注释】

①阳：假装。

②蠢尔：愚蠢的样子。尔，用同"然"，形容词词尾。穷：困窘。

③面墙而立：面对着墙壁站立。比喻不学习，所知甚少。

④拱默：拱着手默默无言。拱，拱手。比喻无所行动。

⑤合致：招集。

⑥听卑：监察着人间。听，指监察、观察。卑，低。指人间。

⑦道德：大道与美德。"道"指客观的规律、真理，而被人所掌握的"道"就叫做"德"。这里的"道德"具体指求仙的道术。

⑧徶(bié)然：飘动的样子。这里指在胸中翻动的样子。函：装在。胸臆：胸中。

⑨幌：帏幔。

⑩轩房：房屋。轩，窗户或门。

⑪窃钟枨(chéng)物：盗钟时钟碰到了东西。枨，碰撞。

⑫精神：这里指智慧。

⑬剧：激烈，严重。

⑭阳：表面。敦：推崇。

⑮虿(chài)：蝎子一类的毒虫。

⑯符檄：文书。符，古代朝廷用以传达命令的凭证。檄，古代官方

用于征召、声讨的文书。

【译文】

抱朴子说："那些伪装的假道士们，既善于编造谎言，用来欺骗弟子，又经常遮盖自己的短处，隐藏自己的愚蠢，对自己的无知感到羞耻，却又假装着博学多才、知识圆满，始终也不肯前去向比自己强的人请教。他们愚蠢地坚守着自己的无知，犹如面壁而立；而又不肯拱手缄默闭上嘴巴，还去憎恨、嫉妒那些真正懂得道术的人并诋毁他们，担心别人的名声超过自己。这些人难道还会用心思于长生不死的道术吗？他们不过是想以此招集弟子，贪图弟子们的钱财和劳力，以此来满足自己的欲望、获取快乐而已。然而他们不知道天神虽然高高在上，却能监察人间的一切，他们以后一定会因此而遭受祸殃的。贫穷的人不能吹嘘自己富有，低贱的人不能胡说自己显贵，更何况求仙道术确实不存在于他们的心中，却白白地受着弟子们的供养呢？一般的世俗人，尚且不应该怀有妒嫉善人之心，何况是求道之士，更应该凭着忠信和愉悦的心态来修炼长生之道，为什么还要让这种做假、嫉妒等思想在自己的胸中翻腾呢？人本来不能听到和看见神仙，但神仙却能够很容易地听到和看见人。假道士的行为与站在纱幕之外、不能看到室内、于是就倨傲轻慢异常、还以为别人看不见自己有什么不一样呢？这也好像偷钟时撞上东西、钟发出铿锵之声、怕别人听到了、于是就捂着自己的耳朵之类的事情一样。智慧上的聋子、瞎子，只想占尽天下美好的名声，招集天下所有的弟子，外面他们追求名气身价，内心里一心图谋财物利益，担心并嫉恨超过自己的人，他们比世俗人争权夺利还要厉害。于是他们就用嘴唇作为刀锋攻击别人，根据诋毁和赞美的情况结成私党，他们口中亲热而心中疏远，外表团结而行为分裂，表面上推崇志同道合者的言论，暗中却怀着毒蜂蛇蝎一样的害人之心，这些行为是天神和人们所共同厌恶的，是招致灾祸的'文书'啊。

“夫读五经，犹宜不耻下问，以进德修业，日有缉熙[①]。至于射御之粗伎，书数之浅功，农桑之露事，规、矩之小术[②]，尚须师授以尽其理，况营长生之法，欲以延年度世，斯与救恤死事无异也，何可务惜请受之名[③]，而永守无知之困？至老不改，临死不悔，此亦天民之笃暗者也[④]。令人代之惭悚[⑤]，为之者独不顾形影也[⑥]。为儒生尚当兀然守朴[⑦]，外托质素，知而如否，有而如无，令庸儿不得尽其称[⑧]，称而不问不对，对必辞让而后言。何其道士之人，强以不知为知，以无有为有，虚自炫耀，以图奸利者乎！迷而不知返者，愈以遂往。若有以行此者[⑨]，想不耻改也。吾非苟为此言，诚有为而兴，所谓疾之而不能默然也。徒悯念愚人，不忍见婴儿之投井耳。若览之而悟者，亦仙药之一草也，吾何为哉？不御苦口[⑩]，其危至矣，不俟脉诊而可知者也。”

【注释】

①缉熙：光明。这里引申为进步、成绩。

②规、矩：两种木工工具。用来画圆的工具叫“规”，用来画方的工具叫“矩”。这里代指木工技术。

③请受：请求传授。即当弟子。

④笃暗：迟钝愚暗。

⑤悚：恐惧。

⑥独：竟然。顾：看，反省。形影：代指自己。

⑦兀然：茫然无知的样子。这里指大智若愚。

⑧尽其称：称赞他们完美。尽，完美。

⑨以：通“已”，已经。

⑩御：用，听从。苦口：逆耳的忠告。

【译文】

“阅读五经时，尚且应该不耻下问，以提高自己的道德，修习自己的学业，以使每天都有所进步。至于射箭、驾车之类的粗笨技艺，书法、计数之类的浅薄学问，种地、养蚕之类的浅显事情，木匠规矩之类的小小技术，尚且需要老师的传授才能够完全掌握其中的道理，何况是学习长生不老的道术，想以此延年益寿以脱离人间，这与拯救死亡的大事没有区别，怎么能够一味地不愿意具有向人求教的弟子之名，而永远地守着无知的困境呢？到老也不改正，至死也不悔悟，这就是天下百姓中最为愚昧的人了。真令人为他们惭愧不安啊，然而这样做的人竟然不肯好好地反省自己。作为儒生，尚且应该一无所知似地持守着淳朴，外表看起来十分朴素，懂得了而好像不懂得，拥有了却好像没拥有，使那些平庸的人们无法去称赞他们完美，即使称赞，如果不来求教也就不去主动回答，回答时也一定要先谦让而后开口。为什么那些修道的人，却要勉强地不懂装懂，没有道术却装作有道术，虚假地自我炫耀，以奸诈的手段去图谋财利呢？那些走上迷途而不知返回的人，将会越走越远。如果有一些已经做过这种事情的人，想来也应该不以改正为羞耻吧。我并非是随便地编造了这些话，的确是有感而发，这正是人们所谓的因为厌恶这些事情而无法保持沉默啊。我只是怜悯这些愚蠢的人，就像不忍心看见婴儿掉进水井里一样而已。如果有人看了这些话而有所醒悟，这也算是仙药中的一棵治病小草了，我别有何求呢？如果还不接受我的逆耳忠告，那么灾难就会降临，这种结果不用预测就完全可以知道。”

抱朴子曰：“设有死罪，而人能救之者，必不为之吝劳辱而惮卑辞也，必获生生之功也。今杂猥道士之辈，不得金丹大法，必不得长生可知也。虽治病有起死之效，绝谷则积年不饥，役使鬼神，坐在立亡，瞻视千里，知人盛衰，发沉祟于幽翳[1]，知祸福于未萌，犹无益于年命也。尚羞行请求，耻事先达[2]，是惜一日之屈，而甘罔极之痛[3]，是不见事类者也[4]。古人有言曰：'生之于我，利亦大焉。'论其贵贱，虽爵为帝王，不足以此法比焉；论其轻重，虽富有天下，不足以此术易焉。故有'死王乐为生鼠'之喻也。夫治国而国平，治身而身生，非自至也，皆有以致之也[5]。惜短乏之虚名[6]，耻师授之暂劳，虽曰不愚，吾不信也。今使人免必死而就戮刑者[7]，犹欣然喜于去重而即轻，脱炙烂而保视息[8]，甘其苦痛，过于更生矣。人但莫知当死之日，故不暂忧耳。若诚知之，则刖、劓之事[9]，可得延期者，必将为之，况但躬亲洒扫，执巾竭力于胜己者，可以见教之不死之道[10]，亦何足为苦？而蔽者惮焉。假令有人，耻迅走而待野火之烧爇[11]，羞逃风而致沉溺于重渊者，世必呼之为不晓事也，而咸知笑其不避灾危，而莫怪其不畏实祸，何哉？"

【注释】

①发：发现。沉祟：重大的灾祸。祟，鬼神作祸。幽翳：隐蔽。

②先达：先知，先懂得大道的人。

③罔极：无边无际。

④事类：类推事理。

⑤有以：有方法。

⑥短乏：缺乏知识，没有道术。

⑦就：接近，接受。戮：羞辱，惩罚。

⑧视息：观看和呼吸。这里代指活着。

⑨刖（yuè）、劓（yì）：两种刑罚。砍掉脚叫"刖"，割去鼻子叫"劓"。

⑩见教：被教育。见，被。

⑪爇（ruò）：燃烧。

【译文】

抱朴子说："假如有人被判了死罪，而别人又能够拯救他的话，那么这个被判死罪的人一定不会为了活命而吝惜劳苦屈辱、不愿使用卑下的言辞，他一定会竭尽全力去获得再次生存下去的机会。而今那些杂乱平庸的道士之流，没有掌握金丹大法，他们肯定无法长生不死这一点是非常明确的。即使他们在治病时能够起死回生，能够不吃粮食而长年不饿，能够驱使鬼神，能够坐在那里突然消失，能够看清千里之外的事情，能够预知人们的兴盛与衰败，能够在幽暗隐蔽处发现重大的灾难，能够在没有任何征兆的时候就知道祸福，然而这些对寿命的延长却没有任何益处。可他们还是羞于去请教学习，耻于师从那些先获得大道的人，这是舍不得受一天的委屈，却甘愿忍受无边的痛苦，属于不懂得类推事理的人。古人有句话说：'生命对于自己，好处太大了。'从贵贱的角度看，即使具有帝王这样高的地位，也不足以与长生法术相提并论；从轻重的角度看，即使拥有天下所有的财富，也不足以拿来与长生法术相交换。因此有'死去的国王也甘愿当一个活着的老鼠'的比喻。治理国家而国家太平安定，修养自身而自身长生不死，这些并不是自然而然就形成了，都是通过某种方法才能召致的。有的人顾惜落下没有知识的名声，把拜人为师的短暂辛劳看作屈辱，即使有人说他们不愚蠢，那我也不会相信。假如让一个人免去必死之刑而去接受其他刑罚，那么这个人就会因为能够逃脱死刑而接受轻罚、避免了火烧肉绽的死罪而保住生命感到欣喜异常，他将甘心情愿地接受轻罚的痛苦，感到胜过重生了。人们只是因为不知道自己死亡的日期，所以暂时还没有太多忧患而已。如果他们知道了自己的确实死期，那么即使承受砍脚、割鼻子的刑罚，只要可以延缓死期，他们也一定愿意接受，更何况只需要动手洒洒水扫扫地，拿着手巾去尽力服侍比自己强的人，就可以从他那里获得长生不死的道术，这哪里又算得上是什么痛苦呢？然而那些愚昧的人却害怕这样做。假如有一个人，因为羞于快速逃跑而等待着野火的烧灼，因为耻于逃避狂风而招致葬身于深渊，世人一定会认为他不懂事，然而都知道去嘲笑此人不去避开灾祸，却没有人怪罪此人不害怕实际的祸害，这又是为什么呢？”

抱朴子曰：“昔者之著道书多矣，莫不务广浮巧之言，以崇玄虚之旨，未有究论长生之阶径，箴砭为道之病痛①，如吾之勤勤者也。实欲令迷者知反，失之东隅，收之桑榆②；坠井引绠③，愈于遂没。但惜美疢而距恶石者④，不可如何耳！人谁无过，过而能改，日月之蚀⑤，睎颜氏之子也⑥。又欲使将来之好生道者，审于所托，故竭其忠，告之良谋，而不饰淫丽之言，言发则指切⑦，笔下则辞痛，惜在于长生而折抑邪耳，何所索哉？”

【注释】

①箴砭：即“针砭”。发现、批评错误以便改正。箴，同“针”。砭，古代治病用的石针。

②失之东隅，收之桑榆：比喻开始虽有失误，而最终获得成功。东隅，东方，太阳升起的地方，指早晨。桑榆，指太阳落在树梢，代指日落处，指傍晚。

③引绠：用绳子把他拉出来。引，拉。绠，绳。

④美疢(chèn)：以病为美。疢，热病。距：通“拒”，拒绝。恶石：不好看的针石。恶，丑陋。

⑤日月之蚀：光明的日月也会有蚀损的时候。比喻君子也会犯错误。《论语·子张》：“君子之过也，如日月之食焉：过也，人皆见

之；更也，人皆仰之。”

⑥睎（xī）：希望，寄希望于。颜氏之子：颜家的年轻人。指颜回。孔子最得意的弟子。这里代指未来有志于学习仙道的人。

⑦指：通“旨”，思想，用意。

【译文】

抱朴子说：“从前写作仙道书籍的人很多，他们无不尽力地使用一些浮华机巧的言辞，以鼓吹那些玄妙虚无的思想，他们并没有真正地去深入研究长生不死的方法途径，去批评纠正追求道术时的一些错误，像我这样勤勤恳恳的了。我实在是想让那些迷途中的人知道返回正道，使他们开始虽有失误，但最终能够获得成功；用井绳把他们从井中拉上来，总比让他们沉入井水中要强。只可惜那些以病为美而拒绝针灸的人，我拿他们是无可奈何了！哪个人能够不犯错误呢？犯了错误能够改正就好，因为就连天上的日月也有蚀损的时候，我寄希望于像颜回那样勤奋好学的人。我还想让未来那些喜好长生之道的人，明白自己所应该学习的内容，因此我竭尽自己的忠诚，把最好的方法告诉给他们，而没有使用过分华丽的言辞，我的言辞中包含着深切的旨意，我写作时使用的语言十分痛切，我所痛惜的是那些追求长生之人却受到坏人邪说的损害而已，除此我又追求什么呢？”

抱朴子曰：“深念学道艺养生者①，随师不得其人，竟无所成，而使后之有志者，见彼之不得长生，因云天下之果无仙法也。凡自度生②，必不能苦身约己以修玄妙者，亦徒进失干禄之业③，退无难老之功，内误其身，外沮将来也④。仙之可学致，如黍稷之可播种得，甚炳然耳⑤。然未有不耕而获嘉禾，未有不勤而获长生度世也。”

【注释】

①道艺:道术。艺,术。

②凡自度生:所有独自生活的人。指那些没有老师管教约束的人。

③干禄之业:做官的事情。干,求。禄,做官的俸禄。

④沮:阻碍,损害。将来:指未来有志学道的人。

⑤炳然:清楚明白的样子。

【译文】

抱朴子说:"我深深地顾念那些学习道术养生的人,由于追随老师而没有能够找到合适的人,最终一无所成,反而使得后来有志学道的人,看见他们没有能够长生,便认为天下根本就没有求仙之术。所有那些独自生活而没有老师管教的人,肯定不能艰苦勤奋、约束自我而去学习高深的学问,因此他们进入社会则白白地失去了做官拿俸禄的机遇;退隐山林也没有能够获取长生不死的功业。对己他们耽误了自身,对外他们损害了未来有志学道者的信心。仙术可以学到,就如同黍、稷可以靠播种而收获一样,这是显然易见的。然而没有不用耕作就能够获得庄稼丰收的,也没有不勤奋修炼就能够做到长生不老、脱离人间的。"

杂应卷十五

【题解】

所谓的“杂应”，就是回答一些旁杂的道术。在本篇中，葛洪一共阐述了十三个疑难问题：断谷、不寒、不热、辟五兵、隐身、脱逃、不病、预测吉凶、坚齿、聪耳、明目、不疲惫、防御瘟疫。这十三个问题可以说是“杂而不乱”，它们都紧紧地围绕着一个中心，那就是如何养生避难。

本篇汇集了多种道术，大多属于道听途说，显得荒诞不经，如辟兵术、隐身术、预测术等。其中辟兵术说：“吾闻吴大皇帝曾从介先生受要道，云：‘但知书北斗字及日月字，便不畏白刃。’帝以试左右数十人，常为先登锋陷阵，皆终身不伤也。”这一类的文字，无异于天方夜谭，毫无可信性。

但是本篇也有一些值得我们借鉴的内容，比如葛洪讲的一些养生道理。首先，作者反复强调医学的重要性，认为修道之人在成仙之前，毕竟还是凡身肉体，因此必须注意保健养生。接着，葛洪就提出了自己的保健原则：“养生之尽理者……行气不懈，朝夕导引，以宣动荣卫，使无辍阂，加之以房中之术，节量饮食，不犯风湿，不患所不能，如此可以不病。”这些养生方法，即使放在今天，依然没有过时。作者还指出以前医书的弊端，认为它们“殊多不备，诸急病甚尚未尽，又浑漫杂错，无其条贯，有所寻按，不即可得。而治卒暴之候，皆用贵药，动数十种，自非富室而居京都者，不能素储，不可卒办也”。于是作者便整理出《玉函方》百卷、《救卒》三卷，尽力做到“单行径易，约而易验。篱陌之间，顾眄皆药，众急之病，无不毕备，家有此方，可不用医”。虽然葛洪的医书中也会存在种种错误，但不可否认的是，作者的动机是善良的，付出的努力也是值得肯定的。

除了一些积极内容，本篇（包括本书）还包含了大量的非科学的臆测，甚至完全属于迷信，但我们也不能完全否定这些荒诞内容的存在价值。第一，我们从书中不难看出，作者是以极为虔诚的态度在宣扬这些荒诞思想，这客观上反映了古人在极其艰难的条件下认识客观世界的不懈努力。换句话说，葛洪的认识结果固然错了，但不能把他的认识的动机也一并否定。这好比孩子学数，也许孩子会得出一加一等于三的错误结果，但成年人绝不会因为结果错了，连同孩子的这次努力也一块否定。葛洪的错误为后人提供了教训，他的求仙失败等于在错误道路的入口处插了一块路标——此路不通。第二，这些荒诞的思想具有一定的史料价值，通过这些史料，我们不仅认识了当时的道教，也认识了人类在整个发展史上的一处足迹，正是这些或正确、或不正确的足迹，共同构成了整个人类的历程。从这个角度讲，荒诞思想的史料价值一点也不亚于正确思想的史料价值。

或曰：“敢问断谷人可以长生乎？凡有几法？何者最善与？”抱朴子答曰：“断谷人止可息肴粮之费，不能独令人长生也。问诸曾断谷积久者，云：‘差少病痛①，胜于食谷时。’其服术及饵黄精②，又禹余粮丸③，日再服，三日，令人多气力，堪负担远行，身轻不极④。其服诸石药，一服，守中十年五年者⑤。及吞气、服符、饮神水辈⑥，但为不饥耳，体力不任劳也⑦。道书虽言：‘欲得长生，肠中当清；欲得不死，肠中无滓。’又云：‘食草者善走而愚，食肉者多力而悍，食谷者智而不寿，食气者神明不死[8]。'此乃行气者一家之偏说耳，不可便孤用也。若欲服金丹大药，先不食百许日为快。若不能者，正尔服之[9]，但得仙小迟耳[10]，无大妨也。若遭世荒，隐窜山林，知此法者，则可以不饿死。其不然也，则无急断[11]，急既无可大益。又止人中断肉，闻肥鲜之气，皆不能不有欲于中心。若未便绝俗委家、岩栖岫处者[12]，固不成遂休五味，无致自苦，不如莫断谷而节量饥饱[13]。

【注释】

①差少：较少，稍少。

②术(zhú)：植物名。可入药。饵：吃。黄精：植物名。可入药。

③禹余粮：一种矿物名。可入药。另外麦门冬也叫做"禹余粮"。

④极：疲乏。

⑤守中：指这些药物可以维持于腹中而不饥饿。一说"守中"指意守丹田。

⑥吞气：吸气。服符：吞食符箓。符，符箓。方士画的所谓能够驱使鬼神、消灾求福的图形或线条。

⑦任：经受得起。

⑧食气者神明不死：靠吞气生活的人精神明达、不会死亡。

⑨正尔：只须如此，就这样。

⑩小：稍微。

⑪急断：马上断绝粮食。

⑫委：放弃，抛开。

⑬节量饥饱：根据饥饱以节制饮食。

【译文】

有人问："请问辟谷断粮的人可以因此而获得长生吗？总共有几种

辟谷的方法？哪一种方法最好呢？”抱朴子回答说："辟谷断粮的人只能够节省菜肴粮食的消费，不能单独凭借这种方法而使人长生不老。我问过诸多曾经辟谷时间很长的人，他们说：'辟谷能够少些病痛，比吃粮食时好一些。'他们服食术和黄精，也有人服食禹余粮丸，每天服食两次，三天以后，使人的力量增加，能够担负着重物远行，身体轻便而不会疲乏。他们有的服食各种矿物类药物，一次服用，就能够维持五年到十年腹中不饿。还有吸气、食符箓、喝神水的人，也只能做到不饥饿而已，体力不堪劳累。道家的书籍虽然说过这样的话：'想要得到长生，肠胃中应当保持清洁；想要做到不死，肠胃中应当没有渣滓。'还说：'吃草的动物善于奔跑但愚蠢，吃肉的动物力气大而且强悍，吃粮食的人聪明但不长寿，食气的人神智明达而且不会死亡。'这不过只是重视行气者的一面之辞而已，不能就因此单独使用食气的方法去求仙。如果想要服食金丹大药，先做到一百来天不吃东西为好。如果不能断食，就这样直接服食金丹也行，只是成仙的时间稍微迟缓一些而已，没有大的妨碍。如果遇到大的灾荒，隐匿到深山老林之中，懂得了这种法术，就可以凭着它而不会饿死。如果不是这种情况，就不要急切地突然断绝粮食，急切地突然断绝粮食对自己没有太大的好处。另外，如果生活于世人之间而断绝肉类，一旦闻到肥美鲜嫩的香气，都不可能不在心中产生吃肉的欲望。如果不能马上与世隔绝、离开家庭，到深山中去生活，本来就不太可能成功地断绝各种美味，也没有必要自寻苦恼，不如不要去辟谷断粮，只是根据饥饱以节制饮食就可以了。

"近有一百许法，或服守中石药数十丸[1]，便辟四五十日不饥。练松柏及术，亦可以守中，但不及大药，久不过十年以还。或辟一百二百日，或须日日服之，乃不饥者。或先作美食极饱，乃服药以养所食之物，令不消化，可辟三年。欲还食谷，当以葵子、猪膏下之[②]，则所作美食皆下，不坏如故也。洛阳有道士董威辇，常止白社中[③]，了不食，陈子叙共守事之，从学道，积久，乃得其方。云以甘草、防风、苋实之属十许种捣为散[④]，先服方寸匕，乃吞石子大如雀卵十二枚，足辟百日，辄更服散，气力颜色如故也。欲还食谷者，当服葵子汤下石子，乃可食耳。又赤龙血、青龙膏[⑤]，作之用丹砂、曾青水[⑥]，以石内其中[⑦]，复须臾，石柔而可食也。若不即取，便消烂尽也。食此石以口取饱，令人丁壮。又有引石散，以方寸匕投一斗白石子中，以水合煮之，亦立熟如芋子[⑧]，可食以当谷也。张太元举家及弟子数十人，隐居林虑山中[⑨]，以此法食石十余年，皆肥健。但为须得白石，不如赤龙血、青龙膏，取得石便可用，又当煮之，有薪火之烦耳。或用符，或用水，或符水兼用。或用干枣，日九枚，酒一二升者。或食十二时气[⑩]，从夜半始，从九九至八八、七七、六六、五五而止[⑪]。或春向东食岁星青气[⑫]，使入肝；夏服荧惑赤气[⑬]，使入心；四季之月食镇星黄气[⑭]，使入脾；秋食太白白气[⑮]，使入肺；冬服辰星黑气[⑯]，使入肾。又中岳道士郗元节食六戊之精[⑰]，亦大有效。假令甲子之旬[⑱]，有戊辰之精[⑲]，则竟其旬十日[⑳]，常向辰地而吞气[㉑]，到后甲复向其旬之戊也[㉒]。

【注释】

①守中石药：一种由矿物质合成的药物。

②葵子：葵菜籽。猪膏：猪油。

③白社：地名。在今河南偃师境内。《晋书·隐逸列传》："董京，字威辇。不知何郡人也。……至洛阳，被发而行，逍遥吟咏，常宿

白社中。”

④甘草、防风、苋实：皆中草药名。

⑤赤龙血、青龙膏：两种药物名。分别由丹砂水和曾青水制成，丹砂色红，故称“赤龙血”；曾青色青，故称“青龙膏”。

⑥丹砂、曾青：两种矿物质名。可入药。

⑦内(nà)：通“纳”，放入。

⑧芋子：植物名。即芋头。

⑨林虑山：山名。又叫隆虑山。在今河南林县。

⑩十二时：即十二时辰。古代将一昼夜分为十二时段，杜预注《左传·昭公五年》时，称十二时为夜半、鸡鸣、平旦、日出、食时、隅中、日中、日昳、晡时、日入、黄昏、人定。另外也以十二地支为名。

⑪九九、八八、七七、六六、五五：指鸡鸣、平旦、日出、食时、隅中五个时辰。本书《释滞》篇：“一日一夜有十二时，其从半夜以至日中六时为生炁，从日中至夜半六时为死炁。死炁之时，行炁无益也。”意思是说，从夜半开始，生气出现，从日中开始，死气出现，因此行气要从夜半开始，到日中结束。这里用“九九”至“五五”指代夜半后的鸡鸣、平旦、日出、食时、隅中五个时辰，至于为何这样代指的原因则不详。

⑫春向东食岁星青气：春天面向东吞食岁星的青气。岁星，星名。道教提出这一思想，与中国古代的五行观念相关，古人把五行同其他各种事物相配如下：

五行	木	火	土	金	水
五方	东	南	中	西	北
五时	春	夏	四季	秋	冬
五色	青	赤	黄	白	黑
五脏	肝	心	脾	肺	肾

五星　岁星　荧惑　镇星　太白　辰星

既然春天与东、青、肝、岁星相配，那么春天行气时，自然要面向东，吞岁星的青气，使气入肝脏。其余可依此类推。

⑬荧惑：星名。赤气：夏天与火相配，因此其气为红色。

⑭四季之月：全年。镇星：星名。黄气：四季都与土相配，因此其气为黄色。

⑮太白：星名。白气：秋天与金相配，因此其气为白色。这里的"金"不是指黄金，而是泛指金属，金属刀刃呈白色，因此金与白相配。

⑯辰星：星名。黑气：冬天与水相配，因此其气为黑色。

⑰中岳：山名。即嵩山。六戊：内丹术术语，即真阴。吸入元气，使它进入丹田，便化为六戊。《金丹大要·真土妙用章》："日月出于东而光耀于西，则西方白虎金德之正气入于玄冥之内，化而为六戊。"在吸入六戊之精时，还要注意时间和方位，下面几句话作了解释。

⑱甲子之旬：以甲子日开始的十天，即从甲子到癸酉这十天。古代以天干地支相配以纪日，故有甲子日、乙丑日等。

⑲有戊辰之精：有戊辰这样的精华之气。戊辰是甲子后的第四天，戊与辰相配，所以下文说要向辰的方向吸气。

⑳竟：整个，全部。

㉑辰地：东方。

㉒后甲：指从甲戌开始到癸未这十日。戊：指带有"戊"的这一天，这一天应为"戊寅"。

【译文】

"有将近一百来种的辟谷方法，有的服食守中石药数十粒，就能辟谷四五十天而不感到饥饿。如果炼制、服用松柏和白术，也可以保持腹中不饿，但效果不如金丹大药，坚持不过十年以内。有的能够避食一百天或两百天，有的则必须天天服食，才不会饥饿。有的人先烹调美食吃得极饱，然后服食药物用以护养吃进去的美食，使这些美食不再消化，可以辟谷三年。如果又想吃粮食了，就应当服用葵籽和猪油把它们泻下来，而这些泻下的美食就如同吃进时的一样而没有腐烂。洛阳有个道士名叫董威辇，经常住在白社里，一点儿也不进食，陈子叙追随着他，跟着他学道，很久很久，才学到了他的道术。据说是用甘草、防风、苋实之类的药物共十几种捣碎做成散末，先服食方寸大小的一勺，再吞服大小如同鸟雀蛋的石子十二粒，能够断食一百天，接着再服食这些药物，气力脸色就会像过去一样。如果还想吃粮食的话，就服食葵菜籽汤泻下石头，这样就可以进食了。还有赤龙血和青龙膏，制作的方法是用丹砂水和曾青的水，然后把石头放在这些水之中，只需要一会儿的时间，石头就柔软得可以食用了。如果不马上取出来，这些石头很快就会全部溶解掉。吃这种石头要凭着口感吃个饱，能够使人强壮。又有一种引石散，把方寸大小的一勺子药物投放在一斗白石子中，用水混合起来烹煮，也能够立即煮熟如同芋头一样，可以当作粮食来食用。张太元全家和弟子几十个人，隐居在林虑山中，用这种方法吃了十几年的石头，个个都很肥硕健壮。这种方法必须找到白石子，不如赤龙血和青龙膏那样，找到任何石头都可以使用，而且还需要烹煮，有打柴生火的麻烦。有的人服用符箓，有的人服用水，有的人把符箓和水放在一起服用。有的人服用干枣，每天吃九颗，混合着一二升酒一起吃下。有的人服食十二个时辰的元气，从夜半的时候开始，历经九九鸡鸣（又叫丑）时、八八平旦（又叫寅）时、七七日出（又叫卯）时、六六食时（又叫辰）时，到五五隅中（又叫巳）时停止。有的人春天面向东方服食岁星的青色气，让它进入肝脏；夏天服食荧惑星的红色气，让它进入心脏；四季服食镇星的黄色气，让它进入脾脏；秋天服食太白星的白色气，让它进入肺部；冬日服食辰星的黑色气，让它进入肾脏。另外中岳嵩山的道士郗元节服食六戊的精华之气，也大见成效。比如在甲子日以后的十天里，就有戊辰的精华之气，那么在这整个十天里，都要经常地向着辰地的方位吸进精华之气，到了后一个甲戌至癸未的十天里，又要面向戊寅的方位吸入精华之气了。

“甘始法[①]，召六甲六丁玉女[②]，各有名字，因以祝水而饮之，亦可令牛马皆不饥也。或思脾中神名，名‘黄裳子’[③]，但合口食内气，此皆有真效。余数见断谷人三年二年者多，皆身轻色好，堪风寒暑湿[④]，大都无肥者耳。虽未见数十岁不食者，然人绝谷不过十许日皆死，而此等已积载而自若[⑤]，亦何疑于不可大久乎？若令诸绝谷者转羸极[⑥]，常虑之，恐不可久耳。而问诸为之者，无不初时少气力，而后稍丁健，月胜一月，岁胜一岁，正尔，可久无嫌也[⑦]。夫长生得道者，莫不皆由服药吞气，而达之者而不妄也。夫服药断谷者，略无不先极也[⑧]。但用符水及单服气者，皆作四十日中疲瘦，过此乃健耳。郑君云[⑨]：‘本性饮酒不多，昔在铜山中，绝谷二年许，饮酒数斗不醉。’以此推之，是为不食更令人耐毒，耐毒则是难病之候也。余因此问：‘山中那得酒？’郑君言：‘先酿好云液勿压漉[⑩]，因以桂、附子、甘草五六种末合丸之，曝干，以一丸如鸡子许，投一斗水中，立成美酒。’又有‘黄帝云液泉法’，以糵米及七八种药合之[⑪]，取一升，辄内一升水投中，如千岁苦酒之内水也[⑫]。无知尽时，而味常好不变，饮之，大益人。

【注释】

①甘始法：一种辟谷道术。甘始，三国时的一个方士。此法由他创

制，故名“甘始法”。

②六甲六丁：道教神名。其名取自干支，共十二位神。六甲为甲子、甲戌、甲申、甲午、甲辰、甲寅。六丁为丁卯、丁巳、丁未、丁酉、丁亥、丁丑。

③黄裳子：神名。负责人的脾脏。

④堪：能够忍受，能够抵御。

⑤载：年。自若：依旧，像平时一样。

⑥转：慢慢变得。羸：瘦弱。

⑦嫌：怀疑。

⑧极：疲惫。

⑨郑君：葛洪的老师郑隐，字思远。少学儒学，成年后好道，拜葛玄为师。

⑩云液：一种矿物质名。云母的一种。可入药。压漉：压榨过滤。

⑪蘖(niè)：酒曲。

⑫苦酒：醋。

【译文】

“还有‘甘始法’，召来六甲、六丁和神女，他们各自都有自己的名字，然后把祝祷过的水喝下去，这种水也可以使牛和马都不饥饿。有的人存思脾脏神的名字，他的名字叫做‘黄裳子’，只用闭上嘴巴服食体内的气就行，这些方法都具有真正的效用。我多次看到很多辟谷已有两三年的人，他们都身体轻盈而脸色红润，经得起风寒暑湿的侵袭，大多都不太肥胖。虽然我还没有见过几十年不进食的人，但一般人断绝粮食不超过十天就会饿死，然而这些人已经辟谷了几年依旧健康，怎么能够怀疑他们不能坚持得更久呢？假如诸多辟谷的人都变得瘦弱不堪，那我就会经常为他们担心，怕他们不会活得太久。然而询问那些辟谷的人，他们都是开始时少气无力，以后才渐渐健壮，而且一月胜过一月，一年胜过一年，如果是这样，就不用怀疑他们可以长久生存的问题了。

那些得到道术、长生不死的人，莫不是由服食药物、吞吸元气而成功的，聪明之人知道这不是虚妄的。那些服食药物、断粮辟谷的人，都是在开始时非常疲惫。而只服用符箓水以及只服食元气的人，都有四十天的疲倦瘦弱期，过了四十天才慢慢强健起来。郑先生说：'他生性饮酒不多，然而从前在铜山中，辟谷两年左右之后，饮几斗酒也不会醉倒。'以此推论，说明不吃粮食使人更能够抵御毒性，而能够抵御毒性就是难以生病的征兆。我趁此机会问他说：'在山中从哪儿得到酒呢？'郑先生回答说：'先把云液酒酿好而不要压榨过滤，再将桂、附子、甘草等五六种药末配合云液酒制成丸粒，然后晒干，拿一粒鸡蛋大小的药丸，投入一斗水中，立刻就变成美酒。'还有'黄帝云液泉法'，用酒曲、稻米和七八种药物配合，取出一升这样的药物，放入一升水中，就好像把千年醋液放入水中一样。无论时间多久，而酒味一直美好不变，饮用这种酒，对人很有好处。

"又，符水断谷，虽先令人羸，然宜兼知者，倘卒遇荒年，不及合作药物，则符水为上矣。有冯生者，但单吞炁，断谷已三年，观其步陟登山，担一斛许重[①]，终日不倦。又时时引弓，而略不言语，言语又不肯大声。问之，云：'断谷，亡精费气，最大忌也。'余亦屡见浅薄道士辈，为欲虚曜奇怪[②]，招不食之名，而实不知其道，但虚为不啖羹饭耳。至于饮酒，日中斗余，脯腊、饴铺、枣、栗、鸡子之属[③]，不绝其口。或大食肉而咽其汁，吐其滓，终日经口者数十斤，此直是更作美食矣[④]。凡酒客但饮酒食脯而不食谷[⑤]，皆自堪半岁、一岁而不蹙顿矣[⑥]，未名绝谷耳。吴有道士石春，每行气为人治病，辄不食，以须病者之愈[⑦]，或百日，或一月乃食。吴景帝闻之曰[⑧]：'此但不久，必当饥死也。'乃召取锁闭[⑨]，令人备守之。

春但求三二升水，如此一年余，春颜色更鲜悦，气力如故。景帝问之：'可复堪几时？'春言：'无限，可数十年，但恐老死耳，不忧饥也。'乃罢遣之。按如春言，是为断谷不能延年可知也。今时亦有得春之法者。"

【注释】

①斛：计量单位。十斗为一斛。

②虚曜：虚假地炫耀。曜，炫耀。奇怪：奇异，神奇。

③脯腊：干肉。饴餔：指麦芽糖之类的东西。

④直：只是，简直就是。

⑤酒客：好饮酒的人，酒徒。

⑥蹷顿：困顿。这里指身体出问题。

⑦须：等待。

⑧吴景帝：三国时期吴国君主孙休，公元258—263年在位。

⑨鏁(suǒ)闭：锁闭在室内。鏁，同"锁"。

【译文】

"另外，饮用符箓水来辟谷，虽然开始时使人瘦弱，然而也应该去兼而学习的原因，是因为倘若突然遇到灾荒年，来不及制作其他药物，那么符水就是最好的了。有一位冯先生，只依靠服食元气，辟谷已经三年了，观察他徒步登山，担负一斛来重的东西，整天不会疲倦。他还经常拉弓，只是不太说话，说话时声音也不大。问他为什么。他说：'辟谷期间，浪费精神气力，是最大的忌讳。'我也曾多次见到那些浅薄的道士之流，他们为了虚假地炫耀自己的神奇，获取能够断食的虚名，而实际上却根本不懂得这种道术，只是假装着不喝汤不吃饭而已。至于喝酒，他们每天就喝一斗多，干肉、饴糖、枣子、栗子、鸡蛋之类的食物，嘴里吃个不休。他们有的大口吃肉、咽下肉汁，而吐出肉渣，一天经嘴嚼过的肉就有几十斤，这简直就是在享用美食而已。所有的酒徒，只喝酒吃肉而不吃粮食，都能够坚持半年、一年而身体不会有什么问题，这不能叫做辟谷。吴国有个道士名叫石春，每当他行气为人治病时，总是不吃东西，一直等到病人痊愈，有时长达一百天，有时长达一个月才进食。吴景帝听到这事后说：'这只是因为时间还不够长，时间长了他肯定会饿死的。'于是就把石春召来锁闭起来，还派人看守着。石春只要了两三升的水，就这样地过了一年多，石春的面色更加润泽愉悦，力气也与过去一样。吴景帝问他说：'还能坚持多久？'石春回答说：'没有期限，可以坚持几十年，只是担心老死在这里而已，不担心饥饿。'吴景帝这才放了他。按照石春的说法，辟谷不能延年益寿是很明确的。现在也有人学到了石春的这种法术。"

或问不寒之道。抱朴子曰："或以立冬之日，服六丙六丁之符[①]，或闭口行五火之炁千二百遍[②]，则十二月中不寒也。或服太阳酒[③]，或服紫石英、朱漆散[④]，或服雄丸一，后服雌丸二，亦可堪一日一夕不寒也。雌丸用雌黄、曾青、矾石、慈石也；雄丸用雄黄、丹砂、石胆也[⑤]。然此无益于延年之事也。"

【注释】

①六丙六丁之符：六丙符和六丁符。是道士画的符箓。

②行五火之炁：一种行气术。即通过心理调整，运用五脏的火气，以抵御寒冷。

③太阳酒：一种药酒名。用太阳石浸泡而成。太阳石是一种矿物质，可入药。

④紫石英：一种矿物质名。可入药。朱漆散：用红色的漆制成的药物。本书《金丹》篇多次提到用漆作为炼丹原料，"红"是火的颜

色，所以这里提出服食红漆药物来御寒的方法。

⑤石胆：又叫石髓、黑石。一种矿物质，可入药。本段提到的雌黄、曾青等等，均为矿物质药物，可参见本书《金丹》的注释。

【译文】

有人询问不怕寒冷的道术。抱朴子回答说："有的人在立冬的那一天，服食六丙、六丁的符箓，有的人闭着嘴运行五脏的火气共一千二百遍，这样就能够在十二个月之内不觉得寒冷了。有的人服食太阳酒，有的人服食紫石英、朱漆散，有的人先服食雄丸一粒，然后再服食雌丸两粒，也能够坚持一天一夜而不感到寒冷了。雌丸用雌黄、曾青、矾石、磁石制成；雄丸用雄黄、丹砂、石胆制成。然而这些药物对延年益寿都没有什么帮助。"

或问不热之道。抱朴子曰："或以立夏日，服六壬、六癸之符①，或行六癸之炁②，或服玄冰之丸③，或服飞霜之散④。然此用萧丘上木皮⑤，及五月五日中时北行黑蛇血⑥，故少有得合之者也。唯幼伯子、王仲都⑦，此二人衣以重裘，曝之于夏日之中，周以十炉之火，口不称热，身不流汗，盖用此方者也。"

【注释】

①六壬、六癸之符：六壬符和六癸符。是道士画的符箓。

②行六癸之炁：一种行气术。即通过心理调整，运用肾脏的阴冷之气，以抵御炎热。道教把癸与肾、水相配，水性冷，故有此说。

③玄冰之丸：一种用来抵御炎热的药物。

④飞霜之散：一种用来抵御炎热的药物。

⑤萧丘：传说中的海岛名。

⑥五月五日中时：应理解为“五月五日日中时”。日中，中午。

⑦幼伯子：后修道成仙。《列仙传》：“幼伯子者，周苏氏客也。冬常著单衣，盛暑著獳袴。”王仲都：汉朝人。《博物志》卷五：“王仲都当盛夏之月，十炉火炙之不热；当严冬之时，裸之而不寒。”

【译文】

有人询问不怕炎热的道术。抱朴子回答说：“有的人在立夏的那一天，服食六壬、六癸的符箓，有的人运行六癸的水气，有的人服食玄冰丸，有的人服食飞霜散。然而制作这些药物需要使用萧丘上的树皮，以及五月五日中午向北爬行的黑蛇的血液，所以很少有人能够制作这些药物。只有幼伯子、王仲都，这两人穿着几层厚的皮衣，暴晒于夏天的烈日之下，四周还环绕着十炉烈火，然而他们嘴上不喊热，身上不流汗，他们使用的大概就是这些方法吧。”

或问辟五兵之道[①]。抱朴子答曰：“吾闻吴大皇帝曾从介先生受要道，云[②]：‘但知书北斗字及日月字[③]，便不畏白刃。’帝以试左右数十人，常为先登锋陷阵，皆终身不伤也。郑君云：‘但诵五兵名亦有验。刀名大房，虚星主之[④]；弓名曲张，氐星主之[⑤]；矢名彷徨[⑥]，荧惑星主之[⑦]；剑名失伤，角星主之[⑧]；弩名远望，张星主之[⑨]；戟名大将，参星主之也[⑩]。临战时，常细祝之。’或以五月五日作赤灵符[⑪]，著心前。或丙午日日中时，作燕君、龙、虎三囊符[⑫]。岁符岁易之，月符月易之，日符日易之。或佩西王母兵信之符[⑬]，或佩荧惑、朱雀之符，或佩南极铄金之符[⑭]，或戴却刃之符、祝融之符。或傅玉札散[⑮]，或浴禁葱汤[⑯]，或取牡荆以作六阴神将符[⑰]，符指敌人。或以月蚀时刻，三岁蟾蜍喉下有八字者血[⑱]，以书所持之刀剑。或带武威符、荧火丸[⑲]。或交锋刃之际，乘魁履罡[20]，呼四方之长[21]，亦有明效。今世之人，亦有得禁辟五兵之道，往往有之。”

【注释】

①辟：避开，抵御。五兵：五种兵器。说法不一，一说指矛、戟、钺、盾、弓矢。这里泛指兵器。

②吴大皇帝：即三国时期吴国君主孙权。介先生：指介象，得道之人。

③书：写。北斗字及日月字：北斗星的姓名和日月的姓名。《太平御览》三百三十九卷引作：“但知北斗姓字及日月名字。”

④虚星：星名。二十八宿之一。

⑤氐星：星名。二十八宿之一。

⑥矢：箭。

⑦荧惑：星名。即火星。

⑧角星：星名。二十八宿之一。

⑨张星：星名。二十八宿之一。

⑩参（shēn）星：星名。二十八宿之一。

⑪赤灵符：道士画的用以避灾的符箓。这些符箓的图案，我们已经无法知道，因此下文提到的符箓，除了必要外，不再注释。

⑫燕君：具体所指不详。疑为燕昭王。囊：袋子。

⑬西王母：女神名。

⑭南极：星名。又是道教的神名。

⑮傅：通“敷”，涂抹。玉札散：玉片制成的粉末。

⑯禁葱汤：用葱浸泡的热水。

⑰牡荆：植物名。可入药，使用后据说可以通神。六阴神将：即六丁神。

⑱八字：八字纹。

⑲武威符：道士画的符箓。荧火丸：一种可以避灾的药丸。据《云笈七签》卷七十七说，是用雄黄、雌黄、萤火、鬼箭、蒺藜等合制而成，佩带后可以避百鬼、防五兵等等。

⑳乘魁履罡：一种道教法术。骑坐魁星，脚踏罡星。魁，星名。北斗星中形成斗形的四颗星。罡，星名。北斗星的斗柄，又叫天罡星。

㉑四方之长：四方的神灵。

【译文】

有人询问抵御各种兵器伤害的法术。抱朴子回答说："我听说吴大皇帝曾向介象先生学习一些重要道术，介象先生说：'只要会书写北斗星和日月的名号，就不用害怕刀剑。'吴大皇帝用这种方法测试过几十位身边的人，这些人经常为他率先登城、冲锋陷阵，然而终生都没有受到伤害。郑先生说：'只要念诵各种兵器的名字也很有效。刀的名字叫大房，虚星主管着它；弓的名字叫曲张，氐星主管着它；箭的名字叫彷徨，荧惑星主管着它；剑的名字叫失伤，角星主管着它；弩的名字叫远望，张星主管着它；戟的名字叫大将，参星主管着它。作战之前，要经常仔细地祝祷这些神灵。'或者在五月五日作赤灵符，把它放在胸前。或者在丙午日的那天中午，制作燕君、龙、虎三袋符图。效用一年的符每年换一次，效用一个月的符每月换一次，效用一日的符每天换一次。或者佩带西王母兵信符，或者佩带荧惑、朱雀符，或者佩带南极铄金符，或者佩带却刃符、祝融符。或者敷上玉札散，或者沐浴禁葱汤。或者用牡荆做成六阴神将符，用此符指向敌人。或者在月食时，用活了三年、喉咙下有'八'字纹的蟾蜍血，把血书写在所持的刀剑上。或者佩带武威符、荧火丸。或者在短兵相接时使用乘魁履罡术，呼唤着四方的神灵，这样做也有明显的效用。现在的世人中，也有人懂得避开各种兵器伤害的法术，而且还很常见。"

或问隐沦之道[①]。抱朴子曰:"神道有五,坐在立亡其数焉[②]。然无益于年命之事,但在人间无故而为此,则致诡怪之声,不足妄行也。可以备兵乱危急,不得已而用之,可以免难也。郑君云:'服大隐符十日,欲隐则左转,欲见则右回也[③]。'或以玉粭丸涂人身中[④];或以蛇足散[⑤],或怀离母之草[⑥],或折青龙之草[⑦],以伏六丁之下[⑧];或入竹田之中,而执天枢之壤[⑨];或造河龙石室[⑩],而隐云盖之阴[⑪];或伏清泠之渊[⑫],以过幽阙之径[⑬];或乘天一马以游紫房[⑭];或登天一之明堂[⑮];或入玉女之金匮[⑯];或背辅向官[⑰],立三盖之下[⑱];或投巾解履,胆煎及儿衣符[⑲],子居蒙人[⑳],青液桂梗[㉑],六甲父母[㉒],僻侧之胶[㉓],驳马泥丸[㉔],木鬼之子[㉕],金商之艾[㉖],或可为小儿,或可为老翁,或可为鸟,或可为兽,或可为草,或可为木,或可为六畜,或依木成木,或依石成石,依水成水,依火成火。此所谓移形易貌,不能都隐者也。"

【注释】

①隐沦:隐身。沦,沉没,隐藏。

②其数焉:是其中的一种。

③见(xiàn):通"现",现身。

④玉粭(yí)丸:用玉炼制的一种药丸。以下列举了许多隐身的方法和事例,都是作者道听途说而来,带有神话传说性质。

⑤蛇足散:道士炼制的一种可供隐身的药物。

⑥离母草:植物名。可入药。

⑦青龙草:植物名。可入药。

⑧六丁:道教神名。一说指方位名称。

⑨天枢之壤:土壤名。《山海经·大荒西经》:“大荒之中,有山名日月山,天枢也。”

⑩造:到。河龙石室:河龙所居住的石洞。

⑪云盖之阴:云层的阴影。盖,车盖,因云层如车盖,故称“云盖”。

⑫清泠之渊:清凉的深渊。一说“清泠”是一处深渊的名字。

⑬幽阙之径:道路名。

⑭天一马:神马名。紫房:又叫紫府。神仙居住的地方。

⑮天一:神名。明堂:星宿名。这里指天一神居住的地方。

⑯玉女:神女。金匮:金匣子。是古人用来收藏重要物品的地方。这里是说,有的道士可以通过某种法术,藏身于神女的金匮之中以隐身。

⑰背辅向官:背对辅星,面向官府或官吏。辅,星名。北斗第四星旁边的一颗小星。

⑱三盖:三重车盖。一说指一种车名。

⑲胆煎:用各种动物的胆煎熬的汤。儿衣符:一种道教符箓名。

⑳子居蒙人:未详,可能指一种药物。也可能是符箓名。

㉑青液桂梗:药物名。桂梗,桂树枝。

㉒六甲父母:植物名。又叫做呼夜、章陆、乌椹等,见《兼明书》卷二。

㉓僻侧之胶:指桃胶,见《石药尔雅》。

㉔驳马泥丸:药物名。驳马,树名。即梓、榆的别名。因梓树和榆树的树皮远看如驳马的毛色,故谓之驳马。一说可能指驳马的脑髓。驳马,毛色驳杂的马。泥丸,内丹术指人两眉之间深入处为泥丸。

㉕木鬼之子:疑为槐树子。

㉖金商之艾:疑为“金商之芝”,本书《黄白》篇即作“金商芝”。指楸木耳。

【译文】

有人询问隐身的道术。抱朴子回答说："神仙的法术有五种，而坐在那里突然隐身不见就是其中的一种。但这种法术对延年益寿没有什么用处，如果在人世间无缘无故地施行这种法术，就只会招致怪异的名声，不应该随便使用。但这种法术可以用来防备战乱及危急情况，万不得已时才使用它，能够躲避灾难。郑先生说：'服食大隐符十天，想要隐形就向左转，想要现身就朝右转。'有的人用玉饴丸涂在自己身体上，有的人服用蛇足散，有的人怀揣着离母草，有的人攀折青龙草，藏身于六丁神的保护之下；有的人进入竹林，手里握着天枢壤；有的人藏身于河龙的洞穴中，隐身在云层的阴影处；有的人能够藏在清冷的深渊里，通过幽阙小路；有的人能够乘坐着天一神马遨游于紫房宫；有的人能够登上天一的明堂；有的人能够藏匿于神女的金匣子里；有的人能够背对辅星、面向官吏，站在三重车盖的下面而隐身；有的人丢弃佩巾、脱掉鞋子，能够使用胆汁汤和儿衣符、子居蒙人、青液桂梗、六甲父母、僻侧之胶、驳马泥丸、木鬼之子、金商之艾，这些人有的可以变成小孩，有的可以变成老翁，有的可以变为禽鸟，有的可以变为野兽，有的可以变成野草，有的可以变成树木，有的可以变成六畜，有的靠着树木就变成树木，有的靠着石头就变成石头，有的靠着水就变成水，有的靠着火就变成火。这些人就是人们所谓的能够改变形貌，而不能完全隐身的人。"

或问："魏武帝曾收左元放而桎梏之[①]，而得自然解脱，以何法乎？"抱朴子曰："吾不能正知左君所施用之事[②]。然历览诸方书，有月三服薏苡子[③]，和用三五阴丹[④]，或以偶牙阳胞[⑤]，或以七月七日东行跳脱虫[⑥]，或以五月五日石上龙子单衣[⑦]，或以夏至日霹雳楔[⑧]，或以天文二十一字符，或以自解去父血[⑨]，或以玉子余粮[⑩]，或合山君目、河伯余粮、浮云滓以涂之[11]，皆自解。然左君之变化无方，未必由此也。自用六甲变化[12]，其真形不可得执也。”

【注释】

①魏武帝：即曹操。曹丕称帝后，追尊曹操为武帝。左元放：即左慈，东汉末年的方士。桎梏(zhì gù)：脚镣手铐。在脚叫“桎”，在手叫“梏”。这里指捆缚。

②正：确切。

③薏苡(yì yǐ)子：即薏苡米。薏苡是一种植物名，它的果实叫薏苡子或薏苡米，可以食用，也可以入药。

④三五阴丹：一种丹药名。

⑤偶牙阳胞：药物名。具体所指不详。

⑥跳脱虫：虫名。具体所指不详，疑指虾蟆，因为虾蟆善于跳跃，故名。

⑦龙子单衣：药物名。即蛇蜕的皮。另外虾蟆皮也称为“龙子单衣”。

⑧霹雳楔：一种矿物质药物。一说是指雷电击中过的树木。

⑨自解去父：动物名。具体所指不详。疑指蜥蜴之类，因蜥蜴在危急时能够自断其尾以自救，故名。

⑩玉子余粮：一种矿物质名。可入药。

⑪山君目：指虎的眼睛。山君，老虎的别名。《说文解字》：“虎，山兽之君。”河伯余粮：一种矿物质名。可入药。疑即禹余粮。浮云滓：一种矿物质名。可入药。即云母。

⑫六甲变化：又叫做六甲之术。指各种神奇的变化。

【译文】

有人问：“魏武帝曹操曾经逮捕并捆缚住了左元放，而他却能自然而然地逃脱了，他用的是什么法术呢？”抱朴子说：“我不能确切地知道左先生所使用的是什么法术。然而我阅读过各类道术书籍，有的人是每月服食三次薏苡子，服食时还搀和了三五阴丹，有的人服用偶牙阳胞，有的人服用七月七日向东爬行的跳脱虫，有的人服用五月五日石头上的蛇皮，有的人服用夏至那天的霹雳楔，有的人服用天文二十一字符，有的人服用自解去父的血，有的人服用玉子余粮，有的人把山君目、河伯余粮、浮云滓混合起来涂抹在自己的身上，都能够使自己逃脱危险的境地。然而左先生能够变化无常，也不一定是使用了这些方法。如果他自己使用六甲变化的法术，那么他的真实形体是不可能被抓住的。”

或问曰：“为道者可以不病乎？”抱朴子曰：“养生之尽理者，既将服神药，又行气不懈，朝夕导引，以宣动荣卫①，使无辍阂②，加之以房中之术，节量饮食，不犯风湿，不患所不能③，如此可以不病。但患居人间者，志不得专，所修无恒，又苦懈怠不勤，故不得不有疹疾耳④。若徒有信道之心，而无益己之业，年命在孤虚之下⑤，体有损伤之危，则三尸因其衰月危日⑥，入绝命病乡之时，招呼邪气，妄延鬼魅⑦，来作殃害。其六厄并会、三刑同方者⑧，其灾必大。其尚盛者，则生诸疾病，先有疹患者，则令发动。是故古之初为道者，莫不兼修医术，以救近祸焉。凡庸道士，不识此理，恃其所闻者，大至不关治病之方，又不能绝俗幽居，专行内事⑨，以却病痛。病痛及已，无以攻疗，乃更不如凡人之专汤药者。所谓进不得邯郸之步、退又失寿陵之义者也⑩。余见戴霸、华他所集《金匮绿囊》、《崔中书黄素方》及《百家杂方》五百许卷⑪，甘胡、吕傅、周始、甘唐通、阮南河等⑫，各撰集《暴卒备急方》，或一百十，或九十四、或八十五，或四十六，世人皆为精悉不可加也。余究而观之，殊多不备，诸急病甚尚未尽，又浑漫杂错[13]，无其条贯，有所寻按，不即可得。而治卒暴之候[14]，皆用贵药，动数十种，自非富室而居京都者，不能素储，不可卒办也。又多令人以针治病，其灸法又不明处所分寸，而但说身中孔穴荣输之名[15]，自非旧医备览《明堂流注偃侧图》者[16]，安能晓之哉？余所撰百卷，名曰《玉函方》，皆分别病名，以类相续，不相杂错。其《救卒》三卷，皆单行径易[17]，约而易验。篱陌之间[18]，顾眄皆药[19]，众急之病，无不毕备，家有此方，可不用医。医多承袭世业，有名无实，但养虚声，以图财利。寒白退士[20]，所不得使，使之者乃多误人，未若自闲其要[21]，胜于所迎无知之医。医又不可卒得，得又不肯即为人使。使腠理之微疾[22]，成膏肓之深祸[23]，乃至不救。且暴急之病，而远行借问[24]，率多枉死矣。”

【注释】

①荣卫：泛指气血。荣，荣气。又叫营气。指人体营养机能和血液循环状况。卫气，指人体保护自我的功能和状况。

②辍阂(chuò hé)：阻碍不通。辍，中止。阂，阻隔。

③不患所不能：不要为自己做不到的事情忧愁。

④疹疾：疾病。

⑤孤虚：时辰不好，命运不佳。天干为“日”，地支为“辰”，日辰不全、不佳，叫做“孤虚”。

⑥三尸：神名。道教认为人身内有三种作祟的神，分别居于上、中、下三丹田内，称上尸、中尸、下尸。每逢庚申的日子，就向天帝报

告人们的罪过。学仙之士必须除去三尸,才能升仙。

⑦延:请来,叫来。

⑧六厄:泛指各种灾难。厄,灾难。三刑:泛指各种刑罚。方:同时出现。一说“三刑”是指不吉利的时辰。

⑨内事:这里指修道成仙的事情。与治理国家这些所谓的“外事”相对。

⑩进不得邯郸之步、退又失寿陵之义:往前没有学到邯郸人的步态,向后又忘记了寿陵故乡的走路方法。即“邯郸学步”。邯郸,地名。赵国的都城。在今河北邯郸。寿陵,地名。燕国的城邑。义,方法。《庄子·秋水》:“且子独不闻夫寿陵余子之学行于邯郸与?未得国能,又失其故行矣,直匍匐而归耳。”

⑪戴霸:古代名医,生平不详。华他:即华佗,东汉名医。

⑫甘胡、吕傅、周始、甘唐通、阮南河:皆为人名。古代医生。其中阮南河为三国时人,名炳,曾任河南尹,故应为“阮河南”,著《阮河南药方》十六卷,见《三国志·魏书·杜畿列传》注。其他人的生平不详。

⑬浑漫:混乱。

⑭卒(cù):通“猝”,突然。

⑮孔穴荣输:泛指针灸穴位。荣输,脉络穴位名。输,古书又写作“俞”。

⑯《明堂流注偃侧图》:书名。古代人体针灸穴位图书。

⑰径易:直接而简易。

⑱篱陌之间:篱笆小路之间。陌,田间的小路。南北为阡,东西为陌。

⑲顾眄:看,放眼望去。

⑳寒白退士:贫穷隐居的人。古代称出身寒微的读书人为“寒士”、“白士”,又称隐士为“退士”。这里泛指贫寒的人。

㉑闲：通“娴”，熟悉。

㉒腠(còu)理：中医指皮下肌肉之间的空隙和皮肤的纹理。

㉓膏肓(huāng)：古代医学称心尖脂肪为“膏”，心脏和隔膜之间为“肓”。这里代指体内。

㉔借问：请教。

【译文】

有人问：“修道的人能够不生病吗？”抱朴子回答说：“能够完全懂得养生道理的人，既服用求仙之药，又不懈地呼吸吐纳以服食元气，早晚导引以锻炼身体，以便使血气流通顺畅，使它们不要因为阻碍而停止下来，再加上使用房中术，节制饮食，不冒犯风湿，不去为做不到的事情而忧愁，如此就可以不生病了。只是担心如果居住在世人之中，心志不能专一，修炼缺乏恒心，又苦于懈怠而不勤奋，因此不能不患上疾病。如果空有相信道术的心意，却缺乏有利于己的法术，命运到了不吉利的时候，身体遇到受伤的危险，那么三尸神就会乘他处于凶险的时日，进入生命危险、疾病缠身的时候，招唤邪气，随便邀请一些鬼怪，前来制造祸害。各种灾难一齐产生，多种刑罚同时袭来，那么祸害就一定很大。身体还算强壮的人，就会生出各种疾病，而先前就有疾病的人，就会大病发作。因此古代那些刚开始学道的人，没有不兼习医术的，以此来救治眼前的病祸。那些平庸的道士，不懂得这个道理，他们依仗着自己学到的一点知识，大都不去关心治病的方法，又不能避开世俗以安静地隐居起来，专心地修行求仙道术，还想以此来抵御病痛。等到病痛缠身的时候，就毫无办法来治疗了，反而还不如专用汤药治病的世人。这些道士正是人们所说的向前没有学会邯郸人的步态，向后又忘记了寿陵故乡的走路方法的人。我看到戴霸、华佗所辑录的《金匮绿囊》、《崔中书黄素方》和《百家杂方》五百卷左右，甘胡、吕傅、周始、甘唐通、阮河南等人，他们各自撰写辑录了《暴卒备急方》，有的一百一十卷，有的九十四卷，有的八十五卷，有的四十六卷，世人都认为这些医书精细完备得无以复加了。我深入地研读了它们，觉得它们有很多不完善之处，很多急病收得不全面，又混乱杂错，缺乏条理，如果想寻找某种疾病治疗方法，就没有办法很快找到。而且在治疗紧急的疾病时，用的都是昂贵的药物，动辄几十种，如果不是居住在京城里的富有之家，就不可能平时有所储备，更不可能临时立即办妥。书中又大多是教人用针灸治病的，而在介绍针灸方法时又不标明所治穴位和分寸，只是说出穴位的名字而已。如果不是全面精读《明堂流注偃侧图》的老医生，又怎么能够看明白呢？我所撰写的一百卷书，名叫《玉函方》，将疾病名目都分开，然后按类别相互排列，彼此不错杂。另外还有《救卒》三卷，可以单独使用，直接简易，简约而有效。篱笆阡陌之间，随意看去都能找到药材，各种紧急疾病，没有不完备的，家中如果有了这些医书，可以不用请医生了。医生很多是世代相传的，有名而无实，只是获取了一个虚假的名声，以此来谋取金钱财物而已。贫寒隐逸之人，是请不动这些医生的，即使请来了医生又大多耽误了病人，还不如自己熟习了医术要旨，这比所请来的无知庸医要强得多。医生不能很快就找到，找到后又不肯马上为人尽心医治，使得皮肤间的小毛病，拖延耽误成了体内的大病灾，以至于无法挽救。更何况如果患上突然爆发的大病，还要到很远的地方去求医请教，这些病人大多都被冤枉死了啊！”

或问：“将来吉凶，安危去就，知之可全身，为有道乎？”抱朴子曰：“仰观天文，俯察地理，占风气[①]，布筹算[②]，推三棋[③]，步九宫[④]，检八卦[⑤]，考飞伏之所集[⑥]，诊訞讹于物类[⑦]，占休咎于龟策[⑧]，皆下术常伎，疲劳而难恃。若乃不出帷幕而见天下，乃为入神矣。或以三皇天文[⑨]，召司命、司危、五岳之君[⑩]，阡陌、亭长、六丁之灵[⑪]，皆使人见之，而对问以诸事，则吉凶昭然，若存诸掌，无远近幽深，咸可先知也。或召六阴玉女[12]，其法六十日而成，成则长可役使。或祭致八史，八史者，八卦之精也，亦足以预识未形矣。或服葛花及秋芒、麻勃刀圭方寸匕[13]，忽然如欲卧，而闻人语之以所不决之事，吉凶立定也。或用明镜九寸以上自照，有所思存，七日七夕则见神仙，或男或女，或老或少，一示之后，心中自知千里之外，方来之事也。明镜或用一；或用二，谓之'日月镜'；或用四，谓之'四规镜'。'四规'者，照之时，前后左右各施一也。用四规所见来神甚多，或纵目[14]，或乘龙驾虎，冠服彩色，不与世同，皆有经图。欲修其道，当先暗诵所当致见诸神姓名位号，识其衣冠。不尔，则卒至而忘其神，或能惊惧，则害人也。为之，率欲得静漠幽闲林麓之中，外形不经目，外声不入耳，其道必成也。三童九女节寿君[15]，九首蛇躯百二十官[16]，虽来勿得熟视也。或有问之者，或有呵怒之者，亦勿答也。或有侍从暐晔[17]，力士甲卒[18]，乘龙驾虎，箫鼓嘈嘈，勿举目与言也。但谛念老君真形。老君真形见[19]，则起再拜也。老君真形者，思之，姓李名聃，字伯阳，身长九尺，黄色[20]，鸟喙[21]，隆鼻，秀眉长五寸，耳长七寸，额有三理上下彻[22]，足有八卦，以神龟为床，金楼玉堂，白银为阶，五色云为衣，重叠之冠，锋铤之剑[23]，从黄童百二十人，左有十二青龙，右有二十六白虎，前有二十四朱雀[24]，后有七十二玄武[25]，前道十二穷奇[26]，后从三十六辟邪[27]，雷电在上，晃晃昱昱[28]，此事出于仙经中也。见老君则年命延长，心如日月，无事不知也。"

【注释】

①占风气：根据风和云气的大小、形状、颜色来预测人事的吉凶。

②布筹算：用刻有数字的竹筹来进行计算、预测。

③三棋：古代的一种占卜方法。用木头制棋十二枚，每四枚一组，分为“上”、“中”、“下”三组。占卜时选择吉日，祝咒，一齐掷地，以所得上、中、下情形成卦，查看卦词，以定吉凶。因为分为三组，故称“三棋”。

④九宫：古代的一种占卜方法。东汉以前的《易》纬家，用八卦加中央，合为九宫，用以占卜吉凶。

⑤八卦：指《周易》中乾、震、兑、离、巽、坎、艮、坤的八种基本图形。

⑥飞伏：指天上的飞鸟和地上的走兽。

⑦讶(yāo)讹：地上各种反常的现象。

⑧休咎：吉利与凶险。休，美好，吉利。咎，灾难。龟策：用来占卜的工具。龟，龟甲。古人用龟甲占卜。策，用来占卜的蓍草。

⑨三皇天文：道士编的咒语或符箓。

⑩司命：神名。主管人的生死。司危：神名。主管人的吉凶。五岳之君：五岳的神灵。

⑪阡陌：田间小路。这里指路神。亭长：秦汉时每十里设一亭，每亭设一亭长，负责本地治安。这里指各地的土地神。

⑬六阴玉女：神名。即六丁神。

⑬葛花：植物名。可入药。秋芒：当指秋日的芒草。可入药。麻勃：植物名。大麻的花。

⑭纵目：眼睛竖立着。

⑮三童：三名仙童。九女：九天玄女。节寿君：神仙名。

⑯百二十官：泛指众多的神灵。

⑰韡晔(wěi yè)：光彩照人的样子。

⑱甲卒：穿着甲衣的士兵。甲，铠甲。

⑲见(xiàn):通“现”,显现。

⑳色:脸色。

㉑喙(huì):嘴。

㉒理:纹理。彻:通。指从上到下。

㉓铤(chán):铁柄短矛。这里指矛形的剑。

㉔朱雀:神鸟名。代表南方。

㉕玄武:神名。北方太阴之神。形象为龟,一说为龟蛇合体。

㉖道:用作动词。开道。穷奇:神兽名。

㉗辟邪:神兽名。

㉘晃晃昱昱:光彩夺目的样子。

【译文】

有人问:“未来的吉凶安危,何去何从,如果事先知道了就可以保全自身,这样的事情是否也有道术?”抱朴子说:“抬头观察上天的星象,俯身考察大地的理脉,用风声云气占算,用竹筹预测,用三棋术推理,用九宫术测算,用八卦占卜,考察飞禽走兽所聚集的地方,关注各种事物的反常表现,用龟甲、蓍草来占卜吉凶,这些都是常见的低级方法,使人疲惫不堪而又难以相信。如果不用走出帷幕就能洞察天下,这才算是做到了出神入化。有人使用三皇天文,召来了司命、司危和五岳的神仙,还召来了路神、亭长及六丁神灵,让人们都能够看见他们,然后当面向他们询问各种事情,那么吉凶祸福就清清楚楚了,清楚得好像存在于自己的手掌之中,无论远近幽深的事情,都可以预先知道。有的人召来六阴玉女,这种方法需要修炼六十天才能成功,成功后就可以长期役使六阴玉女了。有人祭祀并召来八史,所谓的八史,就是八卦的精灵,也可以通过他们来预测还没有发生的事情。有人服食方寸大小的葛花、秋芒、麻勃一勺,服后很快就好像要睡觉一样,此时能够听到有人说出你无法决断的事情,是吉是凶马上就能决定。有人用九寸以上大的明镜自我映照,同时有所存思,到七月七日的晚上就能看见神仙,神仙有男有女，有老有少，一旦经过他们的明示，心中自然就知道千里以外的事情，也能够知道未来的事情。明镜有的用一面；有的用两面，这叫‘日月镜’；有的用四面，这叫‘四规镜’。所谓‘四规镜’，就是映照的时候，前后左右各放置一面。用四规镜看见前来的神灵很多，他们有的眼睛竖立着，有的乘龙驾虎，他们的帽子、衣服的色彩艳丽，与世人不同，仙经里都有他们的图像。如果想要修炼这种道术，应该先默默念诵想要召来现形的众神姓名、地位，认识他们的穿戴的衣服帽子。不然的话，当他们突然来到时，就会忘了这些神灵是谁，有人可能还会受到惊吓，这就伤害人了。修炼这种道术，一般应该处于安静、悠闲的山林之中，不让外界的形象进入自己的眼睛，不让外面的声音进入自己的耳朵，这种道术就一定能够修炼成功。三童、九女及节寿君，还有九头蛇身的神，以及一百二十位仙官，虽然把他们召来了，但不可盯着对方仔细看。有的神责问自己，有的神怒叱自己，都不要应答。有的神灵带有服饰华丽的侍从，还有力士和披甲的士卒，他们乘坐着飞龙，驾驭着猛虎，箫声鼓声震耳欲聋，但也不要抬起眼睛与他们说话。此时只须虔诚地想着太上老君的真实形象。太上老君的真实形象一旦显现，就要起身向他连拜两次。老君的真实形象，应该思念不忘，他姓李名聃，字伯阳，身长九尺，黄色面容，鸟一样的嘴巴，高高的鼻梁，秀美的眉毛长五寸，耳长七寸，额头上有三条纹理上下相通，脚上有八卦。他用神龟作床，住的是黄金楼、白玉堂，白银作台阶。用五色云彩作衣裳，戴着重叠的帽子，佩带着锋利的矛形宝剑，后面跟着黄衣童子一百二十人，左边有十二条青龙，右边有二十六只白虎，前面有二十四只朱雀，后面有七十二只玄武，前面由十二只穷奇开道，后面有三十六只辟邪殿后，雷电在上面闪耀，光彩夺目，这些事情都记载于仙经。能够看见太上老君就可以延长寿命，心中如同日月一样明亮，没有什么事不知道的了。”

或问坚齿之道。抱朴子曰：“能养以华池①，浸以醴液②，清晨建齿三百过者[③],永不摇动。其次则含地黄煎[④],或含玄胆汤[⑤],及蛇脂丸、矾石丸、九棘散[⑥]。则已动者更牢,有虫者即愈。又服灵飞散者[⑦],则可令既脱者更生也。"

【注释】

①华池:口,舌下。《太平御览》卷三百六十七引《养生经》:"口为华池。"

②醴液:内丹术术语。指口中津液。

③建齿:叩齿。建,通"健",这里指"叩"。过:次。

④地黄煎:地黄汤。地黄,中药名。《本草纲目》卷十六:"地黄……治齿痛唾血。"

⑤玄胆:中药名。具体所指不详。一说"玄胆"疑为麝香之类,一说玄胆即"石胆"的别名。

⑥蛇脂丸:中药名。用蛇油炼制而成。矾石丸:中药名。矾石,矿物名。透明结晶体,有五种颜色。可入药。九棘散:中药名。棘,带刺的植物,如枣树类。

⑦灵飞散:中药名。由云母粉、茯苓、钟乳粉、人参、菊花等原料制成。

【译文】

有人询问使牙齿坚固的方法。抱朴子说:"如果能够用清洁的口腔来养护牙齿,用唾液来滋润牙齿,每天清早叩齿三百下,牙齿就永远不会动摇。其次就口含地黄煎,或者口含玄胆汤,以及蛇脂丸、矾石丸、九棘散。那么就会使已经活动的牙齿变得更坚固,长了牙虫的马上痊愈。另外服食灵飞散,还可以使已经脱落的牙齿再次生出来。"

或问聪耳之道。抱朴子曰:"能龙导、虎引、熊经、龟咽、燕飞、蛇屈、鸟伸[1]，天俯地仰[2]，令赤黄之景[3]，不去洞房[4]；猿据、兔惊[5]，千二百至[6]，则聪不损也。其既聋者，以玄龟薰之[7]；或以棘头、羊粪、桂毛、雀桂成裹塞之[8]；或以狼毒、冶葛[9]，或以附子、葱涕[10]，合内耳中[11]；或以蒸鲤鱼脑灌之，皆愈也。"

【注释】

①龙导：像龙那样舒筋活络。导，疏通。指舒筋活络。虎引：像虎那样伸展身体。引，伸展。熊经：像熊那样攀援而直立。经，攀援而直立。龟咽：像龟那样呼吸。咽，吸气。本句所说的都是模仿鸟兽动作来达到健身目的的方法，类似今天的体操。

②天俯地仰：像天那样俯视着大地，像大地那样仰望着天空。这些动作也类似今天的体操运动。

③赤黄之景：想象中的赤黄二气。是道教的一种存思法。景，景象。

④洞房：这里指耳朵内部。《云笈七签》卷五十三："存两目中各有紫、赤、黄三色云炁各下入两耳中。"也即想象有三种云气从眼中流出，进入耳朵中，这样就能够使目明耳聪。

⑤猿据：像猿那样向下按压。据，按。兔惊：像野兔那样惊跳起来。

⑥至：次。

⑦玄龟：即水龟。

⑧棘头：植物名。植物的刺尖。桂毛：药物名。可能是指桂树上的绒毛。雀桂：药物名。具体所指不详。

⑨狼毒：植物名。可入药，有巨毒。冶葛：植物名。即野葛。

⑩附子：植物名。可入药。葱涕：即葱汁。

⑪内(nà)：通"纳"，放入。

【译文】

有人询问使耳朵听力好的方法。抱朴子说："如果能够做到像龙那样舒筋活络，像虎那样伸展身体，像熊那样攀援直立，像龟那样呼吸吐纳，像燕子那样飞舞，像蛇那样弯曲，像鸟那样舒展，像天那样俯视大地，像地那样仰望天空，并使赤黄色的云气进入耳朵而不离开，再像猿那样向下按压、像野兔那样向上惊跳，如此做到一千二百次，听力就不会受损了。那些已经聋了的人，燃烧玄龟来薰烤；或者用棘头、羊粪、桂毛、雀桂裹成团塞进耳朵；或者用狼毒、野葛，或者用附子、葱汁，调和后放入耳朵中；或者用蒸熟的鲤鱼脑子灌进耳朵去，都能够治愈耳聋。"

或问明目之道。抱朴子曰："能引三焦之升景①，召大火于南离②，洗之以明石③，熨之以阳光，及烧丙丁洞视符④，以酒和洗之，古人曾以夜书也。或以苦酒煮芜菁子令熟⑤，曝干，末服方寸匕，日三，尽一斗，能夜视有所见矣。或以犬胆煎、青羊、斑鸠、石决明、充蔚百华散⑥，或以鸡舌香、黄连、乳汁煎注之⑦，诸有百疾之在目者皆愈，而更加精明倍常也。"

【注释】

①引三焦之升景：将三焦之气向上引导。意思是把体内的气向上引导以养护眼睛。三焦，中医指食道、胃、肠等及其生理机能。升景，向上升起的景象。

②召大火于南离：道教的存思法之一。即在想象中把大火从南方召来。火是光明的象征，故有此术。一说"大火"指荧惑星。南离，南方。离，卦名。八卦之一，此卦象征火，代指南方。

③明石：矿物质名。又叫落石、磷石，可入药。

④丙丁洞视符：道教画的符箓。

⑤苦酒：醋。芜菁子：植物名。可入药。

⑥犬胆煎：用犬胆熬制的汤药。青羊：黑色的羊。斑鸠：鸟名。石决明：一种贝类动物的甲壳。充蔚百华（huā）散：中药名。充蔚，植物名。百华，泛指各种花。

⑦鸡舌香：植物名。又叫丁香、丁子香、丁子。可入药。黄连：植物名。可入药。

【译文】

有人询问使眼睛明亮的方法。抱朴子说："如果能够把三焦之气向上引导，能够在想象中把大火从南方召来，用明石水来洗眼睛，用阳光来熨晒，以及焚烧丙丁洞视符，把符的灰烬与酒掺和起来洗眼睛，古人曾经凭借这些方法使眼睛明亮得能够在黑夜里写字。有的人用醋液把芜菁子煮熟，然后晒干，碾成粉末后服食方寸大小的一勺，每天三次，服食完一斗后，就能在夜晚看清一些东西了。有的人用犬胆煎、青羊、斑鸠、石决明、充蔚百花散，有的人用鸡舌香、黄连、乳汁煎熬后注入眼睛，各类眼疾都能痊愈，而且明亮得超过平常眼睛的一倍。"

或问登峻涉险、远行不极之道①。抱朴子曰："惟服食大药，则身轻力劲，劳而不疲矣。若初入山林，体未全实者，宜以云珠粉、百华醴、玄子汤洗脚②，及虎胆丸、朱明酒、天雄鹤脂丸、飞廉煎、秋芒、车前、泽泻散③，用之旬日，不但涉远不极，乃更令人行疾，可三倍于常也。若能乘跻者④，可以周流天下，不拘山河。凡乘跻道有三法：一曰龙跻、二曰虎跻、三曰鹿卢跻。或服符精思，若欲行千里，则以一时思之，若昼夜十二时思之，则可以一日一夕行万二千里，亦不能过此，过此当更思之，如前法。或用枣心木为飞车，以牛革结环剑以引其机⑤，或存念作五蛇六龙三牛交罡而乘之⑥，上升四十里，名为太清⑦。太清之中，其气甚罡⑧，能胜人也⑨。师言鸢飞转高⑩，则但直舒两翅，了不复扇摇之而自进者，渐乘罡炁故也。龙初升阶云，其上行至四十里，则自行矣。此言出于仙人，而留传于世俗耳，实非凡人所知也。又乘跻须长斋，绝荤菜，断血食，一年之后，乃可乘此三跻耳。虽复服符，思五龙跻行最远，其余者不过千里也。其高下去留，皆自有法，勿得任意耳。若不奉其禁，则不可妄乘跻，有倾坠之祸也。"

【注释】

①极：疲惫。

②云珠粉：即云母粉。一种矿物质药物。百华醴：用各种花酿成的酒。玄子汤：中药名。玄子为仙人名，此汤药应为玄子所创，故名。

③虎胆丸：用虎胆炼制的药丸。朱明酒：一种药酒名。天雄鹤脂丸：用天雄与鹤鸟油炼制的药丸。天雄，草药名。飞廉煎：飞廉汤。飞廉，草药名。又叫"飞轻"。秋芒：秋天的芒草。车前：草药名。泽泻：草药名。

④乘跻(qiāo)：道教的一种飞行术。跻，同"跷"。

⑤牛革结环剑：用牛皮穿过剑的柄环。革，熟皮。机：机关。

⑥交罡：连接着罡星。交，连接。罡，北斗星的斗柄。

⑦太清：神仙居住的天空之一。

⑧罡(gāng)：同"刚"，刚劲有力。

⑨胜：堪，承受得住。

⑩鸢(yuān)：鸟名。一种鹰。

【译文】

有人询问攀登高山、跋涉险境、远行而不疲倦的方法。抱朴子说："只有服食金丹大药，才能身轻力大，辛劳而不疲倦。如果是初次进入山林，身体还没有完全壮实的人，应该用云珠粉、百花醴、玄子汤洗脚，以及服用虎胆丸、朱明酒、天雄鹤脂丸、飞廉煎、秋芒、车前、泽泻散，服用十天后，不仅长途跋涉不会疲倦，还能够使人走得更快，可以超过平常的速度三倍。如果能够乘跻飞行的话，就可以周游天下，不受山河的任何约束。乘跻飞行法一共有三种：第一种叫龙跻，第二种叫虎跻，第三种叫鹿卢跻。有的人服食仙符、精思神灵，如果想飞行一千里，就用一个时辰的时间来精思，如果用昼夜十二个时辰来精思，就可以凭此在一天一夜飞行一万二千里路。也不能超过这个极限了，要想超过这个极限就应该再次精思，方法同前面的一样。有的人用枣心木制作飞行车，用牛皮穿结的宝剑来牵引飞行车的机关，有的人精思五条蛇、六条龙、三四牛连接着罡星，然后乘坐在上面，向上升至四十里，那里就是太清天。太清天上，风力非常刚劲有力，能够承受起人体。我的老师说，鸢鸟飞上高空时，就只需要舒展着双翅，完全不用再扇动翅膀就能够自行前进，这就是因为乘着刚劲风力的缘故了。龙开始时要飞升云层，当它上升至四十里的高空时，就可以自动飞行了。这些话出自仙人，而流传到了世间，这些确实不是世俗人所能够知道的。另外乘跻飞行的人必须长期坚持斋戒，断绝荤菜，不吃肉食，一年之内，才可以使用这三种乘跻飞行法。服食符图，精思五龙跻的人飞行得最远，其余的不过飞行一千里罢了。然而飞行的高低去留，都自有一套方法，不可随心所欲。如果不遵守这些禁忌，就不可以随便地乘跻飞行，不然就会有从天上掉下来的灾难。"

或曰："《老子篇中记》及《龟文经》，皆言药兵之后[①]，金木之年[②]，必有大疫，万人余一，敢问辟之道[③]。"抱朴子曰：

"仙人入瘟疫秘禁法，思其身为五玉。五玉者，随四时之色：春色青、夏赤、四季月黄[4]，秋白，冬黑。又思冠金巾[5]，思心如炎火，大如斗，则无所畏也。又一法，思其发散以被身，一发端，辄有一大星缀之。又思作七星北斗，以魁覆其头[6]，以罡指前[7]。又思五脏之气，从两目出，周身如云雾，肝青气，肺白气，脾黄气，肾黑气，心赤气，五色纷错，则可与疫病者同床也。或禹步呼直日玉女[8]，或闭气思力士操千斤金锤，百二十人以自卫。或用射鬼丸、赤车使者丸、冠军丸、徐长卿散、玉函精粉、青牛道士薰身丸、崔文黄散、草玉酒、黄庭丸、皇符、老子领中符、赤须子桃花符[9]，皆有良效者也。"

【注释】

①药兵之后：惨烈的大战之后。药，毒。引申为残烈。一说当依宋浙本《抱朴子》作"大兵之后"。大兵，代指大的战争。

②金木之年：滥用酷刑的时代。金木，用金属和木头做成的刑具。金属的如刀、锯、斧、钺等，木制的如棍棒、桎梏等。这里代指刑罚。

③辟：同"避"。

④四季月：全年。一说指春、夏、秋、冬四季中的第三个月，也通。

⑤冠：戴。

⑥魁：星名。北斗星中形成斗形的四颗星。

⑦罡：星名。北斗星的斗柄。又叫天罡星。

⑧禹步呼直日玉女：迈着禹步呼唤着值日的神女名字。直，值班。

⑨射鬼丸、赤车使者丸、冠军丸、徐长卿散、玉函精粉、青牛道士薰身丸、崔文黄散、草玉酒、黄庭丸：皆为道教炼制的药名。药物成分已不可考。皇符、老子领中符、赤须子桃花符：皆为道教绘制

的用来避灾的符箓。

【译文】

有人说："《老子篇中记》和《龟文经》，都说惨烈的大战之后，以及滥用酷刑的时代，一定会有大瘟疫流行，万人之中才能幸存一个。我想请教躲避瘟疫的方法。"抱朴子说："仙人进入瘟疫流行区域的防御秘法，就是想象自己的身体变为五玉。所谓的五玉，就是顺应着四季的颜色而变化：春天为青色，夏天为红色，全年为黄色，秋天为白色，冬天为黑色。还可以想象着自己戴上了黄金制作的头巾，想象着自己的心如同炎热的火焰，大小同斗一样，就不用畏惧瘟疫了。还有一种方法，就是想象自己的头发披散着覆盖了全身，每一根头发尖上都系挂着一颗大星星。还可以想象着北斗七星，用魁星覆盖着自己的头部，用罡星指向前方。还可以想象五脏的元气，从两只眼睛里发出来，如同云雾一般环绕着自己的身体，肝气是青色的，肺气是白色的，脾气是黄色的，肾气是黑色的，心气是红色的，五种颜色缤纷交错，这样就可以同得传染病的人同床而卧了。或者迈着禹步呼唤着值日的仙女，或者闭气想象着大力士手持千斤重的金锤，共有一百二十位这样的大力士来保护自己。或者使用射鬼丸、赤车使者丸、冠军丸、徐长卿散、玉函精粉、青牛道士薰身丸、崔文黄散、草玉酒、黄庭丸、皇符、老子领中符、赤须子桃花符等等，都有很好的效果。"

黄白卷十六

【题解】

黄白，指黄金和白银。本篇围绕着“黄白”，主要谈两个问题，一是强调黄金、白银是可以用其他物质炼制而成的，二是介绍了一些炼制黄金、白银的方法。至于炼制金银的目的，葛洪讲得非常清楚，不是为了致富，而是为了长生。

把金银称为“黄白”的历史很早，《史记·平准书》：“虞夏之币，金为三品，或黄，或白，或赤。”可见金银的使用是极为久远的。但这还不是道教所说的“黄白”。根据现存的史料，用其他物质炼制黄金、白银的行为，最迟出现在西汉初年。《汉书·淮南厉王长列传》：“淮南王安……作为《内书》二十一篇，《外书》甚众，又有《中篇》八卷，言神仙黄白之术。”这就是说，远在淮南王刘安的时候，人们已经在探索有关炼制黄金、白银的技术了。从此以后，炼制金银也就代不绝人了。道教出现以后，炼制金银更成为道士的重要方术之一。

西汉后期的刘向是一位著名学者，他就做过这方面的尝试：“上复兴神仙方术之事，而淮南有《枕中鸿宝苑秘书》，书言神仙使鬼物为金之术……更生(刘向本名更生)幼而读诵，以为奇，献之，言黄金可成。上令典尚方铸作事，费甚多，方不验。上乃下更生吏，吏劾更生铸伪黄金，系当死。更生兄阳城侯安民上书，入国户半，赎更生罪。上亦奇其材，得逾冬减死论。”（《汉书·刘向传》）这位博学多才的学者炼制黄金失败了，而且差一点儿为此丢了性命。不仅有学者醉心于此，就连一些皇帝也热衷于这种方术，《宋史·隐逸列传上》：“周世宗好黄白术，有以抟名闻者，显德三年，命华州送至阙下。留止禁中月余，从容问其术，抟对曰：‘陛下为四海之主，当以致治为念，奈何留意黄白之事乎？’”周世宗是指北周皇帝宇文毓，而文中的“抟”则是指著名的道士陈抟。全真教的代表人物邱处机也炼制黄金，叶子奇《草木子·谈薮》：“真人丘长春能烧金，佐世祖军国之用，以功封以金印，主全真教。”

统观史书记载，一些人炼制金银失败了，还有一些人似乎成功了，然而事实并非如此。可以肯定的是，使用这种方术的人，没有成功者。他们炼制出来的金银，只是假金银，因此人们称这种金银为药金、药银。至少在唐代，人们就已经知道如何识别这种假金银与真金银的方法，《旧唐书·方伎列传》：“孟诜……好方术，尝于凤阁侍郎刘祎之家，见其敕赐金，谓祎之曰：‘此药金也。若烧火其上，当有五色气。’试之果然。则天闻而不悦，因事出为台州司马。”武则天拿药金赏赐臣下，被看穿后很不高兴，就把孟诜赶出了朝廷。

炼制药金、药银，在我国具有漫长的历史，我们既要指出其用于求仙目的的荒诞，但也不能否定这种炼制过程扩展了古人对各种矿物质性能的认识眼界，从某个程度上说，也为我国的化工冶炼作出了一定的贡献。

抱朴子曰：“《神仙经·黄白之方》二十五卷，千有余首①。黄者，金也；白者，银也。古人秘重其道②，不欲指斥③，故隐之云尔。或题篇云‘庚辛’④，庚辛，亦金也。然率多深微难知，其可解分明者少许尔。世人多疑此事为虚诞，与不信神仙者正同也。余昔从郑公受九丹及《金银液经》，因复求受《黄白中经》五卷。郑君言：'曾与左君于庐江铜山中试作[5]，皆成也，然而斋洁禁忌之勤苦，与金丹神仙药无异也。'俗人多讥余好攻异端[6]，谓予为趣欲强通天下之不可通者[7]。余亦何为然哉！余若欲以此辈事，骋辞章于来世，则余所著《外篇》及杂文二百余卷，足以寄意于后代，不复须此。且此《内篇》，皆直语耳，无藻饰也。余又知论此曹事，世人莫不呼为迂阔不急，未若论俗间切近之理，可以合众心也。然余所以不能已于斯事，知其不入世人之听，而犹论著之者，诚见其效验，又所承授之师非妄言者。而余贫苦无财力，又遭多难之运[8]，有不已之无赖[9]，兼以道路梗塞，药物不可得，竟不遑合作之[10]。余今告人言：'我晓作金银。'而躬自饥寒，何异自不能行，而卖治躄之药[11]，求人信之，诚不可得。然理有不如意，亦不可以一概断也[12]。所以勤勤缀之于翰墨者[13]，欲令将来好奇赏真之士，见余书而具论道之意耳。

【注释】

①首：篇，条款。

②秘重：因为重视而秘藏。

③指斥：指名直呼。

④庚辛：黄金的别名。古人将天干与五行相配，"庚辛"属"金"，因此以庚辛代指黄金。

⑤庐江：地名。在今安徽合肥一带。铜山：山名。

⑥攻：学习，研究。异端：指道教求仙的学问。

⑦趣：意向，喜好。

⑧多难之运：多灾多难的命运。葛洪十三岁丧父，成年后又累遭战乱，家藏典籍荡尽，生活贫苦。

⑨不已：无穷无尽。无赖：无所依靠。赖，依靠。

⑩不遑：没有机会。遑，闲暇。这里指机会。

⑪躄(bì)：两腿瘸。

⑫一概断：一概否定。断，断除，否定。

⑬缀：装饰，点缀。引申为写作。翰墨：笔墨。

【译文】

抱朴子说：“《神仙经·黄白之方》共二十五卷，有一千多个条款。所谓的‘黄’，指的是黄金；所谓的‘白’，指的是白银。古人因为重视而秘藏这些方法，不愿意指名直呼，所以隐藏了金银的名称。有的写文章时把它叫作‘庚辛’，庚辛，指的也是黄金。然而这些方法大多深奥微妙而难以理解，能够明白理解的只有少数人而已。世人大多怀疑此事，认为是虚假荒诞的，这与不相信神仙的人正好相同。我过去跟随郑先生学习了九转仙丹和《金银液经》，于是又请求学习《黄白中经》五卷。郑先生说：‘我曾经和左元放先生在庐江铜山中试制，全都成功了。然而斋戒洁身、各种禁忌带来的辛勤劳苦，和炼制金丹仙药没有什么区别。’很多世人讥讽我喜欢学习研究异端邪说，认为我热衷于勉强去弄懂那些天下本来不可能弄懂的事情。我又为何要这样做呢？我如果是想用这类事情，向后世炫耀自己的辞藻，那么我所写的《抱朴子外篇》以及杂文二百多卷，也足以流传自己的思想于后世了，根本不再需要这本书。而且这本《抱朴子内篇》，都是一些直言直语，没有什么文彩修饰。我也知道谈论这些事情，世人都会认为是些不必急于了解的迂阔之事，不如讨论一些世俗间切近人情的道理，更能够迎合众人的心意。然而我之所以不能中止这些事情，知道这些事情虽然不为世人所接受，却仍然研究、著述的原因，是因为我确实看见了它们的效果，而且传授这些学问的老师都不是胡言乱语的人。只是因为我贫穷没有财力，又遭遇了多灾多难的命运，有无穷无尽、无依无靠的难处，再加上道路阻塞不通，药物无法寻到，以至于最终也没有机会去调合炼制。我现在告诉别人说：'我懂得炼制金银。'然而我自己却饥寒交迫，这与自己不能行走、却卖着治疗瘸腿药有什么不同呢，要求别人相信自己，确实是不可能的。然而即使道理有不合人情的地方，也不能就一概否定。我之所以勤勤恳恳地用笔墨写下这些方法，是想让将来那些喜欢奇术、欣赏真道的人，看见我的书以后可以详细了解真道的内容而已。

"夫变化之术，何所不为？盖人身本见，而有隐之之法；鬼神本隐，而有见之之方。能为之者往往多焉。水火在天，而取之以诸燧[①]；铅性白也，而赤之以为丹[②]；丹性赤也，而白之而为铅。云雨霜雪，皆天地之气也，而以药作之，与真无异也。至于飞走之属、蠕动之类[③]，禀形造化，既有定矣，及其倏忽而易旧体、改更而为异物者[④]，千端万品，不可胜论。人之为物，贵性最灵，而男女易形，为鹤为石，为虎为猿，为沙为鼋，又不少焉。至于高山为渊，深谷为陵，此亦大物之变化。变化者，乃天地之自然，何为嫌金银之不可以异物作乎[⑤]？譬诸阳燧所得之火，方诸所得之水，与常水火岂有别哉？蛇之成龙，茅糁为膏[⑥]，亦与自生者无异也。然其根源之所缘由，皆自然之感致，非穷理尽性者，不能知其指归，非原始见终者[⑦]，不能得其情状也。狭观近识，桎梏巢穴[⑧]，揣渊妙于不测，推神化于虚诞，以周、孔不说，坟籍不载[⑨]，一切谓为不然，不亦陋哉！又，俗人以刘向作金不成，便云天下果无此道，是见田家或遭水旱不收，便谓五谷不可播殖得也。

【注释】

①诸燧:方诸和阳燧。方诸,古代于月下承露取水的器物。远古时代用蛤壳,后来用铜铸。阳燧,凹面铜镜。用它聚集日光可以取火。

②赤之:把它炼制成红色。

③蠕动之类:指虫子。蠕,虫子爬动的样子。

④倏忽:时间很短的样子。易:改变。

⑤嫌:怀疑。

⑥茅糁(shēn)为膏:茅草的果实变为油脂。茅,植物名。疑为“仙茅”。《本草纲目》卷十二:“广西英州多仙茅,其羊食之,举体悉化为筋,不复有血肉。食之补人,名乳羊。”糁,米粒。

⑦原始:探索根源。原,追究根源。

⑧桎梏(zhì gù):脚镣手铐。在脚叫“桎”,在手叫“梏”。这里指受约束。巢穴:比喻狭窄的范围。

⑨坟籍:典籍。坟,“三坟”的省略。传说中三皇时代的书籍。这里代指古代典籍。

【译文】

“说到那些变化无常的道术,又有什么不能做到的呢?人的身体本来是显现的,却有隐去它的方法;鬼神本来是隐形的,却有使它们显现的手段。能够做到这些的人是很多的。水和火是上天生出来的,却能够用方诸、阳燧获取;铅的本性是白色的,却能够把它炼制成为红色的丹;丹的天性是红的,却也能够把它炼制成为白色的铅。云雨霜雪,都是天地之气形成的,但可以用药物把它们制作出来,而且与真的没有什么区别。至于飞禽走兽之属、蠕动的虫子之类,禀受形体于大自然,已经有了一定的形体,然而它们能够在突然之间就改变了旧的模样,变化为其他的事物,千般万种,无法说尽。人作为一种事物,有高贵的天性,是天地的精灵,但是男女形体可以相互改变,还可以变为仙鹤、石头,变为老虎、猿猴，变为沙土、鼋鳖，这些情况也不少见。至于高山变为深渊，深谷变为山陵，这些也算是大事物的变化。千变万化，乃是天地间的自然规律，那么为什么要怀疑金银不能用其他东西制作出来呢？比如阳燧所求得的火，方诸所获取的水，与正常的水火难道有什么区别吗？蛇变成龙，茅糁化为油膏，也与自然生成的没有什么区别。然而其中的根本缘由，也都是自然规律所导致的，如果不是能够穷尽事理的人，就不可能懂得其中的道理；如果不是能够溯源知终的人，就不可能明白它们的情况。见识狭窄而目光短浅，受约束于狭隘的小圈子里，揣摩精深的道理以为是不可测度，推想神秘的变化以为是虚妄荒诞，认为凡是周公、孔子没有说过的，古代典籍没有记载的，统统都被看作不真实的，这岂不是太浅薄了吗？另外，世人认为刘向炼制黄金没有成功，就断言天下肯定没有这种方法，这就好比看见有的农家遭到水旱灾害而没有收成，就认为五谷不可能靠耕种而获得一样。

“成都内史吴大文[①]，博达多知，亦自说昔事道士李根[②]，见根煎铅锡，以少许药如大豆者投鼎中，以铁匙搅之，冷即成银。大文得其秘方，但欲自作，百日斋便为之，而留连在官，竟不能得，恒叹息言：‘人间不足处也。’又，桓君山言[③]：‘汉黄门郎程伟[④]，好黄白术，娶妻，得知方家女[⑤]。伟常从驾出而无时衣[⑥]，甚忧。妻曰：“请致两端缣[⑦]。”缣即无故而至前。伟按《枕中鸿宝》[⑧]，作金不成。妻乃往视伟，伟方扇炭烧筒，筒中有水银。妻曰：“吾欲试相视一事[⑨]。”乃出其囊中药，少少投之，食顷发之[⑩]，已成银。伟大惊曰：“道近在汝处，而不早告我，何也？”妻曰：“得之须有命者。”于是伟日夜说诱之，卖田宅以供美食衣服，犹不肯告伟。伟乃与伴谋挝笞伏之[⑪]，妻辄知之，告伟言：“道必当传其人。得其人，道路相遇辄教之；如非其人，口是而心非者，虽寸断支解，而道犹不出也。”伟逼之不止，妻乃发狂，裸而走，以泥自涂，遂卒。’近者前庐江太守华令思，高才达学，洽闻之士也，而事之不经者⑫，多所不信。后有道士说黄白之方，乃试令作之，云以铁器销铅，以散药投中，即成银。又销此银，以他药投之，乃作黄金。又从此道士学彻视之方⑬，行之未百日，夜卧即便见天文及四邻了了，不觉复有屋舍篱障。又妾名瑶华者，已死，乃见形，与之言语如平生。又祭庙，闻庙神答其拜，床似动有声⑭。令思乃叹曰：‘世间乃定无所不有，五经虽不载，不可便以意断也。’然不闻方伎者，卒闻此⑮，亦焉能不惊怪邪？

【注释】

①内史：官名。各个时代所负责的事务不同。汉代的内史负责政务。

②李根：神仙名。《神仙传》有记载。

③桓君山：即东汉初年的著名思想家桓谭，著《新论》一书。

④黄门郎：官名。秦、汉设置，当时郎官给事于黄门（宫门）之内，称“黄门侍郎”或“黄门郎”。掌侍从皇帝、传达诏命等事。

⑤知方家：懂得方术的家庭。

⑥驾：这里特指皇上的车驾。时衣：合时的服装。

⑦两端：四丈。端，量词。布帛的长度单位。两丈为端，一说六丈为端。缣（jiān）：双丝的细绢。

⑧《枕中鸿宝》：书名。西汉淮南王刘安组织门客所著。

⑨相视：帮助。相，帮助。视，办事。

⑩食顷：吃顿饭的时间。

⑪挝笞(zhuā chī):殴打。挝,击打。笞,用竹板、荆条打。伏:通“服”,使她屈服。

⑫不经:不合常规,不合情理。

⑬彻视:透视的法术。

⑭床:安放器物的架子。

⑮卒(cù):通“猝”,突然。

【译文】

“成都的内史吴大文,博学通达、知识丰富,他也谈到自己从前曾经师从道士李根,看见李根烧炼铅锡,用大豆般的少量药物投入鼎中,用铁匙搅拌,冷却后就变成了银子。吴大文得到了他的秘方,一心想自己炼制,斋戒一百天后就开始行动,然而由于他流连于官场之上,因此最终也没有成功,他常常叹息说:‘人世间真不值得居住啊。’另外,桓君山说:‘汉代黄门郎程伟,喜好烧炼黄金白银的法术,娶了妻子,妻子是一位懂得方术之家的女儿。程伟曾经要跟随皇帝出行而没有合时的服装,很是忧愁。妻子说:“请让我弄来几丈缣帛。”于是缣帛就自然而然地出现在面前。程伟按照《枕中鸿宝》的方法,炼制黄金而没有成功。妻子去探望他,看见他正扇着炭火烧炼筒子,筒子中有水银。妻子说:“我想试着帮助你做件事情。”于是就掏出口袋里的药,投放了很少的一点,一顿饭的时间之后打开一看,已经变成了银子。程伟大吃一惊,说:“道术就近在你的手中,你却没有早点告诉我,为什么呢?”妻子说:“获得这种道术必须要有这种命的人啊!”于是程伟白天夜晚地劝说和诱使她说出秘方来,卖掉田地房屋以供给她美好的食物和衣服,但她还是不肯告诉程伟。于是程伟就纠合同伴准备殴打她而让她屈服,但妻子总是预先就能知道,她告诉程伟说:“道术必须传授给适当的人。如果遇到适当的人,即便是半道上偶然碰上的,也应该传授给他;如果不是适当的人,特别是那些口是心非的人,即使自己被一寸寸地肢解,而道术依然是不能说出来的。”程伟无休无止地逼迫她,妻子最后就被逼疯了,裸露着身体到处奔跑，用泥巴涂抹自己，接着就死去了。'近些年有一位前任的庐江太守华令思，才高学博，是位博闻强记的士人，凡是不合常规的事情，他大多不会相信。后来有个道士向他谈起炼制黄金、白银的方术，他就让这个道士试着制作，说是把铅放在铁器中烧炼，再拿药物投入其中，就炼制成了银子。再烧炼这种银子，把另一种药物投放进去，就制作成黄金。他还跟着这位道士学习透视的方术，练习不到一百天，夜间躺卧着就能把天象和四邻的情况看得清清楚楚，不再感到还有房屋等屏障。另外，他有一个妾名叫瑶华，已经去世，他却能够看到她，而且还能够像生前那样同她交谈。还有，他在庙中祭祀，能够听到庙中之神在回应他的祭拜，那摆放物品的架子似乎在摇动而且发出声响。华令思于是叹息说：'世间确实是无奇不有，五经里即使没有记载的事情，也不能就凭着主观臆断就说它不存在啊！'然而那些没听到过方术的人，突然听到这些事情，又怎么能够不感到惊奇呢？

"又黄白术亦如合神丹，皆须斋洁百日已上[①]，又当得闲解方书[②]，意合者乃可为之，非浊秽之人，及不聪明人，希涉术数者所辨作也[③]。其中或有须口诀者，皆宜师授。又宜入于深山之中、清洁之地，不欲令凡俗愚人知之。而刘向止宫中作之，使宫人供给其事，必非斋洁者，又不能断绝人事，使不来往也，如此安可得成哉！桓谭《新论》曰：'史子心见署为丞相史[④]，官架屋，发吏卒及官奴婢以给之，作金不成。丞相自以力不足，又白傅太后[⑤]。太后不复利于金也[⑥]，闻金成可以作延年药，又甘心焉[⑦]，乃除之为郎[⑧]，舍之北宫中[⑨]，使者待遇。'宁有作此神方可于宫中，而令凡人杂错共为之者哉？俗间染缯练[⑩]，尚不欲使杂人见之，见之即坏，况黄白之变化乎？凡事无巨细，皆宜得要。若不得其法，妄作酒、酱、醋、羹、臛犹不成[11]，况大事乎？

【注释】

①已上：以上。已，通“以”。

②闲：通“娴”，熟悉。

③希：同“稀”，稀少。辨(bàn)：通“办”。

④署：委任。丞相史：官名。为丞相的助理官员。

⑤白：下对上告诉，禀报。傅太后：西汉哀帝的祖母。

⑥利：认为……有利，看重。

⑦甘心：动心，醉心。

⑧除：任命。郎：官名。帝王侍从官侍郎、中郎、郎中的总称。

⑨舍：居住。

⑩缯练：丝绸。缯，丝织品的总称。练，白色的熟绢。

⑪羹：汤。臛(huò)：带汁的肉。

【译文】

“另外，炼制黄金、白银的方术也如同炼制神仙丹药一样，都必须斋戒洁身一百天以上，还应该完全理解道术之书，而且只有志趣相投的人才能够炼制，这种事情不是那些污秽恶浊的人，以及不够聪明的人，或者很少涉足道术的人所能够炼制成功的。其中有的需要口诀，都要由老师亲自传授。还应该进入深山之中，选择清洁的地方，不要让那些凡夫俗子和愚昧无知的人知道了。然而刘向却在宫中炼制，让宫中的人参与其事，这些宫人又未必都是斋戒洁身的人，又不能断绝人情琐事，不能让人们不与自己交往，如此又怎么能够炼制成功呢？桓谭的《新论》说：‘史子心被任命为丞相史，由官方为他修建房屋，派官吏、士兵和官家奴婢供给所需，然而黄金却没有炼制成功。丞相自认为力量不够，又禀告给了傅太后。太后并不重视黄金带来的利益，只是听说黄金炼成后可以用来制作延年益寿的药物，才醉心于此，于是就任命他为郎官，让他居住在北宫里，并且安排人侍奉他。'难道可以在宫中施行这种仙方、而让凡人搀杂其中一起炼制吗？世间为丝织品染色时，尚且不能让杂人看见，一旦看见了就无法染好，更何况是变化神奇的炼制黄金、白银呢？做事情不论大小，都应该掌握它们的要旨。如果没有掌握其中的要旨，即便是胡乱地去制作酒、酱、醋、羹、臛，尚且无法成功，更何况做大事呢？

"余曾咨于郑君曰：'老君云："不贵难得之货①"。而至治之世②，皆投金于山③，捐玉于谷，不审古人何用金银为贵而遗其方也？'郑君答余曰：'老君所云，谓夫披沙剖石，倾山漉渊，不远万里，不虑压溺，以求珍玩，以妨民时④，不知止足，以饰无用；及欲为道，志求长生者，复兼商贾⑤，不敦信让，浮深越险，干没逐利⑥，不吝躯命，不修寡欲者耳。至于真人作金，自欲饵服之致神仙，不以致富也。故经曰："金可作也，世可度也。"银亦可饵服，但不及金耳。'

【注释】

①不贵难得之货：不看重贵重的金银财宝。本句出自《老子》第三章。

②至治之世：最和谐、最美好的社会。

③投金于山：把黄金放在山中而不去开采。《庄子·天地》："藏金于山，藏珠于渊。"

④民时：农时。

⑤复兼商贾（gǔ）：兼做商人。商贾，商人。

⑥干没：侥幸取利。

【译文】

"我曾经向郑先生请教说：'太上老君说："不要看重难得的金银财

宝。”在最为美好的社会里，将黄金放在深山中，把美玉藏在幽谷里。不知道古人为什么认为金银很贵重却把炼制的配方遗留下来呢？’郑先生回答我说：‘太上老君的意思，是反对那种淘沙剖石，挖掉山峰，抽干深渊，不以万里为远，不怕山压水溺，去寻求珍宝玩物，从而妨碍了百姓的农时，而又不知满足，去装饰一些无用的东西；以及那些既想追求道术，立志长生不死，却又兼做商人，不讲信义谦让，游过深水，攀越险阻，侥幸地追求利益，甚至不惜生命，不注重清心寡欲的人而已。至于真人炼制黄金，是为了自己服食而成为神仙，并不是想凭此赚取财富。因此仙经上说：“黄金可以炼制，人世可以超越。”银子也可以服食，只是比不上黄金而已。’

“余难曰：‘何不饵世间金银而化作之？作之则非真，非真则诈伪也。’郑君答余曰：‘世间金银皆善，然道士率皆贫，故谚云：“无有肥仙人富道士也。”师徒或十人或五人，亦安得金银以供之乎？又不能远行采取，故宜作也。又化作之金，乃是诸药之精，胜于自然者也。仙经云：“丹精生金。”此是以丹作金之说也。故山中有丹砂，其下多有金。且夫作金成则为真物，中表如一①，百炼不减。故其方曰：“可以为钉②。”明其坚劲也。此则得夫自然之道也，故其能之，何谓诈乎？诈者，谓以曾青涂铁③，铁赤色如铜；以鸡子白化银④，银黄如金，而皆外变而内不化也。’

【注释】

①中表：里外。表，外。

②钉：钉子。另外，炼成的黄金饼块也叫做“钉”。《说文·金部》：“钉，炼饼黄金。”

③曾青:矿物名。色青,可供绘画及溶化金属用,道教用作炼丹原料。

④鸡子白:即蛋白。

【译文】

“我质疑说:‘为什么不直接服食世间现成的金银而要去炼制金银呢?炼制的金银就不是真实的金银,不真实就是欺诈虚伪了。’郑先生回答我说:‘世上的金银都很好,然而道士一般都很贫穷,因此谚语说:“没有肥胖的仙人和富有的道士。”老师与弟子或许十来人,或许四五人,又能够从哪里获得金银供给他们服食呢?也不能够到远方去获取,因此应该自己炼制黄金。另外,炼制出来的黄金,乃是各种药物的精华,比自然形成的金银更好。仙经说:“丹砂的精华产生黄金。”这就是说要用丹砂来炼制黄金。因此山中有丹砂,丹砂的下面往往就有黄金。而且炼制黄金成功后就成为真正的黄金,里外如一,千锤百炼也不会减损,因此仙方说:“可以做成钉子。”这就说明了炼制出来的黄金坚硬刚劲。这就是因为掌握了自然的道术,所以能够炼制出来,怎么能够说是欺诈呢?所谓的欺诈,指的是用曾青涂抹铁器,铁的颜色红得像铜;或者用鸡蛋白涂染银子,白银就黄得如同黄金,然而这些都是外部变化了而内部并没有变化啊。’

“夫芝菌者,自然而生,而仙经有以五石、五木种芝[①]。芝生,取而服之,亦与自然芝无异,俱令人长生,此亦作金之类也。雉化为蜃[②],雀化为蛤[③],与自然者正同。故仙经曰:‘流珠九转[④],父不语子;化为黄白,自然相使。’又曰:‘朱砂为金,服之升仙者,上士也;茹芝导引[⑤],咽气长生者,中士也;餐食草木,千岁以还者,下士也。’又曰:‘金银可自作,自然之性也。长生,可学得者也。’《玉牒记》云:‘天下悠悠[⑥],

皆可长生也；患于犹豫，故不成耳。凝水银为金⑦，可中钉也⑧。'《铜柱经》曰：'丹沙可为金，河车可作银⑨。立则可成，成则为真。子得其道，可以仙身。'《黄山子》曰：'天地有金，我能作之。二黄一赤⑩，立成不疑。'《龟甲文》曰：'我命在我不在天，还丹成金亿万年。'古人岂欺我哉？

【注释】

①五石：五种矿物质。指丹砂、雄黄、白礜、曾青、磁石。五木：五种树木。指桑、槐、桃、楮、柳。

②雉化为蜃（shèn）：野鸡变为大蛤。雉，野鸡。蜃，一种大蛤蜊。《礼记·月令》："孟冬之月……雉入大水为蜃。"

③雀化为蛤（gé）：鸟雀变为蛤蜊。《礼记·月令》："季秋之月……爵入大水为蛤。"爵，通"雀"。

④流珠：指水银。九转：九次变化。道教烧炼金丹，以九转为贵。转，循环变化。如丹砂烧制为水银，水银再烧制为丹砂，烧炼时间越久，转变次数越多，效能越高。

⑤茹：吃。

⑥悠悠：平庸的样子。这里指一般的民众。

⑦凝：凝结。这里指炼制。

⑧中：符合，适合。

⑨河车：又叫"紫河车"。植物名。可入药。一说指北方的正气。道教认为，炼丹的铅汞与河车相合，始能成丹。

⑩二黄一赤：指黄色的雄黄、戎盐和红色的丹砂。

【译文】

"那些灵芝，是自然生成的，然而仙经中记载了用五种石料和五种木料种植灵芝的方法。灵芝生出后，拿来服食，也与天然的灵芝没有什么区别，都能够使人长生不老，这与人工炼制黄金也是同样的道理。另外，野鸡变为蜃，鸟雀变成蛤，也都与天然的完全一样。因此仙经上说：'水银炼制成九转仙丹的方法，父亲也不传授给儿子；能够炼制黄金白银，那是大自然使然。'还说：'朱砂炼制为黄金，服食后升天成仙的人，是上等的道士；服食灵芝进行导引，呼吸元气而能够长生的人，是中等的道士；服用草木之药，能够活到一千年以内的人，是下等的道士。'还说：'黄金、白银可以自己动手炼制，这符合自然规律；长生不死的法术，可以通过学习而得到。'《玉牒记》说：'天下那些平庸之人，都可以长生不死；怕的是犹豫不决，因此修炼不成功。把水银炼制成黄金，可以制成坚硬的钉子。'《铜柱经》说：'丹砂可以炼制成黄金，河车可以炼制成白银。立刻就能获取成功，成功之后就是真正的金银。您如果能够得此法术，可以使自己成为仙人。'《黄山子》说：'天地之间有黄金，我也能够炼制黄金。两种黄色原料加一种红色原料，即刻就能成功而不须怀疑。'《龟甲文》说：'我的生命取决于我自己而不依靠上天，九转还丹和炼制黄金就能够长寿亿万年。'古人难道会欺骗我们吗？

"但患知此道者多贫，而药或至贱而生远方，非乱世所得也。若戎盐、卤咸皆贱物①，清平时了不直钱，今时不限价直而买之无也。羌里石胆②，千万求一斤③，亦不可得。徒知其方，而与不知者正同，可为长叹者也。有其法者，则或饥寒无以合之④，而富贵者复不知其法也。就令知之，亦无一信者。假令颇信之，亦已自多金银，岂肯费见财以市其药物⑤，恐有弃系逐飞之悔⑥，故莫肯为也。又计买药之价，以成所得之物，尤有大利，而更当斋戒辛苦，故莫克为也。且夫不得明师口诀，诚不可轻作也。夫医家之药，浅露之甚，而其常用效方，便复秘之。故方有用后宫游女、僻侧之胶、封君泥丸、木鬼子、金商芝、飞君根、伏龙肝、白马汗、浮云滓、龙子丹衣、夜光骨、百花醴、冬邹斋之属⑦，皆近物耳，而不得口诀，犹不可知，况于黄白之术乎？

【注释】

①戎盐：即岩盐。因产于西部戎族地区而得名。卤咸：又叫卤盐。盐的一种。因产于卤城（今山西繁畤）一带而得名。

②羌里：地名。在今甘肃一带。石胆：矿物名。可入药。

③千万：指成千上万的钱。

④无以：没有办法。

⑤见（xiàn）财：现财。见，通“现”。

⑥弃系逐飞：抛弃已到手的鸟，却去追逐天上飞的鸟。

⑦后宫游女：虫名。即萤火虫。见《石药尔雅》。僻侧之胶：指桃胶。见《石药尔雅》。封君泥丸：药物名。具体所指不详。木鬼子：当指槐树子。金商芝：指楸木耳。飞君根：药物名。具体所指不详。伏龙肝：灶下经过长期烧烤的土，因此又名“灶心土”。见《本草纲目》卷七。白马汗：疑为“白马汁”。植物名。即覆盆子，覆盆子的别名为“白马汁”。另外，白马的汗液也可以入药。浮云滓：云母别名。见《石药尔雅》。龙子丹衣：当为“龙子单衣”。药物名。即蛇蜕的皮。另外虾蟆皮也称为“龙子单衣”。夜光骨：蜡烛灰烬的别名。见《石药尔雅》。百花醴：蜂蜜的别名。见《石药尔雅》。冬邹斋：药物名。具体所指不详。

【译文】

“只是可惜的是懂得道术的人大都贫穷，而所使用的药物也许虽然很不值钱但出产在远方，不是动乱时期所能寻找得到的。比如戎盐、卤盐，都是便宜的药物，清平时期完全不值钱，然而现在无论出多高的价钱也无法买到。羌里石胆，即使出成千上万的钱去购买一斤，也无法买到。仅仅懂得这些方法而没有药物，便和不懂得的人是一样，真让人为此长叹啊！拥有炼制金银方术的人，却因为饥寒交迫而没有办法去炼制；而那些富贵的人又不懂得炼制的方术。即使懂得，也没有一个相信的。假如有比较相信的富贵之人，又因为自己已经拥有了很多的黄金、白银，哪里肯花掉现成的财物去购买那些药物，他们担心会像放弃已系牢的鸟儿、而去追逐天上的飞鸟那样两边失误而后悔，因此没有人肯去炼制。也有人计算买药的价钱，和炼成的金银相比，还是大有利益，然而必须斋戒、吃苦，因此也不能去实施。况且如果得不到圣明的老师亲口传授，也的确是不能轻易去炼制的。医生用的药物，非常的浅显易懂，而医生对自己常用的有效药方，常常密藏而不示人。所以药方中就使用后宫游女、僻侧之胶、封君泥丸、木鬼子、金商芝、飞君根、伏龙肝、白马汗、浮云滓、龙子丹衣、夜光骨、百花醴、冬邹斋之类的名称，这些都是些身边的药物，但如果得不到传授的口诀，尚且无法明白，更何况是炼制黄金、白银的方术呢？

"今能为之者，非徒以其价贵而秘之矣，此道一成，则可以长生。长生之道，道之至也，故古人重之也。凡方书所名药物，又或与常药物同而实非者。如河上姹女[①]，非妇人也；陵阳子明[②]，非男子也；禹余粮[③]，非米也；尧浆[④]，非水也。而俗人见方用龙胆、虎掌、鸡头、鸭蹠、马蹄、犬血、鼠尾、牛膝[⑤]，皆谓之血气之物也；见用缺盆、覆盆、釜鬲、大戟、鬼箭、天钩[⑥]，则谓之铁瓦之器也；见用胡王使者、倚姑新妇、野丈人、守田公、戴文浴、徐长卿[⑦]，则谓人之姓名也。近易之草，或有不知，玄秘之方，孰能悉解？刘向作金不成，无可怪之也。及得其要，则复不烦圣贤大才而后作也，凡人可为耳。刘向岂顽人哉[⑧]？直坐不得口诀耳[⑨]。

【注释】

①河上姹女：水银的别名。

②陵阳子明：水银的别名。

③禹余粮：一种矿物名。可入药。另外草药麦门冬也叫做“禹余粮”。

④尧浆：药物名。具体所指不详。

⑤龙胆：草药名。叶似龙葵而味苦如胆，故名。虎掌：草药名。又名“日华”。参见《本草纲目》卷十七。鸡头：草药名。花似鸡冠，故名鸡头。参见《本草纲目》卷三十三。鸭蹠(zhí)：草药名。叶如竹，高一二尺，花深碧，故又名“碧竹子”。参见《本草纲目》卷十六。马蹄：草药名。又名“马蹄草”。参见《本草纲目》卷十九。犬血：草药名。具体所指不详。鼠尾：草药名。《本草纲目》卷十三有“鼠尾芩”，卷十六有“鼠尾草”，均以“鼠尾”命名。牛膝：草药名。其茎有节，似牛膝，故以为名。参见《本草纲目》卷十六。

⑥缺盆：草药名。即“覆盆”。参见《本草纲目》卷十八。釜鬲(lì)：药物名。具体所指不详。大戟：草药名。苗似甘遂而高大，叶有白汁，花黄。参见《本草纲目》卷十七。鬼箭：草药名。生山石间，小株成丛。春长嫩条，主干上四面有羽如箭羽，故名。参见《本草纲目》卷三十六。天钩：药物名。具体所指不详。

⑦胡王使者：草药名。近根处有白茸，状似白头老翁，故又名“白头翁”。参见《本草纲目》卷十二。倚姑新妇：药物名。具体所指不详。野丈人：草药名。即“白头翁”。见“胡王使者”注。守田公：草药名。即半夏。参见《本草纲目》卷十七。戴文浴：草药名。参见《本草纲目拾遗》卷四。徐长卿：草药名。参见《本草纲目》卷十三。

⑧顽人：愚钝之人。

⑨直：只，仅仅。坐：因为。

【译文】

“现在能够炼制金银的人，不仅仅因为这些方法的价值高而秘不示人，还因为这些方法一旦成功，就可以长生不死。长生不死的道术，是所有道术中的最高道术，因此古人特别重视它。道术书中所记载的药物，还有一些与常用药物的名称相同而实际并不一样。比如河上姹女，并非是指妇女；陵阳子明，并非是指男子；禹余粮，并非是指稻米；尧浆，并非是指水浆。然而世人一看见药方中的龙胆、虎掌、鸡头、鸭蹠、马蹄、犬血、鼠尾、牛膝，就认为指的是含有血气的动物；一看见使用的缺盆、覆盆、釜鬲、大戟、鬼箭、天钩，就认为指的是铁器瓦器之类；一看见使用的胡王使者、倚姑新妇、野丈人、守田公、戴文浴、徐长卿，就认为指的是人名。浅显易辨的草药，有些还无法明白，那么对于玄妙隐秘的方术，谁又能够完全了解呢？因此刘向炼制黄金没有成功，也就不用感到奇怪了。如果能够掌握其中的要旨，就毋须麻烦才华杰出的圣贤然后才能炼制，一般的人都可以炼制了。刘向难道是一位愚钝的人吗？仅仅就是因为他没有获取口诀而已。

“今将载其约而效之者，以贻将来之同志焉。当先取武都雄黄[①]，丹色如鸡冠，而光明无夹石者，多少任意，不可令减五斤也。捣之如粉，以牛胆和之[②]，煮之令燥。以赤土釜容一斗者，先以戎盐、石胆末荐釜中[③]，令厚三分，乃内雄黄末[④]，令厚五分，复加戎盐于上。如此，相似至尽。又加碎炭火如枣核者，令厚二寸。以蚓蝼土及戎盐为泥[⑤]，泥釜外，以一釜覆之，皆泥令厚三寸，勿泄。阴干一月，乃以马粪火煴之，三日三夜，寒，发出，鼓下其铜[⑥]，铜流如冶铜铁也。乃令铸此铜以为筒，筒成以盛丹砂水。又以马屎火煴之，三十日发炉，鼓之得其金。即以为筒，又以盛丹砂水，又以马通火煴三十日⑦,发取捣治之。取其二分,生丹砂一分,并汞。汞者,水银也。立凝成黄金矣。光明美色,可中钉也。”

【注释】

①武都:山名。一在今甘肃西固,一在今四川绵竹。

②牛胆:这里指牛胆的汁。

③荐:铺垫。

④内(nà):同“纳”,纳入,放入。

⑤蚓蝼土:即蚯蚓泥,也即蚯蚓的粪便。参见《本草纲目》卷七。

⑥鼓:鼓风冶炼。铜:指与铜相似的冶炼物。

⑦马通:即马粪、马屎。古人把马屎叫做“通”。

【译文】

“现在我要把简约而能奏效的炼制方法记载下来,把它送给未来那些志同道合的人。要先拿一些武都出产的雄黄,要红得像鸡冠一样,光洁明亮而没有夹石,多少可以随意,但不能少于五斤。把这些雄黄捣碎成粉末,用牛胆汁掺合,煮后让它们干燥。再用红土制成的、能容纳一斗的锅,先拿一些戎盐、石胆粉末放入锅中,让它们有三分厚,然后再放入雄黄粉,让它有五分厚,再放戎盐在上面。就像这样,一层层地加上去直至把原料用完。再加上像枣核大小的碎炭,让它有两寸厚。然后用蚓蝼土和戎盐制成泥,涂抹在锅的外面,用另一口锅覆盖着,都涂上三寸厚的泥,别让它漏气。阴干一个月后,再用马粪火烘烤,烘烤三天三夜,冷却后,打开锅取出,然后鼓风冶炼让炼成的铜流下来,那流出的铜就如同熔化的真正铜铁一样。然后把这种铜熔铸成筒子,筒子制成后放入丹砂水。又用马屎火烘烤,三十天以后打开筒子,鼓风冶炼出里面的金属。再把这些金属炼制成筒子,再次放入丹砂水,又用马粪火烘烤三十天,打开筒子取出后锤打炼制。炼制的配方是取来两份这样的金属,加入生的丹砂一份,掺合进汞。所谓汞,就是水银。它们马上就会凝结为黄金了。这黄金光彩明亮，色泽美观，坚硬得可以制成钉子。”

作丹砂水法：治丹砂一斤，内生竹筒中，加石胆、消石各二两[1]，覆荐上下[2]，闭塞筒口，以漆骨丸封之[3]，须干，以内醇苦酒中[4]，埋之地中，深三尺，三十日成水，色赤味苦也。

【注释】

①消石：矿物质名。可入药。

②覆荐：上面覆盖，下面铺垫。

③漆骨丸：药物名。具体所指不详。《本草纲目》卷十六有“漆姑草”，疑“漆骨丸”为“漆姑草”所制成的药丸。

④醇苦酒：浓醋。

【译文】

制作丹砂水的方法：研制丹砂一斤，放进竹筒里，加入石胆、消石各二两，覆盖住上下，堵塞竹筒口，用漆骨丸封住，等到干燥以后，放在浓醋里，埋在地下，深度三尺，三十天后就融化成水，颜色是红的，而味道是苦的。

金楼先生所从青林子受作黄金法[1]：先锻锡，方广六寸，厚一寸二分，以赤盐和灰汁[2]，令如泥，以涂锡上，令通厚一分，累置于赤土釜中。率锡十斤，用赤盐四斤，合封固其际[3]，以马通火煴之，三十日，发火视之，锡中悉如灰状，中有累累如豆者[4]，即黄金也。合治内土瓯中[5]，以炭鼓之，十炼之并成也。率十斤锡，得金二十两。唯长沙、桂阳、豫章、南海土釜可用耳[6]。彼乡土之人，作土釜以炊食，自多也。

【注释】

①金楼先生:人名。《金楼子·志怪》说他是嵩山道士。青林子:人名。得道之人,生平不详。

②赤盐:见下文"作赤盐法"。另外戎盐也叫"赤盐"。

③际:指锡块之间的缝隙。

④累累:多的样子。

⑤瓯:小盆子。

⑥长沙:地名。在今湖南长沙。桂阳:地名。在今湖南境内。豫章:地名。在今江西南昌。南海:地名。在今广东番禺。

【译文】

金楼先生向青林先生学习的制作黄金的方法:先锻炼锡块,方形,宽度为六寸,厚度为一寸二分,用赤盐掺合灰汁,搅拌成稀泥状,用来涂抹在锡块上,让这种泥状物都有一分厚,然后把锡块叠放在红土制成的锅里。一般十斤锡,用四斤赤盐,赤盐泥要把锡块之间的缝隙牢固地封住,然后用马粪火烘烤,三十天后,拨开火看去,锡完全变得如同灰一样,其中有很多像豆粒的东西,那就是黄金了。把这些豆粒状的东西收集起来后放入土盆里,用炭火鼓风冶炼,连续炼制十次后就成功了。一般用十斤锡,可以获得黄金二十两。只有长沙、桂阳、豫章、南海的土锅才能使用。那些地方的老百姓,制作土锅用来烹煮食物,所以那里的土锅自然就很多了。

治作赤盐法:用寒盐一斤[1],又作寒水石一斤[2],又作寒羽涅一斤[3],又作白矾一斤,合内铁器中,以炭火火之,皆消而色赤,乃出之可用也。

【注释】

①寒盐:矿物名。当即卤盐。卤盐又名"寒石"。参见《本草纲目》

卷十一。

②寒水石：矿物名。又叫白水石、凝水石。见《本草纲目》卷十一。

③寒羽涅：矿物名。即涅石。《本草纲目》卷十一说，涅石又叫“羽涅”。

【译文】

制作赤盐的方法：用寒盐一斤，再制作寒水石一斤，再制作寒羽涅一斤，再制作白矾一斤，混合后放入铁器中，用炭火烧炼，都会熔化而颜色变红，取出后就可以使用了。

角里先生从稷丘子所授化黄金法[①]：先以矾水石二分[②]，内铁器中，加炭火令沸，乃内汞，多少自在[③]，搅令相得[④]，六七沸，注地上成白银。乃取丹砂水、曾青水各一分，雄黄水二分，于镉中，加微火上令沸，数搅之，令相得，复加炭火上令沸，以此白银内其中，多少自在，可六七沸，注地上凝，则成上色紫磨金也[⑤]。

【注释】

①角（lù）里先生：角，又写作“甪”，西汉初年“商山四皓”之一。稷丘子：传为角里先生的老师。

②矾水石：即矾石水。掺入矾石的水。

③自在：任意。

④相得：均匀。

⑤紫磨金：上等的黄金。

【译文】

角里先生向稷丘子所学习的制作黄金的方法：先用矾石水两份，放入铁器中，然后放在炭火上把它烧开，再放入汞，剂量的多少可以任意，把它们搅拌均匀，沸腾六七次以后，倾倒在地上就凝结成白银。再取丹砂水、曾青水各一份，雄黄水两份，倒入锅中，放在小火上煮沸，多次地搅拌，让它们混合均匀，再放在炭火上把它烧开，把制成的白银放进去，数量的多少任意，大约烧开六七次以后，倾倒在地上，凝结后就可以成为上等的紫磨金了。

治作雄黄水法：治雄黄，内生竹筒中一斤，辄加消石二两，覆荐上下，封以漆骨丸，内醇大醋中[①]，埋之深三尺，二十日即化为水也。作曾青水方，及矾石水同法，但各异筒中耳。

【注释】

①醇大醋：即浓醋。

【译文】

制作雄黄水的方法：研制雄黄，放入生竹筒中一斤，就加入消石二两，覆盖住上下，用漆骨丸封着，放入浓醋之中，埋入三尺深的地下，二十天后就熔化为水了。制作曾青水的方法，以及制作矾石水的方法与此相同，只是各自放入不同的竹筒中而已。

小儿作黄金法：作大铁筒成，中一尺二寸[①]，高一尺二寸。作小铁筒成，中六寸，莹磨之[②]。赤石脂一斤[③]，消石一斤，云母一斤，代赭一斤[④]，流黄半斤[⑤]，空青四两[⑥]，凝水石一斤[⑦]，皆合捣细筛，以醯和[⑧]，涂之小筒中，厚二分。汞一斤，丹砂半斤，良非半斤[⑨]。取良非法，用铅十斤内铁釜中，居炉上露灼之，铅销，内汞三两，早出者以铁匙抄取之，名曰“良非”也。搅令相得，以汞不见为候[⑩]，置小筒中，云母覆其上，铁盖镇之。取大筒居炉上，销铅注大筒中，没小筒中，去上半寸，取销铅为候，猛火炊之，三日三夜，成，名曰“紫粉”。取铅十斤于铁器中销之，二十日上下，更内铜器中，须铅销，内紫粉七方寸匕，搅之，即成黄金也。欲作白银者，取汞置铁器中，内紫粉三寸已上，火令相得，注水中，即成银也。

【注释】

①中：这里指铁筒里面的直径。

②莹磨：打磨。莹，磨制。

③赤石脂：风化石的一种。以色理细腻者为胜，可用作涂饰墙壁，又为道教炼丹原料。

④代赭：矿物名。又名代赭石。

⑤流黄：即硫磺。

⑥空青：矿物名。又名杨梅青。

⑦凝水石：矿物名。即寒水石。见《本草纲目》卷十一。

⑧醯（xī）：醋。

⑨良非：铅与汞的混合物。其制作方法见下文。

⑩候：征兆，标准。

【译文】

小儿制作黄金的方法：制成一个大铁筒，内部直径为一尺二寸，高度也为一尺二寸。再制成一个小铁筒，内部直径六寸，对它进行打磨。用赤石脂一斤，消石一斤，云母一斤，代赭一斤，硫磺半斤，空青四两，凝水石一斤，放在一起捣细筛过，用醋加以调和，涂抹在小铁筒内，厚度为两分。放入一斤汞，半斤丹砂，半斤良非。制作良非的方法是，把十斤铅放入铁锅里，放在火炉子上暴露着烧炼，铅熔化后，放入三两汞，要用铁匙子酌取最先冒出来的东西，这种东西就叫做“良非”。把汞、丹砂、良非搅拌均匀，以看不见汞为标准，然后放进小铁筒里，用云母覆盖在上面，再用铁盖压住。把大铁筒放在火炉上，把熔化的铅注入大铁筒中，然后把小铁筒淹没在铅液中，离铅液的顶部有半寸，以铅液的多少为标准，然后用大火烧炼，三天三夜以后，就炼制成功了，这些炼制出来的物质就叫"紫粉"。再拿十斤铅放在铁器里熔化，二十天左右，改放在铜器里，等到铅销溶后，用方寸大小的勺子舀七勺紫粉放进去，搅拌均匀后，就形成了黄金。想要制作白银的，拿汞放入铁器里，放入紫粉三寸厚以上，用火烧制使它们熔化均匀，然后倒入水中，立即就成了白银。

务成子法[①]：作铁筒长九寸，径五寸，捣雄黄三斤，蚓蝼壤等分[②]，作合以为泥，涂裹使径三寸[③]，匮口四寸[④]，加丹砂水二合[⑤]，覆马通火上，令极干。内铜筒中，塞以铜合盖坚，以黄沙筑上，覆以蚓壤重泥上，无令泄，置炉炭中，令有三寸炭，筒口赤，可寒发之。雄黄皆入著铜筒，复出入如前法。三斤雄黄精[⑥]，皆下入着筒中，下提取与黄沙等分，合作以为炉，炉大小自在也。欲用之，置炉于炭火中，炉赤，内水银，银动则内铅其中，黄从傍起交中央[⑦]，注之于地，即成金。凡作一千五百斤，炉力即尽矣。此金取牡荆、赤黍酒渍之[⑧]，百日，即柔可和也。如小豆，服一丸，日三服，尽一斤，三虫伏尸[⑨]，百病皆去，盲者视，聋者闻，老者即还年如三十时，入火不灼，百邪众毒，冷风暑湿，不能侵入；尽三斤，则步行水上，山川百神，皆来侍卫，寿与天地相毕。以杼血、朱草煮一丸[⑩]，以拭目眥[⑪]，即见鬼及地中物，能夜书；以白羊血涂一丸，投水中，鱼龙立出，可以取也；以青羊血、丹鸡血涂一丸[⑫]，悬都门上[⑬]，一里不疫；以涂牛羊六畜额上，皆不疫病，虎豹不犯也；以虎胆、蛇肪涂一丸，从月建上以掷敌人之军[⑭]，军即便无故自乱，相伤杀而走矣；以牛血涂一丸，以投井中，井中即沸；以投流水，流水则逆流百步；以白犬血涂一丸，投社庙舍中⑮，其鬼神即见，可以役使；以兔血涂一丸，置六阴之地⑯，行厨玉女立至⑰，可供六七十人也；以鲤鱼胆涂一丸，持入水，水为之开一丈，可得气息水中以行，冒雨衣不沾也；以紫苋煮一丸⑱，含咽其汁，可百日不饥；以慈石煮一丸⑲，内髻中⑳，以击贼，白刃、流矢不中之，有射之者，矢皆自向也；以六丁六壬上土并一丸㉑，以蔽人中，则隐形；含一丸，北向以喷火，火则灭；以庚辛日申酉时㉒，向西地以一丸掷树，树木即日便枯；又以一丸，禹步掷虎狼蛇蝮㉓，皆即死；研一丸以书石即入石，书金即入金，书木入木，所书皆彻其肌理㉔，削治不可去也。卒死未经宿㉕，以月建上水下一丸㉖，令入咽喉，并含水喷死人面，即活。以狐血、鹤血涂一丸，内爪中，以指万物，随口变化，即山行木徙，人皆见之，然而实不动也。凡作黄白，皆立太乙、玄女、老子坐，醮祭，如作九丹法，常烧五香㉗，香不绝。又金成，先以三斤投深水中，一斤投市中，然后方得恣其意用之耳。

【注释】

①务成子：神仙名。传说是尧的老师。

②蚓蝼壤：即蚯蚓泥，也即蚯蚓的粪便。参见《本草纲目》卷七。等分：一样的分量。

③裹：疑应为“里”。里面，内部。

④匮：柜子。这里指铁筒。

⑤合(gě)：容量单位。一升的十分之一。

⑥雄黄精：雄黄的精华。经过炼制的优质雄黄。

⑦黄：指黄色的物质。

⑧牡荆：植物名。可入药，据说使用后可以通神。赤黍：粮食名。黍的一种。

⑨三虫伏尸：泛指人体内的寄生虫。三虫，指人体内的寄生虫。伏尸，寄生虫的一种。

⑩杍血：即樗血。指樗树汁。樗，树名。即臭椿树，可入药。朱草：植物名。本书《金丹》："朱草状似小枣，栽长三四尺，枝叶皆赤，茎如珊瑚，喜生名山岩石之下，刻之汁流如血。"

⑪眥（zì）：眼角。

⑫丹鸡：红色雄鸡。

⑬都门：城门。都，大城市。也专指京城。

⑭月建上：月建的方位。月建，农历每月所置之辰为月建，如正月建寅，二月建卯等。上，这里指方位。古代术数家将有时间刻度的天盘与地盘、人盘等相配，即得出相应方位。

⑮社庙：祭地神的地方。这里泛指庙宇。

⑯六阴之地：当指六丁神所降临的地方。六阴，即六丁神，丁神属阴。

⑰行厨：道教法术之一。施行此法时，只要说出想要的食物，便会由仙女送到跟前。

⑱紫苋：植物名。即紫色的苋菜。

⑲慈石：即磁石。一种矿物。可入药。

⑳髻（jì）：发髻。

㉑六丁、六壬上土：与六丁、六壬相配之处的土。六丁，见上文"六阴之地"注。六壬，六十甲子中有"壬"的共有六个（壬申、壬午、壬辰、壬寅、壬子、壬戌），叫做六壬，古人把刻有天干的天盘与地盘相配，即得出相应的方位。

㉒申酉：古人把一昼夜分为十二时辰，用十二地支计时。十五时至

十七为申时,十七时至十九时为酉时。

㉓蝮:毒蛇名。

㉔彻其肌理:穿透到它们的纹理中。彻,穿透。

㉕卒(cù):通“猝”,突然。宿:夜。

㉖下:吞下。

㉗五香:植物名。又叫青木香、五木香。后人又称茴香、花椒、大料、桂皮、丁香为“五香”。

【译文】

务成子的方法:制作一个长九寸的铁筒,直径五寸,捣碎三斤雄黄,加相同分量的蚯蚓壤,调和为泥,涂抹铁筒内使筒的直径还有三寸,筒口为四寸,加入丹砂水两合,放在马粪火上烘烤,让它干透。然后放入铜筒里,以铜塞堵紧,再用黄沙压紧覆盖在上面,再用蚯蚓泥重新涂抹在上面,别让它泄气,放在炭火炉中,要用三寸厚的炭,等筒口烧红,可以在冷却后打开。此时的雄黄都流入了铜筒里,再像前面的程序一样重新取出和放入。等到三斤雄黄的精华,全都流下来附着在筒子上,接着要提取同等分量的黄沙,调合制作为炉子,炉子大小可以随意。想要使用时,就把炉子放在炭火里,等炉子变红,放入水银。水银沸腾时就放入铅,此时能够看见有黄色的物质从炉子旁边出现并交汇到炉子中间,然后把这些物质倾倒在地上,就形成了黄金。炼制一千五百斤后,炉子的药力就用完了。用牡荆、赤黍酒浸泡这种黄金,一百天后,就柔软得可以揉搓了。揉搓成像小豆般大小的丸粒,每次服食一粒,每天三次,吃完一斤,各种寄生虫都会消失,各种疾病都会痊愈,瞎子能够看见,聋子能够听清,老年人返回到三十岁左右的年轻模样,进入烈火不会被烧伤,各种邪气、众多毒虫、寒冷暴风、暑热湿气,都不能侵犯;吃完三斤,就能够在水上行走,而山川的众神,都来护卫,寿命能够与天地一样长久。如果用樗血、朱草煮一粒,用来擦拭眼角,就能够看见鬼和地下的东西,眼睛明亮得能够在夜晚写字;如果用白羊血涂抹一粒,投入水里，鱼龙马上出现，还可以捕取它们；如果用青羊血、丹鸡血涂抹一粒，悬挂在城门上，方圆一里之内就不会出现瘟疫；把药丸涂抹在牛羊六畜的额头上，就不会生病，虎豹也不敢来侵害它们；如果用老虎胆和蛇的脂肪涂抹一粒，站在月建的方位用它投掷敌人的军队，敌人的军队立即就会无缘无故地混乱起来，自相残杀后狼狈逃走；如果用牛血涂抹一粒，把它投入井中，井水马上就会沸腾；把它投入流水中，流水就会倒流一百步；如果用白狗血涂抹一粒，把它放在庙宇之中，那里的鬼神就会立即现身，还可以使唤他们；如果用兔血涂抹一粒，把它放置在六阴的方位，管行厨的仙女马上就会到来，可以提供六七十人的饮食；如果用鲤鱼胆涂抹一粒，拿着它进入水中，水将会为此而避开一丈，人能够在水中呼吸并行走，冒着雨衣裳也不会沾湿；如果用紫苋菜煮一粒，含着或者咽下汁水，能够一百天不感到饥饿；如果用磁石煮一粒，放入发髻中，与敌人作战时，刀刃和飞箭都不能击中自己，如果敌人向自己射箭，箭都会回头射向发箭的人；如果用六丁、六壬方位的泥土加上一粒药丸，就能够隐藏在人们中间，而人们看不到他；口中含一粒，面向北喷吐火，火就会熄灭；在庚辛日的申酉时辰，面向西方用一粒药投掷树木，树木当天就会枯萎；再拿一粒，一边走着禹步一边投掷虎狼蝮蛇，它们全部立即死亡；如果研碎一粒，用它来书写石头就能渗入石头，书写金属就能渗入金属，书写树木就能渗入树木，所写的笔划都穿透进它们的纹理之中，削也削不掉。如果有人突然死去但没有过夜，就可以用月建方位的水送下一粒，让它进入死者咽喉，再含水喷在死人的脸上，死人马上就能复活。如果用狐狸血和仙鹤血涂抹一粒，放在指甲中，用来指点万物，万物就会随着口令而变化，立即就能够使山峰移动、树木迁徙，人人都能看见它们的移动，然而实际上山峰和树木并没有移动。凡是炼制黄金、白银，都要设立太乙、玄女、老子的神座，进行祭祀，与炼制九转仙丹的方法一样，而且还要经常烧着五香，使香气不断。另外，当黄金炼制成功后，先要把三斤黄金投入深水里，一斤黄金放在市场里，然后自己才能任意使用。

登涉卷十七

【题解】

登涉，登山涉水。涉，不借助任何工具、徒步过河叫“涉”。后来，“涉”就泛指渡河了。葛洪在书中反复强调，要想修道成仙，就一定要进入深山。然而在古代，由于人口相对较少，再加上科学技术的不发达，进入深山的人，势必会遇到来自诸如猛兽、毒虫、疾病等各个方面的危害，如果不能防御这些危害，生命尚且没有保障，更何谈修道成仙？本篇的核心思想就是要解决这些难题。

综观本篇，葛洪为人们提供的避难方法主要是宗教性的。换句话说，主要是依靠非科学的巫术手段来消解山中的危险。比如本篇说：“古之入山道士，皆以明镜径九寸以上，悬于背后，则老魅不敢近人。”用镜子来对付危险是一种不可靠的方法，而所谓的“老魅”更是子虚乌有，用不可靠的方法去对付根本就不存在的东西，不仅枉费了心血，也显得滑稽可笑。还有一些方法，不仅不能消解危险，可能会使当事人陷入更大的危机。比如：“或用大禁，吞三百六十气，左取，右以叱虎，虎亦不敢起。以此法入山，亦不畏虎。”葛洪告诉读者说，如果在山中不幸遇到了老虎，不必害怕，吸一些气进来，就可以勇敢地去呵斥老虎，而老虎就会趴在地上一动也不敢动了。如果误信了呵斥老虎这类方法，其悲惨的结局是可想而知的。另外，葛洪在本篇还介绍了许多入山符，认为背着这些符进山，就可以高枕无忧了。从这些论述中，我们不难看出早期道士面对自然灾难时的无知与无奈，同时也使我们看到无知背景下的无畏，甚至使我们感受到这些道士在巨大灾难面前的可掬憨态。

虽然从总体上看，葛洪为人们提供的防灾方法大多是非理性、非科学的，因此也必然是无效的，但也有一些告诫和方法仍然值得人们借鉴。比如，葛洪反复告诫人们万不可轻易进入深山："入山而无术，必有患害。或被疾病及伤刺，及惊怖不安……大木不风而自摧折，岩石无故而自堕落，打击煞人；或令人迷惑狂走，堕落坑谷；或令人遭虎狼毒虫犯人，不可轻入山也。"这些告诫，即使放在今天，也是值得重视的一种忠告。还有一些应急的方法，也有些许可取之处，比如治疗蛇伤："人不晓治之方术者，而为此二蛇所中，即以刀割所伤疮肉以投地，其肉沸如火炙，须臾焦尽，而人得活。"被毒蛇咬伤后，迫不得已时剜掉有毒的肉，当然有利于救人。还有："人行有此虫之地，每还所住，辄当以火炙燎令遍身，则此虫堕地也。"在经过多虫区域后，用火烧燎全身，这在医疗条件十分落后的古代，也不失为一种驱虫的好方法。

总之，本篇提供的方法，是愚昧大于明智，而在愚昧之中，又闪烁着几星明智的火花。"刍荛之言，圣人择焉"，更何况葛洪并非"刍荛"，而我们也更非圣人，抛弃本篇中的愚昧，选择其中的智慧，这不仅是我们对待本篇的态度，也是我们对待本书、乃至整个中国传统文化的态度。

或问登山之道。抱朴子曰："凡为道合药，及避乱隐居者，莫不入山。然不知入山法者，多遇祸害。故谚有之曰：'太华之下[①]，白骨狼藉。'皆谓偏知一事，不能博备，虽有求生之志，而反强死也[②]。山无大小，皆有神灵，山大则神大，山小即神小也。入山而无术，必有患害。或被疾病及伤刺，及惊怖不安；或见光影，或闻异声；或令大木不风而自摧折，岩石无故而自堕落，打击煞人；或令人迷惑狂走，堕落坑谷；或令人遭虎狼毒虫犯人，不可轻入山也。

【注释】

①太华：山名。即西岳华山。在陕西境内，以陡峭闻名。

②强死：死于非命。

【译文】

有人请教登山的道术。抱朴子说："大凡学习道术、炼制丹药，以及为躲避战乱而隐居的人，都要进入深山。然而如果不懂得进入深山的方术，常常会遇到祸害。因此有这样的谚语：'太华山下，白骨纵横。'这就是说如果只懂得一件事，而不能具备全面的知识，虽然有追求长生的志向，反而会死于非命。山无论大小，都有神灵，山大神灵就大，山小神灵就小。因此如果进山没有道术，一定会遇到祸患。有的患上疾病，或者被刺伤，或者惊恐不安；有的看见怪诞的光亮影子，有的听到奇异的声音；有的山神让大树无风而自己折断，岩石无故而自己坠落，撞击人致死；有的山神使人迷狂乱跑，从而落入深谷之中；有的山神使人遭遇伤人的虎狼、毒蛇，因此不能轻易进入深山啊。

"当以三月、九月，此是山开月①，又当择其月中吉日佳时。若事久不得徐徐须此月者②，但可选日时耳。凡人入山，皆当先斋洁七日，不经污秽，带升山符，出门，作周身三五法③。又，五岳有受殃之岁，如九州之地，更有衰盛，受飞符煞炁④，则其地君长不可作也。按《周公城名录》，天下分野⑤，灾之所及，可避不可禳⑥，居宅亦然，山岳皆尔也。又大忌不可以甲乙、寅卯之岁⑦，正月、二月入东岳⑧；不以丙丁、巳午之岁，四月、五月入南岳；不以庚辛、申酉之岁，七月、八月入西岳；不以戊巳之岁，四季之月入中岳；不以壬癸、亥子之岁，十月、十一月入北岳。不须入太华、霍山、恒山、太山、嵩高山⑨，乃忌此岁，其岳之方面⑩，皆同禁也。

【注释】

①山开月：山门打开的月份。

②久不得：不能长久拖延。须：等待。

③周身三五法：道教的护身法术。《云笈七签》卷四十七："凡受三五法，在存识三天真名、三师真名，有急灾困病，三大唤天名，密呼三师名，即灾病皆消。"

④飞符煞炁：用飞符镇住灾祸之气。飞符，道教符箓之一。能够驱使鬼神、消灾求福。煞炁，即"杀气"。杀灾祸之气。

⑤分野：周代将天上十二星辰的位置与地上州国的位置相配，《史记》则把天上的二十八宿与地上的十二州国相配，就天文言叫做"分星"，就地上说叫做"分野"。古人以星区的变异来预测相应州国的吉凶。

⑥禳：用祭祀祈祷来消除灾难的一种活动。

⑦以：于，在。下几例"以"同此。甲乙、寅卯之岁：古代用天干地支纪年，所谓的"甲乙、寅卯之岁"，就是指带有"甲乙、寅卯"的那一年。

⑧东岳：山名。五岳之一，指泰山，古人又写作"太山"。其余四岳为：中岳嵩山，西岳华山，南岳衡山，北岳恒山。汉武帝时，认为衡山太远，就在霍山上祭祀衡山神，本书就以"霍山"代"衡山"。到了唐代，人们又把衡山神从霍山迁回衡山。

⑨不须：不仅。

⑩岳之方面：每一岳所代表的那个方向的山。如东岳就代表了所

有东方的山。

【译文】

“应该在三月和九月进入深山，此时是山门大开的月份，还应该选择这些月份中吉祥的时辰。如果事情急迫不能慢慢地等着这两个月，那就只能选择当月的吉日良辰了。但凡人们进入深山，都应该先斋戒洁身七天，不要有任何污秽，还要佩带升山符，出门后，还要作周身三五法。另外，五岳各有不吉利的年份，就像九州的各个地区，交替着有盛有衰一样，如果学会了能够镇住灾祸之气的飞符，这块地盘上的神灵就不能作祸了。按照《周公城名录》的说法，天下各有分野，如果灾难落到了某个分野，此处的人们就只能躲避而无法禳除，人的住宅也是如此，山岳也同样是如此。还有很大的禁忌，就是不能在甲乙、寅卯的那些年里，于正月、二月进入东岳；不能在丙丁、巳午的那些年里，于四月、五月进入南岳；不能在庚辛、申酉的那些年里，于七月、八月里进入西岳；不能在戊已的那些年里，于四季之月进入中岳；不能在壬癸、亥子的那些年里，于十月、十一月进入北岳。不仅是进入太华山、霍山、恒山、太山、嵩高山时，才忌讳这些年份，每一岳所代表的同一方向的山岳，都有同样的忌讳。

“又万物之老者，其精悉能假托人形，以眩惑人目而常试人，唯不能于镜中易其真形耳。是以古之入山道士，皆以明镜径九寸已上，悬于背后，则老魅不敢近人。或有来试人者，则当顾视镜中，其是仙人及山中好神者，顾镜中故如人形；若是鸟兽邪魅，则其形貌皆见镜中矣。又老魅若来，其去必却行[①]。行可转镜对之，其后而视之，若是老魅者，必无踵也；其有踵者，则山神也。昔张盖蹹及偶高成二人[②]，并精思于蜀云台山石室中，忽有一人著黄练单衣[③]，葛巾[④]，往到其前曰:‘劳乎道士,乃辛苦幽隐。’于是二人顾视镜中,乃是鹿也。因问之曰:‘汝是山中老鹿,何敢诈为人形?’言未绝,而来人即成鹿而走去。林虑山下有一亭[⑤],其中有鬼,每有宿者,或死或病,常夜有数十人,衣色或黄或白或黑,或男或女。后郅伯夷者过之宿[⑥],明灯烛而坐诵经,夜半有十余人来,与伯夷对坐,自共樗蒲博戏[⑦]。伯夷密以镜照之,乃是群犬也。伯夷乃执烛起,佯误以烛烬爇其衣[⑧],乃作焦毛气。伯夷怀小刀,因捉一人而刺之,初作人叫,死而成犬。余犬悉走,于是遂绝。乃镜之力也。

【注释】

①却行:倒着行走。

②张盖蹹(tà)、偶高成:修仙之人,生平不详。

③练:这里泛指丝绸。

④葛巾:用葛布制成的头巾。葛,植物名。其纤维可以织布。

⑤林虑山:山名。又叫隆虑山。在今河南林县。

⑥郅(zhì)伯夷:东汉人。

⑦樗蒲:古代的一种赌博游戏。

⑧爇(ruò):焚烧。

【译文】

“另外,万物中年岁老的,它们的精灵都能够变作人的模样,来迷惑人,而且经常试探人,只是不能在镜子中改变它们的本来面目。因此古代那些进入深山的道士,都把一面直径九寸以上的明镜,悬挂在自己的背后,那么老妖魅就不敢接近人了。如果有鬼怪来试探人,就应该回头看看镜子里,如果是仙人和山中的好神,回头看镜子里依然是人的形体;如果是鸟兽的邪恶鬼魅,它们的本来面目都会显现在镜子中了。另外，如果是老妖魅来了，它离去时一定是倒着行走。在它离开时可以回转镜子对着它，从后面来观察它，如果真是老妖魅，肯定没有脚后跟；如果有脚后跟，那就是山神了。从前张盖蹹和偶高成两个人，一起在蜀郡云台山石室中精修苦练，突然有一个人穿着黄色丝绸的单衣，戴着葛布头巾，来到他们的跟前说：'道士们辛苦了，如此隐居真是劳苦啊！'此时两人回头看看镜中，发现竟然是只野鹿。于是就问道：'你是山中的老鹿，怎么敢假扮成人的模样呢？'话还没说完，来的那个人就变成野鹿逃走了。林虑山下有一个亭子，其中有鬼，每次在这里住宿的人，要么死去，要么生病。此处经常在夜里出现几十人，他们的衣服有黄色的、有白色的、也有黑色的，有男人，也有女人。后来郅伯夷经过那里住了下来，晚上点亮灯烛后坐下诵读经书，半夜时来了十几个人，与郅伯夷对面坐着，他们自己一起玩樗蒲游戏。郅伯夷就偷偷地用镜子来照他们，原来是一群狗。郅伯夷就端着灯烛站起来，假装失手，用烛火烧了他们的衣服，发出毛发烧焦的气味。于是郅伯夷怀揣着小刀，顺势抓住其中一个就刺了过去，开始时还发出人的叫声，死后就变成了一只狗。其余的狗全都逃跑了，从此鬼怪就没有了。这就是明镜的力量啊。

"上士入山，持《三皇内文》及《五岳真形图》，所在召山神，乃按鬼录，召州社及山卿、宅尉问之①，则木石之怪、山川之精，不敢来试人。其次即立'七十二精镇符'，以制百邪之章②，及朱官印、包元十二印③，封所住之四方，亦百邪不敢近之也。其次执八威之节④，佩'老子玉策'⑤，则山神可使，岂敢为害乎？余闻郑君之言如此，实复不能具知其事也。余师常告门人曰：'夫人求道，如忧家之贫，如愁位之卑者，岂有不得耶？'但患志之不笃，务近忘远，闻之则悦，倔倔前席⑥，未久，则忽然若遗⑦，毫厘之益未固，而丘山之损不已，亦安得穷至言之微妙、成罔极之峻崇乎[⑧]？”

【注释】

①州社：各州的土地神。社，土地神。山卿：山神。卿，官名。宅尉：房宅的神。尉，官名。

②章：通“彰”，显现。这里指出来害人。

③朱官印：红色的官印。包元十二印：道士用来镇邪的印章之一。

④八威之节：道教的一种镇邪符节。节，古代用来作凭证的东西。

⑤老子玉策：道教的一种符箓。

⑥偪偪：不断向前移动的样子。前席：在席位上向前移动。形容听得入迷、不知不觉移近讲话人的样子。

⑦遗：忘记。

⑧无极：无限。峻崇：高大的样子。这里指伟大的修道成仙的事业。

【译文】

“最高明的道士进入深山，手持《三皇内文》和《五岳真形图》，所到之处就召唤当地的山神，还依照鬼的名录，召来州郡的社神和山神、宅神询问，这样一来那些树木、石头的妖精，山川的鬼怪，就不敢前来试探人了。那些次一等的道士就要书写并竖起‘七十二精镇符’，用来镇住各种妄想害人的鬼怪，还用朱红色的官印、包元十二印，封住居住地的四个方向，各种邪怪也不敢近身。再次一等的道士就手持‘八威之节’，佩带着‘老子玉策’，也可以使唤山神了，山神哪里还敢为害呢？这些都是我从郑先生那里听到的，其实我自己并不完全了解这些事情。我的老师经常告诫弟子说：‘人们追求仙道，如果能够像发愁家中贫穷，像忧愁地位低下一样，又怎么会学不到呢？’可惜的是人们的志向不坚定，致力于眼前的目标而忘却了远大的志向，刚听见道术时很高兴，听得入迷、不知不觉移近讲话人，但过不了多久，却忽视得如同忘记了一般，很少的一点收益还没有得到巩固，而山丘般的巨大损伤却无休无止，又怎么能够完全理解至理名言中的微妙道理、成就无穷无尽的崇高事业呢？"

抱朴子曰："入山之大忌：正月午、二月亥、三月申、四月戌、五月未、六月卯、七月甲子、八月申子、九月寅、十月辰未、十一月己丑、十二月寅[①]。入山良日：甲子、甲寅、乙亥、乙巳、乙卯、丙戌、丙午、丙辰，已上日大吉[②]。"

【注释】

①"正月午"句：据清人孙星衍校勘，本段中"四月戌"当作"四月丑"，"五月未"当作"五月戌"，"七月甲子"当作"七月子"，"八月申子"当作"八月巳"，"十月辰未"当作"十月未"，"十一月己丑"当作"十一月辰"，"十二月寅"当作"十二月酉"。正月午，正月的午日。

②已上：以上。已，通"以"。

【译文】

抱朴子说："进山的大忌讳，是正月的午日、二月的亥日、三月的申日、四月的丑日、五月的戌日、六月的卯日、七月的子日、八月的巳日、九月的寅日、十月的未日、十一月的辰日、十二月的酉日。而进山的吉日是甲子、甲寅、乙亥、乙巳、乙卯、丙戌、丙午、丙辰，以上几天是大吉大利的日子。"

抱朴子曰："按《九天秘记》及《太乙遁甲》云，入山大月忌[①]：三日、十一日、十五日、十八日、二十四日、二十六日、三十日。小月忌：一日、五日、十三日、十六日、二十六日、二十八日。以此日入山，必为山神所试。又所求不得，所作不成。不但道士，凡人以此日入山，皆凶害，与虎狼毒虫相遇也。”

【注释】

①大月：阴历称有三十天的月为大月，只有二十九天的月为小月。

【译文】

抱朴子说：“按照《九天秘记》和《太乙遁甲》的说法，每个大月进山的忌讳日是：第三日、十一日、十五日、十八日、二十四日、二十六日、三十日。小月的忌讳日是：第一日、五日、十三日、十六日、二十六日、二十八日。在这些日子进山，一定会被山神试探、捉弄。有所追求也无法得到，所做的事情也难以成功。不仅仅是道士，所有的人在这些日子进山，都会遭遇凶险祸害，会与虎狼毒虫相遇。”

抱朴子曰：“天地之情状、阴阳之吉凶，茫茫乎其亦难详也[①]，吾亦不必谓之有，又亦不敢保其无也。然黄帝、太公皆所信仗[②]，近代达者严君平、司马迁皆所据用[③]，而经传有治历明时刚柔之日[④]。古言曰：‘吉日惟戊[⑤]。’有自来矣。王者立太史之官[⑥]，封拜置立[⑦]，有事宗庙、郊祀天地[⑧]，皆择良辰。而近才庸夫，自许脱俗[⑨]，举动所为，耻拣善日，不亦戆愚哉[⑩]？每伺今入山，不得其良时日，交下有其验，不可轻入也。按《玉钤经》云：‘欲入名山，不可不知遁甲之秘术[⑪]。’而不为人委曲说其事也[⑫]。而《灵宝经》云：‘入山当以保日及义日，若专日者大吉，以制日、伐日必死[⑬]。’又不一一道之也。

【注释】

①茫茫乎：迷迷茫茫、看不清楚的样子。

②太公：姓姜名牙，又称吕尚、太公望。西周初年人，协助周武王灭商后，被封于齐。

③严君平：西汉蜀郡人，名遵，字君平。曾为扬雄的老师。

④治历：研究历法。治，研究。明时：弄清楚季节时辰。刚柔之日：古人认为，十日之中有五刚五柔，甲、丙、戊、庚、壬为刚日，乙、丁、己、辛、癸为柔日。《礼记·曲礼上》："外事以刚日、内事以柔日。"

⑤吉日惟戊：吉祥之日为戊日。语出《诗经·小雅·吉日》。

⑥太史：官名。掌管修史和历法。

⑦封拜：封官拜爵。置立：设置官员。

⑧有事宗庙：在宗庙里祭祀祖先。

⑨自许：自己称许自己。

⑩戆(zhuàng)：愚笨。

⑪遁甲：古代方士术数之一。其法以十干的乙、丙、丁为三奇，以戊、己、庚、辛、壬、癸为六仪，把三奇、六仪分置于九宫，以甲统之，视其加临吉凶，以为趋避，故称遁甲。

⑫委曲：详细。

⑬保日、义日、专日、制日、伐日：依照五行相生、相克而选定的吉凶日子。《淮南子·天文训》："甲乙寅卯，木也。丙丁巳午，火也。戊己四季，土也。庚辛申酉，金也。壬癸亥子，水也。水生木，木生火，火生土，土生金，金生水。子生母曰义，母生子曰保，子母相得曰专，母胜子曰制，子胜母曰困。"《太上灵宝五符序》卷下："保者，支干上生下之日，甲午、乙巳是也；义者，支干下生上之日，壬申、癸酉日是也；制日，支干上克下之日，戊子、己亥是也；伐日，干支下克上之日，甲申，乙酉日是也。"

【译文】

抱朴子说："天地的情况、阴阳的吉凶，迷迷茫茫难以详细了解，我也不能肯定说它们一定存在，也不敢肯定说它们一定不存在。然而黄帝、姜太公对此都很信赖，近代的严君平、司马迁也都依据沿用这些，而经传中又有研究历法、明白季节时辰、刚日、柔日的说法。有句古话说：'吉利的日子就是戊日。'这说明选择吉日良辰的做法是源远流长啊。帝王们设立太史这个官职，在封官拜爵、祭拜宗庙、郊外祭祀天地时，都要让太史选择最佳时辰。而那些才华浅近的凡夫俗子，自诩为超凡脱俗，有所行动时，认为选择好日子是一种耻辱，这不是显得很愚蠢吗？现在每当进入深山时，如果没有找到吉日良辰，马上就会遇到凶险征验，万万不可轻易入山啊。《玉钤经》说：'想要进入名山，不可不懂得遁甲的方术。'却没有对人们详细地说明这些方术。《灵宝经》说：'进山应当在保日和义日，如果是专日就大吉大利，在制日、伐日就一定会死亡。'可是也没有把这些事情一一地说清楚。

"余少有入山之志，由此乃行学遁甲书，乃有六十余卷，事不可卒精[①]，故抄集其要，以为《囊中立成》，然不中以笔传。今论其较略，想好事者欲入山行，当访索知之者，亦终不乏于世也。《遁甲中经》曰：'欲求道，以天内日天内时[②]；劾鬼魅，施符书，以天禽日天禽时入名山[③]；欲令百邪、虎狼、毒虫、盗贼，不敢近人者，出天藏[④]，入地户[⑤]。凡六癸为天藏，六己为地户也。'又曰：'避乱世，绝迹于名山，令无忧患者，以上元丁卯日[⑥]，名曰："阴德之时"，一名"天心"，可以隐沦，所谓"白日陆沉[⑦]，日月无光，人鬼不能见也"。'又曰：'求仙道、入名山者，以六癸之日六癸之时，一名"天公日"，必得度世也。'又曰：'往山林中，当以左手取青龙上草[⑧]，折半置逢星下⑨，历明堂入太阴中⑩，禹步而行⑪。三咒曰：“诺皋⑫！太阴将军⑬，独开曾孙王甲⑭，勿开外人，使人见甲者，以为束薪⑮；不见甲者，以为非人。”则折所持之草置地上，左手取土以傅鼻人中⑯，右手持草自蔽，左手着前，禹步而行，到六癸下，闭气而住，人鬼不能见也。凡六甲为青龙，六乙为逢星，六丙为明堂，六丁为阴中也。☵☲比成“既济”卦⑰。初一初二迹⑱，不任九迹数⑲，然相因，仍一步七尺。’又云：‘一尺合二丈一尺⑳，顾视九迹。’又，禹步法：正立，右足在前，左足在后，次复前右足㉑，以左足从右足并，是一步也；次复前右足，次前左足，以右足从左足并，是二步也；次复前右足㉒，以左足从右足并，是三步也。如此，禹步之道毕矣。凡作天下百术，皆宜知禹步，不独此事也。”

【注释】

①卒(cù)精：很快就能精通。卒，通“猝”，突然。

②天内(ruì)日天内(ruì)时：奇门遁甲术语。为不吉利的时辰。遁甲有“天盘星图”，分列天蓬、天芮、天冲、天辅、天禽、天心、天柱、天任、天英九星，以此盘与天盘、地盘等相互参照以推测吉凶。“天内”即天芮星。天芮星主大凶。

③天禽日天禽时：奇门遁甲术语。为吉利的时辰。参见上注。

④天藏：根据下文，带有六个“癸”的日子为“天藏”。

⑤地户：根据下文，带有六个“己”的日子为“地户”。

⑥上元：道教把一月分为上、中、下三元。上元即上旬。另外，农历正月十五也被称为上元节。

⑦陆沉：无水而沉，比喻隐居。这里指隐身。

⑧青龙：根据下文，带有六个“甲”的日子为“青龙”。

⑨逢星：根据下文，带有六个“乙”的日子为“逢星”。

⑩明堂：根据下文，带有六个“丙”的日子为“明堂”。太阴中：即阴中。“太”为衍字。根据下文，带有六个“丁”的日子为“阴中”。

⑪禹步：本指跛行。相传禹治水辛苦，身病偏枯，行走艰难。后代巫师、道士仿效这种步态，称之为“禹步”。

⑫诺皋(háo)：呼唤鬼神之词。旧传人死招魂，登高而呼“皋”，下面有人代灵魂应声回答“诺”，故称“诺皋”。皋，通“嗥”，呼唤。

⑬太阴将军：神灵名。

⑭开：打开山门。曾孙王甲：为呼唤者自称。曾孙，孙之子。用于对后代的统称。呼唤者自称为神灵的后代。王甲，类似于今天的王某。

⑮束薪：一捆柴草。

⑯人中：穴位名。在鼻子与上唇中间。

⑰☵☲比成“既济”卦：☵☲排比在一起形成“既济”卦。按照《易》，☵为坎，为水；☲为离，为火。两卦排比，象征水火相济，各得其宜，故称“既济”。这里用“既济”比喻登山成功。

⑱初一初二迹：第一、第二步。联系上文，这里的“初一初二”似指“既济”卦，然而《周易》大部分卦象都有六行，每行为一爻。古人根据每一爻的位置、性质，称其中“—”为“九”、“- -”为“六”，第一爻为“初”。这句话所说的与“既济”卦象不一致，“既济”的卦象应是“初九”、“六二”。因此这里的“初一初二”，应是在描述下文说的禹步。

⑲不任九迹数：不足九步的数。禹步一共为九小步。这几句文字可能有讹误，因此滞碍不通。

⑳一尺合二丈一尺：疑为“一共合二丈一尺”。因为下文介绍禹步一组三步，每步七尺，则为二丈一尺。

㉑次复前右足：依孙星衍考证，当为“次复前左足，次前右足”。

㉒次复前右足:依孙星衍考证,当为"次复前左足,次前右足"。

【译文】

"我从小就有进入深山的志向,因此就去学习奇门遁甲的书籍,于是就拥有了六十多卷。这种法术不可能在短时间内就精通,所以就抄写收集其中的主要内容,编写为《囊中立成》一书。然而其中的要旨不宜用笔墨来表述。现在只能论述遁甲术的大致内容,想来那些喜好道术的人到山中游历,还需要寻求、掌握奇门遁甲术,到时候也不至于需要此类书籍时因为社会上缺乏而无法找到吧!《遁甲中经》说:'想要学习遁甲术,应该在天内那天的天内时辰;想要制服鬼怪,使用符箓,应该在天禽那天的天禽时辰进入名山;想要让各种邪怪、虎狼、毒虫、盗贼不敢接近人,就要在天藏日出发,进入地户日结束。凡是六癸之日就是天藏,而六己之日就是地户。'还说:'为了躲避动乱的世道,到名山中去隐居,为了使自己能够免于忧患,应该选择在上元的丁卯那一天,这一天名叫"阴德之时",另一个名称叫"天心",这一天可以隐身,是所谓"大白天可以隐身,太阳月亮都会失去光明,人和鬼都不能看见"。'又说:'追求仙道、进入名山的人,应该选择在六癸的那天和六癸的时辰,这一天的另一个名称是'天公日',这一天进山一定能够离开人世成仙。'又说:'到山林中去,应当用左手于青龙日摘取一棵草,折一半后于逢星日放下,从明堂日出发而于阴中日结束,要用禹步行进,念三遍咒语说:"诺皋!太阴将军,唯独为我曾孙王某开山门,不要对他人开放山门,让别人看见我王某时,以为我是一捆柴草;看不见我王某时,以为没有任何人。"然后把手持的折断的草放在地上,左手抓起一把土敷在鼻下人中穴上,右手拿草来掩蔽自己,左手放在前面,用禹步前行,到六癸日的方位时,屏着呼吸停下,如此人和鬼就都不能看到自己了。六甲日就是"青龙",六乙日就是"逢星",六丙日就是"明堂",六丁日就是"阴中"。如此就会像☵☲排列成"既济"卦那样成功了。仅仅走第一、第二步,是不足禹步的九个足迹数目,然而可以继续走下去,每步仍是七尺。'又说:‘一共是二丈一尺,回头看有九个足迹。’另外,禹步的走法是:正身而立,右脚在前面,左脚在后面,然后再向前迈出左脚,又迈出右脚,用左脚跟右脚相并,这就是第一步;然后又把右脚迈在前,接着迈左脚向前,用右脚跟左脚相并,这是第二步;然后又把左脚迈在前,接着迈出右脚,用左脚跟右脚相并,这是第三步。像这样,禹步的走法就算完全掌握了。凡是施行天下的各种法术,都应该懂得禹步,不仅仅是奇门遁甲之术需要它。”

抱朴子曰:“《灵宝经》曰:‘所谓宝日者①,谓支干上生下之日也②,若用甲午、乙巳之日是也。甲者,木也;午者,火也;乙亦木也,巳亦火也;火生于木故也。’又谓:‘义日者,支干下生上之日也,若壬申、癸酉之日是也。壬者,水也;申者,金也;癸者,水也;酉者,金也;水生于金故也。所谓制日者,支干上克下之日也,若戊子、己亥之日是也。戊者,土也;子者,水也;己亦土也,亥亦水也。五行之义,土克水也。所谓伐日者,支干下克上之日,若甲申、乙酉之日是也。甲者,木也;申者,金也;乙亦木也,酉亦金也,金克木故也。’他皆仿此。引而长之,皆可知之也。”

【注释】

①宝日:保日。“宝”字当为“保”字之误。

②支干:即天干、地支。天干有十个:甲、乙、丙、丁、戊、己、庚、辛、壬、癸。地支有十二个:子、丑、寅、卯、辰、巳、午、未、申、酉、戌、亥。古人以天干和地支互相搭配,组合成甲子、乙丑……六十个干支数,用来纪年、纪日,周而复始,循环使用。上生下:古人把天干、地支与五行相配,从而形成相生、相克的关系。这里说的

“上生下”，即某个天干生某个地支。

【译文】

抱朴子说：“《灵宝经》说：‘所谓的保日，是指干支上位能够产生下位的那一日，比如甲午、乙巳日就是这样的日子。甲，属木；午，属火；乙也属木，巳也属火；是因为火由木产生的缘故啊。’还说：‘所谓的义日，是指干支的下位能够产生上位的那一日，比如壬申、癸酉日就是这样的日子。壬，属水；申，属金；癸，属水；酉，属金；因为水是由金所产生的缘故啊。所谓的制日，是指干支的上位能够克制下位的那一日，比如戊子、己亥日就是这样的日子；戊，属土；子，属水；己也属土，亥也属水。根据五行的运行规律，土克制水。所谓的伐日，是指干支的下位能够克制上位的那一日，如像甲申、乙酉日就是这样的日子。甲，属木；申，属金；乙也属木，酉也属金，是金克制木的缘故啊。’其余的日子都与此相似，如此类推开去，就都可以明白了。”

抱朴子曰：“入名山，以甲子开、除日①，以五色缯各五寸②，悬大石上，所求必得。又曰：入山宜知六甲秘祝③，祝曰：‘临兵斗者，皆阵列前行④。’凡九字，常当密祝之，无所不辟⑤。要道不烦，此之谓也。”

【注释】

①甲子开、除日：开日和除日。古代建除家将日子分为“建”、“除”、“满”、“平”、“定”、“执”、“破”、“危”、“成”、“收”、“开”、“闭”十二类，又把这十二类日子与地支相配，《淮南子·天文训》：“寅为建，卯为除，辰为满，巳为平，主生；午为定，未为执，主陷；申为破，主衡；酉为危，主杓；戌为成，主少德；亥为收，主大德；子为开，主太岁；丑为闭，主太阴。”

②缯：丝织品的总称。

③六甲秘祝：道教咒语名。

④临兵斗者，皆阵列前行：面临战斗的人，都应该列阵前进。因是咒语，“译文”中不再译为白话文。

⑤辟(bì)：通“避”，避开。

【译文】

抱朴子说：“进入名山，应当在甲子的开日和除日，用五种颜色的丝织品各五寸，悬挂在大石头上，这样就能使所有的追求都可以实现。又说：进山应该知道六甲秘咒，咒语说：‘临兵斗者，皆陈列前行。’一共九个字，应当经常秘密念诵它们，就能够避开所有的灾祸了。重要的道旨不繁琐，说的就是这种咒语啊。”

抱朴子曰：“山中山精之形，如小儿而独足，走向后，喜来犯人。人入山，若夜闻人音声大语，其名曰‘蚑’①，知而呼之，即不敢犯人也。一名‘热内’，亦可兼呼之。又有山精，如鼓，赤色，亦一足，其名曰‘晖’。又或如人，长九尺，衣裘戴笠，名曰‘金累’。或如龙而五色赤角，名曰‘飞飞’，见之皆以名呼之，即不敢为害也。”

【注释】

①蚑(qí)：本为虫名。此处作山精名。

【译文】

抱朴子说：“深山里山精的形状，就像只有一只脚的小孩，走路是向后面走，喜欢侵害人。人们进入深山后，如果夜间听到有人在大声说话，那它的名字就叫做‘蚑’，知道了这个名字并呼唤这个名字，它就不敢来侵害人了。它的另一个名字叫做‘热内’，也可以同时呼唤这个名字。还有一些山精，形状像鼓，红色，也只有一只脚，它的名字叫做‘晖’。还有一些山精长得像人，身高九尺，穿着皮衣，戴着斗笠，名字叫做‘金累’。有的山精长得像龙，五彩斑斓，红色的龙角，名字叫做‘飞飞’。看见了它们就要呼唤它们的名字，它们就不敢来害人了。”

抱朴子曰：“山中有大树，有能语者，非树能语也，其精名曰‘云阳’，呼之则吉。山中夜见火光者，皆久枯木所作，勿怪也。山中夜见胡人者[①]，铜铁之精。见秦者[②]，百岁木之精。勿怪之，并不能为害。山水之间见吏人者，名曰‘四徼’，呼之名即吉。山中见大蛇着冠帻者[③]，名曰‘升卿’，呼之即吉。山中见吏，若但闻声不见形，呼人不止，以白石掷之，则息矣；一法，以苇为矛，以刺之即吉。山中见鬼来唤人，求食不止者，以白茅投之即死也。山中鬼常迷惑使失道径者，以苇杖投之即死也。山中寅日，有自称‘虞吏’者，虎也；称‘当路君’者，狼也；称‘令长’者，老狸也。卯日称‘丈人’者，兔也；称‘东王父’者，麋也；称‘西王母’者，鹿也。辰日称‘雨师’者，龙也；称‘河伯’者，鱼也；称‘无肠公子’者，蟹也。巳日称‘寡人’者，社中蛇也[④]；称‘时君’者，龟也。午日称‘三公’者，马也；称‘仙人’者，老树也。未日称‘主人’者，羊也；称‘吏’者，獐也。申日称‘人君’者，猴也；称‘九卿’者，猿也。酉日称‘将军’者，老鸡也；称‘捕贼’者，雉也。戌日称人姓字者，犬也；称‘成阳公’者，狐也。亥日称‘神君’者，猪也；称‘妇人’者，金玉也。子日称‘社君’者，鼠也；称‘神人’者，伏翼也[⑤]。丑日称‘书生’者，牛也。但知其物名，则不能为害也。”

【注释】

①胡人:古代对我国西北部少数民族的统称。

②秦者:穿秦朝服装的人。

③帻(zé):头巾。

④社:土地神。这里指祭祀土地神的地方。

⑤伏翼:动物名。即蝙蝠。

【译文】

抱朴子说:“山里有大树,有一些能够说话,并非大树本身能说话,而是它的精灵能说话,其精灵名叫‘云阳’,如果呼唤它的名字就吉利。在山里的夜晚,如果看见了火光,那都是一些长期干枯的树木所造成的,不要感到奇怪。如果在山里的夜晚看见了胡人,那是铜铁的精灵。看见了穿着秦朝服装的人,那是百岁树木的精灵。都不要感到奇怪,它们都不会给人带来祸害。在山水之间看见的小吏,名字叫‘四徼’,呼唤它的姓名就吉利。在山里看见的戴着帽子和头巾的大蛇,它的名字叫‘升卿’,呼唤它的姓名就吉利。山中出现的小吏,如果只能听到它的声音而看不见它的形体,它不停地呼唤着人,此时人只要用白色石子投掷它就能平息;还有一种方法是,用苇作为矛,拿来刺它就会吉利。如果在山里看见有鬼来呼唤人,而且不停地索要食物,那就用白色茅草投掷它而它立即就会死去。山中的鬼怪经常迷惑人,使人们迷失道路,这时候就用苇做的手杖投掷它们而它们就会马上死亡。山里的寅日,如果有自称‘虞吏’的,那就是老虎;自称‘当路君’的,那就是狼;自称‘令长’的,那就是老狸。卯日自称‘丈人’的,那就是兔子;自称‘东王父’的,那就是麋;自称‘西王母’的,那就是鹿。辰日自称‘雨师’的,那就是龙;自称‘河伯’的,那就是鱼;自称‘无肠公子’的,那就是螃蟹。巳日自称‘寡人’的,那就是社庙中的蛇;自称‘时君’的,那就是乌龟。午日自称‘三公’的,那就是马;自称‘仙人’的,那就是老树。未日自称‘主人’的,那就是羊;自称‘吏’的,那就是獐子。申日自称‘人君’的,那就是猴;自称

‘九卿’的，那就是猿。酉日自称‘将军’的，那就是老鸡；自称‘捕贼’的，那就是野鸡。戌日称呼人的姓名字号的，那就是狗；自称‘成阳公’的，那就是狐。亥日自称‘神君’的，那就是猪；自称‘妇人’的，那就是黄金、白玉。子日自称‘社君’的，那就是老鼠；自称‘神人’的，那就是蝙蝠。丑日自称‘书生’的，那就是牛。只要知道它们是什么动物和名字，它们就不能作祸了。”

或问隐居山泽辟蛇蝮之道。抱朴子曰：“昔圆丘多大蛇[①]，又生好药，黄帝将登焉，广成子教之佩雄黄[②]，而众蛇皆去。今带武都雄黄，色如鸡冠者五两以上，以入山林草木，则不畏蛇。蛇若中人[③]，以少许雄黄末内疮中，亦登时愈也[④]。蛇种虽多，唯有蝮蛇及青金蛇中人为至急，不治之，一日则煞人。人不晓治之方术者，而为此二蛇所中，即以刀割所伤疮肉以投地，其肉沸如火炙，须臾焦尽，而人得活。此蛇七八月毒盛之时，不得啮人，而其毒不泄，乃以牙啮大竹及小木，皆即焦枯。今为道士人入山，徒知大方，而不晓辟之之道，亦非小事也。未入山，当预止于家，先学作禁法[⑤]，思日月及朱雀、玄武、青龙、白虎[⑥]，以卫其身，乃行到山林草木中。左取三口炁闭之，以吹山草中，意思令此炁赤色如云雾，弥满数十里中。若有从人，无多少皆令罗列，以炁吹之，虽践蛇，蛇不敢动，亦略不逢见蛇也。若或见蛇，在向日左取三炁闭之，以舌柱天[⑦]，以手捻都关[⑧]，又闭天门[⑨]，塞地户[⑩]，因以物抑蛇头，而手萦之画地作狱以盛之，亦可捉弄也。虽绕头颈，不敢啮人也。自不解禁，吐炁以吹之，亦终不得复出狱去也。

【注释】

①圆丘:传说中的山名。

②广成子:传说中的仙人。

③中人:咬伤人。

④登时:顿时,立即。

⑤禁法:道教法术之一。可以禁止他物害人。

⑥朱雀、玄武、青龙、白虎:传说中的四种神兽。

⑦柱天:顶住口腔上部。柱,顶住。天,这里指口腔的上部。

⑧都关:未详。疑为鼻子的隐语。

⑨天门:这里指嘴。在道教中,天门还有其他含义。

⑩地户:这里指肛门。在道教中,地户还有其他含义。

【译文】

有人询问隐居在深山大泽之中如何躲避蝮蛇的方法。抱朴子说:“从前圆丘上有很多大蛇,又生长着许多优良的药材,黄帝准备攀登这座大山,广成子就告诉他佩带雄黄,结果各种蛇都避开逃走了。如果佩带着武都出产的雄黄,只要有颜色如鸡冠的雄黄五两以上,佩带着这些雄黄进入山林草莽,就不必害怕毒蛇了。毒蛇如果咬伤了人,就用少量的雄黄末放入伤口里,也能立即痊愈。蛇的种类虽然多,但只有蝮蛇和青金蛇咬伤人以后最为危急,如果不及时抢救,一天内人就会死亡。人们如果不懂得防治它们的这些方法,而又被这两种蛇咬伤了,就应该马上用刀割下受伤部位的肉投掷在地上,其肉汁就会沸腾得像火烤的一样,片刻间烧焦殆尽,而人则能生存下来。这些蛇在七、八两个月份毒性最盛的时候,如果不能咬人,而它们的毒液就不能发泄出来,它们就会用牙齿啃咬大竹子和小树木,被咬的大竹小树马上就会枯焦。如今身为道士进入深山,如果只懂得一些大的修仙方法,而不知道躲避毒蛇的方术,这也不算是个小的疏忽啊。还没进山之前,应该预先在家中停留,先学习禁咒的方法,心中存思着太阳、月亮和朱雀、玄武、青龙、白虎，用以保护自身，然后才进入山林草莽之中。向左边吸取三口气，闭住，然后吹向山上的草丛里，意念中想象着让这些气变成红色的云雾一般，弥漫数十里之内。如果有随从的人，无论多少都让他们排列在一起，用气来吹拂他们，如此即使踩到毒蛇，毒蛇也不敢动，而且几乎也不会遇到毒蛇。如果看到了蛇，就向太阳的左边吸取三口气，闭住，用舌头顶住口腔的上部，用手指捏着都关，闭住嘴巴，收紧肛门，然后用东西压住蛇头，而用手围绕着蛇在地上画出一个圆圈作为牢狱来囚禁它，还可以捕捉玩弄这些蛇。此时即使把蛇拿来盘绕在自己的头颈上，它也不敢咬人。如果不去解除禁咒，不去用气吹它，它最终也无法再爬出地上画的那个牢狱。

“若他人为蛇所中，左取三口炁以吹之，即愈不复痛。若相去十数里者，亦可遥为作炁，呼彼姓字，男祝我左手[①]，女祝我右手，彼亦愈也。介先生法，到山中住，思作五色蛇各一头，乃闭炁以青竹及小木板屈刺之[②]，左徊禹步，思作吴蚣数千板[③]，以衣其身，乃去，终亦不逢蛇也。或以干姜、附子带之肘后[④]，或烧牛羊鹿角薰身，或带王方平雄黄丸[⑤]，或以猪耳中垢及麝香丸著足爪甲中，皆有效也。又麝及野猪皆啖蛇，故以厌之也。又云日鸟及蠳龟[⑥]，亦皆啖蛇。故南人入山，皆带蠳龟之尾、云日之喙以辟蛇[⑦]。蛇中人，刮此二物以涂其疮，亦登时愈也。云日，鸩鸟之别名也。又南人入山，皆以竹管盛活蜈蚣，蜈蚣知有蛇之地，便动作于管中，如此则详视草中，必见蛇也。大蛇丈余，身出一围者[⑧]，蜈蚣见之，而能以炁禁之，蛇即死矣。蛇见蜈蚣在涯岸间，大蛇走入川谷深水底逃，其蜈蚣但浮水上禁，人见有物正青，大如綖者[9],直下入水至蛇处,须臾蛇浮出而死。故南人因此末蜈蚣治蛇疮,皆登愈也。"

【注释】

①男祝我左手:如果对方是男的,就对着自己的左手祝咒。

②板:当为"枝"字之误。一本正作"枝"。屈:制服。这里指扎。

③板:当为"枚"字之误。一本正作"枚"。

④附子:植物名。可入药,有毒。

⑤王方平:姓王名远,字方平,东汉人。后学道成仙。

⑥云日鸟:鸟名。即鸩鸟。蠳(yīng)龟:龟的一种。又名摄龟。能吃蛇。

⑦喙:嘴巴。辟:通"避"。

⑧围:计量圆周的单位。两臂合抱叫做一围。两手的大拇指与食指合拢的圆周长也叫做一围。

⑨綖(xiàn):同"线"。

【译文】

"如果是其他的人被蛇咬伤了,就向左边吸取三口气来吹他,马上就会痊愈而不再疼痛。如果是相隔十几里的受伤者,也可以远远地吸气后吹向他,同时呼唤着他的姓名字号,如果受伤者是男的就咒祝自己的左手,如果是女的就咒祝自己的右手,他们也会痊愈的。介先生的方法是,如果要到山中居住,先想象着有五色的蛇各一条,然后闭住气用青竹和小树枝刺扎它们,并向左徘徊走着禹步,再想象着有蜈蚣几千只,把这些蜈蚣像衣服一样穿在自己的身上,然后离家出发,这样就始终不会遇到毒蛇了。有的用干姜和附子带在胳膊肘后,有的焚烧牛角、羊角、鹿角薰烤自身,有的佩带着王方平雄黄丸,有的把猪耳朵中的耳垢和麝香丸放在脚指甲里,这些也都很有效。因为麝和野猪都吃蛇,所以用它们来镇压蛇。另外,云日鸟和蠳龟,也都吃蛇。因此南方人进山，都佩带蠳龟的尾巴、云日鸟的嘴巴以躲避毒蛇。蛇咬伤了人，刮出这两种东西的粉末用来涂抹蛇咬的伤口，也会立即痊愈。云日鸟，是鸩鸟的别名。还有，南方人进山，都用竹管装着一条活蜈蚣，蜈蚣知道有蛇的地方，一旦有蛇就会在竹管里蠕动，此时就要认真观察野草丛中，一定会发现蛇。大蛇有一丈多长，身粗超出一围的，蜈蚣看见了，就能用气来禁咒它，蛇马上就会死亡。蛇如果看见蜈蚣在河岸边，大蛇就会逃进河流的深水底处逃跑，而那只蜈蚣只是浮在水面上去禁咒蛇，人们能够看见有一个正青色的东西，粗细如同一根线，直接进入水中，直至大蛇所在的地方，片刻间蛇就浮出水面而死。因此南方人就把蜈蚣制成粉末以治疗蛇伤，都能够立即痊愈。”

或问曰：“江南山谷之间，多诸毒恶，辟之有道乎？”抱朴子答曰：“中州高原，土气清和，上国名山[①]，了无此辈。今吴楚之野[②]，暑湿郁蒸，虽衡、霍正岳，犹多毒螫也[③]。又有短狐[④]，一名‘蜮’，一名‘射工’，一名‘射影’，其实水虫也，状如鸣蜩[⑤]，状似三合杯[⑥]，有翼能飞，无目而利耳，口中有横物角弩[⑦]，如闻人声，缘口中物如角弩，以气为矢，则因水而射人[⑧]，中人身者即发疮，中影者亦病，而不即发疮，不晓治之者煞人。其病似大伤寒，不十日皆死。又有沙虱[⑨]，水陆皆有，其新雨后及晨暮前，跋涉必著人，唯烈日草燥时，差稀耳[⑩]。其大如毛发之端，初著人，便入其皮里，其所在如芒刺之状，小犯大痛，可以针挑取之。正赤如丹，着爪上行动也。若不挑之，虫钻至骨，便周行走入身，其与射工相似，皆煞人。人行有此虫之地，每还所住，辄当以火炙燎令遍身，则此虫堕地也。

【注释】

①上国：中原一带。

②吴楚：地名。这里泛指江南地区。

③蠚(hē)：虫毒。

④短狐：传说中的一种害人虫。

⑤鸣蜩(tiáo)：即蜩。蝉的总称。

⑥三合(gě)杯：能盛三合的大杯。合，容量单位。一升的十分之一。

⑦角弩：骨角制成的弓弩。

⑧因水：凭借着水。因，凭借。

⑨沙虱：小虫名。

⑩差：稍微。

【译文】

有人问道："江南的山谷之中，有很多种类的毒物，有什么法术躲避它们吗？"抱朴子回答说："中原地区的地势高平，地气清明和融，中原地区的名山之中，根本没有这些毒物。现在吴楚地区的荒野里，暑热潮湿，瘴气郁郁蒸腾，即使是衡山、霍山这样的正宗名山，尚且有很多毒虫。还有短狐，它的另一个名字叫'蜮'，还有一个名字叫'射工'，或者叫'射影'，其实就是一种水生虫子。它的形状像蝉，也像一个能盛三合的杯子，有翅膀能够飞翔。它没有眼睛但听力很敏锐，嘴里有一个横着的器物像骨角制成的弓弩一样，如果听到人的声音，它就会利用嘴里那个像弓弩的东西，用气作箭，凭借着水势来射击人，射中人身而人就会生疮，射中人的影子而人也会生病，但不会立即就生出疮伤来，如果不懂得医治就会死亡。这种疾病的症状很像大伤寒病，不到十天伤者就会死去。还有沙虱，水中和陆地都有，如果在刚刚下雨之后和早晨黄昏以前，人们去爬山涉水而沙虱就一定会附着在人的身上，只有在烈日草干的时候，沙虱才会稍微少一些。它的大小如同毛发的尖端，一旦附着在人体上，就会钻入人的皮肤里，它所在的地方就像有芒刺的样子，稍微碰着就会非常疼痛。

可以用针把它挑出来。沙虱红得像丹砂，放在指甲上会蠕动。如果不挑出来，沙虱就会钻到骨头里，就会到处游动而进入人的体内，与射工很相似，都能杀死人。人们在有这种虫子的地方行走，每次回到住地，就应该用火烧燎全身，那么这种虫子就会掉落在地上。

"若带八物麝香丸，及度世丸，及护命丸，及玉壶丸、犀角丸，及七星丸，及荠苨[①]，皆辟沙虱、短狐也。若卒不能得此诸药者，但可带好生麝香亦佳。以雄黄、大蒜等分合捣，带一丸如鸡子大者亦善。若已为所中者，可以此药涂疮亦愈。㕮咀赤苋汁[②]，饮之、涂之亦愈。五茄根及悬钩草、葍藤[③]，此三物皆可各单行，可以捣服其汁一二升。又射工虫冬天蛰于山谷间，大雪时索之，此虫所在，其雪不积留，气起如灼蒸，当掘之，不过入地一尺则得也。阴干末带之，夏天自辟射工也。若道士知'一禁方'及'洞百禁'、'常存禁'及'守真一'者[④]，则百毒不敢近之，不假用诸药也。"

【注释】

①荠苨(nǐ)：植物名。又名杏叶沙参。可入药。

②㕮(fǔ)咀：咀嚼。中医把捣碎药丸也叫做"㕮咀"。

③五茄根：植物名。又名五加，可入药。悬钩草：植物名。又名山莓，可入药。葍(fú)藤：植物名。可入药。

④一禁方、洞百禁、常存禁：均为道教禁咒方术。守真一：为道教气功修炼的一种。即心身专一，精思而固守，以得真一。真一即大道。

【译文】

"如果带着八物麝香丸，以及度世丸，还有护命丸，还有玉壶丸、犀角丸，以及七星丸、荠苨，就都能够避开沙虱与短狐了。如果仓促之间找不到这些药丸，只要能佩带优质的生麝香也行。用同等分量的雄黄、大蒜混合捣碎，携带像鸡蛋大的一丸也很好。如果已经被咬伤的话，可以用这些药物涂抹伤口也能痊愈。捣碎红苋菜、挤出汁液，饮用和涂抹也能治愈。五加根和悬钩草、葍藤，这三种药物可以单独服用，可以捣烂服用它们的汁液一至两升。另外，射工虫冬天要在山谷里冬眠，下大雪的时候可以寻找它们，这种虫子冬眠的地方，雪不会在那里聚集，那里有热气腾起就像在蒸煮一样，就应该在这样的地方挖掘，掘地不到一尺深就能够找到。阴干后制成粉末携带在身上，夏天自然就能够避开射工了。如果道士懂得了'一禁方'、'洞百禁'、'常存禁'，以及能够持守真一的话，那么各种毒虫就不敢近身了，也就不必再使用以上各种药物了。"

或问："道士山居，栖岩庇岫[①]，不必有细缛之温[②]，直使我不畏风湿，敢问其术也。"抱朴子曰："金饼散、三阳液、昌辛丸、荤草耐冬煎、独摇膏、茵芋玄华散、秋地黄血丸[③]，皆不过五十日服之而止，可以十年不畏风湿。若服金丹大药，虽未升虚轻举，然体不受疾，虽当风卧湿，不能伤也。服此七药，皆谓始学道者耳。姚先生但服三阳液[④]，便袒卧冰上，了不寒振[⑤]。此皆介先生及梁有道卧石上[⑥]，及秋冬当风寒，已试有验，秘法也。"

【注释】

①岫（xiù）：山洞。

②细（yīn）缛：缛垫。

③金饼散、三阳液、昌辛丸、荤草耐冬煎、独摇膏、茵芋玄华散、秋地

黄血丸：都是道教研制的药丸和药液。

④姚先生：得道之人。生平不详。

⑤寒振：因寒冷而发抖。振，动，发抖。

⑥介先生：指介象。三国时的得道者。梁有道：人名。生平不详。

【译文】

有人问道："道士居住在山里，栖身于岩下洞中，没有温暖的被子缛垫，以便使自己不怕风寒潮湿，请问如何解决这一难题呢？"抱朴子说："金饼散、三阳液、昌辛丸、荤草耐冬煎、独摇膏、茵芋玄华散、秋地黄血丸，服食这些药物不用超过五十天就可以停药，这样就可以十年不怕风寒潮湿。如果服食金丹大药，即使还不能轻身飞上天空成仙，然而身体也不会患上疾病，尽管是对着风口躺卧在湿地上，也不会受到伤害。服食这七种药物，都是针对刚刚学道的人而言的，姚先生仅仅服食三阳液，就能够裸身躺卧在冰上，一点也不会因为寒冷而发抖。这些也是介先生和梁有道躺卧在石头上、以及秋冬两季能够抵御风寒的原因，这些方法是经过验证而有效果的，也是一种秘术。"

或问涉江渡海辟蛟龙之道。抱朴子曰："道士不得已而当游涉大川者，皆先当于水次[①]，破鸡子一枚，以少许粉杂香末[②]，合搅器水中，以自洗濯，则不畏风波蛟龙也。又佩'东海小童符'及'制水符'、'蓬莱札'[③]，皆却水中之百害也。又有'六甲三金符'、'五木禁'[④]。又法，临川先祝曰：'卷蓬卷蓬[⑤]，河伯导前辟蛟龙[⑥]，万灾消灭天清明。'又《金简记》云：'以五月丙午日日中，捣五石，下其铜。'五石者：雄黄、丹砂、雌黄、矾石、曾青也。皆粉之，以金华池浴之[⑦]，内六一神炉中[⑧]，鼓下之[⑨]，以桂木烧为之，铜成以刚炭炼之[⑩]，令童男童女进火。取牡铜以为雄剑[⑪]，取牝铜以为雌剑[⑫]，各长五寸五分，取土之数[13]，以压水精也。带之以水行，则蛟龙、巨鱼、水神不敢近人也。欲知铜之牝牡，当令童男童女俱以水灌铜，灌铜当以在火中向赤时也[14]，则铜自分为两段：有凸起者，牡铜也；有凹陷者，牝铜也。各刻名识之[15]。欲入水，以雄者带左，以雌者带右。但乘船不身涉水者，其阳日带雄[16]，阴日带雌。又天文大字[17]，有北帝书[18]，写帛而带之，亦辟风波、蛟龙、水虫也。"

【注释】

①水次：水滨，水边。

②粉杂香：香料名。

③东海小童符、制水符、蓬莱札：都是道教符箓名。

④六甲三金符：道教符箓名。五木禁：为道教禁咒的法术。

⑤卷蓬：咒语。"蓬"本是一种草，秋枯根拔，风卷而飞，因此又称"卷蓬"、"飞蓬"。这里用它作为咒语，可能是取其能够随风飞扬、行动迅速之意。

⑥河伯：河神的名字。导前：在前面开路。

⑦金华池：溶有黄金的醋液。

⑧六一神炉：用六一泥制成的炉子。六一泥，六合一为七，故称六一泥。这种泥共有戎盐、卤盐、礜石、牡蛎、赤石脂、滑石、胡粉七种原料。《云笈七签》卷六十五有"作六一泥法"："矾石、戎盐、卤盐、礜石，右四物，分等烧之，二十日止，复取左顾牡蛎、赤石脂、滑石，凡七物，分等，视土釜大小自在，令足以泥土釜耳。合治万杵讫，置铁器中，猛下火九日九夜，药正赤，复治万杵，下细筛，和以醇酽苦酒，合如泥，名曰六一泥。"

⑨鼓下之：鼓风冶炼，然后让它熔化流出来。

⑩刚炭：质地坚硬的优质炭。

⑪牡铜：雄性的铜。牡，雄性。如何识别“牡铜”，下文有介绍。

⑫牝（pìn）铜：雌性的铜。牝，雌性。如何识别“牝铜”，下文有介绍。

⑬各长五寸五分，取土之数：两把剑各长五寸五分，与“土”的数字相配。古人把五行中的“土”与“五”相配，所以说“五”为土之数。

⑭向：将要。

⑮识（zhì）：记住，标记。

⑯阳日：单数为阳日，双数为阴日。

⑰天文：上天的文字。实际就是符箓。也可理解为代表天象的图案。

⑱北帝：北方之神。说法很多，一说指北方之帝颛顼，一说指玄冥。

【译文】

有人询问渡江过海躲避蛟龙的方术。抱朴子说：“道士在迫不得已需要渡过大河的时候，都应该先站在水边，敲碎一个鸡蛋，用少量的粉杂香的粉末，一起放在器皿中加水搅拌均匀，用来洗一洗自己，这样就不怕风波、蛟龙了。另外还可以佩带‘东海小童符’、‘制水符’和‘蓬莱札’，就能够逼退水中的各种害虫了。还有‘六甲三金符’、‘五木禁’。另外一种方法是，面对着河水先念咒语说：‘卷蓬卷蓬，河伯导前辟蛟龙，万灾消除天清明。’另外《金简记》说：‘在五月丙午日的那天中午，捣碎五种石料，搅拌进熔化的铜液中。’五种石料是：雄黄、丹砂、雌黄、矾石、曾青。把它们都研制成粉末，在金华池里清洗一遍，放入六一神炉中鼓风冶炼后倒出来，要用桂木作柴来烧炼，再用刚炭烧炼成品铜，让童男童女来加炭烧火。然后用雄性的铜来锻造雄剑，用雌性的铜来锻造雌剑，各自长五寸五分，合乎‘土’的数目，用来压制水中的精怪。佩带着它们在水中行走，那么蛟龙、巨鱼、水神就不敢接近人了。想要识别铜的雌性和雄性，应该让童男童女都去用水浇灌铜，浇水应该选在铜在火中将要被烧红的时候，这样铜就自然地分为两段：有凸起部分的那一段是雄性铜，有凹陷部分的那一段是雌性铜。在两段铜上各自刻上字用作标记。想要进入水中时，就把雄剑佩带在左边，雌剑佩带在右边。如果只是乘船而不用徒步涉水的，就只需在阳日佩带雄剑，在阴日佩带雌剑。还有天上的大字，有北帝书写的，把它们抄写在丝帛上佩带着，也能够避开风波、蛟龙及各种水虫了。”

或问曰：“辟山川庙堂百鬼之法？”抱朴子曰：“道士常带‘天水符’及‘上皇竹使符’、‘老子左契’，及守真一、思三部将军者[①]，鬼不敢近人也。其次则论《百鬼录》，知天下鬼之名字及《白泽图》、《九鼎记》，则众鬼自却。其次服鹑子赤石丸及曾青夜光散，及葱实乌眼丸，及吞白石英祇母散[②]，皆令人见鬼，即鬼畏之矣。”

【注释】

①天水符、上皇竹使符、老子左契：均为道教符箓。思三部将军：道教的存思法。三部将军为道教神，道教认为专心存思他们就能够避害。

②鹑子赤石丸、曾青夜光散、葱实乌眼丸、白石英祇母散：皆为道教炼制的药物。

【译文】

有人问：“躲避山川、庙堂里的各种鬼怪的方法是什么？”抱朴子说：“道士经常佩带‘天水符’和‘上皇竹使符’、‘老子左契’，以及守真一、存思三部将军，鬼怪就不敢接近人了。其次要学习《百鬼录》，知道天下鬼的名字和《白泽图》、《九鼎记》，那么众鬼就会自己躲开了。再次可以服食鹑子赤石丸和曾青夜光散，以及葱实乌眼丸，还可以服食白石英祇母散，这样就能够使人看见鬼怪，而鬼怪也就会害怕人了。”

抱朴子曰：“有‘老君黄庭中胎四十九真秘符’，入山林，以甲寅日丹书白素[①]，夜置案中，向北斗祭之，以酒、脯各少少[②]，自说姓名，再拜受取，内衣领中，辟山川百鬼万精、虎狼虫毒也。何必道士，乱世避难入山林，亦宜知此法也。”

【注释】

①丹书白素：用红色的颜色画在白色的丝绸上。丹，红色颜料。素，白色丝绸。

②脯（fǔ）：干肉。

【译文】

抱朴子说：“有‘老君黄庭中胎四十九真秘符’，想进入山林，要在甲寅那一天用红色颜料把这个符画在白色的丝绸上，夜晚放在几案上，面向北斗星进行祭祀，放上少许的酒和干肉，说出自己的姓名，连拜两拜后拿起丝绸，放入衣领里，就能够躲避山川里的各种鬼怪妖精、虎狼虫毒了。岂止是道士，动乱世道里为了躲避灾难而进入深山老林的人，也应该知道这些方法。”

入山符：

抱朴子曰：“上五符，皆‘老君入山符’也。以丹书桃板上，大书其文字，令弥满板上，以着门户上，及四方四隅[①]，及

所道侧要处，去所住处五十步内，辟山精鬼魅。户内梁柱，皆可施安。凡人居山林及暂入山，皆可用，即众物不敢害也[②]。三符以相连着一板上。意谓尔非葛氏[③]。”

【注释】

①四隅：指东北、东南、西北、西南四个方向。

②众物：指众多害人的精怪。

③意谓尔非葛氏：为衍文，当删去。据孙星衍考证，此六字当为附注之语而误入正文。

【译文】

入山符：

抱朴子说：“以上五种符篆，都是‘太上老君入山符’。用红色颜料把它们画在桃木板上，要把这些文字写的很大，布满整个桃木板，然后把它挂在门上，以及东、西、南、北四方和东北、东南、西北、西南四隅，还要挂在所要行走的路边及重要的地方，距离住处的五十步以内，这样就能避开山中的精灵鬼怪。大门内、梁柱上，都可以张挂安放。凡是长期居住在深山和暂时进入深山的人，都可以使用，这样一来各种精怪就不敢害人了。可以把三张符篆连接在一起画在同一块板子上。”

抱朴子曰:“此符亦是‘老君入山符’,户内梁柱皆可施。凡人居山林及暂入山,皆宜用之也。”

【译文】

抱朴子说:“这些符也是‘老君入山符’,在门内、梁柱上都可以悬挂张贴。凡是长期居住在深山或暂时进入深山的人,都应该使用它们。”

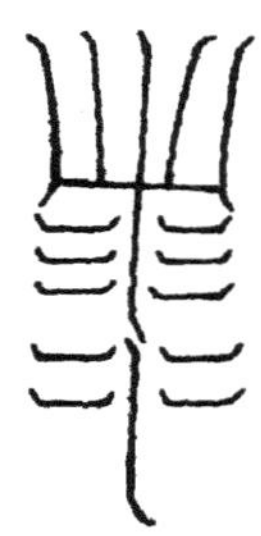

抱朴子曰："此是仙人陈安世所授'入山辟虎狼符'①，以丹书绢二符②，各异之。常带着所住之处，各四枚。移涉当拔收之以去③，大神秘也。开山符以千岁虆名山之门④，开宝书古文金玉⑤，皆见秘之。右一法如此，大同小异。"

【注释】

①陈安世：人名。后得道成仙。

②绢：一种生丝织成的丝织品，古代多作书画、装潢用。

③移涉：迁徙，搬家。

④以千岁虆(léi)名山之门：用千年古藤系挂在名山的大门上。虆：藤蔓。

⑤开宝书古文金玉：此句应理解为"开古文金玉宝书"。打开用古文字写在金玉上的宝书。

【译文】

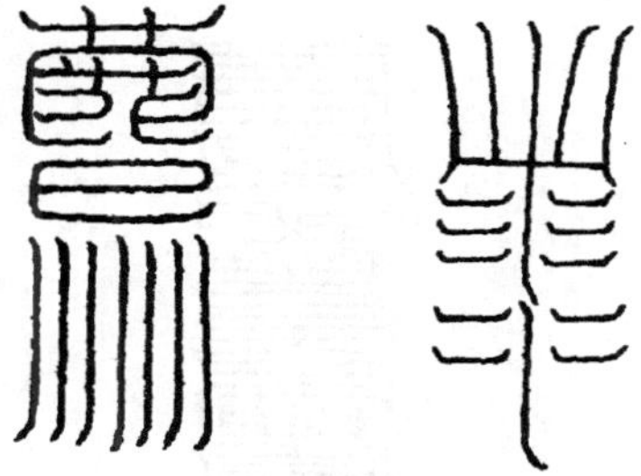

抱朴子说："这些是仙人陈安世所传授的'入山避虎狼符'，用红色颜料书写这两个符在绢上，要各自书写在不同的绢上。经常佩带或悬挂在所住的地方，各自书写四张。搬迁时应该收取下来带走，这是非常神秘的符箓啊。开山符要用千年古藤系挂在名山的大门上，打开用古文字写在金玉上的宝书，都能够看到书中因珍惜而秘藏它们。上面的那套方法也是如此，大同小异。”

抱朴子曰："此符是老君所戴[①]，百鬼及蛇蝮、虎狼神印也。以枣心木方二寸刻之，再拜而带之，甚有神效。仙人陈安世符矣。"

【注释】

①老君：即老子。道教尊老子为太上老君。

【译文】

抱朴子说："这个符是太上老君所佩戴的，是对付各种鬼怪和蝮蛇、虎狼的神印。用二寸见方的枣树的树心木刻制而成，连拜两拜后再佩带着它，很有神奇的效果。这也是陈安世用过的符。"

入山佩带符：

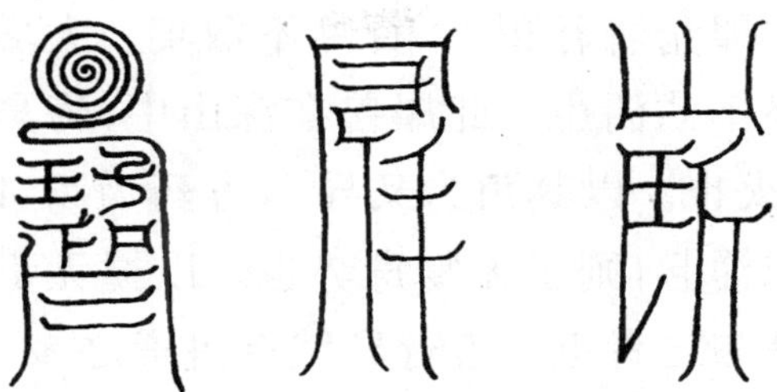

此三符，兼同着牛马屋左右前后及猪栏上，辟虎狼也。

【译文】

入山佩带符：

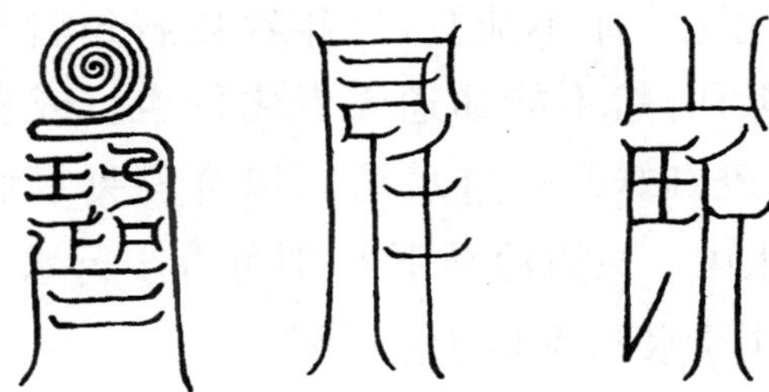

“这三个符，可以同时悬挂在牛马棚的前后左右，以及猪圈上，这样就能避开虎狼了。”

或问曰：“昔闻谈昌[①]，或步行水上，或久居水中，以何法乎？”抱朴子曰：“以葱涕和桂，服如梧桐子大七丸，日三服，至三年，则能行水上也。郑君言：‘但习闭气至千息[②]，久久则能居水中一日许。’得真通天犀角三寸以上[③]，刻以为鱼，而衔之以入水，水常为人开，方三尺，可得炁息水中。又通天犀角有一赤理如綖[④]，有自本彻末[⑤]。以角盛米置群鸡中，鸡欲啄之，未至数寸，即惊却退。故南人或名通天犀为‘骇鸡犀’。以此犀角着谷积上，百鸟不敢集。大雾重露之夜，以置中庭，终不沾濡也。此犀兽在深山中，晦冥之夕，其光正赫然如炬火也。以其角为叉导⑥，毒药为汤，以此叉导搅之，皆生白沫涌起，则了无复毒势也。以搅无毒物，则无沫起也，故以是知之者也。若行异域有蛊毒之乡⑦，每于他家饮食，则常先以犀搅之也。人有为毒箭所中欲死，以此犀叉刺疮中，其疮即沫出而愈也。通天犀所以能煞毒者，其为兽专食百草之有毒者，及众木有刺棘者，不妄食柔滑之草木也。岁一解角于山中石间，人或得之，则须刻木色理形状，令如其角以代之。犀不能觉，后年辄更解角着其处也。他犀亦辟恶解毒耳，然不能如通天者之妙也。或食‘六戊符’千日，或以赤班蜘蛛及七重水马⑧，以合冯夷水仙丸服之⑨，则亦可以居水中。只以涂蹠下⑩，则可以步行水上也。头垢犹足以使金铁浮水⑪，况妙于兹乎？”

【注释】

①谈昌：人名。生平不详。

②千息：一千次呼吸。这里指一千次呼吸所需要的时间。

③通天犀角：又叫通犀。犀牛角的一种。

④赤理：红色的纹理。綖：同“线”。

⑤自本彻末：从根部一直达到末端。

⑥叉导：一种叉形器具。

⑦蛊毒：以毒药害人。

⑧赤班蜘蛛：虫名。蜘蛛的一种。班，通“斑”。七重水马：七种水

马。《太平御览》卷九百四十八引此文即作"赤班蜘蛛及七种水马"。水马,水虫名。

⑨冯夷水仙丸:道教药丸名。

⑩蹠(zhí):脚掌。

⑪头垢犹足以使金铁浮水:头上的污垢尚且能够使金属浮在水面上。《太平御览》卷七百三十六引《淮南万毕术》说:"首泽浮针。取头中垢以涂针,塞其孔,置水即浮。"

【译文】

有人问道:"听说从前有一位名叫谈昌的人,有时能够在水面上行走,有时还能够长期居住在水中,他用的是什么方法呢?"抱朴子说:"用葱液调和桂皮,每次服食如同梧桐子大小的七粒,每天三次,服食三年,就能够在水面上行走了。郑先生说:'只要练习闭住气息能够达到上千次呼吸的时间,长期练习下去就可以在水中停留一天左右。'如果能够得到真正的三寸以上的通天犀牛角,把它刻削成鱼的模样,含在口中进入水里,水就常常为人避开,大约有三尺见方的空间,人就可以在水里得到空气了。另外,通天犀角上有一条像线一样红色纹理,从根部一直达到末端。用这种通天犀角装米放在鸡群中,鸡想啄吃米,距离米几寸时,就会受惊而退却。因此有的南方人就把通天犀角叫做'骇鸡犀'。把这种犀角放在谷堆上,各种鸟儿就不敢落下来。在雾大露重的夜晚,把它放在庭院中间,始终不会沾湿。这种犀牛生活在深山里,在黑暗的夜晚,它发出的光芒明亮得如同火炬一样。把它的角做成叉导,如果汤中有毒药,用这种叉导搅拌汤,汤就会有白沫涌出,而汤里的毒性也就消失得干干净净了。用它来搅拌没有毒的食物,就不会有白沫涌起,因此用这种办法就可以知道食物中是否有毒了。如果到了喜欢用毒药害人的异地他乡,每次到别人家里吃饭,就可以用犀角叉导先搅拌食物。有人被毒箭射中,即将死亡,用这种犀角叉导刺入创伤处,伤口马上有白沫涌出,而后就能痊愈了。通天犀角之所以能够杀灭毒素,是因为这种野兽专门吃各种有毒的草，以及各种带刺的树木，而从不随便吃柔软嫩滑的草木。它每年脱一次角，并把角放在山间石头之中，如果有人找到了，就要刻制一枚颜色、纹理、形状都像通天犀角的木头，放在那里代替犀角，犀牛就不能发觉了，以后每年还会再次把脱掉的角放在此处。其他的犀牛角也能化解毒素，但不如通天犀角那样具有神奇效果。有人服食‘六戊符’一千天，有人用赤斑蜘蛛和七种水马，用来调合冯夷水仙丸后一起服食，也可以居住在水里。如果只用来涂抹脚掌，就可以在水面上行走了。头上的污垢尚且能够使金属浮在水面上，更何况比这更奇妙的东西呢？”

或问：“为道者多在山林，山林多虎狼之害也，何以辟之？”抱朴子曰：“古之人入山者，皆佩黄神越章之印①，其广四寸，其字一百二十，以封泥着所住之四方各百步②，则虎狼不敢近其内也。行见新虎迹，以印顺印之③，虎即去；以印逆印之，虎即还。带此印以行山林，亦不畏虎狼也。不但只辟虎狼，若有山川社庙血食恶神能作福祸者，以印封泥，断其道路，则不复能神矣。昔石头水有大鼋④，常在一深潭中，人因名此潭为‘鼋潭’。此物能作鬼魅，行病于人。吴有道士戴昞者⑤，偶视之，以越章封泥作数百封⑥，乘舟以此封泥遍掷潭中，良久，有大鼋径长丈余，浮出不敢动，乃格煞之，而病者并愈也。又有小鼋出，罗列死于渚上甚多⑦。山中卒逢虎，便作三五禁⑧，虎亦即却去。三五禁法，当须口传，笔不能委曲矣⑨。一法，直思吾身为朱鸟，令长三丈，而立来虎头上，因即闭气，虎即去。若暮宿山中者，密取头上钗⑩，闭气以刺白虎上，则亦无所畏。又法，以左手持刀闭气，画地作方，祝曰：'恒山之阴[11]，太山之阳[12]，盗贼不起，虎狼不行，城郭不完，闭以金关[13]。'因以刀横旬日中白虎上[14]，亦无所畏也。或用大禁，吞三百六十气，左取，右以叱虎，虎亦不敢起。以此法入山，亦不畏虎。或用七星虎步[15]，及'玉神符'、'八威五胜符'、'李耳太平符'、中黄华盖印文[16]，及石流黄散，烧牛羊角，或立'西岳公禁山符'，皆有验也。阙此四符也[17]。"

【注释】

①黄神越章之印：道教用来镇邪的印章。

②封泥：加盖有印章的泥。

③顺印：顺着虎去的方向加印。

④石头：地名。在今江西南昌市北。另外在今南京也有石头山。

⑤戴昞(bǐng)：人名。生平不详。

⑥越章：即上文说的黄神越章之印。封：量词。枚。

⑦渚：水中的陆地，水边。

⑧三五禁：道教的禁咒。

⑨委曲：详细，明确。

⑩钗：古代盘头发或别住帽子用的簪子。

⑪山之阴：山的北边。山之南为阳，山之北为阴。

⑫太山：即泰山。在今山东泰安。

⑬金关：坚固的关口。金，比喻坚固。

⑭以刀横旬日中白虎上：指在想象中，把刀放在白虎的头上十天。

⑮七星虎步：道教方术之一。用神秘的步伐来震慑老虎。

⑯玉神符、八威五胜符、李耳太平符：均为道教的符箓。中黄华盖印文：是指加盖道教中黄华盖印的印文。

⑰阙：缺乏。这里指失传。

【译文】

有人问："修道的人大多都住在深山老林之中，而深山老林中有很多虎狼之类的危害，用什么办法避开这些危害呢？"抱朴子说："古代的人进入深山时，都佩带'黄神越章之印'，印宽四寸，上面有一百二十个文字，把这枚印章加盖过的封泥放在居住地的四方各一百步处，那么虎狼就不敢进入居住地之内了。出行时发现了新的老虎脚印，如果用这枚印章顺着老虎去的方向盖印，老虎就会离去；如果逆着老虎去的方向盖印，老虎就会回来。佩带着这种印章在山林里行走，就不必害怕虎狼了。这种印章不仅仅能够躲避虎狼，如果山川社庙中出现了饮血吃肉、能够作威作福的恶神，用这种印章加盖过的封泥断掉他们的出入道路，他们也就不能再作祟了。从前石头那里的水中有一只大鼋，经常出没于一个深潭里，人们因此把这个深潭叫做'鼋潭'。这只大鼋能够变成鬼魅，给人们带来疾病。吴地有个道士叫戴昞的，偶然看见了它，就用这种越章加盖封泥数百枚，然后乘着船把这些封泥抛掷到潭水的各个地方。很长时间之后，有一只直径长一丈多的大鼋，浮出水面一动也不敢动，于是戴昞就打死了它，而病人也全都痊愈了。接着又有很多小鼋浮出，排列着死在小洲上。如果在山里猝然碰到老虎，就发出三五禁咒，老虎就会立即退去。三五禁咒的方法，必须当面亲口传授，笔墨无法讲得清楚明白。另外一种方法是，直接想象自己的身体变成了一只朱雀，让它有三丈长，站立在老虎的头上，随即屏住呼吸，老虎马上就会离开。如果是夜晚住在山里，就暗暗地取下头上的簪子，屏住呼吸想象着刺在白虎的身上，这样就无所畏惧了。另一种方法是，用左手握着刀、屏住呼吸，在地上画出个方形，念咒语说：'恒山的北面，太山的南面，盗贼不兴起，虎狼不横行，城郭如不完整，就用金关锁闭。'并在想象中用刀横放在白虎的头上十天，也就不用再害怕什么了。有人使用大禁咒，吞咽三百六十口气，从左边吸取，向着右边呵叱老虎，老虎也就不敢起身了。进入深山使用这种法术，也就不用害怕老虎了。有的人使用七星虎步，以及'玉神符'、'八威五胜符'、'李耳太平符'、中黄华盖印文，以及石硫磺散，烧牛、羊的角，有的人竖起'西岳公禁山符'，都有效果。只是这四种符箓失传了。"

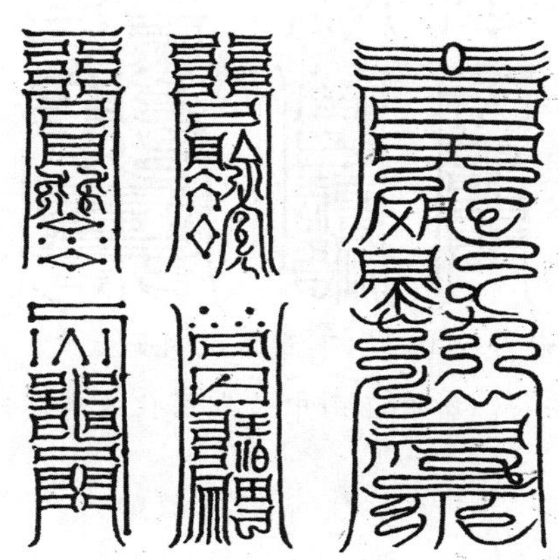

此符是老君入山符，下说如文[①]。又可户内梁柱皆施之。凡人居山林及暂入，皆可用之。

【注释】

①下说如文：下面的说明与前文一样。下说，指原来在这些符箓的下面的文字说明。

【译文】

这些符箓是“老君入山符”，下面的说明如上文。还可以在门内、梁柱上都悬挂上这些符。所有在山中长期居住或者暂时进山的人，都可以使用。

地真卷十八

【题解】

地真，在道教的术语中，是指与“天真”相对的、生活在人间的神仙。《云笈七签》卷五十说：“天真多官位，乐欲为地真人，地真人隐遁于官位，不劳损于朝宴，故从容任适，随时而游，坐七舆以造步四炁也。至于天真，虽差阶小异，俱一真矣。地真人，亦各安其所之，不愿为云中官也。”这里说的“天真”即天仙，而“地真”则指地仙。本篇虽然名为“地真”，但主要内容却是在阐述如何“守一”，所谓的“守一”，也就是修炼为地真的方法和途径。

本篇把“一”分为“玄一”和“真一”，从葛洪对这些名称的界定，可以清楚地看出道教是如何对“道”进行神化的。“一”为道教的重要概念，它源于先秦道家。《老子》三十九章说：“天得一以清，地得一以宁，神得一以灵，谷得一以盈，万物得一以生，侯王得一以为天下贞。”学界一般认为，老子所说的“一”，其实就是“道”、也即规律的代名词，没有什么神秘色彩。葛洪把“一”分解为“玄一”和“真一”两个层次，他说：“玄一之道，亦要法也。无所不辟，与真一同功。吾《内篇》第一名之为《畅玄》者，正以此也。”可以说，葛洪在《畅玄》中说的“玄一”，虽然偏重于道教求仙的内容，已有夸饰之处，但相对来说，与老子说的“道”还比较接近。而他说的“真一”就是完全神学化、人格化的“道”了。他说：“一有姓字服色，男长九分，女长六分；或在脐下二寸四分下丹田中；或在心下绛宫金阙中丹田也；或在人两眉间，却行一寸为明堂，二寸为洞房，三寸为上丹田也。”“真一有姓字、长短、服色。”这个“真一”有姓名、身高、服装、颜色，还有自己的住所。“道”换了一个名字，在它被叫做“真一”之后，就由一个抽象的哲学概念变成了一位活生生的、无所不能的神。其实，对于“道”的神化，从汉代已经开始，东汉人王阜的《老子圣母碑》说：“老子者，道也。乃生于无形之先，起于太初之前，行于太系之元，浮游六虚，出入幽冥，观混合之未别，窥清浊之未分。”老子就是道，道就是老子，在神化老子的同时，也把“道”人格化了。葛洪就是沿着这一思想发展线路，进一步夸大地描述了“道”的人格形象和神奇效能，从而也就把“道”变成了人们崇拜、信仰的对象，于是“道”也就从人间跨上了道教的神坛。

把人们探索、认识的对象“道”改变为一个能够主宰人间祸福的人格化的神，这是一个极大的思想逻辑错误，是对先秦道家思想的一个反动。当然，宗教虽然有着自己存在的合理性，但从根本上看，宗教本身就是一个思想认识上的问题，因此对于道教信徒对“道”的这种改造，我们虽然不能认同，但能够理解。

抱朴子曰：“余闻之师云：‘人能知一[①]，万事毕。’知一者，无一之不知也[②]；不知一者，无一之能知也。道起于一，其贵无偶，各居一处[③]，以象天地人[④]，故曰‘三一’也[⑤]。天得一以清[⑥]，地得一以宁，人得一以生，神得一以灵。金沉羽浮，山峙川流，视之不见，听之不闻，存之则在，忽之则亡[⑦]，向之则吉，背之则凶，保之则遐祚罔极[⑧]，失之则命雕气穷。老君曰：‘忽兮恍兮[⑨]，其中有象[⑩]；恍兮忽兮，其中有物[⑪]。’一之谓也。故仙经曰：‘子欲长生，守一当明；思一至饥，一与之粮；思一至渴，一与之浆[12]。'一有姓字服色[13]，男长九分，女长六分；或在脐下二寸四分下丹田中；或在心下绛宫金阙中丹田也[14]；或在人两眉间，却行一寸为明堂，二寸为洞房，三寸为上丹田也。此乃是道家所重，世世歃血口传其姓名耳。一能成阴生阳，推步寒暑[15]；春得一以发，夏得一以长，秋得一以收，冬得一以藏。其大不可以六合阶[16]，其小不可以毫、芒比也。

【注释】

①一：指独一无二的大道。也即天地万物形成、运动的规律。《庄子·天地》："通于一而万事毕。"

②知一者，无一之不知也：如果懂得了大道，就没有任何一种事物不懂得。第一个"一"指大道，第二个"一"指任何一种事物。

③各居一处：道处于各自不同的地方。因为每一种事物都体现了道，反过来说，道存在于每一个事物之中，从这一角度看，可以说道处于不同的地方。

④象：用作动词。使……具备了自己的形象。也即产生的意思。

⑤三一："三"指天、地、人，"一"指大道。

⑥天得一以清：天得到道就能够保持自己清明。本句至"神得一以灵"出自《老子》而略有改动。《老子》三十九章："天得一以清，地得一以宁，神得一以灵，谷得一以盈，万物得一以生，王侯得一以为天下贞。"

⑦忽：忽略。亡(wú)：通"无"，没有。

⑧遐祚罔极：福分长久，无穷无尽。遐，长久。祚，福。罔，无。

⑨忽兮恍兮：即"恍惚"。隐约不清、难以捉摸的样子。下文的"恍兮忽兮"意思同此。"忽兮恍兮……其中有物"出自《老子》二十

一章。

⑩象:形象。引申为内容。

⑪物:东西。引申为内容。

⑫浆:饮料。

⑬一有姓字服色:“一”有姓名和自己的服装颜色。“一”是大道,是规律,本无所谓服装颜色,但道教出现后,逐步把大道神化为有姓名、服装、颜色的人格神了。

⑭绛宫、金阙:指的都是中丹田。

⑮推步:推行,使运行。

⑯不可以六合阶:整个宇宙都无法与它相比。六合,上下四方,实际就是指整个宇宙。阶,阶梯。这里用作动词,攀登。引申为攀比。

【译文】

抱朴子说:“我听老师说:‘人们如果懂得了大道,万事万物也就全部懂得了。’如果懂得了大道,就没有任何一种事物不懂得;如果不懂得大道,那就没有任何一种事物能够懂得。所有的具体事物的道都起源于一个整体的道,它高贵得无与伦比,具体的万物之道各自居于一处,从而形成了天、地、人各种形象,因此称之为‘三一’。上天得到道就会清明,大地得到道就会安宁,人类得到道就能生存,神明得到道就有灵气。大道使金属可以下沉,羽毛能够浮起,山岳高高耸峙,河水源源流淌,我们看不到大道的形象,听不见大道的声音,如果仔细感受它而它就存在,如果忽略它而它就消失,顺应它就吉祥,违背它就凶险,保持着它就有无穷无尽的福分,抛弃了它就会气尽身死。太上老君说:‘惚惚恍恍的,其中却有形象;恍恍惚惚的,其中却有内容。’这段话描述的就是大道啊!所以仙经说:‘您要想长生,应该明确地持守着大道;最饿的时候一旦精思大道,大道就会给您粮食;最渴的时候一旦精思大道,大道就会给您饮料。’大道有姓名、字号、服饰、颜色,男的高九分,女的高六分；有时在肚脐下面两寸四分的下丹田中；有时在心脏下面的绛宫、金阙中丹田中；有时在人的两眉之间，退进去一寸的地方叫‘明堂’，退进去两寸的地方叫‘洞房’，退进去三寸的地方叫‘上丹田’。大道是道家所特别看重的，一代代地歃血为盟后，才能口耳相传它的姓名。大道能够生成阴阳，能够使寒暑得以顺利运行；春天得到了大道就能够使万物出生，夏天得到了大道就能够使万物成长，秋天得到了大道就能够使万物收成，冬天得到了大道就能够使万物储藏。如果从大的角度来看待大道，就连整个宇宙也比不上它的大；如果从小的角度来看待大道，就连毫毛、麦芒也比不上它的小。

“昔黄帝东到青丘[1]，过风山[2]，见紫府先生[3]，受《三皇内文》，以劾召万神；南到圆陇阴建木[4]，观百灵之所登，采若乾之华[5]，饮丹峦之水[6]；西见中黄子[7]，受《九加之方》，过崆峒[8]，从广成子受《自然之经》；北到洪堤[9]，上具茨[10]，见大隗君、黄盖童子[11]，受《神芝图》；还陟王屋[12]，得《神丹金诀记》；到峨眉山[13]，见天真皇人于玉堂[14]，请问真一之道。皇人曰：‘子既君四海[15]，欲复求长生，不亦贪乎？其相覆不可具说[16]，粗举一隅耳。夫长生仙方，则唯有金丹；守形却恶，则独有真一，故古人尤重也。’仙经曰：‘九转丹，金液经，守一诀，皆在昆仑五城之内[17]，藏以玉函，刻以金札[18]，封以紫泥[19]，印以中章焉[20]。’

【注释】

①青丘：山名。传说为神仙所住的地方。一说为海外国名。

②风山：山名。古代叫“风山”的地方很多，此处的风山应视为传说中的仙山。

③紫府先生：神仙名。

④圆陇：传说中的山名。阴建木：坐在建木的树荫下。阴，通“荫”，用作动词，坐在树荫下。建木：神树名。树高百仞无枝，日中无影，天神常从这里上下。

⑤若乾：传说中的植物名。华（huā）：花。

⑥丹峦：传说中的山名。

⑦中黄子：神仙名。又叫中黄真人。

⑧过：拜访。崆峒：传说中的山名。一说在今甘肃境内。

⑨洪堤：传说中的地名。

⑩具茨：传说中的山名。一说在今河南境内。

⑪大隗君：人名。得道的高士。黄盖童子：人名。得道的高士。

⑫陟（zhì）：登。王屋：山名。在今河南境内。

⑬峨眉山：山名。在今四川境内。

⑭天真皇人：神仙名。玉堂：白玉砌的大堂。神仙居住的地方。

⑮君：用作动词。当君主。

⑯相覆：相互矛盾。

⑰昆仑五城：昆仑山上的五座城。昆仑，仙山名。传说山上有五座城池。

⑱金札：黄金简。札，古代用来写字的小木板。

⑲紫泥：紫色的封泥。古代的书信等都用泥封，泥上盖印。皇帝的诏书用紫泥。

⑳中章：神仙的印章之一。

【译文】

“从前，黄帝向东到了青丘，经过风山，然后谒见了紫府先生，接受了《三皇内文》，用它来弹劾和召唤众多神仙；又向南到了圆陇，坐在建木的树荫下，观察各种神灵从这里登天的情况，还采集了若乾的花，饮用了丹峦的水；又向西参见了中黄子，接受了《九加之方》，拜访崆峒山，跟随广成子接受了《自然之经》；再向北到了洪堤，登上了具茨山，拜见了大隗君和黄盖童子，接受了《神芝图》；回来时又登上了王屋山，获得了《神丹金诀记》；又去了峨眉山，在玉堂上见到了天真皇人，请教了真一之道的内容。皇人说：'先生身为天下的君主，还想追求长生不死，岂不是太贪心了吗？当君主和求长生相互矛盾，我无法详细与您说清楚，就只能粗略地谈谈其中的一点内容吧。关于长生不死的成仙方术，唯一的办法就是服食金丹；保护身体而除去邪恶，唯一的办法就是坚守大道，因此古人特别重视大道。'仙经说：'炼制九转仙丹、金液的经书，持守大道秘诀，都收藏在昆仑山上的五城之中，装在玉匣子里，刻写在黄金简上，用紫色的封泥加封，上面还加盖了中章印。'

"吾闻之于先师曰：'一在北极大渊之中①，前有明堂②，后有绛宫③；巍巍华盖④，金楼穹隆⑤；左罡右魁⑥，激波扬空；玄芝被崖⑦，朱草蒙珑⑧；白玉嵯峨⑨，日月垂光⑩；历火过水⑪，经玄涉黄⑫；城阙交错⑬，帷帐琳琅⑭；龙虎列卫，神人在傍。不施不与，一安其所；不迟不疾⑮，一安其室；能暇能豫⑯，一乃不去；守一存真，乃能通神；少欲约食，一乃留息。白刃临颈，思一得生；知一不难，难在于终；守之不失，可以无穷；陆辟恶兽，水却蛟龙；不畏魍魉⑰，挟毒之虫；鬼不敢近，刃不敢中。'此真一之大略也。"

【注释】

①北极大渊：内丹术术语。指丹田。

②明堂：内丹术术语。指两眉之间退入一寸的地方。

③绛宫：内丹术术语。这里指心脏。

④华盖：内丹术术语。指眉。一说指肺。

⑤金楼：当即“重楼”。内丹术术语。指喉咙。穹隆：凸起的样子。

⑥左罡右魁：这里疑指人的左、右两肾。罡、魁，本为北辰星名。在内丹术中，道教把肾比喻为“北辰”。

⑦玄芝被崖：黑色的芝草长满了山峰。可能是比喻人的黑色头发长满了头顶。

⑧朱草：红色的草。可能是比喻毛细血管。蒙珑：茂密的样子。

⑨白玉；内丹术术语。指牙齿。

⑩日月：内丹术术语。指两眼。

⑪火、水：内丹术术语。指体内的精气神。

⑫玄、黄：黑色、黄色。古人认为，天玄而地黄，因此“玄黄”指天地。这里用来比喻人的身体从上到下。

⑬城阙：比喻各种内脏的模样。

⑭帷帐：比喻各种内脏的模样。琳琅：美好的样子。

⑮疾：快速。

⑯暇：悠闲。豫：愉悦，安适。

⑰魍魉（wǎng liǎng）：传说中的山川精怪。

【译文】

“我听先师说：‘大道就居住在北极大渊之中，前面有明堂，后面有绛宫；华盖巍峨，金楼高耸；左边有罡星而右边有魁星，还有激扬的波涛飞向天空；黑色的灵芝覆盖山峰，鲜红的仙草郁郁葱葱；白玉高高峙立，日月撒下光明；周游于水火之间，上下于天地之中；城墙宫阙相互交错，重重帷帐美不胜收；龙虎列队保卫，神仙一旁护守。不去胡作非为，大道就能安守其所；不慢不快、从从容容，大道就能安居其室；能够做到悠闲愉悦，大道就不会离去；持守大道、保全真性，就能与神灵沟通；寡欲节食，大道就能够在此停留。当利刀放在脖子上的危急时刻，只要精思大道就能够获得生命；懂得大道并不困难，困难在于坚持到底；保持大道而不要失去，生命就可以无穷无尽；在地上能够让猛兽躲避，在水里能够使蛟龙退却；不用害怕魍魉，也不用害怕各种毒虫；鬼怪不敢接近，利刃不能伤害。’这就是大道的大概情况。”

抱朴子曰：“吾闻之于师云：‘道术诸经，所思存念作，可以却恶防身者，乃有数千法。’如含影藏形①，及守形无生②，九变十二化、二十四生等③，思见身中诸神④，而内视令见之法，不可胜计，亦各有效也。然或乃思作数千物以自卫，率多烦难，足以大劳人意。若知守一之道，则一切除弃此辈，故曰‘能知一则万事毕’者也。受真一口诀，皆有明文，歃白牲之血⑤，以王相之日受之⑥，以白绢白银为约，克金契而分之⑦，轻说妄传，其神不行也。人能守一，一亦守人。所以白刃无所措其锐，百害无所容其凶，居败能成，在危独安也。若在鬼庙之中，山林之下，大疫之地，冢墓之间，虎狼之薮，蛇蝮之处，守一不怠，众恶远迸⑧。若忽偶忘守一，而为百鬼所害，或卧而魇者⑨，即出中庭视辅星⑩，握固守一⑪，鬼即去矣。若夫阴雨者，但止室中，向北思见辅星而已。若为兵寇所围，无复生地，急入六甲阴中⑫，伏而守一，则五兵不能犯之也。能守一者，行万里，入军旅，涉大川，不须卜日择时；起工移徙，入新屋舍，皆不复按堪舆星历⑬，而不避太岁、太阴将军、月建煞耗之神⑭，年命之忌，终不复值殃咎也⑮。先贤历试有验之道也。”

【注释】

①含影藏形：指隐身术。

②守形无生：固守身体而不生杂念。是一种通过专心存思以保护

自我的法术。

③九变十二化、二十四生：指各种变化、再生之术。

④思见身中诸神：想象中看到体内的各种神灵。道教认为，人体内的每一个器官都有一位神灵在守护着，一旦某个神灵离开了，与之相应的器官就会生病。此时就应该在想象中看着这位神灵，以便把他召唤回来。

⑤白牲：白色的牲畜。

⑥王相之日：即"旺相日"。兴旺的日子，吉日。

⑦克：通"刻"。金契：黄金制成的契约。分之：古代签订契约后，双方各执一半，以为凭证。

⑧远迸(bèng)：远远逃遁。迸，逃散。

⑨魇(yǎn)：妖邪。这里指受到妖邪的伤害。

⑩辅星：星名。北斗第四颗星旁边的一颗小星。

⑪握固：紧握着拳头。《老子》五十五章："骨弱筋柔而握固。"《老子》的本意是说婴儿的拳头握得很紧，后来道士把它发展为一种修炼时的手势。

⑫六甲阴中：古人用天干、地支相配计算时日，其中有甲子、甲戌、甲申、甲午、甲辰、甲寅六天带有"甲"字的日子，叫做"六甲"。在用十二地支纪日时，其中的单数日为阳日，双数日为阴日。这里当指六甲日中的阴日所代表的的方位。

⑬堪舆：指天地之道。后来风水术被称作堪舆术。星历：天文历数。

⑭太岁、太阴将军、月建煞耗之神：皆为道教凶神的名字。

⑮殃咎：灾难。

【译文】

抱朴子说："老师告诉我说：'阐述各种方术的众多道经，介绍了存思、念咒、作法等等，能够用来避开邪恶、防卫自身的方法，就有数千种。'比如隐身术，以及守护身体而不生杂念，九种变化、十二类幻化、二十四般再生术等等，以及存念并看见体内的各种神灵，而通过用精神向体内观察、使这些神灵现身的方法，就数不胜数，而且也都各有效果。然而如果想存思出几千种方法来保护自我，大多都很麻烦、很困难，使人的精神疲惫不堪。如果懂得持守大道的方法，就可以不用再去使用那些法术了，因此古人说'人们如果懂得了大道，万事万物也就全部懂得了'。学习持守大道的口诀，都有明确的文字记载，要用白色牲畜歃血为盟，在王相的吉日接受大道，用白帛、白银作为券约，在黄金上刻写盟文，然后一分为二，双方各执一半。如果是随便地传授大道，那么它就没有神奇的效力了。人如果能够持守着大道，那么大道也就愿意持守着人。这样一来利刃也就无法刺伤你，各种害人之物也就无法施展它们的凶恶，就能够扭转败局而获得成功，身在危险之中却能够独自安然无恙。如果在有鬼的庙宇中，在深山老林里，在瘟疫流行的地区，在坟墓之间，在虎狼横行的山泽里，在毒蛇出没的地方，只要能够不懈怠地持守着大道，那么各种邪鬼恶物都会远远逃开。如果因为偶尔忽略，忘记了持守大道，而受到各种鬼怪的伤害，或者躺卧睡觉时而被鬼怪迷住，就要走出房间到庭院中仰视辅星，紧紧握住拳头持守大道，鬼怪马上就会离去。如果是天阴下雨的时候，就只需留在房间里，面向北面在想象中看到辅星就可以了。如果被敌兵贼寇所围困，没有生路，那就赶快进入六甲阴中的方位，趴下地上持守大道，这样各种兵器就不能伤害自己了。能够持守大道的人，周游万里，深入敌军，横渡大河，都不必占卜日期、选择时辰；动工修建，搬家迁徙，入住新房，也都不必依照堪舆、星历的结论行事，也不用躲避太岁、太阴将军、月建煞耗神之类的凶神，也不用考虑出生年月、命运等忌讳，这样最终也不会遇到任何灾祸。这是从前的圣哲们历经试验、行之有效的法术啊。"

抱朴子曰："玄一之道[①]，亦要法也。无所不辟，与真一同功。吾《内篇》第一名之为《畅玄》者，正以此也。守玄一复易于守真一。真一有姓字、长短、服色；此玄一但自见之。初求之于日中，所谓‘知白守黑，欲死不得’者也[②]。然先当百日洁斋，乃可候求得之耳，亦不过三四日得之。得之守之，则不复去矣。守玄一，并思其身，分为三人。三人已见，又转益之，可至数十人，皆如己身。隐之显之，皆自有口诀，此所谓分形之道。左君及蓟子训、葛仙公所以能一日至数十处[③]，及有客座上，有一主人与客语，门中又有一主人迎客，而水侧又有一主人投钓，宾不能别何者为真主人也。师言：‘守一，兼修明镜[④]。’其镜道成，则能分形为数十人，衣服面貌，皆如一也。”

【注释】

①玄一：和下文的“真一”都是“道”的代名词，而葛洪把二者区别开来。在葛洪看来，二者的主要不同在于：“玄一”与先秦道家的“道”更接近，葛洪认为，修养“玄一”就能够获得神奇的效果；而“真一”却有自己的姓名、字号、身高、服色等等，是完全被神化的、人格化的“道”。换句话说，“玄一”更接近哲学上的“道”，而“真一”则完全是宗教上的神灵。

②知白守黑，欲死不得：知道在白日持守着玄一，就是想死都是不可能的。“知白守黑”出自《老子》二十八章：“知其白，守其黑。”《老子》的“白”指显赫的地位，“黑”指不显赫的地位，意思是“圣人知道什么是显赫，却安于低下的地位”，阐述了柔退的处世原则。而葛洪却把“白”解释为白日，把“黑”解释为“玄（有“黑”义）一”。

③左君：指左慈，东汉末年方士。蓟子训：东汉方士。葛仙公：即葛

玄，人称"葛仙公"。

④明镜：道教方术之一。即分身术。人面对明镜时，镜子中又出现了一个同样的人，因此道教把分身术称为"明镜"。

【译文】

抱朴子说："学习玄一方术，也是很重要的。它能够使人避开一切灾难，与真一有相同的功效。我把《抱朴子内篇》的第一篇命名为《畅玄》，正是因为这个缘故。持守玄一比持守真一还要容易些。真一有自己的姓氏、名字、高矮、服饰、颜色等等；而玄一只须人们自己去学习体会。开始时要在正中午的时候修炼，这就是所谓的'知道白天去持守玄一，就是自己想死都是不可能的'。然而必须洁身斋戒一百天之后，才能够去修习，大约也不过三四天就能够获得它。一旦得到玄一就应该持守着它，它也就不会再离去了。持守玄一时，要一并精思自身，在想象中将自身分为三个人。如果三个人真的出现了，再进一步增加人数，可以达到数十个人，而且这些人都与自己一样。要他们隐藏或者显现，都有各自的口诀，这就是所谓的分身术。这就是左慈先生和蓟子训、葛仙公能够在一天之内同时出现在数十个地方的原因。比如有客人在座位上，有一个主人陪这位客人谈话，大门内又有一个主人在迎接别的客人，而水边还有一个主人在垂钓，客人们也无法弄清楚到底哪一个是真正的主人。老师说：'持守玄一，还要兼修明镜术。'明镜之术一旦学成，就能够分身为数十个人，他们的衣服面貌，都是一模一样。"

抱朴子曰："师言：'欲长生，当勤服大药；欲得通神，当金水分形①。'形分则自见其身中之三魂七魄②，而天灵地祇，皆可接见；山川之神，皆可使役也。"

【注释】

①金水分形：即分身术。用金能生水，比喻一身能够分出多身。一

说“金水分形”是“金木分形”之误，肝属木，藏魂；肺属金，藏魄。“金木分形”就是魂魄分离。

②三魂七魄：道教认为人有三魂七魄。关于三魂七魄的名字，《云笈七签》卷五十四说：“其爽灵、胎光、幽精三君，是三魂之神名也。……其第一魄名尸狗，其第二魄名伏矢，其第三魄名雀阴，其第四魄名吞贼，其第五魄名非毒，其第六魄名除秽，其第七魄名臭肺。”

【译文】

抱朴子说：“老师说：‘要想长生不死，应当勤于服食金丹大药；要想沟通神灵，就要学会金水分形。’学会了‘金水分形’就能够看见自己身体中的三魂七魄，而天上的神灵和地下的仙祇，都可以接触见面，而山川的神灵，也都可以役使他们了。”

抱朴子曰：“生可惜也，死可畏也。然长生养性辟死者①，亦未有不始于勤，而终成于久视也。道成之后，略无所为也；未成之间，无不为也。采掘草木之药，劬劳山泽之中②；煎饵治作，皆用筋力；登危涉险，夙夜不怠。非有至志，不能久也。及欲金丹成而升天，然其大药物，皆用钱直，不可卒办。当复由于耕牧、商贩以索资，累年积勤，然后可合。及于合作之日，当复斋洁清净，断绝人事。有诸不易，而当复加之以思神守一，却恶卫身，常如人君之治国、戎将之待敌③，乃可为得长生之功也。以聪明大智，任经世济俗之器④，而修此事，乃可必得耳。浅近庸人，虽有志好，不能克终矣⑤。故一人之身，一国之象也：胸腹之位，犹宫室也；四肢之列，犹郊境也；骨节之分，犹百官也；神，犹君也；血，犹臣也；气，犹民也。故知治身，则能治国也。夫爱其民，所以安其国；养其气，所以全其身。

民散则国亡，气竭即身死。死者不可生也，亡者不可存也。是以至人消未起之患，治未病之疾[⑥]，医之于无事之前，不追之于既逝之后[⑦]。民难养而易危也，气难清而易浊也。故审威德所以保社稷，割嗜欲所以固血气。然后真一存焉，三七守焉[⑧]，百害却焉，年命延矣。”

【注释】

①辟：通“避”，避免。

②劬（qú）劳：劳苦。劬，辛劳。

③戎将：军将，将军。戎，军队的代称。

④器：才能。这里指人才。

⑤克：能够。

⑥病、疾：重病叫做“病”，轻病叫做“疾”。

⑦既逝：已经过去的事情。

⑧三七：指三魂七魄。

【译文】

抱朴子说：“生命是应该珍惜的，死亡是值得畏惧的。而那些追求长生、养护性命、避免死亡的人，无不是在开始时辛苦异常，而最终才能修道成功、长生不死。修道成功之后，就什么也没有必要去做了；修道还没有成功之前，无论如何艰苦的事情都要去承担。要采集挖掘各种草木药物，在深山大泽里辛苦劳累，煎熬炼制药物，都要花费很大力气；攀登跋涉于危险的地方，早晚都不能有丝毫懈怠。如果不是具备了最坚定的志向，是不可能长期坚持的。要想炼成金丹而升天成仙，需要一些重要的药物原料，而这些都要花费钱财，不可能在短时间内就备齐。还要通过种地放牧、经商贩卖去筹集资金，长年不断地勤于积累，然后才能够去炼制金丹。到了炼制金丹的时候，还要洁身斋戒、清静恬淡，断绝一切世俗交往。炼制金丹有着种种困难，而且还需要存思神灵、持守大道，以便逼退各种邪鬼恶物，以保护自身，要像国君治理国家、武将面临敌军一样，才可能求得长生不死的功效。只有那些具备了大智慧，能够承担治国济世大任的人才，如果来修炼这种事情，才能肯定获得成功。而那些浅薄的平庸之人，虽然有志向追求长生，也不能坚持到最后成功。每一个人的身体，就好比一个国家的情况：胸膛、腹部的位置，好比皇帝宫殿；四肢的排列，好比国家的四郊边境；各种不同的骨节，好比是各种不同的官员；精神，好比是国君；血液，好比是大臣；精气，好比是百姓。因此懂得修养自己的身体，就能治理好一个国家。爱护自己的百姓，是用来安定国家的办法；养护自己的精气，是保全自身的措施；百姓离散就会导致国家灭亡，精气枯竭就会造成自身死去。死去的人不能复生，灭亡的国家不能复存。因此最明智的人能够消除还没有发生的忧患，治疗还没有形成重病的小疾，在身体还没有出大事之前就注意医治，而不在出事之后去追悔莫及。百姓难以抚养却容易骚乱，精气难以清新却容易污浊。因此要注意使用威严和恩德这些手段去保护自己的国家，割舍嗜好贪欲去稳固自己的血脉精气。然后就能持守住大道，保护好自己的三魂七魄，各种危害自然消失，寿命自然也就会延长了。”

抱朴子曰：“师言：‘服金丹大药，虽未去世[①]，百邪不近也。’若但服草木及小小饵八石[②]，适可令疾除命益耳[③]，不足以禳外来之祸也。或为鬼所冒犯，或为大山神之所轻凌，或为精魅所侵犯。唯有守真一，可以一切不畏此辈也。次则有带神符。若了不知此二事以求长生，危矣哉！四门而闭其三，盗犹得入，况尽开者邪？”

【注释】

①去世：脱离人间而成仙。

②八石：八种矿物类的药物。具体指丹砂、雄黄、雌黄、空青、硫磺、云母、戎盐、硝石。

③适：只，仅仅。

【译文】

抱朴子说："老师说：'服食金丹大药，即使还没有能够抛脱离人世而升仙，但各种邪鬼恶物都不敢接近自己。'如果只是服食草木药物和服食微不足道的八种矿石药物，这只能使疾病痊愈、寿命延长而已，不足以抵御外来的灾祸。有时会被鬼怪所冒犯，有时会被大山里的神灵轻易凌辱，有时会被妖精所侵害。只有持守着大道，才能够不畏惧所有的灾祸。次一等的办法就是佩带符箓。如果完全不懂得这两件事情而去追求长生不死，那就太危险了！四个门户只关闭了三个，盗贼还是能够进来，更何况是所有的门户都在敞开着呢？"

遐览卷十九

【题解】

遐览，即博览群书。遐，本指久远，这里引申为广博。葛洪说的博览群书，当然是指博览道教的书籍。本篇的主要内容和价值有以下几点。

首先，本篇介绍了当时道教典籍的概况。作者介绍道书的目的非常明确，就是想让那些“后生好书者，可以广索也”，是在为将来的同道修道成仙着想。但本篇客观上为我们提供了作者当时所能够接触到的道书情况，使我们通过这些道书，能够了解当时道教典籍的大致状态，从而有助于我们对当时整个道教发展状况的了解，有一定的史料价值。

其次，本篇介绍了作者本人的一些情况。比如作者说自己身体较为瘦弱，然而却颇受老师青睐，从而能够接触到一些珍贵的道书，这无疑有利于我们对葛洪这一重要的学者有了更多、更深的理解。

再次，通过本篇，我们还能够大体知道当时道教内部师徒的关系及生活情况。比如篇中说：“他弟子皆亲仆使之役，采薪耕田，唯余尫羸，不堪他劳，然无以自效，常亲扫除，拂拭床几，磨墨执烛，及与郑君缮写故书而已。……然弟子五十余人，唯余见受金丹之经及《三皇内文》、《枕中五行记》，其余人乃有不得一观此书之首题者矣。”这些文字告诉我们：当时的道教徒除了其他方面的收入外，主要还是依靠自己“采薪耕田”,而从事这些劳动的大多是弟子,就连身体瘦弱的葛洪也要承担一些力所能及的工作。另外,还可以看出道教的老师是如何地珍秘自己的道书的,就连他们自己的弟子想看一眼道书的题目都很困难,更何况他人?道教的这种做法虽然有利于自神其教,但客观上却不利于道教的整体发展。

最后,本篇还重点介绍了《三皇内文》、《五岳真形图》、《墨子五行记》、《玉女隐微》等几部道书以及这些道书的神奇功效。虽然这些神奇功效只不过是作者道听途说来的,但反映了古人的某种信仰和美好的愿望。

除此之外,本篇还有其他一些值得借鉴的内容。比如本篇说:“谚曰:‘书三写,“鱼”成“鲁”,“虚”成“虎”。’”葛洪引用这一谚语,目的主要是说明道书可能有误,然而这种说明却具有普遍的意义。这些谚语再一次地提醒我们“尽信书,则不如无书”(《孟子·尽心下》),前人留下的图书,不仅有故意的造假、无意的误传,而且还有粗心的误抄。仔细鉴别书中的真假,可以说是读书人面临的一大任务。

或曰:“鄙人面墙①,拘系儒教,独知有五经、三史、百氏之言②,及浮华之诗赋,无益之短文,尽思守此,既有年矣。既生值多难之运,乱靡有定③,干戈戚扬④,艺文不贵⑤,徒消工夫,苦意极思,攻微索隐⑥,竟不能禄在其中⑦,免此垄亩;又有损于精思,无益于年命,二毛告暮⑧,素志衰颓,正欲反迷,以寻生道,仓卒罔极⑨,无所趋向,若涉大川,不知攸济⑩。先生既穷观坟典,又兼综奇秘,不审道书凡有几卷?愿告篇目。”

【注释】

①鄙人:提问者的自我谦称。面墙:面向墙壁。比喻所见极少,学

识狭窄。

②五经:儒家的五部经书。指《易》、《书》、《诗》、《礼》、《春秋》。三史:三部史书。指《史记》、《汉书》、《东观汉记》。百氏之言:指诸子百家的学说。

③乱靡有定:动乱不定。靡,无,没有。

④干戈戚扬:盾、戈、斧一齐举起。这是描写战争的场面。干,盾牌。戚,斧。

⑤艺文:这里指学术。

⑥攻微:研究细微的学问。索隐:探索事物的隐蔽道理。

⑦禄在其中:从中获得官位俸禄。《论语·卫灵公》:"学也,禄在其中矣。"

⑧二毛:指头发花白,形成黑白两种颜色的头发。

⑨罔极:无穷无尽。指无穷无尽的世界。

⑩攸济:渡河的方法。攸,所。

【译文】

有人说:"我就像面对着墙壁那样孤陋寡闻,拘泥于儒家的学说,只知道有五经、三史和百家言论,以及一些浮华的诗赋,没有多少益处的短文,在这些书籍里面用尽了心思,已经有些年头了。然而此生偏偏遇上了多灾多难的命运,社会动乱不止,战争不断,文章学术不受重视,白白地浪费了自己的功夫,苦苦地尽力思索,探求其中隐藏的微妙道理,却不能从中获得官位俸禄,免于耕田种地;而且还损害了自己精神,对自己的寿命没有任何补益,花白的头发预示着暮年的到来,过去的那些志向已经衰退,我正想迷途知返,去寻找长生之道,仓促间面对着这无穷的世界,不知应该走向何方,我就好像要渡过大河,却不知渡河的办法一样。先生已经全面地阅读了古代典籍,又兼修了奇文秘术,不知道有关道术的书籍共有多少卷?希望您能够告诉我有关这些书籍的篇目。"

抱朴子曰："余亦与子同斯疾者也。昔者幸遇明师郑君，但恨弟子不慧，不足以钻至坚、极弥高耳[①]。于时虽充门人之洒扫，既才识短浅，又年尚少壮，意思不专，俗情未尽，不能大有所得，以为巨恨耳。郑君时年出八十，先发鬓班白[②]，数年间又黑，颜色丰悦[③]，能引强弩射百步，步行日数百里，饮酒二斗不醉。每上山，体力轻便，登危越险，年少追之，多所不及。饮食与凡人不异，不见其绝谷。余问先随之弟子黄章，言：'郑言尝从豫章还[④]，于掘沟浦中[⑤]，连值大风，又闻前多劫贼，同侣攀留郑君，以须后伴，人人皆以粮少，郑君推米以恤诸人[⑥]，己不复食，五十日亦不饥，又不见其所施为，不知以何事也。'火下细书[⑦]，过少年人。性解音律，善鼓琴。闲坐，侍坐数人，口答咨问，言不辍响，而耳并料听左右操弦者[⑧]，教遣长短[⑨]，无毫厘差过也[⑩]。余晚充郑君门人，请见方书。告余曰：'要道不过尺素上，足以度世，不用多也。然博涉之后，远胜于不见矣。既悟人意，又可得浅近之术，以防初学未成者诸患也。'乃先以道家训教戒书不要者近百卷，稍稍示余。余亦多所先见，先见者颇以其中疑事咨问之。郑君言：'君有甄事之才[⑪]，可教也。然君所知者，虽多未精，又意在于外学[⑫]，不能专一，未中以经深涉远耳[⑬]，今自当以佳书相示也。'又许渐得短书缣素所写者。积年之中，合集所见，当出二百许卷，终不可得也。

【注释】

①钻至坚、极弥高：钻研最精深的道理、达到最高的境界。至坚，最坚硬的物体。比喻最精深的道理。《论语·子罕》："颜渊喟然叹

曰：‘仰之弥高，钻之弥坚。’”“钻之弥坚”的意思是越去钻研他越发觉得他的思想精深。

②班白：即“斑白”。班，通“斑”。

③颜色：面容。

④郑言：当为郑隐的弟子。豫章：地名。在今江西南昌。

⑤掘沟：人工挖掘的运河。浦：水边。

⑥推：推让。恤：救济。

⑦火下：灯下。细书：写很小的字。

⑧料听：带着品评目的地去倾听。

⑨教遣：指导，指教。长短：好坏。

⑩差过：差错，误差。

⑪甄事：鉴别事物。

⑫外学：养生成仙的学问被称为内学，治国安民的学问被称为外学。

⑬未中：不适合。经深涉远：学习研究深邃的道术。

【译文】

抱朴子说：“我也有过与您同样的毛病。从前我有幸遇到了圣明的老师郑隐先生，只是遗憾我这个弟子不够聪敏，没有能力钻研最精深的道理、达到最高的境界。当时虽然得以充当一个为老师洒水扫地的弟子，然而由于才识既短浅，年龄又还小，思想也不够专一，世俗之情还没有完全断绝，因此没有大的收获，至今还以此为最大的遗憾。郑先生当时已经八十多岁了，开始时鬓发斑白，几年之后却又变黑了，面容丰满愉悦，能够拉开硬弓，把箭射出一百多步远，每天能步行好几百里路，喝两斗酒也不会醉倒。每当登山时，身体轻便，能够攀越高峻危险的山峰，年青人在后面追赶他，很多还追不上他。他的饮食与一般人没有什么不同，也没有见过他断绝粮食。我问过先跟随先生的弟子黄章，他说：‘郑言曾经跟随老师从豫章郡回来，在一条运河的河边，接连遇上了大风，又听说前面的路上有很多打劫的强盗，同伴们都攀着郑先生留下，等待后面的同路者。当时人人都认为带的粮食太少了，郑先生就把自己的米拿出来接济各位同伴，他自己不再吃饭，整整五十天也不饿，又没有看到他有其他措施，也不知道他用了什么方法。'他在灯下写小字，眼力超过了年青人。他生性懂得音律，善于弹琴。平时闲坐时，陪他坐的有好几个人，他一边回答着别人的询问，说个不停，一边还仔细倾听着身边弹琴的人，指出他们弹奏的好坏，没有出过丝毫的误差。我很晚才充当郑先生的弟子，请求阅读道书。他告诉我说：'重要的道旨写在不超过一尺见方的丝帛上，这就足以使人能够超越人间成仙，根本用不着很多的道书。当然，广泛地阅读道书，远远地胜过不去博览道书的人。阅读道书既能明白人情世故，又能学到一些浅近的道术，用以防止还未成功的初学者的各种毛病。'于是他就先把将近一百卷的、不太重要的道教训戒书籍，逐渐拿给我看。我先前也读过很多书，还拿先前看过的书中疑问向他请教。郑先生说：'你有辨别事物的才能，值得传授，然而你知道的那些事情，虽然很多却不够精通，另外你的注意力还在治国安民的学问上，不能专一于修仙道术，还不适合学习研究深奥的修仙学问，今后我会把一些好书拿给你看的。'先生还答应逐渐把一些简短的、写在丝帛上的道书给我看。几年之中，我所看到的道书集中起来，大概超出了二百卷吧，然而最终我也没有能够得到这些道书。

"他弟子皆亲仆使之役[①]，采薪耕田，唯余尫羸[②]，不堪他劳，然无以自效，常亲扫除，拂拭床几，磨墨执烛，及与郑君缮写故书而已。见待余同于先进者[③]，语余曰：'杂道书卷卷有佳事，但当校其精粗，而择所施行，不事尽谙诵[④]，以妨日月而劳意思耳。若金丹一成，则此辈一切不用也。亦或当有所教授，宜得本末，先从浅始，以劝进学者，无所希，准阶由也[5]。'郑君亦不肯先令人写其书，皆当决其意[6]，虽久借之，然莫有敢盗写一字者也。郑君本大儒士也，晚而好道，由以《礼记》、《尚书》教授不绝[7]。其体望高亮，风格方整，接见之者皆肃然。每有咨问，常待其温颜，不敢轻锐也[8]。书在余处者，久之一月，足以大有所写，以不敢窃写者，政以郑君聪憋[9]，邂逅知之[10]，失其意，则更以小丧大也。然于求受之初，复所不敢，为斟酌时有所请耳。是以徒知饮河，而不得满腹[11]。然弟子五十余人，唯余见受金丹之经及《三皇内文》、《枕中五行记》，其余人乃有不得一观此书之首题者矣。他书虽不具得，皆疏其名[12]，今将为子说之，后生好书者，可以广索也。

【注释】

①亲：亲自承担。

②尩羸（wāng léi）：瘦弱。

③先进：先入师门、学业优秀的弟子。

④不事：不必。谙（ān）诵：背诵。谙，熟习。

⑤准阶由：沿着阶梯一步步前进。准，以……为标准。由，经过。

⑥决其意：取决于他的意见。即按照他的意见去办。

⑦由：通"犹"，尚且，还。

⑧轻锐：轻率。

⑨政：通"正"。憋：聪明敏捷。

⑩邂逅：偶然，万一。

⑪徒知饮河，而不得满腹：徒然知道应该到黄河里去饮水，却没有能够喝满肚子。比喻自己虽然知道应该向学问渊博的郑先生学习，却没有能够学到足够的知识。

⑫疏：分条陈述，记述。

【译文】

“其他的弟子都要从事仆役劳动，或打柴或种田，只有我身体瘦弱，承担不了其他的劳作，可又觉得自己没有什么办法向老师效力，于是就经常从事一些扫除的事务，擦拭床榻几案，磨墨执烛，以及为郑先生抄写一些旧书而已。先生对待我就像对待那些先入师门、学业优秀的弟子一样，他对我说：‘旁杂的道书里每卷都有好内容，只是要考校清楚其中的精华和糟粕，从而有所选择地实施，不必全部去背诵，以免浪费了时光又耗费了精力。如果金丹一旦炼成，那么这类东西统统都可以不用了。有时也许需要用这些书籍进行教授，教授时应该懂得知识的本末，先从浅显的知识开始，以此来鼓励求学的人不断进步，不要希望一步登天，而要像上台阶那样一步步地提高。’郑先生起初也不肯让人抄写他的书，弟子们做事都取决于他的意见，因此弟子们借阅他的书虽然时间很久，却没有谁敢偷偷地抄写一个字。郑先生本来是一位大儒生，到了晚年才爱好道术，因此他还是一直教授《礼记》、《尚书》。他身材魁梧，威望极高，为人方正，接触和看见他的人都会肃然起敬。每当弟子们有所请教，往往要等到他脸色温和愉悦的时候，从不敢轻率造次。他的书放在我那儿，时间长的有一个月，完全有时间抄下很多的内容，之所以不敢偷偷抄写，就是因为郑先生聪明机敏，万一让他知道了，引起他的不快，就会因小失大。然而在最初向先生求教时，我连借书都不敢，只能寻找一些适当的机会口头向先生请教而已。因此自己只是徒然知道应该在黄河里饮水，却没有喝满肚子。尽管如此，在五十多个弟子当中，只有我看见和得到了炼制金丹的经书和《三皇内文》、《枕中五行记》，其余的弟子有的连这些书的标题都没有见过。其余的道书我虽然没有全部得到，但也都记下了它们的书名，现在我将要为您说说这些书名，将来那些喜欢道书的年轻人，可以广泛地去寻找这些书籍。

“道经有《三皇内文天地人》三卷、《元文》上中下三卷、《混成经》二卷、《玄录》二卷、《九生经》、《二十四生经》、《九仙经》、《灵卜仙经》、《十二化经》、《九变经》、《老君玉历真经》、《墨子枕中五行记》五卷、《温宝经》、《息民经》、《自然经》、《阴阳经》、《养生书》一百五卷、《太平经》五十卷、《九敬经》、《甲乙经》一百七十卷、《青龙经》、《中黄经》、《太清经》、《通明经》、《按摩经》、《道引经》十卷、《元阳子经》、《玄女经》、《素女经》、《彭祖经》、《陈赦经》、《子都经》、《张虚经》、《天门子经》、《容成经》、《入山经》、《内宝经》、《四规经》、《明镜经》、《日月临镜经》、《五言经》、《柱中经》、《灵宝皇子心经》、《龙跻经》、《正机经》、《平衡经》、《飞龟振经》、《鹿卢跻经》、《蹈形记》、《守形图》、《坐亡图》、《观卧引图》、《含景图》、《观天图》、《木芝图》、《菌芝图》、《肉芝图》、《石芝图》、《大魄杂芝图》、《五岳经》五卷、《隐守记》、《东井图》、《虚元经》、《牵牛中经》、《王弥记》、《腊成记》、《六安记》、《鹤鸣记》、《平都记》、《定心记》、《龟文经》、《山阳记》、《玉策记》、《八史图》、《入室经》、《左右契》、《玉历经》、《升天仪》、《九奇经》、《更生经》、《四衿经》十卷、《食日月精经》、《食六气经》、《丹一经》、《胎息经》、《行气治病经》、《胜中经》十卷、《百守摄提经》、《丹壶经》、《岷山经》、《魏伯阳内经》、《日月厨食经》、《步三罡六纪经》、《入军经》、《六阴玉女经》、《四君要用经》、《金雁经》、《三十六水经》、《白虎七变经》、《道家地行仙经》、《黄白要经》、《八公黄白经》、《天师神器经》、《枕中黄白经》五卷、《白子变化经》、《移灾经》、《厌祸经》、《中黄经》、

《文人经》、《涓子天地人经》、《崔文子肘后经》、《神光占方来经》、《水仙经》、《尸解经》、《中遁经》、《李君包天经》、《包元经》、《黄庭经》、《渊体经》、《太素经》、《华盖经》、《行厨经》、《微言》三卷、《内视经》、《文始先生经》、《历藏延年经》、《南阔记》、《协龙子记》七卷、《九宫》五卷、《三五中经》、《宣常经》、《节解经》、《邹阳子经》、《玄洞经》十卷、《玄示经》十卷、《箕山经》十卷、《鹿台经》、《小僮经》、《河洛内记》七卷、《举形道成经》五卷、《道机经》五卷、《见鬼记》、《无极经》、《宫氏经》、《真人玉胎经》、《道根经》、《候命图》、《反胎胞经》、《枕中清记》、《幻化经》、《询化经》、《金华山经》、《凤网经》、《召命经》、《保神记》、《鬼谷经》、《凌霄子安神记》、《去丘子黄山公记》、《王子五行要真经》、《小饵经》、《鸿宝经》、《邹生延命经》、《安魂记》、《皇道经》、《九阴经》、《杂集书录》、《银函玉匮记》、《金板经》、《黄老仙录》、《原都经》、《玄元经》、《日精经》、《浑成经》、《三尸集》、《呼身神治百病经》、《收山鬼老魅治邪精经》三卷、《入五毒中记》、《休粮经》三卷、《采神药治作秘法》三卷、《登名山渡江海敕地神法》三卷、《赵太白囊中要》五卷、《入温气疫病大禁》七卷、《收治百鬼召五岳丞太山主者记》三卷、《兴利宫宅官舍法》五卷、《断虎狼禁山林记》、《召百里虫蛇记》、《万毕高丘先生法》三卷、《王乔养性治身经》三卷、《服食禁忌经》、《立功益算经》、《道士夺算律》三卷、《移门子记》、《鬼兵法》、《立亡术》、《练形记》五卷、《郄公道要》、《角里先生长生集》、《少君道意》十卷、《樊英石壁文》三卷、《思灵经》三卷、《龙首经》、《荆山记》、《孔安仙渊赤斧子大览》七卷、《董君地仙却老要记》、《李先生口诀肘后》二卷。凡有不言卷数者，皆一卷也。

【译文】

“道教的经典有《三皇内文天地人》三卷、《元文》上中下三卷、《混成经》二卷、《玄录》二卷、《九生经》、《二十四生经》、《九仙经》、《灵卜仙经》、《十二化经》、《九变经》、《老君玉历真经》、《墨子枕中五行记》五卷、《温宝经》、《息民经》、《自然经》、《阴阳经》、《养生书》一百五卷、《太平经》五十卷、《九敬经》、《甲乙经》一百七十卷、《青龙经》、《中黄经》、《太清经》、《通明经》、《按摩经》、《道引经》十卷、《元阳子经》、《玄女经》、《素女经》、《彭祖经》、《陈赦经》、《子都经》、《张虚经》、《天门子经》、《容成经》、《入山经》、《内宝经》、《四规经》、《明镜经》、《日月临镜经》、《五言经》、《柱中经》、《灵宝皇子心经》、《龙跻经》、《正机经》、《平衡经》、《飞龟振经》、《鹿卢跻经》、《蹈形记》、《守形图》、《坐亡图》、《观卧引图》、《含景图》、《观天图》、《木芝图》、《菌芝图》、《肉芝图》、《石芝图》、《大魄杂芝图》、《五岳经》五卷、《隐守记》、《东井图》、《虚元经》、《牵牛中经》、《王弥记》、《腊成记》、《六安记》、《鹤鸣记》、《平都记》、《定心记》、《龟文经》、《山阳记》、《玉策记》、《八史图》、《入室经》、《左右契》、《玉历经》、《升天仪》、《九奇经》、《更生经》、《四衿经》十卷、《食日月精经》、《食六气经》、《丹一经》、《胎息经》、《行气治病经》、《胜中经》十卷、《百守摄提经》、《丹壶经》、《岷山经》、《魏伯阳内经》、《日月厨食经》、《步三罡六纪经》、《入军经》、《六阴玉女经》、《四君要用经》、《金雁经》、《三十六水经》、《白虎七变经》、《道家地行仙经》、《黄白要经》、《八公黄白经》、《天师神器经》、《枕中黄白经》五卷、《白子变化经》、《移灾经》、《厌祸经》、《中黄经》、《文人经》、《涓子天地人经》、《崔文子肘后经》、《神光占方来经》、《水仙经》、《尸解经》、《中遁经》、《李君包天经》、《包元经》、《黄庭经》、《渊体经》、《太素经》、《华盖经》、《行厨经》、《微言》三卷、《内视经》、《文始先生经》、

《历藏延年经》、《南闾记》、《协龙子记》七卷、《九宫》五卷、《三五中经》、《宣常经》、《节解经》、《邹阳子经》、《玄洞经》十卷、《玄示经》十卷、《箕山经》十卷、《鹿台经》、《小僮经》、《河洛内记》七卷、《举形道成经》五卷、《道机经》五卷、《见鬼记》、《无极经》、《宫氏经》、《真人玉胎经》、《道根经》、《候命图》、《反胎胞经》、《枕中清记》、《幻化经》、《询化经》、《金华山经》、《凤网经》、《召命经》、《保神记》、《鬼谷经》、《凌霄子安神记》、《去丘子黄山公记》、《王子五行要真经》、《小饵经》、《鸿宝经》、《邹生延命经》、《安魂记》、《皇道经》、《九阴经》、《杂集书录》、《银函玉匮记》、《金板经》、《黄老仙录》、《原都经》、《玄元经》、《日精经》、《浑成经》、《三尸集》、《呼身神治百病经》、《收山鬼老魅治邪精经》三卷、《入五毒中记》、《休粮经》三卷、《采神药治作秘法》三卷、《登名山渡江海敕地神法》三卷、《赵太白囊中要》五卷、《入温气疫病大禁》七卷、《收治百鬼召五岳丞太山主者记》三卷、《兴利宫宅官舍法》五卷、《断虎狼禁山林记》、《召百里虫蛇记》、《万毕高丘先生法》三卷、《王乔养性治身经》三卷、《服食禁忌经》、《立功益算经》、《道士夺算律》三卷、《移门子记》、《鬼兵法》、《立亡术》、《练形记》五卷、《郄公道要》、《角里先生长生集》、《少君道意》十卷、《樊英石壁文》三卷、《思灵经》三卷、《龙首经》、《荆山记》、《孔安仙渊赤斧子大览》七卷、《董君地仙却老要记》、《李先生口诀肘后》二卷。凡是书名下面没有说明卷数的,都只有一卷。

"其次有诸符[①],则有《自来符》、《金光符》、《太玄符》三卷、《通天符》、《五精符》、《石室符》、《玉策符》、《枕中符》、《小童符》、《九灵符》、《六君符》、《玄都符》、《黄帝符》、《少千三十六将军符》、《延命神符》、《天水神符》、《四十九真符》、《天水符》、《青龙符》、《白虎符》、《朱雀符》、《玄武符》、《朱胎符》、《七机符》、《九天发兵符》、《九天符》、《老经符》、《七符》、《大捍厄符》、《玄子符》、《武孝经燕君龙虎三囊辟兵符》、《包元符》、《沈羲符》、《禹跻符》、《消灾符》、《八卦符》、《监乾符》、《雷电符》、《万毕符》、《八威五胜符》、《威喜符》、《巨胜符》、《采女符》、《玄精符》、《玉历符》、《北台符》、《阴阳大镇符》、《枕中符》、《治百病符》十卷、《厌怪符》十卷、《壶公符》二十卷、《九台符》九卷、《六甲通灵符》十卷、《六阴行厨龙胎石室三金五木防终符》合五百卷、《军火召治符》、《玉斧符》十卷。此皆大符也。其余小小,不可具记。”

【注释】

①诸符:众多的符箓。诸,众多。符,符箓。方士画的所谓能够驱使鬼神、消灾求福的图形或线条。

【译文】

“其次有众多的符箓,主要有《自来符》、《金光符》、《太玄符》三卷、《通天符》、《五精符》、《石室符》、《玉策符》、《枕中符》、《小童符》、《九灵符》、《六君符》、《玄都符》、《黄帝符》、《少千三十六将军符》、《延命神符》、《天水神符》、《四十九真符》、《天水符》、《青龙符》、《白虎符》、《朱雀符》、《玄武符》、《朱胎符》、《七机符》、《九天发兵符》、《九天符》、《老经符》、《七符》、《大捍厄符》、《玄子符》、《武孝经燕君龙虎三囊辟兵符》、《包元符》、《沈羲符》、《禹跻符》、《消灾符》、《八卦符》、《监乾符》、《雷电符》、《万毕符》、《八威五胜符》、《威喜符》、《巨胜符》、《采女符》、《玄精符》、《玉历符》、《北台符》、《阴阳大镇符》、《枕中符》、《治百病符》十卷、《厌怪符》十卷、《壶公符》二十卷、《九台符》九卷、《六甲通灵符》十卷、《六阴行厨龙胎石室三金五木防终符》一共五百卷、《军火召治符》、《玉斧符》十卷。这些都是重要的大符。其他的小符箓,无法全部记载下来。”

抱朴子曰："郑君言：'符出于老君，皆天文也[①]。老君能通于神明，符皆神明所授。今人用之少验者，由于出来历久，传写之多误故也。又信心不笃，施用之亦不行。又譬之于书字，则符误者，不但无益，将能有害也。'书字人知之，犹尚写之多误，故谚曰：'书三写，"鱼"成"鲁"，"虚"成"虎"。'此之谓也。'七'与'士'，但以倨勾长短之间为异耳[②]。然今符上字不可读，误不可觉，故莫知其不定也[③]。世间又有受体使术[④]，用符独效者，亦如人有使麝香便能芳者，自然不可得传也。虽尔，必得不误之符，正心用之。但当不及真体使之者速效耳[⑤]，皆自有益也。凡为道士求长生，志在药中耳，符剑可以却鬼辟邪而已[⑥]。诸大符乃云行用之可以得仙者[⑦]，亦不可专据也。昔吴世有介象者[⑧]，能读符文，知误之与否。有人试取治百病杂符及诸厌劾符[⑨]，去其笺题以示象[⑩]，皆一一据名之。其有误者，便为人定之。自是以来，莫有能知者也。"

【注释】

①天文：天上的文字。

②倨勾：下面的那一勾。倨，蹲坐在地上。这里指如同蹲坐在地上的那一勾。

③不定：没有订正过的。也即错误的。

④受体：天生的，生来的禀赋。

⑤真体：指最初的、不是后来辗转描画出来的原始符。

⑥剑：道士用来驱鬼镇邪的法器。

⑦云：说。

⑧介象：三国时吴国的方士。

⑨厌(yā)劾符：用来镇压妖邪的符。

⑩笺题：指符上的标题或说明。

【译文】

抱朴子说："郑先生讲：'符箓出自太上老君，都是用天上的文字写成的。太上老君能够与神灵沟通，这些符箓都是神灵传授给他的。现在的人们使用符箓效果不佳，是由于这些符箓传到人间的时间已经很久了，在辗转传抄的过程中出现了很多错误的原因。再加上使用者诚心不足，因此使用起来就没有效果了。这就好比写字出现的错误一样，而抄写符箓如果出现了错误，不但没有益处，还会带来危害。'写字的人明明知道这个字，写字时尚且还会出现很多错误。因此谚语说：'书经过三次抄写，"鱼"字就变成了"鲁"字，"虚"字就变成了"虎"字。'说的就是这种情况。'七'字和'士'字，只是下面那一勾的长短有一点区别而已。然而我们现在无法读懂符箓上面的文字，即使错了也不能发现，因此也就没有人能够知道这些符箓是没有经过订正的错误符箓。世上还有一些天生就有使用法术禀赋的人，他们使用符箓时有着独特的效果，这就好像有人使用麝香就能使自身也发出芳香一样，这是自然形成、无法传授的。虽说如此，也一定要找到没有错误的符箓，带着虔诚地态度去使用它们，只是比不上使用真正的原始符箓的效果神速而已，但也会有一定的益处。凡是去追求长生的道士，应立志于炼制金丹大药，符箓、剑器只能用于祛鬼镇邪而已。有人说使用各种重要的大符就能成仙，这是不可以完全信赖的。从前吴国有一位名叫介象的人，能够读懂符上的文字，知道这些符上的文字是否有错误。有人为了测试他，就拿来治疗各种疾病的杂符和各类祛鬼镇邪的符箓，去掉上面的标题、说明，然后拿给介象看，介象都能根据符箓一一说出它们的名字。对于符箓上出现的错误，他就为大家加以订正。从那以后，就没有能够读懂符文的人了。"

或问："仙药之大者，莫先于金丹，既闻命矣。敢问符书之属，不审最神乎？"抱朴子曰："余闻郑君言：'道书之重者，莫过于《三皇内文》、《五岳真形图》也。'古者仙官至人，尊秘此道，非有仙名者[①]，不可授也。受之四十年一传，传之歃血而盟，委质为约[②]。诸名山五岳，皆有此书，但藏之于石室幽隐之地。应得道者，入山精诚思之，则山神自开山，令人见之。如帛仲理者[③]，于山中得之，自立坛委绢[④]，常画一本而去也[⑤]。有此书，常置清洁之处。每有所为，必先白之[⑥]，如奉君父。其经曰：'家有《三皇文》，辟邪恶鬼、温疫气、横殃飞祸。'若有困病垂死，其信道心至者，以此书与持之，必不死也。其乳妇难艰绝气者持之[⑦]，儿即生矣。道士欲求长生，持此书入山，辟虎狼山精，五毒百邪，皆不敢近人。可以涉江海，却蛟龙，止风波。得其法，可以变化。起工不问地择日[⑧]，家无殃咎。若欲立新宅及冢墓，即写《地皇文》数十通[⑨]，以布着地，明日视之，有黄色所着者，便于其上起工，家必富昌。又因他人葬时，写《人皇文》，并书己姓名着纸里，窃内人冢中，勿令人知之，令人无飞祸盗贼也。有谋议己者[⑩]，必反自中伤。又此文先洁斋百日，乃可以召天神、司命，及太岁日游五岳四渎[⑪]，社庙之神，皆见形如人，可问以吉凶安危，及病者之祸祟所由也。又有十八字以着衣中，远涉江海，终无风波之虑也。又家有《五岳真形图》，能辟兵凶逆，人欲害之者，皆还反受其殃。道士时有得之者，若不能行仁义慈心，而不精不正，即祸至灭家，不可轻也。

【注释】

①仙名：名字在仙册之中的。葛洪认为，那些命中能够成仙的人，他的名字早就记载在神仙的名册之中了。

②委质：送一些礼品。委，送。质，通“贽”，礼物。下文说：“如帛仲理者，于山中得之，自立坛委绢，常画一本而去也。”“委绢”就是“委质”的一种。

③帛仲理：帛和，字仲理，相传他在西城山的石壁中得到了道书。

④委绢：送了一些丝绸作为礼物。

⑤常：通“尝”，曾经。一本：一份。

⑥白：下对上告诉，请示。

⑦乳妇：产妇。

⑧起工：施工。如盖房、修桥等等。

⑨通：份。

⑩谋议：算计，伤害。

⑪太岁日：太岁是古人假设的星名，并用它来纪年。后来道教也用它纪日。四渎：指长江、黄河、淮河、济水四条河流。

【译文】

有人问：“最重要的成仙药物，莫过于金丹，对此我已经领教了。请问在符箓、道书之类的事物中，不知道哪一种是最为神奇的？”抱朴子说：“我听郑先生说：‘道书中最重要的，莫过于《三皇内文》和《五岳真形图》了。’古代的仙官和精神境界最高的人，都很尊奉并秘守这些道术，如果是名字没有在仙册的人，就不会传授给他。接受后要等待四十年才能再传授一次，传授的时候要歃血为盟，还要送一些礼物作为约定。诸多名山和五岳之中，都有这类道书，只是被隐藏在非常幽深隐秘的石室中。命中注定获得道术的人，也要进入深山虔诚地思念着这些道书，那么山神就会自动地打开山门，让人看见它们。比如帛仲理这个人，就在山中得到了这些道书，他自己设立了神坛，在上面放置了丝帛，然后抄写了一本道书带走了。有了这些道书以后，要始终把它们存放在干净的地方。每当要做什么事情的时候，一定要先请示道书，就像侍奉君主和父亲那样。经文说：‘家里藏有《三皇文》，就能够防止、抵御邪怪恶鬼、瘟疫之气和飞来的横祸。’如果有人遇到危难、病痛即将死亡，对于那些极为坚信道术的人，就把这些道书拿来让他用手握住，他就肯定不会死了。让那些因难产而断气的产妇用手握住这些道书，孩子就能顺利地出生。道士要想追求长生不死，带着这些道书进山，能够避开虎狼山精，各种毒虫邪鬼，也都不敢接近人了。手握这些道书还可以渡过大江大海，能够逼退蛟龙，使风平浪静。学到这些道术，可以变化无穷。施工动土也不必考虑风水、选择日子，家庭肯定不会有任何灾难。如果想修建新房和坟墓，就可以抄写《地皇文》数十份，拿来铺在地面上，第二天去查看，沾染上黄色的地方，就可以在那个地方破土动工，如此家庭必然富裕昌盛。另外，在其他人下葬时，抄录《人皇文》，再在纸里面写上自己的姓名，偷偷地放在别人的那座坟墓里，不要让别人知道，这样就会使自己没有飞来横祸和盗贼侵害。如果有人想谋害自己，一定会使那个人自己受到伤害。另外，抄写这些道书时，要先洁身斋戒一百天，这样就可以召来天神、司命神，在太岁日那一天游览五岳四渎，社庙里的神灵，都会现形为人的模样，可以向他们询问吉凶安危，以及询问生病者之所以遇到灾祸的缘由。还可以把其中的十八个字放在自己的衣服里，远渡江海，始终都不会有大风巨浪的忧患。另外，如果家里藏有《五岳真形图》，就能够避开兵祸和凶贼，如果有人想要伤害自己，都会反过来使那些人遭受灾难。时常也有一些道士得到了这些道书，如果他们不能够施行仁义、心怀慈善，不真诚不正直，就会立即招来全家灭绝的灾祸，千万不可掉以轻心啊。

“其变化之术，大者唯有《墨子五行记》，本有五卷。昔刘君安未仙去时[①]，钞取其要[②]，以为一卷。其法用药、用符，乃能令人飞行上下，隐沦无方[③]，含笑即为妇人，蹙面即为老翁[④]，踞地即为小儿，执杖即成林木，种物即生瓜果，可食，画地为河，撮壤成山，坐致行厨，兴云起火，无所不作也。其次有《玉女隐微》一卷，亦化形为飞禽走兽，及金木玉石，兴云致雨方百里，雪亦如之，渡大水不用舟梁，分形为千人，因风高飞，出入无间[⑤]，能吐气七色，坐见八极[⑥]，及地下之物，放光万丈，冥室自明[⑦]，亦大术也。然当步诸星数十[⑧]，曲折难识，少能谱之[⑨]。其《淮南鸿宝万毕》，皆无及此书者也。又有《白虎七变法》，取三月三日所杀白虎头皮、生驼血、虎血、紫绶、履组、流萍[⑩]，以三月三日合种之。初生草似胡麻，有实，即取此实种之，一生辄一异。凡七种之，则用其实合之，亦可以移形易貌，飞沉在意[⑪]，与《墨子》及《玉女隐微》略同[⑫]，过此不足论也。

【注释】

①刘君安：姓刘名根，字君安。《后汉书·方术列传下》说他有道术，隐居嵩山中，炫惑百姓。《神仙传》说他弃世学道，后成仙而去。

②钞取：抄写。钞，同“抄”。

③隐沦无方：不受约束地随意隐身。

④蹙(cù)：紧缩，皱。

⑤无间：没有空隙的东西，即物体。

⑥八极：八方极远的地方。

⑦冥室：昏暗的室内。

⑧步诸星数十:类似于“步罡踏斗”,为道教礼拜星斗、召请神灵的一种行走方式。

⑨谱:记录。宋浙本《抱朴子》作“谙”。熟悉。

⑩紫绶:用来系印的紫色丝带。履组:鞋子上的丝带。履,鞋。组,丝带。流萍:即浮萍。

⑪在意:随意。

⑫《墨子》:书名。指上文提到的《墨子五行记》,而不是指先秦墨家学派的代表作《墨子》。

【译文】

“那些变化的法术,最主要的就只有《墨子五行记》了,本来有五卷。从前刘君安还没有成仙离开人间时,抄录过其中的主要内容,合为一卷。其方法是使用药物和符箓,就能够使人天上地下地自由飞行,毫无约束地隐身,面含微笑时就变成了女子,皱起面孔时就变成了老头,蹲在地上就变成了小孩,拿起拐杖就变成了树林,种下植物就能够马上结出瓜果,而且可供食用,划地就变成了江河,抓起一撮土就形成了山峰,端坐不动就能够获取所需的食物,还能够兴起云雾、招致烈火,可以说是没有什么不能做到。其次有《玉女隐微》一卷,也能够使自己变形为飞禽走兽,以及变作金木玉石,还能够在方圆百里的范围内兴起云雨,也同样能够兴起大雪,不用舟船桥梁就能够渡过大江大海,能够使自己分形成为上千人,凭借着风高飞,自由出入于没有缝隙的物体之中,能够吐出七色云气,坐在室内就能够看见八方极远之处的景象,以及地下的东西,还能够放出万丈的光芒,使黑暗的室内自然而然地明亮起来,这些也都是较大的方术了。然而在施行这些法术时应当步踏各种星斗数十遍,其中的细节很难理解,因此也很少有人能够把它们记录下来。至于像《淮南鸿宝万毕》等书,都无法比上这些书了。还有《白虎七变法》,用三月三日所杀的白虎头皮、活的骆驼血、老虎血、紫绶、履组、流萍,在三月三日的那天混合着种在地下。刚刚生出来的苗好似胡麻,能够结出果实，马上再把这些果实栽种下去，每生长一次就会发生一次变异。总共要循环栽种七次，然后把它们的果实混合起来服用，也可以改变形貌，任意地飞起和落下，效果与《墨子五行记》、《玉女隐微》大致相同，除此而外的方法就不值得一提了。

"《遐览》者，欲令好道者知异书之名目也。郑君不徒明五经、知仙道而已，兼综九宫三棋①，推步天文②，《河》、《洛》谶记③，莫不精研。太安元年④，知季世之乱⑤，江南将鼎沸⑥，乃负笈持仙药之扑⑦，将入室弟子⑧，东投霍山⑨，莫知所在。"

【注释】

①九宫：古代的一种占卜方法。东汉以前的《易》纬家，用八卦加上中央，合为九宫，用以占卜吉凶。三棋：古代的一种占卜方法。用木头制成棋子十二枚，每四枚一组，分为"上"、"中"、"下"三组。占卜时选择吉日，祝咒，一齐掷地，以所得上、中、下情形成卦，查看卦词，以定吉凶。因为分为三组，故称"三棋"。

②推步：推算天文历法的学问。

③《河》、《洛》：图书名。《河图》和《洛书》的简称。《河图》，据说就是八卦。《洛书》，据说即《尚书·洪范》中的"九畴"，传说是大禹治国的九类大法。谶记：预言未来事情的文字图录。

④太安：晋惠帝的年号。公元302—303年。

⑤季世：末世，衰败的社会。

⑥鼎沸：鼎中开水沸腾。比喻天下动乱不安。

⑦笈(jí)：书箱。扑：通"朴"，这里指原料。

⑧将：带，率领。入室弟子：学业优秀的弟子。

⑨霍山:山名。在今安徽。

【译文】

“《遐览》这篇文章,是想让那些爱好道术的人了解奇异道书的书名。郑先生不仅精通五经、懂得仙道,而且还兼修九宫、三棋,能够推算天文历法,对于《河图》、《洛书》及谶纬图记,也都有精心的研究。太安元年,他预知这个衰落的社会将要动乱,江南将会出现不稳定局面,于是就背着书箱、带着炼制仙药的原料,率领着入室的弟子,向东进入霍山,没有人知道他最终到哪儿去了。”

祛惑卷二十

【题解】

祛(qū)惑,去掉心中的迷惑。祛,除去,去掉。本篇的中心思想是告诉人们,要想修道成仙,必须拜师学习,而拜师的首要问题就是要善于鉴别老师的真假与善恶。也就是说,葛洪在本篇所说的祛惑,就是要防止不问真假、盲目拜师的错误。

葛洪首先就指出:“世间浅近之事,犹不可坐知,况神仙之事乎?虽圣虽明,莫由自晓,非可以历思得也,非可以触类求也,诚须所师。”要想学到人世间的一些浅薄技能,尚且离不开老师的指导,更何况道士要学习的是高深莫测的成仙之术,那自然更是无法离开老师了。学道必须老师,而且还需要学问渊博的老师,寻求到这样的老师,那就好比“涉沧海而挹水,造长洲而伐木,独以力劣为患,岂以物少为忧哉”;如果追随的老师本身就是一个知识浅薄的人,那就好比“假谷于夷、齐之门,告寒于黔娄之家,所得者不过橡栗、缊褐,必无太牢之膳、锦衣狐裘矣”。这段文字不仅比喻生动形象,而且从抽象的原则上看,其道理也无疑是正确的。

正是由于老师的重要,所以葛洪紧接着就反复告诫学道者,在寻访老师时,一定要注意辨别老师的真假和好坏,不然就会出现“委去则迟迟冀于有获,守之则终已竟无所成,虚费事妨功,后虽痛悔,亦不及已”,

真可以说是进退维谷，左右为难了，甚至是耽误了成仙升天的大事。然而令人痛心的是，社会上的假老师、伪道士实在太多了。葛洪一连举出古强、蔡诞、项曼都、假白和等数人为例，用事实说明他们为了图谋虚名、金钱，是如何欺世盗名的。葛洪苦口婆心，一而再、再而三地告诫世人，社会上的假道士不仅极多而且危害极大。

应该说，葛洪的揭露和批判不仅是合理的，也是实事求是的。在中国古代，一些方士为了名利，不仅欺骗普通百姓，甚至连皇帝也被毫无顾忌地列入他们的欺骗对象，具有无上权威的秦始皇、汉武帝都曾是他们的囊中之物。这些方士不仅耗费了人们的财富，也耗费了人们的时间和生命。

然而客观公允地讲，葛洪虽然对这些假道士深恶痛绝，唯恐人们误入歧途，而他本人为人们指出的修仙道路也并不正确，它照样会使人们耗尽一生而一事无成。不同的是，假道士为了个人利益，是在有意地编织圈套以诓害他人，而葛洪则是带着悲天悯人的真诚态度在“欺骗”人们。从客观的实际效果来看，两者是五十步笑百步；然而如果从道德的角度去审视，虔诚的宗教信徒葛洪与故意作假骗人的伪道士还是有着天壤之别，不可同日而语。我们不能因为葛洪对人们的教育内容错了，就连他的真诚态度也一并否定。另外，如果排除其中的宗教因素，仅从选择老师这一角度来看，葛洪有关防备假老师误人子弟的提醒，即使在今天，也具有极大的启发意义。

抱朴子曰：“凡探明珠，不于合浦之渊[①]，不得骊龙之夜光也[②]；采美玉，不于荆山之岫[③]，不得连城之尺璧也；承师问道，不得其人，委去则迟迟冀于有获[④]，守之则终已竟无所成，虚费事妨功，后虽痛悔，亦不及已[⑤]。世间浅近之事，犹不可坐知，况神仙之事乎？虽圣虽明，莫由自晓，非可以历思得也，非可以触类求也。诚须所师，必深必博，犹涉沧海而挹水[⑥]，造长洲而伐木[⑦]，独以力劣为患，岂以物少为忧哉？夫虎豹之所余，乃狸鼠之所争也；陶朱之所弃[⑧]，乃原、颜之所无也[⑨]。所从学者，不得远识渊潭之门[⑩]，而值孤陋寡闻之人，彼所知素狭，源短流促[⑪]，倒装与人[⑫]，则靳靳不舍[⑬]；分损以授，则浅薄无奇能。其所宝宿已不精[⑭]，若复料其粗者以教人，亦安能有所成乎？譬如假谷于夷、齐之门[⑮]，告寒于黔娄之家[⑯]，所得者不过橡栗、缊褐[⑰]，必无太牢之膳、锦衣狐裘矣[⑱]。

【注释】

①合浦：地名。在今广东合浦，以出产珍珠闻名。

②骊龙：黑龙。夜光：夜明珠。《庄子·列御寇》："河上有家贫恃纬萧而食者，其子没于渊，得千金之珠。其父谓其子曰：'取石来锻之！夫千金之珠，必在九重之渊而骊龙颔下，子能得珠者，必遭其睡也。使骊龙而寤，子尚奚微之有哉？'"

③荆山：山名。在今湖北荆州。是和氏璧的出产地。岫（xiù）：山峰。

④委去：离去。迟迟：犹豫不决的样子。冀：希望。

⑤已：通"矣"，语气词。

⑥挹（yì）：舀。

⑦造：到。长洲：传说中的地名。据说那里长满了大树。

⑧陶朱：即范蠡。范蠡退隐后，隐居到齐国的陶（在今山东定陶），改名朱公，后经商成为豪富。

⑨原、颜：原宪、颜回，都是孔子弟子，生活都十分贫困。

⑩渊潭：深渊。比喻学问渊博。

⑪促：短。

⑫倒装：比喻把所有的东西全部倒出来送给别人。

⑬靳靳：吝惜不舍的样子。

⑭宝宿：所珍惜收藏的。宿，守，保有。

⑮夷、齐：伯夷和叔齐。商朝孤竹国君的两个儿子。《史记·伯夷列传》说，周武王灭商以后，两人不食周粟，饿死在首阳山。

⑯黔娄：古代贫士。春秋鲁国人。《列女传·鲁黔娄妻》说，黔娄生时，“食不充虚，衣不盖形”，死后“覆以布被，首足不尽敛。覆头则足见，覆足则头见”。

⑰橡栗：野果名。即栎树的果实。缊(yùn)褐：粗衣。缊，新旧混合的丝绵。褐，粗布衣。

⑫太牢：美好的食物。牢，本指盛放祭品的器皿，大的叫“太牢”。太牢用来盛牛、羊、猪三种肉，因此后来多用“太牢”代指丰盛的食物。

【译文】

抱朴子说：“凡是想要探取明珠的人，如果不到合浦的深渊里去，就无法得到黑龙下巴下面的夜光宝珠；想要寻找美玉的人，如果不到荆山的山峰上去，就无法得到价值连城的一尺见方的玉璧；拜师学道，如果找不到合适的好老师，就会使弟子想离开他又有点犹豫不决，希望能够有所收获，跟着他又最终一无所成，白白地浪费了精力、耽误了大事，以后虽然痛惜后悔，也来不及了。世上那些浅显易懂的道理，尚且不能凭空坐在那里就能了解，更何况修道成仙的事情呢？即使是一个圣明的人，也没有谁能够仅靠自己就能够懂得，修仙的道理并不是经过独自思考就能够得到，也无法去触类旁通。学道成仙确实需要有老师，而且老师的知识一定要深邃渊博，这样一来弟子向他学习就好像下到沧海里去取水，来到长洲上去砍树，只用发愁自己的力气不足，哪里用得着担心水、树不够多呢？虎、豹吃剩下的东西，乃是狸、鼠争夺不休的食物；陶朱公所丢弃的财物，乃是原宪、颜回所缺乏的。那些求学的人，如果没有投到远见卓识、学问渊博的老师门下，而是碰上了一些孤陋寡闻的人，这些人的知识面一向就很狭窄，没有根基扎实的学识，如果让他们把自己的全部知识都教给弟子吧，他们又吝啬异常舍不得；让他们拿出来一点教给弟子吧，他们又浅薄异常没有奇能。他们平素所具有的才能本来就不精当，如果再拿出来一些粗鄙的内容去教授弟子，又怎么能够使弟子学有所成呢？这就好比到伯夷、叔齐的门下去借粮食，到黔娄的家里去诉说寒冷，那么所能得到的不过只是一些野果、粗衣而已，肯定不会有美味佳肴、锦绣衣服和狐皮大衣啊。

“或有守事庸师，终不觉悟；或有幸值知者，不能勤求，此失之于不觉，不可追者也①。知人之浅深，实复未易，古人之难②，诚有以也③。白石似玉，奸佞似贤。贤者愈自隐蔽，有而如无；奸人愈自炫沽④，虚而类实。非至明者，何以分之？彼之守求庸师而不去者，非知其无知而故不止也，诚以为足事故也；见达人而不能奉之者，非知其实深而不能请之也，诚以为无异也。夫能知要道者，无欲于物也，不徇世誉也⑤，亦何肯自标显于流俗哉？而浅薄之徒，率多夸诞自称说，以厉色希声饰其虚妄⑥，足以眩惑晚学，而敢为大言。乃云：‘已登名山，见仙人。’仓卒闻之，不能清澄检校之者，鲜觉其伪也⑦。余昔数见杂散道士辈，走贵人之门，专令从者作为空名，云其已四五百岁矣。人适问之年纪，佯不闻也，含笑俯仰⑧，云八九十。须臾自言：‘我曾在华阴山断谷五十年⑨，复于嵩山少室四十年⑩，复在泰山六十年，复与某人在箕山五十年[11]。'为同人遍说所历,正尔[12],欲令人计合之,已数百岁人也。于是彼好之家,莫不烟起雾合,辐辏其门矣[13]。

【注释】

①追:追悔,后悔。

②古人之难:当依孙星衍校作"古人难之"。古人认为知人是一件困难的事情。之,代指"知人"。

③有以:有缘故,有原因。

④炫沽:炫耀自我以沽名钓誉。

⑤徇:通"殉",为了某种目的而付出生命。这里泛指追求。

⑥厉色:严厉的表情。希声:不讲话。希,无,没有。《老子》四十一章说:"大器晚成,大音希声。"第十四章说:"听之不闻,名曰希。"

⑦鲜:很少。

⑧含笑俯仰:含笑应付。俯仰:形容应付的样子。

⑨华阴山:华阴的山里。华阴,地名。因在太华山之北而得名。在今陕西。

⑩嵩山少室:山名。嵩山,在今河南。少室是嵩山的主峰之一。

⑪箕山:山名。在今河南登封东南。

⑫正尔:之所以这样做。尔,这样。

⑬辐辏(còu):车辐凑集于车毂上。比喻人或事物聚集在一起。

【译文】

"有的人跟随着平庸的老师学习,而始终不能觉悟;有的人虽然有幸遇到了懂得大道的老师,却又不能努力学习,这些失误都在于不觉悟,是难以追悔的。要想知道别人道德、知识的深浅,确实是很不容易的,古人认为此事很难,的确是有道理的。白色的石头像美玉,奸邪的坏人像贤人。越是贤良的人就越发地隐藏自己的才华,所以他们拥有很高的品质和学问却看似一无所有;越是奸邪的人就越发地喜欢炫耀自我以沽名钓誉，一无所有却看似满腹才华。如果不是最明智的人，又怎么能够去区分他们呢？那些跟着平庸老师学习而不愿离去的人，并非知道自己的老师无知而有意追随不止，确实是因为认为自己的老师是值得追随的；而看见懂得大道的人却不能去信奉，并非知道这些人思想深邃而不去请教，确实是因为认为这些人没有什么奇异之处。那些真正懂得大道的人，对外物没有任何欲求，他们不会去追求世俗的名声，又哪里肯在世俗社会中自我标榜呢？而那些浅薄之人，大多喜欢自我夸耀、自吹自擂，他们用严厉的脸色和保持沉默来掩饰自己的空虚和狂妄，足以迷惑年轻的弟子，而且他们还敢于说大话。他们说：'我已经登上过名山，拜见过仙人。'突然之间听到这样的事情，如果不是头脑清醒、善于辨别真伪的人，很少能够发觉他的造假。我从前多次见过一些闲杂道士，他们奔走于权贵的门下，专门让追随自己的人为自己虚张声势，声称自己已经有四五百岁了。人们去询问他的年龄，他就假装没有听见，只是含笑应付，或者说自己八九十岁了。过了一会儿又自言自语说：'我曾在华阴的山中断谷五十年，又在嵩山少室峰呆了四十年，然后又在泰山生活了六十年，还跟某某人在箕山隐居了五十年。'他到处向那些同行的人介绍自己的这些经历，他之所以这样做，就是想让别人合计一下这些时间，以为他是一个已经有数百岁的人了。于是那些喜欢长生道术的人，就如同风起云涌一般，都集中到了他的门下。

"又，术士或有偶受体自然，见鬼神，颇能内占[①]，知人将来及已过之事，而实不能有祸福之损益也，譬如蓍、龟耳[②]。凡人见其小验，便呼为神人，谓之必无所不知。不尔者[③]，或长于符水、禁祝之法，治邪有效，而未必晓于不死之道也。或修行杂术，能见鬼怪，无益于年命。问之以金丹之道，则率皆不知也。因此细验之，多行欺诳世人，以收财利，无所不为矣。此等与彼穿窬之盗[4]，异途而同归者也。夫托之于空言，不如着之于行事之有征也，将为晚觉后学[5]，说其比故、可征之伪物焉[6]。

【注释】

①内占：不需要凭借外界征兆的占卜。这里泛指占卜。

②蓍(shī)：草名。多年生。古人常用蓍草茎占卜。龟：龟甲。古人用龟甲占卜。

③不尔者：没有这些能力的人。不，没有。尔，这样，这种。

④穿窬(yú)：穿壁越墙。穿，穿墙。窬，通"逾"，翻墙。"穿窬"指打洞翻墙的偷盗行为。

⑤晚觉：后来觉悟的人。与"后学"同义。

⑥比故：类似的一些事情。比，类似。故，事情。

【译文】

"另外，还有一些方士偶然具有天然的禀赋，能够看见鬼神，比较懂得占卜，知道别人将来和已经过去的事情，然而这些能力确实不能对人的实际祸福有任何影响，他们不过如同蓍草和龟甲一样而已。人们看到他们的法术有了小小的效验，就认为他们是神仙，认为他一定是无所不知。没有这方面能力的人，或许擅长于符水、禁咒的法术，对付邪鬼恶物有一定效用，却未必懂得不死的道术。有的人修炼一些旁杂的方术，能够看见鬼怪，但这些对延年益寿也没有什么益处。拿炼制金丹的道术去询问他们，他们大多都是茫然无知。因此如果仔细地去考察他们，就知道他们大多是干些欺骗世人、以谋取财利的勾当，可以说是无恶不做了。这些人与那些挖洞翻墙偷东西的盗贼，应该说是殊途同归。与其说一些空话，不如用一些事实去说明问题更为可靠，因此我就为那些晚学后生讲一些类似的故事以及一些可以验证为虚假的事情。

“昔有古强者，服草木之方，又颇行容成、玄、素之法[1]，年八十许，尚聪明不大羸老，时人便谓之为仙人，或谓之‘千载翁’者。扬州稽使君闻而试迎之于宜都[2]。既至，而咽呜掣缩[3]，似若所知实远，而未皆吐尽者。于是好事者，因以听声而响集[4]，望形而影附，云萃雾合[5]，竞称叹之，馈饷相属[6]，常余金钱。虽栾、李之见重于往汉[7]，不足加也。常服天门冬不废[8]，则知其体中未尝有金丹大药也。而强曾略涉书记，颇识古事。自言已四千岁，敢为虚言，言之不怍[9]。云已见尧、舜、禹、汤[10]，说之皆了了如实也：‘世云尧眉八采[11]，不然也，直两眉头甚竖，似八字耳。尧为人长大，美髭髯，饮酒一日中二斛余[12]，世人因加之云千钟[13]，实不能也，我自数见其大醉也。虽是圣人，然年老，治事转不及少壮时。及见去四凶[14]，举元凯[15]，赖用舜耳。舜是孤茕小家儿耳[16]，然有异才，隐耕历山[17]，渔于雷泽[18]，陶于海滨[19]，时人未有能赏其奇者。我见之所在以德化民，其目又有重瞳子[20]，知其大贵之相，常劝勉慰劳之：“善崇高尚，莫忧不富贵，火德已终，黄精将起[21]，诞承历数[22]，非子而谁?”然其父至顽，其弟殊恶，恒以杀舜为事[23]。吾常谏谕曰：“此儿当兴卿门宗，四海将受其赐，不但卿家，不可取次也[24]。”俄而受禅[25]，尝忆吾言之有征也。’

【注释】

①容成：仙人名。即容成公。玄：仙女名。即玄女。素：仙女名。即素女。根据道教的说法，这几位神仙分别著有《容成阴道》、《玄女经》、《素女经》，阐述的都是房中术，实际上这些书籍都是

后人的假托。

②扬州:地名。在今江苏扬州。稽使君:姓稽的刺史。使君,刺史的别称。一说“扬州稽使君”应作“广州嵇使君”,“嵇使君”指嵇含。宜都:地名。在今湖北省。

③咽呜掣缩:形容人说话、动作装模作样的样子。咽呜,说话声音低沉含混的样子。掣缩,动作做作的样子。

④响集:像回响那样应和聚集。响,回响。

⑤瘁:聚集。

⑥相属(zhǔ):相互连接,一个接着一个。属,连接。

⑦栾、李:指栾大和李少君,他们都是汉武帝时的方士,受到汉武帝的宠幸。见重:被尊重。见,被。往汉:从前的汉朝。

⑧天门冬:植物名。可入药。

⑨怍(zuò):惭愧。

⑩汤:成汤。商朝的第一代君主。

⑪八采:八种颜色。

⑫斛(hú):量器名。十斗为一斛。

⑬钟:量器名。十斗为一石,六石四斗为一钟。

⑭四凶:四个凶人。指浑敦、穷奇、梼杌、饕餮。

⑮元凯:贤良。元,善。凯,通“恺”,和。《左传·文公十八年》说高辛氏有才子八人,谓之八元;高阳氏有才子八人,谓之八恺。后人因称贤良的辅佐大臣为“元凯”。

⑯孤茕(qióng):孤独。

⑰历山:山名。古代叫做历山的地方很多,山东、河南、河北、陕西等处都有被附会为舜的耕种地的历山。

⑱雷泽:古泽名。在今山东。其他地区也有叫做雷泽的地方。

⑲陶:制造陶器。

⑳重瞳子:两个瞳子。

㉑火德已终，黄精将起：火德已经终结，黄色的土德将要兴起。古人用土、木、金、火、水五行的交替来说明朝代更替的规律。其中五行又分别与黄、青、白、赤、黑五色相对应。"火德"代表尧的时代，"黄精"为土德，代表舜的时代。火生土，所以说"火德已终，黄精将起"。

㉒诞承历数：起来承担治理天下的大任。诞，生，兴起。历数，指与天象运行相应的朝代更替的次序。

㉓恒以杀舜为事：一直把杀害舜作为目标。《史记·五帝本纪》："舜父瞽叟盲，而舜母死。瞽叟更娶妻而生象，象傲。瞽叟爱后妻子，常欲杀舜。"

㉔取次：任意，随便。

㉕俄而：不久。

【译文】

"从前有个叫古强的人，服食一些草木之药，又修炼一点容成公、玄女、素女的房中术，年龄八十来岁时，也还耳聪目明，不太显得瘦弱衰老，当时的人们就认为他是仙人，有人称他为'千岁老人'。扬州稽使君听说了，就把他迎接到了宜都。到了那里以后，他的说话和动作装模作样，似乎知道的事情实在是太久远了，还没有全部说出来。于是那些好事的人，听到他的声音就像回响那样去应合，看到他的身形就像影子一样去归附，他们就像云雾一样聚集在他的身边，争相赞叹他，而给他送礼物的人络绎不绝，他经常拥有花不完的金钱。即使是栾大、李少君被汉武帝看重的程度，也无法超过他。古强一直不停地服食天门冬，由此就可以知道他的体内从未有过金丹大药。古强曾经大略地涉猎过古籍，还知道一些古代的事情。他自称已经有四千岁了，敢说假话，大言不惭。说是自己见过尧、舜、禹、商汤，说起来还都清清楚楚如同真的一样：'世人都说尧的眉毛有八种色彩，其实不然，只是两条眉头长得竖了起来，好像八字形而已。尧这个人身材高大，胡须很美，一天能喝两斛多的酒,世人因此就添油加醋说他能喝一千钟的酒,实际上他不能,我就亲自多次看到他喝得酩酊大醉。虽说是圣人,但年纪老了以后,办事反而赶不上年轻力壮的时候。人们看见他驱逐四个凶人,举用贤才,那都是依靠舜了。舜本来是个孤独的平民百姓家的孩子而已,却具有奇特的才能,他在历山隐居躬耕,在雷泽打过鱼,在海边上制造过陶器,当时并没有人欣赏他的奇才。我看到他每到一处都用德行教化百姓,眼睛里又有两个瞳子,知道他有着大富大贵的相貌,就经常鼓励劝慰他说:"你的善德如此高尚,不要担心不会富贵,火德已经终结,土德即将兴起,起来承担治理天下大任的人,除了您又会是谁呢?"然而他的父亲非常顽愚,他的弟弟又特别邪恶,一直把杀害舜作为目标。我就经常劝告他们说:"这孩子将来必定会光宗耀祖,整个天下的百姓都将会得到他的恩泽,不仅仅是你们家能够得到好处,你们千万不可随便乱来啊。"不久他就接受了尧的禅让,他还曾经回忆起我说的话,认为我说的话非常应验。'

"又云:'孔子母年十六七时,吾相之当生贵子。及生仲尼,真异人也,长九尺六寸,其颡似尧①,其项似皋陶②,其肩似子产③,自腰以下不及禹三寸。虽然,贫苦孤微,然为儿童便好俎、豆之事④,吾知之必当成就。及其长大,高谈惊人,远近从之受学者,著录数千人。我喜听其语,数往从之,但恨我不学,不能与之覆疏耳⑤。常劝我读《易》,云:"此良书也。丘窃好之,韦编三绝⑥,铁挝三折⑦,今乃大悟。"鲁哀公十四年,西狩获麟⑧,麟死。孔子以问吾,吾语之,言:"此非善祥也⑨。"孔子乃怆然而泣⑩。后得恶梦⑪,乃欲得见吾。时四月中盛热,不能往,寻闻之病七日而没⑫。于今仿佛记其颜色也。'

【注释】

①颡(sǎng):额头。《史记·孔子世家》:"其颡似尧,其项类皋陶,其肩类子产,然自要以下不及禹三寸。"

②项:脖子。皋陶(yáo):舜的贤臣,掌刑狱。

③子产:春秋时期的著名政治家,任郑国的宰相。

④俎(zǔ)、豆之事:祭祀、礼仪方面的事情。俎、豆,两种祭器。引申为祭祀。

⑤覆疏:讨论。覆,审察,辨析。疏,注释,说明。

⑥韦编三绝:编竹简的牛皮被翻断了三次。韦,熟牛皮。先秦人们用竹简写字,然后用牛皮或绳索把竹简编在一起。绝,断。《史记·孔子世家》:"读《易》,韦编三绝。"

⑦铁挝(zhuā)三折:铁锤被敲断了三次。挝,打击。引申为铁锤。用来钉竹简的工具。

⑧狩:打猎。麟:麒麟。传说中的吉祥动物。《史记·孔子世家》:"鲁哀公十四年春,狩大野。叔孙氏车子钼商获兽,以为不祥。仲尼视之,曰:'麟也。'取之。曰:'河不出图,雒不出书,吾已矣夫!'"

⑨祥:征兆。

⑩怆然:伤心的样子。

⑪恶梦:据《史记·孔子世家》记载:"(孙子)谓子贡曰:'天下无道久矣,莫能宗予。夏人殡于东阶,周人于西阶,殷人两柱间。昨暮,予梦坐奠两柱之间,予始殷人也。'后七日卒。"

⑫寻:不久。没:去世。

【译文】

"他又说:'孔子的母亲在年龄十六七岁时,我为她看相,说她将来必生贵子。等到生下了孔丘,孔丘真是个奇异的人啊,他身高九尺六寸,额头长得像尧,脖子长得像皋陶,肩膀长得像子产,从腰部以下与大禹相比短了三寸。虽然如此，孔丘贫穷孤独、地位卑贱，但在他还是儿童时，就爱好祭祀礼仪方面的事情，我当时就知道他日后一定会大有作为。等他长大以后，谈吐高雅惊人，远近跟随他学习的人，记载在书上的就有几千人。我喜欢听他说话，多次去向他学习，只是遗憾我不学无术，不能与他一起讨论学问。他经常劝我读《易经》，说："这是本好书。我个人很喜欢它，编竹简的皮带就被我翻断了三次，钉竹简的铁锤也被我敲折了三回，现在我才恍然大悟。"鲁哀公十四年，人们在西边猎到了一只麒麟，麒麟死了。孔子拿这事询问我，我告诉他说："这不是好兆头啊。"于是孔子就伤心地哭了。后来他做了个噩梦，醒来后就想见见我，当时是四月中旬，天气特别热，我无法去看望他，不久就听说他病了七天以后去世了。直到现在我还仿佛记得他的面容模样。'

"又云：'秦始皇将我到彭城[①]，引出周时鼎。吾告秦始皇，言："此鼎是神物也。有德则自出，无道则沦亡。君但修己，此必自来，不可以力致也。"始皇当时大有怪吾之色，而牵之，果不得出也。乃谢吾曰[②]："君固是远见理人也。"又说汉高祖、项羽皆分明。如此事类，不可具记。时人各共识之，以为戏笑。然凡人闻之，皆信其言。又，强转惛耄[③]，废忘事几[④]。稽使君曾以一玉卮与强[⑤]，后忽语稽曰：'昔安期先生以此物相遗[⑥]。'强后病于寿春黄整家而死[⑦]。整疑其化去，一年许，试凿其棺视之，其尸宛在矣[⑧]。此皆有名无实，使世间不信天下有仙，皆坐此辈以伪乱真也[⑨]。

【注释】

①将：带领。彭城：地名。在今江苏徐州。《史记·秦始皇本纪》："始皇还，过彭城，斋戒祷祠，欲出周鼎泗水。使千人没水求之，

弗得。”

②谢：道歉。

③惛耄（hūn mào）：年老糊涂。

④几：事物。

⑤卮（zhī）：酒器名。形同杯子。

⑥安期先生：仙人名。相传为汉代琅琊人，常年在东海边卖药，人称“千岁翁”。遗（wèi）：赠送。

⑦寿春：地名。在今安徽寿县。

⑧宛：真切的样子。

⑨坐：因为。

【译文】

“他又说：‘秦始皇带领我到彭城，想打捞出沉没在泗水中的周代大鼎。我告诉秦始皇说：“这个鼎是个神奇的东西啊。君主品德高尚的话它就会自己出来，没有德行它就会沉下消失。您只管修养好自己的品德，它一定会自个儿出来的，无法使用蛮力把它打捞出来。”秦始皇当时很有一些怪罪我的神情，依然去打捞周鼎，果然没有打捞出来。秦始皇这才向我道歉说：“先生的确是位远见卓识的明白人啊。”古强又谈起汉高祖刘邦和项羽的事情，都说得清清楚楚。诸如此类的事情，这里无法一一记述。当时的人们大都知道这些历史事实，就把古强的表现当成笑谈。然而一些凡夫俗子听后，都相信了他的话。另外，古强后来慢慢变得衰老昏愦，常常遗忘事情。稽使君曾经赠送一只玉杯给古强，后来他却突然对稽使君说：‘从前安期先生把这个玉杯赠送给我了。’古强后来在寿春黄整家里生病去世。黄整怀疑他是羽化成仙而去，大约一年以后，试着打开棺材察看，他的尸体真真切切地依然存在。这都是一些有名无实的人，使世上的人们不相信天下有神仙，都是由于这帮人以假乱真造成的。

"成都太守吴文说：'五原有蔡诞者[①]，好道而不得佳师要事，废弃家业，但昼夜诵咏《黄庭》、《太清中经》、《观天节详》之属，诸家不急之书[②]，口不辍诵，谓之道尽于此。然竟不知所施用者，徒美其浮华之说而愚人。又教之："但读千遍，自得其意。"为此积久，家中患苦之，坐消衣食，而不能有异，己亦惭忿，无以自解，于是弃家，言仙道成矣。因走之异界深山中[③]，又不晓采掘诸草木药可以辟谷者，但行卖薪以易衣食[④]。如是三年，饥冻辛苦，人或识之，而诡不知也[⑤]。久不堪而还家，黑瘦而骨立，不似人。其家问之："从何处来？竟不得仙邪？"因欺家云："吾未能升天，但为地仙也。又初成位卑，应给诸仙先达者[⑥]，当以渐迁耳。向者为老君牧数头龙[⑦]，一班龙五色最好[⑧]，是老君常所乘者，令吾守视之，不勤，但与后进诸仙共博戏，忽失此龙，龙遂不知所在。为此罪见责，送吾付昆仑山下[⑨]，芸锄草三四顷，并皆生细石中，多荒秽，治之勤苦不可论，法当十年乃得原[⑩]。会偓佺子、王乔诸仙来按行[⑪]，吾守请之，并为吾作力[⑫]，且自放归，当更自修理求去。"于是遂老死矣。'

【注释】

①五原：地名。在今内蒙古五原。

②不急：不重要。

③异界：他乡。

④易：交换。

⑤诡：假装。

⑥应给：服侍，事奉。

⑦向者：从前，以前。

⑧班：通“斑”。

⑨昆仑山：传说中的神山。

⑩原：谅解，赦免。

⑪偓（wò）佺子、王乔：仙人名。按行：巡行，巡视。

⑫作力：出力。

【译文】

“成都太守吴文说：‘五原有个叫蔡诞的人，喜好道术而又没有得到好的老师和主要的道术，他荒废了家业，只管白天黑夜地诵读《黄庭经》、《太清中经》、《观天节详》之类的书，而这些书是各家学派都认为不重要的书，他嘴上不停地背诵，认为所有的道术全部都在这些书中了。然而他始终都不懂得应该如何修炼，只是赞美那些使人愚昧的浮华之辞。书上又教他说：“只要诵读一千遍，就能自然地获得道旨。”他诵读这些书籍很长时间，家里的人为此事都很发愁、很苦恼，因为他整天只是白白地消耗衣食，却没有表现出任何奇特之处。他自己也感到惭愧，没有什么可以进行自我辩解，于是他就离开家庭，自称仙道已经修成了。于是他就跑到外乡的深山之中，可又不懂得采掘一些可以断粮辟谷的草木药物，只好去卖点柴草来交换衣食。如此过了三年，饥寒交迫，辛苦异常，有人认识他，而他却假装着不认识别人。时间长了，他实在忍受不住就回了家，又黑又瘦，瘦骨嶙峋，不成人形。家里人问他：“你从哪里来的？到底还是没能成仙吧？”他就欺骗家人说：“我还未能升天，只是修成了地仙。再加上我刚刚成为地仙，地位还很卑贱，应该侍奉那些先修炼成功的各路仙人，以便今后慢慢地升迁。过去我曾为太上老君放牧几条龙，其中有一条最好的五彩斑斓的花斑龙，是太上老君所经常乘坐的，他让我好生地看守它。可我做事不勤勉，只顾与那些后来的仙人们一同游戏，忽然之间就丢失了这条龙，也不知道这条龙跑到哪儿去了。因为这个罪过而受到责罚，于是我就被送到了昆仑山下，锄三四顷地的野草，而这些野草都长在细石子的缝隙里，荒芜污秽，锄起草来苦不堪言，然而依照法律，十年后我才能得到赦免。恰逢偓佺子、王乔各位仙人前来巡视，我就缠着他们求情，他们也都为我出力，这才把我放了回来。我需要重新开始、再次修道以求成仙而去。”结果后来他就衰老而死了。’

“初诞还云：‘从昆仑来。’诸亲故竞共问之：‘昆仑何似？’答云：‘天不问其高几里，要于仰视之，去天不过十数丈也。上有木禾[1]，高四丈九尺，其穗盈车。有珠玉树、沙棠、琅玕、碧瑰之树[2]，玉李、玉瓜、玉桃，其实形如世间桃李，但为光明洞彻而坚，须以玉井水洗之，便软而可食。每风起，珠玉之树，枝条花叶，互相扣击，自成五音，清哀动心。吾见谪失志[3]，闻此莫不怆然含悲。又见昆仑山上，一面辄有四百四十门，门广四里，内有五城十二楼。楼下有青龙、白虎，蜲蛇长百余里[4]，其口中牙皆如三百斛船；大蜂一丈，其毒煞象[5]。又有神兽，名狮子、辟邪、天鹿、焦羊、铜头、铁额、长牙、凿齿之属[6]，三十六种，尽知其名，则天下恶鬼恶兽，不敢犯人也。其神则有无头子、倒景君、翕鹿公、中黄先生，与六门大夫。张阳字子渊，浃备玉阙[7]，自不带《老君竹使符左右契》者，不得入也。五河皆出山隅[8]，弱水绕之[9]，鸿毛不浮，飞鸟不过，唯仙人乃得越之。其上神鸟、神马、幽昌、鷫鹏、腾黄、吉光之辈[10]，皆能人语而不死，真济济快仙府也[11]，恨吾不得善周旋其上耳！’于时闻诞此言了了，多信之者。

【注释】

①木禾：树一样的庄稼。

②珠玉树、沙棠、琅玕、碧瑰：都是传说中的神树。

③见谪：被贬谪。见，被。失志：失意。

④蛲蛇：传说中的大蛇。

⑤煞象：毒死大象。

⑥狮子、辟邪……凿齿：都是传说中的神兽。

⑦浃备：完备。这里指严密守护的意思。玉阙：玉砌的神仙宫阙。

⑧五河：神话传说中的五种颜色不同的河流。《史记·司马相如列传》："遍览八纮而观四荒兮，朅渡九江而越五河。"《史记正义》解释说："五色之河也。《仙经》云紫、碧、绛、青、黄之河也。"

⑨弱水：传说中的水名。《山海经·大荒西经》："有大山名曰昆仑之丘……其下有弱水之渊环之。"

⑩幽昌、鵾鹏（mǐng）：两种神鸟名。腾黄、吉光：两种神马名。

⑪济济：美好的样子。

【译文】

"蔡诞刚刚回家时说：'我是从昆仑山回来的。'于是众多的亲朋好友都来争着询问他：'昆仑山是个什么样子？'他回答说：'上天无论有多少里的高度，只要是站在昆仑山上向上仰望，离天也不过只是十来丈远。山上有树一样的庄稼，高四丈九尺，它的一个谷穗就可以装满一辆车子。还有珠玉树、沙棠、琅玕、碧瑰等各种神树，那里还有玉李、玉瓜、玉桃，它们的果实形状就像人世间的桃子、李子一样，只是光明透亮而且坚硬，必须用玉井里的水冲洗一下，才会柔软，可以食用。每当起风时，珠玉树的枝条、花、叶，相互撞击，自然形成各种美好的音乐，清新哀婉，感动人心。我被贬斥后非常失意，每当听到这些声音时总是感到凄凉悲伤。还看见昆仑山上，一个方向就有四百四十座大门，门宽四里，里面有五个城池、十二座高楼。楼下有青龙、白虎，蛲蛇有一百多里长，它嘴里的每一粒牙齿，都像能装三百斛的大船；还有一丈长的大蜂，它的毒性可以杀死大象。还有些神兽，名叫狮子、辟邪、天鹿、焦羊、铜头、铁额、长牙、凿齿之类的，就有三十六种，人们如果能够全部知道它们的名字，那么天下那些恶鬼凶兽，就不敢来侵害人了。那里的神仙则有无头子、倒景君、翕鹿公、中黄先生，以及六门大夫。张阳字子渊，他严密地守护着玉砌的宫阙，如果没有携带《老君竹使符左右契》的话，是无法进去的。五条色彩各异的河流都从山坳里流出，有弱水环绕着四周，连鸿毛也漂浮不起来，飞鸟也飞不过去，只有仙人才能够渡过。那上边的神鸟、神马、幽昌、鹔鹴、腾黄、吉光之类的动物，都能够说人话而且永远不会死亡，那里真是美好而快乐的神仙境界啊，遗憾的是我不能很好地在那上面生活而已。'当时听到蔡诞的这些话说得清清楚楚，有很多人就相信了他。

"又河东蒲坂有项曼都者[①]，与一子入山学仙，十年而归家。家人问其故，曼都曰：'在山中三年精思，有仙人来迎我，共乘龙而升天。良久，低头视地，窈窈冥冥[②]，上未有所至，而去地已绝远。龙行甚疾，头昂尾低，令人在其脊上，危怖崄巇[③]。及到天上，先过紫府[④]，金床玉几，晃晃昱昱[⑤]，真贵处也。仙人但以流霞一杯与我[⑥]，饮之辄不饥渴。忽然思家，到天帝前，谒拜失仪，见斥来还，令当更自修积，乃可得更复矣[⑦]。昔淮南王刘安升天见上帝[⑧]，而箕坐大言[⑨]，自称"寡人"，遂见谪守天厕三年，吾何人哉？'河东因号曼都为'斥仙人'。世多此辈，种类非一，不可不详也。此妄语乃尔，而人犹有不觉其虚者，况其微茫欺诳[⑩]，颇因事类之象似者而加益之，非至明者，仓卒安能辨哉？

【注释】

①河东:地名。在山西境内。蒲坂:地名。在今陕西永济。项曼都:人名。学仙之人。

②窈窈冥冥:迷迷茫茫、看不清楚的样子。

③崄巇(xiǎn xī):险要高峻的样子。

④紫府:神仙居住的天官。

⑤晃晃昱昱(yù):明亮的样子。

⑥流霞:传说中的仙酒名。

⑦更复:再回到天上。

⑧淮南王刘安:刘安是汉文帝之弟淮南厉王刘长的长子,后袭父封为淮南王。武帝时,有人告刘安谋反,下狱自杀。

⑨箕坐:一种傲慢的坐姿。坐在地上,将两腿像簸箕一样张开,古人认为这是一种不礼貌的姿势。

⑩微茫欺诳:不露痕迹的欺骗。微茫,隐蔽而看不清楚的样子。

【译文】

“另外,河东蒲坂有个叫项曼都的人,带着他的一个孩子进山学习仙道,十年后又回到了家里。家里人询问他回家的原因,项曼都说:‘我在山里苦苦存思三年之后,有个仙人来迎接我,和我一起乘龙升天。上升了很久以后,低头看大地,大地一片迷迷茫茫,上边还没有到达天上,而离开大地已经是极为遥远了。龙飞行得很快,头高高昂起,尾巴低垂着,使人坐在龙背上,因为高峻而感到危险恐怖。到了天上以后,先要去拜谒紫府,里面有黄金床榻、白玉几案,光辉灿烂,真是一个高贵无比的地方啊。仙人只是拿了一杯流霞酒给我,喝后就不再感到饥渴。因为突然想家,所以在天帝的面前,拜见时礼仪不周,于是便被斥退回来,命令我要再次修炼积德,然后才能够重新回到天上。从前淮南王刘安升上天堂见到了上帝,而他却伸开两腿坐着说大话,还自称“寡人”,于是就被贬斥去看守天上的厕所三年。我又算是个什么人呢?’于是河东的人们就称项曼都是一个‘被贬的仙人’。世上有很多此类的人，具体表现各不相同，人们不可不详细地考察他们。这些人胡言乱语到了这种程度，尚且还有人不能察觉，更何况那些欺骗别人而能够不露痕迹的人，他们善于利用事情的相似之处而添油加醋、加以夸大，除非是最明智的人，谁又能够在仓促之间去辨别他们呢？

“乃复有假托作前世有名之道士者，如白和者，传言已八千七百岁，时出俗间，忽然自去，不知其在。其洛中有道士[①]，已博涉众事，洽炼术数者[②]，以诸疑难咨问和，和皆寻声为论释，皆无疑碍，故为远识。人但不知其年寿，信能近千年不啻耳[③]。后忽去，不知所在。有一人于河北自称为白和，于是远近竞往奉事之，大得致遗至富。而白和子弟，闻和再出，大喜，故往见之，乃定非也[④]。此人因亡走矣。

【注释】

①洛中：地名。指洛阳一带。

②洽炼：广泛地修炼。

③不啻(chì)：不止。

④定非：认定不是。

【译文】

“还有一些假装为前代有名道士的人，比如白和，相传此人已有八千七百岁了，时常出现在世人之中，突然自己离去，最终不知到哪儿去了。洛阳一带有个道士，已经广博地涉猎了各类事情，全面地修炼了各种术数，他便拿各种疑难问题询问白和，白和都能应声为他解答，一点也不迟疑、停顿，因此算是一位具有远见卓识的人了。人们只是不知道他的寿命，相信已经将近一千岁了，恐怕还不止。后来白和突然离去，不知到哪里去了。有一个人在河北一带自称是白和,因而远近的人们都竞相前来供奉他,他因为得到了大量的馈赠礼品而致富。而白和的子弟们,听说白和重新出现了,非常高兴,因此前去看望他,见后才断定此人不是白和。此人也就只好落荒而逃了。

"五经四部①,并已陈之刍狗②,既往之糟粕③。所谓'迹'者,足之自出而非足也;'书'者,圣人之所作而非圣也。而儒者万里负笈以寻其师,况长生之道,真人所重,可不勤求足问者哉?然不可不精简其真伪也④。余恐古强、蔡诞、项曼都、白和之不绝于世间,好事者省余此书⑤,可以少加沙汰其善否矣⑥。又仙经云:'仙人目瞳皆方。'洛中见之白仲理者⑦,为余说其瞳正方,如此果是异人也。"

【注释】

①四部:中国古代图书的统称。三国魏荀勗将书籍分为甲、乙、丙、丁四部,甲部包含六艺、小学,乙部包含诸子、兵书、术数,丙部包含史书及其他记载,丁部包含诗赋、图赞。后人改四部名为经、史、子、集。

②陈:陈列。指摆在祭坛上祭神。刍狗:用草扎成的狗,古代用于祭祀。刍,草。《庄子·天运》:"夫刍狗之未陈也,盛以箧衍,巾以文绣,尸祝齐戒以将之。及其已陈也,行者践其首脊,苏者取而爨之而已。"

③糟粕:本指酒糟,后指无价值的事物。

④简:选择,鉴别。

⑤省(xǐng):查看,阅读。

⑥少:通"稍"。沙汰:淘汰。这里指鉴别。

⑦白仲理：即帛仲理。帛和，字仲理，修道成仙之人。也即上文提到的白和。

【译文】

“五经及四部古籍，都像是已经祭祀用过的草狗一样，是完全过时无用的糟粕。所谓的足迹，是脚踩踏形成的但并不是脚；所谓的古书，是圣人写作出来的但并不是圣人。然而儒生们还要不远万里地背着书箱去寻找老师，更何况长生不死的道术，是真人们所看重的，难道可以不去辛勤求索、反复请教吗？但也不能不精心地去鉴别其老师的真假啊。我担心古强、蔡诞、项曼都、白和之类的人不会在世上绝迹，喜好道术的人阅读了我的这本书，就可以稍稍有助于去甄别老师的好与不好了。另外仙经说：‘仙人的瞳子都是方形的。’洛阳一带看见过白仲理的人，告诉我说他的瞳子正是方形的，如此说来他果真是个奇异的仙人了。”

中华经典名著
全本全注全译丛书
（已出书目）

周易
尚书
诗经
周礼
仪礼
礼记
左传
韩诗外传
春秋公羊传
春秋穀梁传
孝经·忠经
论语·大学·中庸
尔雅
孟子
春秋繁露
说文解字
释名
国语
晏子春秋
穆天子传
战国策
史记
吴越春秋
越绝书
华阳国志
水经注
洛阳伽蓝记
大唐西域记
史通
贞观政要
营造法式
东京梦华录
唐才子传
大明律
廉吏传
徐霞客游记

读通鉴论

宋论

文史通义

鬻子·计倪子·於陵子

老子

道德经

帛书老子

鹖冠子

黄帝四经·关尹子·尸子

孙子兵法

墨子

管子

孔子家语

曾子·子思子·孔丛子

吴子·司马法

商君书

慎子·太白阴经

列子

鬼谷子

庄子

公孙龙子(外三种)

荀子

六韬

吕氏春秋

韩非子

山海经

黄帝内经

素书

新书

淮南子

九章算术(附海岛算经)

新序

说苑

列仙传

盐铁论

法言

方言

白虎通义

论衡

潜夫论

政论·昌言

风俗通义

申鉴·中论

太平经

伤寒论

周易参同契

人物志

博物志

抱朴子内篇

抱朴子外篇

西京杂记

神仙传

搜神记
拾遗记
世说新语
弘明集
齐民要术
刘子
颜氏家训
中说
群书治要
帝范·臣轨·庭训格言
坛经
大慈恩寺三藏法师传
长短经
蒙求·童蒙须知
茶经·续茶经
玄怪录·续玄怪录
酉阳杂俎
历代名画记
唐摭言
化书·无能子
梦溪笔谈
东坡志林
唐语林
北山酒经(外二种)
折狱龟鉴
容斋随笔
近思录
洗冤集录
传习录
焚书
菜根谭
增广贤文
呻吟语
了凡四训
龙文鞭影
长物志
智囊全集
天工开物
溪山琴况·琴声十六法
温疫论
明夷待访录·破邪论
陶庵梦忆
西湖梦寻
虞初新志
幼学琼林
笠翁对韵
声律启蒙
老老恒言
随园食单
阅微草堂笔记
格言联璧
曾国藩家书

曾国藩家训
劝学篇
楚辞
文心雕龙
文选
玉台新咏
二十四诗品·续诗品
词品
闲情偶寄
古文观止
聊斋志异
唐宋八大家文钞
浮生六记
三字经·百家姓·千字文·弟子规·千家诗
经史百家杂钞